KB143895

GB
한길그레이트북스

인 류 의 위 대 한 지 적 유 산

국립중앙도서관 출판사 도서목록(CIP)

중국현대사상사론 / 리쩌허우 지음 ; 김형종 옮김.
파주 -- : 한길사, 2005
　　P. : 　　cm. -- (한길그레이트북스 : 72)

ISBN　89-356-5657-7 94150 : ₩ 25000
ISBN　89-356-5658-5 (세트)

152-KDC4
181.11-DDC21　　　　　　　　CIP2005001568

GB
한길그레이트북스

인류의 위대한 지적유산

중국현대사상사론

리쩌허우 지음 | 김형종 옮김

한길사

GB

HANGILGREATBOOKS

Li Ze-hou

Zhongguo Xiandai Sixiangshilun

Translated by Kim Hyoung-Jong

「황하 격류도」
민족 구망(救亡)의 전쟁 시기에 전 중국인들은
"노호하라, 황하여"라고 노래하며 곳곳에서 싸웠다.

마오쩌둥(毛澤東, 오른쪽)과 장궈타오(張國燾)
대장정을 마친 후 공산당 본부 앞에서 사진을 찍었다.
이후 장궈타오는 마오쩌둥의 지도력에 도전했다가 1938년 공산당을 떠났다.

옛 베이징의 둥즈먼(東直門) 성곽
20세기초 당시의 주요 운송수단인 낙타 행렬이
둥즈먼 성 근처를 지나고 있다.

천두슈(陳獨秀) (위)

『신청년』의 주편이며 베이징 대학 문과대학장으로 있으면서
신문화운동을 이끈 대표 논자이다.

후스(胡適) (아래)

1917년 『신청년』에 「문학개량주의」를 발표하여 5·4 문학혁명을
이끈 신문화운동의 선구자이다.

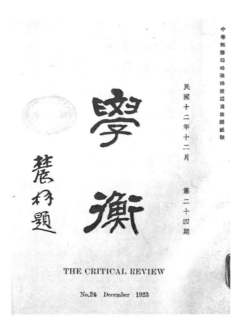

THE CRITICAL REVIEW

No.24 December 1923

LA JEUNESSE

잡지 『학형』(위)과 『신청년』

『학형』은 당시 보수진영의 대표 잡지였으며,
『신청년』은 신문화운동의 대표 잡지였다.

중국 신문화운동과 반전통의 기수 루쉰(魯迅)

루쉰이 1930년대 중국좌익작가연맹회의에서 작가들과 이야기를 나누고 있다.
그의 작품에는 민중애, 사회악과 인간악의 증오 및 투쟁정신이 흐르고 있다.

신문화운동의 주역들
차이위엔페이(蔡元培)가 베이징 대학(北京大學) 총장에 부임한 뒤
학술의 자유를 이념으로 내세우자 보수파의 류스페이(劉師培)·구훙밍(辜鴻銘) 등과
진보파의 리다자오(李大釗)·후스(胡適)·루쉰(魯迅) 등이 모여 자유롭게 연구하고 강의했다.
이러한 학술 민주 분위기가 5·4 신문화운동을 여는 밑거름이 되었다.

난카이 대학(南開大學) 시절의 저우언라이(周恩來)
연극단원의 주요 멤버들과 자리를 같이했다.
왼쪽 뒷줄에 서 있는 사람이 저우언라이이다.

앙가극(秧歌劇) 「황무지를 개간하는 오누이」의 공연 모습
1943년 루쉰 예술문학원 주최로 옌안(延安) 광장에서 공연하였다.

중화인민공화국을 정식으로 선포하는 마오쩌둥

**1949년 10월 1일, 마오쩌둥은 톈안먼(天安門) 광장 누각에서
"중국 인민은 지금부터 일어난다"라고 선포하였다.**

옮긴이 **김형종**(金衡鍾)은 서울대학교 인문대학 동양사학과를 졸업하고,
같은 학교 대학원에서 석사, 박사학위를 받았다.
서울대학교, 한국외국어대학교, 가톨릭대학교, 한림대학교 강사를 거쳐
지금은 서울대학교 동양사학과 부교수로 있다.
저서로는 『청말 신정기(新政期)의 연구—강소성(江蘇省)의
신징(新政)과 신사층(紳士層)』이 있고, 역서로 『중국현대사상사의 굴절』
(원제 『중국현대사상사론』), 『신중국사』(공역) 등이 있다.

GB

한길그레이트북스

인류의 위대한 지적유산

중국현대사상사론

리쩌허우 지음 | 김형종 옮김

한길사

중국현대사상사론
차례

중국고대사상사론 · 차례

중국근대사상사론 · 차례

리쩌허우와 현대중국의 사상사

김형종 서울대 교수 · 동양사학

1. 생명력을 잃지 않는 리쩌허우의 문제의식

이미 15년이 넘는 세월이 흘렀기에 지금은 중국의 국내외를 막론하고 사람들의 기억 속에 희미한 인상만을 남고 있지만, 1989년 봄의 중국을 뒤흔들었던 것은 바로 저 유명한 민주화운동 즉 '6·4운동', 또는 '톈안먼(天安門)사건'이었다. 1919년의 5·4운동에서 베이징의 학생들이 분기하여 전국 민중의 정치적 각성과 참여를 이끌어낸 이후, 톈안먼은 중국의 현실정치와 급진적인 학생·사회운동의 움직임 및 그에 대한 권력의 억압을 상징하는 대표적인 장소로 이후 언제나 국내외적 관심의 대상이 되었다. 이 점은 심지어 1949년 혁명의 성공에 의한 중화인민공화국의 성립 이후에도 마찬가지였다.

물론 정치적 격변과 더불어 톈안먼(광장)의 주역으로 등장하는 것은 그때그때마다의 상황에 따라 달랐으나 대학생을 중심으로 한 청년지식인은 중국의 현실과 장래를 고민하면서 언제나 그 선두에 서 있었다. 그리고 비극적인 결말을 맞은 1989년의 6·4운동이 톈안먼 광장을 주무대로 하여 한참 급류를 타게 되었을 무렵에도 역시 그 주역은 학생과 청년지식인들이었다. 이미 5·4운동이 발생한 지 70년이 흐른 다음이었지만, 이해 5월 4일 '베이징시 대학자치연합회'의 명의로 '5·4선언'이 발표되었다. 1919년의 5·4운동에서도 전국 민중의 참여를 호소하는 비슷한 내용의 선언이 발표된 적이 있었지만, 1989년의 베이징 대학생들은 다음과 같이 호소하고 있었다.

5·4의 민주주의와 과학의 이상은 아직 중국에서 실현되고 있지 않습니다. 70년의 역사는 우리에게 말하고 있습니다. 민주주의와 과학은 한 번에 성취될 수 없으며, 초조와 실망감은 아무런 쓸모도 없는 것이라고. 중국공산당의 마르크스주의는 중국의 경제와 문화 속에서 봉건사상 잔재의 영향을 벗어날 수 없었습니다. 그렇기 때문에 신중국은 근대화를 향하여 매진하면서도 민주주의 건설을 소홀히 했습니다. 과학의 역할을 강조했지만 과학의 정신—민주주의—은 중시하지 않았던 것입니다. ……바로 이 때문에 5·4정신을 발전시키고 정치체제 개혁을 가속화하며 인권을 보호하고 법제를 강화한다는 것이 근대화 건설의 당면한 임무가 되고 있습니다. ……동학(同學)·동포(同胞) 여러분, 우리의 상징인 톈안먼 아래에서 다시 민주주의 · 과학 · 자유 · 인권 · 법제를 위해, 중국의 부강을 위해, 탐구하고 분투합시다. 우리의 외침으로 젊은 공화국을 자각시킵시다!

이 선언은 결국 이 해 6월 4일의 비극적인 사태의 전개로 일단 마무리된 톈안먼사건의 기본정신이 어디에 있는가를 잘 알려주고 있다. 동시에 그것은 당시, 그리고 심지어는 상당한 시간이 지난 오늘날까지도 중국의 고민과 과제가 어디에 존재하고 있는지를 잘 보여주고 있으며, 이 책에서 서술되고 있는 문제의식을 사실상 상당 부분 이어받고 있다고 해도 과언이 아니다. 5·4운동에서 학생 · 청년들이 추구한 민주주의와 과학, 독립적이고 부강한 새로운 중국의 건설이라는 희망은 이미 실현되어 있는 것이 아니라 여전히 실현되어야 하는 과제로 남아 있다는 점을 이 선언은 아주 분명하게 보여주고 있기 때문이다.

1949년 성립된 중화인민공화국은 이전의 '구중국'과는 다른 '신중국'에 대한 희망찬 기대 속에서 출범했다. 그러나 사회전반에 억압적인 분위기를 내려 씌운 반우파(反右派)투쟁이나 비극적인 실패로 끝난 대약진운동 등 1950년대 후반의 격동은 이러한 희망에 찬 기대에 크게 어긋나는 것이었다. 더구나 1960년대 이후에는 다시 오늘날 '10년 동안의 대재난(十年浩劫)'으로 호되게 비난받는 문화대혁명(文化大革命, 1966~76)의 소용돌이에 휘말려 들어가면서 그러한 기대는 더욱 아득한 기억 속으로 밀려들어 갈 수밖에 없었다.

결국 1978년 이후 덩샤오핑(鄧小平) 체제의 성립에 의한 '개혁과 개방'이 추진되면서 오늘날에 이르기까지 중화인민공화국은 그 50여 년에 걸친 역사의 앞부분 25년과는 철저하게 결별하여 새로운 변신을 모색하고 있다. 이런 점에서 1970년대 말 중국의 전환은 1919년의 5·4운동이나 1949년의 사회주의 혁명 못지않게, 또는 그 이상으로 중요한 역사적 전환과 변혁의 의미를 지니게 되었다. 물론 그러한 전환을 통한 변신이 얼마나 성공적일지는 아직 단언하기 곤란하다.

하지만 역사상 가장 빠른 속도로 성장하고 있는 중국 경제의 양적·질적 발전은 이미 국내외 모든 사람들이 인정하고 주목하는 바가 되어 있다. 그에 따라 지역간·도시와 농촌간 발전의 불균형이나 빈부격차의 심화라는 심각한 내재적 모순이 증대하고 있는 것도 사실이다. 하지만 지금에 와서는 정치·군사적으로뿐만 아니라 경제적 강대국으로 등장하고 있는 중국의 국제적 위상 때문에 21세기는 중국의 세기가 될 것이라는 말이 이제는 결코 귀에 낯설지 않게 되었다. 한국과 중국의 경제적 관계도 1992년의 국교 수립 이후 이제는 다른 어떤 나라와의 관계 못지 않게 중요한 비중을 차지할 정도로 발전하고 있다.

하지만 이와 같은 놀라운 사회경제적 발전의 성과가 있었음에도 21세기에 들어선 지 몇 년이 지난 현재의 입장에서 1989년 봄 베이징의 대학생들이 호소했던 요구가 얼마만큼 실현되었는가 하는 문제를 생각해본다면, 반드시 긍정적인 답변을 들을 수 있다고 하기는 어려울 것이다. 톈안먼사건 이후 중국 사회와 경제에 거대한 발전과 변화가 있었음에도 정치적 민주주의의 진전이라는 측면에서는 그에 비례하는 상당한 변모가 있었다고 보기는 어렵기 때문이다. 물론 이러한 변화는 단기간의 성과를 기다리기보다는 앞으로도 좀더 많은 시간을 기다려야 하는 과제가 될 것이다.

동시에 이러한 점 때문에 출판된 지 거의 20년이 가까운 세월이 지났고 방금 이야기한 것처럼 중국 사회도 거대한 내부적인 변화를 겪었음에도 이 책이 여전히 가치를 잃지 않고 있다고 할 수 있는 것이다. 물론 그 동안의 역사적 변동으로 인해 이제는 이미 지나간 이야기가 되어버린 부분도 적지 않지만, 이 책이 담고 있는 핵심적인 내용의 상당 부분은 아직까지도 참고할 만한 가치가 충분하다고 생각된다.

여하튼 앞서 이야기한 것처럼 여러 차례의 전쟁과 대중운동, 사회혁명 등 20세기 중국 현대사를 특징짓는 무수한 격변을 겪고 나서도 중국의 대학생(과 지식인)들이 1989년의 시점에서 다시 한 번 70년 전 할아버지 세대가 제기했던 '민주주의와 과학', '근대화'라는 구호를 당면과제로 삼을 수밖에 없었던 것은 어떠한 연유에서일까? 사실 간단하게 말하자면 이 책은 바로 그러한 문제에 대한 반성과 답안의 모색을 위해서 씌어졌다고 평가할 수도 있다.

다시 말해 중화인민공화국 성립 이전에 가장 절박한 과제로 여겨졌던 정치상의 '반제구망'(反帝救亡: 외국 침략에 대한 저항과 민족독립)이란 주제가 이제 와서는 경제적으로 '개제구적'(開除球籍: 경제적 낙후로 인해 세계 국가의 목록에서 지워질지도 모른다는 것)을 면하기 위해서 어떠한 경제적 발전을 이루어야 하는 주제로 중점이 바뀌었을 뿐 놀라울 정도로 과거와 유사한 상황이 반복되고 있다는 인식이 이 책의 밑받침이 되고 있는 것이다. 이러한 인식 아래, 필자 리쩌허우(李澤厚)는 이러한 상황이 진정으로 현대중국과 중국인에게는 쓰라린 비극이라고 지적하고 있다. 그리고 필자가 제기한 이러한 고통스러운 현실상황의 절박함, 그에 따른 위기의식·문제의식과 '비원'(悲願)의 심각성이 결국 저 '톈안먼사건'이라는 하나의 비극적인 정점과 모순의 폭발을 통해 다시 한 번 확인을 받게 되었던 것은 이 책의 생명력을 입증해주는 바이기도 하다.

그러면 도대체 이러한 사태는 어떻게, 왜 가능했던 것일까? 이것은 당연히 중국의 근현대사 연구자뿐만 아니라 중국에 관심을 갖는 모든 사람에게 다가오는 하나의 중대한 질문이라 할 수 있을 것이다. 이 점에 대해 리쩌허우는 그러한 상황이 초래된 근본적인 이유를 계몽(啓蒙)과 구망의 이중변주(二重變奏)라는 독특한 이론적 틀로 설명하고자 하고 있다. 즉 중국의 근현대는 시종일관 강국의 핍박과 외국의 압력이 계속 심화되는 형세에 있었기 때문에 반제(反帝)의 임무(이른바 '구망')가 다른 무엇보다도 중요한 과제로서 대단히 돌출하게 되었고, 특히 장기적인 군사투쟁과 전쟁이라는 형세에 있었던 까닭에 그러한 임무를 수행하는 과정에서 봉건적인 잔재와 농민적인 소생산자의식(小生産者意識)이 제대로 청산될 수 없었다고 설명하고 있다. 즉 계몽(사상 계몽, 개인의 인권과 자유, 개성, 민주주의와 과학, 반봉건 등의 의미로 사용된다)이 이것들에 의해 압도당하고 억압당해버렸다. 다시 말해 이것은 '구망'이라는 주제가 '계몽'이라는 주제를 압도함을 의미한다는 것이다.

이것을 그는 '농민혁명(중국의 사회주의 혁명을 상징하는)의 후유증'이라는 용어로 표현하고 있지만, 결국 '계몽'과 '구망'이라는 두 주제의 관계는 중국 혁명의 성공과 그것을 상징하는 중화인민공화국의 성립에도 불구하고 합리적으로 해결되지 않았다고 지적하고 있다. 나아가 심지어는 이 문제가 이후 이론적으로 충분히 탐구되거나 중시되지 않은 결과, 앞서 지적한 것과 같은 커다란 비극적 상황이 초래될 수밖에 없었다는 것이다. 기존에 나왔던 한국어판 저자 서문(1991)에서 리쩌허우는 이렇게 말한 적이 있다.

현실생활은 역사성을 가진 존재입니다. 과거의 것이 오늘을 억누르고 오늘에 작용하고 있습니다. 이것은 중국인에 대해서 말하자면 너무도 많은 것을 의미하고 있습니다. 그 가운데 100여 년 동안의 제국주의, 특히 일본제국주의의 침략에 대한 항쟁 때문에 눈물과 피, 그

리고 집단적 영웅주의로 가득 찬 '구망'의 주선율은 중국 현대사에서
는 너무나 고양되고 격양된 것이었습니다. 그 때문에 '구망'은 기타
중요하지 않은 모든 목소리·색채·흥취와 성취를 거의 압도해버리
거나 아니면 억압해버리고, 농민의 무장투쟁으로 휘황찬란한 승리를
거두었습니다. 따라서 다시 상당한 시기 동안 그에 대한 대가를 지불
하기도 했습니다. 이것이 '필연'인가 아니면 '우연'인가, 개인적인 요
소인가 아니면 사회적인 요소인가, 이 점은 생각해보아야 할 문제입
니다.

　오늘날 이러한 역사는 어떻게 연속되고 있는가, 그것은 또 어떠해
야 하는가, 어떻게 과거를 회고하여 역사와 공정한 대화를 진행시킬
수 있을 것인가, 이것은 여전히 오늘날의 중국이 직면하고 있는 커다
란 문제입니다.

이 인용문은 리쩌허우가 지닌 문제의식, 이 책이 담고 있는 문제의식
을 아주 간명하게 요약하고 있다고 할 수 있다. 그리고 이러한 문제의
식은 지금에 와서도 여전히 상당 부분은 그 생명력을 잃지 않고 있다고
할 것이다. 리쩌허우 자신도 최근 중국 대학생들과의 대화에서 여러 방
면에서의 비판에도 불구하고 이 책의 기본적인 관점을 여전히 견지하
고 있음을 밝힌 바 있기도 하다. 특히 최근 중국 사회의 급격한, 그리고
지속적인 근대화·서구화 방향으로의 매진은 자신이 제기한 '서체중
용'의 입장이 기본적으로 옳았음을 증명한다고 보고 있는 것이다.

2. 20세기 현대중국 사상사에 대한 반성과 모색

이 책에서 다루고 있는 구체적인 내용을 여기서 미리 자세하게 설명
할 필요는 없겠지만, 간단히 소개를 하자면 제1장에서 다루는 주제는
바로 이 책의 핵심논리를 이루는 '계몽'과 '구망'의 의미에 집중된 것이
다. 1910년대 중반의 신문화운동에서 제기된 '계몽'은 중국 현대사의

새로운 페이지를 열게 되지만 심각한 사회정치적 위기는 결국 '구망'이 '계몽'을 압도하게 만들고, 지식인은 혁명전쟁 속에서 다시 이러한 혁명에 의해 정복당하게 되었다는 것이 그 요지이다. 이러한 상황 때문에 '계몽'에 의해 해소되었어야 할 '봉건주의'가 '구망'의 과제가 일단 완성되었다고 여겨진 사회주의 혁명 이후의 중국에서 계속 살아남아 '문화대혁명'과 같은 비극을 낳게 되었던 것이다.

제2장에서 다루는 세 차례의 논쟁은 '과학과 인생관', '중국 사회성격 논쟁', 문학 예술의 '민족형식' 문제를 다룬 것이다. 주제는 다르지만 결국은 과학성(학술성)과 이데올로기성(정치)이 서로 교차하면서 얽히는 특징을 지녔다는 점을 지적하면서 '구망'이 '계몽'을 압도하는 과정을 학술과 정치의 관점에서 조명하고 있다고 하겠다. 제3장에서 다룬 후스·천두슈·루쉰의 문제는 현대사의 격변기에 대조적인 삶의 모습을 보인 세 사람을 분석하고 있다. 그는 후스의 학문적인 면에서의 돌파나 천두슈의 민주주의에 대한 견지를 높이 평가하고 있지만, 그가 특히 강한 애착을 보이는 것은 바로 루쉰이다. 서구 실존주의의 출현에 앞서 이미 '죽음'에 대해 형상적인 감수성을 지니고 있던 루쉰은 계몽을 초월했고, 근대적인 고독과 비애감을 갖추고 있었다고 지적하면서 루쉰에 대한 일종의 '편애'를 보여주고 있다.

제4장에서는 20세기 중국의 역사에서 그 누구보다도 강력한 영향력을 미치게 되었던 마오쩌둥의 청년시절(그리고 아마 그 이후에도 견지되는) 사상의 특색을 분석하고 있다. '동력'과 '투쟁'을 우주본체와 인격본성으로 파악하고 '자아실현'을 도덕률로 삼고, 끝이 없는 영원한 추구를 이상으로 삼는 것이 청년 마오쩌둥의 사상적 특징이라고 그는 지적한다. 따라서 낭만주의와 영웅주의의 색채가 강하며 '통금'(通今), 즉 현실적 경험의 개괄을 중시하는 특성이 있었지만, 만년의 경우에는 여기에 불균형이 발생하게 되었다는 것이다.

제5장에서 다룬 중국 마르크스주의에 대한 반성은 제4장의 그것과도 밀접하게 연결되지만, 앞서도 지적한 바 있는 이 책의 중심적인 주제이

기도 하다. 그는 특히 유물사관, 특히 계급투쟁의 학설은 중국 마르크스주의에서 가장 뚜렷하게 받아들여지고 실천되는 부분이 되었다는 것, 중국 마르크스주의는 주로 혁명에 관한 전략적 학설로 구성되었고, 그것을 대표하는 마오쩌둥 사상은 노동자·농민의 무장할거, 농촌에 의한 도시의 포위와 유격전쟁이라는 일련의 전략적 책략이라는 점을 강조하고 있다.

그리고 여기에 부가된 투쟁의 철학, 도덕주의, 인민주의 등 중국적 마르크스주의의 특징이 '문화대혁명' 속에서 정점에 이르면서 비극적 결과를 가져오게 되는 중대한 원인임을 지적하면서 그는 특히 유물사관으로의 복귀, 투쟁이 아닌 건설의 철학으로서의 마르크스주의의 재건을 강조하면서 제시하고 있다.

제6장에서 다룬 20세기 중국 문예에 대한 고찰은 여섯 세대에 걸친 중국 지식인·문학가들의 작품분석을 통해 20세기 중국 사회의 변화에 따른 지식인과 문학 예술면에서의 심태(心態)의 변화를 흥미 있게 추구하고 있다. 이를 잇는 제7장도 1980년대 이후 새롭게 주목받게 된 '현대 신유가'에 속하는 대표적인 철학자들의 기본적인 사상체계를 검토함으로써 그 역사적인 변화의 맥락과 그 전도에 대해 탐색을 시도하고 있다. 제6장과 제7장에서 다루는 것은 문학과 철학 면에서의 지식인 세대의 심태와 사상의 변화를 추적한 것이지만 앞서 다룬 내용들과도 밀접하게 연결되면서 그가 제시하는 논리의 설득력을 강화시켜 주고 있다고 하겠다.

그리고 제8장 '서체중용'에 대한 분석은 '중체서용'과 '서체중용'에 대한 대조를 통해 근현대의 역사적 경험을 반성하는 동시에 장래의 바람직한 기본적인 지향을 제시하는 부분이라고 할 수 있다. 그는 중국적 특색이라고 할 수 있는 실용이성은 외부의 것을 받아들이고 흡수하게 하는 동시에 항상 스스로의 체계를 가지고 외부에서 받아들인 이물(異物)을 융해·동화시킴으로써 외부의 것이 그 성능을 잃게 하므로(이것이야말로 '중체서용'이 지닌 문제점이다), 응당 '체'·'용'·'중'·'서'

에 대해서 새로운 해석을 통해 새로운 방향을 모색해야 함을 강조하고 있다. 그러한 대안으로 그가 제시하는 것이 바로 '서체중용론'이다. '구망'과 '계몽'의 이중변주 못지않게 이 책의 중요한 핵심논지를 이루는 것이 바로 이것이라고 하겠다.

이렇게 간단하게 소개했지만, 그 주된 내용은 요컨대 20세기 현대중국의 사상사, 특히 그 주된 흐름을 장악해온 마르크스주의 사상사에 대한 철저한 반성과, 참담하기 그지없는 처절한 자기고백, 그리고 앞으로의 전망에 대한 진지하고도 신중한 비판적인 모색이라 할 수 있다. 거기서 핵심적인 논리를 구성하는 것은 바로 '구망'이 '계몽'을 압도하게 되었다는 지적이다.

이러한 필자의 논리가 물론 모든 사람의 동의를 받는 것은 아니다. '계몽'과 '구망'의 이중변주 속에서 '구망'이 '계몽'을 압도했다는 필자의 논리는 이 책 속에서 다양한 측면을 통해 논증되고 있기는 하다. 하지만 역사적 과정의 구체적인 분석에 기초한 것이라기보다는 전반적인 흐름의 파악이라는 느낌이 좀더 강하다(필자의 표현을 빌리자면 이지적이라기보다는 직관적인 파악이다). 또한 이 개념들 자체가 명확하게 정의되지 않은 상태에서 필요에 따라 여러 가지 의미를 지닌 채 사용되거나, '계몽'과 '구망'의 양자 관계가 명확히 설정되어 있지도 않기 때문에, 양자가 서로 불가분의 관계에 있어서 '구망'이 '계몽'을 압도할 수 없다거나, '구망'이 '계몽'을 불러일으킨 것, 또는 상호보완적 관계라는 비판 따위를 낳기도 한다. 하지만 전체적인 논지에서 본다면 이러한 비판보다는 필자의 논리가 보다 더 큰 설득력과 매력을 지닌 것으로 보인다. 그렇기에 20세기 중국의 격정에 찬 역사나 톈안먼사건 전후의 중국을 이해하는 데에는 많은 시사점을 줄 수 있으리라고 생각한다.

이 책에서는 '잡다'하다고도 비평을 받을 만큼 동서고금을 가로지르는 폭넓은 지식과 식견뿐만 아니라 필자 나름의 독특한 개념인 '구망'과 '계몽', '실용이성'(實用理性), '문화심리 구조'(文化心理構造), '서체중용'(西體中用) 등이 자유롭게 구사되고 있어 아주 다채로운 내용을 담고 있다. 더구나 이 책에서 다루고 있는 것은 아주 다양한 역사적·사상적·문학적 주제들이기 때문에 그만큼 관련된 지식을 얼마간 갖추고 있지 않으면 읽어나가기가 쉽지 않다.

그러한 점 때문에 부족한 점이 많은 역자가 번역에 임하면서 가장 고심한 부분의 하나는 역주를 어느 정도 수준으로 하는가 하는 점이었다. 원래 초판에서는 중국의 근현대사에 대해 그다지 접촉해본 적이 없는 일반 독자들도 읽어가면서 다른 책을 찾아보는 번거로움을 줄여주기 위해, 글 속에 나오는 인물이나 용어·인용문에 대해 많은 역주를 첨가하기도 했다. 하지만 앞서도 지적한 것처럼 다양한 방면에 대한 내용을 담고 있는 이 책에 대해서 큰 줄거리를 이해하는 데 그렇게 큰 도움이 되지 않는 소소한 역주를 첨가한다는 것은 오히려 독자들에게 커다란 번거로움을 주면서 책을 읽어나가는 데 오히려 방해가 될 수 있는 부분이기도 하다. 그래서 여기서는 그러한 역자의 주를 최소한으로 제한하면서 일반 독자들이 보다 쉽게 이 책을 접할 수 있는 쪽을 선택했다. 물론 일일이 언급하지는 않았지만 리쩌허우의 원문 자체에는 인용된 글이나 책의 출판지·출판연도가 기록되지 않은 부분도 상당히 있어, 이런 것들은 가능한 한 찾아서 보충하려 했고, 모든 인용문을 원문과 대조할 수는 없었지만, 가능한 부분은 모두 대조하여 오자, 탈자나 오식(誤植)으로 인한 잘못을 없애려고 노력했다. 하지만 얼마만큼 역자의 노력이 성과를 거두었는지는 자신하기 어렵다. 독자 여러분의 따끔한 지적을 바란다. 또한 이 번역서가 전문적인 학술서적이라기보다는 일반교양서라는 방향을 설정하고 있는 만큼 독자 여러분도 세밀한 부분에 너무 얽매이지 않고 필자가 이야기하고자 하는 바의 큰 흐름을 주목하면서 읽어나가길 권하고 싶다.

내용 요약

계몽과 구망의 이중변주

1. 천두슈는 1916년 '최후의 각오가 되는 각오'를 제기하여, 전통을 반대하면서 계몽을 호소했다.

2. 5·4운동은 결혼의 자유에서 공독호조단에 이르기까지 청년세대 행위모델의 변화를 가져왔다. 일부 사람들은 무정부주의를 거쳐 마르크스주의를 선택했다.

3. 구망은 다시 한 번 계몽을 압도했다. 지식인은 혁명전쟁 속에서 다시 이러한 혁명에 의해 정복당했다.

4. 봉건주의는 결코 해소되지 않았으며, 사회주의의 가면 아래 갖가지 폐단을 가져왔기에, 사람들은 다시금 5·4를 불러 외치게 되었다.

중국 현대의 세 차례 학술논쟁

1. 1920년대에 장쥔마이 등은 과학이 인생관의 문제를 해결할 수 없고, 심신과 사회의 영역에서 인과율이 효과를 발휘할 수 없다고 생각하여 송명이학으로 돌아갈 것을 요구했다.

2. 딩원장 등은 과학이 모든 문제를 해결할 수 있다고 강조하면서 과학적 인생관을 건립하여 신앙으로 삼고 그것으로 생활의 지침으로 삼을 것을 요구했다.

3. 1930년대 중국 사회성격 논쟁에 참가한 세 파 가운데 타오시성 등의 『신생명』파와 트로츠키파의 『동력』은 중국 사회의 자본주의적 성질

을 강조했다. 그러나 중국공산당의 『신사조』파는 중국 사회의 봉건성을 강조했다. 전자는 반제국주의·반자본주의를, 후자는 반제국주의·반봉건주의를 주장했다.

4. 두 차례 논쟁은 과학성(학술성)과 이데올로기성(정치)가 서로 교차하면서 얽히는 특징을 지녔다.

5. 1940년대 후펑은 민간형식을 문예의 민족형식을 창조하는 중심적 원천으로 삼자는 샹린빙의 주장에 반대하여 5·4를 계승하고 외래의 것을 흡수하는 것을 주로 삼아야 한다고 주장했다.

6. 혁명전쟁은 문예가 노동자·농민·병사를 위해 복무할 것을, 수많은 대중과 간부들이 '즐겨 보고 듣는 것'의 '대중화'가 시대의 주류가 되도록 할 것을, 그리고 마오쩌둥의 『연안문예 좌담회의에서의 강화』룰 요구했다.

후스·천두슈·루쉰

1. 문학의 언어형식에 대한 개혁은 중요한 의미를 지니는데, 후스는 맨 처음 백화문운동을 제창함으로써 이름을 얻었다.

2. 후스의 두번째 공헌은 문학과 역사의 영역에서 근대학술의 사상적인 새로운 패러다임을 개척했다는 데 있다.

3. 천두슈의 주요한 흥분점은 시종일관 정치였다. 그는 정치의 각도에서 문학의 혁신을 바라봄으로써, 후스의 '팔불주의'(八不主義)를 돌파했다. 천은 공·맹과 정·주를 구분하고 중국 전통의 민본주의와 서양의 근대적 민주주의를 한데 섞어서 이야기하는 것에 반대했다.

4. 천의 계몽주의적 우주관과 인생관은 데모크라시에 대해서 제창에서 부정으로 나갔다가, 다시 긍정으로 돌아섰다.

5. 루쉰의 '죽음'에 대해 형상적인 느낌을 지니고 있었으므로, 그는 계몽을 초월했고, 근대적인 고독과 비애감을 갖추고 있었다.

청년 마오쩌둥의 사상

1. 청년 마오쩌둥은 '동력'과 '투쟁'을 우주본체와 인격본성으로 파악했으며, 이 '동'(動)은 체백성의 특징을 지니고 있다.

2. '자아실현'을 도덕률로 삼고, 끝이 없는 영원한 추구를 이상으로 삼고 있으며, 낭만주의와 영웅주의의 색채가 강하다.

3. '귀아'(貴我)와 하나의 짝을 이루고 있는 것은 방법이나 인식상에서 '통금'을 강조하는 것, 즉 현실적 경험의 개괄을 중시하는 것이다.

중국의 마르크스주의 – 하나의 시론

1. 유물사관 특히 계급투쟁의 학설은 중국 마르크스주의에서 가장 뚜렷하게 받아들여지고 실천되는 부분이 되게 했다. 실용이성은 중국의 지식인으로 하여금 즐겨 진화론과 유물사관을 받아들이게 했다.

2. 리다자오는 초기 중국 마르크스주의의 이론적 대표였다. 그는 '민중 속으로 들어가자'고 호소하면서 '정신을 개조하자'고 강조하는 두 가지 큰 특징을 지니고 있다.

3. 취추바이는 앞을 이어받으면서 뒷사람을 계몽하는 역할을 맡아 변증법적 유물론을 소개하고 선전했다.

4. 중국 마르크스주의는 주로 혁명에 관한 전략적 학설로 구성되었다. 마오쩌둥은 노동자 · 농민의 무장할거, 농촌에 의한 도시의 포위 및 유격전쟁이라는 일련의 전략적 책략을 제시했다.

5. 전쟁의 경험을 총괄하여 군사적 변증법을 철학적 세계관으로 끌어올리고, 주관적 능동성을 강조하고 경험이성에 기초하게 된 철학적 인식론.

6. 사상개조운동은 도덕주의를 고양시켰다.

7. 1949년의 승리는 독립적이고 통일되고 평등한 신중국을 가져왔다. 마오쩌둥은 '신민주주의적 질서를 공고히 하는 것'에 반대하면서, 여전히 격렬한 정치사상투쟁으로 농업합작화를 앞당겨 무리하게 완성시키고자 했다.

8. 마오쩌둥은 '정치가 통수이다'는 입장을 강조하고, '두 계급의 두 갈래 길'이란 투쟁을 강조하면서 모든 영역으로 확대했다. 그것들은 보통 노동과 착취, 공과 사, 선과 악이라는 도덕적 판단으로 바뀌었다.

9. 투쟁철학('계급투쟁을 벼리로 삼는다'), 도덕주의('투사비수'), 인민주의('빈하중농에게 배우자')는 사상적 특징이 되었고, '문화대혁명' 속에서 정점에 이르렀다. 수많은 간부와 지식인은 도덕주의 아래 굴복하게 되었다.

10. 신시기의 인도주의적 외침은 이론적 약점과 동시에 역사적 정의성을 띠고 있다. 마르크스주의는 응당 건설의 철학이 되어야 한다.

20세기 중국 문예 일별

1. 형상적 사유의 세계에서 중국 현대지식인의 심태를 보았다. 쑤만수의 창작 가운데에는 일종의 여명기적인 청신한 숨결이 느껴진다.

2. 5·4시기는 민감한 감상주의적 특색을 보여 인생과 자아에 대한 탐색과 추구가 신선하고 다양하며 몽롱한 성격을 띠고 있다.

3. 봄날은 지나가고 여름에 접어들었으며, 성숙한 청년들은 사회로 뛰어들게 되었다. 1930년대에 구체적인 모델을 창조한 이 세대는 그 작품 속에서 현실생활을 광범위하게 반영했으므로 현대문학은 객관성을 획득하게 되었다. 마오둔, 바진, 라오서, 선충원, 차오위, 샤옌 등.

4. 노동자·농민·병사에게로 나아가는 것과 그 심령의 복잡함과 고통스러움. 아이칭과 루리, 그리고 진정한 농민작가 자오수리.

5. 찬양(샤징즈)과 참회(장셴량)는 해방세대의 문학적 특징이 되었다.

6. 악몽에서 다시 깨어난 다음의 방황, 분개, 모색과 부정. 수팅, 베이다오에서 류쑤라까지.

현대 신유가 약론

1. 슝스리는 탄쓰퉁, 장타이옌이 이루지 못한 사업을 완성하여, 송명이학의 윤리학을 우주관과 본체론으로 바꾸어놓았다. '체용불이', 즉

운동과 변화, 생생불식하는 심물 감성세계를 강조한 것이다.

2. 량수밍은 문화에서 출발하여 철학을 이야기하면서, 중서문화의 차이는 인생을 대하는 태도의 차이와 방향의 차이에서 비롯된다고 생각했다. 정감과 직각이 이지보다 중시되는 것이다.

3. 펑유란은 슝, 량과는 달리 하나의 순수한 논리적 '이(理)세계'의 철학적 체계를 건립했으며, '사의'(思義)와 '요해'(了解)를 거친 다음에야 '불가사의'와 '불가료해'라는 인생의 최고경계에 도달할 수 있음을 강조했다.

4. 머우쫑싼은 육·왕이야말로 공·맹의 정종이며, 정·주의 '의리지성'은 '존재하지만 활동하지 않는 것'이기에 도덕적 자율의 기초를 잃었다고 생각했다. 머우는 사의나 이지로 이해하거나 도달할 수 없는 '내성지도'의 직관적인 체인, 증오(證悟)를 강조했다.

5. 슝, 량-펑-머우는 현대신유가의 정·반·합이라는 일종의 동그라미와 같은 과정을 이루고 있는 것처럼 보인다. 유학의 앞날에 관한 문제.

서체중용에 대하여

1. 중국 근대는 '기'(技)에서 '정'(政)으로, 다시 '교'(敎)로 옮아가는 개혁과정을 거치면서 '중체서용'론이 제기되었다. 5·4시대에는 서학과 중학의 근본적인 차이, 즉 개인본위와 가족본위가 부각되었다.

2. 실용이성은 외부의 것을 받아들이고 흡수하게 하는 동시에 항상 스스로의 체계를 가지고 외부에서 받아들인 이물(異物)을 융해·동화시킴으로써 외물이 그 성능을 잃게 한다. 이것이야말로 '중체서용'이 지닌 문제점이다.

3. '태평천국'을 예로 삼아 '중국화' 과정에서 나타나는 평균주의, 금욕주의와 명령주의, 도덕주의를 살펴보았다.

4. 응당 '체'·'용'·'중'·'서'에 대해서 새로운 해석을 해야 한다. '체'는 우선 사회존재의 본체이다. 전근대, 근대, 탈근대라는 세 가지 다른 역사적 단계를 뒤섞어서 이야기해서는 안 되며, 문화상대주의에도 찬성하지 않지만 다원화에는 찬동한다.

■ 일러두기

1. 원주는 일련번호를 매기고, 역주는 * 으로 표시해 구별했다.
2. 외래어 고유명사의 경우 외래어 표기법(문화체육부 고시 제1995-8호, 1995. 3.
   16)을 따랐다. 주의를 요하는 몇 가지 표기법을 보면 아래와 같다.
   1) 파열음 표기에는 된소리를 쓰지 않는 것을 원칙으로 한다(외래어 표기법 제1
      장 제4항). 다만 설치성 'z'와 's'의 경우는 각각 'ㅉ'와 'ㅆ'로 표기한다.
   2) 주의를 요하는 운모(韻母) 표기(외래어 표기법 제2장 표5).
      you(yu) → 유
      wei(ui) → 웨이(우이)
      weng(ong) → 윙(웅)
      yuan(uan) → 위안
      yong(iong) → 융
   3) 'ㅈ, ㅉ, ㅊ'으로 표기되는 자음 뒤의 'ㅑ, ㅖ, ㅛ, ㅠ' 음은 'ㅏ, ㅔ, ㅗ, ㅜ'로
      적는다(외래어 표기법 제3장 제7절 제2항).
   4) 중국 인명은 과거인과 현대인을 구분하여 과거인은 종전의 한자음대로 표기
      하고 현대인은 원칙적으로 중국어 표기법에 따라 표기하되, 필요한 경우 한
      자를 병기한다(외래어 표기법 제4장 제2절 제1항).
   * '과거인과 현대인을 구분'한다는 표현은 애매하다. 이 책에서는 저자의 시기
     구분을 존중하여 '아편전쟁'을 그 기준으로 삼았다.

계몽과 구망의 이중변주

　'5·4'운동은 두 가지 다른 성격의 운동, 즉 신문화운동(新文化運動)과 학생들의 애국 반제운동(反帝運動)을 포괄하고 있다.[1] 그러나 '5·4'운동을 다룬 수많은 책이나 글에서는 늘 이것들을 한데 뭉뚱그려 칭송할 뿐, 둘 사이의 복잡한 관계와 거기서 비롯된 사상의 발전이나 역사적 결과에 주목하는 경우는 비교적 드물었다고 할 수 있다. 여기서는 이러한 문제들에 대하여 초보적인 탐색을 시도해보고자 한다.

---

1)　'5·4운동'이 신문화운동을 포함하느냐 아니냐에 대해서는 의견대립이 있어 왔다. 어떤 사람은 학생 애국운동을 찬양하지만 신문화운동에는 반대하며(이를테면 장제스蔣介石의 『중국의 운명』中國之命運), 어떤 사람(후스胡適)은 거꾸로 "5·4운동은 신문화운동에 대해서는 하나의 좌절이다"라고 말한다(저우양산周陽山 편, 『5·4운동과 중국』五四與中國, 타이베이, 391쪽 참조). 하지만 절대 다수의 사람들은 이 둘은 극히 밀접한 관계를 가지고 있어 하나로 보아야 한다고 생각하며, 이글은 이러한 견해에 동의한다. '5·4'운동이라는 용어는 1919년 5월 26일 『매주평론』(每週評論) 제23기에 실린 뤄자룬(羅家倫)의 글 「5·4운동의 정신」(五四運動的精神)에 맨 처음 나타난다.

1 계몽과 구망의 상호촉진

1915년 천두슈(陳獨秀)는 『청년』(靑年: 제2호부터 『신청년』으로 개칭)지를 창간하며 실질적인 발간사인 「청년에게 고함」(敬告靑年)에서 중국과 서구문화를 대비하는 방식으로 여러 가지 전통관념을 공격하며 "노예적이지 말고 자주적일 것", "보수적이지 말고 진보적일 것", "퇴영적이지 말고 진취적일 것", "쇄국적이지 말고 세계적일 것", "허식적이지 말고 실리적일 것", "공상적이지 말고 과학적일 것" 등 여섯 가지 주장을 제기하고, "과학과 인생을 아울러 중시하라"고 권고했다. 이것은 머지않아 '새선생'(賽先生: '새인사' 賽因斯, 즉 science)과 '덕선생'(德先生: '덕모극랍서' 德謨克拉西, 즉 democracy)이라는 구호가 유행하게 됨을 예고하는 것이었다.

『신청년』은 이바이사(易白沙), 구이한(高一涵), 후스(胡適), 우위(吳虞), 류푸(劉復), 루쉰(魯迅), 리다자오(李大釗), 첸쉬안퉁(錢玄同), 선인모(沈尹默), 저우쭤런(周作人) 등의 각종 논설과 백화(白話: 구어체) 시문(詩文)을 가시덤불 헤치듯, 벼락이 내려치듯 잇따라 발표하여 공자와 전통도덕에 대한 공격을 처음으로 전면적으로, 맹렬하게 그리고 직접적으로 시작했다. 또한 반드시 구두언어(白話)로 창작해야 한다고 강조했다. 이를 계기로 도덕혁명과 문학혁명을 내용과 구호로 하는 신문화운동이 출렁이는 거센 물결처럼 맹렬한 기세로 전개되기 시작했다.

이것은 수천 년의 중국 문화사에서 획기적인 일이었다. 이렇게 격렬하게 전통을 부정하고 서구화를 추구한 것은 근·현대 세계사에서도 아주 보기 드문 현상이었다. 그러나 주목할 만한 것은, 이 운동이 실제로는 적어도 그 발전의 초기에는 바로 앞 단계의 사람들인 탄쓰퉁(譚嗣同)·옌푸(嚴復)·량치차오(梁啓超) 등이 추구한 역사적 과업의 연속에 지나지 않았다는 점이다. 봉건적인 윤리(綱常)에 대한 탄쓰퉁의 통렬한 공격, 중국과 서구문화에 대한 옌푸의 날카로운 대비, 량치차오의 '신민'(新民)에 대한 적극적인 고취 등은 모두 '서학'(西學: 서구 자본주의 문화)으로 '중학'(中學: 중국의 봉건적 전통문화)을 반대한 계몽운동이었다. 신문화운동과 이들의 추구는 결코 본질에서 다른 것이 아니었으며, 심지어 형식적인 주장에서는 상당히 접근하거나 비슷하기조차 했다(이를테면 앞서 말한 천두슈의 여섯 가지 주장과 량치차오의 수많은 논설을 보라). 그렇다면 무엇 때문에 신문화운동은 (이전과는 달리) 전례 없는 기세와 작용·영향력을 가질 수 있었던 것일까?

물론 양적인 변화의 축적은 질의 변화로 나아간다. 신문화운동에서 계몽적 요구와 주장의 철저성·전체성은 탄쓰퉁·옌푸·량치차오의 단계와 견줄 때 비교가 되지 않는다. 철저하게 전통과 결별한 그 격렬한 새로운 모습과 방식이 새로운 성질을 가져온 것이다. 그리고 그것이 당시 하나의 '운동'으로 일어나 광범위한 주목을 받고 널리 전파될 수 있었던 것은 특정한 역사적 환경의 구체적 산물이기도 하다.

나는 『중국 근대사상사론』에서 이렇게 말한 적이 있다.

모든 시대는 시대가 규정하는 특징이 존재하는, 자기 나름의 중심 고리를 가지고 있다. ……근대 중국에서 이 고리는 바로 사회·정치 문제에 대한 토론이었다. 눈앞에 다가온 듯 절박한 근대 중국의 긴장된 민족모순과 계급투쟁은······ 급박한 사회·정치문제의 토론과 실천활동 속에 (모든 사람들의) 주의력과 역량을 대부분 쏟아넣게 만들었다.[2]

또한 무술개혁에서 신해혁명(辛亥革命: 청조의 타도)에 이르기까지, 정치투쟁은 처음부터 끝까지 선진 지식인 집단이 흥분을 느끼는 초점이었다는 점도 지적했다. 계몽과 문화를 포함하여 (정치를 제외하고는) 그밖의 모든 것은 거의 돌아볼 틈이 없었던 것이다. 이를테면 쩌우룽(鄒容)이 『혁명군』(革命軍)에서 보여준 민주 계몽사상 같은 것은 결코 중시되거나 보급되지 못했으며, 혁명을 호소하는 군사투쟁에 완전히 매몰되어버렸다. 쑨원(孫文)이 신해혁명 후 그에게 '대장군'(大將軍)이라는 멋진 시호(諡號)를 바친 것은 오히려 바로 이러한 사정을 드러내주는 상징이기도 하다. 쑹수(宋恕)의 『육재비의』(六齋卑議)에 나타나는, 반송명이학에 반대하는 걸출한 계몽사상 역시 구석에 처박혀서 거의 주목을 받지 못했다.

신해혁명 후 그다지 큰 변화는 없었다고 하지만, 어쨌든 역사는 새로운 단계로 넘어갔다. 황제가 사라졌고, "학문을 하고 여유가 있으면 벼슬을 하는" 낡은 봉건방식도 더이상 정상이 아니게 되었다. 하지만 정국은 엉망으로 치달았고, 사상의 혼란이 극심한데다가 통제가 상대적으로 느슨해지고 이데올로기에는 공백상태가 나타났다. 한편에서는 낡은 체제·규범·관념·풍습·신앙·방식······ 등이 황제권력의 붕괴로 말미암아 파괴되거나 붕괴되든지 아니면 날로 부패하기 시작했다. 다른 한편에서는 바로 이러한 것 때문에 강력한 보수·완고 세력이 끊임없이 공자를 존숭하고 경서(經書)를 읽자는 움직임을 강화하고 황제권의 부활을 소리 높여 외치는 풍조를 만들어내면서, 사회의 국면을 거꾸로 이끌어 '이전의 청조' 시대를 회복시키거나 아니면 그리로 후퇴하려

---

2) 「후기」, 『중국 근대사상사론』(中國近代思想史論) 참조.

고 했다. 지식인, 특히 젊은 지식인들에게는 국가나 개인의 앞날이 어떠할 것인지, 길은 어디에 있는지 그야말로 막막한 상태였다고 할 수 있었다.

앞 세대 혁명가들의 열정도 쇠퇴해버렸다. 몇몇 사람들이 쑨원의 주변에서 마음은 있으나 힘이 따르지 못하고 효과도 그다지 거두지 못하던 정치·군사 투쟁을 계속한 것 외에, 대부분의 사람들은 의기소침한 상태에 빠졌다. 판아이눙(范愛農)·뤼웨이푸(呂緯甫)·웨이롄수(魏連殳:'이들 모두 루쉰 소설의 주인공), ……심지어 루쉰 자신도 거의 10년 간 침묵하여, 불경을 읽고 탁본을 모으거나 혜강(嵇康)을 베끼면서 시간을 흘려보냈다. 바로 이렇게 모두가 침묵하여 숨막힐 정도로 암울하던 암흑의 왕국에서 천두슈가 가장 먼저 나서서 민주주의와 과학을 외친 것이다.

이 외침은 중국의 선진 지식인들이 심사숙고하면서 거듭하여 오랫동안 사색해온 결과였다. 천두슈는 1916년 봄 아주 중요한 두 편의 글을 발표했다. 그 글에서 그는 이렇게 말한다.

> ……우리 나라의 최근 몇 년 동안의 정치상황에서는 오직 당파(黨派) 운동만 있었을 뿐, 국민운동은 없었다. ……다수 국민의 운동에서 나오지 않은 일은 모두 성과를 거두기 어려우며, 설사 성과를 거둔다고 할지라도 국민의 근본적 진보와는 아무런 상관이 없다.[3]

오늘날의 이른바 공화·입헌이라고 일컫는 것은 소수 당파의 주장일 뿐, 대다수 국민은 거기서 절실한 공감을 느껴 취사선택할 어떠한 것도 발견하지 못한다. ……입헌정치가 다수 국민의 자각, 다수 국민의 자발적인 움직임에서 나오는 것이 아니라 오로지 선량한 정부, 현인정치에만 의지하게 된다면, 그 비열하고 구차함은 노예가 주인의

---

3) 천두슈, 「1916년」, 『청년』(靑年) 제1권 제5호.

은혜를 바라고, 미천한 백성이 훌륭한 군주나 뛰어난 재상이 인정(仁政)을 베풀기를 기대하는 것과 조금도 다를 게 없다.[4]

여기서는 '다수 국민의 운동'이라는 것이 강조되어 제기되고 있다. 또한 이것은 이전의 양무운동(洋務運動)이나 개혁운동·혁명운동이 기껏해야 대중을 동원하여 반제(反帝)나 반청조(反淸朝)라는 목적을 실현하고자 한 것에 지나지 않았다. 따라서 결과적으로 '다수 국민'은 민주적 권리도 얻지 못하고, 또한 자각적인 민주적 요구를 내걸지도 않아 자연히 소수의 사람들만이 모든 것을 알게 되었음을 시사해주기도 한다. 민국(民國: 1912년에 성립된 중화민국)이 되고 나서 '공화'를 외치고 '입헌'을 외쳐댔지만, 이것들은 사실 간판만 다를 뿐 그 실질은 거의 같은 것이었다. 인민은 여전히 어진 황제나 청렴한 관리에게 기대하는데, 이는 "훌륭한 군주나 뛰어난 재상이 인정을 베풀기를 기대하는 것"에 지나지 않았다. 이런 상태에서 어떻게 정치의 진보나 국가의 부강을 이야기할 수 있겠는가? 따라서 가장 시급한 문제는 다름이 아니라 민중의 각오를 불러일으켜 그들이 자각하여 스스로 민주주의를 쟁취하게 하는 일이었다. 그렇다면 어떤 '각오'를 불러일으켜야 하는가? 천두슈는 이어서 말한다.

유가(儒家)의 삼강학설(三綱學說)은 우리의 윤리정치에서 큰 바탕이 되었다. ……근세 서양의 도덕정치는 자유·평등·독립의 학설을 큰 바탕으로 삼고 있으며…… 이것이 동서문화의 한 분수령이다. ……이것은 각오라 할 수 없고, 예전에 각오라고 한 것은 철저한 각오가 아니었으며 마치 미궁 속을 거니는 것과 마찬가지였다. 나는 윤리적 각오가 최후의 각오가 되는 각오라고 감히 단언하는 바이다.[5]

---

4) 천두슈, 「우리 최후의 각오」(吾人最後之覺悟), 『청년』 제1권 제6호.
5) 천두슈, 같은 글.

이것이 바로 신문화운동이 낡은 도덕을 타도하고 새로운 도덕을 제창하려 한 이론적 근거이다. 즉 중국의 모습을 바꾸려면 이전과 같은 개혁·혁명은 모두 통하지 않으며, 우선 '다수의 국민'이 출현하여 '유가의 삼강학설'이란 전통관념과 결별하는 것이 반드시 필요하고, 나아가 서구의 '자유·평등·독립 학설'이란 '최후의 각오가 되는 각오'를 받아들여야만 그것이 가능하다는 것이다. 따라서 철저하게 고유의 전통을 포기하고 서구의 문화를 전반적으로 수입하자(전반서화全盤西化)는 것이 신문화운동의 기본특징이었다. 어떤 연구자는 이것을 '전반적 반(反)전통주의'라고 부르기도 했다.[6] 그렇기 때문에 앞 단계의 탄쓰퉁·옌푸·량치차오와 비교하면 전통문화에 대한 반대의 철저성이 아주 다르다. 아울러 중요한 것은, 이 시기의 선진 지식인들이 흥분하는 초점은 더이상 정치가 아니라 문화에 집중되었다는 점이다. 천두슈는 『청년』 잡지를 출판할 때 이것을 아예 분명히 표현하여, "시정(時政)을 비평하는 것은 종지(宗旨)가 아니다"고 함으로써 『청년』을 당시의 여러 잡지나 신문들과 명확하게 구분하도록 요구하기도 했다. 신문화운동의 여러 주동 인물들은 앞 단계의 캉유웨이(康有爲)·량치차오·쑨원·황싱(黃興)과는 달랐다. 그들은 일생 동안, 아니면 적어도 신문화운동 초기에는 결코 정치적인 인물들이 아니었다. 천두슈·후스·루쉰·리다자오·첸쉬안퉁·우위·류푸·이바이사·저우쭤런·푸쓰녠(傅斯年)·뤄자룬 등은 모두 대체로 그랬다. 그들은 교수나 학자·학생 등 순수한 지식인이었다.

하지만 비록 신문화운동의 자아의식이 결코 정치가 아니라 문화에

---

6) 이것은 천두슈 등도 역시 의식하지 못하는 사이에 사상·의식을 근본적 관건으로 보는 유학의 전통적인 사유방식을 지니고 있었을 것이라는 지적, 이른바 '문화·사상방식을 문제해결의 수단으로 삼는' 것과 관련이 있다(Lin Yü-sheng, *The Crisis of Chinese Consciousness, Radical Anti-traditionalism in the May Fourth Era*, Wisconsin, 1979 참조). 하지만 현실적인 이러한 자각적 의식이 거쳐온 길은 여전히 양무운동의 경제개혁과 무술·신해 시기 정치변혁의 실패가 조성한 것이다.

집중되었다고 하더라도 복잡한 문제는 오히려 바로 거기에 있었다. 신문화운동의 목적은 국민성의 개조이고 낡은 전통의 파괴였다. 이것은 사회진보의 기초를 이데올로기적인 사상개조, 민주주의적 계몽사업에 두고 있었다는 말이다. 그러나 처음부터 그 속에는 정치적인 요인과 요소가 명확하게 포함되어 있었든지 아니면 은연중에 잠재되어 있었다. 앞서 인용한 천두슈의 말을 보더라도 이 '최후의 각오가 되는 각오'는 여전히 국가·사회와 집단의 개조와 진보를 지향하고 있었다. 즉 계몽의 목표, 문화의 개조, 전통의 포기는 여전히 국가와 민족을 위해, 중국의 정치상황과 사회의 모습을 바꾸기 위해서 요구된 것이라는 말이다.

신문화운동은 '천하의 일을 자기 일로 생각하는' 중국 사대부의 고유한 전통에서 여전히 벗어나지 못했으며, 외국의 억압에 저항하고 부강을 추구하는 중국 근대의 구망(救亡)의 주된 흐름에서도 벗어나지 못했다. 전통(유학을 대표로 하는 낡은 문화, 낡은 도덕)의 포기, 우상(공자) 타파·전반적인 서구화·민주주의 계몽 모두 중국을 부강하게 하고, 중국 사회를 진보로 이끌며, 중국이 다시는 외국의 모욕과 억압을 받지 않게 하고, 수많은 인민들이 좀더 나은 생활을 누리게…… 하기 위함이었던 것이다. 이런 모든 것들은 결코 개인의 '천부적 권리', 즉 순수한 개인주의(個體主義)적 자유·독립·평등을 쟁취하기 위함이 아니었다. 따라서 본래는 개인주의의 기초 위에서 건립된 이러한 서구 문화를 소개하고 수입하여 전통을 타도하고, 공자를 공격할 때에도 자신도 알지 못하는 사이에 스스로 본래 지니고 있던 위와 같은 집단주의(集體主義)적 의식과 무의식에 부딪히고, 여전히 국가 대사와 백성의 고통에 대단한 관심을 쏟는 사회·정치 의식과 무의식적인 전통에 부딪혔던 것이다.

이를테면 '5·4' 전후에 격렬하게 공자를 공격한 것은, 그 주요한 원인 가운데 하나가 위안스카이(袁世凱)에서 장쉰(張勳)에 이르기까지, 모두가 그들의 정치적 황제체제(帝制) 부활활동의 도구로서 공자를 이용했기 때문이다.

  민국 3, 4년(1914, 1915)에 복고주의가 일시를 풍미하여, 충효절
의(忠孝節義)니 팔덕재건(八德再建)의 건의니 하는 수많은 글들이
잇따라 발표되더니, 나중에 가서는 결국 황제체제의 부활이라는 결
과를 가져왔다. 이런 완고한 사상들은 혼탁한 정치와 서로 밀접하게
연관되는 경우가 자주 있음을 알 수 있다.[7]

  나는 결국 중국의 성인과 황제는 상당한 관계가 있음을 깨달았다.
홍헌황제(洪憲皇帝: 위안스카이)가 출현하기 이전 존공(尊孔)과 제
천(祭天)의 사태가 있었으며, 남해성인(南海聖人: 즉 캉유웨이)과
변발장군(辮子大帥: 장쉰)이 함께 베이징에 오더니 황제가 다시 즉
위하는 일이 벌어졌다. 오늘날에도 또한 기를 쓰고 성인 앞에서 노력
하는 사람이 있는데, 정말 놀랍고 두려우며 중화민국을 위해 염려하
지 않을 수 없다.[8]

  중국의 역사는 위선자(鄕愿)와 큰 도둑이 결합한 역사이다. 큰 도
둑은 위선자와 결합하지 않으면 황제가 되지 못하며, 위선자는 큰 도
둑과 결탁하지 못하면 성인이 되지 못한다. 따라서 진짜 황제는 큰
도둑의 대표이며 성인은 위선자의 대표라고 나는 말하는 바이다. 오
늘날에 이르러서도 그러한 황제와 성인의 영혼이 복벽과 존공(尊孔)
의 농간을 부리고 있으니, 지금 날뛰고 있는 이 군인들이나 너절한
정객들은 말할 것도 없이 바로 위선자와 큰 도둑의 화신인 것이다![9]

---

7) 우왕(毋忘), 「최근 신구 사조의 충돌에 대한 잡감」(最近新舊思潮沖突之雜感),
  『국민공보』(國民公報), 『매주평론』(每週評論) 제17호(1919. 4. 13), 『5·4운동문
  선』(五四運動文選, 베이징, 三聯書店, 1959), 233쪽을 참조하라.
8) 리다자오(李大釗), 「성인과 황제」(聖人與皇帝, 1919. 10. 5), 『리다자오 문집』(李
  大釗文集) 하권, 베이징, 人民出版社, 1984, 95쪽.

이밖에도 낡은 학문에도 두터운 기초가 있고 경전에 대한 교양도 풍부한 지식인들이 이렇게 철저하게 전통을 부정하고 서구문화를 받아들이려 한 것은, 중국 문화에는 종교의 요소가 결여되어 있어 맹목적인 신앙의 속박을 받지 않고 자기개선을 적극 추구('자강' 自强·'일신' 日新 등)할 수 있었으며, 모든 것에 대해 이성적 고려를 그 표준이나 귀결점으로 삼았던 것과 관계가 있다고 할 것이다. 즉 전통적이건 외래적이건 모두 인간의 이지(理知)에 따라서 재단·판결하고, 선택·사용하는 실용이성(實用理性)은 중국인이 수천 년 동안 환경에 적응하면서 생존하고 발전해올 수 있던 기본정신이었다고 할 수 있다. 그것은 일찍이 선진(先秦)시대 제자백가의 사회·정치 철학 속에서 성숙되었으며, 공학유가(孔學儒家)의 전통 속에서 가장 충분하게 표현되었다. 따라서 재미있는 것은, 공자에 반대하고 유교를 비판한 이들 전사(戰士)들이 자각하건 하지 않건 여전히 자신들의 우량한 전통을 계승하고 있었다는 점, 국가 대사와 백성의 고통에 관심을 쏟는 적극적인 현실참여를 자신의 임무라 생각하는 유학의 전통을 이어받고 있었다는 점이다.

이상의 갖가지 것들은 계몽을 목표로 하고 전통의 비판을 특색으로 하는 신문화운동이 적당한 조건 아래서 낡은 정권을 비판하는 정치운동을 만나면, 이 둘이 아주 쉽게 공명하면서 서로를 지원하여 거대한 기세를 만들어낼 수 있게 했다. '5·4' 운동이 바로 이러했다. 계몽적인 신문화운동이 전개된 지 얼마 되지 않아 구망을 위한 반제(反帝) 정치운동에 부딪히자, 둘은 아주 신속하게 합류했다.

학생애국운동은 훨씬 유래가 오랜 전통을 가지고 있었다. 앞서 말한 대로 "천하의 흥망은 필부(匹夫)에게도 책임이 있다"고 한 것처럼 중국

---

9) 리다자오, 「위선자와 큰 도둑」(鄕愿與大盜, 1919. 1. 26), 『리다자오 문집』 하권, 125쪽. 이것은 탄쓰퉁의 주장과도 대조된다. "2000년 이래의 정치는 모두 진(秦)나라의 정치였으며 큰 도둑이었다. 2,000년 이래의 학문은 모두 순학(荀學)이었으며 모두 위선자(가짜 군자)들이었다. 큰 도둑은 위선자를 이용하고 위선자는 큰 도둑에게 아첨한다. 양자가 서로 결탁하고서 모든 것을 공자에게 뒤집어씌웠다."(『인학』仁學)

사대부는 본래 국가 대사와 백성의 고통에 관심을 쏟는 관념의식과 윤리정신을 가지고 있었다. 한대(漢代)의 대학생운동에서 청말 갑오년(1895)의 공거상서(公車上書)·신축조약(辛丑條約) 이후 일본 유학생들이 혁명에 투신한 것에 이르기까지 모두 다 5·4학생운동의 선구이자 모범이라 할 수 있다. 중화민국 성립 이래 잇따라 계속된 국권 상실과 국가의 치욕은 공화국 제1세대 젊은 지식인인 학생들의 마음속에 아주 고통스럽게 새겨졌으며, 신문화운동과 병행하여 1918년에 학생들은 이미 유명한 애국구망단체들을 조직하기 시작했다. 이를테면 '신조사'(新潮社), 잡지『신조』(新潮)와 동시에 나타난 '국민사'(國民社), 잡지『국민』(國民)의 경우는 여전히 문어체를 사용하고 있었지만 반제구국에 선전을 집중시키고 있었다. 중국 지식인들은 처음부터 끝까지 국가 대사에 관심을 기울이고 있었던 것이다.

제1차 세계대전이 끝나고 파리 평화회의가 열렸을 때, 그들은 원래 "공리(公理)가 강권(强權)을 싸워 이겼"으므로 중국이 장차 기세를 펼수 있을 것이라고 생각했다. 하지만 뜻밖에도 열강의 압력하에서 독일이 차지하고 있던 칭다오(靑島: 산둥성 소재)의 주권은 결국 일본에게 넘어가 버렸으며, 정부는 나라를 팔아먹는 조약의 비준을 준비하고 있었다. 더이상 참을 수 없는 상황이 전개되자 1919년 5월 4일 마침내 "밖으로는 강권에 대항하고 안으로는 매국노를 제거하자"는 구호 아래, 친일파 매국노로 지목된 차오루린(曹汝霖, 1877~1966)의 집을 습격하여 불태우고, 장쭝샹(章宗祥, 1879~1962)을 구타하여 부상을 입히는, 전례 없는 학생들의 '소동'이 폭발했다. 당시「'5·4' 베이징학계 전체선언」의 전문은 다음과 같다.

지금 일본은 만국평화회의에서 칭다오의 병탄과
산둥의 모든 권리에 대한 관리권을 요구하고 있으며
바야흐로 그것은 성공하려 하고 있습니다!
그들의 외교는 크게 승리했습니다!

우리의 외교는 크게 실패했습니다!

산둥의 대세가 무너지는 것은

중국의 영토가 파괴되는 것입니다!

중국의 영토가 파괴되면

중국은 망하게 됩니다!

따라서 우리 학계에서는 오늘 대열을 이루고 각국 공사관으로 향해

각국에게 공리(公理)를 옹호하기 위해 나서라고 요구하며,

전국의 상공업계에서도

일제히 일어나 국민대회를 개최하고,

밖으로는 주권을 쟁취하고 안으로는 매국노를 제거하기를

바라는 것입니다.

중국의 존망은

바로 이 일에 달려 있습니다!

지금 전국의 동포와 함께 두 가지의 신조를 세우고자 합니다.

중국의 토지는 정복될 수 있어도 할양할 수는 없습니다!

중국의 인민은 죽음을 당하더라도 머리를 숙일 수는 없습니다!

나라가 망했습니다! 동포여 일어나십시오!

당시에는 이밖에도 국민사의 쉬더헝(許德珩)이 기초한 문어체 선언문이 있었으나, 신문화운동의 특색을 구현한 이 백화문 선언문만큼 학생들 사이에서 선동 역량이 크지 못했고 드높은 명성을 누리지는 못했다. 이 선언은 위로는 천톈화(陳天華)의 『맹회두』(猛回頭), 아래로는 "이 넓은 화베이 땅에는 이미 조용히 공부할 책상 하나 놓을 곳이 없습니다"라고 한 12·9운동의 전단과 정말 너무나 일치하는 것이다. 이것은 구국의 호소였고 민족의 외침이었다. 이 선언의 집필자는, 신문화운동에서 상당한 이름을 떨친 신조사의 주요 인물 가운데 하나인 뤄자룬이었다. '신조사'의 또 다른 주역인 푸쓰녠도 5월 4일의 시위에서 지휘역할을 맡았다. 신문화운동의 지도자인 천두슈는 이 시위에 참가하여

하마터면 체포당할 뻔했고, 천두슈 역시 5월 4일 후 얼마 되지 않아 전단을 뿌린 것 때문에 3개월 동안 옥살이를 한 후 상하이로 도피했다. ……신문화운동의 핵심인물과 원래 애국반제운동을 한 사람들이 하나로 합쳐져 5·4운동의 핵심 또는 지도층을 구성했음을 여기서 알 수 있다. 따라서 "시정을 비평하는 것은 종지가 아니다"고 한 신문화운동 시작 때의 주장 역시 더이상 유지될 수 없었다.

오로지 문화비판에만 치중함으로써 그 운동이 시작되었지만, 마침내는 정치투쟁으로 복귀함으로써 끝을 맺었다. 계몽이라는 주제, 과학과 민주주의라는 주제는 다시 한 번 구망·애국의 주제와 충돌하여 서로 뒤엉켰고, 발걸음을 같이 하게 되었다. 중국 근현대의 역사는 늘 이러했다. 이전과 다른 것은, 이번의 합류와 충돌이 비교적 오랫동안 복잡한 관계를 수반하게 되었다는 점이다.

우선 계몽은 곧바로 구망에 매몰되지는 않았다. 오히려 그 다음의 짧은 시기 동안은 계몽운동이 구망운동을 빌려 그 위세를 크게 키워 빠르게 확산되었다. 구망은 계몽을 여러 곳으로, 베이징과 상하이에서 중소도시로 옮겨주었다. 그 다음으로 계몽은 오히려 구망에게 사상·인재·대오를 마련해주었다. 베이징에서 각지에 이르기까지, 애국반제운동에서 선구적인 공헌을 한 것은 대부분 바로 맨 처음 신문화운동의 계몽을 받아들인 청년학생들이었다. 이 두 운동의 결합은 양자를 더욱 두드러지게 했으며, 원래의 범위와 영향을 크게 넘어서서 마침내 전체 중국의 지식계와 지식인들을 뒤흔들어 놓았다.

(1918년 7월) 학생구국회(學生救國會)는 『국민』(國民)이라는 정기간행물을 출판하려고 준비했는데, ……그것은 오로지 반(反)군벌·항일의 정치활동에만 주의를 쏟고 백화문의 선전에는 진력하지 않았으며, 그 때문에 당시 신문화운동의 노도 속에서 사람들의 주목을 받지 못했다.[10]

한편, 5·4운동 발생 후 전국 각지의 학생들은 떨쳐 일어나 이에 호응하고 원조했으며, 수업 거부와 시위의 조류는 북에서 남으로 옮아가면서 경진선(京津線: 베이징과 텐진을 잇는 철로)·진포선(津浦線: 텐진과 난징 부근 포구 사이의 철로)·영호선(寧滬線: 난징과 상하이를 잇는 철로)을 따라 마침내 광저우(廣州)에까지 전파되었다. 여기서는 상하이 학생의 역할이 매우 중요했는데, 6월 1~3일 베이징 정부가 강연을 하는 학생들을 베이징에서 잇따라 대량으로 체포하자, 상하이 학생들은 모든 방법을 강구하여 철시와 파업을 위한 운동을 했다. 마침내 그들은 선시(先施)·융안(永安) 양대 공사(公司)의 동정을 얻어 파업을 지도함으로서 상하이시 전체가 철시와 파업에 돌입하게 만들었다. 그리하여 철시와 파업의 풍조는 이번에는 영호선·진포선을 따라 남에서 북으로 옮아가 드디어 텐진(天津)의 철시가 이루어짐으로써 베이징정부를 크게 뒤흔들어 놓았다. 이에 베이징의 철시가 곧바로 실현될 것을 두려워한 베이징정부는 차오루린·장쫑썅·루쭝위(陸宗興, 1876~1941) 세 사람의 파면을 명령할 수밖에 없었다.[11]

다른 한편, 이를테면

민국 6년(1917)에서 7년(1918) 사이 문학 혁명의 문제는 점차 사회인사들의 주목을 받고 있었지만, 결국 일부의 지식인들에게만 한정되어 전국으로 보급되지 않고 있었다. 민국 8년에 이르러 저 기세드높은 5·4운동이 발생했으며 5·4운동은 문학 방면에 대단한 영향을 미쳤다. 문학 혁명은 5·4운동의 고조에 따라 확대되고 발전했다. 5·4시기에 백화문 신문은 구름이 솟구치듯이 곳곳에서 창간되었으

10) 쉬더헝, 「베이징에서의 5·4운동」(五四運動在北京), 『5·4운동 회고록』(五四運動回憶錄), 베이징, 中國社會科學出版社, 1979, 211쪽.
11) 같은 책, 310쪽.

며, 천두슈가 주간한『매주평론』(每週評論)의 형식과 비슷한 각지 학생단체의 소규모 신문이 400여 종에 달했다.『소년중국』(少年中國), 『해방과 개조』(解放與改造),『신중국』(新中國) 등 백화문 잡지 역시 적지 않은 수가 출판되었다. 그 성격은『신청년』과 비슷했으며 거기에 실린 문장 역시 대부분 서구문화를 소개하고, 봉건사상을 공격하는 것이었다. 그밖에도 수많은 일간 신문의 부간(副刊) 역시 백화문 작품을 실었다. 그 가운데 비교적 중요한 것으로는 북방에는『신보부간』(晨報副刊), 남방에는『민국일보』(民國日報)의「각오」(覺悟), 『시사신보』(時事新報)의「학등」(學燈) 등이 사회에 상당히 큰 영향을 미쳤다.[12]

다른 한편, 학생애국운동의 전례 없는 정치적인 승리는 물론 정부와 정부가 옹호하는 낡은 전통의 권위와 통제력에 충격을 가하여 계몽이 개선행진하도록 도와주었다. 당시의 문헌이나 이후의 각종 회고록을 보면 모두 5·4운동 이후 청년학생들의 사상이 크게 해방되고 전례 없을 정도로 고무된 것을 알 수 있다. 그들은 각종 전통의 그물을 뚫고 '서구문화를 소개하고 봉건사상을 공격하여' 자기개인의 '자유·독립·평등'을 쟁취하고자 한다고 말하고 있다. 원래 서구의 개인주의로 중국의 전통적인 봉건적 집단주의를 대체하려고 한 것이 바로 천두슈가 1916년에 발기한 신문화운동의 주제였다.

모든 윤리·정치·법률·사회의 지향, 국가의 기구는 개인의 자유·권리와 행복을 옹호하기 위한 것일 뿐이다. 사상·언론의 자유는 개성의 발전을 꾀하기 위함이며 법 앞에서 만인은 평등하다. 개인의 자유·권리는 헌법에 기재되어 있으며 국가의 법률로도 이를 박탈할 수 없으니 이른바 인권이라는 것이다. ……이것이 바로 순수한

---

12) 저우양산 편,『5·4운동과 중국』, 612쪽.

개인주의의 정신이다. ……바람직한 방향으로 바꾸어 나아가고자 한
다면 가족본위주의를 개인본위주의로 바꾸어야 한다.[13]

법률에서 평등한 인권, 윤리에서 독립적인 인격, 학술에서 미신타파
와 사상의 자유, 이 세 가지는 서구문명 진화의 근본적인 원인이다.[14]

'가족본위주의'를 바꾸고 전통적인 윤리를 부정하자면 우선 가장 먼
저 '효'(孝)를 부정할 필요가 있었다. 황제가 이미 없어졌기 때문에 이
론으로나 이름만으로 수천 년 동안 전해 내려온 충군(忠君)은 더이상
문제되지 않았다. 하지만 민국 이래 끊임없이 연출되어온 추악한 복벽
(復辟)의 연극은 여전히 '충'강(忠綱)이 존재함을 증명해주었다. 그리
고 이 '충'강은 바로 '효'강(孝綱)으로 지탱되는 것이었다. 따라서 당시
의 지식인들은 '효'를 공격하기 위해선 우선 다음 두 가지를 논증해야
만 했다. 첫째는 계몽적인 것으로, 개인을 대가족에서 해방시켜 자유·
평등·독립의 지위와 권리를 추구하게 하는 것이었으며, 둘째는 정치
적인 것으로, '효'가 '충'의 기초임을 폭로하는 것이었다. 이 두 가지의
성격이 완전히 같지는 않았으나 비판할 때에는 오히려 분할되지 않고
긴밀하게 뭉쳐 있었다.

공자의 학설을 자세히 살펴보건대…… 효를 기점으로 하지 않음이
없다. 그래서 교(敎)라는 글자도 효(孝)에서 나오는 것이다. ……충
신은 반드시 효자에게서 찾으며 군주는 부친과 다름이 없다. ……효
의 범위에는 포함되지 않는 것이 없으며 가족제도는 아교로 붙인 것
처럼 전제정치와 달라붙어 떨어지지 않았다. ……무릇 효라는 것이
성립하지 못하면 충이라는 것은 기댈 데가 없어진다. 가정에서 전제

---

13) 천두슈, 「동서 민족근본사상의 차이」(東西民族根本思想之差異), 『신청년』 제1권
제4호.
14) 천두슈, 「위안스카이의 부활」(袁世凱復活), 『신청년』 제2권 제4호.

(專制)가 해체되면 군주의 압력 역시 흩어진다.[15]

공자가 말하는 수신(修身)은 사람으로 하여금 그 개성을 완성하게 하는 게 아니리 그 개성을 희생하게 하는 것이다. 개성 희생의 첫 걸음은 바로 '효'를 다하는 것이다. 군신관계 속의 '충'은 완전히 부자 관계 속의 '효'가 확대된 것이다. 왜냐하면 군주 전제제도는 완전히 부권 중심 대가족제도의 발달체이기 때문이다.[16]

전자는 5·4 전에, 후자는 5·4 후에 발표된 것이다. 전자는 일반적인 민주주의자의 논설이고, 후자는 마르크스주의를 받아들인 이후의 해석이다. 하지만 둘 다 유가 이학의 '효'가 '개성을 희생'시키고, 가족을 비호하며, 전제정치의 기초라고 공격하는 점에서 상당히 일치하고 있다. 전자는 일반적인 민주주의에서 출발한 것이면서도 효도의 반동적인 정치적 작용을 공격하고 있으며, 후자는 마르크스주의에서 출발한 것이면서도 역시 개성의 압살을 지적하고 있다. 분명히 이 둘에서 중요한 점은 "가까이는 부친을 섬기고 멀리는 군주를 섬긴다"는 유학의 기본명제(삼강오륜)가 서로 내재적인 연관관계를 가지고 있음을 지적하는 데에 있었다.

이것은 또한 실제로는 『인학』(仁學)에서 '순자의 학문'(荀學)을 크게 매도하면서 '명교'(名敎)가 인간성을 말살하고 군주를 위해 복무한다고 한 탄쓰퉁의 비판을 계승하는 것이자 발전시킨 것이기도 하다. 다만 다른 것은 다음과 같은 점이다. ① 철저성과 격렬성이 크게 증가한 것으로 특징적인 것은 직접 '지성선사'(至聖先師) 공자를 공격한 점이다. 이바이사는 1916년에 발표한 『공자평의』(孔子平議)에서 "공자는 군권(君權)을 존숭하는 데 아무런 제한을 두지 않았으며, 그 때문에 쉽게

---

15) 우위(吳虞), 「가족제도는 전제주의의 근거임을 논함」(家族制度爲專制主義之根據論), 『신청년』 제2권 제6호.

16) 리다자오, 「경제적으로 중국 근대사상변동의 원인을 해석함」(由經濟上解釋中國近代思想變動的原因), 『신청년』 제7권 제2호(『리다자오 문집』 하권, 178쪽을 보라).

단일한 사상이 지배하는 폐단을 낳았다", "공자는 독부민적(獨夫民賊 : 즉 황제)을 위해 백대(百代)에 걸치는 괴뢰가 되었으며", "공자의 제자들은 모두 제왕(帝王)사상을 지니고 있었다"고 지적했다. 공부자(孔夫子 : 공자)를 매도하고 공씨네 가게(孔家店)를 타도하자고 한 것은 물론 세상사람들을 놀라게 하고 사람들이 듣는 것조차 두려워한 공전의 창거(創擧)였다. ② 정치비판과 개성해방의 이중성 가운데서 후자의 비중이 전자보다 전에 비해 훨씬 두드러졌다. 그리고 아울러 그것이 실천하는 행동으로 옮겨져 젊은 세대 지식인의 행위양식에 변화가 나타나기 시작했다. 이 점은 대단히 중요하다.

개인이 가족제도에서 해방되어야 한다는 것은 캉유웨이가 『대동서』(大同書)를 구상할 무렵에도 이미 명확하게 나타나고 있었다. 하지만 그는 이러한 선진 관념을 실제 행동으로 옮기는 것을 대단히 두려워했으므로 줄곧 이를 숨기고 드러내지 않았다.[17] 옌푸·린수(林紓)[18]·량치차오 등만이 아니라, 루쉰이나 후스와도 같은 앞 세대의 선진 지식인들은 그 관념의식이나 행위양식이 이들과는 뚜렷하게 달랐다. 그들은 가족제도와 전통적인 가정에 대해 격렬하게 비판하고 부정하면서도 행위상으로는 여전히 어느 정도 부모·형제·처자에 대한 전통규범과 요구를 그대로 따르고 있었던 것이다. 그래서 그들이 이지(理知)면에서는 미래(서구)를 향하고 있었지만 정감면에서는 전통(중국)을 회고하고 있었다고 레벤슨은 생각한 것이다. 실제로 여기서 언급되고 있는 것은 좀더 복잡한 문화심리 구조의 문제이다. 이 구조의 개조·전환은 단순히 관념의 변화에만 기대서는 진정으로 실현시킬 수 없다. 반드시 행위양식의 진정한 변혁이 뒤따라야 한다.

5·4나 그 이후의 청년세대들은 처음부터 이러한 변혁을 용맹하게 실천하고자 했다. 그 가운데에서 가장 자주 보이는 것은 개인(個體)의 낡

---

17) 리쩌허우, 『중국 근대사상사론』 참조.
18) Joseph Levenson, *Confucian China and Its Moden Fate*, Berkeley, Los Angeles, University of California Press, 1958을 보라.

은 가정에서 벗어나는 것이었다. 그 원인은 결코 정치적이거나 경제적인 것이 아니라 대부분 혼인의 자유문제였다. 무엇보다 젊은 여성들은 '부모의 명이나 중매꾼의 말'에 순응하기를 거부하여 연애의 자유를 추구하면서 결혼을 거부하거나, 자살하거나, 아니면 가출했다. 당시의 신문·논설·문학에 넘쳐 흐른 것은 항상 이런 주제들이었다. 여성해방은 사회해방의 일정한 척도가 될 수 있다. 5·4 이후 새로운 세대의 지식인 여성들의 관념혁신이 몰고 온 이러한 행위의 변혁은 바로 이러한 의의를 가지고 있다. 그것은 개성해방의 문제인 동시에 정치의 문제이기도 하다. 왜냐하면 그것이 일으킨 반응은 정치적인 압제·간섭에 대한 타격·파괴였고, 그것이 가져온 것은 보수파 낡은 도덕 옹호자들의 공격·모멸·비방·박해였기 때문이다. 후스가 제창한 입센의 『인형의 집』에 대한 거대한 반향에서 루쉰이 베이징여자사범대학의 풍조 때문에 장스자오(章士釗)·양인위(楊蔭楡)를 격렬하게 비난한 것에 이르기까지, 모두 이러한 특색을 반영하고 있다.

5·4운동을 거친 이후에도 중국의 계몽운동은 여전히 정치투쟁과 밀접한 관계를 맺고 있었음을 여기서도 알 수 있다. 베이징에서 좀더 멀리 떨어진 외지에서나 매우 미세한 문제처럼 보이는 것들에서조차 사정은 마찬가지이다.

투쟁이 가장 첨예한 것은 여성해방문제였다. 오늘날의 청년들은 여자의 단발이나 남녀공학의 문제가 장기적인 격렬한 투쟁을 거쳐 획득된 것이라고는 결코 생각하지 못했을 것이다. ……당시의 구체적이고 생동적인 몇 가지 예를 들어보자.

1920년 5월 출판된 『위클리』(Weekly) 제19기에는 샤오옌(小燕) 여사가 쓴 「내가 머리를 자르게 된 경위」(我剪髮的經過)라는 글이 있다. 여기서 이를 인용하고자 한다.

다음날 어머니께서는 외삼촌을 청해와서 이 사정을 그분과 상의했다. 그분은 청말의 거인(擧人) 학위를 지녔기에 당연히 도리에 입각하여 우선 내게 한바탕 욕하고 나서 어머니와 함께 방으로 찾아와 나를 힐문했다. 그들의 이야기는 지금은 똑똑하게 기억할 수 없지만 공맹의 도에 바탕을 둔 것에 지나지 않았을 뿐이다. 나 역시 양보하지 않고 하나하나 그들의 말을 반박했다. 나중에 그는 말문이 막히자 벌떡 일어서 화를 내었다. 너는 내 딸이 아니니 네가 뭘 하든 내가 무슨 상관이야? 말을 마치자 그는 돌아가버렸다. 어머니 역시 나에게 한바탕 욕한 후 마침내 어찌 되었든 나는 허락하지 못하겠다고 얘기했다.

내가 집으로 돌아가자 어머니께서는 과연 내가 머리를 자른 것을 보고 대성통곡하면서 소동을 부리셨고, 아울러 신주(神主)에 이별을 아린 후 자살하려고 하셨다.

이때 청두(成都: 쓰촨성의 성도)에서 가장 먼저 단발금지령을 깬 것은 이저우(益州)여학교 · 룽청(蓉城)여학교 · 여자실업학교 등의 몇몇 학생들이었고, 뒤이어 이에 호응하는 사람들이 점차 늘어났다. 봉건 지주계급은 여자들에게 머리를 자를 자유를 허용하지 않았으며, 이것은 여자가 반항하는 것이라고 생각하여 모든 수단을 통해 이를 위협하고 금지했다. 1921년 군벌 류춘허우(劉存厚)가 장악하고 있던 성회(省會: 성도)의 경찰청은 마침내 커다란 포고문을 내려 단발을 금지했고,『반월보』(半月報)가 이에 반대하자 그것을 폐쇄시켜버렸다. 5·4운동 가운데 신문사가 폐쇄된 것은 이번이 처음이었고, 그 죄상은 단발금지에 반대했다는 것이었다.

남녀가 함께 공부하는 문제는 당시 가장 절박한 것으로서 여자가 고등학교에 들어갈 기회를 막는 것이었다. 당연히 이것은 단발문제와 마찬가지로 인신자유의 문제였다. 당시 봉건 지주계급을 대표하던『국민공보』(國民公報)는「허허실실」(虛虛實實)란에서 '소성'(笑聲)이라는 서명의 기사로 남녀공학에 대해 다음과 같이 부끄러움도 모르는 모멸을 가했다.

　같은 책상에 앉게 된다면 같은 침상에서 자지 말라는 법도 없으니, 이른바 남녀공학이라는 것은 분명히 딸을 낭낭묘(郎郎廟 : 아들을 낳게 해달라고 빌던 사당)에 보내는 것이다.[19]

　스춘퉁(施存統)은 저장(浙江)에서 『효의 비평』(非孝)을 썼다. 그러자 "'비효', '비효'라니 이것은 대역무도이며 절대로 안 되는 일이다! ……한때 온 성 내에 떠들썩한 소동이 벌어졌다. 마침내 『저장신조』(浙江新潮)는 반동정부의 명령에 따라 폐쇄되었고 교장 징쯔옌(經子淵) 역시 강요를 받아 학교를 떠났으며 천왕다오(陳望道) · 샤몐쭌(夏丏尊) 도 모두 떠날 수밖에 없었다."[20] 이러한 것이 만약 관념상의 금기를 범한 것에 지나지 않는다고 한다면 자유연애나 여성의 가출은 행위에서의 탈선이었고, 그랬기 때문에 더욱더 여론의 공격과 정치적 박해의 대상이 되었다. 5·4학생운동의 승리는 이러한 개인주의 계몽운동을 심화 · 발전시켰으며, 계몽운동의 심화 · 발전은 더욱 엄중한 정치투쟁을 불러일으켰다. 선구자와 반동파 모두 의식적이든 무의식적이든 이러한 객관적인 추세와 법칙을 따르고 있었다. 마오쩌둥(毛澤東)이 창사(長沙)에서 일으킨 사상운동 역시 결혼을 강요받자 가마 속에서 자살한 신부를 의식적인 정치선전 주제로 삼은 것이었다.

　그리고 관념의 변천과 서구화의 찬양에서 시작하여 실천 속에서 행위를 변혁하고 새로운 행위양식을 창조하는 길로 나아간 것은 바로 5·4 세대 청년들의 특징 가운데 하나였다.

　개인의 반항 외에도 당시 또 하나의 상당한 특색을 가진 행위양식은 청년세대들이 자발적으로 서로 연계를 맺고 단체조직을 구성함으로써

---

19) 장슈수(張秀熟), 「쓰촨에서의 5·4운동의 회고」(五四運動在四川的回憶), 『5·4운동 회고록』(五四運動回憶錄), 882쪽을 보라.
20) 부빈란(傅彬然), 「5·4 전후」(五四前後), 『5·4운동 회고록』, 748쪽을 보라.

진리를 추구하고 어떠한 이상을 실천하려고 한 것이다. 당시에는 마오쩌둥의 '신민학회'(新民學會: 1918년 4월), 왕광치(王光祈)의 '소년중국학회'(少年中國學會: 1919년 7월), 저우언라이(周恩來)의 '각오사'(覺悟社: 1919년 9월)와 '신조사'(1918년 11월), '국민사'(1918년 10월), '공학회'(工學會), '공학회'(共學會) 등 "같은 소리가 서로 호응하고 같은 기질이 서로를 찾는다"는 것처럼 각종 소규모 단체조직이 잇따라 만들어졌다. 이러한 소조직·소단체의 '종지'는 균일하지 않고 대다수는 "품행을 연마하고 학술을 연구하는 것을 종지로 한다"(신민학회)는 식으로 상당히 두루뭉술한 것이었지만, 이러한 두루뭉술함 속에는 오히려 공동의 경향이 내포되어 있었다. 그것은 바로 새로운 이상사회나 사회 이상에 대한 실천적인 지향과 추구였다. 이 점 역시 대단히 중요하다.

당시 청년들은 미래를 낙관적으로 전망하고 있었으며, 그러한 이상적인 완벽한 사회를 실현하기를 희망하고 있었지, 암흑과 같은 현실사회에 절망하며 저항한 것은 결코 아니었다. 그들에게는 모더니즘에서의 당혹감·고독감, 귀속의식의 상실 같은 것은 없었으며, 반항하기 위해 반항을 한 것도, 순전히 비판적이거나 파괴적인 훼손을 꾀한 것도 아니었으며, 차라리 일종의 긍정적인 이상을 추구하고 있었다고 할 수 있다. 이것은 물론 당시의 시대·현실과 관련이 있었으며, 아울러 중국 민족전통의 한 표현이기도 했다.[21] 이것은 또한 당시 선진적인 청년들이 단체를 조직하고, 각종 사회주의가 그들 사이에서 한때 유행한 원인이기도 하다. "과학적 사회주의, 즉 마르크스주의 이외에도 공상적 사회주의·길드사회주의·무정부주의·수정주의·신촌주의(新村主義)·범노동주의(泛勞動主義)·공독주의(工讀主義) 및 호조주의(互助主義)가 있었고, 무정부주의에도 무정부 개인주의, 무정부 공산주의·생디칼리슴·사회적 무정부주의·단체적 무정부주의 등등이 모두 '사

---

21) 리쩌허우, 『중국 고대사상사론』 참조.

회주의'의 깃발을 내걸고 물밀듯이 밀려왔다."[22]

'물밀듯이 밀려왔다'는 것은 그것들이 쉽게 받아들여졌음을 이야기해준다. 이것들이 쉽게 받아들여질 수 있던 것은 당시 청년들이 진정으로 완벽한 이상사회를 지향하고 있었다는 것, 즉 그들은 당시의 어둡고 낙후된 중국의 현실을 초월하고자 했을 뿐 아니라, 동시에 선진적이지만 해결되어야 할 수많은 병폐를 안고 있던 당시의 서구 자본주의 역시 초월하고자 했음을 설명해주고 있다. 이를테면 리웨이한(李維漢)은 이렇게 회고하고 있다.

우리는 무정부주의와 사회주의를 선전하는 책자들을 읽었으며 그 책들에서 묘사되는 사회주의와 공산주의의 아름다운 전망에 대해서, 사람이 사람을 착취하거나 사람을 억압하는 일이 없고, 사람마다 노동하고 사람마다 독서하는 평등하고 자유로운 경지에 대해서 대단히 신선하고 아름다운 것으로, 이것이 바로 우리가 분투해야 할 목표라고 생각했다.[23]

사회주의의 아름다운 이상은 그들로 하여금 관념을 혁신하고, 전통을 내던지고, 우상을 타파하도록 부추겼으며, 아울러 성급한 청년들(젊은 사람은 비교적 성급하다)에게 곧바로 이를 실천하도록, 곧바로 이러한 이상사회를 설계·조직·건립하도록 요구했다. 이러한 사례 가운데 가장 두드러진 것은 바로 5·4운동 후의 한 시기를 풍미하여 적지 않은 청년들을 끌어들였고, 리다자오·천두슈·차이위안페이(蔡元培)도 적극 협조했으며, 마오쩌둥·윈다이잉(惲代英) 등이 열정적으로 지지한 '공독호조단'(工讀互助團)이었다.

22) 딩서우허(丁守和), 『중국 현대사론』(中國現代史論), 베이징, 中國社會科學出版社, 1980, 179쪽.

23) 리웨이한, 「신민학회를 회고함」(回憶新民學會), 『5·4운동 회고록』 상권, 109쪽을 보라.

'공독호조단'은 당시 가장 유명한 조직이었고 가장 큰 영향력을 행사했던 '소년중국학회'의 지도자 왕광치가 제창한 것이었다. 그는 『취지서』(旨趣書)에서 이렇게 말하고 있다.

정신노동과 육체노동의 구분을 타파하여, 사회에서 육체노동을 하는 노동자는 공부를 하게 하고 학문이 깊은 사람, 학문을 하고자 하는 사람에게는 육체노동을 하도록 요구한다.

우리는 매일 문자로만 사회개혁을 고취했지 사회를 개혁하려는 실제 운동은 아직 없었다. 이 공독호조단은 우리의 실제 운동의 출발점이다.

'공독호조단'은 "새로운 사회의 태아이며 우리의 이상을 실현하는 첫걸음이다"라고 일컬어진다. "능력에 따라 일하고 필요에 따라 취한다"는 이상은 '공독호조단'의 '점차적인 확산'으로 실현될 것이며, 적절한 시기에 이르면 "모든 장정·규약은 폐지될 것이다. ……'해가 뜨면 나가 일하고 해가 지면 들어와 휴식하며 우물을 파서 물을 마시고 밭을 갈아 밥을 먹는다. 황제의 힘, 즉 정부가 나와 무슨 상관이 있는가!'"

그리고 이 '공독호조단'의 구체적 규정과 방법은 다음과 같은 것들이었다. 『간장』(簡章)은 "상호부조의 정신에 기초하여 일하면서 독서한다"(半工半讀)는 원칙을 확정하고 "모든 단원은 매일 반드시 네 시간 동안 일을 해야 한다"고 규정한 것 외에도 다음과 같은 규약과 설명을 하고 있었다. 첫째, 소득은 공공의 소유로 돌린다. "일하여 얻은 소득은 반드시 단원의 공유로 돌려야 한다. 단체의 이익과 손해 문제는 단원의 이익과 손해 문제이다. 단원의 고통과 행복은 단체의 고통과 행복이다." 둘째, 각자가 능력대로 일한다. "일은 시간을 표준으로 하며 일의 결과를 기준으로 하지 않는다. 이를테면 갑은 두 시간이면 베를 한 필 짤 수 있고, 을은 네 시간이 걸려야 한 필을 짤 수 있다고 할 때에도 갑은 여전히 네 시간 동안 일을 함으로써 자신의 능력을 다해야 한다." 셋째, 단체공급. "단원의 생활에 필요한 의식주…… 교육비 · 의약비 · 서적비는 단체로 공급하며 서적만은 단체 공유로 한다."

호조단은 정식으로 성립된 이후 네 조(組)로 나뉘었으며, 각 조는 다시 너댓 개의 국(局)으로 구분되어 각기 식당 · 인쇄(편지봉투와 편지지 인쇄) · 영어학습 · 세탁 · 영화 · 양말 수선 · 바느질 등의 각종 소규모 수공노동에 종사했다. 매일 일하는 시간은 『간장』에 규정된 네 시간 이상이었으며, 식사를 단체에서 공급하는 것 이외에 그밖의 비용은 개인이 스스로 알아서 처리하게 했다. 그런데도 그들의 '공산주의' 열정은 조금도 감퇴되지 않았으며, 오히려 그들은 『간장』에 명확히 규정되지 않은 일도 적지 않게 실행했다. 이를테면 제1조는 단원의 의복을 모두 한데 모아 종류별로 분류해놓고 누구든지 골라서 자유롭게 꺼내 입을 수 있게 했다. 어떠한 통제도 없는 '공산주의'를 조속하게 실현하기 위해 그들은 "일치하여 가정과의 관계에서 이탈하고" 혼인의 구속을 폐지하기를 주장하여 "이혼할 사람은 이혼하고 파혼할 사람은 파혼하게" 하자고 했다. 그들은 또한 "현재의 학교는 부르주아지의 사유재산이다. 교장과 교사는 부르주아지의 고용원이며 일반 학생은 모두 부르주아지의 자제이다"고 생각하여 학교와의 관계에서도 이탈할 것을 주장했다. "무릇 종전에 학교에 있던 사람들은 모두 퇴학하여 청강생이 된다" 등등으로 생각한 것이다.[24)

"베이징 공독호조단의 제1조(組)는 그 '공산'을 향한 발걸음이 너무 빠르고 맹렬했기 때문에 두세 달도 안 되어 조 내부의 엄중한 의견차이, 식당에서의 경제위기, 단체 식사공급의 문제 등 극복할 수 없는 여러 모순을 드러내지 않을 수 없게 되었다. 그 결과 한두 사람 외에는 모두 호조단의 유지를 바라지 않게 되었으며, 3월 23일에 열린 회의에서는 각 개인이 자유롭게 다른 일을 찾기로 결정하여 공독호조단의 주

---

24) 구안서우시(官守熙), 「공독호조단의 흥기와 실패」(工讀互助團的興起與失敗), 『인민일보』(人民日報), 1984년 2월 10일자.

장을 근본적으로 뒤엎었다. 베이징 공독호조단 제1조의 해산은 전체 공독호조단 운동 실패의 선구가 되었으며, 신문화계나 수많은 청년 학생들 사이에서 아주 커다란 동요를 가져왔다. 그해 6, 7월 사이에 그 밖의 몇 조와 각지의 공독호조단 역시 잇따라 실패하여, 개별적으로 1921년 초까지 가까스로 유지된 것 외에는 모두 해산선언을 하지 않을 수 없었다."[25]

일찍이 "수백 명이 등록하여 참가하고, 몇몇 외지 학생들까지 소식을 듣고 달려온"[26] 위와 같은 조직은 이렇게 짧은 수명만을 누린 채 완전히 실패로 돌아갔다.

당시 이러한 유토피아 이상사회의 구상과 실험은 결코 이것만이 유일한 예는 아니었다. 저우쭤런은 1919년 3월 『신청년』에 글을 발표하여 일본의 '신촌'(新村)실험을 소개했다. 마오쩌둥도 1919년 글을 발표하여 "나는 수년 동안 이상사회를 꿈꾸어왔지만 방법이 없었다. 민국 7년(1918) 봄, 몇몇 친우를 맞아들여 성성(省城: 후난성 창사) 맞은편의 악록산(岳麓山)에 공독동지회(工讀同志會)를 설치하여 경작과 독서에 종사하려고 했으나 그들이 후난에 오래 머무를 수 없었고, 나 역시 베이징으로 와버리는 통에 뜻을 이룰 수 없었다. 이번 봄에 후난에 돌아오니 다시 생각이 나서 악록산에 신촌을 건설할 계획을 갖게 되었다"[27]고 이야기하고 있었다.

윈다이잉은 1919년 11월 1일자 일기에서 이렇게 쓰고 있다.

나는 향포(香浦), 즉 린위난(林育南)과 이야기하다가 장차 신촌을 조직할 것에 찬성했다. 우리는 향촌에서 간단한 생활을 할 것이기 때문에 필요한 것이 많지는 않을 것이다. 촌에서는 완전히 금전을 폐지

---

25) 같은 글, 같은 곳.
26) 펑밍(彭明), 『5·4운동사』(五四運動史), 베이징, 人民出版社, 1984, 510쪽에서 인용.
27) 위와 같음.

하고 사유재산을 없애 각자 능력에 따라 일하고 필요에 따라 가지게
된다. 한 사람을 회계로 삼아 바깥의 금전출납을 전담하게 하고, 한
사람을 매판(買辦)으로 삼아 밖에서 구매하거나 밖으로 파는 일을
맡긴다. 촌에서는 의복이 모두 일치해야 하며 남녀의 의복까지 일치
하면 더욱 좋을 것이다. 식사는 한곳에서 한다. 도서실·작업장을 설
치한다. 안으로 여자·아동의 교육사업에 특히 주의해야 한다. 신촌
의 모든 행복은 여기에 기탁되기 때문이다. 밖으로는 문화를 고취하
고 환경을 개조하는 사업을 추진하는 데 특히 주의해야 한다. 우리
신촌 생활은 농업을 근본으로 하고, 과일나무를 심는 것과 목축을 함
께 하는 것이 좋을 것이라고 생각한다. 이렇게 하면 반드시 안락하고
도 유쾌할 것이다.[28]

　　이러한 두 가지 행위방식——가정에서 뛰쳐나온 개인의 반항, 이상
사회를 조직하려는 집단의식——은 통할 수 없었다고 해야 할 것이다.
노라는 가출한 후 어떻게 되었는가? 당시 루쉰은 이 문제를 날카롭게
지적했다. 낡은 규범의 품 속으로 돌아가든지, 아니면 자기소설의 주
인공인 자군(子君)처럼 비참하게 죽어가든지, 또는 정계나 상계로 들
어가 사회의 꽃병(여사무원)이 되든지 했을 것이다. 남성 노라라 하
더라도 운명은 그다지 나은 게 없었으리라. 5·4운동을 지도하고 거
기에 적극 참여한 『신청년』이나 『신조』 그룹 역시 "암흑 속에 삼켜지
거나, 아니면 스스로 암흑의 일부분이 되었고", "어떤 사람은 출세하
고, 어떤 사람은 은거하지" 않던가? 이런 모습은 그들과 루쉰이 바라
보던 신해혁명 세대들과 거의 아무런 차이가 없었다. 새로운 뤼웨이
푸나 웨이렌수가 나타날 뿐이었다.

---

28) 같은 글, 같은 곳.

2 구망의 계몽 압도

개인의 반항은 아무런 출로도 찾을 수 없었고, 집단적 이상의 현실적 구축 역시 실패했다. 그렇다면 도대체 출로는 어디에 있는가? 명확한 답변 가운데 하나는 다음과 같은 것이었다.

나는 앞으로 공독호조단을 사회개조의 수단으로 삼는 것은 불가능하며, 사회가 개조되기 이전에 새로운 생활을 실험하는 것도 불가능하다고 생각한다. 평화적이고 점진적인 방법으로 사회의 일부분을 개조하는 것 역시 불가능할 것이다. 그렇다면 어떻게 해야 할 것인가? 급진적이고 격렬한 방법으로 사회를 개조하고, 사회 속에 뛰어들어 근본적으로 전체를 개조해야 한다고 생각한다.(스춘퉁)[29]

동그라미를 한바퀴 돌듯이 신문화운동이 계몽에 대한 강조에서 출발했다가 다시 구체적이고 격렬한 정치개혁안으로 돌아온 것이다. 정치, 사회를 철저히 개조하는 혁명적인 정치에 다시 초점이 모이게 되었다. 앞서 말한 대로 천두슈는 "시정의 비평은 그 종지가 아니다"라던 초기

---

29) 펑밍, 『5·4운동사』, 522쪽에서 인용.

의 태도를 완전히 바꾸어버렸을 뿐 아니라, "정치를 얘기하든 얘기하지 않든 간에 인적이 닿지 않는 깊은 산속으로 들어가지 않는 한 정치는 결국 당신을 쫓아다닐 것이다"[30]라고 분명하게 강조하게 되었다. "윤리의 문제가 해결되지 않은 상태에서 정치·학술 문제는 지엽말단의 것에 지나지 않는다"[31]는 것이 아니라 "혁명적 수단으로 노동계급(즉 생산계급)의 국가를 건설하고, 대내외적인 모든 착취를 금지하는 정치·법률을 만드는 것은 현대사회에서 가장 필요한 일이다"[32]라고 주장하게 된 것이다.

이것은 충분히 이해가 가는 일이다. '10월혁명의 포성'인 러시아 볼셰비키혁명의 성공은 본래 서구 민주주의와 자유를 선전하고 민중의 계몽을 급선무로 생각하던 신문화운동의 지도자 천두슈·리다자오나, 이 운동의 적극 참가자인 마오쩌둥·차이허썬(蔡和森)·저우언라이·취추바이(瞿秋白) 등으로 하여금 이렇듯 빠르게 마르크스-레닌주의를 받아들이게 만들었다. 그 구체적인 원인은 바로 마르크스-레닌주의가 모든 문제를 근본적으로 해결하는 공산주의적 이상사회의 모습을 제시해주고 있었기 때문이다. 또한 혁명 후의 러시아는 이미 그것을 실현하기 시작한 것처럼 보였다.

> 의회도, 대총통도, 총리도, 내각도, 입법부도, 통치자도 없으며, 다만 노동자연합회의가 모든 일을 결정한다. 모든 산업은 그 산업에서 일하는 노동자들이 소유하며 그밖의 소유권을 인정하지 않는다. ……이것이 볼셰비즘이다. 이것은 20세기 세계혁명의 신조이다.[33]

---

30) 천두슈, 「정치를 이야기함」(談政治), 『신청년』 제8권 제1호.
31) 천두슈, 「헌법과 공교」(憲法與孔敎), 『신청년』 제2권 제3호.
32) 펑밍, 『5·4운동사』, 522쪽에서 인용.
33) 리다자오, 「볼셰비즘의 승리」, 『신청년』 제5권 제5호, 『리다자오 문집』 상권, 600쪽을 보라.

이것은 '공독호조단'의 사상과 대단히 접근해 있지 않은가? 소단체의 평화적 실험은 실패했지만 대사회의 혁명적 개조는 성공할 수도 있다는 이 점은, 서구 자본주의의 자유 · 평등 · 박애라는 낡아빠진 사상은 말할 것도 없이 마르크스-레닌주의가 그밖의 모든 사회주의보다 낫다는 것을 증명하는 것 아닌가? 이 사회주의는 '과학'이었으며, 또한 깊이 있는 이론적 근거를 가지고 있었다. 리다자오는 이것을 가장 먼저 받아들였으며, 아울러 그것을 중국 지식계에 소개했다. 리다자오는 1919년 5월, 11월의 『신청년』 제6권 제5호, 제6호에 발표한 장문의 「나의 마르크스주의관」에서 상당히 전반적으로 마르크스주의를 설명했다. 이후 후스와의 『문제와 주의』(問題與主義) 논쟁에서, 리다자오는 이렇게 설명한다.

　　마르크스(Karl Marx, 1818~83)의 유물사관에 의하면 사회의 법률 · 정치 · 윤리 등 정신적 구조는 모두 상부구조에 지나지 않는다. 그 아래에는 경제구조가 그들 모든 것의 토대가 되고 있다. 경제조직이 변동하면 그것들 역시 따라서 변동한다. 바꾸어 말하면 경제문제의 해결이 근본적인 해결이다. 경제문제가 해결되면 정치 · 법률 · 가족제도 · 여성해방문제 등은 모두 해결될 수 있다. 하지만 유물사관(역사적 유물론이라고도 한다)의 첫번째 학설만을 따라 경제변동은 필연이고 피할 수 없는 것이라고 믿으면서 그것의 두번째 학설, 즉 계급투쟁설에 대해서는 주목하지 않고 이러한 학설을 도구로 노동자 연합의 실제 운동에 이용하지 않는다면 경제혁명은 영구히 실현되지 않을 것이다.[34]

　　천두슈 역시 머지않아 공상적 사회주의와 과학적 사회주의(마르크스

---

34) 리다자오, 「문제와 주의를 다시 논함」(再論問題與主義), 『매주평론』 제35호, 『리다자오 문집』 하권, 37쪽을 보라.

주의)의 구분을 강조하면서 이렇게 지적한다.

전 사회적인 경제조직과 생산제도가 무너지기 이전에는 한 개인이
나 단체만 단독으로 개조될 수 있는 여지는 없다. 푸리에 이래의 이
상주의적 공동체 운동은 베이징 공독호조단이나 윈다이잉의 『미래의
꿈』(未來的夢) 같은 것처럼 미친 사람의 꿈 이야기가 아닌가?[35]

이런 모든 것들은, 원래 윤리의 각오를 '최후의 각오'로 삼은 문화의
투사들이 이때에 와서는 오히려 마르크스주의의 계급투쟁 학설에 의해
혁명적 정치투쟁을 수행하여 낡은 제도를 무너뜨림으로써 '경제조직'
의 '근본 해결'을 도모해야 하며, 이렇게 해야만 그밖의 모든 것들도 손
쉽게 해결할 수 있다고 요구하게 되었음을 설명해주고 있다. 이제는
'윤리의 각오'가 아니라 계급투쟁의 각오가 으뜸 가는 '최후의 각오'가
된 것이다. 따라서 모든 문제, 모든 출로는 이렇게 노동대중을 발동시
켜 계급투쟁을 수행하는 데 집중하게 되었다. 계급투쟁의 승인이나 부
인, 적극 참가나 회피·거부는 이제 점점 더 중국의 마르크스주의와 비
마르크스주의, 중국공산당과 그밖의 당파를 가르는 기본 경계선으로
작용하게 되었다. 이러한 구분의 경계는 '학리'(學理)상의 논쟁이나 논
증에 의해 얻어진 것이라기보다는 오히려 당시의 사회생활이 조성한
역사적인 결과라고 해야 할 것이다.

국가와 개인의 출로는 어디에 있는가? 어떻게 하면 이렇게 산더미처
럼 쌓여 있는 사회문제들을 해결할 수 있을까? 성급한 젊은이들은 일반
적으로 "문제를 좀더 많이 연구하라"는 것이나 점진적인 개량에 만족
하기 매우 어려웠다. 하물며 이러한 연구와 개량의 주장이 얼마간의 성
과를 가져다준 것도 아니었기 때문에 '근본적인 해결'을 추구하는 것,
즉 계급투쟁이 자연히 좀더 흡인력이 강한 방향이 되었다. 듀이나 러셀

---

35) 천두슈, 「사회주의에 관한 토론」(關於社會主義的討論), 『신청년』 제8권 제4호.

이 중국에서 한 강연이 한때 잠시 열렬한 호응을 받기는 했지만 결국 형세는 사람보다 강했다. 급진적인 청년들은 아주 간단하고 유치한 마르크스주의 지식을 받아들여 중국공산당을 조직하거나 이에 가입했으며, 공장으로, 광산으로, 농촌으로 뛰어들어 '계급투쟁'을 수행하기 시작했다.

마르크스주의에 대한 이러한 수용은 자발적인 사상투쟁 과정을 거친 것이었다. 마르크스주의가 그들을 점령하기 이전, 수많은 급진적인 청년들은 모두 무정부주의를 받아들이고, 믿고, 거기에 열중했다.[36] 마오쩌둥·차이허썬·저우언라이 등 역시 마찬가지였다. 본래 무정부주의는 개성해방과 사회 이상을 동시에 요구하는 신세대에게는 가장 적합한 것이었다. 모든 억압·착취와 모든 권위·속박에 반대하며 모든 사람이 노동하고, 일하고, 서로 사랑하고, 서로 돕기를 주장한다……는 것은 아주 매력적인, 개인의 자유와 사회의 행복이 갖추어진 이상세계가 아닌가?

'무정부'는 강권(强權)에 반대하는 것을 요체로 하며, 따라서 현재 사회의 강권을 포함한 모든 좋지 못한 제도를 우리는 배제하고 제거하고자 한다. 자유·평등·박애의 참 정신에 근거하여 우리가 이상으로 삼는, 지주·자본가·기생자(寄生者)·수령·관리·대표·가장·군대·감옥·경찰·재판소·법률·종교·혼인제도가 없는 사회를 이루고자 한다. 이때가 되면 사회에는 오로지 자유·상호부조의 대의(大義), 노동의 행복만이 있을 것이다.[37]

---

36) 이 시기 중국에서 유행한 무정부주의는 그 성질이 이미 신해혁명 전과는 달랐다. 그것은 인민주의의 범주에 속하는 것이 아니라 소부르주아 지식인의 열광이었다. 이것이 류쓰푸(劉思復)가 류스페이(劉師培)와 다른 점이기도 하다.
37) 류스페이, 「무정부 공산주의 동지사 선언서」(無政府共産主義同志社宣言書). 펑밍, 『5·4운동사』, 599쪽에서 인용.

1950년대 후반에 어떤 고참 공산당원은 나와 함께 시간을 보내다가, 그의 이상은 무정부주의지만 무정부주의가 한동안 실현되기 어려웠기 때문에 마르크스주의를 받아들였고, 그것에 의해 마침내 '무정부'의 이상세계에 도달하려고 했다는 이야기를 한 적이 있었다. 사실 차이허썬·마오쩌둥·저우언라이 등도 당시에는 모두 이런 생각이었다.

……나는 무정부주의에 관한 소책자들을 읽었고 아주 큰 영향을 받았다. ……이 시기에 나는 수많은 무정부주의적 주장에 찬동했다.[38] 절대적 자유주의, 무정부주의, 그리고 민주주의는 나의 현재의 관점에 따르면 모두 이론적으로는 그럴 듯하나 실제로는 이룰 수 없는 것이네.(마오쩌둥)[39]

나는 현재세계에서는 무정부주의를 실행할 수 없다고 생각하네. 왜냐하면 현재세계에는 뚜렷하게 두 개의 대항하는 계급이 존재하기 때문이지. 부르주아 독재를 타도하고 프롤레타리아트 독재로 반동을 억눌러야만 하네.[40] 무정부당 최후의 이상은 레닌(Vladimi Ilyich Lenin, 1870~1924)의 그것과 다르지 않다고 나는 생각하네. 하지만 무정부의 단계로 나아가려면 반드시 현재 러시아의 방법, 즉 프롤레타리아트 독재가 유일한 방법이고 이것 말고는 아무런 방법이 없네. 정권이 손에 있지 않은데 어떻게 공산주의적 생산과 소비를 조직할 수 있다는 말인가?(차이허썬)[41]

---

38) 에드거 스노(Edgar Snow), 『서행만기』(西行漫記), 베이징, 三聯書店, 1979, 128쪽.(신홍범愼弘範 역, 『중국의 붉은 별』, 두레출판사, 1985, 150쪽―옮긴이)

39) 마오쩌둥, 「1920년 12월 1일 차이허썬에게 보낸 편지」(1920年 12月 1日 給蔡和森的信), 『신민학회회원통신집』(新民學會會員通信集) 제3집을 보라.

40) 차이허썬, 「1920년 8월 13일 마오쩌둥에게 보낸 편지」(1920年 8月 13日 給毛澤東的信), 『신민학회회원통신집』 제3집을 보라.

41) 차이허썬, 「1920년 9월 16일 마오쩌둥에게 보낸 편지」(1920年 9月 16日 給毛澤東的信), 『신민학회회원통신집』 제3집을 보라.

……하지만 A·ISM(Anarchism: 무정부주의를 가리킴)의 자유의 작용은 너무나 제한이 없다. 이렇게 낡은 세력이 튼튼히 뿌리박고 있는 사회에서 모든 강박을 해방시키고 모든 속박을 해방시키고자 한다는 것은 쉽게 속 빈 소리로 빠져버린다. ……A·ISM의 사상은 사람들의 생각 속에서 항상 발견되는 것이지만 그것을 목마름을 풀어주는 물, 배고픔을 없애주는 빵으로 삼으려 한다면 우물에서 숭늉 찾는 격으로 아무런 도움이 되지 못할 것이다.(저우언라이)[42]

이것은 무정부주의는 좋은 것이고 "레닌의 그것과 다르지 않다고 나는 생각"하지만 어쩔 수 없이 공리공론으로 빠지게 되며, "이론으로는 그럴 듯하나" 오로지 "현재 러시아의 방법"(프롤레타리아트 독재)만이 가능한 것 같다고 이야기하는 것이다. 무정부주의의 특징 가운데 하나는 철저한 개인주의다. 그것은 사회혁명을 통해 즉각 개인의 절대 자유를 실현하고자 주장하며, 또한 자본주의와 모든 암흑과 같은 현실을 아주 격렬하게 비난한다. 이것은 본래 당시 청년들의 개인해방에 대한 요구에 딱 들어맞는 것이어서 광범위하게 전파될 수 있었다. 또한 무정부주의가 격렬하게 낡은 세계를 비판한 것은 청년들이 쉬사리 그것을 마르크스주의와 혼동하게 만들었다.

"적지 않은 사람들이 10월혁명의 승리는 무정부주의의 승리라고 믿었으며",[43] "리다자오 역시 크로포트킨의 『상호부조론』의 영향을 받았으니, 그밖의 사람들이 어땠을지는 미루어 짐작할 수 있다. 1921년에 이르러서도 여전히 마르크스와 크로포트킨을 혼동하는 사람이 있었다. ……어떤 사람은 볼셰비즘에서는 국가가 필요 없다고 주장하는 것으로 생각했다."[44] 이것은 이상사회와 현실에 대한 반대라는 점에 대해 당시

---

42) 우하오(伍豪: 저우언라이의 필명), 「서구의 혁명상황」(西歐的赤況), 『각우』(覺郵) 제2기, 『5·4운동 회고록』 상권, 26~27쪽을 보라.
43) 펑밍, 『5·4운동사』, 603쪽.
44) 같은 책, 505쪽.

청년들이 주목한 것은 마르크스주의와 무정부주의의 공통점이며, 이론으로 깊이 들어가 이 둘의 기본 출발점(개인 또는 인류전체)의 차이를 보지 못했다는 점을 설명해준다.

하시만 머지않아 국내에서건, 아니면 근공검학운동(勤工儉學運動: 일하면서 학업을 병행하는 운동)의 일환으로 프랑스에 유학한 청년들 사이에서건, 마르크스주의와 무정부주의에 대한 대논쟁이 일어난다. 여기서는 이러한 논쟁을 다루지 않겠다. 하지만 가장 주목할 만한 점은 마르크스주의가 무정부주의와 싸워 이긴 것은 이론적으로는 사회혁명과 이상사회에 대한, 겉보기로는 비슷하지만 실제로는 다른 둘의 차이를 분명히 해서가 아니었다는 것이다. 오히려 마르크스-레닌주의가 즉각 행할 수 있고 이미 효과를 본(10월혁명) 일련의 구체적인 행동방안과 혁명에 대한 전략·전술을 가지고 있었기 때문이다. 바로 이 때문에 마르크스주의는 절박하게 실제 효과를 추구하는 당시 청년들의 현실적 요구와 중국적 실용이성이라는 무의식적인 심리적 전통에 들어맞았던 것이다. 그리고 마르크스주의가 무정부주의에 싸워 이긴 결과는 바로 계급투쟁과 프롤레타리아트 독재이론에 대한 강조와 실행이었다.

차이허썬은 말한다.

나는 극단의 마르크스파로서 극단적으로 유물사관, 계급투쟁, 프롤레타리아트 독재를 주장한다. 초기 사회주의, 유토피아적 공산주의, 현실을 알지 못하고 이상의 꽃무늬 옷을 입은 무정부주의, 오로지 경제행동만 주장하는 공단주의(생디칼리슴), 노동자와 자본가를 조화시켜 자본주의의 연장을 꾀하는 길드사회주의와 수정주의파 사회주의는 여지없이 배척하고 비판한다. 이런 것들은 모두 세계혁명을 방해하는 장애물이며…… 특히 중산계급의 사조가 뒤섞인 수정파, 의회행동에만 의존하는 개량파, 걸핏하면 특별한 상황이나 배경을 주장하면서 경제변화만 믿는 투기파를 몹시 배격한다. 반역사회당·애국사회당 역시 이런 것들의 산물이다.[45]

이러한 사상은 물론 마르크스주의일 뿐 아니라 바로 레닌주의이기도 하다. 레닌주의는 각종 사회당과 수정주의에 대한 격렬한 비판 속에서 생겨났다. 그것의 주요한 특징 가운데 하나는 바로 당, 즉 철의 기율을 가지고 있고, 전 당원이 중앙에 복종하며, 직업적 혁명가를 핵심과 영도로 하여 조직된 대오의 창립이다. 천두슈는 국내에서, 차이허썬은 국외에서 우연하게도 "중국에서 공산당을 창립해야 한다"는 일치된 결론에 도달했다.

이후에 벌어진 모든 것에 대해서 여기서 다시 상세하게 서술할 필요는 없을 것이다. 공산당 당기(黨旗) 아래 수많은 지식청년들은 노동자·농민을 이끌고 중국 혁명의 승리를 얻었다. 이러한 고난에 찬 승리 투쟁 속에서, 당 창립에서 항일전쟁 승리 전야의 정풍(整風)운동에 이르기까지 무정부주의가 고취한 절대 개인주의, 자유주의가 제창하고 추구한 각종 개인의 자유, 개성해방 등 자본주의 계몽사상 체계에 속하는 수많은 것들은 이론과 실천에서 끊임없이 철저하게 부정되었다. 이러한 부정과 비판은 주로 구망—혁명—전쟁이라는 현실의 요구 때문이지 진정으로 학술적인 이론의 선택은 아니었다.

요컨대 마르크스-레닌주의의 수용과 전파와 발전은 주로 당시 중국의 현실적 투쟁의 필요에서 이루어진 것이지, 서재 속에서 서구 자유주의의 학술이론을 철저하게 분석하고 연구하여 얻어진 결과는 아니었다. 이것은 당 창립 이후 직면한 아주 긴장되고 격렬한 정치·군사적 투쟁과 혁명전쟁 때문에 사람들이 이론과 사상에서 깊은 연구를 할 여유도 갖지 못하고 곧바로 행동무대로 뛰어들어야만 했기 때문이었다. 제국주의와 반동군벌에 반대하는 오랜 혁명전쟁 속에서 그밖의 모든 것들은 대단히 부차적이고 종속적인 지위로 밀려날 수밖에 없었다. 이론으로나 실제적으로 개인의 자유나 개성해방 따위의 문제를 연구하고

---

45) 차이허썬, 「마르크스학설과 중국 프롤레타리아트」(馬克思學說與中國無産階級), 『신청년』 제9권 제4호.

선전하는 것 역시 말할 필요도 없었다. 5·4시기에 계몽과 구망이 서로 어긋나지 않고 병행하면서 오히려 서로를 두드러지게 해주었던 국면은 결코 오랫동안 지속되지 못했으며, 시대의 위태로운 상황과 극렬한 현실투쟁은 정치구망의 주제로 하여금 다시 한 번 사상계몽의 주제를 압도하게 했다.

여기서 '다시 한 번'이라고 한 것은 앞서도 얘기했지만 이러한 것이 근대중국의 역사에서 줄곧 존재해온 문제이며, 여러 차례 나타났던 현상이기 때문이다.

몇 가지 사례들은 상당히 전형이 될 만하며 의미심장하다. 무술개혁운동 이전 왕자오(王照)는 캉유웨이에게 우선 교육을 실행하여 인재를 키운 뒤 개혁(변법變法)에 임하도록 권했으나 캉유웨이는 이렇게 대답했다. "상황이 엄중하여 도저히 손 쓸 틈이 없다." 신해혁명 전 런던에서 쑨원을 만났을 때 옌푸 역시 쑨원에게 교육에 힘쓰라고 권했지만 쑨원의 답변 역시 "황허(黃河)가 맑아지기를 언제 기다리겠습니까? 인간의 수명은 얼마나 짧습니까?"[46)]라는 것이었다. 1만 년은 너무 길고 기다릴 수 없는 시간이었다. 캉유웨이는 민권(民權)을 일으키고 의회를 개설하자고 주장했지만 막상 무술개혁에 임하여서는 오히려 군권(君權)의 존중을 강조하여 광쉬(光緖) 황제에게 대권을 홀로 휘둘러 개혁을 실행하라고 요구했다. 쑨원 역시 자유·평등·박애를 제창했지만 만년에는 오히려 거듭하여 이렇게 강조했다.

과거 유럽에서는 개인의 자유를 다투었지만 오늘날에 이르러서는…… 결코 이것을 개인에게 적용해서는 안 되며 국가에 적용해야 합니다. 개인은 너무 자유로워서는 안 되며 국가는 완전히 자유로워야 합니다. 국가가 자유로이 행동할 수 있게 되어야 중국은 강성한 국가가 됩니다. 이렇게 하려면 여러분 자신을 희생해야 합니다.[47)]

---

46) 왕쥐창(王遽常), 『옌지다오 연보』(嚴幾道年譜).

만일 자유·평등으로 민기(民氣)를 제창한다면 그것은 지나치게 현실에서 벗어나는 것이 되며 인민들은 아무런 절실한 아픔도 갖지 않게 될 것입니다. 그들은 느낌을 갖지 못할 것이고, 느낌을 갖지 못하면 반드시 달려와 동조하지 않을 것입니다.[48]

이런 것들은 모두 구망의 정세, 국가의 이익, 인민의 기아와 고통이 모든 것을, 지식인이나 지식인 집단의 자유·평등·민권·민주주의와 갖가지 아름다운 이상에 대한 추구와 요구를, 개인의 존엄·개인의 권리에 대한 주의와 존중을 압도했음을 보여준다. 국가의 독립과 부강, 인민의 의식주 해결, 외국 침략자의 억압과 모욕을 더이상 받지 않겠다는 의지 등이 주요한 선율이 되어 인심을 자극하고 사람들의 귓가에서 떠나지 않게 되었다. 그럼으로써 5·4 전후의 이른바 "우주관에서 인생관까지, 개인의 이상에서 인류의 미래까지"라는 계몽의 특유한 사색·곤혹·번뇌를, 그리고 이른바 "공교문제·여성문제에서 노동문제·사회문제까지, 문자상의 문학 문제에서 인생관 개조문제까지 모두 이 시기에 일어나 새시대의 중국 사회사상을 감돌고 있었다"고 일컬어진 모든 것들을 아주 빠르게 옆으로 밀쳐버리게 만들었다. 그것들을 자세히 사고하고, 연구하고, 토론할 여유나 시간은 이미 사라진 것이다. 몇 세대에 걸쳐 지식청년들은 5·30운동과 북벌전쟁과 이후의 10년내전(국공항쟁國共抗爭), 항일전쟁 등 구망을 위한 혁명의 조류 속에 투입되어 모두 다 애국과 혁명이라는 길 위에 자신을 바쳤으며, 또한 오랫동안 군사투쟁과 전쟁의 형세 아래 있었다.

이렇게 험준하고 고통스럽고 오랜 정치·군사투쟁 속에서, 이른바 생사가 걸린 계급·민족의 대투쟁 속에서 요구된 것은 물론 자유·민주주의 등 계몽의 선전도 아니었고,[49] 개인의 자유와 인격의 존엄을 권

---

47) 쑨원, 「민권주의(民權主義) 제3강」.
48) 취추바이, 「굶주림의 고향 여행기」(餓鄕紀程), 『취추바이 선집』(瞿秋白選集), 베이징, 人民出版社, 1959, 20~21쪽을 보라.

장하거나 제창하는 따위의 사상도 아니었다. 오히려 가장 두드러진 것은 모든 것을 반제 혁명투쟁 속에 복종시키는 것, 철의 기율, 통일된 의지와 집단의 역량이었다. 어떠한 개인의 권리나 개성의 자유, 개인의 독립과 존엄 등도 이와 비교하면 사소하고 실제에 맞지 않는 것이 되어버렸다. 개인의 자아는 여기서는 사소한 것이고 소멸될 수밖에 없었다. 에드거 스노는 이렇게 기록한 적이 있었다.

나중에 나는 그런 이유라기보다는 이들 대부분이 실제로 개개인의 자세한 역할을 기억하고 있지 못함을 알았다. 나는 전기(傳記)자료를 수집하기 시작하면서, 공산당원이 자신의 젊은 시절 초기에 일어난 일들은 낱낱이 밝혀주면서도 일단 홍군과 관계된 시절에 이르면 그 자신은 어디선가 매몰되어버려, 몇 차례나 되묻지 않고서는 그 '개인'에 관한 이야기를 일체 들을 수 없었다. 그저 홍군과 소비에트, 당을 앞세우는 이야기만을 들을 수 있다는 사실만 거듭 확인했다. 이들은 전투일시와 전투상황, 처음 들어보는 수많은 지역으로의 이동상황에 대해 한없이 이야기를 털어놓았는데, 그런 사건은 그들에게 집단이라는 측면에서만 중요성을 지니는 듯했다. 그 이유는 그런 곳에서 역사를 창조한 것은 개인 차원에서의 그들이 아니고, 홍군이 그곳에 있었기 때문이다. 또 그 이면에는 그들이 옹호하며 투쟁하는 이데올로기 전반에 걸친 유기적 역량이 있었기 때문이다. 그러한 점은 홍

---

49) 이론적으로도 역시 비판을 받았다. 이를테면 취추바이는 다음과 같이 말한다. "5·4신문화운동은 민중에게는 헛된 일이나 마찬가지였고, 5·4식의 신문언(新文言: 이른바 백화白話)은 서구화된 상류층 상인을 위해 입맛에 맞춰 음식을 바꾸는 사치스러운 술자리로서 노동민중에게는 아무런 도움도 되지 않았다."(「대중문예문제」大衆文藝問題) "지식계급이나 학생대중들은 한때 찬란했던 저 '5·4'의 옷을 벗어버려라! 그리고 지금은 반제국주의의 전투적 깃발 아래 반제문화투쟁에 종사해야 할 필요가 있으며 또 응당 그래야 한다."(문예신문사文藝新聞社, 「5·4의 옷을 벗어던져라」請脫棄五·四的衣衫) 쑤원(蘇汶) 편, 『자유문학 변론집』(自由文學論辯集), 상하이, 現代書局, 1933, 333쪽, 336쪽을 보라.

미로운 발견이긴 했지만 취재를 보조하는 일에는 적잖은 어려움을 안겨주었다.[50]

이것은 확실히 아주 중요하고 흥미 있는 발견이다. 진보적인 청년학생에서 홍군의 지휘관·전투원으로, 베이징·상하이·창사 등 대도시에서 징강산(井岡山)·어위시(鄂豫西) 소비에트·옌안(延安)의 궁벽한 농촌으로, 지식인의 진리를 추구하는 개인주의에서 피를 뒤집어쓰며 싸우는 노동자·농민의 집단주의로, 더구나 오랫동안 긴밀하게 농민 출신의 지휘관·전투원과 농민대중에게 둘러싸인 채 함께 싸워왔던 환경 속에서 이러한 변모는 아주 자연스러운 일이 아니었을까?

중국공산당은 이미 1927년에 "국민혁명은 무엇보다도 우선 농민혁명이어야 한다"[51]고 지적했다. 마오쩌둥과 스탈린(Joseph V. Stalin, 1879~1953) 역시 민족문제는 실질적으로는 농민문제이며, 중국 혁명은 실상 농민을 주력으로 하는 혁명전쟁이라고 재삼 강조하여 말한 바 있었다. 이 전쟁은 천신만고 끝에 승리를 거두었지만 이 전쟁의 지도자·참가자가 된 지식인들은 또한 현실 속에서 이 전쟁에 의해 정복당해버렸다. 오랜 전통을 가지고 있는 농민 소생산자의 이데올로기 형태와 심리구조는 그들이 원래 가지고 있던 보잘것없는 민주주의·계몽의 관념을 몰아냈다. 또한 이러한 농민의식과 전통의 문화심리 구조 역시 의식적·무의식적으로 이제 막 배워온 마르크스주의사상 속에 침투하게 되었다. 특히 현실적 투쟁의 임무는 마르크스주의의 중국화를 요구하고, 각종 방면(문화와 문예의 영역도 포함하여)에서도 민족적 형식을 강조하는 형세 아래 있었다. 따라서 북벌 초기이건 항일전쟁 초기이건 민주 계몽류의 운동은 오랫동안 지속될 수 없었고, 곧바로 농민전쟁

---

50) 에드거 스노(신홍범 역), 『중국의 붉은 별』, 124쪽.
51) 「장제스가 혁명민중을 도살하는 것에 대한 중국공산당의 선언」(中國共産黨爲蔣介石屠殺革命民衆宣言). 딩서우허(丁守和), 『중국 현대사논집』(中國現代史論集), 中國社會科學出版社, 1980, 484쪽에서 인용.

을 주체로 하는 혁명적 요구와 현실투쟁에 의해 뒤덮여버리거나 매몰될 수밖에 없었다.

1949년 중국 혁명의 성공은 전체 사회와 전체 민족의 문화심리 구조에 대변동을 가져왔으며 수천 년 동안 이어져 내려온 진부한 습속들이 얼마간 제거되었다. 이를테면 경제·정치 관념, 가사노동에서 남녀의 평등은 적어도 지식인이나 기관의 간부들 사이에서 상당히 많은 부분들이 현실에서 실현되었다. 이것은 물론 수천 년의 진부한 낡은 전통에 대한 대돌파이며, 심지어는 몇몇 발달된 자본주의 국가의 수준을 뛰어넘는 것이기조차 했다. '해방'이란 단어는 갖가지 낡은 사회와 관념의 오염을 씻어버리는 데 확실히 풍부한 심리적 의의를 내포하고 있었다. 하지만 사회발전사의 필연의 법칙과 마르크스주의의 집단주의 세계관과 행위규범이 전통의 낡은 이데올로기를 대신하던 당시에, 봉건주의적 '집단주의'가 이미 상당히 뒤바뀐 모습으로 유유히 여기에 침투하기 시작했다.

차이를 부정하고 개성을 말살하는 평균주의(平均主義), 권한이 명확하지 않고 모든 것을 관할하는 가부장적 호령을 발포하면서 유아독존하는 '독판치기'(一言黨), 존비의 질서에 엄격하게 주목하는 등급제, 현대 과학 기술교육에 대한 경시와 낮은 평가, 서구 자본주의 문화에 대한 배척 등은 '실제로는 농민혁명'인 거대한 승리에 수반하여 마르크스주의적 사회주의나 프롤레타리아트 집단주의라는 명목으로 의식적·무의식적으로 전체 사회와 지식인들 사이에서 만연하기 시작했으며 사람들의 생활과 의식을 통치하게 되었다.[52] "부르주아지·프티부

---

52) 샤옌의 회고는 구체적이고 생동적이어서 아주 전형적이다. "사상 감정에서의 문제 외에도 생활방식의 문제가 있었다. 문을 나서면 경호원을 데려가야 했고, 가까운 곳에 강연을 하러 가도 걸어가면 안 되고 자동차를 타고 가야만 하였다. 특히 총칭(重慶)·홍콩·단양(丹陽)에서 형, 아우를 칭하던 옛 친구들도 내 이름을 부를 수 없게 되었고, 나를 부장·국장이라고 불렀다. 총정국(總政局)의 마한빙(馬寒氷)이 베이징에서 상하이로 와서 나와 얘기하였는데, 그는 문으로 들어오기 전에 똑바로 서서 경례를 하면서 큰 소리로 "보고합니다! 마한빙이

르주아지의 개인주의를 비판"하는 것을 특징으로 하는 정풍운동이나 사상개조운동은 혁명전쟁시기에는 큰 효과를 거두었다.

하지만 이것들이 평화건설시기에 다시 진행되자 오히려 자본주의보다 더 낙후된 봉건주의에 대한 경계와 반대를 가로막거나 아니면 느슨하게 만들었다. 특히 1950년대 중·후기에서 '문화대혁명'에 이르기까지 봉건주의는 사회주의의 명의를 빌려 더욱더 기승을 떨치면서 자본주의에 반대했다. 그리고 가식적인 도덕의식을 고양하고 희생정신을 떠들어대면서 "개인주의는 모든 악의 근원"이라 주장하고, 모든 사람들이 "개인주의와 싸우고 수정주의를 비판하여"(鬪私批修) 요순(堯舜)과 같은 도덕군자가 되라고 요구했다. 이것은 마침내 중국의 의식을 봉건전통의 전면 부활이라는 경지로까지 몰아넣었다. '사인방'이 타도된 후 '인간의 발견'·'인간의 각성'·'인간의 철학'이란 외침은 다시 한동안 전국을 뒤흔들게 되었다. 5·4의 계몽요구·과학과 민주주의·인권과 진리는 여전히 거대한 흡인력을 지니면서 다시금 사람들에 의해 발견되고 호소되기 시작했으며, 심지어 '나래주의'(拿來主義: 무조건적인 외국 것 들여오기), '전반서화론'(全盤西化論)[53]까지도 다시 제기되었다.

이것은 슬프고도 우스꽝스러운 역사의 장난이 아닌가? 다시 한바퀴 빙 돌아 70년이 지난 후 똑같은 과제를 제기하게 된 게 아닌가?

부름을 받고 왔습니다"라고 소리쳤다. 이것은 다시 나를 놀라게 하였다. 이런 것들 때문에 구속감과 불안감을 느끼는 일이 아주 많았는데, 노(老)해방구에서 온 친구들은 이것이 '제도'로서 '안전'·'기밀유지'·'상하의 구별'을 위한 것이라고 얘기해주었다. 설마, 이런 것이 새로운 사회의 새로운 풍속은 아니겠지? 이런 것들에 대해 나는 상당히 오랫동안 '의혹'을 품었다."

"당의 제도와 사회의 풍속은 거스르기 어려웠고, 나는 자기를 억제하여 새로운 풍속에 적응하려고 노력했으며 나중에는 점차 익숙해지게 되었다. 나는 적당한 인사말과 상투적인 글을 쓰는 것을 배우게 되었고, 넓은 장소, 수많은 사람들 앞에서 '보고'하는 것도 익히게 되었다. 결국 오래 되자 의혹도 느끼지 않게 되었다."(샤옌, 『게으르게 옛 꿈을 찾는 기록』懶尋舊夢錄, 베이징, 三聯書店, 1985, 639~640쪽)

53) 이 책의 「'서체중용'에 대하여」참조.

나는 『중국 근대사상사론』과 『중국 고대사상사론』에서 이렇게 말한 적이 있다.

5·4운동에서 과학과 민주주의를 제기한 것은 바로 구(舊)민주주의 혁명의 사상적 보충수업인 동시에 신(新)민주주의 혁명의 계몽편을 개강하는 것이었다. 그러나 중국 근대는 처음부터 끝까지 강력한 외국의 억압과 날로 심각해지는 구망의 형세 아래 있었기 때문에 반제의 임무가 대단히 돌출될 수밖에 없었다. 이후 몇 세대 사람들이 끊임없이 이 애국과 혁명의 길을 따라나갔기 때문에, 또한 특히 오랜 기간 군사투쟁과 전쟁의 형세 아래 있었기 때문에 봉건의식과 소생산의식은 끝까지 진지하게 청산된 적이 없었다. 쩌우룽이 호소한 부르주아 민주주의의 관념 역시 항상 부차적인 위치에 놓여 있었다.[54]

부르주아 민주주의 사조는 결코 중국에서 뿌리를 내리지 못했다. 중국에서 깊고 두터운 뿌리를 가지고 있었던 것은 봉건통치의 전통과 소생산자의 좁은 의식이었다. 바로 이 둘이 결합하여 중국의 전진·발전을 가로막는 거대한 사상의 장애가 되었다. 그것은 근대 민주주의와 전혀 들어맞지 않았으며, 몽매·등급·전제·폐쇄·인습·세습과 자급자족 경제에서 제왕권술(帝王權術)의 '정치'까지, 이런 모든 것들이 오히려 습관에 의해 익숙해진 사상 상황과 정통 역량이 되었다.[55]

우리는 사상관념 면에서, 심지어는 어떤 방면에서는 5·4시대보다 낙후되어 있다. 농민혁명이 가져온 후유증을 제거하는 데에는 확실히 온몸으로 부딪쳐 뚫고 나가려는 용감성과 자각이 필요하다.[56]

54) 리쩌허우, 『중국 근대사상사론』, 베이징, 人民出版社, 1979, 311쪽 참조.
55) 위와 같음.

마르크스주의는 원래 서구의 근대 민주주의와 개인주의가 고도로 발전한 자본주의 사회에서 탄생한 것으로서, 그것은 자본주의의 자유·평등·민주주의·인도주의 등 모든 우량한 전통과 사상을 흡수한 것이었다. 마르크스주의의 세 가지 원천은 이 점을 충분히 표현하고 있다. 바로 이러한 역사의 토대 위에서 공산주의의 이상과 사회혁명의 주장이 탄생하여 발전할 수 있었으며, 프롤레타리아트가 스스로의 해방과 전체 인류의 해방을 꾀하는 무기가 될 수 있었다. 그것은 부르주아 자유민주주의의 허위성을 폭로·비판·공격했지만, 자본주의가 가져온 문명의 진보(그 가운데는 자유와 민주주의 등 정치·문화·사상·의식 등의 각 방면이 포함된다)를 받아들이고 소화하는 것을 전제로 하고 있었다. 따라서 『공산당선언』 역시 "각 개인의 자유로운 발전이 모든 인간의 자유로운 발전의 조건이다"라는 선명하고도 의미 깊은 기본명제를 포함하고 있었다.

　　그러나 중국 근대에는 이와 같은 자본주의라는 역사의 전제가 없었으며, 기나긴 봉건사회와 반(半)식민지·반(半)봉건사회 이후 곧바로 사회주의가 들어섰다. 따라서 사회의 정치·경제구조에서든 사람들의 문화심리 구조면에서든 결코 자본주의의 세례를 거친 적이 없었다. 이것은 또한 기나긴 봉건사회가 낳은 사회·심리구조가 자본주의 사회의 민주주의와 개인주의에 의해 결코 파괴되지 않았으며, 낡은 습관·세력과 관념·사상이 여전히 완고하게 존속되면서 심지어 사람들의 의식과 무의식의 깊은 곳에까지 침투해 있었다는 점을 얘기해준다. 그것들이 사회주의적 집단주의라는 옷을 입고, 자본주의적 자유민주주의와 개인주의에 반대한다는 명목으로 '문화대혁명'에서나 심지어 그 이전에 각종 복벽을 순조롭게 진행시킬 수 있던 것도 결코 놀라운 일은 아닌 것이다. 이 때문에 '문화대혁명' 이후 사람들은 전례 없을 정도로 다시 5·4를 그리워하고 기념하게 되었다.

---

56) 리쩌허우, 『중국 고대사상사론』, 325쪽.

1939년에 5·4운동 20주년을 기념하면서 마오쩌둥은 이렇게 말했다.

5·4운동이 문화혁신운동이 된 것은 중국의 반제·반봉건 부르주아 민주주의 혁명의 한 표현형식에 지나지 않는다. ……중국의 부르주아 민주주의 혁명과정은 이미…… 아편전쟁·태평천국전쟁·갑오중일전쟁·무술유신·의화단운동·신해혁명·5·4운동·북벌전쟁·토지혁명전쟁 등의 여러 발전단계를 거쳐왔다. 오늘날의 항일전쟁은 그 발전에서 또 하나의 새로운 단계이다. ……이러한 민주주의 혁명은 중국 역사에 없던 사회제도를 건립하기 위한 것이었다.[57]

같은 해, 1936년 12월 9일의 학생항일운동인 12·9운동을 기념하면서 마오쩌둥은 다시 지적했다.

5·4운동은 북벌전쟁을 위한 준비를 해주었다. 5·4운동이 없었더라면 북벌전쟁은 생각할 수 없었다. ……5·4운동 이후 중국공산당이 탄생하여 제1차 국공합작을 촉진하고 5·30운동을 일으켰으며, 북벌전쟁을 발동하여 제1차 대혁명을 촉진했다. 그렇다면 5·4운동이 없었다면 제1차 대혁명 역시 불가능했으리라는 점은 아주 분명하다. 5·4운동은 확실히 제1차 대혁명을 위해 여론을, 인심을, 사상을, 간부를 준비하여 주었다. 12·9운동은 5·4운동이 제1차 대혁명을 준비해준 것처럼 위대한 항일전쟁을 준비해주었다. 12·9운동은 1937년 7월 7일의 전면적 항일전쟁을 추진했으며, 준비해주었다.[58]

여기서는 분명히 5·4운동의 정치적 구망이라는 측면이 두드러지고

---

57) 마오쩌둥, 「5·4운동」, 『마오쩌둥 선집』 제2권, 545~546쪽을 보라.
58) 마오쩌둥, 「12·9운동의 위대한 의의」(十二·九運動的偉大意義), 『인민일보』 1985년 12월 1일자.

있다. 하지만 1979년 5·4운동을 기념하면서 각계인사들이 강조한 것은 오히려 그 사상계몽의 측면이었다.

위대한 5·4운동은 오늘에 이르러 벌써 60년이 지났습니다. 5·4운동은 반제·반봉건의 정치운동이었을 뿐 아니라, 동시에 전에 없는 사상해방운동이었습니다. ……중국의 유사 이래 이렇듯 과감하게 낡은 세력에 도전한 사상운동으로 이미 수천 년 동안 존재해온 낡은 전통을 타파하고 사회진보를 추진한 운동은 없었습니다. ……민주주의 사상의 각성이 없었다면 민족의식의 고양이 있을 수 없었고, 마르크스주의 사상을 받아들여 사회주의를 철저한 중국 개조방안으로 삼는 일도 없었을 것입니다.[59]

그때 사람들이 개인주의를 제기한 것에는 일정한 의의가 있었음을 인정해야 할 것입니다. 그들은 개인주의를 반봉건의 전투적 무기로 삼았습니다. ……봉건적인 속박을 깨뜨리고 개성의 발전과 개인의 독립과 자주적인 권리를 쟁취하자는 호소는 그들의 요구를 표현해주었으며, 그들의 공명을 불러일으켜 그들을 크게 고무시키는 작용을 했습니다.[60]

최근 몇 년간 후스와 이른바 '후스파'에 대한 논술이나 평가에서, 수십 년 이래 실업가·교육가·문예가·학자·교수들이 현대 자연과학과 인문사회과학을 전파시키고 가르쳐온 것에 대해서, 평가가 달라지고 있다. 그리고 후스의 영향을 깊이 받은 '문사'(文史) 영역에서 '국고

---

59) 저우양(周揚), 「세 차례의 위대한 사상해방운동」(三次偉大的思想解放運動), 『5·4운동 60주년 기념 학술토론회논문선』(紀念五四運動六十周年學術討論會論文選), 베이징, 中國社會科學出版社, 1979, 6~9쪽을 보라.
60) 후성(胡繩), 「5·4신문화운동에서의 민주주의와 과학을 논함」(論五四新文化運動中的民主與科學), 『5·4운동 60주년 기념 학술토론회논문선』 305쪽.

정리'(國故整理)·고증·편찬과 안양(安陽)에서 은허(殷墟) 발굴 등 등을 포함한 그들의 인재배양과 각자 전문영역에서의 교학·과학공작에 대해서도 모두 전과는 달리 상당히 긍정하는 태도가 표명되고 있다.

절대다수의 지식인들은 다음과 같은 두 가지 길을 걸어왔다. 어떤 사람들은 공산당의 지도 아래 노동자·농민대중과 결합하는 길로 나아가 혁명투쟁에 참여했다. 또 어떤 사람들은 반동정권 아래서 그들이 '공업구국'·'항일구국'·'교육구국'·'위생구국'이라고 자칭한 공작에 참여했다. ……이러한 지식인들의 대량 출현은 5·4운동 이후에 일어난 현상이었다. 이 지식인들은 일반적으로 모두 당시 과학과 민주주의 정신의 영향을 받았으며 부르주아 민주주의 사상을 품고 있었다. 이른바 '공업구국'·'과학 구국' 등은 실제로는 봉건 전통사상에 대한 일종의 부정이기도 했다.[61]

이것은 5·4운동 이후 마르크스-레닌주의를 받아들여 구망-혁명에 참가한 길 이외에도, 계속하여 교육·과학·문화 등의 공작에 종사하던 길의 계몽측면에 대해서도 적극적인 평가를 해야함을 말해준다.[62] 그들은 중국 사회의 현대화를 향한 발전에 촉진작용을 했기 때문이다.

하지만 공평히 말한다면, 이러한 길은 항일전쟁 중에 서남연합대학(西南聯合大學)의 명교수들이 의식(衣食)조차 해결하기 곤란하던 것

---

61) 리주(黎澍), 「5·4운동에 관한 몇 가지 문제」(關於五四運動的幾個問題), 『5·4운동 60주년 기념 학술토론회논문선』, 282쪽을 보라.

62) "학생운동에는 두 방면이 있었다. ……하나는 철학·문학 방면을 대표하는 것이고 다른 하나는 정치·사회 방면을 대표하는 것이었다. 전자는 신조사(新潮社)였고, 후자는 국민사(國民社)였다. …… 5·4운동 후 이 집단의 경향은 더욱 두드러져 그들은 뚜렷하게 사회주의, 특히 볼셰비즘을 우러러보게 되었다. …… 신조사 일파는 은연중에 후스를 우두머리로 하여…… 차츰차츰 국고정리운동에 기울어지게 되었다."(황르퀘이黃日葵, 「중국 근대사상사 발전 속의 베이징대」中國近代思想史演進中的北大, 『베이징대 25주년기념간』北大卄五周年紀念刊), 1927. 12. 17을 보라. 펑밍, 『5·4운동사』, 227쪽에서 인용.

88

에서도 나타나듯이 결코 평탄한 일은 아니었다. 또한 그들은 전체적인 사회 · 경제 · 정치에 대해서는 아무런 중요한 영향력도 발휘하지 못했다. 중국은 근본적으로 자유주의자들에게 정치활동의 무대에 오를 기회를 제공하지 않았다. 후스 등이 1920년대에 기대한 호인정부론(好人政府論) 역시 봉건군벌에 종속되고 의존할 수밖에 없었고 아무런 성과도 거두지 못했다. 1920년대 이후 자유파(自由派)들의 연구 · 토론 역시 아무런 실제 작용도 하지 못하는 서재 속의 공리공론에 지나지 않았다.

일찍이 영국이나 미국에 유학한 적이 있던 부르주아 지식인들이 조직한 잡지 『태평양』(太平洋)은 5·4운동 이전에 '대총통의 권한'이나 '지방자치제도' 따위의 문제들을 연구했다. ……1920년 상하이에서 출판된 잡지 『신인』(新人) 역시 매음(賣淫)문제를 전문적으로 연구한 『매음문제 특집호』를 출판하기도 하고, 폐창대동맹(廢娼大同盟)을 발기하기도 했다. 베이징에서 출판된 『신중국』(新中國)도 인력거꾼의 생활상황에 대한 조사와 어떻게 그 문제를 해결할 것인가 하는 토론을 발표한 적이 있었다. 이런 것들은 후스가 제창한 "좀더 많이 문제들을 연구하자"는 주장의 실천이라 할 수 있지만…… 근본적으로 문제를 해결할 수는 없었다.[63]

인력거꾼의 생활은 예전과 다름 없었고 매음도 마찬가지였으며, '대총통의 권한' 역시 예전처럼 무한한 것이었다. "좀더 많이 문제들을 연구하자"는 주장이 얻은 성과는 기껏해야 학술 · 문화 · 과학 · 교육 등의 영역에서 아주 제한된 과제에 한정될 뿐이었다.

이것이 바로 현대 중국의 역사풍자극이다. 위망(危亡)의 국면과 봉건

---

63) 딩서우허 · 인쉬이(殷敘彛), 『5·4계몽운동에서 마르크스주의의 전파로』(從五四啓蒙運動到馬克思主義的傳播), 베이징, 三聯書店, 1979, 296쪽.

주의는 자유주의자에게 평화롭고 점차 나아가는 온건한 발전기회를 허용하지 않았으며, 사회문제를 해결하기 위해서는 '근본적인 해결'인 혁명전쟁이 필요했다. 하지만 혁명전쟁온 오히려 계몽운동의 자유이상을 짓밟아버렸으며, 봉건주의가 기회를 틈타 부활할 수 있게 했다. 이것은 허다한 근본문제가 결코 해결되지 않은 상태에서 모두 다 "근본적으로 해결되었다"는 장막에 뒤덮이게 함으로써 보고도 못 본 체하는 상태가 되도록 만들었다. 계몽과 구망(혁명)이라는 이중주제의 과제는 5·4 이후에도 결코 합리적으로 해결되지 않았으며, 심지어 이론으로도 진정한 탐구나 충분한 주목이 이루어지지도 않았다. 특히 최근 30년 이래 이 문제를 가벼이 여겨 소홀히 대한 것은 진정 쓰라린 결과를 가져왔다.

3 창조적 전환

　그렇다면 오늘날 유행하는 '인도주의', '사상해방'과 계몽운동은 역사가 다시 되풀이되는 것인가? 놀라운 것은 이 글의 앞머리에서 인용한 천두슈가 70년 전 『신청년』에서 제기한 주장들, 이를테면 인간의 자주성과 용감한 진취성 제창, 쇄국 반대, 공리주의 주장, 진정한 민주주의에 대한 요구와 인민의 주인이 되는 청렴한 관리가 되지 말자는 요구 등과 같은 것들이 오늘날의 정치·학술논저나 청년들의 사상·주장 속에서 발견된다는 점이다. 5·4시기 루쉰의 "중국 책을 읽지 말자"는 주장, 첸쉬안퉁의 '한자폐지' 등 격렬하고도 철저한 반전통적·유가비판적 요구들이 오늘날 수많은 청년들의 사상과 논저 속에서 마치 "낯익은 제비가 다시 돌아왔네" 하는 것처럼 거듭 되풀이되고 있다. ⋯⋯이것은 확실히 탄식할 만한 것이기는 하지만 충분히 이해할 수 있는 일이기도 하다.

　하지만 5·4시대처럼 그렇게 격렬한 비판과 전반서화론을 되풀이하는 것이 과연 문제를 해결할 수 있을까? 확실히 우리는 오늘날 5·4를 계승할 필요가 있다. 그러나 5·4를 되풀이하거나 5·4의 수준에 머물러서는 안 된다. 전통에 대한 태도 역시 이와 마찬가지이다.[64] 5·4처럼 전통을 내던지는 것이 아니라 전통에 일종의 창조적 전환(轉換性的創

造)을 해야 한다.

이것은 앞서 지적한 대로 진정한 전통이란 이미 사람들의 행위방식·사상방법·정감태도에서 문화심리 구조 속에 침전되어 있는 것이기 때문이다. 유가공학(儒家孔學)의 중요성은 그것이 일종의 학설·이론·사상일 뿐 아니라, 사람들의 생활과 심리 속에 용해되고 침투하여 민족심리와 국민성격의 중요한 요소가 되어 있기 때문이다. 수많은 농민들은 공자에 익숙하지도 않으며 심지어 알지도 못한다. 그러나 공자가 개창해 오랫동안 이어져 내려온 종법제도, 장유존비(長幼尊卑)의 질서에서 '천지군사부'(天地君師父)의 위패까지 모든 것들은 이미 일찍부터 그들이 지켜오고 있는 생활방식·풍속습관·관념의식·사상감정 속에 침투해 있다. 노자·장자·도가·불교와 같은 그밖의 이론·학파·사상은 결코 이러한 역할이나 영향력을 갖지 못했다.

전통은 살아 있는 현실의 존재이며, 겉으로 드러난 사상의 겉옷에 지나지 않는 것도 아니다. 그것은 내던지고자 해서 내던질 수 있는 것도, 보존하고자 해서 보존할 수 있는, 외부에 있는 것도 아니다. 따라서 전통 속에서 자신을 발견하고 인식하여 자신을 바꾸어가는 수밖에 없다. 『중국 고대사상사론』에서 강조한 것처럼, 전통이란 것은 항상 좋고 나쁜 점을 한몸에 갖추고 있게 마련이어서 우열성을 확연하게 구분하기란 대단히 어렵다.

이것은 한쪽 면만 비판하거나 무조건 반대하는 것으로 해결할 수 있

---

64) 당시 전통을 부정하고 서구화를 주장하던 철저함과 격렬함에는 아마 오늘날의 급진파들 역시 미치지 못할 것이다. 이를테면 "공자를 폐(廢)하려면 한자(漢字)를 폐지해야 한다." "2,000년 이래 한자로 써온 서적은 어떤 것이든 펼쳐보면 반쪽도 넘어가지 않아 엉터리 꿈 이야기가 나오게 마련이다"(첸쉬안퉁), "오직 하나의 출로만 있다. 즉, 모든 점에서 우리가 남보다 못하다는 것, 물질·기계뿐만 아니라 정치제도·예술·도덕·지식·문학·음악·미술·신체 등에서 남보다 못하다는 것을 반드시 인정해야 한다"(후스) 등이다. 이론적 깊이에서 오늘날의 철저한 전통 부정론자들은 실질적으로 과거 천두슈·리다자오의 수준을 넘어서지 못하고 있는 것 같다. 이를테면 천두슈·리다자오가 '종법가정본위', 농업소생산 경제기초가 전제정치를 위해 복무한다고 지적한 것 등등.

는 것이 아니며, 우선 역사적 구체적으로 분석되어야 할 필요가 있다. 우열성과 강약(强弱)을 한몸에 모으고 있는 전통 자체에 대해 여러 면으로 해석하고 이해하여, 일종의 '냉정한 자아인식'을 얻고 창조적 전환을 모색하는 것이 오늘날 참으로 시급한 일이다. 『중국 고대사상사론』에서의 공학(孔學)·묵학(墨學)의 장점과 약점, 조숙한 체계론적 세계관의 우열성, 송명이학의 이론의 성취와 역사의 폐해에 대한 분석 등등은 전체를 벗어나서 한쪽 면으로 긍정하거나 부정하는 것을 피하기 위한 것이다. 어떠한 이론이나 해석이건 그것들은 역사적인 요소를 자체에 포함하고 있다. 역사는 역사해석자 자신의 역사성에서 벗어날 수 없다. 바로 이렇기 때문에 전통을 이해하는 것은 바로 자신을 이해하는 것이며, 자신을 이해하는 것 역시 전통을 이해함으로써만 구체적으로 실현된다. 이것이 바로 오늘날 우리의 임무이다.

전통이라는 것은 내던져버릴 수도 그대로 지켜낼 수도 없는 것이며, 유물사관에 따르면 그 탄생과 발전·변화에는 경제적인 토대가 있다. 『중국 고대사상사론』에서는 농업소생산의 가족 종법제도가 유·묵(儒墨) 양가가 생존·연속하는 근본기초임을 강조하여 지적했다. 바로 후자인 경제의 토대에 근본적인 변화가 없었기 때문에 "이러한 소생산의 입장에 서 있으면서 현대 문명에 반대하는 중국 근대의 사상이나 사조가 항상 각기 다른 방식이나 표현으로 폭발하여 강력한 역량을 발휘할 수 있었다. 그것은 광범위한 호응을 얻었고 여러 사람들의 두뇌 속에서 공명을 일으켰던 것이다."[65]

따라서 '문화대혁명'은 공자를 비판했음에도 오히려 봉건주의가 엄청나게 범람하도록 했다. 몇 년 전 위에서 아래까지 벌떼처럼 장발(長髮) 반대, 바짓부리 자르기, 디스코 금지에 나선 소동이 있었다. 이것들이 사람들에게 쉽사리 연상하게 하는 것은 앞서 인용한 5·4시기의 단발반대, 남녀공학 금지소동이다. 이미 60, 70년이 지났는데도 거의

---

65) 리쩌허우, 「묵가의 철학」, 『중국 고대사상사론』 참조.

비슷한 일이 여전히 일어나고 있는 것이다. 관건은 바로 여기에 있다. 사회존재라는 이 본체(本體) 자체가 과학 기술의 도입과 대공업생산의 발달에 따라 사람들의 생산방식·생활방식·행위방식에서 거대한 변혁을 조성함으로써 비로소 사람들의 관념의식·사상감정·인생관과 우주관에 강력하게 작용할 수 있을 것이다.

그러나 경제발전만으로 저절로 모든 것들이 혁신될 것이라고 생각한다면 그것은 게으른 사람의 환상에 지나지 않는다. 소련·일본·홍콩과 대만·중동은 모두 비교적 선진적인 경제수준을 가지고 있지만 상부구조와 이데올로기는 오히려 보수적이고, 폐쇄적이고, 낡은 질서를 옹호하는 측면을 가지고 있다. 특히 앞서 말한 대로 중국이나 아시아는 서구 자본주의의 전체 역사시기가 결여되어 있는 까닭에, 사회체제 구조나 문화심리 구조면에서 모두 중세기 전통의 거대한 그림자가 드리워져 있다.

이데올로기와 비판의 무기(즉 이론. 마르크스가 쓴 용어임)의 혁신은 결코 토대의 변혁을 앉아서 기다리기만 하면 이루어지는 것이 아니며, 적극적인 자아혁신이 필요하다는 점을 우리는 여기서 알 수 있다. 지금 우리가 주로 반대해야 하는 것은 결국 봉건주의이다. 봉건주의라는 것은 이따금 반(反)자본주의라는 겉옷을 걸치고 출현하며, 이를테면 오늘날까지도 남녀관계를 이해하는 데 봉건의식은 대단히 엄중하다. 중요한 것은 이러한 반대와 비판에 5·4시대보다 훨씬 깊이 있고, 구체적이고, 자세하며, 분석이 풍부한 과학성이 있어야 한다는 점이다. 이러한 것들의 목적은 의식적이며 자각적으로 창조적 전환을 이룩하는 데 있다.

적어도 두 가지 차원에서 창조적 전환이 있다. 하나는 사회체제의 구조적 측면이다. 앞서 지적한 바 있듯이, 서구공업화 자본주의 시대에 적응하는 근대적 자유·독립·인권·민주주의 등등은 5·4 이후의 시기에 결코 진정하게 깊이 있는 연구가 이루어지지 않았으며, 그것들에 대한 마르크스주의의 깊이 있는 분석·탐구 역시 이루어지지 않았다.

그것들은 구망-혁명이라는 거대한 파도 아래 몽땅 부르주아의 누더기로 간주되어 간단하게 부정당해 버렸다.

오늘날 우리가 5·4의 전통을 계승하고 발전시키기 위해서는 그것들을 다시 제기하는 것 말고도 그것들에 대해 좀더 깊이 있는 구체적인 분석, 자세한 연구와 이론 건설을 수행할 필요가 있다. 또한 중국 전통의 모든 것들에 대해서도 마찬가지여야 한다. 단순하게 5·4시기의 격정적인 외침이나 5·4 이후 혁명시기의 추상적인 부정에 머물러서는 안 된다. 현재는 기본적으로 비교적 오랫동안 평화로운 환경에 있고, 여전히 국가의 부강(근대화)이 중국인의 으뜸가는 과제이기는 하지만 계몽과 구망의 관계는 결국 군사적인 형세나 혁명시기와는 다를 수밖에 없다. 오늘날은 이미 통수의지(統帥意志)와 절대복종을 강조하는 전쟁의 시대가 아니라 사회주의적 민주주의가 급박한 의사일정에 올라 있는 건설의 시대인 것이다.

개인의 권익과 요구를 중시하고, 개성의 자유·독립·평등 및 개인의 자발성·창조성의 발휘를 중시하여 이것이 더이상 길들여진 도구, 피동적 나사못이 되지 않게 하고, 아울러 나아가 철저하게 전통의 이 방면에 대한 타성을 해소하는 것은 근대의 어느 시기보다도 오늘날에 가장 긴요한 과제이다. 외국의 일부 학자들은 중국의 개인주의 전통을 인정하지만 기실 이러한 개인주의의 특징은 소극적인 것이며 기껏해야 현실과 타협하지 않는 현실비판의 태도일 뿐이고, 장자(莊子)나 선종(禪宗) 불교의 사상으로 대표되는 것이다.

중국의 전통에는 모든 것을 자신의 독립적인 분투·모험정신에 의지하는 적극적이고 진취적인 개인주의가 결여되어 있다. 민주주의의 문제 역시 이와 마찬가지이다. 중국 전통의 민주주의라는 것은 '인민을 위하여 주인이 되는' 것이지 '인민이 주인이 되는' 것은 아니다. 청렴한 관리, 어진 황제가 '백성을 귀하게 여기는' 것이지 백성 자체가 스스로를 귀하게 여기는 것은 아니다. 오늘날에도 여전히 이러한 부당한 사상의 혼동이 존재한다. 인민이 주인이 되는 것과 인민을 위해 주인이 되는 것을 혼동하는 것은 고대와 근대를 혼동하는 것이다.

근대의 자유민주주의는 마르크스주의와 마찬가지로 대공업 생산의 토대 위에서 점차 성숙된 성과로서, 중국의 전통과 전혀 닮지 않았으며 서구에서 수입된 것이다. 물론 수입된 이후 이것을 이떻게 인민을 중시하는 중국의 전통적인 집단관념과 결합하여 발전시키는가 하는 문제는 이론적·실천적으로 중시되어야 할 것이다. 하지만 우선 이 둘을 뒤섞어버려서는 안 되며, 그것들의 근본성질은 결코 같지 않다는 점을 알아야 한다.

서구 자유주의의 수많은 문헌들[66]은 자유와 민주주의라는 것이 제한이 없거나 자기마음대로 하는 것도, 대단히 훌륭한 이상적인 사물도 아니라는 점을 밝혀준다. 그것들은 본질적으로 인간 자신의 권한에 대한 일종의 명확한 제한이자 법률적인 규제이다. 옌푸가 그해에 밀의 『자유론』을 『군기권계론』(群己權界論)이라 번역한 것은 상당히 적절한 일이었다. 민주주의와 자유의 특징은 바로 군부독재나 파시즘, 무정부 상황, '반혁명분자 숙청의 거듭된 확산' 등과 같은 최악의 상황이 발생하는 것을 막는 데 있다. 따라서 그 가운데 핵심매듭은 수많은 법률·규정·조례의 엄밀한 제정과 엄격한 집행에 있다.

민주주의에 대해서 말한다면 수십 년에 걸친 중국의 혁명정치, 심지어 군사생활 속에서도 민주주의적인 협상이나 집단토론, 대중노선 등 우량한 방법과 전통이 없는 것도 아니다. 하지만 그것들은 결코 규범화된 법률의 형식으로 고정되어 사회 전체나 전국으로 확산되고, 오랜 기간 정착되어 유지된 것은 아니었다. 오히려 전쟁 환경과 혁명형세 아래 형성되고, 개인이나 소수의 사람들이 제정·장악·시행한 대단히 융통성이 강하고 변동의 폭도 큰 이른바 '방침정책'(方針政策)이 인민민주주의에 대한 수많은 왜곡과 손상을 가져왔다.

자유에 대해서 말한다면 중국의 전통에는 엄격한 규정이 없고 관대

---

66) 현대에는 포퍼와 하이에크 등의 저작을 참조할 수 있다.

한 무제한의 자유는 있었지만 법률로 제한되는 자유는 없었다. 따라서 항상 강자가 약자를 능멸하고 다수가 소수를 기만하고 위에서 아래를 누르는 일만 있어 왔다. 그러나 동시에 '한 줌의 모래'나 '한 자루의 감자'와 같은 식으로 서로 관여하지 않는 '자유'도 있었다. 이것은 진정한 자유가 아니며, 소수의 독재와 무정부상태만 이끌 뿐이다. 엄격한 법제를 수립해서 각종 권력을 명확히 분산시키고 서로 견제하고 서로 감독하게 하여, "중(和尙)이 우산을 쓰는 것처럼 무법무천(無法無天)"＊하거나, 당 위원회가 헌법보다 위에 있거나, 당의 기율이 국가의 법률을 대체하는 것 따위의 일을 철저히 없애야만 비로소 근대적이고 구체적인 사회주의적 민주주의와 자유를 실천할 수 있을 것이다. 이것은 사상교육이나 무슨 정심수신(正心修身) 따위의 것으로 이루어지는 것이 아니라 법률의 제정과 집행에 의해서만 이루어질 수 있다.

이 방면에 대해 서구 자본주의 사회는 삼권분립이나 사법부의 독립·의회제도 등 수백 년의 경험을 가진 정치·법률이론과 실천을 축적하고 있는데, 이것들은 귀감으로 삼을 만한 인류 공동의 재부(財富)로 간주되어야 할 것이다. 도덕적 설교로 사상문제를 해결함으로써 정치·법률제도의 진보나 개혁을 대체시키려고 하는 것은 유물사관의 기본원리에도 들어맞지 않는 일이다.

다른 하나는 문화심리 구조의 측면이다. 5·4신문화운동의 거대한 공적은 바로 그것이 중국인의 이러한 측면을 깊은 곳에서부터 뒤흔들어 놓고 영향을 주었다는 데 있다. 오늘날에도 우리는 이러한 것을 계승해야 한다. 그밖에도 수많은 해야 할 일들이 있으며, 그 임무는 아주 크고 곤란한 것들이다. 이를테면 중국인은 단체를 매우 중시하는 것처럼 보이고, 국가와 민족을 항상 맨 위에 올려놓기는 하지만 전통도덕이 요구하는 것은 오히려 '내성'(內聖)의 학문, 즉 개인의 정심·성의·수신·

＊ 이것은 '무발무천' (無髮無天)이라는 중국어 발음이 같은 용어에서 나왔다. 중이 우산을 쓰는 것은 '무법무천' (無法無天)과 같은 의미가 되는 것이다.

제가에 대한 강조이다. 서구는 개인의 권리와 존엄을 엄격한 기초로 하고 있는 것처럼 보이지만, 그 도덕적 요구는 오히려 사회의 이익과 공공법규에 중점을 두고 있다. 중국의 이러한 '내성'의 학문이 개인에게 제시하는 기준은 성현이 되기 위한 최고의 도덕적 요구이지만 그 보편성과 실행 가능성은 아주 적다. 서구에서 개인에게 제시하는 것은 법률을 준수하는 시민이 되기 위한 사회의 최저한도의 요구이지만 그 보편성과 실행 가능성은 훨씬 크다.

중국과 서양 문화형태의 이러한 비교 속에서 인간성은 본래 선한 것이라는 이론에 기초한 유가공맹의 윤리주의는 이미 계약을 특징으로 하는 근대 사회의 정치법률 체제에 완전히 적응할 수 없는 것임을 알 수 있다. 곡조가 너무 까다로우면 거기에 맞출 수 있는 사람이 적듯이, 유가윤리가 조성한 이러한 허위성은 역사의 전진을 방해하는 힘으로 바뀌어버렸다. 현대 사회는 도덕이 아니라 법률에 의해서만 개인의 행위를 요구하고 규제할 수 있다. 따라서 진정으로 서구의 현대에서 여러 가지를 흡수하고 소화하여 학교교육·사회관념과 민속풍습을 개조하고 전통적인 문화심리 구조 역시 창조적으로 전환시키는 것이야말로 진정 거대한 과제이다. 이러한 전환은 반드시 전통과 충돌할 수밖에 없고(이를테면 역사주의와 윤리주의의 모순), 또한 반드시 전통과 접속되는 측면이 있을 수밖에 없다(이를테면 윤리주의에서 우량한 것을 흡수하는 일).

5·4 이래 오늘날까지 문학 방면에서의 성과가 두드러지며, 5·4 이래 오늘날까지 사람들은 백화문을 형식으로 하는 중국 현대의 신문학(영화·가곡과 일부 미술작품도 포함)을 통하여 봉건잔재를 청산하고 민족의 심리를 쇄신하는 데 중요한 역할을 해왔다. 그리고 이러한 청산과 쇄신은 자연히 중국 전통 속의 긍정적인 요소를 계승하는 것이었다. 예를 들면 신문학 속의 애국주의와 현실비판주의 정신은 국가 대사와 민생에 관심을 쏟고, 천하의 일을 자신의 일로 생각하는 사대부의 역사적 전통과 아무런 관계가 없다고 할 수는 없을 것이다. 하지만 그것은 확

실히 전통 속에 담긴 봉건주의적인 내용에 대한 비판과 부정 속에서 이러한 전통심리를 계승한 것이었으며, 이러한 것이 바로 전통에 대한 창조적인 전환이라 할 것이다.

총괄해서 얘기한다면 역사의 해석자 자신은 현시대의 토대 위에 서서 자신의 역사성을 의식하고, 진부한 전통의 속박을 뚫고 나와 새로운 언어·단어·개념·사고방식·표현방법·회의적 정신·비판적 태도를 끌어들이거나 창조함으로써 '모든 가치를 다시 평가'해야 할 것이며, 이렇게 해야만 진정으로 전통을 계승·해석·비판·발전시킬 수 있을 것이다.

하나의 예를 들어보자. 이를테면 전통에서 두드러진 위치를 차지하는 '효'도를 대하는 데서 우리는 5·4시기처럼 간단히 그것을 매도해 버려서는 안 되고, 맹목적으로 그것을 제창하는 것 역시 더욱 안 되며, 전통적인 효도를 낳은 사회·경제·정치적인 기초(농업 소생산, 가부장제 아래서 생겨난 인격의 예속적·종속적 성격)를 분석해보아야 한다. 오늘날의 부자(父子) 관계는 물론 이와 다르다. 이것은 경제·정치적인 완전독립·상호평등이란 기초 위에 있는 친밀한 인간 사이의 정감태도이다. 따라서 그것은 더이상 "아버지는 아버지의 역할을 다하고, 아들은 아들의 도리를 다한다"는 전통적인 태도일 수도 없으며, 5·4시대처럼 "나는 당신을 아버지로 생각하지 않습니다. 우리는 서로 평등한 친구 사이입니다"라는 태도를 반복할 수도 없다. 친구라는 평등한 기초 위에서 아버지를 아버지로 인정하는 것은 친구 사이의 정감태도나 상호관계와 완전히 같은 것이 아니다.

경로(敬老) 역시 마찬가지다. 그것은 더이상 과거처럼 절대불변으로 생각되는 '자격을 따져 순서를 정하는' 규범·질서·제도·관습일 수 없으며, 일종의 순수한 감정에서 비롯된 자발적인 존경심과 친밀감일 수밖에 없다. 사고방식 또한 이와 마찬가지로서 중국 전통의 사고방식이 모호하고 두루뭉술하며, 모든 것에서 '대충'이라는 말로 만족한다고 간단히 배척해버린다면 진정한 창조적인 전환이란 불가능해진다. 하물며 맹목적으로 이른바 '동방의 신비주의'를 치켜세우는 것은 더욱이 창조적인 전환을 포기하는 것이 된다.

서구의 엄격한 논리분석과 엄밀한 추리적 사고방식을 배우고, 흡수하며, 수입하는 기초 위에서(이것은 결코 어려운 것이 아니다. 중국인은 현대 자연과학을 배우는 데에서 아주 뛰어난 성과를 거두고 있으며, 중국 전통의 실용이성은 이와 모순되지 않을 뿐더러 그 보급을 도울 수도 있다) 중국 전통의 창조적인 직관적 사고의 특징을 중시하는 것이야말로 과학과 인문(人文)에 도움이 될 수 있고, 전통의 사고방식을 창조적으로 전환시키면서도 그 원래의 뛰어난 점을 잃지 않게 하는 데에도 도움이 될 것이다.

정감태도에 대해서 말한다면, 술에 취해 행패를 부리거나 동성애를 크게 유행시키는 것은 결코 취할 만한 것이 못 된다. 하지만 전통에서처럼 예법에 구애되어 행동이 제약을 받는 것 역시 그리 좋지는 않을 것이다. 중요한 것은 현대적인 개인 인격을 수립한다는 전제 아래 이성(理 : 사회)으로 감정(情)을 억압하거나, 오로지 감정에 치우쳐 이성을 깨뜨리는 것이 아니라 이성이 감정 속에 융화되게 하는 것이다. 이래야만 비로소 전통이 창조적인 전환을 이룰 수 있을 것이고, 그러한 과정 속에서 계승·발전될 수 있을 것이다. 이것이 바로 내가 『중국 고대사상사론』에서 해석한 '서체중용'(西體中用), 즉 중국식 사회주의 현대화의 길이다.

*　　*　　*

천두슈는 1915년과 1916년 『신청년』을 창간·발행하여 5·4운동 계몽의 나팔을 불었으며, 마오쩌둥은 일찍이 "천두슈는 5·4운동의 총사령관이며, 전체 운동은 실제로 그가 이끌었다"[67]고 소리 높여 찬양한

---

67) 펑밍, 『5·4운동사』, 526쪽에서 인용.

적이 있었다. 만년에 이르러 천두슈는 국민당 감옥에서 출감하여 쓰촨(四川)의 장진(江津)에서 홀로 거주하면서도 여전히 민주주의 문제를 집중적으로 사색하고 있었다. 올해가 1986년이니 1916년부터 70년이 지났고, '문화대혁명'이 시작되고부터는 20년, '사인방'이 타도되고부터 이미 10년이 지났다. 그래서 이 글을 빌려 이러한 중요한 해들과 저 대단했던 '총사령'을 기념하고자 한다.

• 『주향미래』(走向未來) 1986년 창간호에 게재됨

중국 현대의 세 차례 학술논쟁

1 1920년대 과학과 현학 논쟁

모든 것은 5·4로부터 이야기를 시작할 수 있다. 중국 현대사의 기본 문제들은 모두 5·4로 거슬러올라갈 수 있으며, 사상문화나 이데올로기의 영역에서는 특히 그러하다.

5·4신문화운동의 가장 명확한 성공이자 움직일 수 없는 성과는 백화문의 승리였다. 린수·후셴슈(胡先驌) 등이 반대했지만 백화문은 파죽지세처럼 감당해낼 수 없는 기세로 전국을 석권하여, 위로는 교육부의 승인과 긍정을 얻었을 뿐 아니라 아래로는 광범위하게 청년과 학생들의 옹호와 지지를 받았다. 1949년 이전까지 일부 관문서나 정치평론과 몇몇 사람들이 여전히 문어체를 사용하기는 했지만, 결국 그것은 부분적인 현상에 지나지 않았으며 백화문의 지배적 위치는 움직일 수 없는 것이 되었다. 문서 언어의 변혁은 문학 형식 문제에만 그친 것이 아니라 전통적인 문화심리 구조에도 강력한 충격을 가했다.

푸쓰녠은 문어체의 쇠퇴와 몰락을 설명하기 위하여 약간 엉뚱한 이야기를 했다. 그는 중국인은 생각할 때 백화를 사용하며, 표현할 때만 문어체로 번역한다고 생각했다. 이 때문에 우미(吳宓)의 조롱을 받았다. 하지만 문어체 문장이 표현도구일 뿐 아니라 사유도구이기도 하다는 논증은 바로 문어체가 중국 문학 발전에 거대한 장애가 되었음을 설명해주는 것이기도 하다. 루쉰은 문어체의 문법이 정밀하지 못함을 강조하여 지적하면서, 이것이 중국인의 사유가 엄밀하지 못함을 설명해준다고 했다. 저우쭤런은 고대 한어(漢語)의 난삽함이 두루뭉술한 국민심리를 양성했다고 지적했다. 후스는 중국 문학의 상투어에 나타나는 민족심리를 연구하자고 제안했다. 첸쉬안퉁·류푸는 한어의 비병음화(非倂音化) 현상으로부터 중국 문화의 특질을 탐구했다. 이러한 일련의 견해들은 아주 정확한 것이라 보기 어렵지만 하나의 전체적인 경향을 드러내주는 것이다. 즉 5·4시대의 작가들은 언어를 사유와 연결시켜 함께 고려했으며, 이것은 일반적인 언어·문자개혁 전문가를 넘어서서 그들이 직접 전체 민족정신의 발전에 영향을 미칠 수 있게 해주었다.[1]

백화문을 제창하고 구도덕을 반대한 5·4신문화운동의 계몽적 측면은 이렇게 연이어서 일종의 자기 민족문화·심리에 대한 질책과 편달로, 하나의 과학주의적인 추구로 표현되었다. 즉 서구의 근대 과학을 기본 정신·태도·방법으로 삼아 중국인을 개조하고, 중국 민족의 문화심리 속에 그것을 주입하고자 했다.

바로 이러한 배경 아래 1923년 '과학과 현학(玄學) 논쟁'이 폭발했다.

1923년 2월 베이징대학 교수 장쥔마이(張君勱)는 칭화(淸華)대학에서 「인생관」이라는 제목의 강연을 하고 그것을 『칭화주간』(淸華周刊) 제272기에 발표했다. 장쥔마이는 과학이 인생관의 문제를 해결할 수 없음을 강조했다. "첫째, 과학은 객관적이고 인생관은 주관적이다." "둘째, 과학은 논리적 방법에 의해 지배되지만 인생관은 직관에서 나오는 것이다." "셋째, 과학은 분석의 방법에서 출발할 수 있으나 인생관은

---

1) 첸핑위안(陳平原)·첸리췬(錢理群)·황쯔핑(黃子平), 「예술사유」(藝術思維), 『독서』(讀書), 1986년 제2기, 76~77쪽.

종합적인 것이다." "넷째, 과학은 인과율에 지배되나 인생관은 자유롭고 지적인 것이다." "다섯째, 과학은 대상의 같은 현상에서 나오는 것이나 인생관은 인격의 단일성에서 나온다."[2] 장쥔마이는 '인생관'에 관계되는 것은 '정신과 물질'·'남녀간의 사랑'·'개인과 사회'·'국가와 세계' 등과 같은 구체적인 문제들이라고 생각했다. 첫번째 문제에 대해 장쥔마이는 이렇게 말한다.

> 이른바 정신과 물질. 과학의 쓰임은 오로지 외부로 향하는데……
> 아침에 일어나 일하고 저녁에 쉬며, 인생은 마치 기계와 같아 정신적
> 인 위안이 어디에 존재하는지는 알 수가 없다. ……한 나라가 상공업
> 에만 편중하는 것이 정당한 인생관이고 정당한 문화인가 하는 점은
> 서구에서 이미 크게 의문시되고 있다. ……물질문명에 대해서는 너
> 무 밖으로 향하고 물질만을 좇는다는 느낌을 버릴 수 없다.[3]

따라서 "인생관에는 객관적인 기준이 없으므로 오직 자기자신에게 되돌아가 찾는 것밖에 없다"(反求諸己)는 것이다. 즉, '인생관'은 외재적인 물질문명이나 과학이 결정하거나 규정할 수 없다는 주장이었다. 같은 해 4월 지질학자 딩원장(丁文江)은 「현학과 과학」(玄學與科學)(『노력주보』努力週報 제48·49기)이란 글을 발표하여 "현학귀(玄學鬼)가 장군의 몸에 붙어 있다"고 격렬하게 비난하면서, "오늘날 최대의 책임과 요구는 과학적 방법을 인생문제에 적용하는 것이다"는 후스의 의견에 동의한다는 점을 강조했다. 그는 다음과 같이 말한다.

> 과학은 밖으로 향하는 것이 아닐 뿐더러 교육과 수양의 가장 좋
> 은 도구이기도 하다. 왜냐하면 날마다 진리를 찾고, 시시각각으로

---

2) 장쥔마이, 「인생관」, 『과학과 인생관』, 상하이, 亞東圖書館, 1923년, 4~8쪽.
3) 같은 책, 10~11쪽.

편견을 제거하면서 과학을 배우는 사람은 진리를 찾는 능력을 가지게 될 뿐 아니라 진리를 애호하는 성실한 마음도 갖게 되기 때문이다. 어떤 일을 만나든 간에 차분하고 조용한 마음으로 용감하게 연구하여 복잡한 것에서 간단한 것을, 문란 속에서 질서를 찾아내며 논리로 자신의 생각을 훈련시킨다. ……우주·생물·심리의 갖가지 관계에 대해 일목요연하게 알아야만 생활의 즐거움을 충분히 알 수 있다.[4)]

장쥔마이는 이에 대한 비평으로 장문의 답변을 발표했다. 그리고 일시적으로 량치차오·후스·우즈후이(吳稚揮)·장둥쑨(張東蓀)·린짜이핑(林宰平)·왕싱궁(王星拱)·탕웨(唐鉞)·린수융(林叔永)·쑨푸위안(孫伏園)·주징눙(朱經農)·루즈웨이(陸志偉)·판서우캉(范壽康) 등과 같은 사상·학술계의 유명인사들이『노력주보』,『시사신보』(時事新報)의 부간『학등』(學燈) 등에 잇따라 글을 발표하여 토론에 참가했다. 같은 해 11월, 상하이의 아동도서관(亞東圖書館)은『과학과 인생관』상·하권을 편집·출간했다. 이 책은 29편의 논쟁 문장을 모았으며, 천두슈와 후스가 서문을 썼다. 12월에는 상하이의 태동서국(泰東書局)에서 내용이 같은『인생관 논쟁』(人生觀的論爭)[5)]이란 문집을 장쥔마이의 서문을 붙여 출판했다. 여기에 이르러 '6개월의 시간과 25만 자의 찬란한 문장'[6)]으로 이루어진 과학과 현학 논쟁은 대체로 마무리되었다. 같은 해 말과 다음 해에『중국 청년』,『신청년』등에는 덩중샤(鄧中夏)·취추바이·천두슈 등의 평론문장이 발표되었는데, 이것들은 공산당원의 관점을 대표하는 것이었다.

이 논쟁에서 언급된 문제는 과학의 사회적 효과(제1차 세계대전에 과

---

4) 딩원장,「현학과 과학」(玄學與科學),『과학과 인생관』, 20~21쪽, 22쪽 26쪽.

5) 이 문집은『과학과 인생관』과 비교하여 왕싱궁의 글이 하나 빠져 있고, 대신 투샤오스(屠孝實)의 글이 하나 들어간 것 외에 나머지는 거의 같은 내용이다.

6) 후스,「서문」(序),『과학과 인생관』, 16쪽.

학이 책임을 져야 하는가), 물질문명과 정신문명(이 둘을 어떻게 정의하며 둘의 관계는 어떠한가), 과학과 가치(둘은 관계가 없는가 아니면 어떤 관계가 있는가), 과학과 철학(둘을 어떻게 규정하며 둘의 근원·차이·범위는 어떠한가), 전통과 현대 등등 아주 많은 것들이었다. 그 가운데 몇 가지는 오늘날의 '문화열'(文化熱) 토론 속에서 자주 발견되는 문제이자 논점이기도 하다. 이 논쟁이 제기한 문제의 예민성과 토론의 깊이는 어떤 점들에서는 60년 후의 오늘날에 비해 손색이 없으며, 그 논쟁의 초점(과학적 인생관이 있을 수 있는가, 어떠한 인생관을 수립해야 하는가)은 오늘날에도 여전히 해결되지 않은 문제이다. 현대 세계 철학에서의 과학주의와 인본주의의 대립 역시 이러한 점을 드러내주고 있다.

여기서는 이 논쟁의 각 방면에 대해 서술하지 않고, 다만 몇 가지 논쟁의 재료들을 뽑아 당시 이 논쟁으로 불거진 중국 문화심리 구조의 몇 가지 문제들을 살펴보고자 한다.

양쪽의 철학적인 근거는 아무런 독창성도 없는 것이었다. 장쥔마이·장둥쑨 등이 전달한 것은 유럽 대륙의 베르그송·오이켄·드리슈·칸트의 선험주의였으며, 후스·딩원장[7] 등은 마하·콩트 및 영미의 경험주의와 실용주의였다. 논쟁 대상이던 생물학(다윈주의)·심리학·생계학(生計學, 즉 경제학)이 과학인가, 그것은 찾을 수 있는 객관적인 인과율을 가지고 있는가 하는 점에서는 이미 80년 동안의 사실이 증명하듯이 과학파의 승리로 끝났다. 하지만 이것은 과학이 인생관의 문제를 해결할 수 있다는 점을 결코 증명하지 못했다. 비트겐슈타인이 말한 대로 모든 과학 문제는 해답을 얻을 수 있지만 인생에 대해서는 여전히 해답을 얻을 수 없다. 따라서 현학파가 제기한 명제 역시 오늘

---

7) "딩원장은 매번 글을 발표하기 전에 몇 가지 중요한 논쟁점에 관해서는 항상 후스와 상의했다. 따라서 후스는 여전히 이 논쟁에서 중요한 역할을 맡았다."(겅윈즈耿雲志, 『후스연구논고』胡適硏究論稿, 청두, 四川人民出版社, 1985, 393) 후스는 이 논쟁에서 글을 많이 발표하지는 않았지만 이런 방식으로 참여했다.

날에도 여전히 생명력을 가지고 있다.

량치차오는 당시 이렇게 말했다.

　　인생문제는 대부분 과학의 방법으로 해결할 필요가 있고 또 해결할 수도 있을 것이나, 그 가운데 작은 부분, 또는 가장 중요한 부분은 초(超)과학적이다.

　　이지(理智)가 인류생활의 모든 부분을 포괄한다고 할 수는 없으며…… 생활의 원동력은 정감이고, …… 사랑과 아름다움이며, …… 절대적으로 초과학의 것이다.[8]

당시 장쥔마이는 물리학은 과학이라고 긍정했지만 생물학·심리학이 과학인가에 대해서는 회의하면서, 사회·역사 영역이 과학에 속할 수 있다는 점을 부인했다. 그는 다음과 같이 말한다.

　　생물학자는 세포를 기본개념으로 하지만 세포의 본질이 무엇인지 생물학자가 아닌 사람은 해석할 수 없다. 여기서 추론하면 생물의 근원·심리, 신체와의 관계에 대해 과학자가 해석할 수 없다는 것은 바로 이와 같은 것이다.[9]

　　심리상태는 아주 빠르게 변화하기 때문에 절대로 그것을 헤아릴 수도 없고, 인과관계를 찾을 수도 없다.[10]

　　그러나 인생이 변하는 까닭은 순수심리에서 나오는 것이고 자유로운 것이다. 다시 말해서 역사의 신진대사는 모두 인류의 자유행위로서, 인과라는 것은 있을 수 없다.[11]

---

8) 량치차오, 「인생관과 과학」, 『과학과 인생관』, 4쪽, 8∼9쪽.
9) 장쥔마이, 「인생관과 과학을 다시 논하면서 아울러 딩쥔에게 답함」(再論人生觀與科學幷答丁在君), 같은 책, 19쪽, 59쪽, 67쪽.
10) 같은 글, 같은 곳.

요컨대 심신과 사회·역사 영역에서 과학적 인과율은 쓸모도 효력도 없는 것이고, 따라서 과학적 인생관이라는 것도 있을 수 없다는 것이다.

이와는 대립하여 딩원장·탕웨·왕싱궁 등은 다음을 강조한다.

모든 심리현상은 원인을 가지고 있으며, 그 신뢰도는 '모든 물질현상에는 원인이 있다'는 말의 신뢰도와 꼭 같다.[12]

다시 하나의 정중한 예를 들어보자. 드 브리스(H. De Vries, 1848~1935)가 멘델(J. Mendel, 1822~84)의 법칙을 다시 발견한 이후, 만약 노란 껍질의 옥수수를 흰 껍질의 것과 교배시켜 잡종을 만든다면 새로 생겨난 옥수수에서 몇 알이 노란색이고 몇 알이 흰색인지 예측할 수 있게 되었다.[13]

우리는 아름다움이라는 것은 분석할 수 있다고 생각한다. ……아름다움이라는 것은 이지를 초월하는 것이 아니며, 아름다움에 대한 감각은 이지의 진보에 따라 변하는 것이다.[14]

요컨대 고등동물의 두뇌활동은 생물활동에서 가장 복잡한 것에 지나지 않는다. 이것과 하등동물의 두뇌활동이 없는 것과는 아무런 차이가 없다. 생물활동 역시 천연활동의 일부분이며, 무기물질계의 활동 역시 아무런 근본 차이가 없고 생명력에 원인을 돌릴 수도 없다. 따라서 무기물질을 연구하는 물리·화학은 생물문제에도 적용할 수

---

11) 같은 글, 같은 곳.
12) 탕웨, 「심리현상과 인과율」(心理現象與因果律), 『과학과 인생관』, 13~14쪽.
13) 딩원장, 「현학과 과학에 대해 장쥔마이에게 답함」(玄學與科學答張君勵), 『과학과 인생관』, 15쪽.
14) 탕웨, 「한 미친 사람의 꿈이야기」(一個痴人的說夢), 『과학과 인생관』, 3쪽, 5쪽.

있고, 생물을 연구하는 생물학 역시 인생문제에 응용할 수 있다.[15]

과학은 인과(causality)와 획일성(uniformity)이라는 두 가지 원리로 구성된다. 인생문제는 생명의 관념이건 아니면 생활태도의 문제이건 모두 이러한 원리의 확고한 틀에서 벗어날 수 없으며, 따라서 과학은 인생문제를 해결할 수 있다.[16]

과학파는 결정론과 환원론으로 현학파의 자유의지론과 심물이원론(心物二元論)에 반대했다. 과학파는 과학의 대상과 위력이 무한하며 세상의 모든 것을 과학으로 해결할 수 있다고 믿었기 때문에 '과학적 인생관'의 수립을 요구했다. 이른바 과학이란 우선 자연과학자가 유용하게 쓰는 과학적 방법과 태도, 과학 정신이었다. 개괄한다면 "과학의 목적은 개인의, 주관적 편견을 제거하여…… 사람들이 모두 인정하는 진리를 찾는 데 있다",[17] "과학적 태도에 의거하여 사상을 정리하고 의견을 구상하며, 나아가 몸소 실행하는 것을 과학적 인생관이라 할 수 있다"[18]는 것이다.

하지만 현학파는 오히려 "경험계의 지식은 인과적이고 인생의 진화는 자유적"이며, "현시대의 특징을 하나 구한다면 나는 이것을 반드시 신(新)현학 시대라고 부르고자 한다. 이 신현학의 특징은 바로 인생은 자유자재(自由自在)하며 기계적인 법칙의 지배를 받지 않는다는 것이다."[19] "물(物)과 심(心)의 문제에 대해 몇몇 사람들이 그것을 해결하겠다고 했지만 그것은 결코 해결되지 않았다", "과학자라면서 비과학적 이상을 갖는 경우가 자주 있다", "획일할 수도 없고 분석할 수도 없으

15) 왕싱궁, 「과학과 인생관」(科學與人生觀), 『과학과 인생관』, 12~13쪽.
16) 같은 글, 16쪽.
17) 딩원장, 「현학과 과학」, 20쪽.
18) 왕싱궁, 앞의 글, 3쪽.
19) 장쥔마이, 「인생관과 과학을 다시 논하면서 아울러 딩군에게 답함」, 『과학과 인생관』, 64쪽.

며, 심지어는 감각을 초월하기조차 하는 갖가지 심(心)의 작용에 대해 도대체 과학이 무슨 권위를 가질 수 있다는 말인가?"[20]라고 주장했다. 따라서 심리·사회와 인생은 과학의 문제가 될 수 없을 뿐 아니라 결정론이나 인과율에 의해 해석되거나 규정될 수도 없다는 것이다.

과학파는 왜 '현학귀'를 비판하고 '과학적 인생관'을 제창한 것일까? 이것은 다음과 같은 이유 때문이었다.

일반 학생들이 그들에게 넘어가면 종교·사회·정치·도덕 등 모든 문제가 진정 논리적 방법의 지배를 받지 않으며 옳고 그름이나 진짜와 가짜의 구분도 없다고 생각한다. 단지 그들의 주관적·종합적·자유의지적 인생관으로서만 그것을 해결하려 들 것이다. 만약 이렇게 된다면 우리의 사회는 장차 어떠한 사회가 되겠는가?[21]

장쥔마이는 부강(富强)에 반대하여 '모자라도 균등하고, 가난해도 안정된 상태 아래서 반드시 다른 방법을 생각해낼 수 있을 것이다'라고 얘기하는데, 중국이 현재 어느 정도나 모자라고 어느 정도나 토지가 부족한지 연구해본 적이 있는가? 작년 북방에 가뭄이 들었을 때 밥을 먹지 못하는 사람들이 2,000만이었고, 자식을 내다팔거나 사람고기를 먹는 사람조차 있었다. 이래도 가난 속의 안정이 좋단 말인가? ……이런 모자람 속의 균등이 좋다는 말인가?[22]

그러면 현학파는 왜 과학적 인생관에 반대했던 것일까? 이것은 다음과 같은 이유 때문이다.

---

20) 린짜이핑, 「딩짜이쥔 선생의 현학과 과학에 대한 글을 읽고」(讀丁在君先生的玄學與科學), 『과학과 인생관』, 13쪽, 35쪽.
21) 딩원장, 「현학과 과학」, 18쪽.
22) 딩원장, 「현학과 과학에 대해 장쥔마이에게 답함」, 45쪽.

내가 말하고자 하는 바는 과학 그 자체가 아니라 과학의 결과이다. 서구의 물질문명은 과학의 최대 성과이다. ……물질은 제한되고 인간의 욕망은 끝이 없다. 이러고도 국가안위, 인류행복을 꾀한다는 것을 나는 믿지 못하겠다.[23]

우리 나라는 서구와 통상을 시작한 이래 물질로는 튼튼한 배와 날카로운 대포(船堅砲利)를 정책으로, 정신으로는 과학 만능을 신앙으로 삼아왔다. 하지만 오늘의 시대를 생각한다면 역시 사물은 변화의 끝에까지 오면 다시 원래 위치로 돌아가는 것이라 할 수 있다.

과학은 반응·인과를 본의(本義)로 하는데…… 학생들의 머릿속에 이런 것들이 가득 차면 자신의 몸이 인과율이라는 그물에 얽매어 있다고 생각하여, 우주 사이에서 홀로 오고 가는 인생의 가치를 거의 잊어버릴 것이다.

관자(管子)의 말을 거꾸로 뒤집어, 예절을 안 이후에야 의식이 풍족하게 되고, 영욕을 알게 된 후에야 창고가 가득 차게 된다고 해야할 것이다. 내가 송학(宋學)을 제창하고자 하는 숨은 뜻은 바로 여기에 있다.[24]

과학이 무엇이고 과학적 인과율과 그 재료·내용이 무엇인가 등등의 문제에 대해 두 파가 끊임없이 논쟁하고 있음에도 그 진정한 핵심은 오히려 현시대의 중국인(특히 청년세대)이 어떠한 인생관을 가져야 국가의 부강과 사회의 안정에 도움이 될 것인가 하는 점에 있음을 여기서 알 수 있다. 이것은 얼른 보기에는 과학과 철학의 관계라는 순수한 학

---

23) 장쥔마이, 「과학의 평가」(科學之評價), 『과학과 인생관』, 6~7쪽.
24) 장쥔마이, 「인생관과 과학을 다시 논하면서 아울러 딩군에게 답함」, 『과학과 인생관』, 66쪽, 72쪽, 95쪽.

술적 문제에 관한 논쟁인 것 같지만, 근본적으로는 두 가지 사회사상의 대립이다. 그것은 사상사적인 의의를 가지고 있다.

앞 장에서 지적한 대로 청조(淸朝)체제와 이와 관련된 전통관념, 낡은 가치의 붕괴 내지 동요는 5·4시기의 지식인 집단으로 하여금 관심의 초점을 앞 세대의 튼튼한 배와 날카로운 대포(물질적 도구)와 '왕조교체기'의 개량·혁명(정치체제)에서 사상·문화로 돌리게 만들었다. 수천 년의 '수신치평'(修身治平)과 '천지군사부'(天地君師父)의 전통신앙·표준 규범이 더이상 사람들을 얽어맬 수 없게 되었을 때 지식인들은 새로운 인생신앙, 생활의 근거와 정신적 버팀목을 찾기 시작했다. 이것은 기실 중국 근대의 지식인들이 줄곧 진행시켜 오고 지녀왔던 심리상태(心態)의 방식이었으며, 그것은 바로 실용이성이라는 전통심리가 근현대에서 연속 실현된 것이기도 했다. 즉 이성에 의해 일종의 신앙을 추구함으로써 인생과 현실활동을 지도하려 한다.

캉유웨이는 일찍이 스스로 하나의 우주관을 수립하여 현실적 행동의 근거로 삼았다. 옌푸가 들여온 천연론(天演論: 진화론)은 청년과 지식인들에게 널리 환영을 받았다. 탄쓰퉁·장빙린(章炳麟, 즉 장타이옌)은 불학(佛學)의 유식종(唯識宗)으로 철학적 형이상학을 수립하고자 했다. 하지만 이런 모든 것들은 당시의 중심과제인 실제적 혁명운동이나 개혁행동에 의해 매몰되거나 압도당해버렸다. 그리고 바로 이러한 개혁운동의 실패 때문에 5·4시기가 되어서야 비로소 사상문화문제, 즉 어떠한 생활태도와 인생의 이상을 수립하느냐가 해결되어야 할 근본문제로서 사회의 개조나 중국의 앞날을 결정하는 데 으뜸가는 위치로 끌어올려졌다. 따라서 우주론이나 인식론, 과학의 본질이나 내용·범위, 또한 진정한 철학적 형이상학도 아닌 바로 구체적 인생관이 시대의 초점이자 학술의 주제가 되었고, 사람들(특히 청년세대)이 자기생활의 길을 인도하거나 확정시켜 줄 현실적 지침으로서 모색하게 되었다. 그것은 당시의 신문학 속에서 형상적으로 반영되었고, 이 논쟁에서 이론적으로 표현되었다.

따라서 과학파의 과학적 방법 · 태도 · 정신 · '인생관'에 대한 강조는 실제로는 신앙을 수립하는 의미를 지니고 있었다. 천두슈는 일찍이 1916년에 "서구식 새 국가를 건설하고 서구식 새 사회를 조직하여 오늘날의 세계에서 생존을 꾀하고자 한다면" 반드시 "평등 · 인권의 새로운 신앙"을 수립해야 한다고 큰소리로 부르짖었다.[25] 후스 역시 논쟁 후기에 『과학과 인생관』의 「서문」에서 명확하게 지적했다. "'모든 종(種)의 번영을 위해 생활하도록 사람들에게 알려주는 것이 바로 종교'이며", "우리가 신앙하는 과학적 인생관은 장래 교육과 선전의 효과에 의해…… 오늘날 소수의 신앙에서 장래 대다수의 신앙으로 바뀔 것이다."[26] 해외의 어떤 연구자는 과학과 현학 논쟁을 논하면서 이렇게 지적하기도 했다. "후스의 이러한 과학주의적이며 과장된 관념은 하나의 종교적 색채를 띠고 있었으며, 그는 마치 일종의 과학적 자연주의의 종교를 수립하고자 하는 것처럼 보였다." 과학파는 이른바 과학적 방법 · 태도 · 정신을 신앙으로 삼아 그것으로 심신 · 사회 · 인생의 모든 문제를 해결할 수 있다고 생각했다. 현학파는 송명이학('송학' 宋學)과 당시 서구의 베르그송 · 오이켄의 형이상학으로 돌아가 신앙을 추구하고 수립함으로써 인생을 지도하려고 했다.

인류학자인 기어츠(Clifford Geertz, 1926~)가 지적한 것처럼 사회적 · 정치적 위기가 본래적인 문화기초의 상실을 수반할 때는 이데올로기가 절박하게 요청된다.[27] 이데올로기는 과학이 아니며 사람들의 관념과 행동을 지배하기를 요구하는 일종의 신앙을 포함하고 있다. 따라서 과학과 현학 논쟁의 진실한 내면적 의의는 진정으로 과학의 인식이나 평가, 과학적 방법에 대한 탐구가 아니라, 주로 어떠한 이데올로기적 관념이나 신앙을 수립하는가에 대한 논쟁에 있었다. 즉 과학으로 인생과 사회를 지도해야 하는가, 아니며 형이상학으로 인생과 사회를 지도해

25) 천두슈, 「헌법과 예교」(憲法與禮敎, 1916. 11), 『신청년』 제2권 제3호.
26) 후스, 「서문」(序), 『과학과 인생관』, 24쪽, 27쪽.
27) Clifford Geertz, *The Interpretation of Cultures* 제8장, New York 1973, 참조.

야 하는가 하는 점이었다. 이 학술토론은 사상으로서의 의의가 학술로서의 의의보다 컸으며, 사상으로서의 영향이 학술로서의 성과보다 큰, 실질적인 일종의 이데올로기 투쟁이었다.

과학파는 실제로는 과학을 이데올로기로 삼을 것을 주장했으며, 현학파는 비과학적인 형이상학을 이데올로기로 삼고자 했다. 따라서 이 것은 과학주의의 결정론을 믿느냐, 아니면 자유의지적인 형이상학을 믿느냐 하는 논쟁이었다. 그것은 확실히 '인생관'에 관한 논쟁이었으나, 이 인생관에 관한 논쟁은 어떠한 사회개조의 방안을 선택하느냐 하는 문제와 결합되어 있었다. 논쟁과정에서는 허다한 과학 철학과 우주관·인생관 문제가 다루어진 것처럼 보이지만 진정한 중요 지점과 핵심은 결코 거기에 있지 않았다.

순수하게 학술적인 관점에서 본다면 현학파가 제기한 문제와 기본 논점(다만 몇 가지)은 과학파의 낙관적이나 간단한 결정론적인 논증보다는 훨씬 깊이 있는 것이고, 20세기의 사조에도 부합된다. 이를테면 과학이 결코 인생의 문제를 해결할 수 없다, 가치판단과 사실판단은 근본적으로 구별된다, 심리·생물, 특히 역사·사회의 영역은 무기적(無機的)인 세계의 인과율 영역과 성질이 다르다는 주장이나 비이성적인 요소에 대한 강조와 중시 등등이 바로 그것이다.

그러나 이 논쟁은 분명하게 '현학귀'가 사람들에게 매도당하고, 광범위한 지식청년들이 과학파를 지지하거나 동정함으로써 끝이 났다. 과학적·이성적 인생관은 당시 중국 사회의 변혁에 대한 요청과 미래를 바라보고 진보를 추구하는 사람들의 요구와 맞아떨어졌다. 심신과 사회·국가·역사에 확정되고 예측할 수 있는 결정론과 인과율이 있음을 인정하고, 따라서 과거를 반성하고 미래를 예상하는 데에도 쓸모가 있는 이러한 과학주의적 정신·태도·방법이 당시 중국 젊은이들의 선택에 좀더 잘 맞은 것이다. 그들은 "자신에게 돌아가 찾는다"는 수심양성(修心養性)의 '송학'에 돌아가기를 원하지도 않았고, 그렇다고 아무런 자신도 제한도 없이 '자유의지', '직관에 의한 종합'(直覺綜合)만 공허하게 외칠 수도 없었다.

개인의 운명과 사회의 앞날이 밀접하게 결합되어 있는 위기의 시대에는 따를 수 있는 법칙과 찾을 수 있는 인과율을 가짐으로써 구체적으로 행동을 지도할 수 있는 우주-역사-인생관을 믿는 데로 사람들이 기운다는 점은 쉽게 이해할 수 있는 일이다. 18·19세기 서구 근대의 과학과 그 정신 및 방법은 낙후된 중국에게는 신선하고 선진적인 것이었으므로 사람들이 춤출 듯이 기뻐하면서 받아들이는 것도 아주 자연스러운 일이었다.

동시에 이것은 어떤 의미에서는 또한 중국의 전통적 철학 정신의 현대적 전개, 인간(인생)을 중심으로 하여 "하늘과 인간의 관계를 구명하고 고금의 변화를 관통하며", '천도'(天道: 우주의 보편법칙, 현재는 과학)와 '인도'(人道: 사회·인생의 길, 즉 인생관)를 결합시키는 전통적인 사유-행위양식의 현대판, 전통적인 '실용이성'의 현대에서의 연속이었다. 즉 사람들은 현실 사회문제를 해결할 수 있을 것으로 기대되는 이성(현재는 과학)을 선택하여 신앙과 준칙으로 삼음으로써 생활을 지도하는 쪽으로 좀더 기운 것이다.

논쟁의 양쪽은 모두 사실판단(과학)과 가치판단(인생관)을 섞어서 얘기해서는 안 된다는 점을 인정하고 있다. 린짜이핑은 이렇게 말한다. "과학 자체에는 좋고 나쁨의 문제가 없다."[28] 탕웨는 말한다. "우리가 사실을 논의할 때에는 가치의 문제를 개입시켜서는 안 된다."[29] 하지만 사실상 이 둘의 혼동은 바로 이 토론의 주제이자 특색이었다. 특히 과학파가 과학적 인생관의 수립을 강조하여, 과학으로 인생을 지배하거나 인생에 적응하려 하고, 아울러 그것을 하나의 사실 겸 가치판단으로 삼으려 한 점은 더욱 그러했다. 그래서 비교적 예민한 감각을 가진 량치차오는 이렇게 말한다. "인생관의 통일은 불가능할 뿐 아니라

---

28) 린짜이핑, 「딩짜이쥔 선생의 현학과 과학에 대한 글을 읽고」, 『과학과 인생관』, 38쪽.
29) 탕웨, 「한 미친 사람의 꿈 이야기」, 같은 책, 2쪽.

해로운 것이기조차 하다. 인생관을 통일하려 한다면 그 결과는 '흑백을 구분하여 유일한 기준을 정하는 것', 아니면 '자기와 다른 자가 날뛰면서 딴 마음을 먹지 못하게 하는 것'이 되지 않겠는가?"[30]

하지만 과학파의 답변은 다음과 같았다. "인생관은 통일할 수 없으나 인생관이 유전과 교육에 의해 정해진다는 원리는 통일된 것이다. 만약 사람마다의 유전과 교육을 명백하게 알 수 있다면 그 인생관 역시 쉽게 파악할 수 있다."[31] 과학파는 인생관이나 모든 정신문명은 과학적 분석으로 설명하고 이해될 수 있으며 인과율적인 결정론에 의한 '과학적' 해석을 할 수 있다고 강조했다. 이것은 과학적 우주관·역사관의 기초 위에 건립된 결정론적인 '과학적 인생관'을 생활과 행동을 지도하는 신앙으로 삼게 될 가능성을 예고하는 것이다. 사람들이 나중에 마르크스주의적 세계관·역사관을 받아들여 인생의 지침으로 삼게 된 것은 바로 이러한 '과학파'의 주장과 같지 않은가? 이것은 아마 '과학파'의 예상에서 벗어난 일이었을 것이다. 그들은 대부분 마르크스주의를 반대했기 때문이다.

하지만 역사의 논리는 오히려 필연적으로 이러한 사유의 논리를 이끌어낼 수밖에 없었다. 당시 역사의 논리는 '구망', 즉 침략을 반대하고 국가의 부강과 사회의 해방을 추구하는 것이었다. '현학파'는 개인의 자유·의지의 자유·개성의 독립을 강조했지만 그 중요성과 절박성을 과학파와 비교해보면 훨씬 뒤떨어졌다. 더욱이 구망의 과제는 명확한 객관적 법칙을 가진 '과학'의 해석과 지도를 좀더 쉽게 받아들일 수 있는 것이었다.

이리하여 '구망'은 다시 한 번 모든 것을 압도하게 되었으며, 개인의 자유는 겸손하게 자신을 희생시키고 집단에 종속시켰다. 국가의 부강은 결국 더욱 중요한 일이었다. 후스는 토론에서 이 점을 날카롭게 지

---

30) 량치차오, 「인생관과 과학」, 같은 책, 7쪽.
31) 왕싱궁, 「과학과 인생관」, 같은 책, 16쪽.

적했다.

유럽의 과학은 이미 확고하게 뿌리를 내리고 있어 현학귀의 공격을
두려워하지 않는다. 몇몇 반동 철학자들은 평소에는 과학의 단맛을
실컷 맛보면서도 가끔 과학에 대해 몇 가지 불평을 털어놓는데, 이것
은 마치 부잣집 사람이 고기에 싫증난 것과 마찬가지이다. ……하지
만 중국에서는 전혀 사정이 다르다. 오늘날의 중국은 과학의 축복조
차 누려보지 못했으니 과학이 가져오는 '재난'이라는 것은 말할 필요
도 없다. 눈을 뜨고 보라. 이 사방에 깔린 점치는 집과 도교사원(道
觀)·사묘(寺廟)들, 사방에 깔린 귀신상·신선상, 이렇게 발달되지
못한 교통, 발달되지 못한 산업 등. 이러한데 우리가 어째서 과학을
배척해야 한다는 말인가?[32]

낙후된 중국이 과학을 필요로 한다는 점에서 후스는 중국인이 '과학
적 인생관'을 필요로 한다는 점을 끌어내었다. 학술적으로 보면 이것은
결코 논리에 부합되는 것이 아니었지만 당시로서는 완전히 합리적인
것이었다. 하지만 '과학적 인생관'이 무엇인지 논쟁에서 아무런 토론도
하지 않은 것은 '공동의 착오'라고 후스는 생각했다. 따라서 여기서 하
나의 문제가 발생했다. 물리·생물 심지어는 심리 등의 과학적 인과율
과 결정론을 이용하여 어떻게 갖가지 다른 인생관을 해석하는가, 나아
가 어떻게 '정확한 과학적 인생관'을 판단하고 수립할 것인가?
물론 과학파는 이에 대해 아무것도 할 수 없었다. 그들은 다윈의 진
화론을 포함한 자연과학으로 인생관을 해석할 수 없었다. 후스가 제기
한 이른바 '새로운 인생관'의 열 가지 요점 역시, 진정으로 그것이 어째
서 '과학'적인지도 증명할 수 없었다. 즉, 그들은 인과율과 결정론으로
각종 인생관의 유래와 '과학적 인생관'의 근거를 설명하고 해석할 수

---

32) 후스, 「서문」, 『과학과 인생관』, 7쪽.

없었다. 도대체 어떻게 해야 인류사회의 행위·도덕·이상과 '과학적 인생관'을 설명할 수 있을까?

그리하여 이미 마르크스주의의 유물사관을 받아들인 천두슈가 나서게 되었다. 그가 보기에 딩원장·후스 등의 과학파는 "과학이 어째서 인생관을 지배할 수 있는가" 하는 점을 해석할 수 없었고, 그 때문에 그들의 현학파에 대한 비판 역시 "50보를 도망간 사람이 100보를 도망간 사람을 비웃는 것"에 그칠 수밖에 없었다. 천두슈는 지적한다. '과학적 인생관'이 얼마나 좋고 훌륭한가를 이야기하는 것만으로는 결코 문제를 해결하지 못한다. 더 중요한 것은 현학파가 강조하는 '양지'(良知)·'직관'·'자유의지'에 대해 과학적으로 구체적인 해석을 가하여 그것들이 구체적인 역사·사회적인 근원을 가지고 있음을, 즉 이러한 반(反)결정론적이고 비이성적인 것들 역시 과학의 인과법칙을 따르고 있다는 것을 밝힘으로써만, 그리고 "객관적으로 모든 초과학적인 인생관에 대해 과학적 해석을 가하는 것에 의해서만" 비로소 "과학의 모든 인생관에 대한 권위를 설명"할 수 있다는 점이다.

이렇게 해야만 과학과 과학적 인생관의 권위를 진정으로 수립할 수 있으며, 철저하게 현학파와 싸워 이길 수 있고, "현학파의 앞길을 막을 수 있다"는 것이다.[33] 천두슈가 보기에 이 '과학'은 물론 자연과학도 아니고, 일반적인 과학적 정신·태도·방법도 아니었으며 마르크스주의의 유물사관일 수밖에 없었다. 천두슈는 말한다.

선천적 형식이니, 양심이니, 직관이니, 자유의지니 하는 것들은 모두 생활상황이 다른 각 시대, 각 민족의 사회적 암시가 만들어낸 것이다! 인도의 브라만 계급으로 태어난 사람은 살인을 원하지 않을 것이고, 아프리카의 추장 가문에서 태어난 사람은 사람을 많이 죽이는 것을 무상의 영예로 생각할 것이다. 중국의 귀족가문에서 태어난 여

---

33) 『과학과 인생관』, 36쪽.

성은 자연히 정절을 자신의 의무로 생각할 것이고, 이탈리아에서 태어난 여자는 남자를 많이 낚은 것을 친구들에게 자랑할 것이다.

서양인은 중국인이 웃통을 벗고 여자를 대하는 것을 보면 놀라지만, 중국인은 서양인이 글씨가 씌어진 종이를 화장지로 쓰는 것을 보고 깜짝 놀란다. 흉노의 군주 선우(單于)는 부친이 죽으면 어머니를 아내로 맞아들이며, 만주인은 중국을 정복한 초기에 한인(漢人)의 예속(禮俗)을 알지 못하여 황태후가 남편의 동생에게 재가(再嫁)하는 것에 대해서도 부끄러움을 느끼지 않았다. 중국인은 부모를 후하게 장사지내는 것을 효라고 생각하지만, 만족(蠻族)은 그 시체를 들이나 산에 내놓아 새들이 쪼아먹게 하는 것을 훌륭하다고 생각한다. 서양의 부녀자들은 대중 앞에서도 가까운 사람과 입맞춤을 하지만 다른 사람의 첩이 되는 것을 굉장한 치욕으로 생각하는데, 중국 여자들은 귀인(貴人)의 첩이 되는 것을 다행으로 생각하지만 대중 앞에서 입맞춤을 하는 것은 기생이라도 수치스러워한다.

우리는 객관적 물질적 원인만이 사회를 변동시키며, 그것에 의해 역사를 해석하고, 인생관을 지배할 수 있다고 믿는데 이것이 바로 '유물사관'이다. 지금 딩자이준(丁在君: 자이준在君은 딩원장의 자字)과 후스지(胡適之: 스지適之는 후스의 자字) 선생에게 묻고자 한다. "유물론적 역사관이 완전한 진리인가?" 아니면 유물론 말고 장쥔마이 등이 주장하는 관념론도 과학을 초월하여 존재할 수 있다고 믿는가?[34]

후스와 딩원장은 '과학적 인생관'을 고취했지만 천두슈는 한걸음 더 나아가 '유물론적 역사관'을 과학적 인생관 수립의 기초로 삼고자 했다. 왜냐하면 이러한 역사관은 인과율·결정론으로 모든 인생관·가치관을 해석하며, '현학귀'들이 칭송해 마지않는 '직관'과 '자유의지'도

---

34) 「서문」, 『과학과 인생관』, 9~11쪽.

해석할 수 있고, 과학적 인생관을 수립하는 기초가 될 수 있기 때문이었다. 그것은 한편으로 "과학의 권위가 만능"임을 증명했고, 다른 한편으로는 인생관이 '과학적'일 수 있음을 증명했다. 여기서는 사실판단(과학)과 가치판단(인생관)이 완전한 하나로 용해되어 있었다. 따라서 논쟁과정에서 마르크스주의자는 과학파를 지지하여 현학파에 반대했다. 당시 덩중샤는 이렇게 지적했다.

> 과학 방법파는 대개 과학을 배웠으며, 그들의 태도는 첫번째가 회의(懷疑)이고 두번째가 실증(증거를 가지고)이다. 그들의 주장은 자연과학적 우주관, 기계론적 인생관, 진화론적 역사관, 사회화된 도덕관(모두 후스가 상하이 대학의 강연에서 한 말이다)이다. ……유물사관파 역시 과학에 근거하고 과학적 방법을 응용하므로 과학 방법파와 원래는 다를 게 없다. 다른 것은 단지 그들이 물질적인 변동(간단히 말해서 경제변동)이 있으면 인류의 사상도 모두 이에 따라 변동한다고 믿는 점인데, 이것이 그들이 다른 일파보다 우위에 있고 철저한 점이다. ……총괄한다면 동양문화파는 엉터리 새것이고 비과학적인 것이며, 과학방법파와 유물사관파는 진짜 새것이고 과학적인 것이다. 오늘날 중국 사상계의 형세는 뒤의 두 파가 연합전선을 결성하여 동양문화파에게 일치하여 통렬한 공격을 퍼붓고 있다.[35]

중국 현대 사상의 논리는 장쥔마이 등 '현학파'가 1920년대에 '신송학'(新宋學)을 제창하여 "자신에게 돌아가 찾는다", 내심수양(內心修養) 등등을 강조하여 '현대 신유가'의 방향을 취했지만 '과학파'를 믿는 청년들은 쉽사리 마르크스주의로 나아가버린 것이라 할 수 있다. '현학파' 쪽에 있던 이는 슝스리(熊十力), 량수밍(梁漱溟), 펑유란(馮

---

35) 덩중샤, 「중국 현재의 사상계」(中國現在的思想界, 1923. 11. 24), 『중국 청년』 제6기.

友蘭), 머우쭝싼(牟宗三) 등이었다.[36] '과학파' 쪽에서는 천두슈·취추바이 등이 딩원장·후스를 대신했다.[37] 또한 역사적 유물론에 의해 인생관을 해석한 것은 바로 사람들이 사회개조를 위한 혁명운동에 참여하는 것을 지도하기 위해, 스스로 인생의 길을 안배하도록 하기 위해서였다. 마르크스주의자는 이러한 사상·학술 논쟁과 계급·정치 투쟁의 관련성을 더욱 밀접하게 만들었다. 딩중샤는 말한다.

동양문화파는 농업·수공업의 봉건사상(또는 종법사상)을, 과학 방법파는 신식공업의 부르주아지 사상을, 유물사관파는 신식공업의 프롤레타리아트 사상을 대표한다고 할 수 있다. 이들 사상은 우연히 발생한 것이 아니다. ······노동자·자본가 두 계급은 서로 연합하여 봉건계급을 공격할 필요가 있다. 바꾸어 말하면 노동자·자본가 두 계급의 사상을 대표하는 과학 방법파와 유물사관파는 연합하여 봉건사상을 대표하는 동양문화파를 공격할 필요가 아직은 있는 것이다.[38]

과학과 현학 논쟁 이후 마르크스주의는 청년들 사이에서 광범위하게 전파되었으며, 5·4시기의 '새선생'(賽先生, 즉 과학)은 더욱더 마르크스주의 유물사관의 대명사가 되었다. 또는 마르크스주의가 더욱더 과학으로서 사람들에게 이해되고, 수용되고, 믿음을 주었다고도 말한다. 이데올로기(공산주의)와 과학(유물사관)이 하나가 된 것이다. 마르크스주의가 이데올로기와 과학을 융합시키고, 유물사관이 결정론적인 역사적 필연의 인과관계로서 미래 공산주의 사회에 대한 위대한 이상을 구축한 것은 중국 지식인들의 실용이성이라는 전통적인 심태와 전통정신에 아주 잘 들어맞았다.[39] 마르크스주의는 5·4운동 중에 그리고 그

---

36) 이 책의 「현대 신유가 약론」 참조.
37) 이 책의 「중국의 마르크스주의ー하나의 시론」과 「'서체중용'에 대하여」 참조.
38) 딩중샤, 앞의 글.

이후에 더욱 신속하게 특히 청년들 사이에서 환영받게 되었다. 그것은 앞 세대 사람들이 받들어 믿던 진화론을 대신했다.

　사람들은 마르크스주의를 받아들인 후 즉각 그것을 응용하기 시작했으며,[40] 재빨리 큰 성공을 거두었다. 학술영역에서도 마찬가지였다. 이 점은 이로부터 10년이 지나지 않아서 이루어진 학술논쟁에서 아주 극명하게 드러났다.

---

39) 이 책의 「중국의 마르크스주의―하나의 시론」과 「'서체중용'에 대하여」 참조.
40) 이 책의 「중국의 마르크스주의―하나의 시론」 참조.

2 1930년대 중국 사회성격 논쟁

만약 5·4를 뒤이은 1920년대 초기의 과학과 현학 논쟁이 봄날의 비바람과 같은 것이어서 비바람이 몰아치기는 했어도 여전히 아름답고 상쾌한 느낌을 주는 것이었다고 한다면, 1930년대 초기의 중국 사회성격 논쟁은 찌는 듯한 무더운 여름날의 폭풍우와 같은 것이었다. 그 준엄하고 무정한 비판의 어조는 과학과 현학 논쟁에서 학자·동료들 사이에 온정이 흐르던 토론과 비교한다면 마치 세상이 뒤바뀐 것과 같았다. 사실 세상은 확실히 뒤바뀌었을 뿐 아니라 사람들은 서로 생사를 건 계급투쟁을 수행하고 있었다.

1927년 대혁명이 실패한 뒤, 공산당이 이끄는 홍군은 여전히 전쟁을 계속하고 있었으며, 소비에트 정권 수립을 시작했다. 또한 모스크바의 코민테른에서 중국공산당 중앙에 이르기까지 이와 관련된 방침·노선·정책 및 혁명의 성질·대상·임무·동력에 대해서 격렬한 논쟁이 전개되었다. 트로츠키와 스탈린·부하린, 천두슈와 취추바이·리리싼(李立三)·차이허썬 등등. 이러한 논쟁은 사상·학술의 범위를 훨씬 뛰어넘는 것이었으며 주로 정치투쟁의 성격을 띠고 있었다.

바로 이러한 배경 아래 1920년대 말에서 1930년대 초에 중국이 도대체 어떤 성격의 사회인가에 대해 격렬한 학술논쟁이 일어났다. 논쟁에 참가한 사람들은 타오시성(陶希聖)을 대표로 하는 '신생명파'(新生命派: 잡지 『신생명』이 대표적인 기반), 잡지 『신사조』(新思潮)를 기반으로 중국공산당을 대표한 왕쉐원(王學文) · 판둥저우(潘東周) · 우리핑(吳黎平) 등 '신사조파', 옌링펑(嚴靈峰) · 런수(任曙) 등 트로츠키파의 '동력파'(動力派: 잡지 『동력』이 기반) 등이었고, 그밖에 어느 파에도 속하지 않는다고 자칭하는 몇몇 사람들이 있었다. 이 토론은 수년간(대체로 1929년~34년 사이) 계속되었으며 발표된 문장은 140여 편, 출판된 서적은 30여 종이었다.[41] 토론에 참가하여 글을 발표한 사람들의 절대 다수는 당시 젊은 세대의 지식인들이었다. 그 규모나 내용 · 영향은 과학과 현학 논쟁을 훨씬 초월한 것이었다.

여기서는 물론 이 논쟁에 대한 전문적인 자세한 연구나, 논쟁과 관련된 여러 방면의 내용과 상황에 대한 언급을 하려는 것이 아니다. 단지 일부 재료만을 뽑아 현대 사상사의 각도에서 논쟁의 실제 주제와 그 방식을 살펴보려는 것이다.

논쟁의 주제는 당시 중국의 사회가 도대체 자본주의 사회인가 아니면 봉건주의 사회인가 하는 것으로 이것에 초점이 모여 있었다. 트로츠키파나 타오시성이 강조한 것은 중국 사회의 자본주의적 성격 · 요소와 발전의 추세였다. 반면 『신사조』파는 중국 사회의 봉건성을 거듭하여 논증했다. 당시의 어떤 사람은 이렇게 개괄했다.

현재 토론되는 것은 중국 경제에서 봉건적 생산관계와 자본주의 제도 가운데 도대체 어느 쪽이 우세한가 하는 점이다. 그 발전 정도와 성질은 도대체 어떠한 것인가?[42]

타오시성은 중국 사상사와 중국 경제사 연구의 전문가였다. 그는 중

---

41) 가오준(高軍) 편, 『중국 사회성격 문제 논전(자료선집)』(中國社會性質問題論戰資料選輯), 베이징, 人民出版社, 1984. 이하 『선집』으로 약칭.
42) 보후(伯虎), 「중국 경제의 성격」(中國經濟的性質), 『선집』, 486쪽을 보라.

국 봉건제도가 일찍부터 와해되었고, 지주계급이 (사대부를 통하여) 여전히 지배계급이긴 했지만 상업자본주의의 발달로 인해("주대周代 말기부터…… 상업자본주의가 발달하기 시작했다"[43]), "상업자본이 오히려 중국 경제의 중심이 되었다",[44] "중국 농민문제는 자본문제의 한 측면이다",[45] "나는 중국 농업은 자본을 중심으로 하는 것이고, 비록 봉건적 착취가 존재하기는 하나 이 때문에 중국 사회 형식이 봉건제도라고 할 수는 없다고 본다"고 주장했다.[46] 따라서 "중국 사회는 금융 · 상업자본 아래 지주계급이 지배하는 사회이며, 봉건제 사회는 아니다"[47]는 것이었다.

타오시성이 중국의 토착적 상업자본주의를 강조하여 중국 근대 사회와 고대 사회 사이에 중대한 변화가 없었다[48]고 한 것과는 달리, 옌링펑 · 런수 등은 중국 근대 사회가 제국주의의 침략 아래 이미 자본주의 사회가 되었음을 강조했다.

> 중국 사회 · 경제 구조는 복잡하기는 하나 자본주의적 생산방법과 생산관계가 영도적 (따라서 지배적) 지위를 차지하고 있다. 전체 사회의 재생산 과정은 자본주의적 생산양식을 지닌 경제부분의 재생산에 의존해야 한다. 중국 사회 내부의 주요 통치자는 부르주아지이며, ……바꾸어 말하면 중국은 현재 자본주의 사회이다.[49]

---

43) 타오시성, 『중국 사회의 역사적 분석』(中國社會之史的分析), 상하이, 新生命書局, 1929, 32쪽.
44) 타오시성, 「중국의 상인자본 및 지주와 농민」(中國之商人資本及地主與農民), 『선집』, 93쪽, 114쪽을 보라.
45) 같은 글, 같은 곳.
46) 타오시성, 『중국 사회경제의 현재』(中國社會經濟之現在), 4쪽.
47) 타오시성, 앞의 글, 115쪽.
48) 타오시성은 이렇게 말한다. "가장 기괴한 것은 서구와 통상하기 시작한 뒤 100년이 가까워지고, 정치 · 경제적으로 아주 많은 영향을 받았음에도, 중국의 사회적 경제적 구조가 여전히 근본적으로 바뀌지 않았다는 점이다."(『중국 사회의 역사적 분석』, 8쪽)

중국은 조금도 의심할 나위 없이 자본주의적 (생산)관계가 지배적 위치를 차지하고 있다.[50]

토지점유 관계에서 아주 보편적으로 화폐로 토지를 구매하는 신식 지주가 절대적으로 우월한 지위를 차지하고 있으며, ……농민이 이들 지주에게 토지를 팔아넘기거나 토지를 빌려 소작하는 것은 대부분 '자발'적인 성격을 띠고 있다. ……그들의 농민에 대한 착취는 소작료를 투자이윤과 이자로 보는 것이며, ……그 본질은 바로 농민의 잉여가치를 차지하는 것일 뿐으로…… 농업경제의 생산이 아주 광범위하게 시장을 위해 생산하고 있음을 표현해주는 것이며, 농업생산이 보편적으로 상품생산의 기초 위에 건립되었음을 말해주는 것이기도 하다.[51]

결론은 다음과 같다. 즉 중국 자본주의는 봉건경제를 대신하여 중국 경제생활을 지배할 정도로까지 발전했다.[52]

이와는 달리 『신사조』파는 중국 사회의 봉건성을 강조했다.

이른바 18행성(行省) 또는 21행성이라고 하는 지역은 대부분 향촌이며, 특히 내지 행성 향촌들의 이른바 농촌경제적이란 것은, 대체로 여전히 자급자족을 원칙으로 하고 있어 농가에서 필요로 하는 물질적 생활자료는 자가생산과 자가소비로 이루어지고 있다. ……상품생산은 농

---

49) 옌링펑, 「서언」(序言), 『중국 경제문제 연구』(中國經濟問題研究), 『선집』, 8쪽을 보라.
50) 옌링펑, 「중국은 자본주의 경제인가 아니면 봉건제도의 경제인가」(中國是資本主義的經濟還是封建制度的經濟?), 『선집』, 360쪽을 보라.
51) 옌링펑, 「중국 경제문제를 다시 논함」(再論中國經濟問題), 『선집』, 391～392쪽을 보라.
52) 런수, 「중국 경제연구 서론」(中國經濟研究緖論), 『선집』, 455쪽을 보라.

촌이건 도시건 모두 단순상품생산에 지나지 않으며 전(前) 자본주의적 생산, 특히 봉건적·반(半)봉건적 생산양식에 의한 생산이다.[53]

자본주의 경제, 자본주의적 생산양식이라는 것은 연해의 대도시나 소수 지방을 제외하면 우리의 광대한 토지 위에서 거의 찾아보기 어렵다.[54]

세 가지의 소작료 납부방식에서 가장 보편적인 것은 현물납부 방식이다. 중국에서 대부분의 토지는 모두 이러한 형식을 취하고 있다. ……지주의 소작농에 대한 착취는, ……적어도 40~50퍼센트를 차지하며…… 심지어 소작농이 모든 생산물을 납부한다 해도 부족한데 지주는 거대한 정치권력과 갖가지 압박수단으로 소작농의 납부를 강제한다. ……요컨대 봉건적 착취 아래 농민은 '경제외적 강제'로 인해 잉여생산물이나 심지어는 이를 초과하는 부분까지 지주에게 바쳐야 하며, 아울러 엄청나게 부가되는 여러 가지 착취를 당한다.[55]

경제외적 압박으로 잉여노동을 착취한다. 이러한 착취방법을 옹호하는 제도가 바로 봉건제도이다.[56]

여기서 끌어낼 수 있는 결론은 당연히 "따라서 토지혁명은 수억 농민의 절실하고도 급박한 요구이며, 중국 혁명의 현단계에서 중심문제이고, 중국 부르주아혁명의 관건이다"[57]는 것이었다.

---

53) 왕양(王昻: 王學文), 「중국 자본주의의 중국 경제에서의 지위 및 그 발전과 전도」(中國資本主義在中國經濟中的地位其發殿其前途), 『선집』, 187쪽, 188쪽, 191쪽, 257쪽을 보라.
54) 같은 글, 같은 곳.
55) 같은 글, 같은 곳.
56) 우리펑, 「중국의 토지문제」(中國土地問題), 『선집』, 239쪽, 240쪽, 243쪽을 보라.
57) 취쉬(丘旭), 「중국 사회는 도대체 어떤 사회인가—타오시성의 잘못된 의견에 대한 비평」, 『선집』, 121쪽을 보라.

그러나 중국이 자본주의 성격을 띤 사회라고 하는 사람에게는 중국 혁명이 주로 부르주아지 내지는 자본주의에 대한 혁명이었다.

중국 부르주아 민주주의 혁명의 완성은 러시아 10월혁명의 길로 나아가야 한다. 중국의 부르주아지는 도시에서건 농촌에서건 제국주의 경제 및 현재의 토지관계와 분리할 수 없을 정도로 밀접하게 결합되어 있어…… 프롤레타리아트에게는 그들과 합작할 가능성이 없다. ……프롤레타리아트는 정권을 장악한 다음날부터 중국·외국은행과 대공장·광산 기업에 대한 몰수를 시작하여 사유재산제를 깨부수어야 한다.[58]

비자본주의적 혁명운동을 수행하여 선진 유럽을 따라 부르주아지를 타도하는 전선으로 나가야 한다.[59]

논쟁 가운데 이와 밀접한 연관관계를 가지고 있는 긴요한 문제는 바로 제국주의였다. 논쟁 당사자들이 모두 중국 사회의 '봉건잔재'를 인정했지만, 이 '잔재'가 차지하는 위치에 대한 평가가 달랐다. 그리하여 사회성격을 보는 관점이 크게 다른 것과 마찬가지로, 그들은 모두 제국주의 식민경제가 중국과 중국 농촌에 침투했음을 인정했지만 그 역할에 대한 평가는 매우 달랐다. 그 가운데 관건은 제국주의의 침입이 중국 민족자본주의의 발전에 장애가 되었느냐 아니면 객관적으로 중국이 자본주의로 나가도록 자극하거나 촉진했느냐는 점이었다.

중국 자국의 공업은 제국주의가 일으킨 것일 뿐 아니라 제국주의의 지배를 받고 있다. ……제국주의의 거대한 금융자본 세력은 중국 경

---

58) 천두슈 등, 「우리의 정치의견서」(我們的政治意見書), 『선집』, 91쪽을 보라.
59) 런수, 「중국 경제연구 서론」, 『선집』, 455쪽을 보라.

제를 지배하고 중국이 자본주의로 발전하는 것을 막았다.[60]

중국 민족자본주의는 결코 발전할 가능성이 없다.[61]

따라서 결론은 제국주의와 민족자본을 구분하여 보는 것이고, 주로 제국주의에 반대하는 것이었다.
하지만 논쟁의 상대방은 이렇게 생각한다.

중국은 신해혁명 이래 모든 군벌들이 제국주의와 결탁하고 있었지만 중국 자본주의 경제는 계속 발전했으며, 제국주의 공업이 발전했을 뿐 아니라 민족부르주아지의 공업 역시 발전했다. ……자본수출의 결과 수많은 후진국들 역시 국제자본주의의 영역에 발을 들여놓게 되었으며 공업발전의 근본조건들을 확정시켰다.[62]

따라서 결론은 프롤레타리아트의 임무는 국내외의 모든 부르주아지에 반대하는 것, 즉 반제 · 반자본주의였다.

중국 자본주의건 외국 자본주의건, 서구 부르주아지건 토착 부르주아지건 같이 다루어져야 하며 구별할 필요가 없다.[63]

제국주의와 봉건주의의 관계에 대해 한쪽은 이렇게 본다.

제국주의는 중국에서 매판을 통해(또는 통하지 않고) 지주 · 상인 · 고리대를 이용하여 중국 농민을 봉건적으로 착취하며, 이들 향

---

60) 보후, 「중국 경제의 성격」, 『선집』, 495~496쪽을 보라.
61) 두루런(杜魯人), 「중국 경제독본」(中國經濟讀本), 『선집』, 855쪽을 보라.
62) 옌링펑, 「중국 경제문제를 다시 논함」, 『선집』, 373쪽, 404쪽을 보라.
63) 쑨주어장(孫倬章), 「중국 경제의 분석」(中國經濟的分析), 『선집』, 614쪽을 보라.

촌의 봉건세력과 동맹을 결성하여 그들의 통치를 옹호하고 그들과 공동으로 중국의 민중을 다스리고 있다.[64]

하지만 다른 한쪽은 다르다.

제국주의 자체는 고도의 자본주의 세력을 대표하며 그것은 봉건적 경제제도와는 완전히 조화될 수 없는 모순된 지위에 있다. ……자본주의 발전과정에서 봉건세력은 단지 소극적인 저항작용만 할 뿐이며, 날로 쇠퇴하고 있다.[65]

따라서 전자는 반제와 반봉건을 연계시키기를 요구하며, 후자는 주로 반제 · 반자본주의를 강조한다.

이 논쟁이 첨예한 정치적 성격과 내용을 띠고 있던 것은 아주 분명한 일이다. 그것은 각자의 직접적인 정치강령 · 정치투쟁을 위해 복무하는 것이었으며, 아주 강렬한 당성(黨性)을 드러내고 있었지만 상당한 정도의 학술성과 과학성을 유지하고 있었다. 논쟁 당사자들은 모두 다양한 애증감정을 갖고 공격하거나 배척하고 있었다. 그런데도 엄격한 논리의 추론과 각종 경험의 재료, 통계숫자를 통하여 서로의 주장을 옹호하거나 공격할 수 있었다. 논쟁 당사자들은 중국 경제의 여러 측면 · 요소 · 성분에 대해 상당히 구체적인 지적과 묘사를 했으며, 이러한 재료를 마르크스주의의 이론 수준으로 끌어올려 토론을 진행시켰다. 이른바 "이론과 실천을 통일한다"는 특징이 이 논쟁에서 아주 두드러졌으며, 학술토론(과학)의 현실적인 목적성(이데올로기와 정치)이 대단히 명확했다. 어떤 토론자는 이렇게 말했다.

---

64) 류멍윈(劉夢雲), 「중국 경제의 성격문제 연구」(中國經濟之性質問題的硏究), 『선집』, 559쪽을 보라.
65) 옌링펑, 「중국 경제문제를 다시 논함」, 『선집』, 403쪽을 보라.

미국인 고문은 중국의 철로경제를 연구할 때 다음과 같은 것에 주목한다. 중국에는 철로가 얼마나 있고, 어떻게 응용되는가, 어느 도시에서 어느 성까지 철로가 필요하며, 이러한 철로들은 얼마나 많은 시간과 돈을 필요로 하는가, 어떤 계약을 맺어야 이런 돈을 끌어올 수 있는가 등등. 그러나 우리가 중국 철로경제를 연구할 때는 다음과 같은 것에 더욱 주목한다. 중국의 이런 철로들은 누구의 것인가, 부채는 얼마인가, 어떻게 철로의 주권을 회수할 것인가, 제국주의와 철로는 군벌의 발전에 어떠한 장애가 되는가, 어떻게 해야 이런 장애들을 없앨 수 있는가 등등.[66]

　아주 의식적으로 과학적 연구와 학술적 탐구를 정치적 임무와 연계시킨 것, 생산관계, 특히 소유권과 정치의 연계에 착안한 것…… 이런 것들은 당시 인문과학 사상학술계에서 좌익사조의 특징을 상당히 전형적으로 드러내주고 있다. '구망'은 1930년에 더욱더 긴박해졌으며 일본제국주의는 둥싼성(東三省)을 침략한 후 호시탐탐 화베이(華北)를 노리고 있었다. 따라서 모든 한가한 정서나 안일한 시간, 모든 아카데미파(學院派)의 '순수'과학과 '이해와 관련이 없는' 학술적 탐구는 국가가 위태로운 시기에는 마치 쓸데없는 놀음에 큰 뜻을 잃는 것(玩物喪志)처럼 보일 염려가 있었다.

　바로 이러한 전체 국면 때문에 완비된 이론체계를 갖추고 있고 절실한 행동으로도 옮길 수 있는 마르크스주의는, 1927년 공산당의 실패로 매몰되거나 쇠퇴하는 것이 아니라 정반대로 청년세대들에게 더욱더 열렬하게 받아들여지고, 전파되고, 환영받았다. 이것은 사상·학술 영역에까지 반영되어 역사학·경제학·철학에서 문학·예술까지 마르크스주의의 영향력과 명성은 1920년대 말에서 1930년대에 더욱

---

66) 판둥저우, 「중국 국민경제의 개조문제」(中國國民經濟的改造問題), 『선집』, 308쪽을 보라.

확대되었다. 이 논쟁 역시 바로 이러한 사상적 배경 아래서 전개되었다. 따라서 논쟁 당사자들은 중국공산당이나 트로츠키파에 속하지 않더라도, 심지어 공산당 반대자까지도 대체로 마르크스주의의 기본학설을 받아들여 이것을 논증의 이론적 근거로 삼았다. 후취위안(胡秋原)·팡이루(方亦如) 등도 역시 마찬가지였다. 논쟁 당사자들이 공동으로 사용한 '제국주의'·'봉건제도'·'계급관계'·'상품경제' 따위의 개념용어들은 기본적으로 마르크스주의 이론학설의 범위에 속하거나 거기에 따르는 것이었다.

중국 마르크스주의의 전파는 홍군의 현실적 투쟁영역에서 표현되었을 뿐 아니라, 정확하게 사상·문화 영역에서도 모습을 드러내었다. 과학과 현학 논쟁에서 유물사관으로 인생문제를 해석하고, '물질일원론', 즉 유물사관의 '과학적 인생관'을 수립하고, 신앙을 마르크스주의의 기초 위에 건립하라고 외쳤을 때 천두슈는 동년배 학자들 가운데서 상당히 고립되었다. 그렇지만 사회성격 논쟁에서 젊은 세대들은 이미 마르크스주의를 그들의 신념으로 삼고, 아울러 그것으로써 '인생'과 '사회', 즉 과거에 장쥔마이가 과학이라는 이름을 붙일 수 없다고 한 '생계학'(경제학)과 역사학의 문제를 해석하고 있었다.

논쟁 참가자들 가운데 분명히 중국공산당 『신사조』파의 논점과 논증이 당시의 중국 현실에 가장 들어맞았다. 중국 사회는 기본적으로 농촌경제의 기초 위에 건립되었으며, 농촌경제는 기본적으로 여전히 봉건적 토지제도, 즉 지주의 농민에 대한 경제외적 강제에 의한 착취를 주체로 하고 있었다. 제국주의는 침입을 개시했지만 결코 광범위한 농촌의 자연경제를 와해시키거나 소멸시키지는 못했다. 중국은 아주 광대한 국가이고 농촌지역이 매우 광범위한 까닭에 제국주의와 자본주의의 경제적 영향과 침투는 결국 연해지역과 중·대도시 주변의 농촌에 국한될 수밖에 없었고, 완전한 지배 지위나 그것을 주재할 만한 지위에 오르는 것과도 아예 거리가 멀었다. 따라서 반(半)봉건·반(半)식민지적 사회성격은 다시 과학(학술)적으로 긍정되었으며,[67] 반제·반봉건

혁명의 임무는 의심할 나위 없이 명확해졌다.

이것은 확실히 마르크스주의 원리와 당시 중국의 실제가 결합한 창조적인 이론의 산물이었으며, 이 논쟁의 가장 큰 수확이었다. 이 수확은 학술적일 뿐 아니라 동시에 이데올로기적이었다. 왜냐하면 이러한 이론적 수확은 당시 소비에트 구역의 토지혁명과 노동자·농민으로 이루어진 홍군(工農紅軍)의 존재와 발전에 과학적 근거를 제공했으며, 거꾸로 위와 같은 혁명의 실천 속에서 그 이론의 진리성을 검증했기 때문이다. 그것은 이후의 중국 혁명에 '과학'적 이론의 기초와 신념의 근거를 확립시켜 주었다.

중국 현대의 혁명사상에서 보면, 5·4운동 후기 천두슈·차이허썬이 공산당 창립을 제기한 것은 구망행동을 사상계몽 이상으로 고양시키는 것이었고, 이는 사상사의 첫번째 중요한 계기였다. 그리고 이번 논쟁에서 사회성격과 혁명의 임무를 명확히 한 것은 이러한 계기의 계속적인 발전이었으며, 계몽을 구망의 궤도에 종속시키는 현대 사상사의 두번째 이정표였다. 과학과 현학 논쟁이 사람들에게 '과학적 인생관'을 수립하여 생활을 지도하고 사회에 도움이 되게 하라고 호소했다면, 이번 논쟁은 오히려 이러한 '과학적 인생관'을 좀더 구체화하고 혁명화하여 사람들에게 토지혁명과 반제·반봉건을 위해 생활하고 투쟁하라고 했다. '구망'·'혁명'이라는 주제의 음향은 여기서 더욱 급박하고 강하게 울렸다. 그것은 모든 것을 지배하고 주재하게 되었다.

거의 이 논쟁과 평행하게 역사학 영역에서 궈모뤄(郭沫若)는 1930년 『중국 고대사회연구』(中國古代社會硏究)를 발표하여 중국 역사학계에서 마르크스주의의 승리를 가져올 진군을 개시했다. 1920년대에 국내에서 무한한 영예를 누리던 량치차오의 역사연구법은 이로부터 부차적인 지위로 밀려나게 되었다.

---

67) 1920년대 중공의 정책문건에서는 이미 중국의 이러한 사회성격과 혁명내용을 긍정하고 있었다.

유물사관에 의해 중국 고대의 역사와 사상사를 연구하고 해설하는 논저가 출현하기 시작했다. 아카데미파(후스 등의 과학파이기도 하다)의 미시적 고증과 세밀한 연구 저작에 비한다면 그것들은 거칠고 단순했다. 하지만 그들은 전체적인 거시적 파악과 이론적 해석에서, 주제에 대한 깊이 있는 분석에서 반박할 수 없는 흡인력과 우월성을 과시했다. 그 가운데 뤼전위(呂振羽)의 『사전기 중국사 연구』(史前期 中國史硏究)나 이후의 허우와이루(侯外廬)의 『중국 고전사회사론』(中國古典社會史論), 『중국 고대사상학설사』(中國古代思想學說史) 등등은 당시 학계에서 새로운 국면을 연 수준 높은 선구적 저작이었다. 허우와이루는 이렇게 회고하고 있다.

대혁명이 실패하고 혁명이 퇴조기를 맞자 마르크스주의자들은 혁명의 앞길을 탐색하고 중국이 어디로 나아가야 할 것인가 하는 문제를 해결하기 위해 중국 사회성격 문제를 연구하기 시작했다. ……이론계에서는 중국의 지금 단계가 자본주의 사회인가, 봉건사회인가, 아니면 반(半)식민지 · 반(半)봉건사회인가 하는 문제에 대해 논쟁을 시작했다. 이러한 중국의 국정(國情)에 관련되는 문제를 토론하려면 머리를 돌려 수천 년 동안의 중국 역사를 이해하지 않으면 안 되었다. 이 때문에 문제는 다시 현실문제에서 역사로 돌려졌고 대규모 중국 사회사 논쟁이 벌어졌다.
이 논쟁의 범위는 아주 광범위했으며 지속시간도 상당히 길었고 논쟁이 된 문제도 많았다. 내 기억으로 가장 열띤 토론이 있던 문제들은 다음 몇 가지였다. 첫째, 아시아적 생산양식 문제. 둘째, 중국 역사가 노예제 단계를 거쳤는가 하는 문제. 셋째, '봉건사회'란 무엇이며, 중국 봉건사회의 역사적 시대구분(斷限)과 특징 문제. 넷째, 이른바 '상업자본주의 문제'…… 논쟁을 거쳐 몇 가지 문제들은 해결되었지만 몇몇 문제들은 어느 정도 일치된 결론을 얻지 못했으며, 지금도 논쟁이 이루어지고 있다.[68]

여기서 '지금'은 1980년대를 말한다. '아시아적 생산양식'과 고대사 분기문제(즉 중국 역사는 노예제의 단계를 거쳤는가, 중국 봉건사회의 역사적 시대구분과 특징)에 관해서는 오늘날에도 여전히 논쟁이 이루어지고 있다. 다만 현재의 논쟁은 이미 과거 논쟁에서 보여준 정치 색채와 이데올로기 의미에서 완전히 벗어나 순수한 학술문제의 성격을 띠고 있을 뿐이다.

과거에 이러한 순수한 학술논쟁은 존재할 수 없었다. 고대사의 토론 역시 토론자의 정치적 입장·배경 및 현실과 밀접하게 결합되어 있었으며, 학술적이지 않은 의의를 지니고 있었다.

여기서는 고대사 분기문제에 대한 토론을 구체적으로 소개하지 않고, 다만 위에서 언급한 시대가 부여한 그 사상적인 특징을 지적하고자 한다.

그런데 위에서 언급한 바로 그러한 이유 때문에 토론자의 태도에서 나타난 기본적인 엄숙함이 이 토론의 학술적 수준과 과학적인 성격을 보증하기는 했지만, 결국 이것은 그 성격과 수준을 제한하고 영향을 미쳤다. 그들은 '이해에 관련이 없는' 진정 독립된 학술적 지위를 획득하지 못하여 항상 정치적 결론에 종속되었을 뿐 아니라, 논적의 주장에 나타나는 합리적인 요소나 성분을 공평하지 못하게, 아니면 주관적인 감정에 의해 아주 쉽게 말살하고 무시했다.

『신사조』파의 논적에 대해서 말한다면, 타오시성의 경우 그의 상업자본주의론은 완전히 잘못되었고 중국의 역사나 현실에도 맞지 않았다. 하지만 그가 중국에서 오랫동안 활약해온 상업자본의 역할이나 중국 지주계급에서 사대부계급의 아주 중요한 지배적 지위와 통치의 효능을 강조한 것은 대단히 중시할 만하며, 좀더 연구하고 분석할 가치가 있었으며 일거에 말살해버릴 것은 아니었다.[69]

---

68) 허우와이루(侯外廬), 『끈질김의 추구』(靭的追求), 베이징, 三聯書店, 1985, 222쪽.

또 옌링펑·런수 등이 중국 사회에서 지배적인 위치를 차지하는 봉건성을 부인하고 중국 경제에서 자본주의의 지위와 작용을 지나치게 과장한 것 역시 아주 황당하고 잘못되고 해로운 것으로서, 중국의 현실에 전혀 들어맞지 않았다. 그러나 그들이 제국주의가 민족자본주의의 발전을 방해하는 것이 아니라 객관적으로 중국의 자본주의화를 촉진했다고 강조한 것이나, 군벌이나 국민당의 통치 아래서도 민족자본주의가 여전히 발전했고 또한 발전해가리라고 강조한 것은 결코 무시되어서는 안 된다.

오히려 지나치게 토지혁명을 논증하는 데 몰두하여, 자본주의의 요소(자본주의 문화와 지식인 집단도 포함하여)가 중국 사회에서 앞선 위치에 있었고 계속 증대하고 있음을 경시한 점, 모든 논증을 혁명동력으로서의 농민의 신상에만 집중하여 농민집단의 낙후성·봉건성을 경시한 점, 제국주의에 대한 반대 때문에 모든 외국의 투자를 경제침략으로 간주한 점 등은 이론으로나 실천에서 결함을 지니지 않을 수 없었다. 비록 이런 모든 것들이 당시 상황에서는 정상이고 완전히 이해될 수 있는 것이었지만, 나중에도 이에 대해 진지하게 총괄하지 않고 현실 상황이 완전히 뒤바뀐 오늘날까지도 여전히 이러한 결함을 긍정하고 '치켜올리는' 것은 실천이나 이론면에서 큰 병폐를 가져왔다.

이와 더불어 논쟁의 정치적인 철저한 착오가 실패 때문에 그 학술적인 모든 것까지도 일체 부인해버린 점 역시 학술토론과 연구가 정상적으로 발전하는 것을 가로막아 왔으며, 과거와 같은 그러한 격렬한 학술토론조차 존재할 수 없게 만들었다. 이를테면 역사발전의 5단계론(원시사회·노예사회·봉건사회·자본주의 사회·공산주의 사회) 역시

---

69) 중국은 수천 년 동안 자급자족의 자연경제를 기초로 해왔으며, 동시에 상업(상품경제) 역시 대단히 발달하여 특히 북송(北宋) 이후 국내시장은 상당히 발전했다. 이것은 중국 경제사에서 중요한 문제이며, 그에 대한 연구는 중국 사회를 이해하는 데 대단히 긴요한 것이다. 타오시성이 『식화』(食貨) 등을 창간한 것은 이 방면에 대해 어느 정도의 가치가 있는 학술적 작업이었다.

이 논쟁과 중국 고대사 분기에 관한 학술논쟁을 거쳐 사상·학술계에 수용되고 전파되었으며, 최근에 이르기까지 그와 다른 의견은 아주 미약한 것에 지나지 않았다. 이 공식이 오랫동안 회의를 허용하지 않은 것은 바로 그것이 강렬한 정치적인 후광에 뒤덮여 있었기 때문이다. 트로츠키파는 과거 중국 고대에 노예제 단계가 있었다는 점을 부인했기 때문에 중국 고대의 노예제를 부인하는 학술관점을 제시하는 사람은 누구든 정치적으로 딴 마음을 품고 있는 것으로 간주되었다.

아시아적 생산양식 문제 역시 비슷한 경우를 당했다. 바로 이러한 갖가지 원인들 때문에 학술에서의 기본적인 과학적 요구들은 주요개념의 정확한 내용분석을 포함하여(이를테면 '봉건주의'·'노예제도'·'지배'·'지도' 등 어휘의 확정적인 의의) 대단히 불충분하게 이루어질 수밖에 없었다. 예를 들면 이른바 '반(半)식민지·반(半)봉건사회'에서의 '반'(半)은 도대체 어떤 의미인가, 어떻게 규정해야 하는가, 어느 정도의 수량통계의 근거가 있는가 등의 문제에 대해서는 당시 깊이 있는 연구와 해석이 이루어지지 않았다. 그러다가 이후에는 이러한 것들이 의심을 허용하지 않는 정치적인 결론이 되었기 때문에 과학적인 증명조차 불필요한 것처럼 생각되었다.

이런 것들은 분명히 과학 정신에 들어맞지도 않았으며, 과학의 발전에 유리한 것도 아니다. 하지만 당시의 혁명전쟁에서는 이데올로기의 중요성이 과학을 훨씬 초월했기 때문에 과학은 점차 이데올로기의 고분고분한 노예가 되어갔다. 심지어는 그 희생물이 되기도 했다. 해방 전후 수십 년 동안 사회과학(경제학·법률학·정치학)의 발전이 인문과학(문학·사학·철학)의 발전보다 훨씬 부진하고 내놓은 성과도 아주 적은 것은 이와 관련이 있다. 사회과학의 낙후성은 중국 현대사가 진행되는 특성을 보여주는 동시에 거기에 작용한 것이기도 했지만, 이것은 바로 전통적인 실용이성의 재현으로 생각할 수 있을 것이다. 이론·지식·지혜의 현실적인 사업을 위한 복무를 강조하고, 줄곧 '과학을 위한 과학, 예술을 위한 예술'이란 '독립의식'을 반대해왔으며, 사실 이것이 결여되어 있었다는 점은 바로 중국인의 전통적인 문화심리를 드러내준다. 이것이 위와 같은 상태를 받아들이고 조성하는 데 중요한 작용을 했으리라는 점은 이심할 나위가 없다.

3 1940년대 문예의 민족형식 논쟁

여기서 이야기하려는 이른바 제3차 학술논쟁은 언급하는 사람도 아주 적고, 그 때문에 위의 두 경우와 같은 규모의 논쟁국면을 이루지도 못했다. 하지만 이 문제에 대한 의견의 차이와 논쟁은 심각한 의미와 오랜 기간 영향력을 가진 것이기에 여기서 특별히 제기해야 할 필요가 있다.

여기서 다루려는 것은 주로 후펑(胡風)의 『민족형식 문제를 논함』(論民族形式問題)이라는 책 속에서의 논쟁이다. 이 책은 아마도 후펑의 저작 가운데 가장 이론적인 성취를 이룬 것이라 할 것이다. 그 특징은 5·4의 계몽전통을 단호하게 옹호하여, 이것을 간단하게 구망투쟁에 복종시키기를 반대한 것과, 계몽을 구망 속에 주입하여 구망이 민주성이라는 새로운 시대의 특징과 세계적 수준을 지니게 하고자 한 데 있었다. 문예영역에서 제기되었지만 이것은 광범위한 사상·문화적 의의를 가지고 있다.

후펑은 이 책에서 궈모뤄에서 저우양까지, 판쯔녠(潘梓年)·아이쓰치(艾思奇)·후성에서 광웨이란(光未然)·허치팡(何其芳)·장경(張庚) 등에 이르는 수많은 사람들을 비평했는데, 그 주된 비평의 목표는 샹린빙(向林氷)이었다. 책 속에서 그는 샹린빙의 수많은 논점을 인용하고 있다.

후펑이 반대한 것은 '민간형식'(民間形式)이 중국 문예의 민족형식을 창조하는 '중심원천'이 되어야 한다는 샹린빙의 주장이었다. 후펑은 다음과 같은 샹린빙의 글을 인용하고 있다.

새로운 민족형식의 창조가 민간형식의 비판적 응용을 출발점으로 하지 않는다면, 낡은 형식의 내적 자기부정 속에서 새로운 형식의 싹을 발견하지 못한다면, 이것은 완전히 주관적이고 뜬구름 잡는 식의 문예발전의 공상주의 노선이다.

민간형식은…… 혁명적 사상과 결합하면 강력한 혁명의 무기가 된다. 따라서 우리는 저급형태에서 고급형태로 전화하는 구체화된 구체적인 경로와 그 관련성을 발견했다. 이것은 민간형식의 비판적 응용이 민족형식 창조의 출발점이며 민족형식의 완성은 민간형식 응용의 귀결점임을 의미한다. 바꾸어 말하면 현실주의자는 민간형식 속에서 민족형식의 중심원천을 발견해야 한다.[70]

후펑은 이러한 논점을 단호하게 반대했다. 그는 '민간형식'은 전통적인 민간문예의 형식으로 새로운 문예의 민족형식을 근거로 삼아 혁신하고 발전할 수 있는 기초나 출발점이 될 수 없으며, 민족형식의 창조는 오로지 당시 중국 민족의 현실투쟁 내용에 적응할 때에만 비로소 솟구쳐 나오는 것으로서, '민간형식'은 여기서 참고나 '도움' 역할밖에 할 수 없다고 강조하여 지적했다. 후펑은 말한다.

특정한 주의형식(主義形式)의 붕괴는 그것을 낳은 특정한 사회가 붕괴한 다음에도 아주 오랜 시간이 지나야 이루어진다. 문예창작이

---

70) 후펑(胡風), 「민족형식 문제를 논함」(論民族形式問題), 『후펑평론집』(胡風評論集), 베이징, 人民文學出版社, 1984, 221~222쪽을 보라.

진실로 현실생활을 반영하기 위해선 이러한 원칙을 내던진 채 어떤 고유한 형식을 의도적으로 발전시켜서는 안 된다. 그렇게 된다면 문예의 발전은 '형식 자체의 고유한' 내적 변증법에 따라 평행적으로 존재의 발전에 대응하는 것이 아니라, '비약노선'(跳的路線: 샹린빙의 말)을 채용하게 된다. 새로운 문예요구와 그에 앞서 존재하는 형식은 전혀 이질적이며 갑작스럽게 돌출하는 '비약'이다. ……

새로운 문예운동은 세계관과 내용 일반에서의 투쟁 외에도 형식 자체로서의 낡은 형식과도 투쟁할 필요가 있다. 특히 낡은 세력이 다만 새로운 형식만 반대할 뿐 새로운 내용은 결코 반대하지 않는 것과 같은 얼굴을 하고 나타날 때에는 더욱 그러하다.[71]

좀더 구체적으로 말한다면 샹린빙 등은 민간에 유행하는 장회체(章回體) 소설 · 구희(舊戲) · 민가(民歌) 등등의 전통형식이 '낡은 병에 새 술을 담듯이' 신문예의 민족형식이 될 수 있을 뿐 아니라, 그것 자체가 바로 중국의 신문학이 일맥상승(一脈相承)하는 민족전통이라고 강조했다.

오늘날 말하는 낡은 형식과 5·4시대에 일컬었던 낡은 형식은 결코 같은 것이 아니다. 5·4 신문학혁명 때 부정된 낡은 형식은 '문선파의 요괴'(選學妖孽), '동성파(桐城派)의 못난 자식'(桐城謬種)이지만, 새로운 형식으로 제창되는 것은 『수호전』(水滸傳), 『서유기』(西遊記), 『홍루몽』(紅樓夢), 『유림외사』(儒林外史), 『삼국지연의』(三國志演義) 등의 장회(章回)소설이나, 민속학 · 격언학(格言學) · 역사학의 자료로서 수집된 가요와 속담(歌謠諺語), 토착민요(土腔小調), 민간전설 등이며, 바로 오늘날 '낡은 병에 새 술을 담는' 통속적인 읽을 거리의 창작에서 응용해야 할 '낡은 형식'이다.[72]

71) 같은 글, 227~228쪽, 229쪽.

후평은 "5·4운동 이래의 신문학은 구(舊)문학의 정당한 발전이다" (허치팡)라고 하거나, "장회소설이 개조되어 좀더 자유롭고 경제적인 현대 소설 체제가 되었고, 낡은 백화시사(白話詩詞)에서 탈피하여 자유시가 나왔다"(저우양)는 논점, 또는 5·4신문예는 "역사의 우수한 전통을 끊어버렸고, 인민대중과의 연계를 끊어버렸다"고 하는 등의 논점을 열거하며 이에 반대했다. 후평은 "민간문예는 중국 문학의 정종(正宗)이다"는[73] (샹린빙의) 주장에 단호하게 반대하여 5·4신문예는 실천에서나 이론으로 "고문(古文)과 서로 대립될 뿐 아니라 민간문예와도 대립"[74]되는 것이며, 단순히 백화문을 함께 사용한다는 순수한 외재적 형식만 보아서는 안 된다고 생각했다. "왜냐하면 이른바 '백화'는 문예형식 구성의 기본재료에 지나지 않고, 창작자의 관점이나 견해를 거치기 전에 그것은 자연상태의 언어에 지나지 않으며, 창작자의 일정한 관점과 견해, 5·4정신의 민주주의와 과학이란 입장과 결합한 이후에야 하나의 형식이 되기 때문이다."[75]

이것은 '민주'와 '과학'이라는 5·4정신의 '관점·견해'와 결합한 이후의 백화야말로 새로운 민족형식을 솟구치게 할 수 있다는 의미이다. 이러한 결합은 '낡은 병에 새 술을 담는 것'도, 고유의 민간형식 또는 민족형식을 직접 계승하거나 응용하는 것도 아니고 서구(후평이 사용한 말은 '국제'이다) 문예의 내용과 형식을 들여온 결과였다. 후평이 강조한 것은 "국제적인 것을 민족적인 것이 되게 하고, 후자가 전자 속에 관철되게 하는 것"이었다. "국제적인 혁명문예형식을 받아들여야 하며, 민간형식을 기계적으로 그대로 베껴서는 안 된다"[76]는 것이 그의 주요 논점이던 것이다.

---

72) 같은 글, 232쪽.
73) 같은 글, 같은 곳.
74) 같은 글, 같은 곳.
75) 같은 글, 같은 곳.
76) 같은 글, 258~261쪽.

요컨대 후펑은 내용(현단계의 현실투쟁과 혁명의 성격)이 형식을 결정하며, 이 내용은 5·4 이후부터 현대적이고 국제적인 것이라고 생각했다. 따라서 문예형식은 간단히 전통적이고 민간적인 '민족형식'을 베껴 쓰거나 강조할 수 없는 것이었다.

민족형식은 독립적으로 발전하는 형식일 수 없으며, 민족현실의 신민주주의적 내용이 요구하고 포함하는 형식을 반영한다. ……그 실제적인 과정 역시 5·4의 혁명문예전통을 거쳐 이러한 전통을 기초로 삼지 않으면 안 된다. ……이러한 본질적인 방법 위에서의 내용을 "중국 문예전통 발전에서", "이민족적(異民族的)인 외래적 영향"(광웨이란의 말)이라고 하는 것은 "중학(中學)을 체(體)로 삼고 서학(西學)을 용(用)으로 삼는다"는 주의의 재현에 지나지 않는다.

민간형식의 중심원천론 또는 낡은 병에 새 술을 담는다는 주의는 본질적으로 현실주의에 반항하는 것이다. 왜냐하면 그것은 "내용이 형식을 결정한다"는 원칙을 위반하여 예술의 구조를 외부의 기계적 구조로 보고, 그것을 아무런 유기적인 내용도 없는 것으로 만들어버리며, 형식(체재)이 실체가 되어버리게 만들기 때문이다.[77]

이것은 5·4신문예의 전통을 내용면에서뿐만 아니라 형식면에서도 계승해야 한다는 것을 의미한다. 5·4신문예의 형식은 과학과 민주주의라는 시대정신을 장악한, 즉 새로운 내용이 가득 찬 민족형식이기 때문이다. 후펑은 5·4신문예가 '유럽화', '서구화'된 것이라거나, '대중에게서 이탈했다'고 하는 등등의 각종 논조를 분명하게 반대하고 있었다.

설사 오늘날이라고 하더라도 광대한 농촌과 농민대중, 특히 중·노

77) 같은 글, 같은 곳.

년층 사람들은 아마도 루쉰·바진(巴金)·마오둔(茅盾)과 같은 작가들보다도 『양가장』(楊家將), 『수호전』, 『삼국지연의』 등을 훨씬 더 잘 알고 즐겨하고 칭찬할 것이다. 수많은 중·노년층 지식인들 사이에서도 경극(京劇)·국화(國畵: 동양화)·구체 시사(舊體詩詞)에 대한 흥취가 아마 가극(歌劇)·서양화·신시(新詩)·교향악에 대한 그것보다 훨씬 더할 것이다. 오늘날에도 이러하니 하물며 40년 전에는 어떠했겠는가?

후펑이 5·4신문예의 전통을 옹호한 것은 보기에는 간단명료한 일인 것 같지만 사실은 반드시 그렇지만은 않았다. 실제로, 그리고 이론적으로도 그에게 부딪혀온 반발력은 대단히 강대했다. 오늘에 이르러서도 이러한 문제가 있지 않은가? 5·4시기에 이미 받아들인 몇몇 관념·사상·도덕규범·행위준칙이나 심미·취미 등은 오늘날에도 여전히 사람들에게 부르주아 냄새가 난다고 비판당하고 질책되지 않는가? 사람들이 일상으로 생각하고 칭송하고 긍정하는 대부분의 것들은 전통적인 것이 아닌가? 특히 한 민족에 두 가지의 문화라는 레닌의 이론틀 속으로 피해 외래문화를 반대하고 민간문예를 크게 떠받드는 것은 오늘날에도 여전한 현상이 아닌가?……

그렇다면 도대체 전통 민간문예를 어떻게 대해야 할 것인가? 샹린빙은 이렇게 생각한다.

민간문예는 순수한 봉건이데올로기도 아니고, 순수한 대중의 진보적 이데올로기도 아니며, 자기내부에 존재하는 두 가지의 대립된 계기 또는 두 가지의 가능한 앞날 사이의 모순의 통일물이다. 민간문예의 출현은 봉건사회의 자기모순의 산물이며, 민간문예의 대두는 봉건사회의 자기붕괴의 지표이다. 즉, 그것은 봉건문화의 대립물이다.[78]

---

78) 같은 글, 238쪽.

물론 후평이 인용한 대로 샹린빙이나 그밖의 민간형식을 강조하는 여러 논자들도 민간문예가 낙후되고 어두운 면이 있음을 인정하고, 지적하며, 심지어는 강조하기까지 한다. 숙명론적 대단원이나 봉건적 권위의 옹호, 봉건도덕의 찬양, 전투성과 혁명성의 결여 등등이 바로 그것이다. 하지만 그들은 고사(故事)·정절화(情節化: 이야기·줄거리를 말함) 등 민간문예의 형식 자체는 기본적으로 인정하고 있다. 그렇지만 후평은 이러한 문예의 외적 형식 자체까지도 봉건사회의 내용이라는 낙인이 찍혀 있다고 생각했다. 그는 말한다.

……이런 '고사화'는 바로…… 봉건적 인식방법(역사와 인간에 대한 인식방법)의 관념성으로 인한 결과이다. "하나의 사물을 서술할 때 반드시 먼저 사물의 원래 순서에 맞추어 차례대로 서술하며…… 모든 사실은 원인과 결과, 머리와 꼬리를 가진다. ……새로운 형식에서 보이는 돌발적인 비약이라는 필법은 절대로 있을 수 없다"는 이러한 '직서법'(直敍法) 역시 바로 봉건농촌이라는 사회적 기초 위에서 형성된 인식방법의 한계이며, 사람을 보면 태어나서 죽을 때까지 살펴보고, 사건을 보면 발생에서 결말까지를 지켜보는데, 숙명론이나 인과응보의 사상이 바로 그 근원이다.[79]

심지어는 언어까지도 포함된다.

……첩자격(疊字格: 같은 글자를 중복시켜 만든 낱말)·중구격(重句格: 구절의 중복)·쌍관어(雙關語: 두 가지 뜻을 가진 한 글자)는 최고의 보물로 간주되며, 이런 것들은…… '중국 언어·문자의 특수성의 특수한 발전'이고, '이러한 언어의 응용은 문장의 민족성과 예술성을 증대시키는 것'이라고 하는데, 그는 이러한 언어가 봉건적인

---

79) 같은 글, 242쪽, 265쪽, 270쪽.

생활정서의 반영임을 알지 못하고 있다.[80]

따라서 후펑은 주장한다.

우리가 요구하는 '서구화'는 바로 신생(新生) 민족언어의 성분이 민족형식을 창조하기 위한 살아 있는 언어의 성격 가운데 하나로 충분히 될 수 있으며, 또 그렇게 되어야 한다는 것이다.[81]

그렇다면 인민 대중이 '즐겨 보고 듣는 것'(喜見樂聞)은 어떻게 대해야 할 것인가?
샹린빙은 말한다.

즐겨 보고 듣는 것은 항상 보고 듣는 것(習見常聞)을 기초로 한다. ……우리가 자신의 작풍·기풍(氣風)에서의 민간형식을 중국 작품과 중국 기풍의 민족형식의 중심 원천으로 삼는 경우는 문예가 대중에서 이탈하는 편향을 철저히 극복함을 의미하며, ……철두철미하게 즐겨 보고 듣는 것과 항상 보고 듣는 것의 통일이 이루어진 형식 아래, 대중을 주체로 하는 항전건국(抗戰建國)이라는 정치적 실천의 발전을 배합하여 대중문예의 민족형식을 창조해내는 것이다.[82]

샹린빙 등은 5·4신문학과 '5·4 이래의 신흥 문예형식'이 대중을 이탈하여 "대중 속으로 널리 들어갈 수 없었으며", "완전히 소수 근대화된 지식인만의 독점물이 되어버렸고", "따라서 민족형식 창조의 출발점에서는 다만 부차적인 지위에 있을 뿐이다"[83]라고 생각했다.

---

80) 같은 글, 같은 곳.
81) 같은 글, 같은 곳.
82) 같은 글, 248쪽.
83) 같은 글, 249~252쪽, 254쪽.

후펑은 인민대중의 '즐겨 보고 듣는 것'과 '항상 보고 듣는 것'은 "생활존재 속에 숨겨져 있거나, 심지어는 대중 스스로에 의해 항상 거절당해온 전투적인 욕구여야 한다. 전자는 반드시 후자에 복종될 필요가 있다, 진보적 문예가 평가하고 요구하고 고양시켜야 하는 것은 전자이지 후자가 아니다, 대중의 감상능력은 생활진리의 원칙에 복종되어야 한다."[84] "'농민이 절대 다수를 차지한다'는 것만을 보고 그것이 문예창조에서도 '결정적인 작용을 한다'고 생각하여 자연적으로 성장한 민간형식 또는 농민의 감상능력에 항복해버려서는, ……절대로 어떠한 중요한 임무도 완수하지 못한다"[85]고 강조했다.

한쪽은 대중화 · 통속화를 강조하고, 문예형식은 광범위한 대중이 '항상 보고 듣는 것'과 '즐겨 보고 듣는 것'에 적응해야 한다고 강조하지만, 다른 한쪽은 '항상 보고 듣는 것'과 '즐겨 보고 듣는 것' 또한 반드시 새로운 시대(항일민족해방전쟁) 내용의 요청과 욕구 위에 건립되어야 한다고 강조한다. 따라서 전자는 '민간형식'을 원천으로 삼고 5 · 4신문예를 부차적인 지위에 놓지만, 후자는 5 · 4신문예는 내용에서 형식까지 모두 정통이며, 민간문예와 그 형식은 '도움'이라는 부차적인 기능만 발휘한다고 보기 때문에 "민족형식을 대중화나 통속화로 환원하는 데 동의할 수 없다"[86]고 한다.

의견의 차이는 분명하고도 날카롭다. 후펑이 말한 대로 이 민족형식 문제에 관한 토론은 "단순한 형식문제가 아니었고,"[87] 실질적으로는 전체 '신민주주의 문화'의 구체적인 발전경로에 관계되는 것이었다. 후펑이 강조한 것은 현실투쟁의 내용에서 출발하여 대중과 결합해야 하며, "대중의 인식능력을 끌어올리기 위해 투쟁"해야 한다는 것이었다.

---

84) 같은 글, 같은 곳.
85) 같은 글, 254쪽, 250~252쪽, 254쪽.
86) 같은 글, 274쪽, 276쪽.
87) 같은 글, 같은 곳.

후펑은 자신이 이해하고 견지한 루쉰의 전통에 따라 문예는 계속해서 적과 싸워야 할 뿐 아니라 중국 '국민성'의 약점과 병폐, 즉 인민대중의 '노예화된 정신적 상처'를 끊임없이 끄집어 드러내야 한다고 일관되게 강조했다. 그의 전체 이론의 중점은 확실히 '계몽'이었고 '대중을 변화시키는 것'(化大衆)이었지, '대중화'(大衆化)는 아니었다.

여기서 출발하여 그는 '민간형식'에 대해 경시하거나 배척하는, 나아가서는 허무주의 태도를 취했으며 중국 문예의 역사적 전통에 대해서도 유사한 태도나 경향을 보였다. 그는 '내용이 형식을 결정한다'는 점을 지나치게 강조하여 형식 자체가 가지고 있는 상대적 독립성을 무시했으며, 중국 문예전통의 '고사화'(故事化) 형식 자체에 대해서도 그것이 봉건주의 '숙명론 또는 인과응보'의 근원이라는 식의 논단을 가했다. 통속화·대중화·'항상 보고 듣는 것'·'즐겨 보고 듣는 것'에 대해서도 그는 경시하는 태도를 취했다.

하지만 전체적으로 보면 후펑은 5·4신문예 전통의 수호자였으며, 서구화된 언어와 형식까지도 포함하는 외래문화의 영양분을 계속 흡수하여 중국 현실의 사회적 투쟁과 결합시킴으로써 민족문예 형식과 그 형식의 대표를 창조하는 데 중점을 두고 있었다. 그는 '계몽'에, 그리고 '국민성'을 폭로하는 데, 문예의 내용과 형식이 반드시 새로운 시대의 성질과 특징을 지녀야 한다는 데 주목했다.

그러나 관건은 당시 중국 정치투쟁의 형세에 있었다. 해방구(解放區)는 신속히 확대되고 있었고 팔로군(八路軍)·신사군(新四軍)의 역량은 급격히 강화되었으며, 중국공산당이 이끄는 가운데 광대한 농촌과 농민은 경천동지의 변화를 겪기 시작하고 있었다. 어떻게 그들을 더욱더 동원하고, 조직하고, 이끌어 투쟁을 진행시키는가 하는 점이 중국혁명의 관건이 되었다. 따라서 문예가 어떻게 지식인의 틀을 벗어나서 자각적으로, 직접적으로 광범위한 농민·사병과 그들의 간부를 위해 복무할 수 있는가 하는 점 역시 당시의 초점이 되었다. 민가(民歌: 민요)·쾌보(快報: 속교)·설서(說書: 야담)에서 구희·장회소설에 이르기까지 '민간형식' 자체는 여기서 문예 자체(특히 비非심미성 자체)가 필연적으로 요구하는 것과는 아주 거리가 먼 사회적 기능, 문화적 효용과 정치적 가치를 지니고 있었다. 당시의 정치적 각도에서 보면 혁명적 선전과 고무를 수행하는 데에는 '낡은 병에 새 술을 담는 것'과 통속화 · 대중화가 대단히 중요했다.

이러한 구체적인 역사적 배경에서만 비로소 우리는 후펑이 반대하거나 비판한 상대방——절대 다수가 중국공산당의 문예가 · 이론가였다——을 이해할 수 있으며, 후펑이 유지하기를 희망한 5·4 신문예의 전통과 그 '계몽'정신이 다시 한번 필연적으로 '구망'이라는 주제에게 패배당할 수밖에 없었음을 이해할 수 있다. 그리고 마오쩌둥의 『옌안 문예좌담회의에서의 강연』이 지니는 역사적 의의와 지위를 이해할 수 있다.

마오쩌둥의 강연은 1942년에 이루어진 것으로서, 후펑의 책 초판이 나온 지 1년 반 만의 일이다. 분명히 옌안에서도 유사한 논쟁이 있었다. 나중에 몇 사람의 회고에 의하면 당시 상하이 등 중 · 대도시에서 옌안으로 온 지식인들이 가져온 톨스토이 · 체호프 · 입센 등의 고급문예는 근본적으로 홍군전사와 간부를 포함하는 광대한 농민대중의 환영을 받지 못했으며, 그들의 입맛과 습관에도 맞지 않았다고 한다. 문예를 도대체 무엇 때문에 창작하는가, 어떻게 무엇을 창작해야 하는가는 당시의 첨예한 문제였다. 이 때문에 마침내 좌담회가 열리고, 마오쩌둥의 강연과 결론이 나오게 되었다. 이 강연은 일단 발표된 후 중국 혁명문예의 이론적 경전이 되었다.

마오쩌둥의 강연은 실제로는 이 논쟁의 결론이라 할 수 있다. 목표가 반드시 후펑은 아니었고, 또한 '민족형식'만을 논한 것도 아니었지만 그 정신의 실질과 기본경향은 바로 후펑과 정면으로 대립하고 있었다.

마오쩌둥은 문예공작의 토론은 반드시 당시의 현실적인 항일전쟁이라는 실제에서 출발해야 한다고 지적했다. 따라서 그는 우선 정치가의 처지에서, 혁명을 지도하고 사회의 현실적 투쟁을 지휘하는 전체적인 각도에서 출발하여 문예의 내용과 형식을 규정하고 있다. 강연의 '머리말'에서 그는 문화와 문예의 목적성을 제기하여 혁명문예는 "우리 자신을 단결시키고 적과 싸워 이기는" '문화적 군대'로서, '총을 든 군대'와 마찬가지의 목적과 기능이 있어야 한다고 명확하게 규정하면서, '문예공작자의 입장·태도·공작대상·공작문제와 학습문제'를 제기했다. 문예는 '누구를 위한 것인가'가 중심주제였다. "누구를 위할 것인가의 문제는 근본적인 문제, 원칙의 문제이다." 마오쩌둥은 당시의 혁명문예 공작자가 "그들(노농병)의 감정을 사랑하지 않고, 그들의 맹아상태에 있는 문예(벽보·벽화·민요·민간고사 등)를 사랑하지 않는다고" 비판했다. 그는 말한다.

노농병(노동자·농민·병사) 대중을 교육하는 임무에 앞서 그들에게 배우는 임무가 제기된다. 수준을 높이는 문제는 더욱 그러하다. ……오직 노농병 대중의 기초 위에서 높여야 한다.
지금 노농병 대중 앞에 놓인 문제는 다음과 같은 것이다. 즉 그들은 바야흐로 적과 잔혹한 유혈투쟁을 하고 있으며……, 자기들의 투쟁 열정과 승리에 대한 믿음을 높이며 자기들의 단결을 강화하여 한마음 한뜻으로 적과 싸우는 데 도움을 줄 수 있는, 급히 필요로 하면서도 받아들이기 쉬운 문예지식과 문예작품을 절박하게 요구하고 있는 것이다. 그들에게 무엇보다 필요한 것은 '비단에 수를 놓은 것'(錦上添花)이 아니라 '엄동설한에 숯을 가져다 주는 것'(雪中送炭)이다.

마오쩌둥은 수준을 높일 필요성과 중요성에 대해서도 이야기했지만 결국은 "보급공작의 임무가 더 중요하다"고 지적했다. 분명히 이것은 문예, 특히 심미(審美)에서 출발한 것이 아니라 완전히 정치적 필요와 당면한 군사·정치 투쟁의 요구에서 출발한 것이었다. 따라서 마오쩌둥은 뒤이어 문예의 공리성(功利性)과 정치 기준 제일주의를 강조했으며, '인성론', '인류의 사랑', 인민대중의 어두운 면에 대한 '폭로'를 비판했다.

이것은 문예 자체의 법칙보다 '한 단계 높은' 사회·정치의 각도에서서 문예를 이야기한 것이다. 이것이 '한 단계 높다'고 하는 것은 당시의 사회현실과 인민의 생활에는 어떻든 문예보다 더 근본적이고, 더 중요하고, 더 급박한 임무와 공작이 있었기 때문이다. 이것은 바로 '구망', 즉 일본제국주의를 몰아내는 것이었다. 모든 '계몽' 역시 반드시 이 으뜸가는 주제에 복종하고 복무해야만 했다. 따라서 문예는 이것을 위해 복무하는 것 말고는 별다른 목적이 없다는 주장이 자연스레 제기되었다. 아울러 이것을 기준으로 해방구 투쟁의 실체와 결합시켜 필연적으로 문예가 노농병 대중과 그 간부를 위해 복무하도록 요구했다. 그리고 문예공작이 "현실투쟁 속으로 깊이 들어가," "세계관을 바꾸고", "마르크스-레닌주의를 학습하여," "인민을 칭송하고," "인민을 단결시키고," "적에게 타격을 가하도록" 요구하게 되었다. "인민은 인류세계 역사의 창조자인데 왜 칭송해서는 안 되는가?"

후펑도 결코 이런 것들에 반대하지는 않았다. 그러나 이미 이렇게 된 이상 노동자·농민·병사 대중이 '항상 보고 듣는 것', '즐겨 보고 듣는 것'인 전통적 문예형식과 민간형식을 소홀히 하거나 경시하거나 깎아내리는 일이 있을 수 없었으며, 인민대중의 '노예화된 정신적 상처'를 드러내 보이는 것 또한 강조할 수 없었다. 오히려 역사를 창조하고 영웅적으로 투쟁하는 인민대중의 본질적인 역량을 발굴하고 드러내는 동시에, 그들이 즐겨 보고 듣는 형식으로 그것을 표현함으로써 그들에게 받아들여지고 환영받아야만 비로소 혁명적 공리성의 전투적인 역할을 할 수 있었다.

마오쩌둥에 비교한다면 후펑은 비록 현실주의·생활·투쟁을 강조하고 내용에서 출발해야 한다는 점을 강조하기는 했지만, 그것은 어디까지나 대부분 문예 자체의 특수한 법칙(심미법칙도 포함하여)에 의거해서 논의한 것이었다. 따라서 마오쩌둥의 강연에 견주면 그의 주장은 훨씬 알팍하고 아득하고 공허하며 실제와 거리가 멀었다. '노예화된 정신적 상처'라든가, '민간형식 반대'라는 후평의 이론은 당시의 긴장된 정치·군사투쟁이라는 형세에서는 결코 많은 사람들에게 중시되지 않았으며, 자그마한 범위를 제외하면 기본적으로 아무런 중요한 작용이나 영향력도 발휘하지 못했다.

마오쩌둥의 강연은 이후 30, 40년 동안 중국 현대문예의 실천과 이론을 지배해왔다. 몇 년 전까지만 해도 그것은 거의 글자 하나 바꿀 수 없는 것이었다. 따라서 건국 이래 30년 동안 민간형식과 전통형식의 강조는 지배적인 위치를 차지하는 이론이었다. 마오쩌둥 자신도 좀더 구체적으로 신시(新詩)는 전통적인 구시(舊詩)와 민요를 기초로 해야 한다고 이야기한 적이 있었다. 그렇기 때문에 어떤 사람들은 '민족형식'이란 몇 가지 구체적인 전통형식과 민간형식이며, 고사화·율격시(律格詩)·민족창법(唱法)·민간무용이라고까지 생각하게 되었다. 희곡·국화(國畵)·구체 시사(舊體詩詞)·전통수공예는 전에 없을 정도로 번영하고 활기를 띠었다.

이와는 반대로 유화(油畵)·자유체 시가·국제적인 미성창법(美聲唱法)·교향악·재즈 음악·발레·모더니즘 조형예술과 문학……은 배척되거나 경시되고 깎아내려지고 초라한 위치에 자리잡을 수밖에 없었다. 1950년대 초에 『평화의 비둘기』라는 무용이 공연되었을 때, "넓적다리를 내놓고 무대 위를 뛰어다니는 춤 때문에 노농병 대중이 견디기 어려웠다"는 비평이 나오고, 동시에 이른바 '프티부르주아지 사상'에 대한 비판이 가해지기도 했다.

이러한 모든 것들은 1940년에 유행하기 시작한 '중국화' 이론의 주장과 위에서 얘기한 '민간형식' 문제의 토론과 직접적·간접적으로 연결되었다. 민간형식이나 전통에 대한 높은 평가를 포함하여 노농병 대중과의 일치와 결합에 대한 강조는 이러한 '중국화'의 유기적인 부분을 구성했다. 그것은 중국 혁명의 승리에 따라 더욱 굳어지고, 정형화되고, 우상화되었으며, 오늘날까지 이어져 내려오게 되었다. 오늘날 우리가 서구문화를 대하는 태도나 관념들은 5·4시대나 1930년대에 비교하면 더욱 보수적으로 생각된다.

역사는 이렇게 잔혹하고 무정한 것이며, 희생은 전진과 바꿔지게 마련이다. 중국 혁명의 길은 농민을 주체로 하는 토지혁명이었고, 모든 것이 거기에 복종되어야 했으며, 바로 이 복종 때문에 대가를 치러야만 했다. 오히려 주목할 만한 점은 전통적인 실용이성이라는 문화심리 구조가 광범위한 지식인 집단으로 하여금 이러한 대가를 안이하게 받아들이고 또 치르게 했다는 점이다.

*　　*　　*

세 차례 논쟁과 일부 재료들을 뽑아 인용한 것은 사상·문화의 각도에서 5·4의 과제가 이어지는지 보기 위함이었다. 이 세 차례의 논쟁은 마침 철학(과학과 현학의 논쟁)·역사(중국 현대와 고대 사회성격)·문예(민족형식)라는 기본적인 인문과학의 영역을 포괄하고 있다. 이상의 재료에서 우리는 앞 장에서 제시한 '구망'이라는 주제가 '계몽'이라는 주제를 압도했다는 주장이 사상·문화·학술의 영역에서 구체화되는 과정과 상황을 살펴볼 수 있었다. 이 세 차례의 논쟁과 대체로 비슷하거나 약간 앞서서, 중국의 혁명적 지식인들은 1920년대 유물사관의 '과학적 인생관'을 모색하고 수립하는 것에서 1930년대 반제·반봉건 임무를 명확히 하는 것으로, 1940년대 노농병 대중과 결합하는 것으로 인생관과 인생의 길을 좀더 구체화시키고 심화시켜 왔다.

이 세 차례의 학술논쟁은 마치 상징적으로 이러한 인생의 길과 심령의 역정을 학술에 반영시키고 있는 것처럼 보인다. 이러한 인생의 길은 확실히 큰 성공을 거두었다. 하지만 그것은 동시에 아주 무거운 대가도 치러야만 했다. 그 대가 가운데는 자유롭고 시기 적절하게 이와 같은 대가에 대해 학술적으로 깊이 파고들어가 사고하고 토론할 수 없게 된 것도 포함되어 있다. 과학이 인생관이 될 수 있는가 또는 어떻게 될 수 있는가, 중국 고대와 현대 사회의 성격은 도대체 어떤 것인가, 그것은 어디로 나아가야 하는가, 어떻게 노농병 대중과의 결합을 정확히 이해하는가 등등의 기본주제 또는 상관되는 문제들은 여전히 오늘날의 우리가 대면하고, 고려하고, 논쟁하는 문제이다. 따라서 오늘날 전혀 새로운 조건에서 역사와 현실에 대한 냉정한 자아의식을 획득하고 그 성취와 결함을 인식할 수 있다면, 5·4의 교향악이 다시 한 번 연주되는 아주 새로운 웅장한 악곡으로 거듭날 수 있을지도 모른다. 이것이 바로 우리가 내일을 향해 나아갈 때 진지하게 고려해야 할 사상사의 과제가 아니겠는가?

• 『주향미래』 1986년 제2기에 게재됨

후스 · 천두슈 · 루쉰

5·4시기는 빛나는 별들처럼 수많은 뛰어난 인재들이 용솟음치듯이 배출된 시기이며, 이 가운데 상당수는 역사에 이름을 남겨 당시뿐만 아니라 이후에도 계속해서 영향력을 행사한 사람들이 적지 않다. 그 가운데 후스·천두슈·루쉰은 의심할 나위 없이 가장 먼저 손꼽을 수 있는 세 사람이다.

1 백화문과 새로운 패러다임의 제창

후스는 26세의 청년으로 잡지 『신청년』에서 가장 먼저 백화문 문학을 주장했고, 같은 해 귀국하여 베이징대 교수로 취임한 뒤 당시의 신문화 계몽운동에 적극 참가하고 이를 지도함으로써 "갑작스럽게 큰 이름을 얻었으며" 아울러 이러한 명성을 죽을 때까지 이어갔다.

1916년 그가 미국에서 부쳐온 「문학 개량추의」(文學改良芻議)에서 제안한 여덟 가지의 주장은 "① 말에 내용이 있을 것, ② 옛 사람을 모방하지 말 것, ③ 문법구조에 신경을 쓸 것, ④ 까닭 없이 신음하지(無病呻吟) 말 것, ⑤ 진부한 상투어를 쓰지 말 것, ⑥ 전고(典故)를 이용하지 말 것, ⑦ 대구(對偶)를 사용하지 말 것, ⑧ 속어·속자를 피하지 말 것"이라는 내용이었다.

이와 같은 '팔불주의'(八不主義)는 대단히 평범한 것이지만 그것은 갑작스럽게 거대한 파도나 미친 듯한 바람과도 같은 5·4시기의 백화문운동을 일으키는 첫번째 포성이 되었다.

후스는 물론 '팔불주의'를 제안하는 데 그치지 않았다. 그에 대한 조롱이 있었지만 그는 백화시(白話詩)를 창작하여 내세우는 데 노력을 기울였다. 그 자신이 솔선하여 그것을 '시험해보면서'(嘗試) 성패를 꺼리지 않았다. 작품 자체는 그다지 성공을 거두지 못했으나,[1] 결국 그는 선구적인 역할을 완수했다. 그의 뒤를 이어 캉바이칭(康白情), 선인모 (沈尹默), 위핑보(兪平伯), 빙신(氷心), 궈모뤄 등 첫 세대 신시(新詩) 작가들이 용솟음치듯이 출현했다.

따라서 후스는 풍기를 개척한 사람이라 할 수 있다. 풍기를 개척하는 사람은 보통 자기자신은 성공하지 못할 뿐만 아니라 경박하고 들뜨게 마련이지만, 오히려 사상사적 의의를 갖게 된다. 후스가 당시 백화문 운동의 사상·이론적 근거로서 삼은 것은 상당히 천박한 '역사적' 관념이었다.

한마디로 말해 한 시대에는 한 시대의 문학이 있다. ……옛 사람들 은 옛 사람들의 문학을 만들어내고 오늘날의 사람들은 오늘날의 문학 을 만들어낸다. ……고금문학 변천의 추세를 보건대 백화문 문학의 씨앗은 이미 당대(唐代) 사람들의 소시(小詩)·단사(短詞)에 뿌려져 있었다. ……송대(宋代)부터 지금까지 고문가(古文家)에게 가리어 있었지만 시종 그 맥은 이어져와 오늘날에도 끊이지 않고 있다.[2]

이것은 대개 나중에 그가 『백화문학사』(白話文學史, 1928)를 쓰는 밑천이 되기도 한다. 즉 백화문학에서 하나의 전통을 찾는 기초이자 근거가 되는 것이다. 하지만 형세(形勢)는 구상(構想)을 초과하고, 현실적 요구는 역사적 근거보다 더 큰 역량을 가지고 있었다. 1년 뒤 후스는 다시 "중국을 위해 국어(國語)의 문학을 창조해야 한다"고 제안한다. 다시 말해 그는 '표정달의'(表情達意), 즉 사람들의 생각과 감정을 표현하고 전달할 수 있는 백화문학이 죽은 문자로 이루어진 문어체(文言

---

1) 그 자신이 여러 차례 인용하여 "나의 신시(新詩) 진화에서 최고봉이라 생각한다" 고 한 것은 다음과 같은 것이다. "아주 무덥다. 바람 한 점 불지 않는다. 저 가볍고 도 섬세한 자귀나무의 꽃잎도, 움직이는 듯 움직이지 않는다."(「상시집 재판의 자 서」嘗試集再版自序, 『후스 문존』胡適文存 제1집, 권1, 亞東圖書館, 1921 초판, 288쪽.
2) 「역사적 문학관념론」(歷史的文學觀念論), 『후스 문존』 제1집, 권1, 48쪽.

文) 문학과 서로 대립되고 대항하는 것임을 명확히 한 것이다.

　　나는 백화로 쓰는 책이 모두 가치가 있고 생명이 있는 것이라고 말한 적은 없다. 내가 이야기한 것은 죽은 문자로 쓰는 문어체 문학은 결코 생명이 있고 가치가 있는 문학을 창조하지 못한다는 점이었다. 왜 죽은 문자는 살아 있는 문학을 창조하지 못하는가? ……모든 언어·문학의 작용은 감정과 생각을 표현하고 전달하는 데 있으며, 훌륭하게 생각을 전달하고 멋지게 감정을 표현하는 것이 바로 문학이다. 문어체를 쓰는 사람은 생각이 있더라도 이러한 생각을 반드시 수천 년 전의 전고(典故)로 바꾸어야 하고, 감정이 있더라도 이것을 수천 년 전의 문어체로 바꾸어야 한다. ……이렇게 해서 글을 쓴다면 어떻게 사고를 전달하고 감정을 표현할 수 있다는 말인가? 생각을 전달하지도 못하고 감정을 표현하지도 못한다면 어떻게 문학이 존재할 수 있다는 말인가?[3]

　　1919년에 이르러 후스는 백화문의 승리를 총괄하면서 문자형식과 문장내용 사이의 변증법적 관계를 더욱 명확히 표현하여 '팔불주의'라는 형식의 개혁에서 '새로운 정신'의 내용과 연계시키는 데로 나아갔다.

　　문학 혁명운동은 옛날과 지금, 국내와 국외를 막론하고 대개 모두 '글의 형식'이라는 측면에서 출발하며, 우선 언어·문자·문체 방면의 대해방을 요구하게 마련이다. 유럽에서 300년 전에 각 나라의 국어문학이 라틴문학을 대체한 것은 언어·문자의 대해방이었으며 18세기 프랑스의 셰니에, 영국의 워즈워스 등이 제창한 문학 개혁은 시(詩) 언어·문자의 해방이었다. 최근 수십 년 이래 서구의 시(詩) 혁명은 문자와 문체의 해방이었다. 그리고 이번 중국의 문학 혁명운동

---

3) 「건설적 문학혁명론」(建設的文學革命論), 같은 책, 82쪽.

역시 우선 언어·문자와 문체의 해방을 요구했다. 신문학의 언어는 백화문이며 신문화의 문체는 자유롭고 격식에 얽매이지 않는 것이다. 처음에는 이것이 모두 '글의 형식' 문제로서 중요하지 않은 것처럼 보였지만 그것은 형식과 내용의 밀접한 관계를 몰랐기 때문이다. 형식에서의 속박은 정신이 자유로이 발전하지 못하게 하며, 훌륭한 내용도 충분히 표현하지 못하게 한다. 새로운 내용과 새로운 정신이 있다면 우선 정신을 속박하는 그러한 사슬과 족쇄를 깨부수지 않으면 안 된다.[4]

또한 백화문운동은 단순한 형식의 개혁이고 문어체를 백화문(구어체)으로 바꾸는 것에 지나지 않으며, 문학 혁명에서 중요한 것은 내용이라고 하면서 고의로 백화문운동을 깎아내리려는 논조를 후스는 반박했다. 그는 다음과 같이 말한다.

······문학 혁명은 결코 형식에서의 혁명이 아니며, 문어체와 백화문의 문제가 아니라고 말하지만, 당신들이 말하는 혁명의 대도(大道)는 무엇이냐고 질문하면 아무 대답도 하지 못한다. ······우리는 문자는 문학의 기초이며, 따라서 문학 혁명의 첫걸음은 문자문제의 해결이고, ······우선 문자체제의 해방이 이루어져야 새로운 사상과 새로운 정신을 나르는 수단이 될 수 있다고 생각한다.[5]

이것은 비교적 명석하게 형식의 변혁과 해방의 거대한 의의를 지적한 것이다. 백화문운동과 함께 나타난 것은 확실히 문학 형식이나 심지어는 문학의 새로운 정신문제라는 작은 범위에만 그치지 않고 그것은 중국 현대의 민족적 각성을 반영하고 표현한 것이었다. 마치 유럽의 문장

---

4) 「신시에 대해서 이야기함」(談新詩), 같은 책, 제1집, 권1, 233~234쪽.
5) 「상시집 자서」(嘗試集自序), 같은 책, 제1집, 권1, 284쪽.

언어가 라틴문자에서 해방되어 각 나라 문자로 발전되어간 것처럼, 5·4 시기의 백화문운동은 문장언어를 소수의 사람들이 독점하는 오래되고 낡아빠진 국면에서 해방시켜 광범위한 인민의 사고와 감정을 신속하게 반영하고 대표할 수 있는 유력한 도구가 되게 했다. 따라서 그것은 곧바로 광범위한 학생·청년과 지식인 다수 인사들의 옹호, 찬동과 지지를 받았으며, 백화문은 격정적으로 받아들여지고 열렬하게 전파되었다.

백화문운동은 파죽지세로 뻗어나가 어떠한 낡은 세력들도 이것을 도저히 막아낼 수 없게 되었다. 심지어 구미에 유학하여 서구 문자에 정통한 교수·학자들이 나섰어도 아무런 도움이 되지 못했다. 1919년 1년 사이에 400여 종의 백화문 신문·잡지가 우후죽순처럼 출현했으며, 1920년 베이징의(즉 베이징정부의) 교육부는 마침내 중학교과 소학교에서 백화문으로 된 어문교재를 쓰기로 결정했다. 몇 년이 지나자 교육총장이 된 장스자오(章士釗) 역시 "천하의 사람들이 후스 군의 이야기를 기뻐하며 수많은 사람들이 호응한다!", "온 나라가 미친 것 같다"[6]고 걱정하지 않을 수 없었다. 심지어 당시의 청년들이 "적지(適之: 후스)를 대제(大帝)로 생각하고 적계(績溪: 후스의 고향)를 상경(上京)으로 생각하여, 마침내 오로지 『후스 문존』(胡適文存)에서 문장의 기준을 찾고 호적의 시집 『상시집』(嘗試集)에서 시가(詩歌)의 운율을 찾으면서 눈을 다른 곳으로 돌리지도 않고 붓을 잠시도 멈추지 않아, 오늘날처럼 더·타·타·마·너·빠·리에(底·他·它·嗎·呢·吧·咧)과 같은 구어 단어가 문장에 쓰이게 되는 사태를 낳게 되었다"[7]고 격렬히 비난까지 했다.

이것은 후스가 당시 중국에서 얼마나 인기를 얻고 있었는지 잘 보여준다. 『후스 문존』을 예로 들면 1921년에 초판이 나오고 8년 동안 제12판, 4만 7,000부를 거듭했으며, 1930년 다시 제13판이 나왔다. 『상

---

6) 장스자오, 「신문학 운동을 평함」(評新文學運動). 장뤄잉(張若英) 편, 『중국 신문학 운동사자료』(中國新文學運動史資料), 상하이, 光明書店, 1934. 237쪽.
7) 장스자오, 같은 글, 229쪽.

시집』도 1920년에 초판이 나왔는데 2년 사이에 두 차례나 증정판이 나왔다. 후스는 또한 몇 가지 단편소설을 번역하기도 했는데 정서도 풍부하고 문장도 아름다워 역시 아주 잘 팔려나갔다. 장스자오가 '더·타·타·마·너·빠·리에의 문변'을 후스 탓으로 돌린 것은 사실은 당시 상황 자체가 백화문운동이 이렇게 신속하고 순조롭게 발전하도록 만들었음을 알지 못했기 때문이었다. 후스 역시 일찍이 백화문운동을 내세우면서 천두슈가 이룬 중요한 역할을 지적하기도 했다.

하지만 더 중요한 것은 전체 신문화 계몽운동과 애국구망운동이 서로 제휴하여 병행된 당시 시대의 새로운 내용이 백화문을 그 필연적인 형식으로 요구하고 있었다는 점이다. 백화문은 도구와 무기가 되어 계몽 신문화운동의 선전·선동 능력과 사회적 영향력을 극도로 가속화시켰으며, 또한 학생들의 애국구망운동과 민중의 대연합에 큰 기여를 하기도 했다. 당시 대량으로 발표된 정치적 성질의 선전·선동 문장들은 모두 백화문을 사용하고 있었다. 청년세대들은 이러한 문자 형식의 새로운 무기와 그 무기를 사용하는 범례를 갖게 되었기 때문에 모두가 대담하게 옛것을 깨부수면서 용감하게 창조하고, 가슴속에 품은 것을 마음껏 쏟아내면서 의사와 감정을 표현할 수 있었다.[8]

5·4의 백화문운동이 청말의 소설이나 백화문이 아주 미미한 영향력밖에 갖지 못해, 옌푸(嚴復)가 예측한 것처럼 '봄 새와 가을 매미의 울음처럼 쓸데없는 이야기'(春鳥秋蟬)나 '누구도 들어주지 않는 소리'(自鳴自息)처럼 되어 아무런 호응도 얻지 못한 것이 되지 않은 데에는 당시 중국의 이러한 정치정세와 사상·문화 정세의 작용이 있었다. 정치를 그 핵심과 수레바퀴로 하는 특징을 가진 중국 근현대의 역사는 문학형식의 변천까지도 책임졌다. 5·4학생운동이 없었다면 백화문은 이렇게 신속하게 결정적인 승리를 거두지 못했을 것이며, 백화문운동이 없었다면 5·4 역시 그러한 규모, 위세와 영향을 갖지 못했을 것이다.

---

8) 이 책의 「계몽과 구망의 이중변주」 참조.

그것들은 서로 보충하고 촉진하면서 현대사의 새로운 서막을 열었다.

하지만 이렇게 희극형식으로 출현한 연극 속에 실제로는 벗어날 수 없는 심각한 비극이 잠복하고 있었으며, 형식은 마땅히 갖추어야 할 현대적 독립성을 지니고 있지 못했다. 후스는 일찍이 계몽과 구망을 분리시키려는 생각을 했지만, 이것은 근본적으로 이루어지지도 않았고 이루어질 수도 없었다. 도리어 백화문운동이나 그 제창자 자신들이 사상사적으로 이와 같은 지위를 차지한 진정한 역사적 원인을 그가 이해하지 못했음을 설명해주는 것이기도 하다. 역사는 항상 이렇게 사람들을 조롱하고 있다.

중국 근현대 사상사에서 후스의 두번째로 주요한 공헌은 당시의 학술계에 낡은 것을 깨부수고 새로운 것을 창조하는 전례 없는 충격을 가져다 준 데 있다. 이것은 주로 그가 1919년 2월 출판한『중국 철학사대강』(中國哲學史大綱) 상권과『홍루몽고증』(紅樓夢考證)을 대표작으로 하는 일련의 역사 고증과 연구논문 · 저서로 대표된다.

철학은 시대의 정화이며, 철학사는 민족의 영혼이다. 후스는 구학(舊學)에 대한 바탕, 신학(新學: 서학西學)에 대한 지식 · 사상의 깊이, 이론적 돌파 등 각 방면에서 모두 중간수준에 머물러 결코 고명한 수준에 이르지 못했다. 심지어는 그 동료, 선배나 후배 가운데 몇몇 사람들보다 훨씬 뒤떨어지기도 한다.[9] 하지만 그는 가장 먼저 나서서 첫번째 대포를 쏜 사람이었다. 후스의『중국 철학사대강』은 천 수백 년에 걸친 중국 전통의 역사와 사상사의 원래적 관념 · 기준 · 규범과 통칙(通則)을 가장 먼저 돌파하여 최초로 패러다임의 변혁을 이룩했다.[10]

---

9) 중국의 현대에는 왕궈웨이(王國維), 천인커(陳寅恪) 등 사학(史學)의 거장과 구제강(顧頡剛), 탕융퉁(湯用彤), 펑유란, 진웨린 등이 출현하였으며, 학술적인 면에서 후스는 결코 그들과 비길 바가 못 된다. 그러나 그들의 사상사적 지위는 결코 후스에 미치지 못한다. 이것이 바로 사상사(思想史)와 학술사(學術史)가 구별되는 점이다.

10) 위잉스(余英時),『중국 근대사상의 후스』(中國近代史思想史上的胡適), 聯經出版公司, 1984 참조. 이 책은 후스가 이룩한 학술적인 패러다임의 변혁을 강조하고 있다.

하지만 이러한 패러다임의 변혁은 학술적인 것이라기보다는 오히려 사상사적인 것이다. 왜냐하면 진정한 학술적 의미에서 후스의 이 책은 마치 "중국 사상을 연구하는 미국인"이 쓴 것 같았고, "중서의 학설을 함께 논의할 때는 견강부회를 피하지 못했다"고 진웨린(金岳霖)이 지적한 것처럼[11] 학술적으로는 진정한 새로운 개척이 없었고, 나중의 사람들이 계속 발전·개척시킬 수 있는 이론적 패러다임이나 기본범례를 건립하지도 못했기 때문이다. 심지어 나중이 되면 이 책은 한 번 읽어 볼 만한 가치조차 잃어버리게 되었다. 하지만 사상의 변혁이란 점에서, 당시 정치와 밀접하게 연관된 사상적 의의란 점에서 그것은 백화문운동이 문학 형식에서 가져온 충격과 마찬가지로 확실히 모범적 의의와 선구적 역할이란 의미를 가지고 있었다. 그래서 60년의 세월이 지난 오늘날에도 여전히 이 점은 다음과 같이 인정되고 있다.

5·4 전야에 후스는 『중국 철학사대강』(상권)을 출판했다. 이 책은 당시 신문화를 제창하던 진보인사 차이위안페이의 인정을 받았고 이후 다시 사회적으로도 널리 중요성을 인정받게 되었다…… 후스는 봉건학자가 감히 건드리지 못하던 금기, 즉 경학(經學)을 타파했다. '경'(經)은 성현이 교훈을 내린 전적(典籍)이었고 봉건사회의 모든 성원은 그것을 선전하고 해석하고 신봉할 뿐, 그것을 의심하지도 논의하지도 못했으며 더구나 비판하는 것은 말할 것도 없었다. 요(堯)·순(舜)·우(禹)·탕(湯)·문(文)·무(武)·주공(周公)·공자(孔子)는 모두 성인으로서 오로지 그들을 경배할 뿐 비판하는 것은 불가능했다. 이것이 봉건사회의 총 규범(서구 중세기 『성경』에 대한 태도와 마찬가지이다)이었다. 당시 사람의 인상에 의하면 후스의 『중국 철학사대강』을 읽으면 그야말로 사람의 눈과 귀를 새롭게 해주는 바가 있었다고 한다. ……당시 사람들이 주로 '새로운' 것이라 생각

---

11) 진웨린, 「펑유란의 『중국 철학사』 심사보고」(馮又蘭中國哲學史審查報告).

한 점은 그것이 봉건시대의 철학사가 성현을 대신하여 논의를 전개하고, 경전을 위해 주해를 단 것과는 달리, 봉건시대에 이어받아온 고대 성현에 대한 논의를 허용하지 않는 금기를 과감하게 타파한데 있었다. 그가 공구(孔丘: 공자—옮긴이)와 다른 철학자들을 똑같은 지위에 놓고 사람들로 하여금 논평하게 한 것은 하나의 대변혁이었다.[12)]

후스는 나중에 이 책을 총괄한 적이 있었는데 그 가운데 두 가지는 첫째, (요·순·우·탕 등의 성인으로부터가 아니라) 노자와 공자로부터 서술을 시작했다는 점, 둘째, 공자와 제자(諸子)를 같은 수준에 놓았다는 점이다. 바로 이 두 가지 특징이 학술적으로라기보다는 사상적으로 당시의 사람들을 크게 뒤흔들어놓는 작용을 했다. 순수한 학술적인 면에서 본다면 주공(周公)의 '예악(禮樂)제도의 건립'을 포함한 공자와 노자 이전의 사상에 대한 연구와 고증(이를테면 왕궈웨이의 「은주제도론」殷周制度論)이 더 중요하지만, 사상적으로는 요·순·우·탕·문·무·주공을 뿌리쳤다는 점이 당시의 사상·문화계에서는 확실히 세상이 놀랄 만한 사건이었다. 그리고 이러한 사상이 또한 학술을 통해, 대학강단을 통해 전달되었다는 점은 일종의 '과학' 형식을 갖춘 것이었다.

후스의 이 책은 오늘날에는 이미 낡아빠진 것이어서 왕궈웨이의 골동품과 같은 학술적 가치를 갖지 못하고 있지만 그것이 지니고 있는 위와 같은 사상사적인 가치는 왕궈웨이 등의 저작이 갖지 못하는 점이다. 후스는 이 점에서 마치 청말의 량치차오와 같은 역할을 맡았다. 량치차오의 사상은 깊이 있는 것도 아니고 아무런 독창성도 없었다. 하지만 그는 청말에 서구 자본주의의 새로운 공기를 수입하여 사람들의

---

12) 런지유(任繼愈), 「중국 철학사의 30년 학습」(學習中國哲學史的三十年), 『철학연구』(哲學硏究), 1979년 제9기.

사상을 계발하고 해방시키는 데 아주 큰 공헌을 했다. 후스는 이러한 새로운 공기를 구체적으로 학술의 전당에 불어넣었으며 이로써 일군의 학자들이 뒤따라 출현하게 되었다.

노장 량치차오는 누구보다도 먼저 나서서 후스를 지지했다. 그는 자기보다 스무 살이나 아래인 후스의 뒤를 이어 백화문으로 시를 지었을 뿐 아니라 후스가 '국고정리'라고 칭한 새로운 학술활동에 적극 참가하여 수많은 학술저작을 발표·출판했고, 후스와 광범위한 학술토론을 진행했다. 량치차오는 청말의 저명한 정치선전가에서 20년대에는 광범위한 영향력을 갖는 학계의 인물로 변신했다.

물론 후스의 직접적인 지도와 영향을 받아 우뚝 솟아나게 된 것은 좀 더 젊은 세대들, 특히 구제강(顧頡剛)을 대표로 하는 '의고파'(疑古派)의 역사연구 작업이었다. 구제강은 『고사변 자서』(古史辨自序)에서 후스가 중국 철학사를 강의했을 때 받은 사상적 충격을 이렇게 회고하고 있다.

이러한 변화는 삼황오제(三皇五帝)로 가득 찬 우리 학급 학생들의 머리에 갑작스러운 중대한 타격을 가져다 주었으며, 놀란 우리들은 어안이 벙벙하여 입을 다물 수 없을 정도였다. 많은 학생들은 그렇지 않다고 생각했지만 다행히 학생 가운데 과격한 사람이 없었기 때문에 아무 소동도 일어나지 않았다. 나는 몇 차례 강의를 듣고서야 하나의 이치를 깨닫게 되었다. 그는 비록 백도(伯弢: 즉 천한장陳漢章) 선생만큼 책을 많이 읽지는 않았으나 그의 주장은 충분히 자립할 수 있는 것이라고 학우에게 이야기했다.[13]

1921년 후스는 구제강에 이렇게 편지를 썼다.

13) 『고사변』(古史辨), 제1책, 베이징, 朴社, 1926, 36쪽.

대개 나의 고사(古史)에 대한 생각은 다음과 같은 것이네. 즉 지금은 우선 고사를 2000, 3000년으로 단축하여 시(詩) 300편(즉『시경』詩經)에서 시작하고, 장차 금석학(金石學), 고고학(考古學)이 발달하여 궤도에 오르면 그 이후 지하에서 발굴된 사료를 이용하여 차분하게 동주(東周) 이전의 고사로 끌어 올라가는 것이네. 동주 이후의 역사에 관한 사료 역시 반드시 엄밀하게 비판하여 "차라리 옛것을 의심하여 잘못을 저지르는 한이 있더라도 옛것을 믿어 잘못을 저지르지는 않겠네."[14]

수천, 수만 권의 역사서가 존재하고 자료가 아주 풍부한 중국이 새로운 근대 과학적 연구를 시작하려면 우선 회의하는 태도와 방법을 취하여 재료를 자세하게 검토하고 아울러 지하의 실물과 문헌을 서로 비교하여야 한다는 이러한 주장은, 당시에는 참신한 견해였을 뿐 아니라 평정을 잃지 않는 학술태도이기도 했다. 하지만 당시 이러한 태도는 학술적 의의보다는 사상적 의의를 가지고 있었다. 급진적인 첸쉬안퉁은 성(姓)의 폐지를 주장하고 "국학 연구의 첫걸음은 거짓을 버리는 것"[15]이라고 강조하기도 했지만, 이것은 주로 천 수백 년 동안 신성한 서적으로 간주되어 온 '육경'(六經)에 대한 공격을 발동한 것이었다. "나는 '군경'(群經: 즉 모든 유교 경전)을 타도하는 것이 '제자'(諸子)를 의심하고 그 거짓을 가려내는 것보다 훨씬 중요하다고 생각한다."[16] 왜냐하면 "'경'은 줄곧 학자들의 존숭을 받아왔으며 어떤 것을 말하든 모두 그것에서 인용하고 그것을 믿어야 했기 때문이다."[17] 또한 그는 '육경'의 내용이 전부가 다 거짓은 아니라고 할지라도 "그것이 진서(眞書)라고 해서 그것을 무조건 믿기만 해서는 안 된다"[18]고 말한다. "이전의 사람

14) 후스, 「고사관에 대한 자술서」(自述古史觀書), 『고사변』제1책, 22~23쪽.
15) 같은 책, 52쪽, 103쪽.
16) 같은 책, 같은 곳.
17) 같은 책, 41쪽.

들은 수많은 진부한 것들의 속박을 받고 있었으며…… 때때로 팔을 분주하게 움직여 글을 써보려 해도 팔이 뜻대로 움직이지 않아 결국 어떠한 새로운 사상을 발휘하든 간에 앞사람이 한 이야기를 일부분 되풀이하지 않을 수 없었다."[19]

학술적인 '의고'(疑古)가 사상적인 해방을 위한 것이었음을 우리는 여기서 알 수 있다. 현대 중국에서 학술과 이데올로기는 처음부터 한데 얽혀 있었을 뿐 아니라, 전체적으로는 결국 이데올로기가 학술을 자신에게 복무하고 복종하도록 요구하고 이용하게 마련이었다.

구제강은 후스·첸쉬안퉁의 이러한 사상적 인도 아래 고사의 변위(辨僞) 작업을 수행했다. 그는 말한다.

맹진(孟眞: 푸쓰녠)과 후스즈(胡適之) 선생을 만나지 않았다면, 『신청년』의 사상해방의 고취에 부딪히지 않았다면, ……후스·첸쉬안퉁 선생이 나의 변위 재료편집에 대한 홍취를 불러일으키고 나의 대담한 가설을 장려하지 않았다면, 고사연구의 진행은 이렇게 신속하지 못했을 것이다.[20]

『고사변』의 성적은 아주 뛰어나서 일곱 권이나 되는 큰 책에서 중국 고대사에 관한 많은 중요한 문제들을 제기했지만, 이것은 학술적인 성취였지 이데올로기 작업은 아니었다. 많은 구체적인 결론, 논증들이 오늘날에는 이미 낡은 것이 되었지만 그것은 중국 현대 사학이 낡은 모델과 낡은 틀에서 벗어나는 기초를 닦았다. 이후에는 의고니 변위니 하는 것에만 매달리지 않게 되었지만, 그러한 근대 아카데미적인 세밀한 고증의 과학정신, 실증적 태도는 날로 풍부해지고 발전했다. 학술과 이데올로기에 대한 그 이중적 영향은 귀모뤄를 대표로 하는 마르크스주의

---

18) 같은 책, 232쪽.
19) 같은 책, 같은 곳.
20) 같은 책, 80쪽.

사학이 점차 역사학계에서 대두되기 시작한 이후에까지 계속 영향을 미쳤다.

후스의 중국 현대사상사에 대한 세번째의, 하지만 결코 성공하지 못한 공헌은 일종의 보편으로 활용될 수 있는 방법이라고 생각된 것을 철학적으로 내세우고 소개하고자 한 것이다. 이것은 바로 듀이의 실험주의(實驗主義)이다. 후스는 듀이의 철학에 대해서는 그다지 깊이 이해하지 못했다. 그가 제기하고 또한 가장 큰 영향을 준 것은 내용에서 형식까지 그가 중국화해버린 '실험주의'였다. 이 실험주의는 또한 그가 개괄한 이른바 '십자진언'(十字眞言)으로 가장 통속화되고 가장 유명해졌다.

> 실험주의는 일종의 방법, 문제를 연구하는 방법에 지나지 않는다. 그 방법은 세심하게 사실을 찾고 대담하게 가설을 제출하여 다시 세심하게 논증하는 것이다.[21]

후스는 이러한 방법은 청대의 고증학자들이 이미 갖추고 있었다고 생각했다.

> ……나는 앞서 든 예로 독자들이 청대학자들의 치학(治學) 방법을 이해하게 되었으리라고 생각한다. 그들이 사용한 방법은 총괄하면 두 가지뿐이다. ① 대담한 가설, ② 세심한 논증. 가설이 대담하지 못하면 새로운 발명이 나올 수 없고, 증거가 불충분하면 남이 믿을 수 없다.[22]

후스는 듀이의 진리론, 사유방법론 같은 것들도 애써 소개하기는 했

---

21) 후스, 「나의 기로」(我的岐路), 『후스 문존』 제2집, 권3, 99쪽.
22) 후스, 「청대학자의 치학 방법」(淸代學者的治學方法), 『후스 문존』 제2집, 권2, 575쪽.

지만 진정으로 중국 학계에 사상의 흔적을 남긴 것은 오히려 이 간단한 '십자진언'이었다. 심지어는 슝스리(熊十力)까지도 이렇게 인정할 정도였다. "5·4운동 전후에 후스 선생이 제창한 과학 방법은 대단히 중요한 것이다."[23]

그렇다면 이 방법은 도대체 중국의 학술계에 무엇을 남겼는가? 딩원장에서 양전닝(楊振寧)에 이르는 자연과학자들에게 영향을 미치지 않았는가? 이런 점들은 그다지 진지하게 연구된 적이 없는 것 같다. 같은 시대의 거장 왕궈웨이, 천인커에 대한 관계 역시 결코 명료하게 밝혀져 있지 않다. 듀이의 중국 교육계에 대한 영향은 다른 통로가 있고 결코 후스에게서 유래된 것은 아니다. 후스의 학술적 영향은 주로 문사(文史) 영역에 있었다. 이 영역에서 후스와 이른바 '후스파'의 수많은 사람들의 작업은 대부분 중요하지 않은 고증, 변위나 번안(翻案)으로 표현되고 있다. 이를테면 후스가 쓴 『정전변』(井田辨), 『이여편』(爾汝篇), 『오아편』(吾我篇)이나 왕망(王莽)에 대한 번안, 리거우(李覯)에 대한 입론, 굴원(屈原)에 대한 의심, 비밀(費密)에 대한 추숭(推崇) 등이 있으며, 이밖에도 유명한 『홍루몽고증』(紅樓夢考證, 1921)은 새로운 홍루몽학(紅學)을 개척하기도 했다. 하지만 전체적으로 말한다면 후스와 '후스파'의 학자들은 중국 통사, 단대사(斷代史), 또는 사상사·철학사에 대해서 법칙적인 의의를 개괄하는 거시적 논점·논증·논저는 거의 갖추지 못하고 있다. 이것은 오히려 후스 자신이 내세운 것이기도 하다.

실험주의는 구체적인 사실과 문제에 주안을 두기 때문에 근본적인 해결이라는 것을 인정하지 않는다. 그것은 단지 한 걸음 또는 한 방울씩 이루어지는 진보만 인정할 뿐이다.[24]

---

23) 슝스리, 『스리 요어초속』(十力語要初續), 홍콩, 1949.
24) 『후스 문존』.

후스는 정치적으로 '주의'(主義), '근본적인 해결'을 이야기하는 것을 거절하고 반대했을 뿐만 아니라 학술에서도 마찬가지 태도를 취했다. 그가 『중국 철학사』를 영원히 완성하지 못한 것이나 수십 년을 소비하여 『수경주』(水經注)에 대한 세밀한 고증을 한 것은 그의 이러한 방법론을 반영하고, 대표하고, 드러내는 것이다.[25] 동시에 이것은 그의 방법론에 그치지 않고 그의 세계관과 개성의 특징이기도 했다. 량치차오가 『청대 학술개론』(淸代學術槪論, 1921)에 후스를 개괄하여 "청대유자(儒者)의 방법을 이용하여 학문을 했다"고 한 것, 즉 청대 건륭·가경(嘉慶) 연간 한학(漢學: 고증학)의 뒤를 이었다고 한 것은 결코 기괴한 일이 아니다. 따라서 여기서의 이른바 '새로운 방법', '과학적 방법'은 방법이란 점에서 본다면 새로운 것이 아무것도 없다.

후스는 학자가 되기로 결심했고 스스로도 "이미 중국 철학사의 연구에서 나의 종신사업을 찾았다"[26]고 이야기할 정도였지만, 동시에 그는 "정치에 주의하는 사람"[27]이기도 했다. 『후스 문존』 제2집은 짧은 정치평론으로 가득 차 있다. 이 때문에 후스는 이것을 '나의 기로(岐路)'라고 이야기하기도 했다. 하지만 사실 이러한 것은 근현대 지식인, 특히 문과계통의 지식인들이 보편적으로 부딪힌 '기로'였다. 천두슈나 리다자오와 같은 사람들은 정치에만 전념했으며, 루쉰·저우쭤런·원이둬(聞一多), 주쯔칭(朱自淸), 푸쓰녠 등의 순수한 학자·교수들도 많든 적든 정치에 말려들지 않을 수 없었다. 다만 각자가 선택한 정치적 입장과 태도가 다를 뿐이었다.

중국 현대의 양군대전(兩軍對戰)이라는 첨예한 계급투쟁과 민족위기는 설사 학계의 상층인사라 할지라도 그 초연함과 독립성을 유지할 수 없게 만들었다. 이것은 물론 문학에서 역사·철학에 이르는 중국 현

---

25) 위잉스가 앞의 책에서 후스가 거시적인 관점에서 개괄할 수 없었다고 논증한 것이 참고가 될 수 있다.
26) 후스, 「나의 기로」, 『후스 문존』 제2집, 권3, 95쪽.
27) 같은 글, 같은 곳.

대 학술사상 전체에 갖가지 특수한 흔적을 남겼다. 인물에 대해서도 마찬가지이다.

후스는 정치나 정치사상 면에서는 거의 이야기할 만한 것이 없다. 그의 정치적 견해는 주장과 관념이 모두 상대할 필요가 없을 정도로 천박하고("빈궁·질병·우매·탐오·소란이라는 오귀五鬼가 중국을 어지럽히고 있다"고 한 주장 등), 쓸모없으며, 사소한 것이었다. 유일하게 주목할 만한 것이라면 후스가 서구의 민주주의를 주장하던 자유주의자에서 무엇 때문에 결국은 장제스의 독재정권으로 돌아섰는가 하는 점이다.

1920년대를 통해서 후스는 비교적 명백하게 북양군벌 정부를 반대했으며, 1923년 마오쩌둥은 후스를 '비혁명적 민주파'로 개괄했고, 1925년 취추바이는 "5·4운동 이후부터 오늘에 이르기까지 후스는 사회적으로 공인된 민치주의자(民治主義者)이다"라고 인정하기도 했다. 또한 1929년 후스는 『인권과 약법』(人權與約法), 『우리는 언제 헌법을 갖게 되는가』(我們甚麼時候纔有憲法) 등 국민당 통치를 비판하는 글을 써서 인권·법률·자유를 강조했다가 국민당의 문자에 의한 포위공격과 문장의 출판금지를 당하기도 했다.

하지만 1930년대부터 후스는 신속하게 장제스 정권으로 돌아서서 항일 주장에서 '안내'(安內: 공산당 토벌剿共)'를 주장하는 등 기본입장에서 장제스와 일치했다. 심지어는 차이위안페이, 쑹칭링(宋慶齡) 등의 민권보장동맹(民權保障同盟)과 결별하는 것을 꺼리지 않았는데, 이런 모든 것들은 여전히 '법률' 등을 강조하는 자유주의의 구호 아래 진행되었다. 그래서 취추바이는 이렇게 풍자하기도 했다. "문화계의 우두머리 박사님께서 인권을 내던지고 왕권(王權)을 옹호하네. 조정(朝廷)에서는 자고로 수많은 도살을 행했는데, 이러한 이치가 오늘날 실험으로 전해지는구나."[28] 후스는 청년들 사이에서 급속하게 지위와 영향력을 잃었으며, 날이 갈수록 어용(官方) 또는 반(半)어용학자가 되어갔다.

자유주의적 민주주의파는 좌경화하든지 아니면 우경화한다. 그들은 중국의 정치무대에서(심지어는 일정한 정도로 학술에서까지) 처음부터 끝까지 독립적인 역할을 수행할 수 없었으며, 자신들의 독립적인 연출을 꾀할 수도 없었다. 이것은 중국 현대의 특징이며, 그 비극이기도 하다.

---

28) 루쉰, 「왕도시화」(王道詩話), 『위자유서』(僞自由書: 『위자유서』는 1933년 10월 상하이 청광서국靑光書局에서 출판되었는데 『신보』申報의 부간副刊 『자유담』自由談에 루쉰과 취추바이가 같은 필명으로 기고한 글들이 실려 있다—옮긴이).

2 혁명전사

　후스와 대비하면 천두슈는 중국 현대사(현대사상사뿐만 아니라)에서 지위가 훨씬 높고, 역사적인 역할도 훨씬 크다. 그러나 그의 조우와 그에 대한 대우는 오히려 불행한 것이 많았다. 국민당 통치시기에 그의 이름은 '공산당 두목'이라는 것 때문에 말살당하고 금지당했다. 그리고 1949년 이후에도 그는 '우경 기회주의자'(右傾機會主義者), '트로츠키파'였다는 것 때문에 철저하게 냉대를 받았다. 사실 천두슈가『신청년』을 창간하지 않았다면, 천두슈가 일찍이 그렇게 적극 공산당 창립활동을 하지 않았다면 중국 현대사의 면모는 아마 상당한 차이가 있었을 것이다.

　후스가 평생 동안 학자이던 것과는 달리 천두슈는 일생 동안 혁명가이자 정치활동가였다. 그의 주된 관심은 정치, 즉 조국을 구하고 인민을 각성시키는 데 있었다. 캉유웨이파의 개혁파에서 혁명당으로, 잡지『갑인』(甲寅)의 창간에서『신청년』의 창간에 이르기까지, 5·4운동을 지도하는 데에서 5·30운동, 대혁명을 지도하기까지 그는 항상 시대와 투쟁의 주류 및 급류 속에 있었다.[29] 비록 만년에 급류에서 물가로 밀

---

29) 천두슈는 1903년 '안휘애국회'(安徽愛國會)를 조직하였고, 1904년에는『안휘속화보』(安徽俗話報)를 출판하였다. 그리고 1905년에는 '악왕회'(岳王會)라는 비

려나기는 했지만 여전히 그는 물이 흐르는 속도와 방향을 생각하고 있었다.

따라서 후스가 5·4신문화운동 가운데 문자형식의 혁신으로 새로운 길을 열고자 꾀했다고 한다면, 천두슈는 사상내용의 주제라는 대포로 낡은 진영을 맹렬하게 포격했다고 할 수 있다. 후스가 아니라 주로 그가 용맹하고 굳건한 태도와 명확하고 급진적인 사상으로 천군만마를 이끌면서 승리를 쟁취했다. 문학 방면에 대해서만 말하더라도 후스는 스스로 이렇게 이야기한 적이 있었다.

첫번째 후스의 『문학 개량추의』는 아주 평화로운 토론이었고, ……그는 역사에 대한 기호(歷史癖)가 지나치게 심해 혁명사업에는 어울리지 않았다. 문학 혁명의 진행에서 가장 중요한 선봉은 그의 친구인 천두슈였다. ……천두슈는 다른 것을 돌보지 않고 앞으로 곧장 나아가는 정력(定力)에서 특별한 성질을 가지고 있었다. ……(후스는) 지나치게 평화적이었고, 그의 이러한 태도대로 한다면 문학 혁명은 적어도 10년의 토론과 시도가 필요했을 것이다. 하지만 천두슈의 용기가 마침 이렇게 지나치게 신중한 결점을 보충해주었다. …… 만약 당시 '반대자에게도 토론의 여지가 있음을 용납하지 않는' 천두슈의 정신이 없었다면 문학 혁명운동은 그렇게 큰 주목을 끌지 못했을 것이다.[30]

여기서 '반대자에게 토론의 여지가 있음을 용납하지 않는 정신'이라

밀혁명 조직을 성립시켰고, 1912년에는 안휘도독부비서장에 취임했으며, 1914년에는 장스자오와 『갑인』을 출판하였다. 5·30에는 "매일 바쁘게 공장에 가서 강연을 하고 문장을 썼으며…… 노동운동에 깊숙이 참가하여 전투와 지휘에 임하였다." 그 가운데에는 퇴락하거나 잘못을 저지른 적도 있으나(위안스카이에 환상을 가진 적이 있다거나 트로츠키파로서 활동한 것) 전체적으로는 항상 전진하고 있었다.
30) 후스, 「50년래의 문학」(五十年來之文學), 『후스 문존』 제2집, 권2, 194~198쪽.

는 것은 학술토론을 하자고 요구하는 것이 아니라 전통타도를 요구하는 천두슈의 혁명적인 기세를 가리킨다. 후스의 『추의』에 뒤이어 천두슈는 유명한 「문학 혁명론」(文學革命論)을 발표했다.

나는 전국 학자들의 적이 됨을 무릅쓰고 '문학 혁명군'의 큰 깃발을 높이 들고자 한다. ……깃발 위에는 혁명군의 3대 주의가 큰 글씨로 씌어 있다. 조탁(彫琢)하고 아첨하는 귀족문학을 타도하고 평이하고 서정적인 국민문학을 건설하자. 낡아빠지고 과장을 일삼는 고전문학을 타도하고 신선하고 성실한 사실문학을 건설하자. 모호하고 까다로운 산림문학(山林文學)을 타도하고 명료하고 통속적인 사회문학을 건설하자.[31]

천두슈는 문학 형식의 변혁·창조를 소재와 내용의 변혁·창조와 밀접하게 결합시키고, 국민성의 개조와 '정치의 혁신'과도 밀접히 결합시켜 근본적으로 후스의 '팔불주의'를 돌파했다. 천두슈는 정치관점에서 이러한 문학 혁신을 대했으며, 따라서 그는 처음부터 그 의도를 명확하게 밝혔다.

정치계는 비록 세 차례의 혁명을 거쳤으나 암흑은 걷히지 않았으며…… 우리의 정신계에 뿌리 깊이 박혀 있는 윤리·도덕·문학·예술 분야는 검은 장막으로 겹겹이 덮여 있고, 더러움이 가득 쌓여 있다……. 정치혁명만으로는 우리 사회에 어떠한 변화도 가져올 수 없고, 어떠한 효과도 거둘 수 없다.

오늘날 우리 나라의 문학은 앞시대의 폐해를 그대로 이어받아……그 형체가 낡아빠져 있어 살은 있으나 뼈가 없고 형식은 있으나 정신

---

31) 천두슈, 「문학 혁명론」, 『두슈 문존』(獨秀文存)1, 상하이, 亞東圖書館, 1922, 136쪽.

이 없는 것이기에 장식품이지 실용품은 아니다. 그 내용은 제왕·권귀(權貴)·신선·귀신 및 개인의 출세와 이익에서 벗어나 있지 못하다. 이른바 우주·인생·사회라는 것에는 도저히 생각이 미치지 못하며……, 이러한 문학은 생각건대 아첨하고 과장하고 거짓되고 모호한 우리의 국민성과 서로 인과관계를 이루는 것으로 보인다. 지금 정치를 혁신하고자 하면 이러한 정치계, 정신계를 운용하는 데 뿌리박고 있는 문학을 우선 혁신하지 않으면 안 된다.[32]

따라서 『신청년』을 창간할 때도 천두슈는 "청년의 사상을 개조하고 청년의 수양을 보조·인도하는 것을 본지의 천직으로 삼으며, 시정(時政)을 비평하는 것은 그 근본 뜻이 아니다"[33]고 밝혔다. 하지만 실제로 천두슈는 줄곧 정치에 관심을 두었다. 단지 이 정치는 국민정치였고, '정당정치'가 아니었다. 즉, 인민을 각성시켜 정치에 참여시키려는 것이지 소수인이 장악하고 조종하는 국회의 당파정치를 의미하지 않았다. 천두슈가 보기에 중국은 새로운 민주정치를 필요로 하고 있었다.

헌정 실시에는 두 요소가 있는데, 하나는 모든 정사를 여론에 공개하는 것이고 다른 하나는 인민의 자유를 존중하는 것이다. 그렇지 않으면 비록 우수한 정당이 정권을 장악하여 정당정치라 칭할 수도 있고 입헌정치라 칭할 수도 있다고 하더라도, 그것은 다수의 국민과는 아무런 관계도 없다.[34]

대변인을 통한 정당에 의해 안배되는 것이 아니라 반드시 광범위한 인민이 진정으로 정치에 참가하기를 그는 요구하고 있었다. 따라서 이를 위해서는 계몽이 필요했다. 천두슈가 당시 윤리·문학·'최후 각오

---

32) 천두슈, 같은 글, 137~139쪽.
33) 「통신」(通信), 『신청년』 제1권 제1호.
34) 천두슈, 『두슈 문존』4, 12쪽.

의 각오'에 전력을 기울인 원인과 이유가 바로 여기에 있다. 이것은 문학 혁명과 병행하거나 그보다 약간 앞선 '윤리·도덕 혁명'이 "공씨네 가게(孔家店)를 타도하자"는 것을 구호로 내세운(1916년 11월 『신청년』은 전면으로 공자를 비판하는 글들을 발표하기 시작했다) 직접적이고 근본적인 원인이었다.

그런데 존비를 구분하고 계급을 중시하며 인치(人治)를 주장하고 민권을 반대하는 학설은 실로 전제제왕을 만들어내는 근본 원인이다. 우리 나라의 사상계가 이러한 근본 악인(惡因)을 깨끗이 씻어내 버리지 않는다면 필연적인 인과관계로 공화제를 폐지하고 제제(帝制)를 부활시키는 무수한 위안스카이가 잇달아 나타나더라도 조금도 이상하지 않을 것이다.[35]

분명히 공화의 간판을 내걸고 있지만 국회의원은 여전히 공교(孔敎)를 존중해야 한다고 큰소리로 부르짖는다. 생각건대 공교의 교리는 사람들에게 군주에게 충성하고 부모에게 효도하며 남편을 따르라고 가르친다. 정치든 윤리든 이러한 계급과 존비를 중시하는 삼강주의(三綱主義)에서 벗어나 있지 않다.

분명히 공화의 간판을 내걸고 있지만 소인 학자들은 공덕을 칭송하고 (황제의) 궁전과 사냥을 칭송하는 한대의 시(詩), 군주를 받들면서 도를 밝힌다고 하는 한유(韓愈)의 문장과 두보(杜甫)의 시를 옛날 그대로 치켜올린다. 우연히 근대의 통속적인 국민문학을 제창하는 사람이 있으면 남에게 비웃음을 받고 매도당한다.

이러한 썩어빠진 사상이 중국에 만연해 있기 때문에 우리가 진실로 공화국체를 공고히 하고자 한다면 공화를 반대하는 이러한 윤리·문학 등등의 낡은 사상을 깨끗하게 씻어내버려야 한다. 그렇지 않으면

---

35) 「위안스카이의 부활」, 같은 책, 127~128쪽.

공화정치가 이루어질 수 없을 뿐 아니라 공화의 간판 역시 계속해서 내걸기가 어려워질 것이다.[36]

이것이 바로 당시 천두슈의 논리였다. "근본적인 구망을 꾀하고자 한다면 국민성격과 행위의 개선이 필요하다",[37] "한 나라의 국민이 정신적·물질적으로 이렇게 타락해 있다면, 남이 나를 치지 않는다고 하더라도 무슨 얼굴로 세계에서 생존할 권리를 가질 수 있겠는가?"[38] 따라서 온 힘을 기울여 전통을 비판하고, 공자와 유교를 비판하고 "건설하기에 앞서 반드시 파괴해야 할 필요가 있었다."[39] 천두슈의 유교와 공자 비판, 전통비판에서는 두 가지가 주목할 만하다. 첫째, 그는 원시유학(原始儒學: 공맹사상)과 후세의 유학(송명이학 宋明理學)을 확연히 구분하여 후자에게 허물을 돌리는 것에 반대했으며 둘은 서로 일맥상통하는 관계라고 생각했는데, 이것은 철저하게 공자의 존숭을 주장하는 사람이 변명할 길을 막아버리는 것이었다.

그대는 한대와 송대의 유자(儒者)와 오늘날의 공교(孔敎)와 공도회(孔道會)들의 공교를 진정한 공학(孔學)의 가르침이 아니라고 구분하며, 또한 공교는 후세 사람들에 의해 타락했다고 주장합니다. 그렇지만 묻건대 한대나 당대 이래의 유자들은 무엇 때문에 도가·법가·묵가를 의존하거나 표방하지 않았으며, 또한 왜 사람들 역시 도가·법가·묵가로 부르지 않았습니까? 왜 오로지 공자와만 인연을 맺고 있다고 하면서도 다시 타락했다고 이야기합니까? ……오늘날 공자의 존숭을 주장하는 사람들은 대부분 송대의 유자들을 비난하는데, 이것은 그대가 공교가 후대의 사람들에 의해 타락했다고 하는 것

---

36) 천두슈, 「낡은 사상과 국체문제」(舊思想與國體問題), 같은 책, 150∼151쪽.
37) 천두슈, 「나의 애국주의」(我之愛國主義), 같은 책, 87쪽, 88쪽.
38) 천두슈, 같은 곳, 같은 책.
39) 천두슈, 『두슈 문존』4, 55쪽.

과 같습니다. ……공문(孔門)의 문사(文史)는 한대의 유자들이 전했으며, 공문의 윤리도덕은 송대의 유자들이 전했다는 사실은 너무나 분명한 것으로 이를 터무니없는 이야기라고 할 수는 없습니다.[40]

고실(顧實) 군은 송대 이후의 공교는 군권화(君權化)한 가짜 공교이며, 원시공교는 민간화한 진짜 공교라고 주장한다. 삼강오상(三綱五常)은 가짜 공교에 속하며, 사마천(司馬遷)의 주장을 취하여 사교(四敎: 문文·행行·충忠·신信), 사절(四絶: 무의毋意·무필毋必·무고毋固·무아毋我), 삼신(三愼: 재齋·전戰·질疾)을 원시공교인 진짜 공교의 범주에 속하는 것이라고 주장한다. ……나는 삼강설이 송대의 유자가 위조한 것이 아니며 또한 공교의 근본교의가 된다고 생각한다. 왜 그런가? 유교의 정화는 예(禮)라고 한다. 예란 무엇인가? ……「곡례」(曲禮: 『예기』의 편명)에서는 말한다. "무릇 예란 친밀하고 소원한 것을 정하고 혐의(嫌疑)를 가리며 같고 다름을 구별하고 시비를 밝히는 것이다." 또한 말한다. "군신·상하·부자·형제는 예가 아니면 정해지지 않는다."「예운」(禮運: 『예기』의 편명)에서도 말한다. "예라는 것은 군주의 대병(大柄)이다." ……이것이 모두 예의 정의(精義)이며, 존비귀천이 이로써 나누어지는 바이고 삼강학설이 이로써 일어나는 바이니…… 원시공교에는 없던 것이라고 꺼릴 필요는 없다.[41]

둘째, 천두슈는 공교·유학의 민본주의와 근대 서구의 민주주의는 근본이 다른 것임을 강조하여 다음과 같이 지적했다.

무릇 서구의 민주주의는 인민을 주체로 하는 것이나…… 이른바

---

40) 천두슈, 『두슈 문존』4, 25쪽.
41) 천두슈, 「헌법과 공교」(憲法與孔敎), 『두슈 문존』1, 107~110쪽.

인민이 보고 듣는 것(民視民聽), 이른바 인민이 귀하고 군주는 가볍다는 것(民貴君輕), 이른바 인민은 나라의 바탕(民惟邦本)이라는 것은 모두 군주의 사지, 즉 군주의 소상이 남겨준 가산(家産)을 본위로 한다. 이러한 인민(仁民)·애민(愛民)·위민(爲民)의 민본주의는 모두 다 근본적으로 국민의 인격을 취소하는 것으로, 인민을 주체로 하는 민주주의에 의한 민주정치와 결코 같은 것이 아니다. ······옛적의 민본주의를 현대의 민주주의라고 하는 것은 말가죽을 범가죽으로 속이는 것이다.[42]

이른바 큰 도(大道)가 행해지면 천하가 여러 사람의 것이 된다는 것은 군주의 선양(禪讓)을 가리키는 것이지 민주공화와는 전혀 다르다.[43]

현대 생활은 경제를 명맥으로 하고 있으며, 개인독립의 원칙이나 경제학 생산의 대법칙은 마침내 윤리학에까지 영향을 미치고 있다. 따라서 현대 윤리학에서 개인의 인격적 독립은 경제학에서 개인재산의 독립이 이를 증명하여 마침내 움직일 수 없는 것이 되었다. 그리고 사회의 풍기나 물질문명도 이 때문에 크게 진보했다. 그런데 중국의 유자들은 강상으로 가르침을 세우고 있어 아들이나 아내가 되는 사람은 개인의 독립된 인격을 완전히 상실하고 있으며, 또한 개인의 독립된 재산도 없어 부형(父兄)은 그 자제(子弟)를 키우고······ 자제는 그 부형을 받드는데······, 이것은 개인독립의 원칙과 아주 다르다. 강 선생(캉유웨이를 가리킴)은······ 개인독립주의는 공자에게서 이미 나타난다고 말하는데 이 말은 정말 잠꼬대와 같다.[44]

---

42) 천두슈, 「동방잡지 기자에게 다시 질문한다」(再質問東方雜志記者), 『두슈 문존』 2, 328~329쪽.
43) 『두슈 문존』4, 39쪽.
44) 천두슈, 「공자의 도와 현대생활」(孔子之道與現代生活), 『두슈 문존』1, 117쪽.

재미있는 것은 이 두 가지 모두가 오늘날에도 여전히 의의를 가지고 있다는 점이다. 70년의 시간이 지났는데도 해외에는 몇몇 논자들이 "인민을 위해 주인이 되는" 중국 고전의 민본주의를 근대 서구의 "인민을 주인으로 한다"는 민주주의와 혼동하고, 원시유학과 후세유학, '도통'(道統)과 '정통'(政統), 사학(私學)과 관학(官學)을 확연히 구분하고 있다. 물론 이들은 구별되어야 한다. 하지만 그 공통점, 그것들이 의지하여 성장해온 공동의 토양과 기본성질이 더 주요하다. 전통을 긍정·계승하고 공문유학도 포함하여 그 가운데에서 일부를 흡수하는 것은 문제가 되지 않는다.[45] 하지만 당시, 심지어 오늘날까지도 더 중요한 것은 종법 봉건사회의 기초 위에 건립된 공학 유가는 중국이 현대화로 나아가는 데 거대한 장애로 작용하고 있음을 확실히 강조하여야 한다는 점이다.

천두슈는 당시 분명하게 이러한 태도를 취하고 있었다. 그는 "새로운 것과 낡은 것 사이에는 공존의 여지가 없다"[46]는 용맹한 정신으로 "본 잡지가 공교를 비난하는 것은 그것이 종법사회의 도덕으로서 현대 생활에는 맞지 않기 때문이다"고 단호하게 지적하면서 각 방면에서 유학이 현대의 사회·가정·학술에 적응하지 못하는 점을 논증했다.[47] 천

---

45) 이것은 과거 반공(反孔)의 파도가 드높았을 때 천두슈가 재삼 강조한 다음과 같은 내용들도 포괄하는 것이다. "공학(孔學)의 뛰어난 점에 대해 나는 심복하지 않음이 없다."(『두슈 문존』2, 329쪽) "나는 공교(孔教)에서 하나도 취할 게 없다고 말하는 게 아니다."(같은 책, 48쪽). "나의 공교비판은 그 온량공검양신의렴지(溫良恭儉讓信義廉恥) 등의 덕목을 가리키는 것이 아니다. 공자를 사숙(私淑)하여 입신행기(立身行己)하고 충여유치(忠恕有恥)함으로써 한 고을의 선사(善士)로서 떳떳하다면 어찌 존경하지 않겠는가?"(같은 책, 222쪽) 등등.

46) 『두슈 문존』4, 48쪽.

47) 이를테면 다음과 같은 것들이다. "우리 나라의 대가족 동거제도는 유가공교의 윤리적 견해에 근거하고 있다. 새로운 소가정을 건설하고자 할 때 어버이가 자식을 떠나는 것을 부자(不慈), 자식이 어버이를 떠나는 것을 불효(不孝), 형이 아우를 떠나는 것을 불우(不友), 아우가 형을 떠나는 것을 불공(不恭)이라 하는 이런 윤리적 견해가 파괴되지 않고서는 새로운 소가정이 사회적 혹평 아래 견디어내지 못할 것이다."(『두슈 문존』4, 55쪽) "중국의 학술이 발달하지 못한 최대의

두슈는 서구에서 들여온 '인권', '진화'와 '사회주의'[48]를 반(反)전통의 무기로 삼아 새로운 시대의 인생관을 확립할 것을 호소했다. 그는 이러한 인생관을 다음과 같이 개괄했다.

① 인생에서 개인은 무상(無常)한 것이며, 사회는 진실로 존재하는 것이다.

② 사회의 문명과 행복은 개인이 만드는 것이며, 개인이 마땅히 누려야 하는 것이기도 하다.

③ 사회는 개인이 모여 이루어진 것이다. 개인이 없으면 사회도 없다. 따라서 개인의 의의와 쾌락은 존중되어야 한다.

④ 사회는 개인의 총 수명(壽命)이다. 사회가 해산되면 개인은 죽

원인은 학자 자신이 학술독립의 신성한 뜻을 알지 못하기 때문이다. 이를테면 문학 자체는 그 독립적인 가치를 가지고 있는데 문학가는 이를 인정하지 않고 반드시 『육경』에 달라붙어 문장(文章)은 도(道)를 옮기는 것이라고 하여 성인을 대신하여 입언(立言)한다고 칭송함으로써 스스로를 깎아내린다. 역사학 역시 독립적인 가치를 가지고 있는데 역사학자는 이를 인정하지 않고 반드시 『춘추』(春秋)에 빌붙어 대의명분에 착안함으로써 역사학을 기꺼이 윤리학의 부속품으로 만들어버린다. 음악 역시 마찬가지로 그 독립적인 가치를 가지고 있는데도 음악가 자신이 이를 인정하지 않고 반드시 성공왕도(聖功王道)에 달라붙어 음악학을 기꺼이 정치학의 부속품으로 만들어버린다."(『두슈 문존』3, 58쪽) "충·효·정조 세 가지는 중국 고유의 낡은 도덕으로 중국의 예교(제사교효祭祀敎孝와 남녀의 구속은 예교의 가장 큰 정신이다)·강상·풍속·정치·법률은 모두 이 세 가지 도덕에서 연역된 것이며, 중국인의 허위·이기심·공공심(公共心)의 결여, 평등관 역시 모두 이 세 가지 도덕이 조장하고 만든 것이다. 중국인의 분열된 생활(남녀가 가장 심하다), 편파적인 현상(군주의 신하에 대한 절대권, 정부관리의 인민에 대한 절대권, 부모의 자녀에 대한 절대권, 남자·남편의 여자·아내에 대한 절대권, 주인의 노예에 대한 절대권), 한편으로 무리하게 억압하면서 다른 한편으로는 맹목적으로 사회에 복종하는 것은 모두 이 세 가지 도덕이 가르치는 것이다. 중국 역사에서나 현재 사회에서 갖가지 비참하고 불안한 상태가 나타나는 것은 모두 다 이 세 가지 도덕이 거기서 못된 짓을 하기 때문이다."(「조화론의 낡은 도덕」調和論之舊道德, 『두슈 문존』4, 71쪽)

48) 천두슈, 「프랑스와 근세문명」(法蘭西與近世文明), 『두슈 문존』1, 11~12쪽을 보라.

은 다음 지속되는 지각이나 기억도 누리지 못하게 된다. 따라서 사회의 조직과 질서는 존중되어야 한다.

⑤ 의지를 집행하고 욕망을 충족시키는 것은(식욕 · 색욕에서 도덕이나 명예에 이르기까지 모두가 욕망이다) 개인생존의 근본이유이며 시종 변하지 않는 것이다(이런 의미에서 "하늘이 변하지 않으면 도道 역시 변하지 않는다"고 할 수 있다).

⑥ 모든 종교 · 법률 · 도덕 · 정치는 사회를 유지하기 위한 부득이한 방법에 지나지 않는다. 개인이 삶을 즐기는 원래의 뜻에 맞지 않으면 시세의 변화에 따라 바뀔 수 있다.

⑦ 인생의 행복은 인생 자신이 힘을 내어 이루는 것이고, 신(神)이 내려주는 것도 자연히 이루어지게 할 수 있는 것도 아니다. 만약 신이 내려준 것이라면 왜 옛 사람에게는 후하고 오늘날의 사람에게는 박한가? 만약 자연히 이루어질 수 있는 것이라면 왜 세계 여러 민족의 행복이 같아지지 않는가?

⑧ 사회에 대한 개인의 관계는 인체에 대한 세포의 관계와 같다. 생멸의 무상이나 신진대사는 원래 당연한 것이며 조금도 두려워할 바가 못 된다.

⑨ 행복을 누리자면 고통을 두려워하지 않아야 한다. 현재 개인의 고통은 때로는 미래 개인의 행복을 이루어낼 수도 있다. 주의(主義)의 전쟁이 흘리는 피는 인류나 민족의 오점을 씻어줄 수도 있다. 극도의 질병은 가끔 과학의 발달을 촉진한다.

요컨대 인생은 도대체 무엇을 위한 것인가? 도대체 어떻게 해야 하는가? 우리는 감히 말한다. 개인이 생존할 때는 행복을 이루고 누리기 위해, 아울러 사회에 머무를 때는 나중의 사람들 역시 누릴 수 있고 그것이 언제까지나 계속 이어질 수 있도록 하기 위해 노력해야 한다.[49]

---

49) 천두슈, 「인생진의」(人生眞義), 『두슈 문존』 1, 184쪽.

얼마나 이성적이고 낙관적이며 평이하고 명석한가? 이것이 바로 표준적인 18, 19세기의 계몽사조이다. 이것은 5·4시기 중국의 진보적 지식인 집단이 모색하던 인생관과 우주관, 즉 서구 자본주의가 성행하던 시기의 이성주의·낙관주의와 회의정신을, 생활의 진보와 개인의 행복을 기초로 한 사회개혁이 추구하는 목표를 집중적·전면적으로 표현해주고 있다. 후스는 자유주의의 자태로, 천두슈는 급진 민주주의의 자태로 이러한 추구와 이상을 표현했다. 그들은 결코 루쉰처럼 20세기의 더 심각한 사유의 심조(思維心潮)에 깊숙이 감염되거나 그것을 표출하지는 않았다(뒷부분에서 서술).

하지만 5·4시기에는 오히려 후스와 천두슈가 대표성을 가지고 있었다. 루쉰의 경우도 『외침』에서의 소설들이나 『열풍』(熱風)에서의 수많은 잡문(雜感)들이 천두슈라는 이러한 사상 '장령'(將領) 아래서 창작된 것이며, 천두슈는 이러한 세계관과 인생관을 발동시켜 신문화운동을 지도하고 전파한 것이다.

하지만 앞서 서술한 천두슈의 사상 가운데에서도 구망(정치)과 계몽의 모순이 잠재된 관계를 살펴볼 수 있다. 천두슈는 구망을 위해, 정치를 위해, 철저히 국가를 개조하기 위해 계몽을 소리 높여 외쳤으며 공교를 극력 반대했다. 계몽과 공교 반대는 반드시 서구 근대의 개인주의를 무기·이론·기초로 한다. 따라서 천두슈가 '인권설'(人權說: 부르주아 개인주의)과 '사회주의'(계급적 또는 국가적 집단주의)를 열거하여 이론의 무기로 삼았을 때 그는 둘 사이의, 특히 둘을 중국에서 실현하고자 할 때 반드시 발생할 수밖에 없는 모순을 발견하지 못했으며, 또 발견할 수도 없었다. 이것은 앞의 「계몽과 구망의 이중변주」에서 이야기한 문제이다.

천두슈가 같은 시대 사람과 다른 특징의 하나는 조직·행동에서 특출하게 공헌[50]한 것, 그가 청년세대와 밀접한 연계를 가지면서 항상 발

---

50) 천두슈는 후스가 「문학 개량추의」를 쓰고 발표하도록 촉구하고 우위, 류반눙(劉

걸음을 같이하여 나아갔다는 점이다. 그는 리다자오[51]의 뒤를 이어 신속하게 마르크스-레닌주의를 받아들였다. 그는 이론의 철저성과 실천성을 추구했으며, 이것은 그가 마르크스-레닌주의를 받아들이고 선전하고 옹호하면서 각종 무정부주의, 사회개량주의와 사회민주당을 비판할 때 으뜸가는 용맹과 군웅의 우두머리로서 부끄럽지 않은 기백을 보인 진정한 전사가 되게 했다. 그리고 바로 이 점이 조금도 쇠퇴하지 않는 일관된 정치적 격정과 흥분되고 완강한 그의 개성의 표현이기도 하다.

여기서는 마르크스-레닌주의자가 된 천두슈의 후반 삶을 논평하지는 않겠다. 다만 지적해둘 필요가 있는 것은 천두슈가 유물사관 · 잉여가치론 · 당창립 이론 · 프롤레타리아트 독재이론을 전면적으로 받아들인 이후 과거 그가 존중하던 '데모크라시'(德謨克拉西)와 고별했다는 점이다. 그는 서구 민주주의는 부르주아지의 독재임을 재삼 강조했다.

그들(수정주의)은 날마다 부르주아지의 특권적 독재 아래 무릎을 꿇고 그 공덕을 칭송하며, 프롤레타리아트 독재라는 말만 들으면 데모크라시를 꺼내어 이를 제지하기 때문에 데모크라시는 부르주아지의 부적이 되어버렸다. 나는 감히 말한다. 만약 계급투쟁을 거치지 않는다면, 만약 프롤레타리아트가 권력계급의 지위를 차지하는 시대를 거치지 않는다면 데모크라시는 반드시 부르주아지의 전유물이 될 수밖에 없으며, 또한 부르주아지가 영구히 정권을 장악하면서 프롤레타리아트를 막는 무기가 될 것이다.[52]

半農) 등 공교 비판의 맹장들을 끌어들였으며 루쉰이 소설을 쓰도록 격려하고 재촉했다. "여기서 나는 꼭 천두슈 선생을 기념하고 싶다. 그는 가장 정력적으로 내게 소설을 쓰라고 다그친 사람이었다."(루쉰, 「나는 어떻게 소설을 쓰게 되었는가」我怎樣做起小說來, 『남강북조집』南腔北調集)

51) 리다자오는 천두슈나 후스에 비해 사상이 훨씬 깊이가 있으나 당시의 영향은 도리어 거기에 미치지 못한다. 다음 기회에 이에 대해서 언급하겠다.

52) 천두슈, 「정치에 대해 이야기함」(談政治), 『두슈 문존』3, 555쪽.

민주주의란 무엇인가? 종전에는 부르주아지가 봉건제도를 타도할 때 사용한 무기였으며, 지금은 세상 사람을 기만하면서 정권을 장악하는 간사한 속임수이다. ……부르주아지와 프롤레타리아트 두 계급이 소멸되기 전에는 이 두 계급의 감정과 이해관계가 전혀 다를 수밖에 없는데, 어디서 모든 사람의 뜻을 찾는다는 말인가?[53]

이 이후로 천두슈는 서구의 자유주의적 민주주의와 고별하여 고되고 기나긴 그리고 고통스럽고 곡절에 찬 혁명의 길로 나서게 되었다. 공산당 창립, 당 총서기 취임, 5·30운동, 북벌(北伐), 우한(武漢) 정부 시기, 당적 박탈, 트로츠키파로의 선회, 입옥과 출옥, 가난과 병고가 겹친 가운데 장진(江津)에서의 죽음…….

정치지도자로서 천두슈가 중국에서는 성공할 수 없었다고 말하기를 꺼릴 필요는 없다. 그는 중국 사회의 아주 복잡한 각 계급, 각 계층과 접촉한 경험이 아주 부족했고, 중국 정치에서 꼭 필요한 융통성이 강한 각종 책략과 권모술수 역시 부족했다. 더욱이 인심에 의존하는 특징을 가진 실력의 바탕(군대나 간부 따위)이 전혀 갖추어져 있지 않았다. 중국은 자본주의적 근대 사회가 아니었고, 근대 민주주의 제도와 민주주의 관념도 없었기 때문에 실천적으로 성공한 중국의 정치지도자는 연설이나 글, 선거에 의해서가 아니라 실력, 권모술수, 정치적인 '인심의 획득', 조직적인 '삼교 구류'(三教九流: 유불도와 제가백가)와 오호사해(五湖四海: 전국 각지)에 의존했기 때문이다.

이러한 서생 기질이 농후한 교수에게 실패는 이미 정해져 있었다. 또한 정치강령 면에서도 천두슈는 확실히 엄중한 착오를 저지르고 있었다. 이것은 주로 그가 중국 혁명의 주력인 농민의 지위를 경시하여(이 때문에 그는 홍군과 소비에트 건설에 반대했다), 중국 혁명은 부르주아지의 혁명이기 때문에 응당 국민당(부르주아지를 대표하는)이 지도

---

53) 천두슈, 「민주당과 공산당」(民主黨與共産黨), 『두슈 문존』3, 110쪽.

하고 완성해야 한다고 생각한 점으로 나타난다. 이것은 이론적으로 자기자신을 취소하는 것이었다. 이후에도 그는 중국 사회의 자본주의적 성질을 과대평가하여 계속 중국공산당의 혁명노선을 부인했다.

중국공산당이 이끄는 혁명의 승리는 천두슈의 이론적·실천적 면에서 엄중한 착오를 증명했다. 천두슈는 항전(항일전쟁) 시기에도 "지금은 아주 어지러운 시기이기 때문에 누가 그르고 누가 그르지 않은가는 아직 정해져 있지 않다", "당으로 돌아가 공작하는 것은 내가 바라는 바이나, 회개하라는 명령은 따르기 어렵다"고 이야기하고 있었지만, 옳고 그름은 머지않아 아주 명백하게 가려졌다. 역사는 이미 이러한 결론을 내렸다.

유일하게 주목할 만한 나머지 문제는, 그가 만년에 스탈린의 (반혁명분자) 숙청 확대 사건 때문에 다시 민주주의 문제를 고려하게 되었다고 하는 이른바 '최후 견해'이다.

소련은 프롤레타리아트 독재를 실행하고 있는데, 반동파에 대한 독재라면 나는 두 손을 들어 환영한다. 하지만 인민에게 독재를 하거나 심지어 당 내에서까지 독재를 하는 것은 마르크스나 레닌이 예측이나 한 것일까? 이것은 바로 민주주의를 천시하기 때문이다.[54]

10월혁명 후 소련은 분명히 독재로 인해 스탈린을 낳게 되었으며……, 10월혁명 후에 너무 경솔하게 민주주의와 부르주아지의 통치를 한꺼번에 타도해버렸다.[55]

마치 부정의 부정을 거친 것처럼 다시 5·4시기의 '데모크라시'로 돌아온 것이다. 오늘날에는 반드시 이것을 곧바로 트로츠키파의 사상[56]

54) 탕바오린(唐寶林), 「천두슈와 트로츠키파에 대한 시론」(試論陳獨秀與托派的關係), 『역사연구』(歷史研究), 1981년 제6기에서 인용.
55) 위와 같음.

이라고 간주할 필요도 없으며, 특히 문화대혁명을 거친 이후인 만큼 천두슈의 이러한 사고를 지나치게 견책할 필요도 없다. 심지어 천두슈가 당시 국민당 정권을 자본주의 정권이라 간주하여 당시 중국 사회가 반(半)식민 · 반(半)봉건사회임을 부정한 점 역시 엄중한 착오가 있기는 하지만,[57] 오늘날의 타이완(기본적으로는 자본주의 사회이다)과 연결시켜 본다면 한 걸음 더 나아가 과학적으로 탐구해볼 만한 학술문제라고 할 수 있을 것이다.

한마디로 말해 천두슈는 뜨거운 피와 양지(良知)를 갖춘 급진적 민주주의자이자 마르크스주의자였다. 그가 정치적으로 철저히 실패하여 사람들에게 의도적으로 비난당하고 잊혀지기는 했지만 역사는 장차 그의 역사적 지위와 사상, 영향을 공정하게 증명해줄 것이다.

마오쩌둥은 초년부터 나중에까지 여러 차례 천두슈를 긍정했다. 1919년 7월 그는 「천두슈의 체포와 구출」(陳獨秀之被捕及營救)이라는 글 속에서 "우리는 천두슈 선생의 지극히 굳고 고상한 정신에 대해 만세를 부른다", "천두슈 만세"라고 외쳤으며, 에드거 스노와 나눈 대화에서도 "그의 영향은 다른 어떠한 사람보다도 크다"고 이야기했다.[58]

---

56) 천두슈의 출옥 후 몇 가지 기본적인 사실들은 다음과 같다. "후스는 그를 미국으로 끌어가려 하였지만 그는 끄떡도 하지 않았다. 나중에 다시 국민참정회(國防參議會)에 참가하라고 권했으나 그는 다시 거절했다. 장궈타오(張國燾)는 당을 배반한 후 천두슈로 하여금 가짜 공산당을 건립하라고 요구하였으나 그것도 받아들이지 않았다. 장제스는 주자화(朱家驊)를 보내어 '신공당'(新共黨)을 조직하라고 요구하고 10만 원(元)의 경비를 대주겠다고 했으나 그는 완강히 거부하였다. 장은 다시 사람을 보내 노동부장을 맡으라고 권하였으나 그는 이를 단호히 거부하고 장제스가 '엉뚱한 생각을 한다'고 배척하면서 그와는 "불공대천(不共戴天)"이라는 점을 다시 확인하였다. 가오위한(高語罕)이 장제스를 한 번 만나자 그를 '염치도 없는 놈'이라고 욕했으며, 탄핑산(譚平山) 선생까지도 제3당을 건립하라고 했으나 그는 듣지 않았다. 그는 뤄한(羅漢)을 보내어 다시 중국공산당과 연계를 갖고 옌안으로 가겠다는 뜻을 표시했으며, 그와 당 지도자 사이에 접촉이 있던 것은 확실한 사실이다."(런전허任振河, 「천두슈 출옥 이후의 트로츠키파 문제를 논함」論陳獨秀出獄後的托派問題, 『당사연구』黨史研究, 1985년 제1기)

57) 이 책의 「중국 현대의 세 차례 학술논쟁」 참조.

58) 에드거 스노, 『서행만기』.

『7대 공작방침』(七大工作方針)에서도 마오쩌둥은 다시 "스탈린은 어떤 연설에서 레닌과 플레하노프를 함께 언급했으며, 소련 공산당사에서도 그(플레하노프)를 언급하고 있다. 천두슈에 관해서는 장차 당사(黨史)를 수정할 때 그에 대해 언급해야 할 것이다"[59]고 이야기했다. 이러한 예는 그밖에도 많다. 이만하면 이미 문제를 충분히 설명한 셈이다.

---

59) 왕훙모(王洪模), 「천두슈의 일생활동에 대한 평가」(關于陳獨秀一生活動的評價), 『중국 사회과학』(中國社會科學), 1985년 제5기에서 인용.

3 계몽의 제창, 계몽의 초월

후스나 천두슈, 그밖의 5·4시기 풍운인물과 비교한다면 루쉰은 그들과 전혀 다른 인물이다. 천두슈와 마찬가지로 신해혁명에 참가하기도 했고 후스와 마찬가지로 전문 학술연구에 종사하기도 했지만 그들과는 아주 달랐다. 중국 근대사상사에서 그만이 진정 상당한 깊이를 가지고 있다. 그는 고전 전통의 발굴과 현대적 심령의 놀라운 깊이라는 면에서 거의 전무후무한 존재이다.

루쉰은 열정이 솟구치는 청년기를 보낸 이후 신해혁명 전에 약간 소침했고, 신해혁명 후에도 마찬가지였다고 스스로 헤아린 적이 있었다. 그리고 5·4 이후라 할지라도 그는 그다지 적극적이지 않았다. 그의 명성은 천두슈와 후스에 훨씬 못 미쳤을 뿐 아니라 동생인 저우쭤런보다도 아래였다. 그래서 당시 유명인사를 찾아다니면서 이야기를 듣는 것을 좋아하던 마오쩌둥이 베이징에서 명인들을 찾아다닐 때 그를 빠뜨려서, 오늘날까지도 일부 사람들이 두 사람이 만난 적이 있다고 억지로 꿰어맞추어 '원만'함을 추구하게 만들고 있다.

루쉰은 1918년부터 『신청년』에 「광인일기」(狂人日記) 등 일련의 소설과 수필을 발표하여 낡은 도덕과 문학을 맹렬하게 비판했지만, 그가 외치고 고취하며 반대한 것은 사상의 각도에서 말한다면 남보다 깊이가 있기는 하지만 기본사상이나 주장 면에서는 당시의 친구들이나 전우들과 대체적으로 비슷하며 독특한 점이라고는 없다.

루쉰이 진정으로 격동하고 적극적이 되기 시작한 것은 1920년대에 들어와 그가 베이징 여자사범대학 풍조(北京女師大風潮)에 휘말려 들어가게 되고, 류허전(劉和珍)의 피살을 목격하고, 장스자오에게 파면되고, '정인군자'(正人君子)들과 글로 논쟁을 벌이고, 쉬광핑(許廣平)과 연애하게 된 것 등 때문이다. 이러한 것들은 그를 베이징에서 샤먼(廈門)으로, 광저우로, 상하이로 옮겨다니게 했고, 현실생활과 정치투쟁은 그로 하여금 고독한 사람에서 한 걸음 한 걸음 마르크스주의 좌파 전사의 길로 나아가게 만들었다.

하지만 그는 후기에는 그리 성공했다 할 만한 소설을 쓰지 못했다. 그의 용맹무쌍하고 천군만마를 호령하는 듯한 기세를 지닌 저 유명한 잡문(雜文)은, 썩어 문드러진 상처를 폭로하는 사상의 깊이나 희로애락을 표현하는 문학의 풍채 면에서는 처음부터 끝까지 비할 바 없을 정도로 독보적인 존재였다. 하지만 사상의 실질이나 근본적인 이론 면에서는 당시의 취추바이나 펑쉐펑(馮雪峰) 등과 거의 같아서 아무런 특별한 것도 없다.

그러나 루쉰은 처음부터 끝까지 독특하게 섬광을 발휘하고 있으며, 오늘날에 이르러서도 여전히 강렬한 흡인력을 가지고 있다. 그 원인은 어디에 있을까? 중국과 전통문화에 대한 그의 일깨움이 사람들 가슴속에 깊이 스며든 것 외에도 주목할 만한 점은 루쉰이 일관되게 갖추고 있던 고독과 비애가 내비치는 현대적 내용과 인생의 의미에 있다.

루쉰에 관해서는 이미 많은 사람들이 글을 썼고, 나 역시 10년 전에 글을 한 편 발표한 적이 있다.[60] 그래서 여기에서는 단지 후스와 천두슈의 뒤를 이어 약간만 보충하고자 한다. 후스는 이렇게 말한 적이 있

---

60) 리쩌허우, 「루쉰 사상발전에 대한 약론」(略論魯迅思想的發展), 『중국 근대사상 사론』 참조.

다. "세계에서 가장 강력한 사람은 바로 가장 고독한 사람이다." 하지만 자신을 '구제할 수 없는 낙관주의자'라고 칭하던 경박한 후스는 결코 이 구절을 이해할 수 없었다. 오직 루쉰만이 진정으로 이러한 강력한 고독을 몸소 엿보고 탐구하며 드러낼 수 있었다.

이것은 그가 초기에 니체의 철학을 받아들여 인생관으로 삼은 것과 관련이 있다. 통속을 멸시하고 전통을 공격하며 용맹하게 세상에 뛰어들어 초인(超人)을 부르짖는 것은 그가 일생 동안 국민성의 마비를 끊임없이 폭로하고 통렬하게 비판하는 사상의 무기였을 뿐만 아니라(『시중』示衆에서 『산공대관』鏟共大觀, 『태평가결』太平歌訣까지), 그의 고독과 비애의 생활 근거(『고독자』孤獨者에서 『주검』鑄劍으로, 그리고 만년의 심경에 이르기까지)이기도 했다. 인습의 무거운 짐을 등에 지고 암흑의 갑문(閘門)을 어깨로 미는, 극도로 침착하고 무게 있는 사회적·역사적 내용을 가지고 있는 루쉰의 고독과 비애에 대해서는 이미 많은 글들이 거듭해서 이야기하고 있는 바이다.

여기서 중요하다고 생각하는 것은 이러한 고독감과 비애감이 그의 인생 전체의 당혹스러움에 대한 형이상학적인 감수(感受) 속의 고독·비애와 한데 얽혀 있기 때문에 그토록 강력한 깊이와 생명력을 갖고 있다는 점이다. 그리고 또한 루쉰은 바로 이 때문에 중국의 근현대에서 진정으로 가장 먼저 현대적 의식을 가진 사상가·문학가가 되었다.

신은 죽었다고 니체는 말한다. 도스토예프스키 역시 이렇게 말한다. 만일 신이 없다면 어떤 일이든 할 수 있게 될 것이다. 또한 신이 이미 죽었다면 어떠한 일도 반드시 그렇게 발생하는 것이 아니며, 모든 것은 우연이 된다. 요컨대 따르고 지켜야 할 어떠한 객관적 규율·법칙·윤리·도덕이 없어진다. 개인은 이미 이러한 속박에서 벗어나고 각성하기 시작했다. 그리하여 우연이 가득 차 있고, 따라서 당혹스러울 수밖에 없는 세계를 직면하고서 개인이 심각하게 느끼게 되는 것은 오직 자신의 감성이 진실이라 느끼는 이 시각에서의 생존, 그리고 자신이 반드시 죽게 될 것이라는 점뿐이다.

……나는 '죽음'이 기습적으로 다가서는 듯한 가벼운 긴장감을 느끼고 '죽음'의 기습을 분명히 목격하지만, 동시에 '삶'의 존재도 깊숙하게 느끼고 있다.

……사람들이 죽거나 다쳤을지도 모르지만 세상은 전보다 더욱 태평스러운 것 같다. 창 밖 포플러의 새 잎은 햇빛에 비쳐 검게 빛나고 있다. 앵두꽃도 어제보다 더 활짝 피었다.[61]

톨스토이의 『전쟁과 평화』는 안드레이가 죽기 전의 하늘 등 자연에 대한 생의 느낌을 묘사하고 있고, 졸라도 『궤멸』에서 비슷한 묘사를 하고 있다. 그 가운데에는 일종의 종교적인 의미, 일종의 영원하고 조용한 본체에 대한 찬송이 있는 것처럼 보이지만 루쉰은 여기서 오히려 '죽을' 때 느끼는 '삶'의 광채를 의식하고 있다. 이것은 여전히 중국적인 꿋꿋하고 굳센 정조(情調)이다. 바로 이렇기 때문에 루쉰은 '초연히 아무 일도 없이 소요하는 것'을 멸시하면서 '비바람에 거칠게 씻긴' 청년들의 '인간적인 넋'을 열렬히 사랑했다. "나는 그 피를 흘리며, 고통을 감내하는 넋을 사랑한다. 왜냐하면 그것은 내가 인간세상에 있다는 것, 인간세상에 살고 있다는 것을 가르쳐주기 때문이다."[62]

이것은 루쉰이 비교적 고양된 정서 속에서(1926년 4월) 쓴 것이다. 『들풀』(野草)에서의 서정적인 산문들 역시 여러 차례 죽음을 묘사하고 있다. 여기에 루쉰이라는 이 '삶'의 넋이 전체적으로는 '죽음'의 의식 속에서, 인간세상에 대한 극도의 비관 속에서 존재의 '강력의지'(強力意志)[63]를 심화시키고 있음을 드러내주고 있다.

---

61) 루쉰, 「일각」(一覺), 『들풀』(野草).
62) 루쉰, 「일각」, 『들풀』.
63) 종전에는 '권력의지'라고 번역했는데 여기서는 저우궈핑(周國平)의 번역을 따랐다. '충력의지'(沖力意志)라고 해도 괜찮다(이것은 'Will to Power', 니체의 용어로 'Wille zur Macht'를 말하는데, 보통 '권력에의 의지'로 번역된다—옮긴이).

……들여다보니 시체가 보였는데, 가슴도 배도 흩어지고 안에는 심장도 간도 없었다. 얼굴만은 슬픔과 즐거움의 표정이 전혀 없이 연기처럼 몽롱했다.

……

……심장(心)을 도려서 스스로 먹어보아 참 맛을 알고자 했다. 아픔이 극심하니 어찌 참 맛을 알 수 있겠는가?……

……아픔이 가라앉은 후에 천천히 이를 먹었다. 그러나 심장이 이미 썩었으니 참 맛을 어찌 알 수 있겠는가?[64]

이것은 바로 '절대로 슬픔과 즐거움의 표정을 드러내지 않으며 단지 연기처럼 몽롱하기만 한' 살아 있는 죽음이 본체를 문초하는 것이 아닌가? 하지만 본체(또한 '참 맛 本昧이기도 하다)는 알 수 없는 것이며, 아픔이 극심한 인생의 투쟁이 '참 맛'이 아니라면, '아픔이 가라앉은 후'의 인생은 이미 썩어 문드러진 것이어서 더욱 '참 맛'일 수 없다. 이러기에 단지 "호탕한 노래와 열광 속에서 추위를 만나고, 하늘에서 심연을 찾고, 모든 눈(眼) 속에서 무소유를 보고, 희망이 없는 곳에서 구원을 얻을"[65] 수밖에 없다. 이러기에 "이것은 죽음의 불꽃이었다. 한창 타오르는 형상을 하고 있으나 흔들거리지 않고 전체가 산호수(珊瑚樹)처럼 얼어붙어 있었으며…… 얼음의 골짜기를 붉은 빛으로 물들이고 있었다."[66]

여기서 부딪히는 것은 결코 개인의 죽음에 대한 의식이 아니며, 죽음과도 비슷한 저 인생의 얼음골짜기이다. 삶의 불꽃은 이 얼음골짜기에서 얼어붙은 죽은 불이 되어 있으나, 결코 굴복하지 않고 그 무수한 붉은 그림자가 이 과거의 차디찬 죽음의 골짜기를 물들이고 있다……

---

64) 루쉰, 「묘갈문」(墓碣文), 『들풀』.
65) 루쉰, 같은 글, 같은 책.
66) 루쉰, 「죽음의 불꽃」(死火), 같은 책.

……이전에는 내 마음도 피비린내 나는 노랫소리로 가득 차 있을 때가 있었다. 피와 쇠, 불꽃과 독(毒), 회복과 복수로. 그러고는 이런 모든 것들이 갑자기 공허해졌다. 하지만 때로는 덧없이 스스로를 속이는 희망으로 그것을 메워보려고도 했다. 희망, 희망, 이 희망을 방패삼아 밀어닥치는 공허 속의 어두운 밤에 항거하려고도 해보았다. 방패 안쪽도 마찬가지로 공허 속의 어두운 밤이라고 해도. ……

……슬픈 죽음이여. 그러나 더욱 슬픈 것은 그의 시(詩)가 지금도 아직 죽지 않았다는 것이다.

하지만 애처로운 인생이여! ……

나는 다만 혼자서 이 공허 속의 어두운 밤에 부딪칠 수밖에 없다. ……그렇다고 하지만 어두운 밤은 또 어디에 있는가? 지금은 별도 달빛도 없고, 아득한 웃음도, 사랑의 난무도 없다. ……마침내 참된 어두운 밤조차 없어지는 것이다.

절망은 허망이다. 마치 희망이 그러한 것처럼.[67]

얼마나 참담하고 침중한 비애인가? 싸움의 대상('어두운 밤')과 이와 더불어 싸울 수 있는 '몸 밖의 청춘'('별'·'달빛'·'아득한 웃음과 사랑의 난무')까지도 없어질 수 있는 것이다. 그렇다면 인생은 살 만한 가치가 있는가? 인생의 길과 생존의 의미는 도대체 어디에 있는가? 루쉰은 말한다.

나는 여느 그림자에 지나지 않으며, 그대와 헤어져 암흑에 잠기리라. 암흑이 나를 삼켜버릴지도 모르고, 광명이 나를 지워버릴지도 모른다. 그러나 나는 명암의 경계를 서성이는 것이 싫다. 암흑에 잠기는 편이 낫다.

하지만 결국은 명암의 경계에서 서성이게 되리라. 황혼인지도 여명

---

67) 루쉰, 「희망」(希望), 같은 책.

인지도 모르는 채. 나는 잠시 회색의 손을 들어 한 잔 술을 마시는 시늉을 하고, 때조차 분간하지 못할 때 혼자서 멀리 가리라.

　……

　나는 혼자서 멀리 간다. 그대뿐만 아니라 다른 그림자도 없는 암흑으로. 나 혼자 암흑에 잠기며, 그리하여 세계는 완전히 나 자신의 것이 된다.[68]

모든 것은 회의의 대상이며, 모든 것은 허망할지도 모른다. 모든 것은 결국 아무런 의미나 가치도 없으며 절망 자체까지도 웃어넘겨 버릴 정도로 허망한 것이다. ……하지만 인간은 여전히 살고 있으며, 명암과 시비 사이에서 방황하고 있다. 이 때문에 나는 떨치고 일어나 고독하게 앞으로 나아간다. 동반자도 없고 가곡(歌哭)도 없으며, 참담한 인생을 마주하여 죽음을 향해 돌진한다.

그래서 루쉰은 안드레예프와 가르신을 좋아했고 또한 구리야가와 하쿠손(廚川白村)을 좋아했다. 이렇게도 날카롭고 심각하던 루쉰의 세계에 대한 황당감·당혹감·음랭감(陰冷感)과 죽음과 삶에 대한 강렬한 감수는 루쉰의 창작과 감상에서 드러나는 문예적인 특색이나 심미적 흥취(이를테면 회화)로 하여금 뚜렷한 현대적 특징을 가지게 했다. 그리고 경박하게 자아확장을 떠드는 귀모뤄의 낭만주의나 힘들여 묘사하지만 마찬가지로 경박한 마오둔의 사실주의와도 다르게 만들었다. 또한 이것은 루쉰이 한평생 지닌 고독감과 비애가 형이상학의 철학적 의미를 띠게 했다. 카뮈가 늦게 태어났기에 망정이지, 그렇지 않았다면 아무런 효과도 없이 계속되어야만 하는 시시포스의 노동을 인생에 비유했을 때 아마도 카뮈는 루쉰에게 칭송을 받지 않았을까?

루쉰은 비록 비관하지만 여전히 분격하고 있으며, 희망을 붙일 데가 없음에도 힘껏 앞으로 나아간다. 하지만 바로 이러한 심각한 형이상학

---

68) 루쉰, 「그림자의 고별」(影的告別), 같은 책.

적인 인생을 그대로 받아들이려는 자세가 루쉰의 애증과 현실적인 전투로 하여금 더욱 유별나게 무거운 힘을 갖도록 만드는 것이다. 루쉰의 비관주의는 천두슈나 후스의 낙관주의보다 훨씬 강인한 생명의 힘을 갖고 있다.

사실 여기에는 두 가지 서로 다른 요소 또는 방면의 융합이 있어 루쉰 특유의 고독감과 비량감(悲凉感)을 구성하고 있다. 하나의 방면은 형이상학적인 인생의 의의에 대한 감수와 추구이다. 루쉰은 불학(佛學)을 진지하게 연구한 적이 있으며, 루쉰이 니체에서 안드레예프에 이르는 현대 서구 문예 속에서 현대의식을 느낀 것이나 일본 문학이 표방하는 인생의 비애감의 영향까지도 포함하여, 이런 모든 것들은 루쉰의 고독과 비애가 일종의 철학적인 풍취를 갖게 하는 데 기여했을 것이다. 다른 한 방면은 날로 실제적인 전투에 말려들게 되는 그의 인생역정이다. 낡은 문화, 낡은 세력과의 싸움, 장스자오 · 양인위 · 첸위안(陳源)과의 싸움(이 부분은 이 책의 「계몽과 구망의 이중변주」 참조—옮긴이), 창조사(創造社) · 태양사(太陽社) · 신월파(新月派)와의 싸움, '혁명진영 내부의 좀벌레와의 싸움', 자신을 비난하는 문학계 네 사나이와의 싸움⋯⋯, 그가 느끼고 짊어지고 인식한 암흑의 현실, 침중한 고난, 고통스러운 전투, 아득한 전망, 머나먼 길, 각성하지 못한 인민대중, 악의 세력의 허위와 잔인성 및 그가 여러 번 혁명파나 몇몇 청년세대들에게 오해받고 반대 당하며 공격받던 일, 같은 진영 내부에서 이루어지는 갖가지 공공연한 또는 은밀한 공격⋯⋯. 이런 모든 것들이 그로 하여금 고독과 비애를 느끼게 한 것이다. 이러한 고독과 비애는 대단히 구체적인 사회적 · 역사적인 내용을 가지고 있었다.

그러나 바로 이 둘이 결합되고 융화되었기 때문에 루쉰의 독특한 개성이 이루어질 수 있었다. 왜냐하면 후자의 방면이 있었기에 루쉰은 순수한 개인주의적 초인에 대한 환상으로 빠져들지 않을 수 있었고, 개인적인 상실감 · 당혹감 · 무료함과 현실에서 이탈로 빠져들지 않을 수 있었기 때문이다. 그리고 바로 전자의 방면이 있었기에 루쉰은 경박한

'인도주의' · '집단주의'나 과학주의 · 이성주의에 빠져들지 않았고, 개체의 '현존재'(現存在)에 대한 깊이 있는 통찰을 망각하지도 않았다.

루쉰의 후기에는 정치색이 아주 선명하게 드러나 거의 모든 것을 압도할 정도까지 되었지만, 그는 결코 완전히 정치화되지는 않았다. 루쉰은 위대한 계몽가였으며, 각종 봉건주의에 대해 조금도 멈추지 않고 강인하고도 장기적인 첨예한 투쟁을 수행했다. 하지만 동시에 그는 계몽을 초월했으며, 인생의 의의에 대한 초월적 추구를 계속하고 있었다. 젊었을 때에 말한 "향상지민(向上之民)은 유한하고 상대적인 현세를 벗어나 무한하고 절대적인 지상(至上)으로 초월하고자 한다"[69]는 정신과 관념은, 비록 그가 "미신은 존속될 것이다", 종교는 부흥할 수 있을 것이라는 생각을 바꾸지는 않았지만 결코 해소된 적이 없었다. 루쉰은 계몽가이면서도 계몽을 초월했으며, 이것이 그의 계몽이 천두슈나 후스의 그것보다도 훨씬 침중한 역량과 격정, 지혜를 가진 것이다.

일부 연구자들이 주목하던 것처럼 루쉰은 모종의 귀혼(鬼魂)을 열애하고 있었다. 샤지안(夏濟安)은 이렇게 말한 적이 있다.

> 의심할 나위 없이 루쉰은 모종의 귀혼을 등에 지고 있으며, ……심지어 일종의 비밀스러운 애련(愛戀)까지 감추고 있다. 그의 목련희(木連戲)의 귀신형태에 대한 태도는 일종의 편애이다. 루쉰과 같이 커다란 열정을 가지고 모골을 송연케 하는 이러한 주제를 탐구한 작가들은 거의 없었다…….
>
> 목련희에서 가장 두드러지는 형상은 무상(無常)과 여조(女吊)이다. 사람을 놀라게 하는 그것들의 모습에 루쉰은 일생 동안 매력을 느끼고 있었다. ……한층 더 깊은 의미를 내포하고 있다. 죽음의 아름다움과 공포는 백분(白粉) 연지를 두텁게 바른 가면을 통해서 생명의 깊은 신비를 엿보고 있다. 루쉰은 이러한 깊은 신비에 대한 탐구

---

69) 루쉰, 「파악성론」(破惡聲論), 『집외집습유』(集外集拾遺).

를 결코 완성시키지 못했으며, 그가 더 많이 이야기한 것은 사회의 죄악에 대한 분노에 찬 항의였다. 그러나 그를 같은 시대의 다른 사람들과 구별시키는 것은 바로 그가 이러한 비밀을 승인했고, 따라서 그 위력을 부인하지 않았다는 점에 있다. 심지어 그는 생활 속에 존재하는 이러한 암흑의 위력에 가위눌려 있었다고 할 수도 있다. 그는 자신들의 사회환경에서 이탈하여 고독에 빠져 있는 그러한 개인들을 동정했다.[70]

이것은 조금 지나친 이야기라고도 하겠지만, 루쉰의 특징은 확실히 그가 구체적이고 현실적인 내용을 지니는 '사회의 죄악에 대한 분노에 찬 항의'를 사회를 초월하는 형상적인 인생의 고독감과 함께 융화시켰다는 점에 있다. 루쉰은 당시에는 물론 나중에도 유럽의 실존주의 사조에 대해 조금도 몰랐다. 하지만 설사 알았다고 할지라도 그는 여전히 현대적인 실존주의자가 되지는 않았을 것이다. 그는 결국 중국이라는 사회의 현실적 토양 위에 뿌리를 내리고 있었고, 그의 '사회의 죄악에 대한 분노에 찬 항의'와 인도주의적인 역사적 사명감은 개인의 존재의 의에 대한 탐구보다 훨씬 중요한 비중을 차지하고 있었다. 개인의 현대적인 당혹감·두려움·지루함·고독감 같은 것들은 민족의 위기와 극렬한 투쟁이라는 환경과 시간 속에서는 어차피 중심위치를 차지할 수 없었다. 강건하고 충직하며 애증이 선명한, 그리고 기본적으로나 실질적으로 현실에 적극 참여하는 루쉰의 인격적 개성이 루쉰의 형이상학적 감수로 하여금 현실적 전투의 내용이라는 중요한 요소를 갖추게 했다는 것은 의심할 나위가 없다.[71]

그러나 루쉰은 극렬한 전투 속에서도 여전히 때때로 삶과 죽음을 어루만지고 있었으며, 두근거리는 마음으로 생명의 서거와 사망의 필연

---

70) 『국외 루쉰연구논집』(國外魯迅研究論集), 베이징, 北京大學出版社, 1983, 375쪽, 378쪽.
71) 리쩌허우, 「루쉰 사상발전에 관한 약론」, 『중국 근대사상사론』 참조.

적인 도래를 지켜보고 있었다. 루쉰은 저우쭤런처럼 마취와 마비로 심각한 비관을 저지하거나 덮어버리려 하지도 않았고, 쓰디쓴 차와 은사(隱士)의 자아에 대한 조롱으로 인생을 해탈하려 하지도 않았다. 루쉰은 이와는 정반대로 싸우면 싸울수록 더욱 강해지는 용사의 정신으로 이러한 삶과 죽음을 기념했고, 찬송했다. 따라서 루쉰은 복수하는 '여조'(女吊)를 소리 높여 외치고 "금성철벽(金城鐵壁)도, 황친국척(皇親國戚)도 두려워하지 않는다"는 무상(無常)에 대해 찬탄할 뿐 아니라, '죽음의 불꽃', 어두운 그림자, 시체, 그리고 북방의 휘날리는 눈에 대해서도 송가(頌歌)를 부른다.

끝없는 광야에서, 살을 에는 듯한 하늘 아래 번쩍거리며 감돌아 솟구쳐오르는 것은 비의 정혼(精魂)일까……
그렇다. 그것은 고독의 눈이고, 죽음의 비이며, 비의 정혼이다.[72]

루쉰이 자신의 저작 해제(解題) 속에서 이것은 그의 생명을 내던지고서 얻은 무덤이라고 기술한 적이 있었다.

지금은 한 해 첫머리의 깊은 밤, 이제 곧 밤이 다 지나갈 정도로 깊은 밤이다. 나의 생명은, 적어도 일부분의 생명은 이미 이러한 쓸모 없는 것을 쓰느라고 소모되어 버렸으며, 내가 얻은 것이라고는 내 자신의 영혼의 황량함과 거칠음뿐이다. 하지만 나는 결코 이러한 것들을 두려워하지 않으며, 이런 것들을 덮어버리려고도 하지 않는다. 또한 실제로 어느 정도 그것들을 사랑한다. 왜냐하면 이것들은 내가 이리저리 옮겨다니며 비바람 속에서 생활해온 흔적이기 때문이다.[73]

---

72) 루쉰, 「눈」(雪), 『들풀』.
73) 루쉰, 「제기」(題記), 『화개집』(華蓋集).

이것은 결국 삶의 일부분 흔적이다. 따라서 비록 과거는 이미 지나가 버렸고, 신귀(神鬼)는 그 자취를 쫓을 수 없음을 분명히 알면서도 완전히 떨쳐버리지 못하고 찌꺼기를 거두어들여 조그마한 새 무덤을 만들려고 한다. 매장하면서도 한편으로는 미련을 가진다. 머지않아 이 무덤이 밟혀서 평평해지더라도 그것은 상관할 바가 아니며, 상관할 수도 없는 노릇이다.[74]

나는 아주 확실하게 종점은 바로 무덤이라는 것을 알고 있다. 그러나 이것은 누구나 알고 있는 것이며 누가 가르쳐줄 필요도 없다. 문제는 여기서 거기로 가는 길에 있다.[75]

바로 "매장하면서 한편으로는 미련을 갖는" 것 때문에, 죽은 후에도 설사 머지않아 밟혀서 평평해지더라도 한편으로 무덤이 있다는 것을 희망할 수 있기 때문에, 또한 "문제는 여기서 거기로 가는 길에 있다"는 것 때문에 루쉰에게 삶과 죽음이라는 것은 현대파의 그것과는 전혀 달랐다. 루쉰은 따뜻함과 미련을 인간에게 남겨주고 있으며, '퇴락'(頹唐) 속에 씌어진 『들풀』의 여러 글조차도 여전히 생명의 역량을 뿌리고 있다. 「희망」(希望), 「묘비명」(墓碣銘), 「행인」(過客), 「그림자의 고별」(影的告別)은 침통함과 사멸(死滅) 속에서도 분기를 갖추고 있으며, 『가을 밤』(秋夜), 「죽은 불」(死火), 「눈」(雪), 「단풍잎」(臘葉), 「담담한 핏자국」(淡淡的血痕)은 냉준(冷峻)함 속에 극도의 따뜻함과 정애(情愛), 온유함을 감추고 있다. 루쉰은 이런 점에서 카프카·사르트르·도스토예프스키와 아주 다르다. 그는 더 따뜻하며, 더 인간미가 강하다. 그는 영원히 인간을 시험하는 잔혹한 신이 아니다. 루쉰은 그의 정감을 본체로 변화시켜 그의 창작 속에 끌어넣었고, 사람들에게 남기

---

74) 루쉰, 「제기」(題記), 『무덤』(墳).
75) 루쉰, 「무덤의 후면에 쓰다」(寫在墳後面), 같은 책.

고 있다.

또한 이것은 "불가능한 줄 알면서도 한다"거나 "오직 그 의(義)를 다하면 인(仁)이 이르는 바이다"(惟其義盡, 所以仁至)고 하는 유가의 전통이 아닌가? 또한 '중국의 척추'와 '민족혼'이라 할 수 있는 것이 아닌가? 그것은 필경 카뮈가 말하는 시시포스의 보람 없는 노동과는 다르다. 하지만 루쉰은 이미 전통정신을 현대적 의식의 세례에 두어 심화시키고 승화시킴으로써 초월적인 형상적 광채를 갖추고 있었다.

따라서 루쉰의 고독과 비애만이 이러한 강대한 역량을 지니고 있었다.

루쉰은 삶과 죽음을 체험하는, 모든 고난과 암흑을 등에 지고 있는, 역사의 폐허와 황폐한 무덤을 마주하고 있는 정감심리를 형상적 본체로 승화시킨다. 그것은 장차 인간을 먹어서 양육할 것이다. 그는 바로 인간의 주체성이며, 그는 또한 '조물주도 부끄러워할' 인간의 용사이기도 하다.

반역의 용사가 인간세상에 태어난다. 그는 힘차게 우뚝 서서 과거와 현재의 모든 폐허와 황폐한 무덤을 통찰한다. 광대하고도 계속되는 모든 고통을 기억에 되살리고, 누적된 모든 응혈(凝血)의 산(山)을 바로 보며 죽은 자와 산 자, 태어나려는 자와 태어나지 않은 자 모두를 깊이 알고 있다. 그는 조화의 비밀을 간파한다. 그는 일어서서 인류를 소생시키거나 아니면 인류를 멸망시킨다. 이 조물주의 양민들을.

조물주, 이 겁쟁이는 부끄러워 모습을 숨긴다. 천지는 이리하여 용사의 눈 속에서 빛깔이 달라진다.[76]

이것은 바로 현대인의 "(성인이) 천지와 더불어 서서 (만물의) 화육(化育)을 돕는다"이다. 이것은 또한 니체와 중국 전통정신 사이의 일종

---

76) 루쉰, 「담담한 핏자국」, 『들풀』.

의 기묘한 융합이다. 이것은 인간의 주체성에 대한 초인식(超人式)의 고양이며, 예술이 드러내 보여주는 거대한 심리본체이기도 하다.

루쉰의 사상과 문학의 잠재역량은 바로 여기에 있다.

* * *

후스·천두슈·루쉰은 명확하게 서로 다른 세 가지 개성, 세 가지 서로 다른 측면, 세 층의 서로 다른 경계를 대표한다고 할 수 있다.

후스는 온아하고 단정한 학자이다. 그는 조용하고 명석하고 평화스럽다. 하지만 연약하다. 그의 흥취는 학술에 있었으며, 하나의 옛 글자를 고증하는 것이 하나의 새 별을 발견하는 것과 맞먹는 가치를 가진다고 생각했다. 따라서 인간세상이나 정치를 대할 때 그는 가능하면 모든 측면을 두루 살펴보았고 온건하고 타당한 것을 찾았다. 그는 자유주의를 믿고 주장했으며 '호인정부'(好人政府)를 제창했으나, 중국 현대의 조건에서는 결국 마지막으로 독재정권에 의존하지 않을 수 없었다. 『종신대사』(終身大事)를 창작하여 연애의 자유를 칭송하기도 했으나, 중국이라는 조건에서 그는 부득불 어머니가 정해준 낡은 혼인방식과 결별하지 못하고 차라리 자신이 일생 동안 참고 지내는 길을 택했다. "다시 오랑캐 땅을 향해 한식(寒食)을 보내며 힘차게 배꽃을 향해 술잔을 든다"(송대 시인 육유陸游의 「한식」寒食에 나오는 구절). 그는 성공이 가져온 편안하고 쾌적한 인생의 경지에 만족했다.[77]

천두슈는 그렇지 않았다. 그는 의지가 굳건한 혁명가였으며, 용감하고 단호하고 완강했다. 하지만 그는 경박했다. 그는 일생 동안 반대파로 살았다. 반만(反滿), 반원(反袁), 반(反)북양군벌, 반(反)국민당과

---

[77] 만년에 이르러서 스즈키(鈴木大拙)와 선종에 관한 토론을 할 때에도 그는 자신이 처음부터 끝까지 그의 과학주의와 이성주의에서 벗어난 적이 없었음을 표현한 적이 있으니 그는 루쉰과 같은 보다 심각한 비이성적 형이상학적 감수성과 관념을 가질 수는 없었던 것이다.

반(反)장제스, 반(反)공산당. 천두슈는 비교적 철저한 이론적 흥취와 개괄능력을 가지고 있었으며, 국가의 대사와 인민의 고락에 깊은 관심을 가지고 적극 행동에 나섰다. 그러나 그가 사상의 지도자에서 정치의 지도자로 변모한 것은 중국의 현대에서 필연적인 역사의 오해(誤會)였으며, 그 개인의 비참한 운명의 안배이기도 했다. "(그리움 때문에 말라서) 옷띠가 점차 느슨해지더라도 결코 후회하지 않으리. 그대 때문에 쓰러지게 되더라도."(송대 시인 류영柳永의 「봉서오」鳳棲梧에 나오는 구절) 그는 일생 동안 혁명의 경계에 놓여 있었다.

루쉰은 후스·천두슈와 전혀 다르다. 루쉰은 깊이 있고 예민한 문학가이자 사상가였다. 그의 사상에는 강렬한 애증의 감정적 색채와 살아 있는 생생한 현실의 숨결이 가득 차 있었으며, 그의 정감은 사상의 역량과 철학적인 깊은 의미로 가득 차 있었다. 그의 작품은 천두슈나 후스에 비해 훨씬 길고 강대한 생명력을 가지고 있다. 천두슈나 후스의 사상과 작품은(사상·정치·문예·학술적인 것을 포괄하여) 오늘날에는 이미 낡아 다시 읽히지 않는 것이 되었다. 하지만 루쉰은 지금도 여전히 사람들을 움직인다. "앞에는 옛 사람을 못 보고 뒤에도 올 사람 못 보네."(당대 시인 천쯔양陳子昻의 「등유주대가」登幽州臺歌에 나오는 구절) 루쉰의 고독과 비애의 인생경계는 초월적이고 위대한 것이다.

후스·천두슈·루쉰은 모두 패러다임을 개척했고, 따라서 그들 모두가 수많은 사람들을 지도하고 결정하며, 영향을 주었다. 후스는 학술적 영역에서, 천두슈는 혁명의 영역에서, 루쉰은 문학의 영역에서 각기 수많은 계승자·추종자·숭배자를 거느리고 있고, 선구자로서 현대 사상사에 마멸될 수 없는 흔적을 남기고 있다.

• 『푸젠 논단』(福建論壇) 1987년 제2기에 게재됨

청년 마오쩌둥의 사상

　그를 사랑하건 증오하건, 아니면 찬양하건 비판하건 간에 마오쩌둥은 현대 중국에서 그밖의 어떤 인물보다도 훨씬 더 커다란 그림자를 늘어뜨리고 있다. 이 그림자는 수억 명의 사람들과 몇 세대 중국인의 생활·운명·애환을 뒤덮고, 주재하고, 지배해왔으며[1], 앞으로도 오랫동안 거듭해서 연구될 대상일 것이다. 여러 가지 주관적·객관적인 조건 때문에 여기서는 마르크스주의자가 되기 이전 청년 마오쩌둥의 일부 사상재료를 뽑아서 연구·탐색을 준비하는 동시에 청년 마오쩌둥 사상의 몇 가지 특징에 중점을 두어 살펴보고자 한다. 이러한 특징들은 그의 일생 활동과 사상에 또는 강렬하게 또는 희미하게 흔적을 남기고 있다고 생각되기 때문이다.

---

1) 쑨중산, 위안스카이, 장제스 등 중국 근현대의 정치적 거물들과 달리 마오쩌둥은 주로 정치를 통해 수립된 사상의 권위를 가지고 이러한 주재와 지배를 했기 때문에 가장 중요한 사상사적 위치를 차지하고 있다.

1 '운동'과 '투쟁'의 우주-인생관

이미 청년 마오쩌둥의 사상에 대한 몇몇 전기적(傳記的)인 연구들, 특히 철학 사상 방면에 대한 저작들이 여럿 있다.[2] 확실히 철학은 마오 쩌둥이 초기부터 만년까지 줄곧 흥미를 느끼고 대단한 주목을 쏟은 방면이다. 1917년 일찍이 그는 다음과 같이 강조한 적이 있었다.

철학을 보급하지 않으면 안 됩니다.

의회 · 헌법 · 내각 · 군사 · 실업 · 교육 등과 같은 오늘날의 개혁은 모두 지엽적인 것에 지나지 않습니다. ……지엽은 반드시 본원을 가지고 있으며…… 본원이라는 것은 바로 우주진리입니다.[3]

---

2) 예를 들면 후난성(湖南省) 철학사회과학연구소 철학연구실 편, 『마오쩌둥 조기 철학 사상 연구』(毛澤東早期哲學思想研究, 湖南人民出版社, 1980); 왕주바이(汪澍白) · 장선헝(張愼恒), 『마오쩌둥 조기 철학 사상 탐원』(早期哲學思想探源, 中國社會科學出版社. 1983); 진방치우(金邦秋), 「마오쩌둥 조기 철학 사상 및 세계관의 전환」(毛澤東早期哲學思想及其世界觀轉變), 『푸단학보』(復旦學報), 1985년 제1기 등등을 들 수 있다.
3) 「리진시에게 보내는 글」(與黎邵西書), 1917년 8월 23일.

우주진리야말로 '큰 본원'(大本大源)이며, 이것은 바로 '사상도덕'(思想道德)이기 때문에 "반드시 먼저 철학·윤리학을 연구해야 하며", "철학·윤리학에서 출발하여 철학을 개조하고 윤리학을 개조하여 근본적으로 전국의 사상을 변환시켜야…… 막아낼 수 없는 거센 힘이 될 것이다"[4]는 것이다.

마오쩌둥은 청년시기에 철학에 가장 힘을 쏟았다. 그가 이해한 철학이라는 것은 우주와 인생에 대한 전체적인 관점·견해를 가리키는 것이었으며, 이러한 관점과 견해는 '천도'(天道: 철학)인 동시에 '인도'(人道: 윤리학)이기도 했다.[5] 그의 이러한 철학적 세계관은 일생 동안 그의 행위와 사업, 그밖의 사상·관념·이론을 근본적으로 지배했다. 이러한 철학적인 세계관의 몇 가지 기본특징들은 그의 청년시기에 솟아나오거나 틀을 갖춘 것이었다. 그 가운데 몇 가지 요소들과 특징은 우리가 주목할 만한 것들이다.

첫째, 마오쩌둥이 이해한 철학은 모든 사물의 '큰 본원'이었으며, 이 '큰 본원'은 바로 '우주진리'이기도 했다. 청년시기의 「강당록」(講堂錄, 1914~15), 「윤리학 원리 논평」(倫理學原理批語, 1917~18년), 「체육의 연구」(體育之研究, 1917) 등을 보면 '운동'(動)과 '투쟁'(鬪)이 마오쩌둥이 우주진리에 대해 갖고 있는 핵심관념임을 알 수 있다.

인간은 동물이고, 따라서 운동(動: 활동·노동·활동)이 중요하다. ……운동이 삶을 영위하게 해주는 것이라고 표현하는 것은 천박한 말이고 나라를 지키는 것이라고 하는 것은 깊이 있는 말이지만, 모두가 본래의 뜻을 가리키는 것은 아니다. 운동이라는 것은 생각건대 내 삶을 기르는 것이고, 내 마음을 즐겁게 하는 것이다. ……내 생

---

4) 같은 글.
5) 마오쩌둥이 중국 전통철학과 문화심리 구조적 침전의 근본적인 특색('천도'天道와 '인도'人道가 동일한 '도'道이다)에서 결코 벗어나지 못했음을 알 수 있다. 리쩌허우,『중국 고대사상사론』참조.

각에 따르면 천지간에는 오직 운동만 있을 뿐이다.[6]

이것은 바로 '운동'이 천지심신(天地心身)의 본성이며, 결코 외재적인 목적('삶의 영위'나 '나라를 지키는 것')을 위해 복무하는 것이 아니라는 말이다.

따라서 "호걸(豪杰)은 하늘로부터 받은 본성을 발전시키고, 그 본성 가운데 지극히 위대한 힘을 신장시키기 때문에 호걸이 될 수 있다. 본성 말고 모든 외부의 억압, 이를테면 제재나 속박 같은 것들은 본성 속의 지대한 동력으로 배제해버린다. 이 동력은 지극히 견고하고 진실된 실체이며, 전체 인격의 근원이 되는 것이다."[7] '운동'은 '호걸'의 '인격의 근원'이며, 모든 외재적인 속박과 장애는 앞으로, 그리고 마땅히 이러한 '운동'의 '본성'에 의해 배제되고 파괴되어야 하는 것이다. 이렇게 '운동'을 우주본체와 인격본성이라고 생각하기 때문에 그는 한편으로는 모든 현상·사물·대상의 변화성과 상대성·이중성을 강조하지만, 다른 한편으로는 자아(自我) 주체의 활동성과 투쟁성을 강조한다.

무릇 우주의 모든 차별은 그 발현하는 방면이 다를 뿐이다. 우리가 관찰하고 적응하는 방면에 차이가 있는 것뿐이며, 그 본질은 단지 하나의 형상에 지나지 않는다. 이를테면 음과 양, 정과 반, 큰 것과 작은 것, 높은 것과 낮은 것, 이것과 저것, 나와 남, 좋음과 나쁨, 깨끗함과 더러움, 아름다움과 못생김, 밝음과 어두움, 이기는 것과 지는 것 등등은 모두 다 이러하다. 우리의 각종 정신생활은 이러한 차별상(差別相)에 의해 구성되며, 이러한 차별상이 없다면 역사생활을 구성할 수 없을 것이다. 진화란 차별변동의 상황이다. 차별이 있은 후에야 언어가 있고 사유가 있는 것이지 차별이 없다면 이러한 것도 있을 수 없다.[8]

---

6)「체육의 연구」,『신청년』, 1917년 4월.
7)「윤리학 원리 논평」.

치세와 난세가 번갈아 거듭되고 전쟁과 평화가 서로의 꼬리를 물고 나타나는 것은 자연의 법칙이다. 인류의 역사가 시작된 이래로 치세와 난세는 번갈아 거듭되었다. 우리가 늘 난세를 혐오하고 치세를 바라는 것은 무엇보다 난세 또한 역사생활의 한 과정이며 스스로 실제 생활의 가치를 가지고 있음을 모르기 때문이다.

역사를 들추어보면 전국시대, 유방과 항우의 항쟁시대, 한무제와 흉노의 전쟁시대, 삼국(三國)의 경쟁시대에는 항상 사태가 급변하고 인재가 수없이 배출되어 아주 즐겁게 읽을 수 있다. 하지만 태평시대가 되면 아주 지겨워지는데, 이것은 우리가 난세를 좋아하기 때문은 아니다. 안일하고 조용한 경지는 오래 계속될 수 없고 인생이 감당할 수 있는 바가 아니지만 급속한 변화는 인생이 즐겨하는 바이다.[9]

동란·차이·대립·충돌에 대해 마오쩌둥이 청년시절부터 완전히 긍정하는 태도를 지니고 있었음을 여기서 알 수 있다. 『윤리학 원리』의 원서에서 "저항이 없으면 동력이 없고, 장애가 없으면 행복도 없다"고 이야기하고 있을 때 마오쩌둥은 이에 대한 언급에서 "지극한 진리이자 철언(徹言)이다"고 논평하면서 다음과 같이 이야기하고 있다.

대세력에 대한 대저항의 필요는 보통사람에 대한 보통의 저항과 같은 것이다. 이를테면 콜럼버스와 아메리카 신대륙의 관계, 우(禹) 임금과 홍수의 관계, 유럽 각국이 떼지어 일어나 파리를 포위한 것과 나폴레옹 전승(戰勝)의 관계 등과 같은 것이다.[10]

황허는 퉁관(潼關)을 벗어나오면 화산(太華)의 저항이 있기 때문에 물의 힘이 더욱 맹렬해지며, 바람은 싼샤(三峽)를 돌아나온 후

---

8) 「체육의 연구」.
9) 같은 글.
10) 「원리학 원리 논평」.

우산(巫山)이 있기 때문에 더욱 성내어 소리지르게 된다.[11]

또한 원서에서 "인류세력의 증가는 외계 저항의 감소와 비례한다"고 했을 때도 이렇게 주장했다.

인류의 세력이 증가하면 외계의 저항력 역시 증가하며, 대세력은 대저항을 맞게 된다.[12]

마오쩌둥은 운동·대립·충돌·투쟁을 강조하고 이것을 우주법칙으로 삼으며, 투쟁이 어떠한 원인에 의해서도 줄어들지 않을 것이라고 강조한다. 그것은 영원히 존재하는 것이고 보편적인 법칙이며, 이러한 보편적인 법칙과 앞서 인용한 '우리가 관찰하고 적응하는 방면에 차이가 있는 것'이라는 주장은 밀접한 관계를 가지고 있다. 즉 이러한 운동과 투쟁은 실제로는 또한 자아에게 설정되고 지각되며 실현됨을 의미한다. 아무런 체계적인 논증이나 완전한 서술이 없음에도 청년 마오쩌둥의 이 사상은 상당히 명확하고 강렬하다.

산하대지(山河大地)는 아무런 의거도 없다. 오로지 자아(我: 귀아 貴我)만 믿을 수 있다.[13]

나는 종전에는 확실히 무아론(無我論)을 주장하여 우주만 있을 뿐 자아는 없다고 생각했는데 지금은 그렇지 않음을 알게 되었다. 생각건대 자아(我)는 바로 우주이다. 만약 자아가 사라진다면 우주도 없을 것이다. 각각의 아(我)는 집합하여 우주를 이룬다. 그런데 각각의 아는 바로 자아로서 존재하는 것이므로 만약 자아가 없다면 어찌 각

---

11) 같은 글.
12) 같은 글.
13) 「강당록」.

각의 아가 있을 수 있겠는가! 따라서 우주에서 존귀한 것은 오직 자아뿐이다. 두려운 것도 자아뿐이다. 복종할 것도 자아뿐이다. 자아말고는 존귀한 것이 없으며 있다고 하더라도 자아로부터 뻗어나가는 것이고, 자아말고는 두려운 것이 없으며 있다고 하더라도 자아에서 뻗어나가는 것이고, 자아 말고는 복종할 것이 없으며 있다고 하더라도 역시 자아에서 뻗어나가는 것이다.[14)]

따라서 '운동'의 두 가지 방면(우주와 자아)을 강조하는 가운데 주체의 인격 방면은 그의 사상 가운데 더욱 중요하고 핵심되는 부분이다. 우주의 운동과 투쟁에 대한 설명은 인격 주체의 운동과 투쟁을 설명하기 위한 것이며, 우주관은 인생관을 위해 복무하는 것이다. 마오쩌둥에게 우주관은 곧 인생관이고 인생관은 곧 우주관으로서 둘은 하나였다.

귀아(貴我), 용투(勇鬪), "하늘과 더불어 분투하는 것은 그 즐거움이 무궁하다! 땅과 더불어 분투하는 것은 그 즐거움이 무궁하다! 사람과 더불어 분투하는 것은 그 즐거움이 무궁하다!"[15)]고 하는 것 등 끊임없는 운동, 완강한 분투, '저항'의 극복, 자아의 실현을 인생의 쾌락으로 삼는 것은 청년 마오쩌둥의 사상과 행위에서 주요한 특징이다. 이것은 심사숙고를 거친 그의 자각적 의식, 이론적 주장이자 그가 몸소 힘껏 실천하고 의지를 단련시키는 행동지침이기도 했다. 또한 이것은 차츰 그의 개성과 인격의 특징을 구성하게 되었다.[16)] 여기서 가장 주목할 만한 것은 마오쩌둥이 이야기하는 이러한 '운동'이 우선은 체백성(體魄性)의 활동, 즉 개인의 객관적인 신체활동이었지 심령성(心靈性)·정신성(精神性)·사변성(思辨性)을 띤 것은 아니었다는 점이다.

---

14) 같은 글.
15) 왕주바이·장선형, 『마오쩌둥 조기 철학 사상의 탐원』, 82쪽에서 인용.
16) 루시앵 파이(Lucian Pye)는 *Mao Tse-Tung: The Man in the Leader*(Basic Books, 1976)에서 유년 시절 마오쩌둥의 부모와의 관계·사건을 통해 마오쩌둥을 소개하면서 그의 성격 형성에서 자각 의식의 역할은 거의 주목하고 있지 않기 때문에 한쪽 면만의 설명을 하고 있다.

그 정신을 문명화하려면 우선 그 체백(體魄)을 야만화해야 한다. 그 체백을 야만화하기만 하면 문명의 정신을 뒤따르게 된다. ……육체가 온전해지면 지식 역시 온전해진다.[17]

나는 지금 일을 아주 하고 싶습니다. ……나는 현재 전문적으로 입과 머리를 쓰는 생활은 대단히 괴로울 것이라고 느끼고 있으며, 한동안은 오로지 육체적인 힘만 사용하는 일을 하고자 합니다.[18]

신체가 허약한 것은 독서인(讀書人)뿐입니다. 이러한 병폐를 바로잡으려면…… 개인 방면에서 노동과 독서를 병행하는 관습을 양성해야 하며, 적어도 독서와 유희를 병행하는 관습을 양성해야 합니다.[19]

내가 원하는 일은 첫째 교사이고, 둘째 신문기자입니다. ……지금은 정신력만 사용하는 노동은 대단히 괴로울 것이라고 생각하기 때문에 양말을 짜거나 국수를 뽑는 일 같은 것을 배우려고 생각하고 있습니다.[20]

이것은 마오쩌둥이 5·4운동 이후 애써 칭송하고 열심히 제창한 '공독주의', 즉 노동하면서 독서하는 것과 관련이 있다. 또한 아마도 그가 이후 줄곧 지식인이 생산노동에 참가하는 것을 강조하거나, 이른바 "5·7의 길로 나아가자"고 한 것, 청년학생들이 공장과 농촌에 들어가 "노동자에게 배우고 농민에게 배우자"고 한 것과도 관계가 있을 것이

---

17) 「체육의 연구」.
18) 「뤄룽시에게 보내는 글」給羅榮熙的信, 1920년 11월 26일, 『신민학회회원통신집』 제1집, 중국 혁명박물관(中國革命博物館)·후난성박물관(湖南省博物館) 편, 『신민학회자료』(新民學會資料), 베이징, 人民出版社, 1980, 72쪽.
19) 「뤄쉐짠에게 보내는 글」給羅學贊的信, 1920년 11월 26일, 『신민학회회원통신집』 제2집, 『신민학회자료』, 베이징, 人民出版社, 1950, 72쪽.
20) 『신민학회회무보고』新民學會會務報告 제2호, 1921년 여름, 같은 책, 120쪽.

다. 마오쩌둥은 청년시기에 "중학과 중학 이상에서는 마땅히 삼육(三育: 지육智育·덕육德育·체육體育)을 아울러 중시해야 하는데 요즈음 사람들은 대부분 지육에 치우쳐 있으며, ……우리 나라의 학제는 지나치게 과정이 많은데, ……그 취지는 이렇게 번거롭고 무거운 부담으로 학생을 피곤하게 만들어 그 신체를 유린하고 그 생명을 파괴하려는 데 있는 것처럼 보인다."[21]고 절실한 느낌을 털어놓고 있었다. 그래서 그는 "저는 학교에 대해서 굉장히 불만이 많습니다",[22] "저는 일생 동안 학교를 가장 한스럽게 생각하여 다시는 학교에 돌아가지 않기로 결정했습니다"[23]는 뜻을 나타내기도 했다. 마오쩌둥은 "안원(顏元)과 이공(李恭)은 문무(文武)를 겸하여 장사와 싸워도 지지 않았다. 그래서 문무에서 어느 하나를 빠뜨리겠는가 하고 말했다. 고염무(顧炎武)는 남쪽 출신이면서도 북쪽에 거주하기를 좋아하여 배를 타는 것을 즐겨하지 않고 말을 타는 것을 즐겨했다고 한다. 이 옛 사람들은 모두 본받을 만하다"[24]고 하여 "따로 자수학사(自修學社)를 세워 일하면서 공부할 것"[25]을 주장한 것이다.

　운동·투쟁·상대성과 자아의 정신과 의지 등등을 강조하는 점에서 마오쩌둥의 사상은 당시의 많은 사람들과 대체로 비슷하며, 중국이나 서구의 철학자들과 비교해보아도 그다지 특수한 것이라고는 없다. 더욱이 일부의 용어는 탄쓰퉁의 『인학』(仁學)에서 배태된 것이기도 하다. 하지만 특히 체백의 활동을 중시하는 점만은 사상의 특징이나 이론의 경향 면에서 탄쓰퉁을 포함하는 많은 사람들과 중대한 차이가 있다. 탄쓰퉁은 체백을 중시했고 또 스스로 무예를 지녀 "어려서부터 몸은 격투기를 익혀 몸놀림이 재빨랐고 활쏘기를 오랫동안 익혔으며 특히 말 달

---

21) 「체육의 연구」.
22) 「리진시에게 보내는 글」, 1917년 8월 23일.
23) 같은 글, 1920년 6월 7일.
24) 「체육의 연구」.
25) 「리진시에게 보내는 글」.

리는 것을 좋아했다"고 했지만 중국 유학 전통의 철학가들과 마찬가지로 그는 사상과 이론 면에서 그것을 중요한 위치에 놓은 적은 없었다. 이 방면에서 마오쩌둥은 '힘'(力)·'강'(强)·체력 '노동'을 강조한 묵가와 안원(顔元)의 철학에 오히려 더 접근하고 있다.[26] 이 점은 마오쩌둥이 농가 출신으로 소년시절부터 비교적 오래 체력노동을 해왔던 것과 관련이 있을 가능성이 아주 크다.

> (마오쩌둥은) 소년시절부터 농사일에 참가했다. 마오쩌둥은 학교를 그만 두게 되자 하루종일 일을 해야 되었으며 쟁기질을 하고, 써레를 끌고, 씨 뿌리고 모내기 하는 일을 모두 배워야 했다. 마오쩌둥은 어려서부터 착실하게 일을 했고…… 아주 열심히 일에 나섰다.[27]
> 그는 마오춘청(毛春成)과 함께 흙 수레를 끌었는데 마오춘청과 끄는 속도에서는 그다지 차이가 나지 않았다. 하지만 기력이 미치지 못하여 흙을 내릴 때 수레가 엎어져버렸다. 그는 다시 한 수레를 가득 채워 계속 수레를 끌었고 마오춘청이 하지 말라고 권해도 듣지 않았다.[28]

이것은 확실히 마오쩌둥의 지기 싫어하는 강인한 개성을 보여주고 있지만 더욱 중요한 것은 이러한 '지기 싫어하는' 개성의 가능성이 바로 체력활동으로 단련됨으로써 완강한 의지로 바뀌었을 것이라는 점이다. 마오쩌둥에게 체력노동과 체력활동은 빼놓을 수 없는 생존의 요구였으며, 그로 하여금 체력활동에 종사하지 않으면 매우 불쾌한 신체감각을 느끼게 만들었다. 이 점은 아주 간단한 일이 아니며 매우 중요한 것이다. 마오쩌둥이 청년시대부터 수영을 시작하여 노년에도 그것을 계속 고집한 유명한 일화는 자각적인 체력·의지 단련의 문제일 뿐만

---

26) 리쩌허우, 「묵가의 철학」(墨家初探本), 『중국 고대사상사론』 참조.
27) 왕주바이·장선헝, 『마오쩌둥 조기 철학 사상 탐원』, 9쪽.
28) 왕주바이·장셴헝, 같은 책, 같은 곳.

아니라 이러한 체력·의지의 전개 속에서 최고의 인생쾌락과 심미적 향수를 요구하는 표현이기도 하다. 여기서 체력의 과시, 의지의 실현, 인생의 진체(眞諦), 심미적 쾌락은 모두 하나로 융회되어 있다. "인생 200년은 육수(陸水) 3,000리를 헤엄치는 것에 해당할 것이라고 자신한다"는 그의 말은 독서인 일반의 호언장담이나 미사여구가 아니라 체력활동의 실재적 기초를 갖추고 있고, 의지의 성과와 심미적 쾌락을 응집하고 있는 사상의 표출이자 자아의 지향이었다.

이 점이 바로 마오쩌둥의 사상과 성격이 여러 지식인들이나 청년학생들과 뚜렷하게 구별되는 점이다. 마오쩌둥은 운동과 투쟁을 그의 심신존재에서 가장 으뜸가는 요구로 만든 것이다.

2 '귀아'의 '도덕률'

마오쩌둥 사상의 특징을 구성하는 두번째로 두드러지는 요소는 독특한 '주관적 도덕률'이다. 마오는 처음부터 '사상과 도덕'을 함께 거론하고 있었다. 앞서 인용한 철학을 강조하는 서신 속에서 그는 "무릇 사상은 인간의 마음을 주재하고 도덕은 인간의 행위를 규제하는 것으로 이 둘이 깨끗하지 않으면 모든 것이 더러워집니다. 이 둘의 세력에 의해 가득 채워지지 않은 곳이 없는 것입니다"고 생각하고 있었다. 따라서 '우주의 진리', '운동', '투쟁'의 관념은 도덕행위와 밀접하게 결합된 것이기도 했다. 우주관을 건립하는 것과 병행하여 청년 마오쩌둥은 스스로 '성현(聖賢)이 되고', "그때에는 천하의 사람들이 모두 성인이 될 것"(앞의 서신)이라는 도덕률을 제기했다.

본래, '성인'의 이상을 추구하는 목표로 삼는 것은 중국의 전통이 지식인들에게 침전시켜온 의식과 무의식이지만, 청년 마오쩌둥의 여기서의 특징은 위와 같은 체백자강(體魄自强)의 기초 위에 건립된 이른바 '귀아'(貴我)의 도덕률이다. 마오쩌둥은 도덕률이 어떠한 외재적 규정이나 사물에서 비롯되거나 거기에 복종하거나 아니면 그 기초 위에서 건립되는 것은 아니라고 생각하여 반드시 개인('자아')의 기초 위에 건립되어야 한다고 강조했다.

반드시 남을 기다려야 도덕이 있게 되는 것은 아니다. 남을 기다려서야 있게 되는 것은 객관의 도덕률이며, 독립적으로 존재하는 것은 주관의 도덕률이다. 우리가 스스로 그 본성(性)을 디하고, 마음(心)을 완전하게 한다면 저절로 최고로 고귀한 도덕률을 갖게 될 것이다. 세계에는 확실히 사람들이 있고 사물들이 있다. 하지만 이것들은 모두 나로 말미암아 있게 되는 것이다. 내가 눈을 감으면 아무것도 볼 수 없듯이 객관의 도덕률은 주관의 도덕률에 달려 있다. 또한 설사 세계에 단지 나 한 사람만 있다고 하더라도 남에게 손해를 끼치지 않는다고 해서 나의 본성을 다하지 않거나 나의 마음을 완전하지 않게 해서는 안 되며, 반드시 그것을 다해야 한다. 이런 것들은 남을 위해서가 아니라 나를 위해서이다.[29]

즉 도덕은 결코 사회나 역사 등 어떤 외재하는 기준 · 규범 · 법률에서 나오는 것이 아니라 자아의 주관에서 나오는 것이었다.

개인은 무상의 가치를 가지고 있고 온갖 가치를 가지고 있으므로 개인(또는 개체)을 없앤다면 우주도 없을 것이다. 따라서 개인의 가치는 우주의 가치보다 크다 해도 지나치지 않다.[30]

그렇다면 개인의 무상의 가치는 어디에 있는 것인가? 바로 '자아의 실현'에 있었다. 마오쩌둥은 말한다. "인류의 목적은 자아의 실현뿐이다. 자아의 실현이라는 것은 자신의 신체와 정신의 능력을 최고도로 충분히 발달시키는 것을 말한다."[31] 이를테면 그가 자살을 반대하는 것은 다른 이유 때문이 아니라 자살이 "자신의 체백과 정신 및 그 노력을 지고의 경지로까지 발전시키는 데" 부합되지도 않을 뿐더러 그러고도 "아

---

29) 「윤리학 원리 논평」.
30) 같은 글.
31) 같은 글.

무런 죄책감을 느끼지 않기 때문이다"[32)]는 것으로, "자살하여 죽기보다는 차라리 분투하다가 죽음을 당하는 것이 낫다. 분투의 목적은 '남이 나를 죽여주기를 바라는 데' 있는 것이 아니라 '인격이 살아날 수 있기를 기대하는 데' 있다"고 그는 말했다.

요컨대 '자아의 실현'은 인생의 최고 목표이며 도덕적 자율이기도 하다. 이 목표를 위해 죽음을 당하는 일은 있어도 결코 자살은 하지 않는다. 왜냐하면 자살은 이 목표 자체와 모순되기 때문이다. 따라서

또는 역사 속에서 인간은 앞을 계승하고 뒤를 열어주는 책임이 있다고 하는 사람이 있지만 나는 이것을 믿지 않으며, 오직 내 한 몸을 발전시켜 안으로는 사유하고 밖으로는 일을 하는 것이 모두 핵심에 도달하기만을 기대할 뿐이다. 내가 죽은 후에 내 몸을 역사 속에 놓는다면 뒷사람들에게 내가 이렇게 확실하게 자기완성을 이루었음을 보여주고 싶다.[33)]

나는 오로지 자기자신에 대한 의무만 있을 뿐이지 남에 대한 의무에 기대할 것은 없다고 본다. 무릇 나의 사상이 미치는 것은 모두 내가 실행할 의무가 있는 것이며 무릇 내가 아는 것은 모두 이를 행할 의무를 가지고 있다. 이 의무는 모두 내 정신 속에서 자연스럽게 발생한 것으로서 빚진 것을 갚거나 약속을 지키는 것, 도둑질을 하지 않는다거나 거짓말을 하지 않는 것 따위는 비록 남과 관계된 일이기는 하나 역시 내가 이와 같이 하고자 하는 바에 달려 있다. 이른바 자신에 대한 의무라는 것은 한마디로 말해 자신의 신체와 정신의 능력을 충분히 발전시키는 것이다. 남의 위급한 일을 돕거나 남의 좋은 점을 발전시켜 주는 것은 스스로 위험한 경지에 뛰어들어 몸을 던짐

---

32) 「자살비평」(非自殺), 창사 『대공보』(大公報), 1919년 11월 23일.
33) 「윤리학 원리 논평」.

으로써 남을 구해주는 것과 함께 결코 의무의 범위를 벗어나는 것은 아니다. 왜냐하면 내가 이렇게 하고자 함으로써 내 마음을 안정시킬 수 있고…… 남의 위태로운 일을 걱정함으로써 내 마음을 달랠 수 있으며, 내 자신의 정신적 능력을 충분히 발전시킬 수 있기 때문이다.[34]

'자아의 실현', '의지의 자유'를 위해서는 반드시 자신을 연마하고 인내심을 키우며, 그 뼈와 근육을 사용하고 그 체부(體膚)를 굶주리게 하고 그 몸을 공허하게 만들 필요가 있었는데, 이러한 자아의 규범과 단련은 바로 스스로 자기자신에게 규정을 가하는 도덕적 명령이기도 했다. 이러한 이른바 도덕적 명령과 인생의 경계는 청년 마오쩌둥에게는 결코 전통 이학에서 말하는 '공안낙처'(孔顏樂處: 공자와 그의 제자 안회顏回의 정신경계)를 기준으로 하는 정신경계나 심령의 쾌락이 아니었으며, 차라리 일종의 체백성·물질성의 내용을 내부에 포함하고 있는 개인의 역량·의지·행위·활동의 완만한 실현이라 할 수 있었다. 이것이 바로 청년 마오쩌둥이 「윤리학 원리 논평」에서 크게 강조하고 있는 '충동'(沖動)과 '동력'(動力)이었다.

이러한 종류의 동력은 지극히 견고하고 진실한 실체이며 그 인격을 완성하기 위한 원천, 즉 이 책에서 말하는 이른바 충동, 이른바 성벽(性癖)이라는 것이다. ……이것은 순전히 자신을 위하는 데서 나오는 것이지 외래적인 도덕률이나 의무감정에 복종하는 것이 아니다. 무릇 영웅호걸은 자기를 실현하는 데서 그 동력을 발동시키고 분발하여 왕성한 기세로 고난을 두려워하지 않고 전진하며, 그 강대함은 일시에 몰아치는 큰 바람과도 같고 호색가의 성욕이 발동하여 그 정인(情人)을 찾는 것과도 같아 결코 이를 막거나 되돌릴 수 없다. ……파울젠이 대인군자(大人君子)는 의무감정으로 실현되는 것이

---

34) 같은 글.

아니라 활달한 감정의 충동으로 이루어지는 것이라고 한 말은 정말 옳은 말이다! 정말 옳은 말이다. 내 생각으로는 『맹자』의 호연지기와 대장부를 다룬 두 편의 내용과 대체로 비슷한 것 같다.[35]

생각건대 의지는 충동에 기초하고 있는 것인데 어찌 의지라는 것 속의 양심만은 그러하지 않다고 하겠는가. ……요컨대 둘은 원래 하나이며, ……우리의 양심이라는 것도 식욕과 성욕을 자연스러운 것으로 생각하지 않는 것은 아니다. ……다만 그것을 절제하는 것일 뿐 결코 그것을 반대하는 것이 아니며, 그 절제가 바로 충동의 본령(本領)을 완성시키는 것이다. 따라서 양심은 마땅히 충동과 일치되어야 한다.[36]

"충동과 생활의 관계는 마치 매달린 추와 기계의 관계와 같은 것으로서 결코 이성에 의해 바뀔 수 없다. 왜냐하면 이성이라는 것은 운동력이 없기 때문이다"고 파울젠이 말한 것에 대해 마오쩌둥은 "좋은 말이다"고 논평하고 있다.[37] 또 "의무라는 것은 한 사람의 내면 의지에서 나오는 것이 아니라 실은 더할 나위 없는 외계 권위의 위협에 의해 이루어진다는 것이 명백하다"고 한 것에 대해서는 "의심스럽다"고 논평하고 있다.[38]

마오쩌둥이 주목하고 강조한 '주관적 도덕률'은 칸트의 도덕적 자율과는 다르며, 전통유가에서의 주자학이나 양명학에서 말하는 '천리'(天理)나 '본심'(本心)과도 다름을 여기서 알 수 있다. 칸트와 다른 점은 그의 '주관적 도덕률'이 외재하는 객관적 '절대명령'에 복종하거나 그것의 집행을 인정하지 않는다는 데 있다. 주자학과 다른 점은 그의 '주관적 도덕률'이 우주의 '의리'(義理)와 '본칙'(本則) 같은 것이 아니라

---

35) 같은 글.
36) 같은 글.
37) 같은 글.
38) 같은 글.

는 점이며, 양명학과 다른 점은 그의 '주관적 도덕률'에서의 이성적 양지(良知)와 감성적 식(食)과 색(色)이 하나의 '충동'이란 것으로 결합되어 있고, 둘은 대립하는 것이 아니라 오히려 서로 보충하고 생성하는 것으로 간주되고 있기 때문이다. 이러한 이른바 '도덕률'은 일종의 삼성적인 물질체백역량(物質體魄力量)이라고 할 수 있다.

따라서 마오쩌둥은 비교적 양명학에 더 접근해 있으며, 그는 시대가 부여한 중국 근현대 사상의 전체적인 특색에서 결코 벗어나지 못했다고 할 수 있다.[39] 즉, 그는 '도덕률'을 완전히 자기 스스로가 주인이 되는 일종의 감성적인 의지역량으로 삼아 직접적인 현실적 품격을 갖추고 주로 반성·사변·수양 속에서가 아니라 행위·활동·과업 속에서 그것을 펼치고자 했다. 아울러 그는 이러한 역량이 자연본능(식食과 색色)처럼 강력하다고 생각하여 도덕적 의지와 식욕·성욕의 강대한 본능역량을 함께 거론하여, "둘은 원래 하나"이고 모두 '충동' 또는 '동력'이며, 이러한 '동력'은 결코 "이성이 대체할 수 없다"고 긍정했다. 이것은 상당히 기묘하면서도 스스로 모순되는 이야기이다. 하지만 생물의 본능적인 욕망과 인간의 의지 역량은 도대체 어떠한 관계에 있는가? 둘의 차이나 같은 점은 무엇인가? 상반상생(相反相生)인가 아니면 서로간의 투쟁인가? 또한 이러한 개인주의적 '자아실현'이 어떻게 도덕이 될 수 있는가? 즉 자아 '동력'의 이른바 '적당함'과 '적절함'의 기준은 어디에 있는가? 하는 근본의 문제들에 대해 마오쩌둥은 진정으로 깊은 연구나 고려를 하지 않고 있다. 그가 철학 체계를 세우고자 한 것도 아니었고 또한 그의 사상 역시 아직은 성숙되지 않았다고 해야 할 것이다.

하지만 두 가지는 아주 분명하다. 첫째, 이러한 '귀아'의 사상과 이른바 '주관적 도덕률'은 바로 그 시대가 모든 가치관념·도덕기준이 무너지던 붕괴시대여서 근거로 삼고 따를 만한 객관적인 규범·법칙이 이미 있지 않았기 때문에, "산하대지에는 아무런 의거가 없다. 오직

---

39) 리쩌허우, 「송명이학」(宋明理學片議), 『중국 고대사상사론』 참조.

자아만 믿을 수 있다"는 마오쩌둥의 사상이 나올 수 있었다는 점이다. 둘째, 이러한 '귀아'의 인생관과 윤리학은 바로 새로운 시대에 "내가 아니면 누가 하겠는가" 하는 전통적 영웅주의의 관념을 구현하는 것이었다.

마오쩌둥의 이러한 '주관적 도덕률'은 전통적인 강렬한 영웅주의의 특색으로 가득 차 있다. 이런 영웅주의는 하층의 『수호전』· 『삼국지연의』 등에 나타나는 호걸뿐 아니라 『맹자』 속의 성현 · '대장부'를 포괄한다. 또한 마오쩌둥이 추구하고 단련한 의지 · 도덕 · 수양 · '자아'과 그가 이해하고 이상으로 삼은 '성현'은 실제로는 웅심장지(雄心壯志)에 가득 찬 '호걸'에 대한 요구, "성현이면서도 호걸이 아닌 자는 없었다",[40] "제왕은 일대의 제왕이지만 성현은 백대의 제왕이다"[41], 다시 말해 성현과 호걸(제왕)을 한몸에 모은 인격적 이상에 대한 요구였다.

마오쩌둥은 도덕적 자율과 식 · 색 본능이 서로 관련되어 있으며 공통적으로 충력(沖力)을 갖추고 있다고 지적함과 동시에 도덕은 반드시 자각적 의식 위에 세워져야 한다고 강조했다. "도덕의 실행은 확실히 감성과 의지에 의존하지만 그 이전에 반드시 실행하려는 이 도덕에 대한 뚜렷한 의식이 있어야 하며, 그렇게 되면 그 뒤의 행위는 저절로 이루어진다. 맹목적인 도덕이라는 것은 아무런 가치도 없다."[42] 마오쩌둥은 신민학회(新民學會) 등의 단체 활동을 조직할 때에도 "연구 외에 반드시 수양을 늘려야 한다"고 강조했으며, 그가 기초한 『회장』(會章)은 "학술을 혁신하고 품행을 연마하며 인심 풍속을 개량하는 것을 종지로 삼는다"는 것 아래에 "본회 회원은 다음과 같은 규율을 반드시 지켜야 한다. 첫째, 거짓되는 것은 하지 않는다. 둘째, 게으름을 피우지 않는다. 셋째, 낭비를 하지 않는다. 넷째, 도박을 하지 않는다. 다섯째, 창기

---

40) 「강당록」.
41) 「윤리학 원리 논평」.
42) 같은 글.

를 가까이 하지 않는다"는 내용을 담고 있다.

이것은 겉으로 보면 평범한 이야기이지만, 마오쩌둥에게는 여기에서의 '하지 않는다'는 것이 결코 소극적인 수신(修身)의 경계가 아니라 앞서 말한 주체의 능동적 의지를 실현하기 위한 도덕적 실천활동이었다. "의무라는 것은 하지 않는다는 것을 의미할 뿐 아니라 해야한다는 의미도 가지고 있으며, 소극적인 의미뿐만 아니라 적극적인 의미도 가지고 있다." "우리는 반드시 최고의 선을 실천하는 것을 의무로 삼아야 한다. 즉 우리의 심신능력을 최고도로 발달시키는 것을 의무로 삼아야 하며, 모든 것이 갖추어진 생활을 하는 것을 의무로 삼아야 한다."[43)]

그리고 이러한 관점에서 마오쩌둥은 세상에는 오로지 선만 있을 뿐 악은 없다는 결론을 끌어낸다. "따라서 나는 천하에는 악이 없으며 있다면 오직 차선(次善)만 있을 뿐이고, 천하에는 악인이 없고 있다면 차선인(次善人)이 있을 뿐이라고 주장한다", "악이라는 것은 차등(次等)의 선이다. 그 성질이 본래 악한 것이 아니라 다만 차등의 것일 뿐이며 그 때문에 선과 동일한 가치를 갖지 못할 뿐이다. 일정한 시기에 있어 아무런 가치도 없고 또한 크게 해롭기까지 한 것도 그 시기에 대해 말하는 것일 뿐, 그것이 다른 경우에도 본질적으로 무가치함을 의미하는 것은 아니다."[44)]

마오쩌둥은 바로 인간은 모두 삶을 가지고 있고, 모두 자아의 심신을 실현하기 위해 투쟁하고 분투하고 있기 때문에 이른바 악이라는 것은 없다고 말한다. 이것은 여전히 중국 유가의 전통에 속하는 것처럼 보인다. 하지만 청년 마오쩌둥은 '우리 심신의 능력을 최고도로 발달시키는 것'을 '선'과 도덕적 의무로 생각하고 있으며, 나아가 인간의 감성적 활동과 추구를 긍정하고 찬양하고 있다. 이러한 활동과 추구는 마오쩌둥

---

43) 같은 글.
44) 같은 글.

에게는 영원하고 끝이 없는 과정이었다. 따라서 그것은 일정한 구체적인 물질적 변혁뿐만 아니라 동시에 일종의 정신·의지적인 영원한 추구를 의미하고 있다.

인간은 근본적인 욕망을 이룰 수 없으며, 또한 근본적인 이상 역시 이룰 수 없다고 할 수 있다. 인간은 단지 이것을 빌려 이상적인 일을 이룰 수 있을 뿐이며, 그 일을 이루면 이상은 다시 한 단계 높아져버린다. 따라서 이상은 마침내 이룰 수 없는 것이 되며 오로지 일만 이룰 수 있는 것이다.[45]

인류의 궁극적인 목적이 도대체 무엇인지 아직 알 수 없다.[46]

이러한 중단이 없는 이상의 추구 자체를 목적으로 삼는 것이 바로 마오쩌둥의 사상에서 주목할 만한 대단히 중요한 특색이다.

하지만 눈앞의 일을 말한다면 중국과 세계를 개조하여 대동세계(大同世界)에 도달하는 것이 현실적인 구체적 목표였다. "대동(大同)은 우리의 목표입니다."[47] 이러한 '대동'은 본래 "그때는 천하의 사람이 모두 성인이 되는" 도덕적 이상이었으나 청년 마오쩌둥은 이것을 나중에도 여전히 구체화하려고 했다. 이를테면 "공공(公共)탁아소·공공보호소·공공학교·공공도서관·공공은행·공공농장·공공작업장·공공소비조합·공공극장·공원·박물관·자치회"[48] 등등이 바로 그것이다. 마오쩌둥은 또한 결혼의 폐지를 주장하여 "이미 혼약을 한 사람은 혼약을 파기하고(나는 인도주의에 반대한다), 아직 혼약을 하지 않은

---

45) 같은 글.
46) 같은 글.
47) 「리진시에게 보내는 글」, 1917년 8월 23일.
48) 마오쩌둥, 「학생의 공작」(學生之工作), 『후난교육월간』(湖南教育月刊) 제1권 2호, 1919년 12월 1일. 왕주바이·장선헝, 『마오쩌둥 조기 철학 사상 탐원』, 35쪽에서 인용.

사람은 독신을 실행한다. …… '결혼 폐지'라는 이 서약을 실천하여…… 모든 인류가 결혼으로부터 해방되게 한다"[49]는 것 등등에 의해 자아심신의 완만한 실현을 꾀하려고 했다.

마오쩌둥의 '자아실현'은 외향적인 감성적 물질활동과 투쟁의 진행, 대상의 개조를 근거로 하고 있는 만큼 분명히 자연스럽게 직접적인 실천이라는 현실적인 특징을 가지게 되었다. 따라서 외계와 충돌하거나 전통사회·암흑정치와 열악한 환경과 맞붙어 싸우는 것이 마오쩌둥의 '도덕률'에서 중요한 내용이 되는 것은 더욱 자연스러운 일이었으며, 이렇기 때문에 그것은 전통이학의 수심양성(修心養性), 수정독경(守靜篤敬)과는 전혀 달랐다.

이러한 '동력', 투쟁의 지지와 고무는 마오쩌둥이 강조한 '신앙'이었다. 마오쩌둥은 "인간은 선의 세력이 있음을 믿고, 신이 있음을 믿기에 그 용기를 고취하고 희망을 증대시킨다. ……이러한 신앙이 없이 위대한 사업이 이루어진 적은 없었다. 모든 종교는 신앙을 기본으로 한다"는 파울젠의 논점에 대해 "종교는 없어도 되지만 신앙은 없어서는 안 된다"고 논평하고 있다. 또 그는 이후에도 다시 "특히 모두가 공동으로 믿고 지킬 수 있는 '주의'(主義)가 있어야 하며, '주의'가 없다면 분위기를 조성할 수 없습니다. ……주의는 마치 깃발과도 같은 것이라 깃발이 세워지면 모두가 지향할 바를 알게 되고 나아갈 바를 알게 됩니다"[50]고 지적하고 있었다.

'운동'과 '동력'을 주장하는 것에서 '도덕자율'로, '신앙'과 '주의'로 나아가는 것은 일반적인 우주관·인생관에서 구체적인 주장과 요구로 나아가는 것이었다. 청년 마오쩌둥의 사상 역시 그의 실천활동과 완전히 일치하면서 한 걸음 한 걸음씩 현실적인 사회·계급투쟁으로 나아가고 있었다.

---

49) 「뤄쉐짠에게 보내는 글」, 1920년 11월 20일. 『신민학회 자료』, 121쪽.
50) 「뤄룽장에게 보내는 글」, 1920년 11월 25일. 같은 책, 97쪽.

3 '통금'의 경험이성

이것은 또한 청년 마오쩌둥의 사상에서 눈앞의 것을 중시하고 현실을 중시하는 경험이성을 구성하게 했다.

우선 마오쩌둥은 눈앞의 '현재'를 강조했으며, 공간을 인정하고 시간을 부정하여[51] 현재를 강조하면서, 과거를 돌이켜 생각하거나 미래에 대해 환상을 품는 것에 반대했다. 앞서 얘기한 '귀아'와 서로 마주 보고 있는 것이 바로 '통금'(通今)이다.

지나간 과거나 앞으로의 미래는 아무런 의거도 없으며, 의거할 수 있는 것은 오로지 현재(目前)뿐이다(通今).[52]

---

51) "내가 의미하는 것은 시간 관념의 발생은 객관계(客觀界)의 물리기계적(物理機械的) 전변(轉變)에 달려 있다는 것, 즉 지구가 태양의 둘레를 돌아서 낮과 밤이 이루어진다는 뜻이다. ……이것으로 이른바 시간이라는 것이 본래는 존재하지 않음을 증명할 수 있다. 지구가 태양의 둘레를 도는 것은 공간의 운동이다"(「윤리학 원리 논평」). 이것은 또한 나중에 "지구 타고 하루에 팔만 리를 달리는 우리"(坐地日行八萬里:「칠률이수七律二首—송온신送瘟神」, 1958년 7월 1일)라는 시 구절의 바탕이 되기도 한다.
52) 「강당록」.

지나간 일을 돌이켜 후회하면 무슨 소용이 있는가? 미래의 일은 예측하면 무슨 소용이 있는가? 그 의거를 찾는다면 오로지 현재뿐이다. ……현재를 중시하는 것에는 두 가지 의미가 있는데, 첫째는 귀아(자신에게 구하지 남을 탓하지 않는다)이며, 둘째는 통금이다. 이를 테면 역사를 읽을 때 반드시 근세사를 가장 중시하는 것은 그것이 나와 연관이 있기 때문이다.[53)]

둘째로, 마오쩌둥은 "이상은 사실의 어머니이다"[54)]고 인정했음에도 이상을 사실로 바꾸고자 한다면 반드시 경험과 실제, 그리고 행동을 중시해야 한다고 생각했다. 마오쩌둥은 「강당록」 속에서 "옛 사람들은 학문을 하는 데 있어 행사(行事)에 중점을 두었다", "가공의 일을 행하지 않으며 지나친 이상을 이야기하지 않는다"고 기록하면서 스스로 겪은 경험을 중시하여 "문을 닫고 처박혀 학문을 구해보았자 그 학문은 아무런 쓸모가 없으므로 천하·국가·만사·만물에게 배우고자 한다"고 강조하고 있었다. '통금'을 강조하고 눈앞의 현실을 강조하다보면 자연히 행동과 실천에서의 실제 경험을 중시하게 마련이기 때문이다. 하지만 중요한 것은 그가 다음과 같이 생각했다는 점이다.

갑(甲)이란 사물을 이해하면 을(乙)이란 사물에 통하게 되고, 이 이치를 생각하면 저 이치에 이르게 되며…… 수많은 만상(萬象)은 모두가 밀접하게 서로 연관되어 있는데, 이것을 가리켜 지각유화(知覺類化)라고 한다.[55)]

여기서 마오쩌둥은 갑을 이해하면 을로 통하게 되고, 이것에서 저것으로 나아가며, 이른바 '지각유화'에 도달하는 것이 책 속에서가 아니

---

53) 같은 글.
54) 같은 글.
55) 같은 글.

라 반드시 실제 경험 속에서 이루어져야 한다고 말하고 있다. 이 '지각 유화'라는 것은 일종의 경험으로 얻은 이성적 인식을 가리킨다. '지각'은 경험을 가리키며, '유화'는 이른바 "서로 밀접하게 연관되어 있다"는 것에서 얻어지는 공통의 인식, 즉 이성을 가리킨다. 이것은 또한 마오쩌둥이 말하는 '통금'이기도 하다. 이렇게 해서 마침내 '규칙·질서'를 총괄해내는 것이다. 이를테면 마오쩌둥은 이렇게 말한다.

> 천지간에 전쟁(兵)이 없던 적이 없었다. 전쟁이 없는 것은 도(道)가 아니다.[56]

> 인류는 스스로 삶의 도(道)를 길러 그 신체가 고르게 발달하므로 일정한 법칙과 질서를 가지고 있다.[57]

마오쩌둥은 종래의 선험 또는 선천적 지식을 부정하여, '법칙·질서'와 '도'를 포괄하는 인식은 모두 직접 경험에서 나와야 한다고 강조했다. 마오쩌둥은 스스로 그의 이러한 경험이성적인 인식론을 실천하기 위해 후난 성 내의 여러 현(縣)을 여행하면서 얻은 경험으로 사회를 이해했다.

셋째, 마오쩌둥은 현실주의적으로 문제를 제기하고, 실제에서 출발하여 전략을 논증하고 제정하는 것을 대단히 중시했다. 이를테면 그는 "인간은 그 탄생 이래로…… 누구나 스스로의 삶을 지키는 방법을 알고 있다. 따라서 시산(西山)의 고사리라도 배가 고프면 반드시 먹게 되며, 우물 위의 오얏이라도 삼키지 않을 수 없게 된다"는 것, 즉 인간은 반드시 생존을 유지해야 한다는 부인할 수 없는 기본실제에서 출발하여 논지를 세우는 것이다.

---

56) 같은 글.
57) 「체육의 연구」.

또한 그는 필기 속에서 "오로지 안빈(安貧)하는 자만이 능히 일을 이룰 수 있다"고 기록하면서도, "따뜻하고 배불리 하는 데 뜻이 있는 것이 아니라 뜻을 세우는 것에 대해 말한 것이다. 만약 작용을 이야기한다면 지극한 왕도(王道)라고 할지라도 역시 옷을 입고 음식을 먹어 춥지도 배고프지도 않게 하는 것일 뿐이니, 어찌 따뜻하고 배부른 게 꾀할 것이 못 된다고 할 수 있겠는가?"[58]고 이야기하고 있다. 이것 역시 사람은 밥을 먹고 옷을 입어야 한다는 보통 사실에서 출발하고 있다. 군대의 중시, 단결과 투쟁, 분할통치 등등과 같은 이후 마오쩌둥의 수많은 전략·전술·사상·수단들도 모두 실제에서 출발하고 경험을 총괄하여 그의 저 웅대한 대략(大略)의 자유의지에 복종시키는 것을 중시하고 있었다. 나중에 마오쩌둥이 말한 "전략으로는 적을 경시하고, 전술로는 적을 중시한다"는 것 또한 이러한 의미였다.

따라서 고도의 현실적이고 냉정한 이지적 태도를 갖추고 관건이 되는 모순을 끄집어내는 사유방식과 이것으로 직접 행동을 지도하는 실용적 특색을 지닌 병가(兵家)의 변증법[59]은 마오쩌둥의 요구에 아주 잘 들어맞았다. 이러한 행동의 변증법을 통해 마오쩌둥이 그의 '운동'·'투쟁'의 우주-인생관을 구체화·실용화·이지화(理知化)하고, 아울러 그것을 군사에서 정치로까지 확장하여[60] 이용한 것은 그의 중요한 철학 사상이 되었다.

이것은 청년시대의 마오쩌둥이 '운동'과 '투쟁' 관념이 경험이성과 결합하여 비교적 완비된 변증법(나중에『모순론』으로 표현된다)을 구성했으며, 동시에 경험이성 때문에 유물론적 인식론(나중에『실천론』으로 표현된다)을 형성하게 되었다는 의미이다. 비록 이런 모든 것들은

---

58)「강당록」.

59) 리쩌허우,「손자·노자·한비자의 철학 사상」,『중국 고대사상사론』참조.

60) "천지간에 전쟁이 없던 적이 없었다"(「강당록」)는 것 역시 청년 마오쩌둥이 일찍부터 '전쟁'(兵)의 보편성에 주목하고 있었음을 알려준다. 이 책의「중국의 마르크스주의─하나의 시론」참조.

이후의 일이지만 청년시기에 이미 사상적인 싹이 돋아나고 있었던 것이다. 이를테면 마오쩌둥이 「강당록」에 기록한 "성상(聖相)은 자신의 어른만을 어른으로 여기지 않고 항상 천하의 어른을 모셔 어른으로 여긴다"는 내용이나, 5·4운동 후에 제기한 '민중의 대연합'과 "우리는 연합군을 조직하여 공동으로 싸우지 않으면 안 됩니다"[61]는 것 등등은 조직역량(다수의 결집)에 주의하는 점에서 훗날 '대중노선'(群衆路線)의 선구가 되는 것이라 할 수 있다.

이런 것들은 모두 "실제적인 일에 의해 실제적인 결과를 거둔다"는 그의 경험이성의 작풍을 드러내주고 있다. 당시 차이허썬에게 붙여진 '이론가'라는 호칭과는 대조적으로 마오쩌둥이 '실천가'라는 명성을 얻은 것은 결코 우연이 아니었다.

마오쩌둥은 이제까지 순수한 이론적 학습이나 사변·연구에 완전히 몰두한 적이 거의 없었다. 이를테면 러셀을 비평하면서 단지 이렇게 말할 뿐이다.

러셀은 창사(長沙)에서 연설을 하여…… 마땅히 교육적 방법으로 부르주아가 각오하게 해야 하지만 자유를 방해하거나, 전쟁을 일으키거나, 혁명으로 피를 흘려서는 안 된다고 했습니다. 하지만 나는 러셀의 주장에 대해 단 두 마디의 비평만 하고자 합니다. "이론적으로는 아주 그럴 듯해 보이지만 사실 행할 수 없는 것이다."[62]

이것이면 충분할 터이므로 더이상 얘기할 필요도 없을 것이다. 마오쩌둥은 지식인들 사이에서 유행하는 갖가지 끝도 없고 실제의 효용과도 무관하며, 번잡하고 쓸데없이 길기만 한 연구·토론·논쟁을 좋아하지 않았기 때문에 "큰소리를 치지 않고 헛된 이름을 좋아하지 않는

61) 「타오이에게 보내는 글」(給陶毅信), 1920년 2월. 『신민학회자료』, 60쪽.
62) 「샤오쉬둥(蕭旭東)·차이허썬(蔡和森)에게 보내는 글」, 1920년 12월. 같은 책, 147~148쪽.

다"[63]는 것은 그의 도덕적 자율인 동시에 그의 경험이성이기도 했다. 사실 그는 그것들을 하나로 융합시켰다. 거기에서 '동력'의 욕구, '귀아'의 의지, '통금'의 이성은 서로 침투하고 교차하면서 청년 마오쩌둥의 영웅주의 · 낭만주의의 철학적 세계관의 원형을 형성한 것이다.[64]

물론 청년시기의 사상은 결코 성숙한 것이 아니었으며 그 가운데에는 수많은 모순이 있었다. 그러나 감성적 자아의 '운동'(노동 · 활동 · 행동)과 '투쟁'을 근본으로 한다는 주선(主線)은 청년 마오쩌둥의 사상 속에서 대단히 선명하게 두드러지고 있다. 이것에서 끊임없는 추구 · 항쟁 · 분투 · 투쟁이 나오게 되며, 혼란을 두려워하지 않고, 투쟁을 두려워하지 않으며, 아울러 그것들을 즐기고 쾌락으로 받아들이는 동시에 그것들을 제조하는 그의 사상의 특징이 솟아나오는 것이다. 영원한 추구를 이러한 생존동력의 이상과 신앙으로 삼으며, 현실경험에 대한 의존을 이러한 사상과 신앙을 실현하는 단계 · 수단과 방법으로 삼아 끊임없이, 자각적으로 하늘 · 땅 · 사람과 분투하여 과업의 성공과 최고도로 '자아를 실현'하는 정신쾌락을 획득하는 청년 마오쩌둥의 사상 특징은 그가 마르크스주의를 받아들이고 선택하고 발전시키는 데 의심할 나위 없이 중요한 영향을 미쳤다.

마지막으로 남은 한 가지 문제는 청년 마오쩌둥의 이러한 사상의 근원이다. 무술개혁과 신해혁명 시기의 국내외 사조가 아주 활발하게 후난에 충격을 가하고 있던 때에 마오쩌둥이 이어받은 사상의 격동은 여러 방면에 걸친 것이었으며, 받아들인 사상의 영향 역시 여러 방면에 걸친 복잡한 것이었다. 주희(朱熹)와 왕양명(王陽明)의 전통 교의에서 근대의 캉유웨이 · 량치차오 · 쑨원 · 황싱 등의 개혁주장과 혁명실천까지, 중학에서 서학까지, 정치에서 문화까지 온갖 다양한 것들이 물밀듯

---

63) 「강당록」.

64) 이 세 가지 가운데 실용성의 경험이성은 그 낭만주의적 자유의지를 위해 복무하는 것으로 종속적 지위에 놓여 있다.

이 몰려온 것이다. 마오쩌둥은 신문 읽기를 좋아했는데, 신문에 실리는 각종 사상·주장·관념·학설은 그야말로 다양하고 다채로워서 이러한 특색을 더욱 두드러지게 했을 것이다. 간단하게 개괄하자면 쩡궈판(曾國藩)·탄쓰퉁·옌푸와 천두슈 등이 청년 마오쩌둥에게 가장 중요한 영향을 미친 사람들이었다.

"과거의 탄쓰퉁과 오늘날의 천두슈는 웅대한 박력을 가지고 있어 진실로 오늘날의 속물학자들과 비교할 바가 아니다."[65] 천두슈는 말할 필요도 없고[66], 탄쓰퉁이 『인학』속에서 강조한 모든 윤리적 속박의 돌파(衝決網羅), 주동반정(主動反靜), 상대주의 등등은 심지어는 문자나 용어 면에서도 마오쩌둥의 「윤리학 원리 논평」과 대단히 비슷한 것이다. 이를테면 다음과 같다.

탄쓰퉁 "가령 도자기는 도자기가 되었을 때에는 (도자기로서는) 성(成)이지만 흙으로서는 훼(毁)이다. 하지만 그것이 부서져 흙으로 돌아가면 도자기로서는 훼이고 흙으로서는 성이다. 단지 순환이라는 것만 있을 뿐 성훼는 없는 것이다. ······가령 떡은 떡으로서는 존(存)이지만 식물로서는 망(亡)이다. 그것이 소화되고 똥이 되어 다시 식물로 돌아가게 되면 떡으로서는 망이며 식물로서는 존이 된다. 단지 변화만 있을 뿐 어찌 존망이 있겠는가?"[67]

마오쩌둥 "세상의 각종 현상에는 변화만 있을 뿐이며 생멸성훼(生滅成毁)라는 것은 없다. 생사는 모두 변화이다. 생멸은 없고 변화만 있을 뿐이며, 또한 변화는 필수이다. 그러므로 여기서 이루어지면 저기서 파괴되고 저기서 파괴되면 반드시 여기서 이루어지며, 성(成)은

---

65) 리루이(李鋭), 『마오쩌둥의 조기혁명활동』(毛澤東的早期革命活動), 창사, 湖南人民出版社, 1980, 104쪽에서 인용.

66) 이 책에 실린 다른 글들 참조.

67) 『인학』.

생(生)이 아니고 훼(毁)는 멸(滅)이 아니다. ……생은 성이 아니고 멸은 훼가 아니다."[68]

이처럼 비슷한 점이 한두 가지가 아니므로 여기서는 더이상 인용할 필요가 없을 것이다.

쩡궈판이 청년 마오쩌둥에게 미친 영향은 마오쩌둥이 당시 리진시에 보낸 서신 속에서 나타난다. "저는 최근 사람 가운데 오직 쩡문정공(曾文正公)에게만 신복합니다." 이것은 쩡궈판이 같은 현(湘鄉) 출신이어서 그에게 어느 정도 친밀감을 준 것도 있겠지만, 아마 그것보다는 주로 쩡궈판이 '성현'(修養)과 '호걸'(事功)을 한 몸에 아우른 점이 그때 마오쩌둥의 취향이나 지향에 잘 들어맞았기 때문일 것이다. 안원은 체력활동의 자아수양을 강조했고, 이 점은 앞서 말한 대로 마오쩌둥의 사상과 아주 분명하게 잘 들어맞았다.[69]

그리고 옌푸가 소개한 형식논리와 근대 경험론의 방법론은 바로 마오쩌둥의 경험이성이 특별히 필요로 하는 이론적인 근거였다. 옌푸의 자유주의 경제학[70]과 정법이론[71] 및 교육제도나 정치제도 등 그밖의 자본주의 사회의 수많은 사물·문명 등도 마오쩌둥에게 아무런 영향이나 의미를 갖지 못한 것은 아니었을 것이다. 마오쩌둥은 만년에 이르기까지 논리학(형식논리)에 깊은 흥미를 가지고 있었는데,[72] 수십 년 전의 논리학 저작을 다시 출판하자고 제안한 것이 그 증거다.

청년 마오쩌둥의 이러한 사상에서 다음과 같은 점들을 분명하게 발

---

68) 「윤리학 원리 논평」.

69) 위잉스, 『사학과 전통』(史學與傳統), 타이베이, 時報出版公司, 1982, 104쪽 인용. "마오쩌둥은 일찍부터 안원의 학문에 심복하고 있었다." (리황李璜, 『학둔실회고록』學鈍室回憶錄, 傳記文學社, 1973, 36~39쪽)

70) 『원부』(原富).

71) 『법의』(法意).

72) 공위즈(龔育之) 등, 「마오쩌둥과 논리학」(毛澤東與邏輯學), 『마오쩌둥의 독서생활』(毛澤東的讀書生活), 三聯書店, 1986 참조.

견할 수 있다. 첫째, 서구에서 전래된 개인주의 사상은 중국 원래의 영웅주의 사상에 뒤덮여 전통유학에서의 '입지'(立志)·'수신'(修身)이나 '성인'이 된다는 겉껍질에 융화되었다. 둘째, 노동의 중시, 신앙·조직의 건립, 각고분투의 강조 등 하층사회의 관념·정감·습속[73]이 상층사회의 문화 수양·지식과 학문·고아한 취미와 융화되었다. 중국의 상·하층사회에서 모두 보유하고 있는 전통의 실용(실천)이성정신은 여기서 아주 뚜렷하게 전개되고 있다. 청년 마오쩌둥의 사상 특색은 바로 그 시기 상하고금(上下古今)의 일종의 혼합물이라 할 수 있다. 하층사회(주로 노동농민과 유민·무산자)의 반란 '충동'을 거꾸로 보여주고 있다는 점에서 마오쩌둥은 당시의 수많은 지식인들과는 다르다. 하지만 동시에 유가교의의 훈도를 받았다는 것과 전통문학에 대한 두터운 수양 때문에 그는 당시 강호(江湖)의 부랑자나 녹림(綠林)의 호걸들과 다르다. 바로 이러한 것 때문에 마오쩌둥은 한편으로는 낡은 교육을 혐오하고 "사지를 움직여 일하지 않고 오곡을 구분할 줄도 모르며" "온량검공양"(溫良儉恭讓)을 외치는 공부자(공자)의 전통을 혐오하고 증오하면서도, 다른 한편으로는 여전히 공자·맹자에서 송대의 유학자, 그리고 쩡궈판에 이르는 사회상층에서 선전하는 '입지'·'수신'의 이학정신을 받아들이고 응용하고 계승한 것이다. 그는 이 두 가지 방면을 기묘하게 결합시켰다. 이와는 대조적으로 그의 자본주의, 특히 자본주의 교육에 대한 반감은 처음부터 끝까지 강렬하게 유지되었다.

청년 마오쩌둥 사상의 구체적인 역정 속에서 그의 스승 양창지(楊昌濟)는 마오쩌둥에게 직접 중대한 영향을 미쳤다. 확실히 양창지는 위로는 탄쓰퉁을 계승하고 아래로는 마오쩌둥으로 이어지는 자리에 있다고 할 수 있다. 이를테면 양창지는 말한다.

……체백계(體魄界)의 중심은 나의 몸이다. 영혼계의 중심점은 나

---

73) 리쩌허우, 「묵가의 철학」, 『중국 고대사상사론』 참조.

의 심령이다. 즉 천지만물은 내가 중심이 되어 있는 것이다. ……공
자도 옛적의 학자는 자기를 위해 (학문을) 닦았다고 했고, 맹자도 만
물의 모든 이치는 나의 성분(性分) 속에 갖추어져 있다고 했다. ……
우주 안의 사물은 모두 나의 성분 속의 것이며 나를 위한 것이라고
함은 이 때문이다.[74]

내가 학문을 연구한 지 10여 년이 지났어도 그것을 확대시키는 것
이 대단히 곤란했는데 탄쓰퉁의 『인학』을 읽고 나서야 확 뚫린다는
느낌을 얻게 되었다. ……나의 심력(心力)은 그때부터 곧바로 앞으
로 매진하게 되었다.[75]

쩡궈판·탄쓰퉁에 대한 극도의 존숭뿐만 아니라, 동(動)·운동·입
지·수신·학이치용(學以致用)·실사실공(實事實功)과 '자아실현'에
대한 양창지의 강조는 그의 학생(마오쩌둥)에게 아주 커다란 영향을
미쳤다.[76]
　마오쩌둥이 청년시기에 써내어 양창지의 칭찬을 받은『마음의 힘』
(心之力)이란 글은 오늘날 볼 수 없게 되었다. 하지만 앞서 이야기한
'동력', '귀아', 즉 주관적 정신과 의지역량의 고양이란 점과는 그다지
차이가 없을 것이다. 이러한 마오쩌둥의 사상특색은 또한 그의 시사

---

74) 왕싱궈(王興國), 『양창지의 생애와 사상』(楊昌濟的生平及思想), 창사, 湖南人民
　　出版社, 1981, 53~54쪽에서 인용.
75) 양창지(楊昌濟), 『달화재일기』(達化齋日記), 창사, 湖南人民出版社, 1981, 165쪽.
76) "양창지는 수공과(手工課)를 창도(倡導)하여…… 금공(金工)·목공(木工)·석
　　고(石膏) 등의 과목이 있었다. ……그밖의 언행에서도 정좌(靜坐)·묵사(默
　　思)·허튼소리를 하지 않기, 화류계에 빠지지 않기를 강조했고, 생활단련 방면에
　　서는 근면한 작업, 노동의 숭상, 의식을 검약하고 시간을 아끼며 아침식사를 폐
　　지하고 냉수목욕을 하고 먼 길을 혼자 다니고……하는 것들을 몸소 실천하여 모
　　범을 보임으로써 학생들에게 깊은 영향을 미쳤다."(리루이, 『마오쩌둥의 조기 혁
　　명활동』, 33쪽) 하지만 마오쩌둥은 '운동'의 우주관을 끝까지 관철시켜 '정좌'에
　　극력 반대한 점에서는 그의 스승인 양창지나 친구인 차이허썬과 상당히 달랐다.

(詩詞) 창작 속에서도 끊임없이 표현된다. 그의 시사는 그의 사상이나 개성(이 둘은 그 속에 하나로 융화되어 있다)을 이해하는 데 아주 중요하다.[77]

마오쩌둥은 일생 동안 낭만적 기질이 농후한 시인이었다. 청년시절에도 일찍이 그는 "애석하게도 저는 지나치게 감정이 풍부하여 너무 의분에 빠져 슬퍼하고 분개하는 병폐를 가지고 있습니다", "저는 감정에 떠밀려 엄격한 규칙에 따르는 생활에는 견디기 곤란합니다",[78] "원래 본성이 속박을 싫어합니다"[79]는 속마음을 토로한 적이 있다. 마오쩌둥의 철학 사상은 이러한 개성으로 가득 차 있고 이러한 개성은 충분한 형식으로 그의 시사에 표현되고 있다.

"장부가 어떤 일에 마음이 얽매이겠는가. 우주를 좁쌀처럼 보려 하네"에서 "묻노니 이 넓고 넓은 대지에서 그 누가 모든 운명을 지배하느냐", "푸른 산은 바다인 양 검푸르고 지는 해 핏빛으로 타누나", 그리고 "기쁜 눈물 삽시에 억수로 쏟아지네"의 한 구절에 이르기까지, 그 가운데에는 호걸의 호방한 언사와 전사(戰士)의 깊은 감정뿐 아니라 인생에 대한 감탄까지 드러나고 있다. 마오쩌둥은 사색을 좋아했으며, 비록 순수하고 추상적인 이론적 사변을 기꺼워하지는 않았지만(이 점은 헤겔이나 마르크스, 레닌과 다르다) 생사에 대한 심각한 감회와 인생에 대한 감개를 지니고 있었다. "인생은 늙어도 하늘은 늙지 않아", "하늘 땅 뒤집히니 감개도 무량하네", "소슬한 가을 바람 예나 다름없건만" ……등등은 그의 사공(事功)이 극에 달해 있을 때의 심각한 우주적 처량감을 보여주고 있다. 하지만 처량감에도 불구하고 이 어구들은 결코 감상적인 것이 아니며 주요한 방면은 여전히 저 충력의 고양, 의

---

77) 슈워츠(Benjamin Schwartz)는 마오쩌둥의 시가 그의 변증법, 인식론보다 더욱 중요한 철학의 핵심이라고 지적한 바 있다. Dick Wilson ed, *Mao Tse-tung in the Scales of History*, London, 1977, 10쪽을 보라.
78) 「리진시에게 보내는 글」, 1920년 6월 7일.
79) 같은 글, 1915년 11월 9일.

지의 왕성함이다.[80]

우주는 넓고 넓어 도대체 어디로 끌려가는 것인가? 이것은 진정으로 인생을 움직이는 비통함이다. 하지만 나의 뜻은 이와 같지 아니하다. ……큰 바람이 바다에 몰아치고 거센 파도가 종횡으로 몰아쳐도 배에 탄 사람이 이를 장관(壯觀)으로 여기는데 생사의 큰 파도만은 어찌 이것을 장관으로 여기지 못한다는 말인가?[81]

바로 이와 같은 것이다. 개인과 국가의 생사ㆍ변화라는 큰 파도를 맞이해서도 의지역량의 '충동'에 의지하여 침착하게 배를 몰아나가고, 자기자신의 심력으로 모든 사람들의 부침(浮沈)을 주재함으로써 자신의 체백과 정신의 극치를 실현하여 저 대동(大同)의 나라와 이상국가를 추구해나간다. 이것이야말로 청년시절부터 만년에 이르기까지 결코 바뀌지 않던 행동의 세계관이었다.

마오쩌둥이 어떻게 마르크스주의를 접촉하고 받아들였는가, 그 가운데 어떤 것을 선택하고 어떤 것을 회피하거나 경시하고 거절했으며 어떤 것을 발전시켰는가, 그리고 철학 면에서 어떻게 관념론에서 '변증법적 유물론'으로 신속하게 전환했고, 정치 면에서 폭력을 반대하는 온건파에서 폭력을 주장하는 급진파로 신속하게 전환했는가 하는 등등의 문제는 모두 그의 청년시기 이와 같은 사상특색과도 관계가 있다. 이런 것들에 대해서는 다른 재료를 이용하여 다른 기회에 분석해보고자 한다.

• 『허베이대학 학보』(河北大學學報) 1987년 제1기에 게재됨.

---

80) 의지와 역량을 고양시키는 영웅주의와 상반상성(相反相成)하는 것은 일종의 자아에 대한 풍자적 확인과 '폄하'로서 여기에는 만년에 그가 스스로를 가리켜 "못난 놈이 이름을 떨치게 되었다", '원숭이 기질'이라고 이야기한 것도 포함된다('원숭이 기질'이라는 말에는 많은 의미가 내포되어 있다).

81) 「윤리학 원리 논평」.

중국의 마르크스주의—하나의 시론

현대 세계사에서 그 어떠한 철학이나 이론도 마르크스주의만큼 큰 영향을 미치지는 못했다. 그것은 이미 수십 년 동안 러시아와 중국을 지배하면서 10억이 넘는 인구와 몇 세대에 이르는 사람들의 운명에 근본적인 영향을 주었다. 또한 그들의 운명을 결정하고 지배하는 동시에 전체 인류의 역사과정에 대해서도 영향을 미쳤다. 러시아는 이 글의 범위에 들어가지 않는다. 그렇다면 이러한 사실이 중국에서는 어떻게 가능했을까? 또한 중국 마르크스주의의 과거와 현재, 미래는 어떠한가? 이것은 명백히 으뜸가는 의의를 지닌 현대 사상사의 과제이다.

그리고 중국 마르크스주의, 이른바 중국적 마르크스주의는 서구 마르크스주의와 비교한다면, 실천행동으로 쌓아올린 많은 경험과 교훈을 갖추었다는 데 차이가 있다. 이를테면 루카치의 프롤레타리아트의 계급의식에 대한 강조나 그람시의 프롤레타리아트의 이데올로기에서의 헤게모니나 문화비판에 대한 강조 등은 마오쩌둥의 만년에 동양의 형태로 문화대혁명에서 광범위하게 실천되기도 했다. 둘 다 여러 가지 차이점이 있지만 사상의식 · 윤리도덕 · 문화비판 · 인간개조 등을 강조하는 의지주의(意志主義) · 주관주의(主觀主義)라는 특성 면에서는 상당한 근사치나 서로 접근하는 요인들을 가지고 있다.[1]

마오쩌둥의 만년의 실패 역시 이론에서 서구의 몇몇 마르크스주의학파 이론의 문제점들을 반영하는 것이라고도 할 수 있다. 따라서 중국 마르크스주의의 역사운명에 관한 연구는 마르크스주의 전체를 이해하는 데에도 도움이 될 것이다. 물론 이 글은 오늘날 가능한 조건에서 이루어진 하나의 시도에 지나지 않는다. 비록 첫번째의 시도가 성공하지 못한다고 하더라도, 이 실패가 나중 사람들에게 어떤 귀감을 보여줄 수 있기를 바라는 바이다.

---

1) 리쩌허우, 『비판철학의 비판』(批判哲學的批判), 수정본, 베이징, 人民出版社, 1984, 제9장 참조.

1 1918~27년

10월혁명 이전에도 중국의 소수 유학생 지식인들은 마르크스나 그의 학설의 윤곽에 대한 지식이 있었으며, 아울러 그것을 소개하기도 했다. 그 가운데 주즈신(朱執信)이 가장 유명한 예이지만,[2] 그의 마르크스 학설 소개는 중국이나 지식인들에게 거의 아무런 영향력도 발휘하지 못했다. 따라서 1949년 중국 혁명의 역사를 총괄하면서 아울러 기본 국가정책을 선포한 『인민민주주의 독재를 논함』(論人民民主專政)이란 글에서 마오쩌둥이 "러시아혁명의 포성은 우리에게 마르크스-레닌주의를 가져다주었다"고 한 지적은 상당히 정확하다 할 수 있다.

마르크스주의는 10월혁명과 레닌주의와 함께, 당시 중국의 일부 지식인에게 환영받으며 수용되고 신앙되었다. 러시아의 경우 플레하노프 등에 의해 오랫동안 마르크스주의가 번역·소개되고 연구됨으로써 사상·이론의 준비단계를 거친 것과는 달리, 중국의 마르크스주의는 처음부터 당면한 행동을 지도하는 직접 지침으로서 받아들여지고 이해되고 운용되었다. 마르크스주의가 중국에서 가장 먼저 드러난 것은 바로 이러한 혁명적 실천적 성격이었다. 중국에서는 러시아에서와 같

---

2) 리쩌허우, 『중국 근대사상사론』, 302~304쪽.

은 합법적 마르크스주의가 없었다. 『자본론』을 비롯해 마르크스 · 엥겔스(Friedrich Engels, 1820~95) · 레닌 등 몇몇 이론 저작들은 마르크스주의가 본격적으로 소개되기 시작한 이후에도 오랫동안 중국어로 번역되지 않았으며, 리다자오 · 천두슈 · 마오쩌둥 등 중국 최대의 마르크스주의자들 역시 당시 마르크스와 레닌의 저작 가운데 상당수를 거의 읽은 적이 없었다. 그들이 알고 있던 것은 대개 일본인이 저술하거나 번역한 여러 소책자에서 소개되고 해설된 마르크스주의와 레닌주의였다.

따라서 첫번째 문제는 상당히 복잡하고 방대한 마르크스주의 가운데에서 도대체 그들이 어떤 것을, 어떻게 주목하고 이해하고 선택했는가 하는 것이다. 그들은 어떠한 것을 선택하고 어떻게 그것들을 응용했는가? 또 이러한 선택과 응용은 어떻게 해서 가능했는가?

1918년에서 1919년 사이 리다자오는 『러시아혁명과 프랑스혁명의 비교관』, 『서민의 승리』, 『볼셰비즘의 승리』 등을 잇따라 발표하여, 러시아 10월혁명을 칭송하고 지지했다. 1919년 5월 그가 발표한 「나의 마르크스주의관」은 마르크스주의 학설을 소개한 최초의 장문(長文)이자, 초기의 일부 진보적 중국 지식인들의 마르크스주의에 대한 수용과 이해를 드러낸 것이라 하겠다. 이 글에서 알 수 있는 것은 10월혁명의 성공과 가와카미 하지메(河上肇) 등 일본인의 2차 번역물이 중국의 지식인들로 하여금 마르크스주의의 몇 가지 기본 요점을 파악하고 이것을 신속하고도 과감하게 받아들여, 최초의 마르크스주의자가 되게 했다는 점이다.

이러한 과정은 중국 근현대사에서의 구망이란 주제의 급박한 현실적 요구가 조성한 바이지만, 이것은 동시에 어떠한 이성적 신앙을 행동의 지침으로 삼는 중국 전통 실용이성의 표현이라고 할 수 있다. 마르크스주의의 기본이론과 10월혁명의 실천적 효과가 이러한 잠재적 가능성을 현실화시켰던 것이다.

마르크스주의는 각 방면에서 풍부한 내용을 가지고 있지만, 엥겔스는 마르크스의 무덤 앞에서 한 연설에서 유물사관과 잉여가치가 마르크스의 두 가지 중대한 발견이라고 지적했다. 잉여가치이론은 본래 프롤레타리아트가 사회주의 혁명을 진행하는 이론의 근거이자 사상의 기초이다. 하지만 당시 중국 자본주의는 겨우 걸음마를 시작하고 있었고, 프롤레타리아트 역시 매우 빈약한데다가 선전과 선동을 주도할 만한 공장·광산 기업 역시 가련할 정도로 빈약했다. 그래서 이 기본학설의 실용성과 실용범위는 극히 제한될 수밖에 없었다. 따라서 리다자오·천두슈가 마르크스주의를 선전할 때 이들 모두 잉여가치설을 소개하고자 했지만, 자세히 살펴보면 그들이 소개하려 한 중점, 진정으로 그들의 심령과 두뇌에 극도의 충격과 영향을 주어 침투하고, 나아가 그들의 실제행동을 직접 결정하거나 지배한 것은 마르크스주의의 유물사관, 그 가운데에서 계급투쟁설이었음을 발견할 수 있다.

리다자오는 다음과 같이 말한다.

마르크스 사회주의 이론은 세 가지로 나뉠 수 있다. 하나는 과거에 관한 이론, 즉 그의 역사론이며 사회조직의 진화론이라고도 한다. 또 하나는 현재에 관한 이론인 그의 경제론으로, 자본주의 경제론이라고도 일컫는다. 그리고 나머지 하나는 장래에 관한 이론으로, 그의 정책론이며 사회주의 운동론, 즉 사회민주주의이다. 그의 특유한 유물사관을 떠나서 그의 사회주의를 생각한다는 것은 간단히 말해 불가능하다. 왜냐하면 그가 근거한 사관은 사회조직이 어떠한 근본원인에 의해 변화해왔는가를 확정짓는 것이며…… 현재의 자본주의 조직은 머지않아 필연적으로 사회주의적 조직으로 넘어갈 것이라고 예언하고 있기 때문이다. ……그의 이 세 가지 이론은 모두 뗄 수 없는 관계를 가지고 있으며, 계급투쟁설은 한 가닥의 금실처럼 이 3대 이론을 근본적으로 연결시키고 있다. 따라서 그의 유물사관에서는 "지금까지 모든 사회의 역사는 계급투쟁의 역사다"라고 말한다. 그의 『자본론』 역시 처음부터 끝까지 한결같은 근거는 "오늘날의 사회조직에서 부르주아지와 프롤레타리아트는 불가피하게 서로 적으로 보고 서로 충돌할 수밖에 없는 관계에 놓여 있다"는 사상적 입론 위에 서 있다. 실제 운동의 수단에 관해서도, 그는 또한 최후의 계급투쟁에 호소하는 것 외에는 다른 좋은 방법이 없다고 주장했다 (1919년 5월).[3]

천두슈는 이렇게 말한다.

마르크스주의는 독일에서 국가사회주의로 변했으며…… 사회민주주의라고도 하는데, 그것은 그들이 부르주아지의 의회를 통해서 사회주의를 실행하자고 주장하기 때문으로, 이 때문에 이들을 의회파라고도 한다. 그 내부에 존재하는 카우츠키의 정통파이든 베른슈타인의 수정파이든 모두 비슷비슷할 뿐이다. (마르크스주의는) 러시아에 와서야 본래의 모습을 되찾아 공산주의라고 일컫는다. ……두 파의 주장은 다음의 표와 같이 서로 상반된다.

공산주의의 주장	국가사회주의의 주장
계급투쟁	노자(勞資)제휴
직접 행동	의회정책
프롤레타리아트 독재	민주정치
국제운동	국가주의

우리 중국인은 두 사회주의 가운데 어떤 것을 채택해야 할 것인가? ……계급투쟁의 관념은 분명히 중국인이 발전시켜야 하겠지만, 다시 눈을 뜨고 우리 나라 부르주아 정치가, 정객들이 부패·무능과 대의제도(代議制度)의 신용을 살펴본다면, 중국에서 민주정치와 의회정

---

3) 리다자오, 「나의 마르크스주의관」(我的馬克思主義觀), 『리다자오 선집』, 베이징, 人民出版社, 1978, 176~177쪽.

치는 서구보다 훨씬 더 파산했음을 알 수 있다(1921년 7월 1일).[4]

앞서 말한 대로 중국 지식인들은 10월혁명과 레닌주의를 통해 마르크스주의를 받아들였다. 따라서 리다자오와 천두슈가 받아들인 유물사관과 계급투쟁은, 제2인터내셔널의 의회주의 길에 대한 레닌의 단호한 반대와 직접 연결되어 있었다. 이것은 그들이 중국에서 현실투쟁의 길을 직접 선택했을 뿐 아니라(사회민주당의 평화의 길로 가지 않고 러시아 볼셰비키의 폭력혁명의 길로 나아간 것), 앞서 인용한 리다자오의 해석에서 마르크스의 과거(역사관) · 현재(경제론) · 미래(사회주의)에 관한 이론을 모두 계급투쟁이라는 "한 가닥의 금실에 의해…… 연결된 것"으로 파악하듯이, 그들이 받아들여 이해한 유물사관이 결국은 격렬한 계급투쟁과 긴밀하게 결합되도록 결정했다.

그러나 중국 지식인들은 오랜 문화전통과 유산을 가지고 있었으며, 이러한 전통과 유산은 계급투쟁과 닮지도 않았을 뿐 아니라 심지어 서로 충돌하기조차 했다. 그렇다면 이렇게 새롭고 낯선 사상과 관념인 마르크스주의는 왜 그렇게 신속하게 받아들여질 수 있었을까? 구망이라는 현실적 필요 외에 어떠한 문화심리 구조에서의 근거나 조건이 있던 것일까?

본래 청말부터 옌푸가 번역하며 소개한 진화론은 이후 줄곧 중국인의 마음속 깊이 파고들어 계속 영향력을 발휘했다. 진화론은 유교 경전에 박식한 사대부에서 좀더 젊은 세대의 지식인들까지, 모두 "치세와 난세는 번갈아 반복된다"거나, "나누어진 지 오래되면 반드시 합쳐지고, 합쳐진 지 오래되면 반드시 나누어진다"(分久必合 合久必分)는 식의 전통의 순환론적 역사관과, "삼대(三代) 성세(盛世)로 돌아간다"(復三代之盛)는 역사퇴화론(歷史退化論)에서 아주 신속하게 벗어나게 해주었다. 그리하여 그들이 거의 아무런 사상의 곤란이나 정서장애도 겪

---

4) 천두슈, 「사회주의 비평」, 『신청년』 제9권 제3호.

지 않고, 생물학을 기초로 한 사회진화론(Social Darwinism)을 받아들일 수 있게 했다.

이것은 주목할 만한 현상이다. 그것은 중국에는 진정으로 강렬한 종교심이 없었기 때문에, 지식인들이 자신이 이성을 이용하여 사물을 판단하고 가늠하고 평가하는 데 익숙해 있었다는 것을, 그리고 이러한 이성은 일종의 경험론적 이지(理知)로, 순수한 추상적 사변과 비이성적인 정감과 열광을 배척하며, 현실생활에서 경험적 감수(感受) 및 적극적인 의지(意志)와 결합되어 있음을 설명해주는 것처럼 보인다. 그래서 "신이 인류를 창조했다"는 식의 사상과 정감에서의 장애도 없었고, 또한 숙명론의 입장에서 "약육강식, 우승열패"라는 결론을 안이하게 받아들이는 일도 없이, 계속해서 자립자강(自立自强)과 강건분기(剛健奮起)를 추구하고 외칠 수 있었다. 이 '자강'이나 '강건'이란 개념은 본래 유학의 전통이었지만, 서양에서 수입한 진화론 관념 아래서 오히려 근대정신으로 바뀔 수도 있었다.

여기에서 우리는 이를테면 위에서 언급한 진화론과 역사 순환론·퇴화론의 대치, '약육강식', '생존경쟁'과 '조화의 중시'(和爲貴), "유약함은 도의 작용이다"(弱者道之用) 모순 등 근현대에서 전해져온 몇몇 서양의 학설들이 구체적인 내용과 관념 면에서는 유가·묵가·도가·법가의 중국 전통과 서로 어긋나고 모순되며 심지어 서로 충돌하기도 하지만, 좀더 깊은 차원의 문화심리 구조(민족정신·국민성) 속에서 그것들을 받아들이고 융화시킬 수 있었음을 알 수 있다. 여기서 말하는 '좀더 깊은 차원'의 '문화심리 구조'라는 것의 기본특징 가운데 하나는 바로 현실의 생존을 추구하고 세속의 생활을 긍정하는 동시에 거기에 복무하는 실용이성이다.

또한 중국의 실용이성이 항상 이렇게 정감을 이지(理知)의 통제에 두면서 거기에 관여하고 침투하여 사람들의 의지·신앙·희망 및 이데올로기에 대해 언제나 일종의 이성적 해석을 요구한 것 때문에, 중국에 들어온 진화론 역시 주로 실증과학의 한 학설이란 측면에서 대우받고 이해된 것이 아니라 하나의 이데올로기·신앙·생활의 활력과 인생관과 생명의지로서 받아들여지고 이해되었다.[5] 사람들은 정감 어린 태도로 그것을 받아들이고 이해하고 믿었지만, 이것은 어디까지나 이지적 인식 이후의 신앙이었으며, 순전한 감성으로 경도되거나 복종하는 것과는 달랐다. 이것은 과거 중국 사대부들의 공부자(孔夫子)에 대한 신앙이 서구인의 예수에 대한 신앙과 다른 것과 마찬가지라고 할 수 있다. 진화론 관념은 하나의 이데올로기·정감 신앙으로서, 중국 지식인들이 생활하고 분투하도록 지도하는 이성적 특징을 지니고 있었다.

따라서 진화론에서 유물사관으로 옮아가는 것이 중국 지식인들에게는 너무나도 명백하게 순조롭고 자연스러운 일이었다. 리다자오·천두슈 역시 이와 같은 경우였다. 리다자오는 마르크스주의자가 되기 이전, '청춘'과 '현재'(今)를 칭송하면서 '새로운 것과 낡은 것'을 외치며 진보를 추구하고 진화를 긍정했다. 천두슈 역시 직접 '진화론'과 '인권', '사회주의'를 신문화 계몽운동의 사상이론의 기초로 삼았다. 이미 알듯이 루쉰 역시 마르크스주의자가 되기 이전에는 진화론 신도였다.

당시 선진 지식인 집단은 유물사관이 진화론을 대체할 수 있었고 진화론보다 뛰어난 점으로, 적어도 두 가지를 꼽았다. 첫째, 그것은 간단한 생존경쟁의 원칙이나 공허한 사회유기체론이 아니라, 좀더 구체적이고도 실제적으로 인류역사를 해석하고, 경제발전을 기초로 하여 사회의 존재나 각종 사회의 상부구조·이데올로기·관념체계·민정풍습(民情風習)을 설명했으므로 이성적 설득력을 지녔다.

중국에서는 줄곧 '경세치용'(經世治用)이라고 하는 공리(功利)를 중시하는 유학 전통이 있어, 경제(食貨)·지리 등 사회의 물질적 존재조건이나 방면에서 정치의 성쇠나 민생빈부(民生貧富)를 연구하는 사상

---

5) 이 책의 「중국 현대의 세 차례 학술논쟁」 참조.

학설이 있었다. 일찍이 춘추시대에 "창고가 가득 차야 예절을 알게 되고, 의식이 족해야 영욕을 알게 된다"는 것과 "(백성을) 늘게 하며 부유하게 하며 가르치게 한다"라는 사상관념은 줄곧 사람들에게 잊혀진 적이 없었다. 송명이학의 충격과 통치가 있었지만, 상홍양(桑弘羊)에서 장거정(張居正)에 이르는 역대 치세명신(治世名臣)들의 형상은 역사 서적에 자세하게 기록되었을 뿐 아니라, 사대부들에게도 긍정을 받아 왔다.

이러한 '문화심리 구조'의 침전(積澱)은 지칠 줄 모르고 서구를 향하여 구망의 진리를 추구하던 현대 중국의 지식인들이 진화론을 선택했다가 다시 유물사관을 선택하는 데 일정한 역할을 했다. 반드시 의식하여 자각한 것은 아니었다고 하더라도 사상의 전통, 정감의 경향과 심리 구조에서의 동의는 정감·관념에서의 강렬한 배척감이나 받아들이기 어려운 느낌을 없애는 데 아주 중요한 요소였다. 전통관념과 윤리감정의 배척 때문에 중국인이 일반적으로 프로이트의 오이디푸스 콤플렉스나 극단적인 개인주의를 받아들이기 어려웠던 것을 비교해보거나, 열렬한 기독교도가 "원숭이가 인간이 되었다"는 진화론을 받아들이기 어려운 것을 비교해보면 쉽게 이해할 수 있으리라 생각한다.

그 다음으로 구체적인 내용에 대해서 말한다면, 중국의 사회사상에는 줄곧 유토피아의 전통이 있었다는 점이다. 유가의 '치국평천하'(治國平天下)와 '삼대의 치세로의 복귀'(復三代之治)라는 희망 외에도, 도가·묵가와 심지어는 불교까지도 모두 각기 다른 이상향이나 극락세계를 가지고 있었다. 근대에 이르러서는 홍슈취안(洪秀全)·캉유웨이·쑨원 역시 각기 나름대로 그들의 '새로운 하늘과 새로운 땅, 새로운 인간과 새로운 세계'(新天新地新人新世界)라는 대동(大同) 세계에 대한 전망을 구축했다.[6]

공상적 사회주의를 현실에서 분투하는 자신의 최종목표나 원대한 이

---

6) 리쩌허우, 『중국 근대사상사론』 참조.

상으로 삼은 것은 이들 선각자들이 실천적인 투쟁을 진행하는 데 일종의 거대한 동력이 되었다. 따라서 공상적 사회주의에서 유물사관의 '과학적 사회주의'로 나아가는 것은 사상의 발전과정에서도 역시 아주 순조로운 일이었으며, 쉽게 받아들일 수 있는 것이었다.

여기서 중요한 것은 중국 지식인들에게는 유물사관이 진화론과 마찬가지로 구체적인 과학으로서, 어떠한 객관법칙에 대한 연구방법이나 가설로서가 아니라 주로 이데올로기, 미래사회를 위한 이상으로서 받아들여지고 믿게 되었다는 점이다. "마르크스-레닌주의의 실천적 성격은 중국 인민의 구국·구민(救民)의 요구에 들어맞았으며…… 행동을 중시하고 역사의식이 풍부하며, 종교신앙은 없지만 치평(治平)의 이상을 가지고 있고, 냉정한 이지를 지니면서도 인간다운 열정이 충만한…… 이러한 전통정신과 문화심리 구조는 기질특성·사유관습·행동방식에서 중국인이 비교적 쉽게 마르크스주의를 받아들이도록 하지 않았을까?"[7]

그 가운데 특히 마르크스주의는 하나의 역사관이라는 점에서 역사경험을 존중하고, 역사관념과 역사정감이 풍부한 중국의 문화심리에 더욱 접근되는 면이 있었다. 1949년의 승리와 해방 초 '사회발전사'(즉 유물사관)에 관한 대규모 선전은 몇몇 종교도나 비(非)마르크스주의, 심지어는 반(反)마르크스주의이던 이름 있는 학자·교수·철학자·역사학자들까지 포함하여, 중국 대륙의 절대 다수 지식인들이 모두 자원하여 스스로 마르크스주의를 받아들이고 믿게끔 만들었다.

1949년 이후 종래 자신의 명확한 철학의 관점이나 신앙, 심지어는 체계를 가지고 있던 진웨린·펑유란·허린(賀麟)·탕융퉁·주광첸(朱光潛)·정신(鄭昕) 등과 같은 저명한 학자와 지식인들은 모두 앞뒤로 자기 원래의 철학 경향을 포기하거나 비판하고, 나아가 마르크

---

7) 리쩌허우, 『중국 고대사상사론』, 315쪽.

스주의를 받아들였다. 그들의 마르크스주의 철학에 대한 이해나 정확도는 논의의 여지가 있을지 몰라도, 마르크스주의를 받아들인 그들의 내적 충실성은 조금도 의심할 나위가 없다. ……이것은 공산당이 지도한 혁명이 성공하여 국가를 독립시키고 다시는 외국의 모욕을 받지 않게 한 것을 그들이 열정적으로 긍정하면서, 그 때문에 마르크스주의를 받아들이게 된 것과 관련이 있다. 그런데 이러한 인도(人道: 정치)에서 천도(天道: 철학)로의 심리적 전이(轉移)는 바로 중국의 사상적 전통이 아니었던가? 그들은 의식하든 의식하지 않든 바로 이러한 전통을 표현한 것이 아닌가?[8]

심지어 가장 완고하던 슝스리·량수밍 역시 만년의 학술저작에서 마르크스주의 철학에 대해 어느 정도 인정이나 긍정하는 태도를 드러내거나 반영시켰다.[9]

물론 지식인들(주로 대륙 밖의)은 결코 마르크스주의를 받아들이지 않았으며, 또한 많은 사람들은 마르크스주의를 격렬히 반대했다. 정치적 원인 외에 사상적으로 중요한 초점의 하나는 바로 그들이 계급투쟁설에 반대한다는 점이다. 계급투쟁을 승인하거나 부인하는 것, 적극 참가하거나 아니면 소극적으로 거절(또는 적극 반대)하는 것은 사실 중국에서는 마르크스주의를 받아들이느냐 아니냐 하는 이론적 구분점이자 표준의 척도가 되고 있다. 1949년 이전 중국 지식인 가운데 마르크스주의자는 절대 다수가 중국 공산당원이었으며, 실천에서도 이 점은 설명이 된다. 따라서 중국에서 마르크스주의는 주로 그 유물사관(역사적 유물론)에서 계급투쟁설로서 받아들여지고 이해되었던 것이다.

계급투쟁에 의해 어떤 계급들은 승리하고 어떤 계급들은 소멸한다.

---

8) 리쩌허우, 같은 책.
9) 슝스리의 『원유』(原儒, 1956), 『건곤연』(乾坤衍, 1961); 량수밍의 『인심과 인성』
　(人心與人生, 1984) 참조.

이것이 역사이며, 바로 수천 년의 문명사이다. 이러한 관점에서 역사를 해석하는 것을 역사적 유물론이라 하며, 이러한 관점의 반대입장에 서는 것을 역사적 관념론이라고 한다.[10]

이것은 '문화대혁명' 기간 동안 수억의 인민이 수없이 큰 소리로 낭독하던 마오쩌둥의 『어록』이다. 계급투쟁이 바로 유물사관인 것은 아니고, 유물사관 역시 계급투쟁만 의미하는 것은 아니기 때문에 이 말이 결코 중국 마르크스주의자, 심지어 마오쩌둥 자신의 유물사관에 대한 전체의 관점을 개괄할 수 있는 것은 아니다. 하지만 그럼에도 계급투쟁은 유물사관의 중요한 기본내용으로서, 수십 년 동안 중국의 혁명적 지식인들에게는 아주 핵심적인 의미를 지니고 있었다. 공산주의는 유물사관의 미래에 대한 전망으로서 혁명에 대한 신념과 이상을 제공했을 뿐이지만, 계급투쟁은 유물사관의 현실적 묘사로서 혁명의 근거, 또한 혁명의 수단과 길을 제공해주었다. 바로 이 때문에 계급투쟁 학설은 중국 마르크스주의에서 가장 근본의 이론학설과 기본관념이 되었다.

따라서 주목할 만한 점은 중국에서는 항상 모든 것을 계급투쟁의 관점에서 바라보고, 계급투쟁의 각도·형세와 요구를 포괄하여 계급을 인식하고 연구하거나 묘사하고 구분하기까지 해왔다는 점이다. 천두슈가 1923년 발표한 『중국 국민혁명과 사회 각 계급』이나 마오쩌둥이 1926년 발표한 『중국 사회 각 계급의 분석』은 모두 당시의 전체적인 계급투쟁의 형세와 상황이란 관점과 측면에서 중국 사회 각 계급을 분석하고 있었다.

그러므로 그 착안점 또는 주안점은 각 계급의 사회적 생산관계 속에서 역사적인 지위에 대한 구체적인 고찰도, 중국 사회에 대한 엄격한 구조적 계급·계층분석도, 비교적 엄밀한 수량통계를 기초로 한 소유

---

10) 마오쩌둥, 「환상을 버리고 투쟁을 준비하자」(去掉幻想準備鬪爭), 『마오쩌둥 선집』 제4권, 1,376쪽.

제와 재산분포에 대한 묘사와 연구도 아니었다.[11] 바로 각 계급의 당시 경제적 특히 정치적인 태도와 가능성을 묘사하고 있었다. 따라서 수입 상황과 생활수준이 사회적 생산관계와 생산양식 속에서의 구조적 지위를 대신했으며, 항상 생산에서의 위치가 아니라 분배 · 소비에서의 지위가, 경제조건이 아니라 정치태도가 더욱더 주목의 중점이 되었다. 중국 마르크스주의의 이러한 계급분석과 계급관념은 『자본론』이나 (레닌의) 『러시아에서의 자본주의 발전』에서 보이는 기초분석보다는, 『프랑스에서의 계급투쟁』, 『루이 보나파르트의 브뤼메르 18일』 등 마르크스의 전략적 저작 속에서 나타나는 계급분석에 더욱 접근한 것이었다. 그것은 실제로는 계급투쟁(정치)에 의해서 계급(경제)을 관찰하고 분석하는 것이었으며 계급분석 역시 "누가 우리의 적이고 누가 우리의 벗인가"를 명확히 하기 위한, 즉 당면한 혁명의 긴급한 실용적 요청에 부응하기 위한 것이었다.[12]

천두슈와 리다자오 등이 솔선하여 전파함으로써 많은 청년들이 고무되어 계급투쟁 학설을 받아들이고 믿게 된 후, 그것은 아주 짧은 시간에 구체적인 행동으로 결실을 맺었다. 우선 당의 창립이 이루어졌으며, 그 다음은 "민중 속으로 들어가자"(到民間去)는 운동이 나타났다.

당 창립은 레닌주의의 기본학설이었다. 직업혁명가를 주체로 하고 엄격한 조직과 철의 기율을 지닌 공산당 조직이 베이징 · 상하이 · 창사 등지에서 잇따라 성립되었다. 아울러 제1 · 2차 전국대표대회가 열리고 노동자들을 조직하고 지도하여 투쟁하기 시작했다. 앞서 이야기한 사상이론에서의 계급분석 역시 이러한 계급투쟁의 실천이 있은 후에야 비로소 이루어진 것이다. 중국공산당은 마르크스-레닌주의의 창시자

---

11) 1930년대의 중국 사회성격 논쟁에 가서야 비로소 과학적 연구가 있게 되었다.

12) 『마오쩌둥 선집』 제1권에 실린 「농촌계급을 어떻게 분석할 것인가」(怎樣分析農村階級, 1933. 10)도 대체로 이와 같다. 하지만 그것은 정책적인 문건으로, 봉건적 생산양식과 봉건적 토지소유 관계에서의 각 계급은 이론적으로 분석하지도 않았다.

나 카우츠키, 플레하노프 등과 같은 다방면·다층차에 걸친 이론적 저작을 갖지 못했다. 그리고 현대 중국의 긴장된 정치형세와 구망투쟁은 사람들로 하여금 깊이 있는 이론적 분석이나 서재에서의 연구를 허용할 만큼 주관적으로 충분한 조건을 부여하지 못했으며, 주된 역량·시간과 주의는 긴박한 투쟁의 실천에 집중되어 버렸다.

중국의 전통 문화심리 구조 속에서 실용이성과 사회(국가)의식은 의심할 나위 없이 이러한 특징을 촉진했을 것이다. 따라서 유물사관에서 계급투쟁에 이르기까지 이와 같이 직접적으로 긴박한 현실투쟁, 당면한 사회요구를 위해 복무하는 색채를 띠지 않는 것이 없었다. 마르크스주의의 실천성과 혁명성은 중국의 현대라는 특정한 환경에서, 그리고 중국의 전통적 문화심리의 침투 아래에서 이와 같이 단순하고 직접적인 실용의 특징을 지니게 되었다.

어떤 학자는 후스를 연구하면서, 듀이와 러셀이 거의 동시에 중국에 와서 강연을 했는데도 듀이의 영향이 러셀보다 훨씬 더 컸던 것은, "듀이의 실험주의가 후스의 중국화된 해석을 거친 후 이러한 '세계의 개조'라는 성격이 더욱 두드러지게 표현되었기 때문"이라고 설명한 적이 있었다. 즉 "듀이와 마르크스 사이에는 많은 차이가 있지만, '세계의 개조'라는 점에서(이론과 실천의 통일을 강조하는 점도 포함하여) 그들의 사상은 동일한 형태에 속한다. 마르크스주의가 실험주의의 뒤를 이어 수많은 중국 지식인들을 매혹시킬 수 있던 데에는 이것 역시 그 기본원인의 하나이다"는 것이다.[13]

하지만 한편으로 이보다 중요한 것은, 위에서 말한 대로 본래 상당히 이론을 중시하고, 아울러 하나의 완비된 이론체계를 갖추고 있는 마르크스주의 자체가 중국 현대 조건에서는 역시 "효과 있는 것이 바로 진리다"는 사고와, 당면한 실천에 직접 임하기를 요구하는 실용주의 요소

---

13) 위잉스, 『중국 근대사상의 후스』(中國近代思想史上的胡適), 타이베이, 聯經出版公司, 1984, 61쪽.

에 물들었다는 점이라고 할 것이다. 이 점은 중국 마르크스주의의 발전 방향에 영향을 미쳤다.

다른 한편, 무엇 때문에 마르크스주의는 "실험주의의 뒤를 이어 수많은 중국의 지식인들을 매혹시킬 수 있던 것"일까? 다시 말해 마르크스주의는 어떤 점에서 실용주의보다 더 중국 지식인들에게 받아들여지기 쉬운 특성을 갖추고 있었던 것일까? 객관적 현실적 원인(구망도존救亡圖存) 외에 아마 전통 문화심리 구조에 원인이 있는 것처럼 보인다. 전통 심리상태에 대해서 말한다면 중국의 실용이성과 실용주의는 서로 접근하는 점이 있다. 즉 진리의 실용성과 현실성을 강조하고, 현실적 인생이나 생활에서의 실용과는 무관한 형이상학의 사변·추상과 신앙 양식을 경시하며, 이른바 "도(道)는 윤상일용(倫常日用) 속에 있다"고 강조하는 점이다. 하지만 동시에 실용주의에 결코 접근하지 않는 점도 있으니, 그것은 실용이성은 좀더 장대한 효과와 체계로 피드백되는 효과를 가지는 양식에 주목하는 습관이 있다는 것이다. 즉, 일종의 객관적인 '도'가 현실사회와 일상생활을 지배하고 있으며, 따라서 이성은 단순한 행위의 도구에 머무르지 않고 동시에 도의 본체를 인식(또는 체인體認)하는 길이 되기도 한다는 점이다.

실용이성의 이와 같은 특성은 실용주의와 마르크스주의 사이에서 중국 지식인들이 문화심리 구조면에서 좀더 용이하게 후자로 기울어지게 했다. 왜냐하면 마르크스주의는 사회발전과 미래세계에 대해 이상을 가지고 있을 뿐 아니라, 실용주의 이론이 단순히 생물이 환경에 적응한다는 기초 위에 건립된 것에 비해 객관적인 세계와 그 보편적인 법칙의 존재를 긍정하고 이러한 객관적인 법칙에 대한 인식과 논증을 중시했기 때문이다. 반면에 실용주의는 이러한 것을 배척했다.

따라서 처음부터 리다자오·천두슈·취추바이·차이허썬 등과 같은 중국 마르크스주의자들은 중국의 현실 정세와 분투의 앞날에 대해 상당한 이론적 수준을 가진 글들을 발표했다. 이 글들은 오늘날의 시각에서 보더라도, 당시의 기타 당파나 기타 사상, 이론학설(이를테면 후스의 정치평론문장)의 수준을 훨씬 능가한다. 그들의 중국 혁명의 상황과 정치투쟁에 관한 분석과 논증은 기타 다른 이론학설에 비해 훨씬 강력한 이론적 설득력을 지니고 있다. 이것은 바로 그들이 마르크스주의, 즉 유물사관과 계급투쟁 학설로 관찰하고 논증한 결과이다. 왜냐하면 당시 중국은 확실히 날로 더욱 긴장되는 사회투쟁과 계급투쟁 속에 놓여 있었으며, 계속 강해지는 일본 제국주의의 침략이란 형세에 놓여 있었다는 점이 분명했기 때문이다.

중국에서의 마르크스주의 제1단계는 리다자오의 이론적 문장으로 대표될 수 있다. 리다자오는 중국 초기 마르크스주의 이론의 대표자이다. 이것은 그가 가장 먼저 마르크스주의를 받아들이고 전파한 선구자였을 뿐 아니라, 그의 이러한 수용과 전파는 처음부터 일종의 '중국화'한 특색을 지니고 있었기 때문이다. 이러한 특색이 그를 천두슈와 다르게 하는 바이지만, 나중에 마오쩌둥을 대표로 하는 중국 마르크스주의와는 오히려 서로 통하는 점이 있다. 그 가운데 두 가지 점이 주목할 만하다.

첫째, 인민주의 색채이다.[14] 아마도 리다자오는 청년 지식인에게 러시아의 인민주의자들에게 배워 "농촌으로 들어가라"고 호소한 최초의 중국 마르크스주의자일 것이다.

과거 러시아의 청년들이 농촌에 들어가 선전운동을 한 정신을 가지고 우리 청년들이 농촌으로 들어가 농촌의 일을 개발하는 일은, 절대로 늦춰져서는 안 된다. 우리 중국은 농업국이며 대다수 노동계급은 바로 그들 농민이다. 그들이 해방되지 않는다면 우리 국민 전체가 해방되지 못하며, 그들의 고통은 우리 국민 전체의 고통이다. 그들의 우매함은 우리 국민 전체의 우매함이며, 그들의 생활에서의 이해관계는 우리 정치 전체의 이해관계이다.

---

14) Maurice Meisner, *Li Ta-chao and the Origins of Chinese Marxism*, New York, Atheneum, 1970 참조. 이 책은 특히 이 점을 강조하여 제기하고 있다.

도시에서 표류하는 청년 벗들이여! 그대들은 알아야 한다. 도시에는 수많은 죄악이 있지만 농촌에는 수많은 행복이 있다. 도시의 생활에는 어두운 측면이 훨씬 많지만 농촌의 생활에는 밝은 측면이 훨씬 많다. 도시의 생활은 거의 귀신의 생활이나 마찬가지지만 농촌의 활동은 완전히 인간다운 활동이다. 도시의 공기는 혼탁하지만 농촌의 공기는 맑고 깨끗하다. 왜 일찌감치 행장을 꾸리고 부채를 청산한 뒤, 그대들의 농촌으로 들어가지 않는가? ……일찌감치 고향으로 돌아가 자신의 생활을 좀더 간단히 한 뒤, 정신노동을 해도 좋고 육체노동을 해도 좋으며 채소를 심어도 좋고 밭을 갈아도 좋다. 소학교 교사가 되어도 좋으며, 하루에 여덟 시간씩 자신에게도 유익하고 남에게도 유익한 일을 한 후, 나머지 시간에는 농촌을 개발하고 농민의 생활을 개선하는 사업을 하라. 한편으로는 일을 하면서 다른 한편으로는 같이 일하는 벗들과 더불어 웃고 이야기하면서 인간향상의 도리를 닦는다. 지식계급이 노동단체에 참가하기만 하면…… 많은 청년들이 농촌으로 돌아가기만 하면…… 농민을 약탈하고 속이는 강도들은 꼬리를 감추고 사라질 것이다.

청년들이여! 농촌으로 들어가라! 해가 뜨면 일하고 해가 지면 휴식하고 밭을 갈아 밥을 먹고 우물을 파서 물을 마시라. 일년 내내 밭에서 일하는 노인네와 부녀자들은 모두 당신과 한마음인 반려자이니, 밥 짓는 연기가 피어오르고 들에서 일하는 사람들의 모습이 보이며 닭 울음소리와 개 짖는 소리가 서로 들리는 세상이야말로 그대들이 마음을 놓고 정착할 수 있는 곳이다.[15]

인민주의는 일반적으로 서로 결합된 두 가지 특성을 지니고 있는데, 하나는 자본주의를 증오하여 자본주의를 회피하거나 뛰어넘어서 사회

---

15) 「청년과 농촌」, 『신보』(晨報), 1919년 2월 20~23일.

주의나 이상사회를 건설하기를 희망하는 것이며, 다른 하나는 이러한 희망을 농촌이나 농민에게 맡기는 점이다. 이렇게 농촌으로 돌아가도록 호소하는 것, 농촌을 중시하고 농민을 칭송하는 것은 천두슈 등에게서는 보이지 않는다. 하지만 이것은 결코 리다자오만의 특색이 아니며, 그를 전후한 장타이옌·루쉰(초기)·장스자오·량수밍·마오쩌둥 등에게서도 각기 다른 형태로 이러한 특색이 번뜩이고 있다.

중국 근현대에는 캉유웨이·옌푸·쑨중산·후스·천두슈를 두드러진 대표로 하는 서구화 사조와, 훙슈취안과 위에서 말한 장타이옌 등을 두드러진 대표로 하는 인민주의 사조라는 경향의 차이가 처음부터 끝까지 존재했다. 그 차이는 주로 자본주의를 대하는 데 기본적으로 칭송하고 긍정하는 입장을 취하느냐(전자), 아니면 보류하고 부정하는 태도를 취하느냐(후자) 하는 태도의 차이로 표현된다. 전자는 자본주의 물질문명과 공업생산이 가져오는 사회적 행복, 국가의 부강에 좀더 주목한다. 반면, 후자는 어떻게 해서 '순수'한 농촌의 환경(넓은 의미에서), 전통의 미덕과 정신문명 등을 보존하여 자본주의를 초월하느냐에 좀더 큰 관심을 쏟았다.

이것은 확실히 러시아의 '서구파'와 '슬라브파'와 비슷한 점이 있다. 하지만 중국에는 러시아의 동방정교와 같은 종교의 전통이 없었고, 러시아의 농촌공동체와 같은 유제(遺制)가 없던데다가, 근대의 중요한 몇몇 원인 때문에 순수한 인민주의의 사조·조직·활동이 나타나지도, 나타날 수도 없었다. 중국 근현대의 '선각자'들은 모두 의식적으로 "서구를 향해 진리를 찾았"다. 따라서 인민주의적 사상을 가진 사람은 항상 그것을 일종의 의식하지 않는 상태에 둘 수밖에 없었는데, 그들은 근대의 대공업과 대생산을 부정하지도 않았다. 동시에 '서구화론자' 가운데 적지 않은 사람들이 자본주의의 죄악을 폭로하고 비판했다.

따라서 위에서와 같은 구분은 단지 상대적인 의미만 가지는 것이고 전체적인 사상경향의 차이일 뿐이며, 객관적이고 전체적인 입장에서 이야기한 데 지나지 않는다. 각각의 구체적인 인물들에게서는 또한 각

종의 구체적인 모순들이 드러나는 복잡한 상황이 전개되었다.[16]

그러나 여기서 이러한 문제를 제기하고 차이를 지적하는 것은, 중국 근현대에서 인민주의 사조가 상당히 중시되어야만 하는 것이기 때문이다. 러시아에서처럼 이론과 실천에서 독립된 성격을 가지거나 플레하노프에서 레닌에 이르는 첨예한 비판 같은 것도 받지 않았기 때문에, 중국에서 인민주의는 처음부터 마르크스주의에 침투하여 영향과 작용을 발휘했다. 이러한 작용과 영향이 반드시 나쁜 것만은 아니었다. 농촌과 농민의 중시 같은 것은 여러 방면에서 중국의 실제에 부합했으며, 중국에서 마르크스주의가 승리하는 데에도 기여했다. 하지만 몇 가지 문제와 결점을 수반한 것은 확실하며, 이에 대해서는 나중에 이야기하고자 한다.

리다자오가 해설한 마르크스주의의 두번째 특징은 도덕주의다. 리다자오는 처음으로 계급투쟁 학설을 소개함과 동시에, 특히 크로포트킨의 상호부조론을 중점적으로 선전했다. 그는 상호부조로 계급투쟁을 '보충'하고자 했다.

모든 형태의 사회주의 뿌리는 순수하게 윤리이다. 협동과 우애는 인류의 사회생활에서 보편법칙이며…… 사회주의자가 공동으로 일치하여 규정하는 기초임을 발견할 수 있다. ……이 기초는 협동·우애·호조·박애의 정신이며, 가족정신을 사해(四海)로, 인류전체 생활의 기초로 미치게 한다.

그(마르크스)는 결코 인류의 역사, 과거와 미래의 역사 모두가 계급투쟁의 역사라고 인정한 적이 없었다. 그의 계급투쟁설은 그의 경제사관을 인류의 전사(前史) 시기에 적용시킨 것이지, 인류역사 전체

---

16) 이를테면 대체적으로 루쉰만이 이러한 차이를 초월하고 있지만, 그 역시 정감사상의 깊은 곳에서는 모순과 충돌을 남기고 있다.

에 통용시킨 것은 아니었다. 인류의 진정한 역사의 첫 페이지는 호조적인 경제조직이 동시에 시작되는 것이어야 한다고 그는 확신했다.

이 최후의 계급투쟁은 사회조직을 개조하는 수단이다. 이 상호부조정신은 인류정신 개조의 신조이다. 우리는 물심양면의 개조, 영육일치의 개조를 주장한다.[17)]

여기서 우리는 경제구조가 계급대립에 기초하여 있는 시기에는 이 상호부조의 이상, 윤리의 관념이 하루라도 없어지는 일은 없으나, 항상 경제구조에 의해 훼손당하기 때문에 마침내 실현되지 못한다고 단정할 수 있다. 이것은 마르크스 학설에 내포된 진리이다. 경제구조가 인류의 상호부조 위에 건립되는 시기에 이르면 이 윤리의 관념은 이전처럼 경제구조에 의해 훼손당하지는 않을 것이다. 그러나 여기까지 이르는 과도기에는 윤리적 감화, 인도적 행동에 좀더 배가된 노력을 기울임으로써 인류가 전사 속에서 받은 나쁜 감염과 나쁜 습관을 제거하려고 노력해야지 물질의 변경에만 의존해서는 안 된다. 이것이 마르크스 학설에서 응당 바로잡아야 할 점이다.

우리는 인도주의로 인간정신을 개조하고, 동시에 사회주의로 경제조직을 개조해야 한다고 주장한다. 경제조직을 개조하지 않고 단지 인류정신만 개조하는 것은 반드시 아무런 효과도 거두지 못한다. 인류의 정신을 개조하지 않고 단순히 경제조직만 개조하는 것 역시 성공하지 못할 것이다. 우리는 물심양면의 개조, 영육일치의 개조를 주장한다.[18)]

'상호부조', '협동', '우애', '인도', '인류정신의 개조'에 의해 사회조

---

17) 「계급투쟁과 상호부조」(階級競爭與互助), 『매주평론』(每週評論), 1919년 7월 6일). 리다자오, 『리다자오 선집』, 222~224쪽.
18) 「나의 마르크스주의관」(我的馬克思主義觀). 『신민학회자료』 194쪽을 보라.

직의 개조를 보완하거나 병행하여 추진함으로써 사회주의 혁명과 계급투쟁에 일종의 도덕적 성질과 내용을 부여하는 이러한 특징은, 앞서 말한 인민주의의 특징과 서로 긴밀하게 결합·융합·통일되어 있다. 그것들은 동일한 농업소생산의 전통사회라는 기초 위에서 태어난 것이다. 그것은 마치 중국 전통의 공맹의 도(道)와 유사한 것 같지만 다른 점이 있다. 왜냐하면 이러한 '상호부조'와 '협동', '인류정신의 개조'는, 이른바 '노동존중주의'(尊勞主義), 즉 하층인민의 노동에 기초하고 있음을 강조하기 때문이다.

우리는 인생에서 즐거움을 구하는 데 노동을 존중하는 것보다 나은 게 없다고 생각한다. 모든 즐거운 경지는 노동으로 얻을 수 있으며, 모든 고통은 노동으로 벗어날 수 있다. ……노동하는 사람은 실제로 고통이란 게 어떤 것인지 모르는 사람임을 알아야 한다. 예컨대 몸이 피곤한 경우 나가서 한 시간 반쯤 일을 하면 매우 상쾌해질 것이며…… 고통을 벗는 가장 좋은 방법은 바로 노동이다. 이것을 '노동존중주의'라고 한다.[19]

인도주의 경제학자는 인심개조론을 주장하므로 그 목적은 도덕의 혁명에 있다. 사회주의 경제학자는 조직개조론을 주장하므로 그 목적은 사회의 혁명에 있다. 이 두 가지는 모두 개인주의 경제학에 반대하는데…… 종전의 경제학은 자본과 자본가를 본위로 했다. 앞으로의 경제학은 노동과 노동자를 본위로 할 것이다. 지금은 바로 개인주의에서 사회주의와 인도주의로 넘어가는 과도시대이다.[20]

---

19) 「현대 청년활동의 방향」(現代靑年活動的方向), 『신보』, 1919년 3월 14~16일. 마오쩌둥은 청년시절부터 특별히 체력노동과 체력활동의 쾌락을 강조했다. 이 책의 「청년 마오쩌둥의 사상」 참조.
20) 리다자오, 「나의 마르크스주의관」, 『리다자오 선집』, 175~176쪽.

처음부터 리다자오는 윤리 · 인도 · 정신의 개조와 계급투쟁 · 사회개조를 이른바 '심물' '영육' 등으로 함께 거론하면서, 두 방향을 동시에 개조할 것을 요구했다. 요컨대 '개인주의 경제학'(애덤 스미스를 대표로 하는 고전 자유주의 경제학)에 반대하고 '인도주의 경제학'과 '사회주의 경제학'을 서로 결합시키기를, 계급투쟁을 노동에 기초한 상호부조 · 합작과 결합시키기를 주장한 것인데, 이것이 바로 리다자오가 이해하고 선전한 마르크스주의였다. 이것이 선진(先秦)시대의 묵가 이래로 내려온 중국 하층사회의 전통윤리와 접근하는 점이 없다고 할 수 있을까? 이것은 또한 소생산사회라는 전통의 토양에 같은 뿌리를 내리고 있는 유가의 인애(仁愛)윤리와도 서로 통하는 점이 있을 것이다. 이 점은 이후의 발전에서 더욱 분명하게 드러난다.

인민주의 요소, 도덕주의 요소, 실용주의 요소의 침투는 아마도 마르크스주의가 초기에 중국에 전파되고 발전되는 과정에서 가장 중시해야 할 특징이라고 할 것이다. 그것들을 중시해야만 하는 이유는 그것이 마르크스주의의 선택 · 판단 · 수용 · 응용과 마르크스주의의 중국화 과정에서 중요한 역할을 했기 때문이다. 비록 이와 같은 자료들이 사상문헌에 지나지 않고 순수한 이론영역에서의 논증에 지나지 않지만, 생생한 사상사는 바로 현실과정의 한 거울이기도 하다. 거울 속의 이러한 특징들을 통해서 중국과 같은 농민국가와 전통 문화심리 구조 속에서 마르크스주의의 길과 운명이 심각하게 반영되고 있는 것이다.

이러한 길과 운명은 확실히 우연이 아니며, 개인의 의지나 경향에 의해 완전히 결정되는 것도 아니다. 따라서 냉정하고 시기적절하게 그것을 인식하고 연구해야만 비로소 그 강점과 뛰어난 점을 발전시킬 수 있고, 그것이 가져오는 결함과 병폐를 피할 수 있으며 좀더 자각하여 마르크스주의를 이해하고 장악할 수 있다. 애석하게도 이에 대한 우리의 인식과 연구는 늦은 감이 있다.

2 1927~49년

중국의 마르크스주의는 현실 정치투쟁의 구체적인 실천과 뗄 수 없는 관계로 묶여 있어, 그 사상이론의 발전은 독립형태를 취할 수 없었다. 따라서 각 단계의 구분기준 역시 독립적인 척도를 갖지 못하고, 기본적으로 사회·정치 투쟁의 몇 가지 중요한 관건적인 매듭에 의해 각기 다른 단계를 형성하게 되었다. 대체로 1918년부터 1927년의 대혁명까지는 리다자오·천두슈를 중심으로 하는 초기 단계이다. 1927년 대혁명의 실패에서 1949년까지는 마오쩌둥·류사오치(劉少奇) 등을 주된 대표로 하는 '마오쩌둥사상'의 성숙기이다. 제3단계는 1949년의 승리에서 1976년 마오쩌둥의 서거까지 마오쩌둥의 사상이 절대 지배의 위치를 차지하면서 편향적인 발전을 이룬 시기이다. 그리고 1976년 이후 오늘날까지는 새로운 시기이다.

제1기와 제2기를 연결하는 인물은 이론에서는 주로 취추바이를 들 수 있다. 취추바이는 1923년 소련에서 귀국하여 『신청년』을 공산당의 계간 이론잡지로 복간시켰다. 「신청년의 새로운 선언」이란 글 속에서[21] 취추바이는 『신청년』이 '프롤레타리아트의 사상기관'임을 공개적으로

---

21) 딩서우허, 『취추바이 사상연구』(瞿秋白思想研究), 청두, 四川人民出版社, 1986, 50쪽에 의하면 이 글은 취추바이가 쓴 것이라고 한다.

선포하여 확고한 계급성·당성·혁명성을 드러내었다. 그리고 동시에 "엄격한 과학의 방법으로 모든 것을 연구하여 철학에서 문학에 이르기까지 근본적인 고찰을 하고 사회현상의 공리를 종합하여 결론을 구한다"는 것, 즉 과학의 방법론을 제기하여 과학의 혁명방법론으로 문제를 연구하고 실천을 지도할 것을 요구했다.

1920년대에 취추바이는 유물사관에 의거하여 과학과 현학의 논쟁을 논평하면서, 이 글 속에서 다시 자유와 필연이라는 철학 문제를 제기했다. 취추바이는 바로 이 시기에 '변증법적 유물론'을 중국에 소개했다. 앞서 이야기한 대로, 중국에서 마르크스주의가 우선 받아들여지고 전파되고 영향력을 발휘하게 된 것은 유물사관, 즉 역사적 유물론 덕택이었고, 리다자오나 천두슈 및 기타 몇몇 사람들은 이러한 역사관을 사회관·인생관으로 삼아 실천에 임했다. "따라서 역사관이라는 것은 실로 인생의 의거이며, 정확한 인생관을 얻고자 한다면 반드시 우선 정확한 역사관을 얻어야 한다. ……또한 (역사관은) 일종의 사회관이 될 수도 있다."[22] 하지만 취추바이에 이르러서는 전혀 다른 모습이 드러나게 되는데, 그는 주로 '변증법적 유물론'을 우주관과 방법론으로 삼아 역사·인생·사회·혁명을 해석했다. 이것은 주목할 만한 대단히 중요한 변화이다.

우주의 근본은 물질의 움직임(動)이고, 움직임의 근본성질은 모순, 즉 긍정의 부정, 양질의 상호전환이며, 사회현상의 근본은 경제적(생산관계) 움직임, 즉 '사회적 물질'의 상호전환이다.[23]

우주의 모든 현상은 영구히 움직이는 것이고 서로 연관되어 있으며, 사회현상 역시 마찬가지이다. 따라서 사회과학에서 근본의 방법

---

22) 리다자오, 「사관」(史觀), 『리다자오 선집』, 287쪽.
23) 취추바이, 「사회철학 개론」(社會哲學槪論), 『상하이대학강의』(上海大學講義), 1923. 딩서우허, 『취추바이 사상연구』, 131쪽에서 인용.

은 변증법적 유물론이다.[24)]

　　이른바 '움직임'이라는 것은 투쟁이며 모순이다. ……이른바 투쟁
　　과 모순(방향이 다른 각종 역량의 상호대항)이 변동의 과정을 규정
　　한다.[25)]

　　리다자오 · 천두슈 등이 주로 일본어나 영어 번역서로 마르크스주의
를 이해한 것과는 달리, 취추바이는 주로 러시아어 저작으로 마르크스
주의를 받아들였다. 따라서 마르크스와 엥겔스의 저작보다는 플레하노
프 · 레닌 · 카우츠키 등의 저작이 그의 소개와 논증에서 좀더 주된 근
거가 되었다. 역사적 유물론에서 변증법적 유물론으로 중점이 이동한
것은, 어떤 의미에서는 마르크스 · 엥겔스 · 카우츠키의 마르크스주의
에서 플레하노프 · 레닌 · 스탈린의 마르크스주의로 변화하고 발전한
것을 나타내는 것이기도 하다. 즉, 이제는 인류본체의 역사과정이란 각
도에서가 아니라, 우주본체의 존재라는 각도에서 자연 · 역사 · 사회와
모든 사물을 인식하고 해석하며 논증하게 된 것이다.
　　이것은 상당히 큰 변화라고 해야 할 것이다. 엥겔스가 『반듀링론』,
『자연변증법』 등의 저작에서 자연계의 변증법적 현상에 대해 많은 묘
사 · 해석 · 논증을 했지만, 그것들은 대부분 듀링을 논박하기 위해서
서술한 관점과 자료로 삼은 사고기록(思考記錄)이지, 결코 유물사관처
럼 진정 자각하여 구성한 체계적인 이론의 관점, 엄정한 체계는 아니었
다. 따라서 사회적 존재와 사회의식에 대해서가 아니라 모든 존재와 의
식, 즉 심물(心物)을 철학적 유물론으로 논증하는 것은 확실히 하나의
거대한 확장이기는 하지만, 이것은 동시에 일정한 외재적인 틀에 박힌
공식의 주관주의를 수반하지 않을 수 없었다. 이 점은 스탈린이 『소련

---

24) 취추바이, 「현대사회학」(現代社會學), 『상하이대학강의』(1924. 2). 딩서우허,
　　같은 책, 같은 곳.
25) 취추바이, 같은 글, 같은 곳. 딩서우허, 같은 책, 132쪽.

공산당 소사』의 「변증법적 유물론과 사적 유물론」에서 자연본체론에서 역사발전론을 도출하여 마르크스주의를 형식논리화 · 공식화 · 교조화시킨 데서 분명하게 나타났다.

이 모든 것이 중국 마르크스주의에 영향을 미쳤다. 취추바이가 변증법적 유물론을 소개하고 이용하여 사물을 관찰하고 세계를 연구한 것이나, 아이쓰치가 『대중철학』이란 저작을 통해 통속적인 선전을 수행한 것은 확실히 이러한 새로운 철학적 세계관을 보급하는 데 아주 커다란 역할을 했다. 이들은 좀더 젊은 세대들로 하여금 앞 세대처럼 다윈의 진화론에서 유물사관으로 나가는 것이 아니라, 직접 보편적으로 활용될 수 있고 또한 대단히 '과학'적인 우주 · 자연 · 사회의 각종 현상에 대한 해석을 받아들이게 했다. 그들은 이것을 세계관과 인생관으로, 인생을 인도하고 혁명에 참가하는 행동지침으로 삼았다. 동시에, 그들은 이것을 그밖의 각종 현대 철학의 관념론과 뚜렷이 구분했다. 이것이 천두슈나 리다자오와 다른 취추바이의 공헌이자 특색이다.[26] 이러한 특색은 마치 마오쩌둥이 청년시절에 가진 철학 사상과 꼭 들어맞는 것처럼 보인다.[27]

취추바이는 문예방면에서도 '변증법적 유물론의 창작방법'을 제기했는데, 이것 역시 아주 뚜렷하게 소련 라프(RAPP)파의 영향을 받은 것이다. 러시아에서는 나중에 라프파를 청산했지만, 중국에서는 이러한 청산이 이루어지지 않았다. 취추바이의 이러한 제기는 문예종사자가 마르크스주의를 학습해야 한다거나, 세계관이 창작을 지도해야 한다는 것을 강조하는 등, 나중에도 여전히 중국에서는 중요한 영향력을 발휘했다. 이것 역시 마오쩌둥사상과 꼭 들어맞는 것이다.

긴밀하게 혁명의 실천과 발걸음을 같이한 관계로 중국의 마르크스주

---

26) 일정한 정도와 의미에서 이것은 또한 아이쓰치의 『대중철학』과 리다(李達)의 『사회학 대강』(社會學大綱)의 차이이기도 하다.
27) 이 책의 「청년 마오쩌둥의 사상」 참조.

의 사상은 중국 사회의 성격, 중국 혁명의 성격 및 노선과 전망, 중국 각 계급, 각 정치세력, 각종 정치주장의 분석과 각종 문화사상의 비판 등에 대한, 일종의 혁명전략에 관한 이론학설이 되었다. 이것들을 모두 여기서 언급할 여유는 없기 때문에 몇 가지에 대해서만 간략하게 서술해 보고자 한다.

우선 지적해야 할 것은 중국 부르주아 민주주의 혁명에서의 프롤레타리아트의 영도권의 강조, 펑파이(彭湃)와 마오쩌둥의 농민운동에 대한 지지 및 무장투쟁·군사역량의 중시 등 중국 혁명의 전략에 관한 세 가지 관건적인 문제에서, 취추바이는 앞사람의 뒤를 잇고 뒷사람의 길을 여는 가교 역할을 했다는 점이다. 즉 그는 위로는 천두슈·리다자오의 당 창립과 "민중 속으로 들어가자"는 사상을 계승하면서, 아래로는 마오쩌둥 등의 노농무장할거(勞農武裝割據)라는 새로운 국면과 새로운 주장을 앞장서서 제기하는 역할을 수행했다.

당 중앙의 영도자 가운데 취추바이는 펑파이·마오쩌둥 등의 농민운동을 가장 확고하게 지지한 사람이었으며, 광둥·후난의 농민운동이 '전국 농민운동의 선구'임을 열렬히 찬양했다. ······천두슈·펑수즈(彭述之) 등은 마오쩌둥의 관점에 찬성하지 않아 이 중요한 저작[28]이 당 중앙기관지인 『향도』(嚮導)에 완전히 실리지 못하게 했다. 취추바이는 마오쩌둥의 의견을 대단히 칭찬하여, ······즉각 이를 위해 서문을 썼으며······ 당중앙 선전부가 주관하는 창장서국(長江書局)에 넘겨 단행본으로 출판하여 널리 보급시키고 농민운동의 전개를 지도하게 했다. 서문에서 그는 이렇게 말한다. "농민이 필요로 하는 것은 정권이고 토지이다", "중국 농민은 움직이기 시작했으며 후난은 그 시작일 뿐이다." 그는 "중국의 혁명가는 모두 마오쩌둥의 이 책과 펑파이의 『하이펑(海豊) 농민운동』을 함께 읽어보아야 한다", "중국

---

28) 마오쩌둥의 『후난 농민운동 고찰보고』(1927)를 가리킨다.

의 혁명가는 모두 3억 9,000만 농민의 말과 행동을 대표하여 전선으로 나가 분투해야 한다"고 호소했다.[29]

농민운동을 지지한 것은 취추바이가 반봉건주의를 중국 혁명의 주된 임무의 하나(다른 하나는 반제反帝이다)로 파악한 것과 관련이 있는데, 이것은 장궈타오 등이 중국 자본주의의 역량을 과대평가하여 반봉건의 임무를 낮게 평가한 것과는 대조된다. 장궈타오가 회고한 것처럼 "그(취추바이)는…… 중국이 종법사회이며 혁명의 목적은 반봉건임을 강조했다." 따라서 그는 무장투쟁에 주목하고 나아가 농민을 무장시키는 것을 중시했다. 즉, 무장혁명과 민중운동(당시 이 두 가지는 이미 존재했다)을 결합시키고자 했다. "취추바이는 '무장혁명'이 필요하고, 필요하다면 '민중운동'이 이 둘을 결합시켜 중국 혁명의 발전을 추진해야 한다고 생각했다"[30], "북벌전쟁이 개시된 이후 취추바이는 무장문제를 더욱 중시하게 되었다. 그는…… '농민 스스로의 무장이 이제 긴급한 문제'가 되었으며, 농민의 문제는 오직 '실력투쟁으로서만 해결할 수 있다'고 강조하여 설명했다."[31]

1927년 이른바 '8·7회의' 이후 "취추바이는 새로운 시기의 으뜸가는 임무는 '민중의 무장폭동'이며, '민중의 무장폭동'으로 진정한 민중의 군대를 창설하고 노동자·농민·빈민·병사 소비에트 정부를 수립해야만 노동자·농민을 해방시킬 수 있고, 군벌과 제국주의를 타도할 수 있다고 지적했다."[32]

1927년 취추바이는 『무장폭동문제』라는 글을 써서 "중국 혁명의 지금 단계는 명백히 노농 무장폭동의 시기에 이르렀다. ……중국 혁명은 투쟁과 발전형식이라는 두 가지 측면에서 매우 주목할 만한 특징을 가

---

29) 딩서우허, 『취추바이 사상연구』, 242~245쪽.
30) 딩서우허, 같은 책, 251쪽.
31) 같은 책, 270쪽.
32) 같은 책, 301쪽.

지고 있다"고 주장했다. 이러한 특징들은 "'수도'의 탈취라는 일격에 의해 혁명이 발전하는 형세는 있을 수 없고", "각 성의 농민이 잇따라 무장폭동을 일으켜야 하며", 따라서 "일종의 특수한 투쟁책략을 창조해야 하는데, 이것은 바로 유격전쟁이다", "유격전쟁은 반드시 혁명지역의 건립으로 나아가야 하며, 점차 그것을 '확대'시켜야 한다"는 것이었다.[33] 이것은 분명히 1927년 이후 마오쩌둥을 대표로 하는 홍군 무장이 농촌에서 유격전쟁을 진행하고 혁명지구를 건립한 데 대한 긍정이자 총괄이었다. 따라서 '노농무장할거'의 군사투쟁전략은 취추바이가 이론적으로 가장 먼저 개괄해낸 셈이었다.

하지만 같은 연구자가 지적하는 대로 "물론 취추바이는 당시 '농촌에 의한 도시의 포위'라는 중국 혁명의 근본 노선문제를 해결하지도, 또 해결할 수도 없었다. 실제로는 그는 여전히 도시중심 이론의 영향에서 벗어나지 못하여, 코민테른에서 인정하는 '도시의 지도역할의 중요성'을 되풀이했다. 중국 혁명이 반드시 "농촌이 도시를 포위하고 최후에 도시를 탈취한다"는 길로 나아가야 한다는 문제는, 마오쩌둥 등이 오랜 기간 혁명을 실천하는 과정에서 점차 해결했다."[34]

이 점 역시 취추바이가 중국 마르크스주의 사상사에서 앞뒤를 연결하는 가교의 역할을 했다고 말할 수 있는 까닭이기도 하다.

취추바이는 비교적 전형이 될 만한 근현대 지식인이었다.[35] 그의 문화교양·사상정감·관념습관은 중국의 사대부 전통과 서구의 문화적 교양의 혼합물이라 할 수 있었으며, 중국 농촌의 향토적 특색에 깊숙이 뿌리를 내린 마오쩌둥과는 상당히 달랐다. 그가 농촌·노농무장·군사투쟁·유격할거를 긍정한 것은 순전히 이론적 인식에 의한 결론이었다.

그가 행동이나 정감면에서 어느 정도로, 어떤 범위에서 이러한 농민

---

33) 취추바이, 『취추바이 선집』(瞿秋白選集), 베이징, 人民出版社, 1985, 381~387쪽.
34) 딩서우허, 앞의 책, 344쪽.
35) 이 책의 「20세기 중국 문예 일별」 참조.

무장 군사투쟁을 성공적으로 실천하고 이끌 수 있었을까 하는 점은 여전히 문제가 된다.[36] 하지만 이러한 혁명노선의 이성적인 인식과 긍정은 기계적으로 10월혁명의 경험을 적용하거나 마르크스-레닌주의의 몇 가지 원리를 근거로 삼는 것이 아니더라도, 당시의 실제상황에서 출발하기만 하면 이렇게 혁명의 실제에 부합되는 논점과 주장을 이끌어낼 수 있었음을 거꾸로 반영해주는 것이다.

여기에는 또한 의심할 나위 없이 중국 전통의 실용이성이 작용하고 있다. 추상적인 사변이나 고전에서 인용이 필요한 것이 아니라, 실제 상황 속에서 경험론적 이성적 결론을 이끌어내고, 아울러 거기에 명석한 이론적 형태의 논증을 부여하는 것만으로도 행동을 지도하는 데 충분했다. 취추바이가 이론적으로 이것을 해냈다고 한다면 마오쩌둥은 가장 먼저 실천으로 해냈다.

취추바이 외에도 차이허썬이 이론에 두드러진 흥미와 재능을 가진 마르크스주의자였다. 그는 1920년대에 『중국공산당사의 발전』(中國共産黨史的發展(提綱), 1926), 『당의 기회주의사』(黨的機會主義史, 1927. 9) 등 그때의 투쟁과정을 개괄 · 총괄하는 장편 보고와 글을 저술했다. 차이허썬의 이러한 글들은 중국 마르크스주의 사상사를 이해하는 데 중요한 의의를 지닌다.

이를테면 차이허썬은 1926년 부르주아지, 통일전선에 대한 문제를 총괄하면서 "일파는 우경, 일파는 좌경"(전자는 코민테른 대표인 마린馬林 · 천두슈 · 취추바이 · 장타이레이張太雷 등을, 후자는 장궈타오 · 차이허썬 · 류런징劉仁靜 등을 가리킨다)이라는 논술을 했지만, 1928년 중공의 6전대회(六全大會)에서는 일관하여 '좌경'이던 그가 이번에는 오히려 실제 상황분석에서 출발하여 취추바이의 '계속되는 고양론(高揚論)'을 날카롭게 비판했다는 점 등은 상당히 흥미 있는 주제이다. 물론 이러한 시비곡직(是非曲直)의 문제는 좀더 많은 연구를 기다

---

36) 앞과 같음.

려야 한다고 하더라도, 아래에 인용하는 당시 당 내 민주주의에 대한 차이허썬의 의견은 그가 경험을 총결하는 데 주의를 게을리하지 않았으며, 예민한 이론적 안목을 가지고 있었음을 잘 보여준다.

> ……다른 한편 민중의 당 내 생활은 전혀 형성되지 않으며 당에는 토론도, 선거제도도 없어…… 하급당부가 그대로 상급당부의 지도에 의존함으로써 당에는 완전히 명령을 듣기만 하는 병사들뿐이다. ……진정 철의 조직과 철의 기율이라 하겠지만 그 이면에는 아주 커다란 위기가 잠복해 있다. ……상급기관의 의견과 시비만 있을 뿐, 하급기관의 의견과 시비는 없는 습관이 양성된 것이다. ……철의 기율은 당원을 위압하는 도구가 되었지만, 상급지도자들은 오히려 이러한 철의 기율과 철의 조직을 벗어나 완전한 자유를 누리고 있다.[37]

유래가 오래되고, 쌓여온 관습이 이미 깊이 박혀 있음을 여기서 알 수 있다. 이러한 유래와 관습은 바로 소생산 봉건 전통세력의 침투이기도 하다. 레닌의 당 모델이 수립된 이래로 '철의 조직과 철의 기율'은 몇몇 아시아 국가에서 공산당이 잇따라 혁명적 승리를 거두게 했으며, 특히 군사투쟁 속에서 그것은 아주 중요한 보증작용을 했다. 하지만 어떻게 민주주의와 집중을 통일시키며, 어떻게 당 내 민주주의를 발전시키는가에 대해서는 처음부터 끝까지 이론으로, 따라서 제도로도 원만한 논증과 해결이 이루어지지 않았다. 차이허썬이 당의 초창기에, 그리고 그렇게 긴장되고 격렬하던 혁명환경에서 이 문제를 발견하고 제기한 것은 매우 가치 있는 일이다. 불행히도 차이허썬은 일찍 희생되어, 청년시대에 '실천가' 마오쩌둥과 이름을 같이하던 '이론가'로서 재능을 충분히 발휘할 수 없었다.

취추바이와 차이허썬을 제외하고도 물론 몇몇 중요 지도자들의 중

---

37) 차이허썬, 『당의 기회주의사』, 1927. 9.

요한 사상·관념·주장이 있지만, 여기서 하나하나 논술할 수는 없다. 좀더 중요한 것은 위와 같은 기초에서 어떻게 가장 관건이 되는 한 걸음을 더 앞으로 내딛는가, 즉 구체적으로 농민무장의 혁명전쟁이란 길을 어떻게 실천하는가 하는 점이었다. 이것은 바로 마오쩌둥의 주제였다.

1928년 10월에서 1930년 1월 사이에 마오쩌둥은『중국의 홍색정권은 어떻게 존재할 수 있는가』(中國紅色政權爲什麼能够存在, 1928. 1. 5),『징강산의 투쟁』(井崗山的鬪爭, 1928. 11. 25),『한 알의 불씨가 광야를 불사른다』(星星之火可以燎原, 1930. 1. 5) 등 중요한 문건을 잇따라 발표하여, 농민 무장할거의 소규모 홍색 근거지가 백색정권의 사면 포위 속에서 존재하고 발전할 수 있는 조건·상황·원인을 묘사하고 논증함과 동시에, '농촌에 의한 도시의 포위'라는 전략사상을 제기했다. 또한 그는 "적이 전진하면 우리는 후퇴하고, 머무르면 교란하며, 적이 피로하면 공격하고, 후퇴하면 추격한다"는 유격전쟁의 작전방침을 개괄했으며, 토지혁명을 대중동원의 기초로 삼았다. 따라서 유격전쟁의 무장투쟁, 농촌 근거지와 토지혁명은 마오쩌둥이 중국 혁명을 이끌어 승리로 나아가게 하는 길이 되었다.

마오쩌둥에 관해서는 수많은 사람들이 수많은 글을 썼고, 그 평가 역시 장차 오랫동안 토론될 주제이다. 이 글에서는 이에 대해서 더이상 언급하지 않으려 한다. 여기서는 단지 마오쩌둥이 걸출한 군사전략가이자 전술가이며, 전쟁에서 끊임없이 승리를 거둠으로써 자신의 위신과 지위를 획득했다는 점에 중점을 두어 지적하고자 한다. 마오쩌둥은 중국의 국정(國情), 분산된 소농생산의 농촌 봉건경제, 하층사회의 구조·습성과 각 계층의 인물에 대해 충분히 알고 있었다.[38]

---

38) 상층의 문인·당객(墨客)·사신(士紳)·관리(官吏)에서 하층의 유민(流民)·깡패·병사·거지에 이르기까지 마오쩌둥은 이들을 아주 자유자재로 응대했다. 마오쩌둥을 깎아내리는 장궈타오 역시 지도계층 가운데에서 마오쩌둥만이 각양각색의 잡다한 인물들에 응대할 수 있었다고 인정하고 있다.

마오쩌둥은 중국 농민봉기의 전통에 대해 주목했으며, 『삼국지연의』와 『노자』에 통달했고, 평소부터 신체역행(身體力行)을 주장하면서 스스로의 실제 경험과 전통중국 철학의 수양을 중시하고 있었다.[39] 이 때문에 그는 농민[40]을 전투의 주체로 하고, 농촌을 주위 환경으로 삼는 농민혁명전쟁 속에서는 마치 물고기가 물을 만난 듯이 다른 어떤 사람보다도 더 훌륭하게 일을 처리해내고 넓은 학식을 가지고 있는(주로 중국의 구학舊學) 지식인으로서의 지도역할을 충분히 발휘할 수 있었던 것이다. 마오쩌둥은 이러한 뛰어난 조건과 몇 차례 전쟁에서 승리로 혁명군대의 많은 간부들 사이에서 사상의 지도자로서 위신을 확립했다.

마오쩌둥의 가장 빛나는 이론저작은 의심할 나위 없이 군사투쟁에 관한 것이며, 그 가운데 대표적인 것은 『중국 혁명전쟁의 전략문제』(中國革命戰爭的戰略問題, 1936. 12), 「지구전을 논함」(論持久戰, 1938. 5)이다. 마오쩌둥은 이런 글에서 이러한 전쟁문제들을 마르크스주의 변증법적 유물론의 인식론적 이론형태로까지 최대한 끌어올려 논증하고 서술했다. 동시에 그는 레닌이 '마르크스주의의 영혼'이라고 일컬은 '구체적인 문제에 대한 구체적인 분석'을 대단히 중시했다.

마오쩌둥의 수많은 저작의 논술형식은 일반에서 특수로 나아가는 것 같지만, 사유의 실제과정은 오히려 특수에서 일반으로, 즉 감성에서 이성으로, 개별에서 일반으로 나아가는 경험의 총괄을 꾀하고 있다. 마오쩌둥은 실제에서 출발하여 사물의 경험적 특수성을 대단히 중시하고, 일반의 공식이나 교조를 이용하여 문제를 인식하고 해결하는 것에 반대했다. 하지만 동시에 그는 이러한 특수성을 일반성을 가진 법칙으로

---

39) 이 책의 「청년 마오쩌둥의 사상」 참조.
40) 마오쩌둥의 시 「추수봉기」(秋收起義, 1927)에 다음과 같은 구절이 있다. "군대는 노농혁명을 외치고 깃발에는 낫과 도끼가 그려져 있네. ……지주들의 겹겹의 억압에 농민들은 한마음으로 복수하려 하고, 추수시절의 저녁 구름에 근심이 깃드니 벼락이 내려치는 듯 폭풍이 일어났네." 그 주해(注解)에서 "당의 깃발에 그려진 망치는 당시 항상 도끼로 오인되었다"고 이야기하고 있는데, 이것은 그야말로 상징적인 의미가 있다고 할 것이다.

끌어올리고자 했으며, 이것이 그의 사상의 특징 가운데 하나가 되었다.

시간의 조건에서 보면…… 역사는 각 단계마다 특징을 가지고 있으며, 따라서 전쟁법칙 역시 각기 그 특징을 지니고 있다. ……전쟁의 성질에서 보면 혁명전쟁과 반(反)혁명전쟁은 각기 다른 특징을 지니고 있으며, 따라서 전쟁법칙 역시 각기 그 특징을 지니고 있다. …… 지역의 조건에서 보면 각 국가, 각 민족, 특히 큰 국가, 큰 민족은 모두 나름대로 특징을 가지고 있다. 따라서 전쟁법칙 역시 그 특징을 지니고 있으며…… 이런 각기 다른 역사단계·성질·지역과 민족의 전쟁 지도법칙을 연구할 때는 그 특징과 발전에 착안해야 한다.[41]

이것은 분명히 중국 현대의 유격전쟁이 특수한 경험을 지닌 전쟁이어서, 책에서 인용하거나 일반 전쟁공식을 적용하여 규정하는 것이 불가능했기 때문이다. 또한 이와 연관하여 마오쩌둥은 역시 전쟁경험에서 출발하여, 사물의 변화과정 속에서 결정적인 작용을 하면서 전체 국면에 영향을 미치는 핵심매듭을 매우 중시했다.

전쟁의 역사에서는 연전연승 후에 한 차례의 패배로 모든 것을 망치는 경우도 있고, 수많은 패배를 당한 후에도 한 차례의 승리로 새로운 국면을 여는 경우가 있다. 여기서 말하는 '연전연승'이나 '수많은 패배'는 모두 부분적인 것이며, 전체 국면에 대해서는 결정적인 작용을 하지 못한다. 여기서 말하는 '한 차례의 패배'나 '한 차례의 승리'는 모두 결정적인 것이다. 이런 모든 것들은 전체 국면에 비추어 볼 경우의 중요성을 설명해준다.[42]

이와 연관하여 전쟁에서의 지휘자·지도자의 주관적인 능동성에 대

41) 마오쩌둥, 「중국 혁명전쟁의 전략문제」, 『마오쩌둥 선집』 제1권, 157쪽.
42) 같은 글, 160쪽.

한 강조와 중시 역시 자연히 마오쩌둥이 주목하는 바가 되었다.

군사가는 물질의 조건이 허용하는 범위를 넘어서 전쟁의 승리를 꾀할 수 없지만 물질의 조건이 허용되는 범위에서는 승리를 쟁취할 수 있고, 또 반드시 그래야만 한다. 군사가가 활동하는 무대는 객관적·물질적 조건 위에 건립되어 있으나 군사가는 이러한 무대를 이용하여 다채롭고 웅장한 활극들을 연출할 수 있다.[43]

이 때문에 주관적인 능동성을 강조함과 동시에, 냉정하고 명석하게 객관적인 실제를 분석하는 것 역시 주목할 필요가 있었다.

군사법칙은 기타 사물의 법칙과 마찬가지로 객관적인 실제의 우리 두뇌에 대한 반영이므로…… 적(敵)과 아(我)의 두 방면을 포함하여…… 모두 연구대상이 되어야 한다. ……손무자(孫武子: 손자)의 책에 "적을 알고 나를 알면 백 번 싸워도 위태롭지 않다"는 이야기가 있는데…… 객관적인 실제의 발전법칙을 인식하는 것에서, 이러한 법칙에 비추어 자신의 행동을 결정함으로써 적을 극복하는 것까지를 포괄하여 이야기하고 있다. 이러한 이야기를 경시해서는 안 된다.[44]

마오쩌둥의 이러한 사상을 나중에 그가 즐겨 쓰는 마르크스주의 철학 용어로 표현하면, 바로 모순의 특수성, 주요 모순, 주관적인 능동성과 유물론적 반영론을 방법론으로 삼아 실천행동을 인식하고 지도하는 것을 중요시한다는 것이 된다. 바로 이러한 방법론에서 출발하여 마오쩌둥은 10년 내전기간 동안 "적이 강하고 아군이 약하며", "적이 크고 우리는 작다"는 여러 가지 객관적인 상황에서 "열이 하나를 맡는다"(무

---

43) 『마오쩌둥 선집』, 166쪽.
44) 같은 책, 165~166쪽.

리한 싸움을 하지 않는다), 기동전(運動戰 : 진지전陣地戰이 아니라) · 속결전(速決戰 : 지구전持久戰이 아니라) · 섬멸전(殲滅戰 : 소모전消耗戰이 아니라) 등 일련의 효과 있고 크게 성공할 구체적 전략과 전술을 개괄하고 결정했다.

항전 초기에는 또한 세계정세와 적군(일본)과 아군 쌍방의 상황 · 조건 · 요소(정치 · 경제 · 군사 · 인구 · 국토 · 자연조건 등) 등을 전면에 걸쳐 자세하게 분석하고 기술하여 항일전쟁은 반드시 전략적 퇴각, 대치와 반격이라는 세 단계를 거치는 지구전이라는 점을 제기함으로써, 비관하여 실망하는 망국론(亡國論)과 오로지 낙관하는 속승론(速勝論)에 반대했다. 해방전쟁시기(국공내전시기)에 마오쩌둥은 이와 같은 전략 · 전술을 더욱 발전시켜 10대 '군사원칙'을 총괄해냈다.

10대 군사원칙은 "① 분산되고 고립된 적을 우선 치고, 나중에 집중되고 강대한 적을 친다. ② 소도시 · 중도시와 광대한 농촌을 우선 쟁취한다. ③ 적의 병력섬멸을 주요목표로 하며, 도시나 지방을 지키거나 탈취하는 것을 주요목표로 삼지 않는다. …… ④ 싸움마다 절대 우세한 병력(적보다 두 배, 세 배, 네 배 심지어 다섯, 여섯 배의 병력)을 집중시켜 적을 사면포위하고, 최대한 전멸을 꾀한다. …… ⑤ 준비 없는 싸움은 하지 않고 승산 없는 싸움은 하지 않는다. ⑥ 용감하게 전투하며 희생과 피로, 연속작전(즉 단기간에 휴식을 취하지 않고 계속 싸우는 것)을 두려워하지 않는 작풍을 발전시킨다. ⑦ 기동전으로 적을 섬멸하도록 힘껏 노력한다" 등등이었다.

이것은 확실히 현대 중국의 혁명전쟁 승리를 위한 전략의 총괄이었다. 동시에 그것은 이러한 군사사(軍事史)의 특수성을 일반성으로까지 상승시키는 철학적 의의를 지니고 있었다.

중국은 오래 전부터 군사전통과 군사사상의 유산을 가져온 나라이다. 나는 『중국 고대사상론』의 「손자 · 노자 · 한비자의 철학 사상」(孫老韓合論)에서 '병가(兵家) 변증법'의 특색은 다음과 같다고 서술한 적이 있었다.

"첫째, 모든 것에서 현실의 이해관계를 근거로 삼으며, 어떠한 감정의 희로애락이나 관념의 귀신, '천의'(天意)로도 이성의 판단과 계획을 바꾸거나 거기에 영향을 미치게 하지 않으며…… 전쟁 속에서만, 그리고 전쟁을 계획하고 책략을 결정하고 전세를 판단하고 전기를 파악하며 전술을 채용하는 데에서만 인간의 고도로 냉정하고 명석한 이지의 태도를 충분한 정도로 발휘하게 한다." "둘째, 반드시 각종 구체적인 현실을 아주 구체적으로 관찰하고 이해하고 분석하며 경험을 중시한다." "셋째, 이러한 현실경험과 구체적 상황에 대한 관찰·이해·분석 과정에서, 아주 복잡하게 뒤얽힌 현상으로부터 전쟁과 관련된 본질이나 관건을 신속하게 발견하고 끄집어내야 한다. 수많은 부차적인 것들을 내버리고, 번잡한 세부규정을 피하여 사물의 요점부분을 돌출적이고 집중적으로, 그리고 신속하고도 명확하게 발견하고 끄집어내며…… 일종의 개괄의 이분법(二分法), 즉 모순을 끄집어내는 사유방식을 요구한다." "넷째, ……여기서 객체는 인식대상으로서 정관적(靜觀的)인 것이 아니라 주체와 밀접하게 관련된 것이며 주체의 공리와 실용목적에서 파악된다."

마오쩌둥 군사사상의 철학은 분명히 이러한 오랜 역사를 가진 중국 병가의 변증법과 유사하거나 거기에 들어맞는 것으로서, 서구의 변증법과는 근본이 다르다. 이러한 변증법은 주체의 실천행동과 밀접하게 관련된 변증법이며, 따라서 이것은 인식론이며 실천론이기도 하다.

그렇다면 그것들과 마르크스주의는 도대체 어떠한 관계에 있는가? 분명히 이런 모든 것들은 잉여가치학설, 역사적 유물론(유물사관)과는 아무런 관계가 없다. 하지만 이것들은 오히려 변증법적 유물론과 관계가 있으며, 마오쩌둥에 의해 아주 능숙하게 운용된 것은 실천 속에서의 중국 전통 병가변증법으로서, 나중에 마르크스주의 변증법의 모순이론과 마르크스주의 유물론의 능동적 반영론에 의해 개조되어 표현된 것이라 할 수 있다. 또는 거꾸로 마르크스주의의 유물론과 변증법이 중국의 실제(농민혁명전쟁)·전통(병가변증법)과 결합하여 중국화(中國

化)되었다고 할 수 있을지 모른다.

　마오쩌둥이 마르크스와 레닌의 저작을 가장 집중하여 읽은 것은 옌안(延安)시기이지만, 이때 그는 대부분의 주의를 변증법적 유물론에 쏟았으며, 역사와 역사적 유물론에 관한 것 역시 주의의 중점은 혁명과 계급투쟁에 두고 있었다. 마오쩌둥은 처음부터 끝까지 특히 철학, 변증법적 유물론의 연구와 학습을 중시했다.[45] 마오쩌둥은 혁명전쟁과 군사투쟁을 개괄하여 총괄하는 데 머무르지 않았으며, 그것을 곧바로 철학의 수준으로까지 끌어올리고자 했다. 이것이 바로 내전시기의『서책주의(書冊主義)에 반대하자』(反對本本主義)에서 옌안시기의『실천론』,『모순론』및 만년의『인간의 정확한 사상은 어디에서 오는가』(人的正確思想是從哪裏來的?, 1963)에 이르는 일련의 철학 저작들이다. 이른바 서책주의에 반대하자는 것은 마르크스와 레닌의 원리원칙을 확정적인 교조적 공식으로 이해하고 여기서 출발하여 현실을 판단하고 문제를 결정하고 정책을 결정하는 입장을 반대하자는 것이었다. 그는 실제 경험에서 출발할 것을 주장했다.

　마오쩌둥이『실천론』에서 제시한 심리와 논리의 상호통일이란 관점

---

45) 공위즈 등,『마오쩌둥의 독서생활』에 있는 다음과 같은 기록들을 참고할 수 있다. "다섯 권짜리 책에 대한 비주(批注)는 첫 두 권, 즉『변증법적 유물론 교정』(제3판)과『변증법적 유물론과 사적 유물론』(상책)에만 있는데, 문자상으로나 내용상으로 보아『실천론』,『모순론』과 직접적인 관계가 있다."(72쪽) "나의 공구(工具)가 불충분하기 때문에 올해에는 단지 공구의 연구, 즉 철학·경제학·레닌주의만을 연구하되 철학의 연구를 주로 하고자 한다."(48쪽) 1946년 레닌의『국가와 혁명』을 읽으면서 "'계급사회 국가'라는 장에서 거의 모든 구절의 옆에다 줄을 치고 있는데, 폭력혁명을 이야기한 곳에서 특히 눈길을 끄는 줄을 치고 있다. 이를테면 혁명에 의해서만 부르주아 국가를 소멸시킨다는 구절, 폭력혁명에 관한 관점이 '마르크스·엥겔스의 모든 학설의 기초'라는 구절에 대해서는 특히 줄이 굵고 동그라미도 가장 많았으며, '혁명', '소멸', '모든 학설의 기초'라는 글 옆에는 두 줄이 쳐져 있다."(27쪽) "1958년 12월 우창에서의 회의기간 동안『삼국지』의「장로전」(張魯傳)을 읽고 앞뒤로 두 단락의 글을 써서 위에서 말한 중요한 관점들을 반복하고 발전시켰다. '2,000년 동안 대규모의 농민혁명운동은 거의 멈춘 적이 없었다. 전세계와 마찬가지로 중국의 역사는 계급투쟁의 역사이다'"(203쪽) 등등.

은 감각과 지각에서 개념·판단·추리로, 그리고 실천을 위해 복무하는 데로 나아가는 것, 실천을 진리의 표준으로 삼는 '변증법적 유물론의 인식론'을 제기한 것이었다. 이 철학적 인식론에서 그가 두드러지게 강조한 것은 '직접경험'(親知)과 '지식과 행동의 통일'(知行合一)이었다. "지식을 얻으려면 현실을 변혁하는 실천에 참여해야만 한다. 배의 맛을 알기 위해서는 자신이 직접 배를 먹음으로써 배를 변혁시켜야 한다." 이것은 기실 『중국 혁명전쟁의 전략문제』에서 "독서는 학습이며 사용 역시 학습인 동시에 좀더 중요한 학습이다. 전쟁으로 전쟁을 학습하는 것, 이것이 우리의 주된 방법이다. ……일하는 것 역시 학습이다"고 한 주장의 직접적인 제고이자 좀더 높은 차원의 개괄이다.

마오쩌둥이 『모순론』에서 주요모순과 모순의 주요방면을 얘기한 것역시, 앞서의 『중국 혁명전쟁의 전략문제』에서 보여준 결정적인 의의를 지닌 매듭을 찾아내는 것을 중시하는 사상의 발전이다. 따라서 마오쩌둥의 이러한 철학 사상들이 그 스스로 오랜 혁명전쟁의 경험에서 상승한 것이란 점은 주목할 만하다. 『실천론』은 처음부터 인식이 인류의 생산활동 및 근대 대공업의 생산력과 관련이 있다고 언급했지만, 인식의 생산실천에 대한(따라서 과학기술에 대한) '의존관계' 역시 역사적 구체적으로 논증하지 않았다.

그는 우선 개인심리 과정에 대한 묘사에서 출발하여 이것을 비약적으로 사회·역사 등의 현상으로 추론함으로써, '감성인식'과 '이성인식'의 두 단계와 실천에서 검증되는 '두 개의 비약'이라는 인식론의 과정을 수립했다. 이것은 변증법적 유물론에서 인식론을 이야기한 것이지 유물사관의 입장에서 본 것은 아니었다.

마오쩌둥은 철학 전체를 인식론으로 간주했고, 이러한 철학적 인식론은 주로 방법론으로서 현실투쟁의 실천활동을 지도하는 것이었으므로, '자각적 능동성'과 '이론과 실천의 결합'에 대한 강조는 그의 인식론의 주요한 특성이 되었다. 「지구전을 논함」에서 그는 다음과 같이 말한다.

사상 등은 주관의 것이며 실행 또는 행동은 주관이 객관에 나타난 것이다. 이러한 것들은 모두 인류의 특수한 능동성이다. 이 능동성을 우리는 '자각의 능동성'이라 부른다. 이것은 인간이 다른 모든 사물과 구분되는 특징이다.[46)]

이러한 '자각의 능동성'을 강조하고, 아울러 그것을 '인간이 다른 모든 사물과 구분되는' 유적(類的) 본성이라고 보면서, 운동·활동·노동·실천·직접경험을 강조하고, 따라서 행동을 낳고 지배하는 실천의 지를 강조하며 '정신의 물질로의 변화', '사유와 존재의 동일성'을 강조하는 것 등등은 초기부터 만년까지 일관하는 마오쩌둥의 기본인 철학관념으로 보인다.

앞서 말한 대로 마오쩌둥은 '자각의 능동성'을 강조함과 동시에 경험법칙에 관한 객관인식을, '조사연구'를, "실제상황에서 출발하여 그 가운데에서 억측된 것이 아닌 고유의 법칙성을 끌어내는 것, 즉 주위 사물의 내부관계를 찾아내어 우리 행동의 지침으로 삼는 것"[47)], 다시 말해 "실제에서 올바른 것을 찾기"(實事求是)를 강조했다. 그리고 이러한 경험론적 유물론은 '자각의 능동성'이 사리분별 없는 행동에 빠지지 않게 하여 혁명전쟁과 혁명의 정치투쟁 속에서 끊임없이 승리를 거둘 수 있도록 '경험이성'이 보증해주는 것이기도 했다.

마오쩌둥은 '자각의 능동성'과 '경험이성'이 마치 본래 하나이던 것처럼 긴밀하게 결합되도록 요구하고 있었다. 하지만 자세히 살펴보면 전자(변증법과 자각의 능동성 방면)는 본질·목적·세계관이고, 후자(경험론과 객관적 인식방면)는 수단·방법·인식론이었으며, 둘 사이에는 주종(主從)의 차이가 있었다.

마오쩌둥의 이러한 철학 사상은 바로 마르크스주의 이론과 중국 혁

---

46) 마오쩌둥, 「지구전을 논함」(論持久戰), 『마오쩌둥 선집』 제2권, 445쪽.
47) 마오쩌둥, 「우리의 학습을 개조하자」(改造我們的學習, 1941. 5), 『마오쩌둥 선집』 제3권, 759쪽.

명의 실제(혁명전쟁의 실제와 전통 실용이성의 실제)가 결합한 산물이
자 성과였으며, 마르크스주의의 중국화였다. 마오쩌둥의 유물론 철학
은 결코 도구의 갱신과 사회생산력의 발전을 기초로 하는 유물사관이
아니라, 직접 현실투쟁에 임하는 '실천론'이었다. 그리고 마오쩌둥의
변증법 철학 역시 헤겔 이래 '부정의 부정'을 핵심으로 하는 과정·체
계와 전혀 다른 것으로서 중국의 『노자』와 『손자』를 좀더 계승한 것이
라 할 수 있는 '모순론'이었다. 요컨대 마오쩌둥의 변증법과 인식론은
사변 이성도, 관념의 체계도 아니었으며, 직접 생활과 실천에 뿌리를
내리고 거기에 응용되는 실천적인 자각투쟁이자 경험이성이었다. 따라
서 마오쩌둥의 철학은 정관(靜觀)하여 기술하는 철학이 아니라, 투쟁
하도록 가르치는 방법론이자 이데올로기였다. 바로 이런 의미에서 그
것은 마르크스가 요구하는 "문제는 세계를 변혁시키는 데 있다"는 철학
을 발전시킨 것이었다.

마오쩌둥은 군사가였을 뿐만 아니라 대정치가였으며, 그의 군사논증
은 항상 전체가 정치와 결합되었고 정치의 일부분으로서 전개되었다.
그가 초기의 『민중의 대연합』에서 보여준 가장 광범위하게 민중을 동원
하고 단결시킨다는 사상은, 마르크스주의의 계급투쟁 학설을 받아들인
이후 한편으로는 각 계급, 각 계층, 각 방면 인사의 광범위한 통일전선
이라는 정치전략(전쟁에서의 우세한 병력의 집중, 생산에서의 대규모
단위의 작전, 대량의 글로 상대방을 공격하는 비판운동에서의 '문해전
술' 文海戰術도 포함하여)으로 발전했다. 다른 한편으로 그 사상은 통일
전선에서의 독립자주, 투쟁과 연합, 당 내와 '인민내부'의 '단결―비
판―단결'이라는 일련의 구체적인 형식과 방법으로 발전했다. 이것은
그의 변증법과 유물론의 구체적인 응용인 동시에, 수많은 현실투쟁에
서 직접적인 경험을 개괄하고 총괄해서 얻은 것이었다. 확실히 그것은
광대한 정치투쟁의 영역에서 마르크스주의를 풍부하게 만들었다.

사상사에서 보면 가장 주목할 만한 것은 이론과 실천 두 방면에서 모
두 '자각 능동성'에 중점을 두는 마오쩌둥의 철학적 고양 속에서 도덕

주의 정신·관념·체계가 두드러진 위치를 차지하고 있다는 점이다. 이것은 바로 '사상개조'를 당 건설의 가장 관건고리로 삼는 사고방식이었다. '삼풍'(三風: 당풍黨風·문풍文風·학풍學風)을 정돈하자던 정풍운동의 「우리의 학습을 개조하자」(改造我們的學習)에서 문화대혁명 기간 동안 누구나 암송한 「노삼편」(老三篇)은 모두 이 시기의 저작이다. 그리고 이른바 '사상개조'라는 것은 당시로서는 주로 간부가 된 혁명적 지식인을 상대로 했다.

광범위한 지식인들을 쟁취해야 한다. ……혁명적 지식인 없이는 혁명이 승리할 수 없다. 그러나 많은 지식인들은 제 딴에는 대단한 지식이 있다고 생각하면서 크게 아는 체하지만…… 사실은 이른바 지식인들이라는 사람들이 가장 무식하며, 노동자·농민들이 때로는 그들보다 유식하다는 진리를 그들은 알아야 할 것이다.[48]

개조되지 않은 지식인들을 노동자·농민들과 비교해볼 때 지식인들이 깨끗하지 못하다는 것과 가장 깨끗한 것은 노동자·농민이라는 것을 느끼게 되었다. 비록 그들의 손은 시커멓고 발에는 소똥이 묻었다고 하더라도 부르주아, 소부르주아 지식인들보다 깨끗하다는 것을 알게 되었다. ……자신의 사상감정을 변화시켜야 하며 개조해야 한다. 이러한 변화 없이는, 이러한 개조가 없이는 무슨 일을 하든 제대로 되지 않으며 잘 어울리지 않게 된다.[49]

혁명운동이 발전되고 더욱 빨리 완성되도록 지도하려면, 반드시 사상적 조직적으로 진지하게 정돈해야 한다. 조직적으로 정돈하려면

---

48) 마오쩌둥, 「당의 작풍을 정돈하자」(整頓黨的作風, 1942. 2. 1), 『마오쩌둥 선집』 제3권, 773쪽.
49) 마오쩌둥, 「옌안문예좌담회에서의 강화」(在延安文藝座談會上的講話), 『마오쩌둥 선집』 제3권, 808쪽.

우선 사상적으로 정돈해야 하며, 프롤레타리아트의 비(非)프롤레타리아트에 대한 사상투쟁을 전개해야 한다.[50]

항일전쟁시 해방구에서 활동한 캐나다인 노먼 베순(Henry Norman Bethuno, 1890~1930) 동지의 조금도 이기적이지 않고 오로지 남을 위하는 정신은 일에 대한 그의 지극한 책임성과 동지와 인민에 대한 지극한 열정에서 표현되었다. 공산당원은 모두 그를 따라 배워야 한다. ……우리는 조금도 자기이익을 돌보지 않는 그의 정신을 따라 배워야 한다. 이 점에서 출발한다면 인민에게 크게 유익한 사람이 될 수 있다. 사람의 능력에는 크고 작은 차이가 있지만 이러한 정신만 가지고 있다면 그는 고상한 사람이며, 순수한 사람이며, 도덕이 있는 사람이며, 저급취미에서 벗어난 사람이며, 인민에게 유익한 사람이다.[51]

분투하자면 희생이 있게 되며 사람이 죽는 일은 늘 생긴다. 그러나 우리가 인민의 이익을 생각하고 대다수 인민의 고통을 생각할 때, 우리가 인민을 위하여 죽는 것은 올바른 죽음이다. ……우리 간부들은 모든 전사들에게 관심을 두어야 하며, 혁명대오의 모든 사람들은 서로에게 관심을 가지고 서로 애호하고 서로 도와야 한다.[52]

수십 년 동안 널리 알려졌으며 사람들이 암송해온 이 『어록』은 확실히 중국의 산물이며 중국화된 마르크스주의이다. 그것은 윤리도덕주의를 극도로 고양해왔다. 이 도덕주의는 잔혹한 생사투쟁 속에서 각고분

---

50) 같은 글, 832쪽.
51) 마오쩌둥, 「베순을 기념하여」(紀念白求恩, 1939. 12. 21), 『마오쩌둥 선집』 제2권, 620~621쪽.
52) 마오쩌둥, 「인민을 위해 복무하자」(爲人民服務, 1944. 9. 8), 『마오쩌둥 선집』 제3권, 906쪽.

투, 자기를 버리고 남을 위하는 희생정신에 대한 칭송과 숭배로 표현되었으며, 노동자·농민에 비해 복잡한 지식인의 정신세계에서 갖가지 더러움과 오염, 자질구레한 왜소함을 비판하는 폭로로 나타났다. 사리사욕·명리쟁탈(名利爭奪)·명철보신(明哲保身)·자유주의는 사상개조운동이나 '비판과 자아비판' 속에서 하나하나 세밀하게 검토되고, 폭로되고, 공개되었다. 이것은 지식인들로 하여금 생사를 걸고 싸우는 농민대중, 지휘관과 전투원들 앞에서 그에 미치지 못하는 자괴감과 참담함을 느끼게 했을 뿐 아니라, 그들의 정신과 영혼이 그 어느 때보다도 고통스러운 시련·세례와 정화를 받게 했다. 이것이 바로 마오쩌둥이 이야기한, 지식인이 자신의 사상감정을 '변화시키고' '개조해야' 한다는 의미였다. 이러한 '변화'와 '개조'는 생활에만 한정된 것이 아니라 그 이상으로 정신에 속했다. 하지만 정신의 연마 역시 반드시 생활현실에서 연마하면 다다르거나 이루어질 수 있다고 강조되었다.

이 시기 류사오치의 주요저작인 「공산당원의 수양을 논함」(論共産黨員的修養, 1939), 「당내 투쟁을 논함」(論黨內鬪爭, 1941), 「인간은 왜 잘못을 저지르는가」(人爲什麼犯錯誤?, 1941. 10) 등도 이러한 측면을 충분히 전개하고 발휘하여, 이러한 측면이 중국화된 마르크스주의의 중요한 내용과 특색이 되게 했다. 류사오치는 정식으로 개인의 '수양' 문제를 제기했다.

프롤레타리아트의 사상의식과 도덕품성을 모델로 수양해야 한다. 당 내 단결을 지키고, 비판과 자아비판을 진행하며, 규율을 준수하는 수양이 있어야 한다. 고난 속에서도 분투하는 공작작풍의 수양이 있어야 한다.[53]

---

53) 류사오치, 「공산당원의 수양을 논함」, 『류사오치 선집』(劉少奇選集), 상권, 베이징, 人民出版社, 1981, 109쪽.

그 가운데에서 핵심은 여전히 '프롤레타리아트의 사상의식과 도덕 품성'의 수양이었으며, 이것은 「공산당원의 수양을 논함」의 주요내용이었다.

옛적에 증자(曾子)는 "나는 하루에 세 번 반성한다"고 했는데, 이것은 자아반성의 문제를 말한 것이다. 『시경』에도 "자르는 것처럼, 가는 것처럼, 쪼는 것처럼, 닦는 것처럼"이란 유명한 시구가 있는데, 이것은 벗들 사이에 서로 돕고 비평해야 한다는 것을 의미한다. 이 모든 것들은 한 사람이 진보하고자 한다면 반드시 고된 노력을 해야 하며, 진실한 태도로 자기수양을 해야 함을 말해주고 있다. 하지만 과거에 수많은 사람들의 수양이라는 것은 대개 관념적, 형식적, 추상적, 사회적 실천에서 벗어난 것이었다. ……우리는 혁명적 유물론자이며, 우리의 수양은 인민대중의 혁명실천에서 벗어나서는 안 되는 것이다.[54]

당을 위해, 프롤레타리아트를 위해, 민족해방과 인류해방을 위해 아무런 주저도 없이 개인 이익을 희생하고, 심지어 자신의 생명을 희생하는 것이 우리가 항상 말하는 '당성' 또는 '당관념', '조직관념'의 표현이다. 이것이 바로 공산주의 도덕의 최고표현이다.[55]

류사오치는 유명한 '길들여진 도구'(馴服工具)론으로, 혁명을 위해 공산당원은 "모든 것을 당에 바치고" 스스로 나아가 당의 뜻대로 움직이는 길들여진 도구가 되도록 자신에게 엄격히 요구해야 한다고 명확하게 주장했다. 물론 이것은 쉽지 않은 일이며, 각종 개인주의 사상 · 감정과 완강하고 자각하며 흔들리지 않는 투쟁을 거쳐야 한다. 따라서

---

54) 같은 글, 109쪽.
55) 같은 글, 131쪽.

공산당원의 수양과정은 바로 "프롤레타리아트의 사상의식으로 자신의 각종 비(非)프롤레타리아트의 사상의식과 투쟁하고, 공산주의 세계관으로 자신의 각종 비프롤레타리아트의 세계관과 투쟁하며, 공산주의 세계관으로 자신의 각종 비프롤레타리아트 세계관과 투쟁하며, 프롤레타리아트 · 인민 · 당의 이익을 무엇보다 앞세우는 원칙으로 자신의 개인주의 사상과 투쟁하는 것"이었다.[56]

오랜 기간 이렇게 자각하는 자기수양을 쌓아야만 고통도 죽음도 두려워하지 않고, 고통을 앞세우고 즐거움을 뒤로 미루며, 무거운 책임을 견뎌내고, 노고를 번거로워하지 않고, 자신을 꾸짖는 데는 엄하고 남에게는 관대하며, 성실하게 고백하고 대중을 단결시키며, "천하의 근심은 앞서서 근심하고 천하의 즐거움은 나중에 즐거워하며", "부귀하더라도 어지럽혀지지 않고 빈천하더라도 동요하지 아니하며 위압에도 굽히지 않는" 사람이 되고, '고상한 사람', '순수한 사람', '공산주의 도덕을 갖춘 사람'이 되는 것이다.

류사오치의 이론과 저작은 중국공산당에서 좋은 평판을 얻었다. 수많은 사람들이 사상의 고민이나 풀리지 않는 문제를 만났을 때 이 책을 읽고 스스로 반성하여 수양을 증진시킴으로써 해답을 얻었다고 전해진다.

당시는 긴장되고 격렬한 전쟁환경과 농촌이란 조건에 있었고, 지식인들이 농촌에서 농민을 주체로 하는 혁명군대와 하나가 되어 고통스럽고 기나긴 적과의 투쟁을 수행하는 것은, 시대의 요구이자 현실의 요청이었다. 따라서 마오쩌둥과 류사오치가 당시 도덕주의를 주장하고 발전시킨 것은 결코 공허한 설교나 거짓된 꾸밈이 아니었으며, 대단히 절실한 실제 효용과 실천의 성과를 갖는 것이었다. 마오쩌둥과 류사오치는 '사상개조'와 '자기수양'을 무기로 하여, 사상 · 정감 면에서 당시의 현실투쟁과 정치요구에 불리한 요소로 작용하던 사상 · 관념 · 습

---

56) 같은 글, 121쪽.

관·기풍을 정확하게 비판하고 제거했다.

이것은 다른 나라의 공산당이 대오의 공고화와 조직의 순결성 유지를 위한 수단으로서 조직에서 출당(出黨)이란 조치밖에 취할 수 없었던 것과는 다른 점이었다. 전체로 볼 때 사상개조, 개인수양에 대한 강조는 확실히 옌안시대 중국공산당의 건설과 발전에서 두드러진 특징 가운데 하나였다. 공산주의 도덕을 고양시키는 이러한 사상개조운동은, 확실히 사람들의 스스로 깨닫는 혁명의식·신념과 투지를 드높였으며 당시의 혁명적 실천활동을 극도로 고무했다. 사상의식과 자기수양의 중시는 이후 중국화된 마르크스주의의 커다란 특색의 하나가 되었다.

『중국 근대사상사론』에서 나는 일찍이 인민주의 특색을 지닌 장타이옌이 도덕을 사회진보와 동력으로 생각했음을 중점적으로 지적한 적이 있었다.

> 장타이옌의 역사와 역사인물에 대한 평가 역시 대부분 도덕에 착안했으며……, 당시의 만청(滿淸) 정부의 관리와 개량파에 대한 그의 투쟁 역시 결국은 상대방 개인의 도덕의 타락, 인격의 비열성, 이록(利祿)의 탐닉, 염치의 상실, 관직에 몰두, 세리(勢利)의 추수(追隨), 아첨과 아부, 비겁함과 유약함…… 등등을 날카롭게 폭로하는 것이었다. ……이러한 인신을 공격하는 도덕의 무기는, 극히 체면을 중시하는 중국의 상류사회와 지식인들을 항상 감당할 수 없을 정도로 낭패하게 만들어 아주 커다란 성과를 올렸다.[57]

옌안시대의 정풍운동이나 이후 몇 차례 사상개조운동에서, 자신의 도덕의 반성과 다른 사람의 날카로운 비판은 항상 사람들로 하여금 식은땀이 흘러 얼굴을 들지 못하게 하지 않았던가?

---

57) 리쩌허우, 『중국 근대사상사론』, 405쪽.

가장 재미있는 것은 장타이옌이 이른바 도덕의 표준에서 출발하여 당시의 사회를 열여섯 등급으로 나눈 것이다. ……"첫째는 농민이고, 두번째는 노동자이다", "농민은 도덕에서 가장 뛰어나며 몸을 움직여 1년 내내 부지런하게 일한다……", "그러나 통인(通人: 고급지식인) 이상은 대부분 부도덕한 사람들이다……", "요컨대 지식이 더할수록, 권위가 늘어날수록 도덕에서 더욱 멀어지는 것이다."

장타이옌은 혁명가는 반드시 도덕을 중시해야 한다고 강조했다. ……도덕은 혁명과 모든 진보행동의 동력과 목표가 되었다. 장타이옌이나 타오청장(陶成章)이 사상·언론에서뿐만 아니라, 어느 정도의 실천행동에서도 고난을 달게 받아들이고 희생을 두려워하지 않는 도덕의 작풍을 두드러지게 보여준 것은, 당시 대단한 흡인력을 지니고 있었다.[58]

'현대 신유가'는 이와는 다른 철학 이론의 형태로 도덕주의를 두드러지게 표현했다. 그들은 공·맹·정·주·육·왕의 철학적 전통, 즉 '내성'(內聖: '정심성의격물치지'正心誠意格物致知)을 '외왕'(外王: '치국평천하'治國平天下)의 근본적 기초로 삼았다.[59]

하층이건 상층이건 중국과 같은 소생산 전통사회에서, 도덕주의 또는 윤리주의는 의식·이론·철학 면에서 강한 역량과 영향력을 가지고 있었음을 알 수 있다. 따라서 이러한 도덕주의의 마르크스주의에 대한 관계·영향·공과의 시비와 앞으로의 전망이나 평가 등은 반드시 연구되어야 할 필요가 있는 복잡하고도 중요한 과제인데, 오늘날과 같은 상황에서는 더욱 그렇다. 서구 마르크스주의의 일파 가운데에도 윤리적 사회주의가 있기는 하지만, 이것은 개인의 수양을 중시하고 '내성', 즉 사상개조의 도덕주의를 중시하는 중국의 그것과는 크게 다르다

---

58) 같은 책, 406쪽.
59) 이 책의 「현대 신유가 약론」 참조.

고 하겠다.

'마오쩌둥사상'[60)]이라는 단어는 류사오치가 크게 힘을 쏟아 제창하고 해설하고 정의한 것이었다.

> 마오쩌둥사상은 마르크스-레닌주의 이론과 중국 혁명의 실천이 통일된 사상이며, 중국의 공산주의, 중국의 마르크스주의이다.[61)] ……이 이론이 바로 마오쩌둥사상이며, 마오쩌둥 동지의 중국 역사·사회와 중국 혁명에 관한 이론과 정책이다.[62)]

이것을 종합한다면, 여기서 말하는 마르크스주의는 주로 변증법적 유물론, 당 조직이론, 프롤레타리아트의 민주주의 혁명에서 지도권 등에 관한 이론문제이며, 여기서 가리키는 중국 혁명의 실천이라는 것은 주로 농민을 주체로 하고 농촌을 혁명근거지로 하는 무장투쟁, 즉 농민 혁명 전쟁의 실천이다. 마오쩌둥사상은 확실히 이 둘을 결합시킨 것이었다.

---

60) 후야오방(胡耀邦), 「왕지아샹 동지를 깊이 있게 기념하자」(深切地紀念王稼祥同志, 『인민일보』人民日報, 1986년 8월 15일자)는 1943년 7월 8일 왕지아샹이 『해방일보』(解放日報)에 발표한 논문에서 "초보적으로 마오쩌둥사상을 논술했으며", "그는 우리 당에서 '마오쩌둥사상'이라는 과학 개념을 가장 먼저 제기한 사람이다"라고 지적하고 있다.

61) 류사오치, 「당을 논함」(論黨, 1945. 5. 14), 『류사오치 선집』 상권, 333쪽.

62) 같은 책, 같은 곳.

3 1949~76년

1949년의 승리는 '마르크스-레닌주의 이론과 중국 혁명실천의 통일'인 마오쩌둥사상으로 하여금 모든 사람을 설복시키고 경탄시키는 사회를 지배하는 의식, 국가의 지도사상이 되게 했다. 마오쩌둥사상을 선전하고 해설하고 학습하는 것은 최근 30년 동안 중국 대륙에서 사상의 주제가 되었으며, 그 결과 수억의 사람들은 마오쩌둥사상만 있으면 아예 다른 사상은 필요 없다고 풍자하는 사람까지 나타나게 되었다. 그리고 린뱌오(林彪)는 나중에 이렇게 요구했다. "마오 주석의 책을 읽고, 마오 주석의 이야기를 듣고, 마오 주석의 지시에 따라 일하고, 마오 주석의 훌륭한 전사가 되자."

1949년의 승리는 확실히 새로운 중국, 100여 년 동안 계속되던 제국주의 국가들의 억압을 더이상 받지 않게 된 독립된 중국을 이룩했다. 1949년 창장(長江)에 있던 영국 함대에 대한 포격, 1950년대 한반도에서 미국에 대한 공격, 1960년대 초 소련과의 철저한 결별은 더이상 중국을 가볍게 볼 수 없음을 확실하게 증명해주었다. 1949년의 승리는 또한 전례 없는 통일된 중국을 만들었다. 베이징에서 변경까지, 헤이룽장에서 티베트까지 중앙의 지시·명령·금지는 아무런 지체 없이 곧바로 시행되었으며, 50여 년 동안 지속되던 사분오열된 군벌혼전의 할거국면은 더이상 찾아볼 수 없게 되었다. 1949년의 승리는 또한 사회적으로 평등한 중국을 만들어 지주·관료가 철저하게 타도되고, 노동자·농민 계급이 의기양양하게 활개를 치게 되었으며, 경제적 수입, 재산분배, 사회적 지위, 정치적 대우에서, 심지어는 호칭이나 예절 등 각 방면에서도 많은 인민들이 전에 없는 상대적 평등을 누리게 되었다.

이러한 것들은 1950년대 초 '해방'이라는 말이 품은 사회적 의미—경제 회복·정치 쇄신·질서의 안정·인민의 단결·사회 풍기와 도덕 수준의 뚜렷한 상승—를 보여주는 것이었다. 이때는 이상과 희망이 가득 찬 개국시기였으며, 마르크스주의가 낡은 사회의 더러움을 씻어버리고 착취자를 타도한 혁명 이후에 수반된 새로운 기상이 승리한 시기였다.

하지만 이것은 결코 오랫동안 지속되지 못했다. 언제부터인가, 몇 년이 지난 후, 1957년을 전환점으로 하여 전체 사회가 차츰차츰 긴장과 고통·결핍·침묵·빈궁, 그리고 마지막에는 '역사상 전례가 없는' 동란(문화대혁명) 속으로 빠져들게 되었다. ……

이런 모든 것들은 도대체 어떻게 해서 가능했던 것일까? 이것은 이론과 무슨 관계가 있는 것인가?

본래 항전 중 마오쩌둥의 『신민주주의론』(新民主主義論, 1940. 1)을 이론의 기초로 하는 중국공산당의 강령은 명확하게 '신민주주의' 신중국의 건립을 위해 분투한다고 제기하고 있었다. 이 '신민주주의'는 결코 사회주의나 공산주의가 아니었으며, 경제에서는 자본주의의 존재와 그 적당한 발전을 인정하고, 농촌에서는 '경작하는 자가 그 토지를 갖는 정책'(耕者有其田)을 실행하며, 정치에서 "남녀·신앙·재산·교육 등의 차별을 없애는 진정 보편적이고 평등한 선거제도를 실행하고", 문화에서는 '민족·과학·대중' 문화를 발전시킨다는 것이었다. 요컨대 사회주의나 프롤레타리아트 독재가 아닌 신민주주의의 정치·경제·문화였던 것이다.

1949년 이후에도 중국공산당 내부에는 '신민주주의 사회질서의 확립', '사유재산의 확보' 등의 주장이 있었으나, 마오쩌둥은 이것을 완강하게 부정했다. 당시는 소련이라는 '사회주의의 대선배'에게 배우는 것이 강조되었고 중국 혁명은 곧바로 다음 단계, 즉 사회주의의 개조단계로 넘어가 "10~15년, 또는 그보다 좀더 긴 시간 안에 국가의 공업화와 농업·수공업·자본주의적 상공업에 대한 사회주의적 개조를 기본적으로 완성한다"고 이야기하게 되었다. 마오쩌둥은 계속하여 "민주주의 혁명이 성공한 이후에 원래의 자리에 머물러야 한다고 주장하는 사람이 있다. 그들은 혁명성격의 전환을 이해하지 못하고 사회주의 개조가 아니라, 계속해서 '신민주주의'를 하려고 하지만 이것은 우경(右傾)의 착오를 범하게 될 것이다"라고 비판했다.[63]

마오쩌둥은 원래 '좌'경 착오를 비판함으로써 전당을 승리로 이끌었는데, 이제는 오히려 계속 '우경'을 비판함으로써 전당을 엄중한 착오에 빠지게 한 것이다. '반좌'(反左)는 실제에서 출발한 것이었으며, 좌경사상의 사회적·계급적 기원과 혁명에서 정치·조직·사상적 구체적 표현을 분석하여 얻어낸, 기본적으로 사실에 부합되는 객관의 논단이었다. 하지만 반우(反右)는 주관적인 혁명욕구·의지·관념·이상에서 출발하여, '우'의 존재를 충분히 증명할 만한 구체적인 사실재료를 진정으로 갖고 있지 않았다.

마오쩌둥은 말한다.

"신민주주의 사회질서를 확립하자." 이러한 발언은 해로운 것이다. 과도시기는 매일 변동 속에 있으며 매일 사회주의의 요소가 발생하고 있다. 이른바 '신민주주의 사회질서'를 어떻게 '확립'한다는 말인가? '확립'은 아주 어려운 일이다! 이를테면 사영(私營)상공업은 지금 개조되고 있고 올해 하반기에 어떤 '질서가 세워진다'고 하더라도

---

63) 마오쩌둥, 「총노선을 이탈한 우경관점을 비판하자」(批判離開總路線的右傾觀點, 1953. 6. 15), 『마오쩌둥 선집』 제5권, 81쪽.

내년에 '확고'해지는 것은 아니다. 농업에서의 상호부조와 합작(合作) 역시 매년 바뀌고 있다. 과도시기에는 모순과 투쟁이 가득 차 있다. 우리의 현재 혁명투쟁은 심지어 과거의 무장투쟁보다 더 심각한 것이다. 이것은 자본주의 제도와 모든 착취제도를 철저히 매장하는 혁명이다.[64]

여기서 마오쩌둥의 논증은 주로 '끊임없는 변동'이라는 추상의 철학관념 위에 구축되어 있는, 일종의 철학 관념의 연역임을 알 수 있다. 적어도 1953년도부터 마오쩌둥은 이러한 끊임없는 변동 · 혁명 · 투쟁이라는 것을 특히 중시했다. 원래 마오쩌둥 자신의 계획과 구상에 따르면, 사회주의적 농업 · 수공업의 개조(즉 농업합작운동)와 사영상공업의 개조(즉 공사합영에서 국유화로 접수)는 '국가의 공업화'와 병행되어야만 하고, 빨라도 10년 안에 완성되는 것이었다. 하지만 3년도 되지 않아 이러한 '개조'가 초과달성으로 완성되었으며, 반면 '국가의 공업화'는 그때 겨우 걸음마를 옮기기 시작한 상태였다.

왜 이렇게 서두른 것일까? 이와 같은 역사의 변동(사회의 생산관계, 소유제의 변혁 등)은 객관법칙에 들어맞는가? 당시 철학계에서는 "생산관계가 생산력을 앞서 넘어설 수 있는가", 즉 이렇게 낙후된 생산력(농업소생산)의 기초 위에서 어떻게 고도의 공유화한 생산관계인 농업의 고급 생산합작사(및 그후의 ① 종전의 고급 생산합작사보다 규모가 크고, ② 소유제가 보다 더 고급의 공유제라는 '일대이공'一大二公의 인민공사)가 가능한 것인가라는 의문과 토론이 생기기도 했다. 또한 이것은 마르크스주의의 기본원리인 유물사관에 부합되는가?

이에 대해 당시에는 진정한 토론이 허용되지 않았다. 이미 답안은 정해져 있었다.

---

64) 같은 글, 81~82쪽.

우리는 현재 사회제도 방면과 관련된 사유제에서 공유제로 혁명을 수행하고 있을 뿐 아니라, 기술방면에서는 수공업생산에서 대규모 근대적 기계생산으로 혁명을 수행하고 있고 이 두 가지 혁명은 함께 결합되어 있다. 농업방면에서 우리 나라 조건에서는…… 우선 반드시 합작화가 이루어진 후에야 대기계를 사용할 수 있다.[65]

이에 수억, 수만의 농민과 전국의 농촌에 '농업합작화의 고조'가 들이닥쳤으며, 원래 15년으로 정해진 사회주의 개조는 이러한 '돌격' 방식으로 완성되었다. 그리고 이와 동시에 이른바 '함께 결합되어' 있다던 '근대적 기계생산의 혁명'은 2, 3년은 물론 15년 후에도 결코 농촌에서 나타나지 못했다. 그렇다면 이러한 농업합작화의 유명한 고조와 이후의 '견지', '공고화'는 가능한 것일까? 마오쩌둥은 말한다.

정치공작은 모든 경제공작의 생명선이다. ……농업합작화운동은 처음부터 하나의 엄중한 사상정치 투쟁이다. 모든 개별 합작사는 이러한 투쟁을 거치지 않고서는 성립될 수 없다. ……조금이라도 일단 늦추기만 하면 다시 무너져버릴 수도 있다. 실제로 산시성(山西省) 지에우현(解虞縣)의 싼러우셔(三婁社) 합작사는 공고해진 기세를 늦추어버렸기 때문에 거의 무너지다시피 했다. 그곳의 당조직이 자기의 잘못을 비판하고, 다시 사원대중(社員大衆)에게 자본주의에 반대하고 사회주의를 강화하는 교육을 수행하고 정치공작을 회복해서야 겨우 그곳의 위기를 극복하고, 계속 발전의 길로 나아갈 수 있었다. 자신의 개인적 이익을 꾀하는 자연발생적 자본주의 경향에 반대하고, 집단과 개인의 이익을 결합시키는 원칙을 모든 언론과 행동의 표준으로 삼는 사회주의 정신을 제창하는 것은 분산된 소농경제를 점

---

65) 마오쩌둥, 「농업합작화의 문제에 관하여」(關於農業合作化問題, 1955. 7. 31), 『마오쩌둥 선집』 제5권, 182쪽.

차 대규모 합작경제로 넘어가게 하는 사상과 정치의 보증이다.[66]

확실히 마오쩌둥은 건국 후 그가 아주 익숙하게 알고 있는 농촌에 아주 큰 힘을 기울였지만, 그가 가장 노력을 쏟은 곳은 생산관계에 대한 끊임없는 혁명, 즉 사유제에서 계속하여 '저급'·'고급'의 공유제로 이행하는 것이었다. 그리고 이러한 '이행'의 동력은 바로 '일종의 엄중한 사상·정치투쟁'이었다. 이 때문에 이런 '투쟁' 자체가 사회의 생산관계를 변혁하는 데 '보증'이 되었다. 따라서 중앙에서 지방까지 마오쩌둥은 계속 '우경'과 '우경 기회주의'를 비판하면서 대중운동을 불러일으켜 사회주의의 소유제와 전체 생산관계의 변혁을 발동하고, 공고히 하고, 발전시키려 했다. 또한 이른바 우경비판이란 것은 마오쩌둥의 기준에 따르면 프롤레타리아트와 부르주아지, 사회주의와 자본주의라는 두 계급, 두 길 사이의 투쟁이었다.

이것은 기본적으로 마오쩌둥이 1949년 이후 제기하고, 견지하고, 계속 발전시킨 사상이론의 주된 흐름이었다. 그것은 우선 농업합작화운동에서 표현되었으며, 이후 전체 경제영역으로 확대됨과 동시에 『무훈전』(武訓傳), 『홍루몽연구』(紅樓夢研究)에 대한 비판에서 반우파투쟁(反右派鬪爭), 이른바 '홍'(紅: 정치사상)과 '전'(專: 전문지식과 기술)의 논쟁 등 이데올로기 영역에까지 확산되었다. 마오쩌둥이 가장 흥미를 가지고 관심을 쏟은 것은 농업과 이데올로기라는 2대 영역이었으며,[67] 바로 이 2대 영역 안에서 건국 이래 고민과 소동과 고통이 가장 많았다. 마오쩌둥이 이 2대 영역 안에서 굳게 지키고 관철한 것은 바로

---

66) 마오쩌둥, 같은 글, 같은 책, 243~244쪽.
67) "마오쩌둥은 현재 교육에 가장 관심을 쏟고 있는 정치지도자일 것이다", "마오쩌둥의 교육에 관한 수많은 관념들은, 심지어는 그가 마르크스주의자가 되기 이전부터 갖고 있던 것이다."(E. C. Pischel, Pick Wilson ed., *Mao Tse-tung in the Scales of History*, London, 1977, 151쪽, 172쪽) 이 책의 「청년 마오쩌둥의 사상」 참조.

'두 계급, 두 길 사이의 투쟁'이었다. 이후에 마오쩌둥은 이 '투쟁방식'을 모든 공작과 거의 모든 방면으로 확대시켰다.

이데올로기 방면에서 우리 나라 사회주의와 자본주의 사이에 어느 것이 이기고 지는가 하는 투쟁은, 상당히 긴 시간이 지나야 비로소 해결될 것이다. 왜냐하면 부르주아지와 우리의 낡은 사회 지식인들의 영향이 우리 나라에 오래 존재할 터이고, 계급의 이데올로기로서도 마찬가지로 우리 나라에 오래 존재할 터이기 때문이다.[68]

루산(廬山)에서 출현한 이 투쟁은 계급투쟁이며, 과거 10년 동안의 사회주의 혁명과정에서 나타난 부르주아지와 프롤레타리아트라는 양대 적대계급 사이에 생사를 건 투쟁의 연속이었다. 중국에서, 우리 당에서 이러한 투쟁을 앞으로 적어도 20년은, 아마도 반세기 정도는 더 치러야 할 것으로 보인다.[69]

이행의 시기 전체를 통해 계급모순, 부르주아지와 프롤레타리아트 사이의 계급투쟁, 사회주의와 자본주의 두 길 사이의 투쟁이 존재할 것이다. 10여 년 이래 우리 당의 이러한 기본노선과 실천을 잊는다면 반드시 잘못된 길로 빠지게 될 것이다.[70]

계급투쟁, 이것만 꽉 틀어쥐면 된다.[71]

---

68) 마오쩌둥, 「인민 내부의 모순을 정확히 처리하는 문제에 관하여」(關於正確處理 人民內部矛盾的問題, 1957. 2. 27), 『마오쩌둥 선집』 제5권, 390쪽.
69) 마오쩌둥, 「기관총과 박격포의 내력 및 기타」(機關槍和迫擊砲的來歷及其他, 1959. 8. 16).
70) 마오쩌둥, 「중공 중앙정치국이 소집한 전국공작회의에서의 강화」(在中共中央政 治局召集的全國工作會議上的講話, 1965. 1).
71) 『인민일보』, 1966년 10월 1일자.

『마오쩌둥 선집』제5권에 수록된 것은 1949년 건국에서 1957년 말까지의 글인데, 그 가운데 전문적으로 경제건설, 특히 공업건설을 얘기한 부분은 아주 적다. 마오쩌둥은 이 방면에 대해 잘 알지도 못했고 그에 관한 발언도 적었다. 그가 나중에 제기한 '안강헌법'(鞍鋼憲法 : 안산철강공사의 기술혁신경험), "철강을 벼리로 삼는다"(以鋼爲綱), "공업은 대경(大慶)에서 배우자"는 것 등 결정적인 방침노선은 그가 발표하지 않은 정치경제학 학습노트(『소련 정치경제학 독서노트』)와 마찬가지로 주로 일종의 철학 관념적 연역이며, 이러한 연혁은 바로 그가 익숙하게 운용하던 군사 · 정치적 사유에 의해 수행된 것이었다. 마오쩌둥은 주로 정치의 각도에서 경제를 토론하고 연구하고 규정했으며, 이것이 바로 그가 1950년대에 제출한 "정치가 통수자이다"(政治掛首)라는 구호의 의미였다. 마오쩌둥은 항상 다음과 같은 것을 강조했다.

사상과 정치는 또한 통수(統帥)이며 영혼이다. 우리의 사상공작과 정치공작이 조금이라도 느슨해지면, 경제공작과 기술공작은 반드시 항상 잘못된 길로 빠질 것이다.[72]

따라서 경제 또는 과학 기술이 사상과 정치를 결정하는 것이 아니라, 반드시 사상 · 정치가 '통수'하여 경제 · 과학과 기타 모든 것을 결정하고 주재하고 이끌어야 했다.

마오쩌둥의 이러한 사상의 근원은 1949년 이전의 전쟁경험이었다. 이를테면 다음과 같다.

정치교육을 통해 홍군 사병들은 모두 계급적 각오를 가지게 되었으며, …… 모두 자신과 노동자 · 농민계급을 위해 싸우는 것임을 알게 되었다. 따라서 그들은 고난스러운 투쟁에서도 불평을 하지 않는다.[73]

---

72) 마오쩌둥, 「공작방법 60조 초안」(工作方法六十條[草案], 1958. 1).

인민해방군은 스스로의 강력한 혁명정치공작을 수립했는데, 이것은 우리의 적과 싸워 이길 수 있는 중대한 요소였다.[74]

정치의 통수, 계급의 각오를 강조하고, "계급과 투쟁의 관점으로, 계급분석의 방법으로 모든 것을 대하고 모든 것을 분석한다"는 것이 강조되는데다가, 이러한 '계급과 계급투쟁, 계급분석'은 또한 주로 '프롤레타리아트'와 '부르주아지' 사이에서 벌어진 '서로의 생사가 걸린' 양군대전(兩軍對戰)으로 파악되었다. 그리하여 정치 · 경제, 특히 이데올로기 영역에까지 이러한 것이 확산되고, 문학에서 철학까지, 일상생활에서 사상 · 정감 · 영혼까지 이와 같은 '양군대전'이란 도식에 의해 규정되고 통제를 받게 되었다. 이를테면 철학에서는 유물론과 관념론의 양군대전, 역사에서는 지주계급과 농민계급의 '양군대전', 문예에서는 리얼리즘과 반(反)리얼리즘의 '양군대전' 하는 식이었고, '백가쟁명'(百家爭鳴) 역시 실제로는 '양가(兩家: 부르주아지와 프롤레타리아트)[75]에 지나지 않았다. 그리하여 오늘까지도 군사와 아무런 관계가 없는 일상생활이나 문서용어에서 여전히 '전투' · '전략' · '제고점'(制高點) · '돌격' · '돌파구' 등의 군사용어가 넘쳐흐르고 있다.

하지만 무엇 때문에 1949년 건국 이후 즉각 사회주의로 이행해야만 했을까? 왜 이후로는 주로 부르주아지와 프롤레타리아트의 투쟁이 있어야만 했을까? 합작화가 전면적인 승리를 거두고 '사회주의의 개조'가 완성된 이후에도 계속하여 부르주아지와 프롤레타리아트의 투쟁이 필요하던 것은 무엇 때문일까? 수천 년 동안 뿌리 깊게 침투하지 않은 곳이 없던 봉건주의는 오히려 투쟁할 필요가 없던 것일까?

---

73) 마오쩌둥, 「징강산의 투쟁」(井岡山的鬪爭), 『마오쩌둥 선집』 제1권, 63쪽.
74) 마오쩌둥, 「눈앞의 형세와 우리의 임무」(目前形勢和我們的任務, 1947. 12. 25), 『마오쩌둥 선집』 제4권, 1,144쪽.
75) 마오쩌둥, 「중국 공산당 전국선전공작회의에서의 강화」(1957. 3. 12), 『마오쩌둥 선집』 제5권, 409쪽.

조금이라도 마르크스주의 이론에 따르는 객관적 논술은 거의 이루어 지지 않았으며, 오직 다음과 같은 철학적 연역이 있을 뿐이었다. 즉 전체 우주·세계·사회는 모순과 투쟁에 의해 추진되고 발전되는 것이고, 그렇다면 지주계급이 소멸되었으므로, '당연한 이치로' 부르주아지와 프롤레타리아트의 '양군대전'이 사회전진의 동력이 된다는 것이다. 이것은 어쩌면 마오쩌둥이 이해한 마르크스주의의 우주관, 즉 변증법적 유물론에서 반드시 그렇게 추출될 수밖에 없는 결론이었을지도 모른다. 또한 이미 소련의 스탈린식 사회주의(마찬가지로 부하린의 우경 기회주의를 비판한 이후, 강제로 농업집단화운동을 진행했다)를 모델로 삼고 있던데다가, 오랜 군사투쟁 과정에서 누적된 '양군대전'의 관념과 습관, 정감은 이러한 이론의 정확함을 증명하는 것처럼 보였다. 이것은 또한 '두 계급, 두 길'의 이론이 널리 받아들여지고 신앙되는 기본원인들이기도 했다.

그러나 이것과 마르크스주의의 기본이론인 유물사관(사적 유물론)은 도대체 무슨 관계가 있는가? 적지 않은 사람들이 이를 해설하는 적지 않은 글들을 썼지만, 대부분은 이것이 마르크스주의를 '발전'시켰다고 할 뿐이다. 하지만 보라. 우선 생산관계를 변혁(합작화)하고 나중에 생산력을 발전시킨다(기계화)는 것, 정치를 돌출시켜 정치로 하여금 경제를 통수하도록 한다는 것, 사상개조로 공산주의의 새로운 인간 만들기를 강조하는 것, ……이런 것들은 마르크스·엥겔스·레닌에서 스탈린에 이르기까지 거의 언급되지 않거나 아주 적게 언급되었을 뿐이었다.

스탈린은 소련 공업화시기에 기술이 모든 것을 결정하며, 간부가 모든 것을 결정한다고 강조했다. 마오쩌둥은 그를 비판하고 그것을 뒤집어 정치가 모든 것을 결정하고, 대중이 모든 것을 결정한다고 강조했다. 스탈린은 변증법적 유물론에 관해 글을 쓴 이후, 비록 사적 유물론을 변증법적 유물론의 연역이자 응용으로 파악하기는 했지만 그것에 관해서도 글을 썼다. 하지만 마오쩌둥은 변증법적 유물론에 관한 글(『실천론』, 『모순론』, 「인간의 정확한 사상은 어디에서 오는가」 등)만

썼을 뿐이다. 사람들 입에 오르내린 「인민 내부의 모순을 정확히 처리하는 문제에 관하여」(關於正確處理人民內部矛盾問題) 역시 사적 유물론의 기본이론에 관한 것이 아니라, 마치 '변증법적 유물론'을 정책에 직접 응용하는 것과 같다.

따라서 마오쩌둥이 주목하고 그 변혁을 강조했던 생산관계나 이데올로기라는 것에는, 소생산의 경영관리 방식·관념·관습과 같이, 현대 생산력(대공업·과학기술)에 적응하지 못하는 부분은 거의 고려되지 않았다. 현대 생산력과 생산양식이 요구하는 과학·법제·경영관리의 합리화, 사업화와 대규모 지식인 인재양성과 같은 방향으로 나아가는 것이 아니라 오히려 그와 정반대 방향으로 나아갔다. 마오쩌둥은 그에게 익숙한 농업소생산과 군사투쟁의 경험·관념·관습·이상에 의거하여 사상·정치·대중운동·희생정신에 의한 세계의 변혁을 강조했다. 계속하여 작전을 조직하고 끊임없이 혁명을 수행함으로써, 계속 고양되는 대중의 혁명의 정열을 유지해야만 사회의 전진을 추진할 수 있고 부르주아지와 자본주의를 이겨낼 수 있다고 그는 강조했다.

그렇다면 부르주아지와 자본주의란 무엇인가? 프롤레타리아트와 사회주의는 무엇인가? 유물사관을 이론의 기초로 하는 과학적 연구가 없었기 때문에 이러한 관념과 개념들은 언제나 대단히 모호하고 몽롱한 상태 속에 있었다. 그것은 모든 것을 포괄하는 것 같았지만 사실은 사이비에 지나지 않았다. 끊임없이 인위적으로 운동을 조직하여 이러한 '양군대전'의 도식을 광범위한 대중과 사회생활 속에 보급했을 때, 모든 좋지 못한 사물·현상은 '착취'를 기초로 한 이른바 부르주아지와 자본주의의 범주로 몰아넣게 되고, 모든 좋은 사물과 현상은 '노동'을 기초로 한 프롤레타리아트와 사회주의의 범주에 몰아넣게 되었다. 따라서 여기서는 프롤레타리아트·사회주의와 부르주아지·자본주의가 '노동'과 '착취', '공'과 '사', '선'과 '악'의 대립과 투쟁이 되었으며, 본래 특정한 역사의 내용을 가지고 있던 유물사관의 범주가 시대를 초월하는 도덕윤리의 범주로 바뀌었다. 도덕의 관념·기준·의분(義憤)

이 더욱더 현시대 정치의 내용을 이루게 되었으며, 정치는 도덕으로, 도덕은 정치로 바뀌었다.[76]

정치의 통수, 정치의 돌출은 도덕의 돌출, 노녁의 통수로 바뀌고, 대공무사(大公無私)의 희생정신·분투정신의 돌출로 바뀌었으며, 그것이 사회의 전진, 생산의 발전, 인류의 진보를 추진하는 것으로 생각되었다. 혁명을 이야기하든 건설을 이야기하든, 강조하는 것은 언제나 "대중은 극도의 사회주의적 적극성을 간직하고 있다"[77], "명리를 따지지 않고, 죽음과 고통을 두려워하지 않으며 오로지 혁명에만 전념하는 프롤레타리아트의 철저한 혁명정신을 갖추어야 한다", "첫째 고통을 두려워하지 않으며, 둘째 죽음을 두려워하지 않는다", "레이펑(雷鋒) 동지에게 배우자"는 것 등이었다.

널리 알려져 있듯이 이러한 도덕주의는 중국 사회와 중국인의 문화심리적 침전 속에 아주 깊고 두터운 기초를 가지고 있었다. 봉건사회는 원래 윤리주의를 이데올로기의 기본 핵심으로 삼았기 때문에 송명이학의 '극기복례'(克己復禮), '정심성의'(正心誠意)는 일찍이 오랫동안 사회를 지배하는 의식이자 관방(官方) 정통철학으로서 사람들에게 알려지고 익숙해진 문화심리가 되어 왔다. 또한 신·구 중국의 교체 역시 확실히 사람들로 하여금 잔혹한 전쟁을 거쳐 승리를 획득한 혁명과 혁명가(노간부老幹部)를 윤리·도덕적으로 존경하도록 만들었다. 그리고 낡은 암흑사회와 그 생활형태에 대한 증오와 미래의 이상사회에 대한

---

76) '정치제일'(政治掛首), "이념이 우선이고 전문기술은 나중이다"(先紅後專)는 것 등은 중국 전통의 이른바 '내성'(內聖)위주(爲主), '내학'(內學)위본(爲本)(『권학편』勸學篇에 나오는 장즈둥張之洞의 "중학中學은 내학內學이고 서학西學은 외학外學이며, 중학은 심신을 다스리고 서학은 세속의 일에 대응하는 것이다"는 주장을 보라)이라는 '중체서용'론과 실질적으로 유사한 것이다. 이 책의 「'서체중용'에 대하여」 참조.

77) 이러한 '사회주의적 적극성'은 집단과 개인이익의 결합과 통일을 내포하는 것으로, 이것은 청년 마오쩌둥의 심신의 발전을 도덕으로 삼는 사상과 일맥상통하는 점이 있어 좀더 주목해볼 만한 것이라고 생각되나, 여기서는 생략하기로 한다.

지향은 혁명·혁명도덕·집단주의·자아희생 정신에 대한 사람들의 충실한 열정과 극도의 신임을 불러일으키고 배양시켰다.

이 때문에 개인이익은 물론 개인과 독립·자주·평등……을 포함하는 개인 그 자체까지도 아주 사소한 것이 되는 동시에, 청산되어야 할 이단이 되고 해로운 부르주아의 것이 되어버렸다. 진정으로 중요한 것은 집단과 국가, 혁명적인 사업과 이익이었으며, "개인의 일은 아무리 중대해도 사소한 것이고, 집단의 일은 아무리 사소한 것이라도 중대한 일"이었다. 이것은 바로 "공을 앞세우고 사는 뒤로 돌리는 것"(先公後私), "오직 한 마음으로 공을 위하는 것"(一心爲公), "자기를 버리고 공을 따르는 것"(捨己從公)이기도 했다.

또한 고도의 중앙집권의 계획경제와 날로 강화되는 일원 지도체제로 말미암아 행정권력은 공산당조직을 통하여 사회의 생산·분배 및 소비와 개인생활, 개인사무(직업·이사·결혼·연애 등)에 이르는 모든 것을 지배하고 관여했다. 이로써 모든 것이 정치에 의존하고 종속되었으며, 정치의 지위와 권력·등급은 사회에서 가장 강력하고 주요한 기준이자 척도가 되었다. 또한 실제생활에서도 사람들은 사회의 동력이 경제가 아니라 정치인 것처럼 느끼게 되었다.

이리하여 공산주의 역시 먼저 경제발전의 산물이 아니라 정치·도덕의 이상인 것처럼 보였고, 공산주의의 새로운 인간 역시 개성의 잠재력을 전면에서 발전시키는 사람이 아니라, 도덕이 고상하고 의식이 '순결'하며 '정치 각오가 높은' 성현(聖賢)이 되었다. 심지어 역사인물까지도 도덕을 평가기준으로 삼게 되었다(문화혁명 직전의 리슈청李秀成에 관한 토론 등).

이런 것은 이미 마르크스주의 유물사관과는 상당히 거리가 멀었다. '정치의 통수'와 도덕지상주의는 소생산에 뿌리를 내리고 있고, 소생산을 보호하는 봉건정치와 봉건도덕이 새 옷을 입고 다시 등장한 것이다. 바로 이러한 사상기초와 현실기초 위에서 '문화대혁명'이 발생했다.

'문화대혁명'은 본래 문화비판에서 시작되었으며, 이 '문화비판' 또한 『무훈전』 비판에서 시작된, 건국 이래 17년 동안의 '문화비판'이라고 일컬어진 실질적인 정치비판을 계승한 것이었다. '문화대혁명'에서 기세 등등하게 비판한 문예의 '흑팔론'(黑八論: '사진실론' 寫眞實論, '현실주의 심화론' 現實主義深化論, '현실주의적 광활도로론' 現實主義的 廣闊道路論, '반소재결정론' 反素材決定論, '중간인물론' 中間人物論, '반화약미론' 反火藥味論, '시대정신합류론' 時代精神合流論, '이경반도론' 離經叛道論 등)은[78] '문화대혁명'(이하 '문혁'이라 함) 이전에 비판이 제기된 것이었다. 경제나 철학·사학의 영역 또한 이와 마찬가지였다. 이른바 '부르주아지의 반동적 학술권위'에 대한 비판 역시 위핑보(俞平伯)·펑유란에서 저우구청(周谷城)에 이르기까지, 즉 건국 초기부터 '문혁' 전야까지 일관된 것이었다.

다른 점이 있다면 '문혁'에서는 '실제로는 정치대혁명'임을 공개선언한 점과, 아울러 주로 창 끝을 이른바 '당 내의 자본주의 길을 걷는 당권파(黨權派)', 즉 과거에 환난을 같이하면서 천하를 차지한 고참간부들에게 돌린 데 있었다. 하지만 이것 역시 1959년 우경 기회주의 반대투쟁에서 사청운동(四清運動: 1964년의 농촌 사회주의 교육운동)의 기층간부(基層幹部) 타도에 이르는 노선의 흐름과 일맥상통했다. 왜냐하면 반우파투쟁 이래 지식인들은 마치 겨울매미처럼 침묵을 지키고 있었고, 마오쩌둥의 투쟁철학은 주로 당 내를 겨누고 있었기 때문이다.

여기서도 역시 현실적 원인이 있었다. 수십 년 동안 고난에 가득 찬 전쟁이란 환경은 결국 이미 지나가버린 것이 되었고, 평화시기의 일상 공작에서 물질적 이익이 점차 두드러지게 드러나기 시작하여 공급제(현물배급제)가 1950년대 초기에 임금제를 대신했고, 예전에는 모두가 동지였으나 이제는 각종 등급과 관직에 의해 속박을 받기 시작했다. 또

78) 「린뱌오 동지가 장칭 동지에게 위탁하여 소집한 부대문예공작좌담회의 기록」(林彪同志委托江清同志召開的部隊文藝工作座談會紀要, 1966. 2)을 보라.

한 전쟁시기에 의지를 집중하기 위하여 '극단의 민주화'에 반대하고 명령과 집중을 강조하던 관습이 이제는 봉건 관료주의와 관념·제도에서의 등급주의·복종주의로 바뀌기 시작했다. "한 사람이 독판치기"(一言黨), "오직 상급의 명령만 따른다"(唯上是聽), "관리가 되면 영감 대접을 받는다"는 것 등이 시간적·공간적으로 더욱더 만연하기 시작하여, 봉건주의의 영향은 경제적 기초에서 상부구조와 이데올로기(옛 중국의 봉건관료적 폐습을 포함하여)에 이르기까지 해방초기에 받은 충격에서 벗어나 점차 새로운 모습으로 되살아나기 시작했을 뿐 아니라 오히려 예전보다 심해지기조차 했다.

이 때문에 인민대중, 특히 감수성이 예민한 학생대중은 불쾌감과 불만, 분노에 가득 차게 되었다. '문혁' 이전에는 끊임없이 '학생운동'이 일어나 관료주의에 항의하고 여러 낙후된 체제를 반대했다. 1957년의 '방명'(放鳴: 백화제방百花齊放·백가쟁명百家爭鳴운동) 역시 이것을 아주 분명하게 드러내주었다. 마오쩌둥은 바로 이 점에 착안했다. '문혁' 기간에 그는 대중의 분노가 있으면 그것을 발산시켜야 한다고 지적했다.

마오쩌둥은 "부르주아지는 바로 당 내에 있다", "자본주의의 길을 걷는 당권파를 타도하자"고 제창하여 창 끝을 직접 각급 당정(黨政) 지도기관으로 돌렸는데, 이런 운동이 그처럼 신속하게 질풍처럼 대중들을 스스로 분기시켜, 누구나 참가함으로써 맹렬한 기세와 극도로 강한 파괴력을 수반할 수 있게 한 중요한 원인은 바로 여기에 있다고 하겠다.

따라서 '문혁'을 소수 야심가의 음모나 아니면 상층 최고급 지도자 사이의 권력쟁탈로 간단하게 귀결시켜 버리는 것은 피상적이고 실제에 들어맞지 않는 논리이다. 물론 이러한 방면의 내용과 성분이 있는 것은 사실이지만, 당시 광범위한 대중, 특히 청년학생들이 열광하여 이 '혁명'에 몸을 던졌다는 역사적 사실은 위와 같은 논리로는 설명할 도리가 없다.

이 '혁명'의 발동자이자 지도자인 마오쩌둥에게도 사정은 마찬가지로 아주 복잡했다. 새로운 인간, 새로운 세계를 추구하는 이상주의의 측면이 있는가 하면, 권력을 새로 분배하려는 정치투쟁의 측면이 있었다. 관료기구에 대한 증오와 그 분쇄에 대한 희망이 있어 석탄 '부'(部)를 석탄 '과'(科)로 낮추는 면이 있는가 하면, '대권이 실추되어' 다른 사람에게 '찬탈'되는 것을 의심하는 측면도 있었다. 혁명정열, 분투정신을 영구히 보존하려는 측면(즉 반수방수反修防修)이 있는가 하면, '군사합일'(君師合一)[79]적인 세계혁명의 교사·영수가 되고자 하는 측면도 있었다. '천리'(天理)도 있었고, '인욕'(人欲)도 있었다. 이들 둘이 함께 뒤섞여 있었던 것이다. 그리고 마오쩌둥이 청년시대에 지니고 있던 의지주의(意志主義)와 이상주의의 개성 역시, 마음이 하고자 하는 바에 따라도 아무 무리가 없다고 할 정도로 마르크스주의에 익숙해졌다고 스스로 생각한 그의 만년에 마음껏 발휘되기 시작했다.

마오쩌둥의 "모든 반항에는 정당한 도리가 있다"(造反有理)는 사상·정감, 낭만적 반항욕구는 소년시대부터 만년에 이르기까지 줄곧 존재해왔으며, 생활의 각 방면에서도 표현되어 왔다. 다만 그것은 때때로 이지적인 자각에 의해 억압되기도 했으나(중년에 민주주의 혁명을 이끌 때와 만년에 국제관계를 처리할 때는, 반드시 여러 객관의 현실조건을 고려할 필요가 있었다), 어떤 때에는 이론무장(앞서 말한 두 계급, 두 길의 투쟁에 관한 이론 등)에 의해 더욱 두드러질 때도 있었다. '낡은 세계의 파괴'에 대한 흥취는 마오쩌둥으로 하여금 공자에서 신문화까지, 당[80]에서 정부[81]의 여러 권위에 이르기까지 한결같이 비판하고

---

79) 장스자오, 『유문지요』(柳文指要), 베이징, 中華書局, 1971.

80) 외국 연구자들은 '문혁'기에 '당을 파괴'한 마오쩌둥의 특이한 작법에 대해 특히 주목하면서, 마오쩌둥이 줄곧 무정부주의 사상을 가지고 있었다고 생각한다. 나는 이러한 관점에 동의하지 않는다. 마오쩌둥은 청년시기에 확실히 무정부주의 사조의 영향을 받아들였지만, 주로 그가 받아들인 것은 이 사상의 속박에 대한 반대와 유토피아 이상사회에 대한 측면이었지 그 반조직적·반권위적 측면은 아니었다고 생각하기 때문이다. 마르크스-레닌주의를 받아들인 후 마오쩌둥은 줄곧 규율과 집중을 강조하고, '극단적인 민주주의화'에 반대하여 "공작에서의

부정하게 만들었다. "파괴하지 않으면 세울 수 없다"(不破不立), "하나는 나뉘어 둘이 된다"(一分爲二), '투쟁철학' ……어떤 의미에서는 초기 마오쩌둥의 "하늘과 싸우고", "사람과 싸우는", "즐거움은 무궁무진하다"는 사고의 연장이기도 했다.[82]

더욱이 초기부터, 그리고 중년에 중대한 성공을 가져온 현실을 중시하는 '경험이성'은 더욱 한쪽으로 밀려나게 되었으며, 이것은 마오쩌둥이 더욱더 대중과 사회현실에서 멀어지게 된 것과 관련이 있었다. 마오쩌둥은 원래 균형을 잘 갖춘 자기사상의 틀을 1949년 이후 한쪽으로 치우쳐 발전시키기 시작했으며, '문혁' 시기에 이것은 정점에 이르렀다.

이를테면 인민주의 이상과 혁명시대 군사공산주의의 성공은 마오쩌둥이 결국 공급제를 그리워하며 '한솥 밥'(大鍋飯)을 칭송하고 '부르주아 권리의 파괴'를 요구하면서, 우선 분배·소비 면에서 공산주의의 실현을 희망하도록 만들었다. 1958년 '대약진운동'(大躍進運動) 속에서 이른바 "돈 없이 밥을 먹는다"는 '공공식당'은 마오쩌둥에 의해 긍정되고 전국에 보급되었다. 마오쩌둥은 더이상 현대 경제생활의 실제 속으로 깊이 들어가 주의하고 연구하지 않았다.

이밖에도 물론 앞서 말한 것과 같은 도덕주의가 있었다. 대약진운동 시기의 "수양버들 실실이 봄바람에 춤추고 이 나라 6억 인민 모두 다 요순(堯舜)이네"(1958. 7에 씌어진 마오쩌둥의 시구)에서 '문혁'의 '투사비수'(鬪私批修)에 이르기까지……

"계급투쟁을 벼리로 한다"는 투쟁철학, '투사비수'의 도덕주의, "빈

엄중한 무기율 상태나 무정부 상태를 소멸"(공위즈 등, 『마오쩌둥의 독서생활』, 27쪽)하도록 요구했다. 따라서 '문혁' 후기에 『인민일보』에서 '문혁'이 무정부주의를 조장했다고 했을 때도 마오쩌둥은 전혀 그렇지 않다고 생각했다.

81) 예를 들면 '1월 폭풍'(1967년 1월 마오쩌둥의 의견에 따라 장춘챠오張春橋·야오원위안姚文元·왕홍원王洪文 등 사인방이 상하이 시의 당정기관에 대해 행한 탈권투쟁奪權鬪爭) 후 성립된 상하이 코뮌은 정부를 더 이상 '정부'라 부르지 않고 '혁명위원회'로 바꿔불렀다.

82) 이 책의 「청년 마오쩌둥의 사상」 참조.

하중농(貧下中農)에게 배우라"는 인민주의는[83] 마오쩌둥 만년 사상의 기본특징을 이루었다. 이러한 특징들은 결코 갑작스럽게 생겨난 것이 아니었으며, 그 개인 사상의 유래 깊은 근원 또한 중국 사회에서 현실적 기초를 가지고 있었다.

린뱌오와 '사인방'은 바로 이러한 '마오쩌둥사상'의 기치 아래 '유력한 조수(助手)'가 되었으며, 그들은 사상에서 자신의 것이라 할 만한 것을 전혀 가지지 못했다. 하지만 그들(특히 린뱌오)은 확실히 마오쩌둥의 이와 같은 사상을 극단으로까지 밀고 나갔다. 이를테면 마오쩌둥은 린뱌오의 '네 가지의 첫째'라는 사상을 긍정했다.

인적인 요소가 첫째이고, 정치공작이 첫째이고, 사상공작이 첫째이고, 살아 있는 사상이 첫째이다.

이밖에도 린뱌오는 다음과 같이 말한다.

정신적인 것은 물질적인 역량으로 전화될 수 있다. ……원자폭탄이 폭발하는 것처럼 아주 커다란 역량을 폭발시킨다.

공산주의란 바로 '공'(公)이란 글자를 말하는 것이고 '사'(私)란 글자에 반대하는 것이다. 사를 타파하고 공을 확립시켜야 하며,…… 영혼의 깊은 곳에서 혁명을 폭발시켜야 한다.

이 '린 부통수(副統帥)'(당시는 형식상 전국이 군대로 편성되었으며 모든 기관단위는 군대식으로 조직되었다)가 '발전'시킨 것은, 바로 마오쩌둥의 허다한 사상의 완전한 관념론화·봉건화가 아닌가?

---

[83] '문혁' 후기에 이르러서는 몇몇 지방의 노동계급까지도 하방노동(下放勞動)을 하여 "중하빈농에게 배우라"고 요구당했다.

아울러 린뱌오는 직접 봉건형태를 제창했다. 개인숭배를 의식화하여, 예를 들면 마오쩌둥의 『어록』을 편집하여 "매일매일 읽도록" 하고, 마오쩌둥의 언론을 '최고 지시'로 만들어, "말 한 마디가 만 마디에 맞먹는다"면서 "이해한 것을 실행하고 이해하지 못하더라도 실행해야 한다"(이것은 사실 군대의 관습에서 온 것이다)고 했다. 또한 '천재론'(天才論)을 제창하여 "마오쩌둥 사상은 최고의, 가장 생기 있는 마르크스주의"이며, "당대 마르크스-레닌주의의 최고봉"이라고 치켜세웠다. 린뱌오는 사상면에서뿐만 아니라 조직면에서도 프롤레타리아트 독재와 사회주의의 명의를 이용하여 아들이 아버지를 계승하는 공개적인 봉건왕조를 건립하려고까지 했다(이를테면 당장黨章에 분명하게 '후계자'라는 어구를 집어넣은 것).

하지만 중요한 것은, 린뱌오의 추락사망사건이 발생하기 이전 수많은 간부·대중과 학생들은 왜 이런 모든 것에 대해 거부감을 느끼고 일어나 반항하지 않았나 하는 점이다. 왜 수많은 간부·대중과 학생들은 모두 묵묵히 린뱌오의 이러한 행위들을 받아들인 것일까? 물론 억압 때문에 침묵하는 것이 진정한 동의는 아니다. 하지만 심지어 수많은 지식인들 사이에서도 확실히 적지 않은 신봉자들이 있던 것이 사실이다. 이것은 다음과 같은 이유 때문이었다.

첫째, 이러한 것들은 전통의 사회의식·관습의 기초를 가지고 있었다. 이를테면 '최고 지시'는 "(황제의) 성지(聖旨)가 내려온다"는 것과 용어에서 그다지 큰 차이가 없으며, 이것은 오늘날에도 여전히 지식인들까지 '백락(伯樂: 명마名馬의 감별에 뛰어난 주대周代의 인물)', '포공'(包公: 포청천包青天), 어진 황제를 기꺼이 받아들이고 칭송하는 것과 같은 전통의식과 심리의 침전에 속한다. 둘째, 이것들은 결코 하늘에서 갑자기 떨어진 것이 아니었으며, 과거 17년 동안 계속된 '사회주의 교육운동'의 연속이었다. '혁명'을 목적 그 자체로서 칭송하고, 숭배하고, 추구하는 것, 마오쩌둥에게 대한 우상숭배, 특히 마오쩌둥의 '노삼편', '투사비수'(鬪私批修), '파사립공'(破私立公)의 도덕의식을 기준칙도로 삼아 모든 것을 저울질하는 일은 유래가 오랜 것이었다. 공사의리(公私義理)의 구별, 천리인욕(天理人欲)의 구분은 본래 중국 전통의 문화심리였지만, 이제 와서 이러한 것들은 프롤레타리아트의 혁명의식과 공산주의의 숭고한 이상이란 모습으로 등장했으며, 마치 가장 새롭고, 가장 혁명적이며, 가장 중국화된 것처럼 보였다.

중국의 지식인들은 아주 쉽사리 이것을 받아들였으며, 그것은 어떠한 사람이든(인간은 결국 누구나 결점과 약점과 잘못을 가지고 있으며, 각종 물질생활에 대한 욕구·의향·희망과 즐거움을 갖게 마련이다) 모두 자신의 죄악이 무거운 것이고, 반드시 심각한 검토를 받아야 하며 힘껏 참회해야 한다고 느끼도록 했다. ……장쓰더(張思德, 1915~72), 동춘루이(董存瑞, 1927~48), 레이펑, 왕지에(王杰, 1923~72) 등처럼 "조금도 자신의 이익을 꾀하지 않고 오로지 남을 위하던" 사람들이나 자신의 생명을 희생한 영웅·열사 앞에서 어느 누가 자신의 왜소함을 느끼면서 철저히 참회하고 무조건 항복하지 않을 수 있겠는가? 위대한 공산주의의 이상, 사회주의 조국을 위해 무조건 자신을 바치지 않을 수 있었겠는가? 이를 위해 심사와 비판을 받아들이고, 고통을 달게 받아들이며, 남의 잘못을 들춰내고 자신을 개조하지 않을 수 있겠는가?

왜 린뱌오가 거듭해서 '노삼편'과 '파사립공'과 같은 것을 강조했는가 하는 비밀은 바로 여기 있다.

여기서 전통과 다른 점은 이러한 도덕주의와 공사의리의 구분이 계급투쟁이라는 줄거리에 의해 관통되고 있으며, 따라서 비교적 복잡하며 안정과 화해를 목적과 특징으로 하는 전통 윤리관념이 아니라, 좀더 간단해진 '혁명' 계급관념을 기준과 척도로 삼기 때문에 이와 같은 공사의리의 구분, 천리인욕의 구분이 좀더 강제적이고 공개적이며, '서로의 생사가 걸린' 대단히 격렬한 투쟁의 성질을 띠게 되었다는 점에 있다. 현실에서뿐만 아니라 심령에도 이것은 마찬가지였다. 혁명의 기치 아래, 그리고 도덕주의의 기치 아래 사람들은 이지로서만 아니라 감정으로도 자신에게 확실하게 잘못이 있으므로 개조해야 할 필요가 있고, 용감하게 혁명을 보위하기 위해 자신을 희생시켜야 할 필요가 있다고 생각하게 되었다.

따라서 끊임없이 자신을 검토하고 남을 비판하고, '죄악'을 폭로하고, 경계를 확연하게 구분하며, 자신의 '자본주의'·'수정주의'에 대한 선호나 '경계의 느슨함'을 질책하고 참회하지 않을 수 없었다. ······ 그리하여 열정으로 헌신하는 수천, 수만의 홍위병(紅衛兵)이 나타났고, 진심으로 참회하는 수천, 수만의 고참 간부가 나타났으며, 진심으로 잘못을 비는 수천, 수만의 지식인들이 나타났다.

이리하여 문혁과 같은 전에 없는 규모의 대중투쟁과 검토운동이 나타나게 되었다. 이것이 기괴한 것인가? 결코 그렇지 않을 것이다. 앞에서 말한 대로 그것은 수십 년 동안의 사상개조와 이른바 '사회주의 사상교육'이 낳은 자연스러운 결과이며, 또한 수천 년 동안의 중국 전통의 정신과 관련이 없지도 않다.

린뱌오의 '자폭'(自爆)이라는 사실, '571공정기요'(五七一工程紀要: 린뱌오의 쿠데타 계획)가 공포되고 나서야 사람들은 근본적으로 각성하기 시작했다. 이것은 마치 '비할 데 없는 위력을 가진' '정신적 원자폭탄'처럼 사람들을 어리석음과 악몽에서 깨어나게 했다. 원래 모든 것이 허구였고, 『어록』을 높이 쳐들면서 매일 '세 가지의 충성', '네 가지의 무한'[84]을 외쳐댄 사람들은 모두 다 최대의 사기꾼·악당·야심가들이었던 것이다. '파사립공'이니, "영혼의 깊은 곳에서 혁명이 폭발한다"느니, '네 가지의 첫째'니, "마오쩌둥사상은 최고의, 가장 생기 있는 마르크스-레닌주의이다"라느니······ 이런 것들은 얼마나 거짓되고 비열하고 가소로운 일인가. 정치는 마침내 그 추악한 본모습을 드러냈으

---

84) '세 가지의 충성'이란 "마오쩌둥, 마오쩌둥사상, 마오쩌둥의 혁명노선에 충성하는 것"이며, '네 가지의 무한'이란 마오쩌둥에 대한 '무한충성'·'무한열애'·'무한신앙'·'무한숭배'이다.

며, 원래 도덕의 가면을 쓰고 있던 모든 것들이 이제는 도덕 자체의 허위를 드러내기 시작했다. 사람들은 확실히 깨우쳤으며 이제 자기의 상식과 건전한 이지로써 현실·생활·역사를 다시 관찰하고, 판단하고, 평가했다. 이전의 모든 회의·문제·관점·의견은 별안간 명확하게 증명되고 납득되기 시작했다. 물론 처음부터, 심지어는 1950년대 초부터 심각한 의혹과 우려를 지닌 사람들이 있기는 하나 결국은 아주 소수에 지나지 않았으며, 대부분의 간부와 대중들은 '문혁' 후기, 특히 린뱌오 사건을 거쳐서야 비로소 각성하게 되었다.

'문혁'은 중요하고도 아주 긴 이야기이며 이 글에서 자세히 논의할 수 있는 것이 아니다. 여기서는 다만 두 가지를 지적하고자 한다.

첫째는, 겉보기에 '문혁'이 이성을 상실한 열광하는 '혁명운동'처럼 보이기는 하지만 그것은 결코 완전히 비이성의 산물은 아니라는 점이다. 그 가운데에는 마오쩌둥에 대한 개인숭배, 격렬한 항쟁 속에서 자기희생, 지나친 야수성의 발휘, 미친 듯한 파괴와 가학음란증 환자와도 같은 가혹한 고문 등 종교의 열광과도 가까운 성분이 있었지만 그 주체는 결국 보통의 이지를 기초로 한 것이라는 점이다. 즉 그것은 공사의 리, 집단과 개인, 공산주의 이상과 '두 계급, 두 길의 투쟁' 등에 관한 일련의 "말에 근거가 있고 줄거리가 이치에 닿는" 도덕이론에 근본적으로 의거하고 있었다.

그것은 보통의 이지로도 충분히 받아들일 수 있는 것이었고, 일종의 이성적 신앙, 도덕적 종교라 할 수 있었다. 이것이 '문혁'과 독일의 나치즘이, 도덕주의적 '투사비수'의 고양과 게르만 종족우월론이 같지 않은, 또는 겉모습은 비슷하나 실제로는 다른 점이었다. 이 둘을 동일시하는 것은 사회토양의 차이를 무시하거나 전통의 근본차이를 경시하는 것이다. 독일의 전통정신에서의 그것과 같은 맹목과 충동의 비이성주의와 중국 전통의 실용이성은 결코 같지 않으며, 그 둘을 혼동하는 것은 결코 냉정한 자기인식에 도움이 되지 않는다.

또 하나는, 중국의 '문혁'이 기본적으로 (적어도 지도사상면에서는)

320

여전히 이지의 주재·지배 아래 있던 까닭에, 감정이나 인간성에 대한 유린도 결국은 이지를 통하여 진행되었다는 점이다. 그리고 바로 이 때문에 극도의 정신적인 고통과 비할 데 없는 심리적 고문이 수반되었다. 그것은 사람들에게 이지의 면에서 계급과 계급투쟁의 관점을 받아들이고 응용하여 "모든 것을 관찰하고", "모든 것을 분석하고", "모든 것을 판단하여", "적과 우리를 구분하고", "경계를 명확히 할 것"을 요구했다. 사람들에게 이지의 면에서 '투사비수'와, "첫째, 고통을 두려워하지 않고, 둘째, 죽음도 두려워하지 않는" 도덕의 표준을 응용하여 자신을 검사하고 반성해야만 비로소 "육친(六親)을 부인하고", "대의를 위해 멸친(滅親)"할 수 있다고 했다.

이리하여 사회적으로, 전통적으로 상당히 두텁던 부자·부부·형제·친구 사이의 인간관계와 감정의 유대는 이러한 계급투쟁의 '혁명도덕주의' 또는 '혁명집단주의'로 대체하거나 파괴하도록 요구되었다.[85] 비이성의 감정적 미혹이 아니라 모든 감정이 반드시 이성의 '비준'을 거쳐야, 반드시 고통스러운 '사상투쟁'을 거쳐야 한다고 요구되었다. 이 '사상투쟁'이 허용할 수 있던 유일한 감정은 바로 '혁명적' '계급감정'이었으며, 모든 인간 사이의 감정교류나 서로에 대한 관심은 반드시 이러한 새로운 도덕표준 아래 저울질되고 평가되고 긍정되거나 부정되었다.

이러한 '이성'의 주재와 파괴에서 사람들은 그야말로 극도로 고양된

---

85) 원시유가에서 본래 지니고 있던 '아들이 아버지를 숨겨주는 것'(『논어』論語「자로 제13」子路 第十三), 순(舜)임금이 천하를 버리고 남을 죽인 아버지를 몰래 업고 도망친 것(『맹자』孟子「진심장구」盡心章句 상편)은 모두 혈연씨족의 윤리본색을 드러내주고 있다. 진한 시대 이후 이른바 충·효 두 가지를 한꺼번에 만족시킬 수 없을 경우, 대체로 '충'을 '효'보다 높게 쳐서 국가명의의 황제의 명령을 친속(親屬)의 요구보다 높게 두고 있는데, 이것이 바로 충군애국(忠君愛國)의 전통도덕이다. 이런 것들은 모두 '혁명적' 복장을 입고 '문혁' 중에 상연되었다. 여기에는 상당히 흥미 있고도 복잡한 문제가 깔려 있지만 여기서는 잠시 생략하기로 한다.

감정의 대가를 치러야만 했다. '혁명'을 위하여, '공산주의의 위대한 사업'을 위하여…… 서로를 맹렬하게 사정없이 폭로하고 비판했으며, 경건하고 충실하고 철저하게 고백하고 반성했다. ……그 뒤에는 얼마나 많은 고통과 눈물과 피땀과 생명이 있었나! 얼마나 많은 인격의 분열과 정신의 상처와 참극이 있었나!

물론 '문혁'을 빌려서 못된 행동을 하거나, 사상이 오염되고 행위가 비열한 사람들이 있었다. 그러한 사람들은 어떤 사회, 어느 시대에도 동란의 시기에는 언제나 존재하게 마련이다. 이들 가운데 어떤 이는 이 '혁명'과정이나 그것을 전후하여 폭리를 얻었지만, 전체 사회와 운동에 대해서 말한다면 결국은 부차적인 것에 지나지 않는다.

주요한 위치를 차지한 수많은 간부들과 대중은 이 혁명에서 개성뿐만 아니라 인간성까지 파괴당하고 유린당했다. 이러한 파괴와 유린은 모두 마르크스주의라는 이름으로, 이성의 통제와 주재 아래 이루어진 스스로의 적극 참여로 조성된 것이었다. 이것이야말로 진정 거대한 비극이었다.

마르크스주의는 결국 이렇게 될 수밖에 없는가? 왜 중국에서 마르크스주의는 마침내 이렇게 감당하기 어려운 결과를 가져왔을까?

왜? 무엇 때문에?…… 사람들은, 특히 청년세대들은 회의하고 증오하고 사색하기 시작했다.

4 1976년 이후

커다란 천둥소리와 함께 마오쩌둥은 서거했다. 하나의 시대가 마침내 끝이 난 것이다.

'사인방'은 곧바로 실각했으며 마오쩌둥의 모든 것을 긍정한 '범시파'(凡是派)는 얼마 지탱하지 못했다. "실천이 진리를 검증하는 유일한 표준이다"는 학술 명의로 출현한 이 정치명제는 사람들이 새로운 시기로 나아가는 데 놓인 사상의 장애를 제거하여 주었다. 어떤 것이든 마오쩌둥의 기준에 따라 시비를 가려서는 안 되며 반드시 실제에서 출발해야 한다. 즉 인간의 현실 실천에서 출발해야 한다는 점을 이 명제는 강조했다. 이 토론은 결코 진정한 이론적 성과를 거둔 것도 아니며, 그 정치사명을 완수한 뒤에는 계속되지도 못했다.

진정으로 마르크스주의 이론영역에서 새로운 시기의 특징을 보여준 것은 '인도주의'(人道主義)에 관한 논쟁이었다. 앞서도 말했듯이 '문혁'은 위에서 아래까지 사회전체의, 모든 전통의 그리고 혁명의 신념·원칙·표준을 모조리 파괴했다. 사람들은 사상·심리·신체·생활의 각 방면에서 더할 나위 없이 고통 받고 손상당했다. 사람들은 강요 때문에 또는 스스로 나서서 자신을 팔아 넘기고, 짓밟고, 상실했다. 사람은 더이상 사람이 아니라 신의 위압 아래 엎드려 있는 노예나 죄인 아니면 신의 가면을 쓴 야수였다.

그런데 신이 무너지자 각 방면에서 사람의 외침소리가 들려오기 시작했다. 인간의 가치, 인간의 존엄, 인간성의 회복, 인도주의는 새로운 시기에 시작된 가장 강력한 시대의 목소리가 되었다. 그것은 문학에서 가장 두드러지게 표현되었으며 철학에서도 표현되기 시작했다. 그것은 철학에서는 계몽을 다시 제기하는 것으로, 독단(교조)·우매·'소외'를 반대하는 것으로 나타났으며, 마르크스의 『경제학·철학 수고』(1844)에 대한 연구가 한때 크게 유행한 것으로 나타났다.

물론 당시 가장 집중 표현된 것은 인도주의에 대한 외침, 마르크스주의를 '인도주의'로 해석(또는 귀납이나 규정)하는 것이었다. 마르크스주의는 "인간을 중심으로 한다"거나 "인간은 마르크스주의의 출발점"이라는 것이다. 이것은 물론 '문혁'과 그 이전 수십 년 동안 마르크스주의에서 "계급투쟁을 벼리로 한다"는 것의 근본부정이었다.

마르크스주의가 인도주의 성격을 띤다고 강조하는 것은 틀린 말이 아니다. 하지만 마르크스주의를 인도주의로 해석하거나 인도주의에 의해 마르크스주의를 해석하는 것은 결코 마르크스 자신의 본의에 맞지 않는다. 왜냐하면 마르크스주의는 무엇보다도 일종의 역사관, 즉 유물사관이기 때문이다. 그것은 과학적 내용을 지니고 있으며, 이데올로기의 작용도 갖추고 있다. 마르크스주의 세계관은 바로 이러한 역사관이며, 이러한 역사관의 기초 위에 건립되어 있다고 일컬어지기도 한다. 인도주의는 역사관이 될 수 없으며, 인도주의에 의해 역사를 설명하거나 인간의 존재나 본질을 설명하는 것은 공허하고 추상적인 것이 되거나 아니면 르네상스·계몽주의의 이론으로 되돌아가게 된다.

인도주의는 '인간', 주로 개인과 개체를 강조한다. 그러나 마르크스주의 역사관에서 말하는 인간은 주로 우선 인류전체에서 출발하며, 그 다음에야 개인을 이야기한다. 도구를 만드는 인간, '원숭이에서 인간으로'의 인간은 개인이 아니라 집단이다. 공산주의에 도달해야만 각 개인의 자유로운 발전이 모든 사람들의 자유로운 발전의 조건이 된다. 개인의 이러한 자유는 인류전체의 역사과정을 전제로 하고 있다. 따라서 이러한 과정 속에서 개인과 집단, 소아(小我)와 대아(大我)는 현대에 이르러서도 때로는 심지어 엄중하기까지 한 모순과 충돌 속에 있으며, 이러한 것들은 구체적인 분석이 필요하다.

현재 동서양의 이와 관련된 몇몇 논의들은 동양에서는 봉건관료에 대한 반대, 서양에서는 자본주의 사회의 각종 소외에 대한 항의 등 구체적인 역사에 부합되는 합리적 내용을 지니고 있다. 그들은 인간이 '물'(物)의 노예와 같은 억압과 속박에서 해방되기를 요구하며, 인간이 스스로의 운명을 장악하고 스스로의 실천활동에서 진정한 주재자가 되기를 요구하며, 따라서 인간의 존재가치와 의의에 대한 문제를 제기한다. ……개인이라는 존재가 가지는 거대한 의의와 가치는 장차 시대의 발전에 따라 더욱 두드러지고 중요해질 것이며, 피와 살로 이루어진 존재로서의 개인은 사회와 물질문명의 발전에 따라 정신에서 더욱더 두드러지게 자기존재의 독자성과 일회성(一回性)을 느끼게 될 것이다.

"개인의 실천을 중시하는 것은 거시적인 역사의 각도에서 보면, 바로 역사발전에서 우연성을 중시하는 것이 된다. 헤겔에서 오늘날의 몇몇 마르크스주의 이론에 이르기까지 역사의 필연성에 대한 일종의 과장된, 숙명론에 가까운 강조는 개인·자아의 자유로운 선택과 이에 따르는 각종 우연성이라는 거대한 역사현실과 결과를 경시하게 만들어왔다. 우리는 한편으로는 비(非)결정론의 관점에 반대한다. 왜냐하면 원시사회에서 오늘날까지, 농업소생산에서 공업대생산까지 역사는 진보하고 물질문명은 성장하고 있으며, 그 가운데에는 확실히 우리의 의지에 따라 뒤바뀔 수 없는 객관의 규칙과 역사법칙이 작용하기 때문이다. 이 점을 부인하는 것은 사실에 맞지 않는다. 하지만 다른 한편 우리는 인류 가운데 어떠한 개인의 자아실천도 주체로 역사를 창조해왔다는 점, 그 안에는 실로 수많은 우연의 요소가 가득 차 있다는 점 역시 인정해야만 한다. 이러한 우연의 요소에 주목하고 연구해야만 개인으로서 인간의 윤리학적 주체성을 강조하는 의의를 좀더 깊이 이해할 수 있으며,"[86] 도덕의 외침을 소외된 '집단주의', '역사의 필연성'이라는 숙명의 기초 위에 쌓아올리는 과거 도덕주의의 잘못을 다시 저지르지 않게 될 것이다.

따라서 한편으로는 '혁명', '집단'의 기치 아래 종종 개인성을 말살하고 경시하는 이른바 마르크스주의 이론이라는 것을 반대해야 함과 동시에, 다른 한편으로는 '대아'(인류전체)와 '소아'(개인) 사이의 관계에서는 대단히 복잡하고 구체적인 역사과정이 있어 의분·감상·정서나 가치판단, 윤리원칙으로는 이 과정을 진정으로 이해할 수 없다는 점을 인정해야만 한다. 인도주의의 이론에는 이러한 결점이 있다. 따라서 나는 지금도 이렇게 생각하고 있다.

역사관으로서 인도주의는 그 이론이 아주 피상적이고 빈약하며, 역사적 구체적으로 현상을 깊이 분석할 수 없고, 어떠한 역사사실도 진정 과학으로 설명할 수 없으며, 역사발전의 진면모를 드러내줄 수 없기 때문에 보통 미사여구나 사람을 현혹시키는 공허한 이야기, 감정의 토로에 빠져들기 쉽다.[87]

나는 인도주의로 마르크스주의를 대체하는 데에는 찬성하지 않는다. 그것은 천박하고 잘못된 것이다. 왜냐하면 역사라는 것은 결코 그렇게 인도적인 것만은 아니기 때문이다. 특히 고대에서는 전쟁을 통해서만, 잔혹한 약탈을 통해서만 발전이 가능했다. 역사란 원래 이런 것이다.[88]

감상·의분·선의를 가지고 역사를 대하는 것, 인간성과 인도주의로

---

86) 리쩌허우, 『비판철학의 비판 — 칸트술평』(批判哲學的批判-康德述評), 수정본, 432~434쪽 참조.
87) 리쩌허우, 「밤에 책을 읽다가 쓴 이야기」(夜讀偶錄), 『요망』(瞭望), 1984년 제11기.
88) 리쩌허우, 『미학과 예술강연록』(美學與藝術講演錄), 상하이, 人民出版社, 1983, 198쪽.

역사를 해석하는 것은 유치하고 비과학적이다. "인간은 마르크스주의의 출발점이다"는 명제 역시 상당히 모호하다. '출발점'이란 어떤 의미인가, '인간'이란 어떤 의미로 사용하고 있는가, 개인을 가리키는가 아니면 전체(인류)를 가리키는가. 이런 것들이 아주 명확하지 않기 때문에 우선 그 의미를 분석한 후에야 이해가 가능하다. 인도주의를 제창하는 것은 물론 그 현실의 합리성과 정당성을 가지고 있지만, 철학 이론으로서 인도주의는 좀더 자세히 연구되어 충실해지고 향상되어야 할 필요가 있다. 만약 여전히 오늘날과 같은 수준에 머무르면서 엄격한 과학의 논증을 덧붙이지 않는다면, 그것은 진정한 이론의 창조를 이루지 못할 것이다.

그렇지만 이데올로기는 결코 과학과 똑같은 것이 아니다. 또한 완전히 정확한 이론이란 있을 수도 없으며, 하물며 이론으로 결코 정확하지 않은 것도 역사에서 중요한 진보적인 역할을 한 경우가 있기도 하다.[89] '사인방'을 분쇄하고 중국이 '소생(蘇生)의 80년대'[90]에 진입했을 때, 인간성의 존엄을 회복하고 인간의 가치를 다시 제기하는 이러한 인간의 철학이 얼마나 필연이었고 또한 얼마나 필요했나! '자유'·'평등'·'박애'·'인권'·'민주주의'…… 등등의 구호와 관념에는 얼마나 강렬한 정의감이 깃들어 있었고, 사람들의 원망·욕구·의향에 얼마나 들어맞았나! 그것들은 린뱌오와 '사인방'의 봉건주의, '집단주의'의 죄악을 폭로하고, 각종 억압과 박해에 항의를 표현하는 데 얼마나 잘 들어맞았나! 그것들은 이론에서 상당히 추상적이고, 공허하고, 빈약한데다가, 문제를 깊이 있게 설명할 수도 없었으며, 과학보다는 감정이 앞서 있었다. 하지만 그것들은 사람들이 오랫동안 억압해온 사상·관념·감

---

89) 엥겔스, "경제학의 형식에서 보면 착오인 것이더라도 세계역사에서 보면 오히려 정확한 것일 수 있다."(『마르크스·엥겔스 전집』 제21권, 209쪽) 레닌은 이 엥겔스의 주장을 되풀이하면서 "엥겔스의 명언을 기억하라"고 지적했다.(『레닌 선집』 제2권, 322쪽, 431쪽)
90) 리쩌허우, 『중국 근대사상사론』, 471쪽.

정·의식을 표현해주었으며, 문혁을 대표로 하는 낡은 전통에서 철저한 결렬의 투지와 결심을 갖도록 촉구하고, 부정되고 매장되었던 개인의 인격·개성·생활권리·정당한 욕구를 불러일으켜 주었다.

따라서 "하나의 유령이—인도주의라는 이름의 유령이—중국의 지식계에 떠돌고 있다"[91]고 한 것은 진정한 현실근거를 가지고 있었다. 이것은 인도주의적 이론·관점·사조가 크게 비판을 당했음에도 왜 대다수 지식인들이나 사회에서 오히려 열렬한 환영을 받았으며, 이와 동시에 경제개혁의 발걸음과 더불어 개혁을 지지하면서 사회를 전진하도록 추진할 수 있었는가를 설명해준다고 할 것이다. 그것들은 계속 '문혁'을 청산했고, 계속 봉건주의와 투쟁했기 때문이다. 이것은 또한 비판자들이 고전을 인용하면서 기세등등하게 논박을 가하여 마르크스주의는 결코 인도주의가 아님을 증명했음에도 끝까지 호응하는 사람이 거의 없던 점도 분명하게 설명해준다.

이러한 비판문장들은 집단주의를 강조하면서 개인주의에 반대하고, 윤리가치를 제창하면서 혁명에 헌신을 호소하는 등 아주 정확한 것처럼 보였지만 그런 것들은 수십 년 동안 사람들에게 일찍부터 익숙해진 논조였다. '문혁' 이래의 사실들에 의해 철저하게 파탄을 맞았기 때문에, 그러한 낡은 논조들은 사람들의 신임을 얻지 못했을 뿐 아니라 오히려 상당한 반감을 불러일으켰다. 이러한 비판에 대해 사람들이 철저한 무관심으로, 쳐다보지도 않고 흥미도 보이지 않은 것은 어쩌면 아주 당연한 일이었다.

이론적으로 본다면, 이러한 비판의 근본적인 약점은 그것이 중국 인도주의 사조의 깊고 풍부한 현실적 기초·역사적 연원·이론적 의의에 대해 구체적·과학적으로 고찰할 수 없던 데에 있었다. 다시 말해 이러한 비판들은 인도주의 사조의 역사적 정의성과 현실적 합리성에 제대

---

91) 왕뤄수이(王若水), 『인도주의를 위한 변호』(爲人道主義辯護), 베이징, 三聯書店, 1986, 217쪽.

로 주의하지 못한 것이다. 살아 있는 생생한 현실에서 벗어난 이러한 비판은 이론을 위한 이론과 같았다. 따라서 이러한 비판들은 추상적이고, 공허하고, 빈약하며, 전진하고 있는 중국의 사회현실에서 벗어나 있었기 때문에 당연히 승리를 얻을 수 없었다.

마치 중국 사회가 어떻게 전진해야 할 것인가 하는 기로에 서 있는 것처럼, 중국의 마르크스주의는 확실히 관건이 되는 시기를 맞이하고 있다. 마르크스주의에 필요한 창조적 발전과 이러한 발전의 중요한 의의는 그 어느 때보다도 오늘날 중국에서 두드러진 것이 되었다. 1950년 대 동유럽·소련의 인도주의 조류나 1970, 80년대 중국의 그것은 양쪽 다 사회를 강조하고 개인을 경시했기 때문에 초래된, 마르크스주의 자체에 내재된 큰 결함을 드러내고 있다. 하지만 어떻게 미래를 향해 나아갈 것인가에 대해서는 아직 이론적인 해결책이 개척되고 있지 않다. 100년 이래 세계의 경험을 어떻게 총괄하고, 수십 년 이래 중국의 경험을 어떻게 개괄하는가 하는 문제는 앞으로 큰 주제이자 멀고도 험난한 과제가 될 것이며, 그것은 또한 대단히 복잡하고 기나긴 역정을 거쳐야 할 것이다.

천리 길도 한 걸음부터 시작된다. 여기서는 간단히 두 가지만 말해보자.

첫째, 사적 유물론(유물사관)으로 돌아가야만 한다. 유물사관이야말로 마르크스주의의 기본적 이론임을 명확히 해야 한다. 사적 유물론은 철학의 차원과 과학의 차원 두 가지로 나눌 수 있다. 과학의 차원은 구체적으로 생산력·생산관계·토대·상부구조·국가·법률·문화·과학기술·가정…… 등등의 문제를 연구하는 것이다. 그것은 여러 분야의 전문적인 사회과학 학문으로 분화되거나 흡수될 수 있다. 미국의 몇몇 마르크스주의 학자들은 현대 분석철학과 수학의 게임이론 등을 이용하여 사적 유물론과 마르크스주의를 해석함으로써 이를 좀더 과학화했는데, 이러한 것들은 주목할 가치가 있다.

철학적 차원에 대해서 말한다면 사적 유물론은 바로 주체적 실천철학, 또는 인간본체론(存在論, Ontology)이라고도 할 수 있다. 그것은 공예(工藝, Industrial Technology) 사회구조(인간학 주체성의 객관 방면)와 문화심리 구조(인간학 주체성의 수관방면)라는 두 방면을 포괄하는 것이어야 한다. 문화심리 구조를 주체적 실천철학의 한 방면으로 제기하는 것은 중대한 의의가 있으며, 그것은 과거를 총괄하고 자아(민족·사회·시대)를 인식하기를 요구한다. 이를테면 이른바 "미신 속에서 인내하고 보수 속에서 침묵한다"는 국민성 속에서, 그리고 앞서 말한 것과 같은 도덕주의의 전통경험 속에서 어떻게 하여 그 치명적 결함을 인식하는가, 또는 그래도 보존하고 발전시켜야 할 뛰어난 점을 찾아내는가 하는 문제는 대단히 어려운 작업이 될 것이다.

둘째, 마르크스와 레닌의 고전이론에 대한 연구가 개선되고 강화되어야 한다. 여기에는 두 가지 측면이 있다.

우선, 이러한 고전 저작자들 자신이 당시 현실투쟁의 갖가지 원인 때문에 전개하지 않거나 못한 사상·관념·학설·주장을 발굴하는 것이 필요하다. "수많은 위대한 사상가들은 초기에는 자신의 전체적인 세계관을 구축하는 과정에서 다방면에 걸쳐 대단히 풍부한 사상을 갖추고 있었다. 하지만 이후 그들의 일생 동안에는 대부분이 의식하건 하지 않건 시대의 필요에 따라 결코 전체가 아닌, 그들의 세계관이나 사상의 한 부분만을 충분히 발전시킨다. ……당시의 계급투쟁과 정치투쟁 때문에, 그리고 마르크스 자신의 프롤레타리아트 혁명운동의 이론과 실제에 대한 몰두 때문에, 마르크스 자신과 엥겔스·베른슈타인·카우츠키·리프크네히트·메링과 플레하노프·레닌·룩셈부르크·제2인터내셔널·제3인터내셔널 등과 같은 그의 추종자와 계승자들은 주로 이런 방면에 관한 이론학설을 발전시키고 전개해왔다. 하지만 『경제학·철학 수고(1844)』나 『정치경제학 비판서설』(1857~58) 내용 가운데 아직 상세하게 토론되거나 논증되지 않은 그밖의 중요하고 진귀한 사상들은 무시하거나 방치해왔다."[92] 이러한 임무는 우리에게 남겨졌다. '자연의 인간화'와 같은 문제(『경제학·철학 수고』)는 하나의 예가 될 수 있다. '자연의 인간화'는 미학의 문제일 뿐 아니라 근본철학의 문제, 문화심리 구조와 침전, 인간성의 형성, 그리고 인간의 본질과 존재문제와 관련되는 것이다.

두번째 측면은 고전 작가의 저작과 사상을 다시 검토하고 감정하여 문제를 발견하고 해결하는 것이다. 이것을 위해서는 더이상 종교교리적 해설방식이나 맹신하는 태도에 머물러서는 안 된다. 이를테면 마르크스에게 나타나는 기본이론(유물사관)과 전략·전술(프롤레타리아트 혁명에 대한 기대와 호소) 사이의 모순과 같은 문제는 연구되어야 할 필요가 있다. 그때 세계적 범위에서는 부르주아 민주주의 혁명이 주된 흐름이었지만, 마르크스는 오히려 독일의 민주주의 혁명이 프롤레타리아와 부르주아지의 결전을 이끌어 사회주의 성격의 국제적인 프롤레타리아트 혁명으로 실현되기를 기대했다는 사실이 하나의 예가 될 수 있다.

설사 기본이론의 범위 안이라고 할지라도 문제와 모순이 있는 것은 아닌가? 이를테면 도구의 사용·제조·갱신은 원래 마르크스가 특히 중요시하던 문제이고 마르크스주의의 가장 근본되는 요점이기도 하다. 하지만 『자본론』속에서는 도구를 이탈하여 단지 '노동력'의 지출·매매와 잉여가치의 창출에만 중점을 두어 분석한 결과, 노동에서 과학 기술과 도구의 변화가 가져오는 여러 가치의 창조나 잉여가치에 관한 문제가 상대적으로 소홀히 되지 않았던가? 과학이 직접 생산이 되는 오늘날에 도구의 거대한 작용을 어떻게 평가하며, 이와 관련된 과학과 기술자의 '노동력'을 어떻게 계산하는가? 그리고 화이트칼라 노동자의 지위는 어떠한가 등등의 문제는 나날이 두드러지고 있는 문제가 아닐까? 따라서 마르크스주의는 다만 블루칼라 노동자계급의 세계관으로서만 보아야 할 것인가, 아니면 인류전체의 역사전망과 지식인의 정열과 신념을 표현해주는 것으로 보아야 하는가?

또 다른 예를 들면 레닌의 국가관리에 대한 사상이론 역시 다시 연구

---

92) 리쩌허우, 「예술잡담」(藝術雜談), 『문예이론연구』(文藝理論研究), 1986년 제3기.

해보아야 할 문제이다. 『국가와 혁명』은 레닌의 가장 중요한 저작 가운데 하나이다. 여기서 그는 이렇게 말한다.

자본주의 문화는 대규모 생산·공장·철로·우편·전화 등을 창출했고, 이러한 기초 위에서 낡은 '국가정권'의 절대 다수 기능은 이미 아주 간단해져서 등기·기록·검사 따위의 아주 간단한 수속이 되어버렸기 때문에, 글자를 아는 사람이면 누구나 이러한 기능을 수행할 수 있을 것이다.

국가관이나 특수한 '통괄기능'은 하루만에 '감독과 회계'라는 간단한 기능으로 대체될 수 있을 것이고, 또 그렇게 되어야 할 것이다. 이러한 기능은 지금은 일반시민 수준의 사람이면 누구나 맡을 수 있으며, '노동자의 임금'만 지급하면 충분히 일을 집행할 수 있을 것이다.

프롤레타리아트 혁명이 실현된 후 바로 이 점에서 시작할 수 있고, 또 그래야만 한다. 대규모 생산의 기초 위에서 이러한 시작은 당연히 모든 관리기구를 점차 '소멸'시킬 것이고…… 날로 간단해지는 통제와 회계의 기능은 장차 모든 사람들이 번갈아 집행할 수 있게 된 후에 하나의 관습으로 바뀔 터이고, 마침내는 어떤 특수계층의 특수기능이란 성격을 잃어버릴 것이다.[93]

인민공사나 대중독재 등과 같은 마오쩌둥 만년의 일부 유토피아 사상은 이런 것과 비슷한 점이 있다.

하지만 수십 년 동안 고도로 발전한 현대 생활은 자본주의의 경제관리가 아주 간단해지는 것이 아니라, 오히려 훨씬 복잡하고 번거로워져

---

93) 중공 중앙 마르크스·엥겔스·레닌·스탈린 저작편역국(中共中央馬克思恩格斯列寧斯大林著作編譯局) 편, 『레닌 선집』, 제2권, 베이징, 人民出版社, 1957년 제1판, 207쪽, 212~213쪽.

서 수많은 여러 전문가들에 의해 운영되고 관리되는 것임을 증명하고 있다. 대규모 공업생산은 반드시 관리자인 관료계층을 출현시킨다는 베버(Max Weber, 1864~1920)의 이론이 오히려 더 사실에 맞다. 정치제도면에서 레닌은 자본주의 사회의 의회제도를 맹렬히 공격했고, 10월혁명 이후에는 이를 아예 폐지시키고 노동자·병사 소비에트로 대체시켰다. 소비에트는 혁명 초기 레닌시대에는 확실히 의회제도보다 민주적이었으며, 어떠한 병사나 노동자의 대표도 소비에트에서 발언하고 논쟁하고 토론할 수 있었다. 하지만 언제부터인가 소비에트제도는 스탈린의 손 위에서 하나의 고무도장으로 바뀌었다. 이른바 '대표'에게는 손을 드는 영예만 남아 있을 뿐이었다. 소비에트는 입법과 행정의 기능을 겸하고 있었기 때문에, 최대 한도로 민주주의를 발전시켜 모든 노동자들로 하여금 국가관리에 직접 참여할 수 있게 할 것처럼 보였다. 하지만 이것은 동시에 자본주의 사회에서와 같은 수많은 법률이나 여론에 의한 속박과 제한을 없애버렸기 때문에, 소수의 몇 사람, 심지어는 한 사람이 고도로 권력을 집중하거나 독재를 할 수 있는 조건을 만들어 주었다. 여기서 프롤레타리아트 독재는 일당독재, 나아가서는 마침내 스탈린 한 사람의 독재로 바뀌었다.

이와 같은 역사의 교훈들을 이론적으로 새롭게 검토하고 연구할 필요가 없다고 할 것인가? 요컨대

제2차 세계대전 이후 세계는 탈제국주의(Post-Imperialism)시대로 들어갔다. 식민지들이 잇따라 독립하여 방대한 제3세계를 형성했고, 현대 과학 기술과 생산력의 급속한 발전, 다국적 기업의 성장, 중소기업의 번영, 화이트칼라 노동자의 확대는 세계의 경제·외교·문화가 하나의 더욱 새로운 다원화 단계로 진입하게 했다. ……중국의 경우, 가장 커다란 특징은 수십 년, 수천 년의 폐쇄상태에서 벗어나 중국 문명이 최초로 세계무대에 뛰어들어 다른 문명과의 진정한 대화와 교류를 시작하게 되었다는 점이다. 물질문명은 현대화의 길로 나아가고

있다. 그렇다면 중국의 마르크스주의 철학은 무엇을 해야 할 것인가?

······ 지금까지 수많은 사람들(서구의 몇몇 마르크스주의자들도 포함하여)은 여전히 마르크스주의는 혁명의 이론, 비판의 이론이라고만 생각해왔다. 확실히 마르크스주의는 혁명의 이론이고 비판의 이론이다. 하지만 반드시 이러한 이론에만 그치는 것은 아니다. 현시대에 이르러서는 동양이건 서양이건 오로지 혁명의 이론만 굳게 지키거나 이야기하는 것만으로는 불충분하다. 그것은 비록 주요하고 기본되는 측면이기는 하지만 마르크스주의 이론의 한 측면일 뿐이다.

하지만 어떻든 간에 계급·계급투쟁·혁명은 단지 일정한 역사적 단계와 관련이 있을 뿐이다. 길고 긴 인류의 역사에서 그것은 결국 아주 짧은 현상에 지나지 않는다. 날마다 혁명을 하고 해마다 전쟁을 하는 것은 아니다. 계급투쟁 역시 "해마다, 달마다, 날마다 계속 얘기하는 것"일 수 없으며, 또한 계급은 늦건 빠르건 언젠가는 소멸될 것이다. 마르크스주의를 지키고 발전시키려고 한다면서 그것이 오로지 비판과 혁명을 지키고 발전시키는 것이며, 계속 혁명을 하는 것이라고 생각한다면 오히려 정반대의 방향으로 나아가게 될 것이다. 이른바 '프롤레타리아트 문화대혁명'이란 것이 바로 그 가장 통렬한 교훈이 아닌가? 그러므로 마르크스주의는 혁명의 철학일 뿐 아니라 그 이상으로 건설의 철학이기도 하다는 점을 명확히 해두어야 한다고 나는 생각한다. 그것은 우리에게는 현재 무엇보다도 건설이 시급한 과제이기 때문만은 아니다. 문명의 건설(정신문명과 물질문명을 포괄한다)은 전체인류에게도 좀더 장기적이고, 기본적이고, 주요한 일이기 때문이다. 그것은 인류의 생존과 발전의 기초이다. 비판만으로는 결코 새로운 문명을 건설할 수 없다. 우리는 인류전체라는 거시적 역사의 각도에서 이러한 관점을 선명하게 제기할 필요가 있다.[94]

---

94) 리쩌허우, 「예술잡담」, 『문예이론 연구』, 1986년 제3기.

20세기 중국 문예 일별

일별(一瞥)이라고 하는 것은 언뜻 살펴본 인상을 기록한 짧은 글이다. 이렇게 사상사의 입장에서 문예를 '언뜻 살펴본다'는 것은 사변이나 이론·학설·주장에서는 드러나지 않는 심태(心態)가 문예에서는 제대로 드러나기 때문이다. 이론이나 사상은 논리적 사유이고, 문예는 형상적(形象的) 사유이다. 형상적 사유의 특징 가운데 하나는 그것이 (논리적) 사유보다 (그 범위가) 크다는 데 있다. 이러한 좀더 큰 범위의 사유 가운데서 또한 중국 근현대 사유의 몇 가지 요점을 찾아낼 수도 있다. 이와 같은 인상의 거친 글을 쓰게 된 유래는 바로 여기에 있다.

이왕 문예사나 미학의 각도가 아니라 사상사의 각도에서 중국 근현대의 문예를 보고자 했으므로 이 글에서 기록하거나 다루고자 하는 것은 단지 문예창작자의 심태를 통하여 근현대 중국이 거쳐온 사상적 논리의 전개, 즉 심령의 역정에 굴절되어 반영된 시대의 역정을 관찰하는 데 지나지 않는다.

따라서 이 글에서 다룬 근현대 문예라는 것이 전면적인 논술이 될 수 없고, 단지 부분적인 인상에 지나지 않는다는 점도 분명해질 것이다. 근현대만 다루는 것 역시 바로 지식인의 심태 변이(心態變異)를 역정으로 하기 때문인데, 그 기점은 5·4시기의 신문학을 직접적인 실마리로 삼지 않고 20세기 초까지 거슬러 올라간다.

1 전환의 예고

무술개혁 전후는 중국의 수많은 전통 사대부 지식인들에게는 전에 없이 심령(心靈)이 뒤흔들린 시대였다. 아편전쟁, 태평천국 이래 이미 끊임없이 선진 사대부 지식인들이 새로운 사상·관념·논의·주장을 갖추기 시작했음에도 그 수는 마치 봉황의 털이나 기린의 뿔처럼 아주 적었다. 또한 이러한 사상과 주장은 여전히 이지적 인식수준에 머물러 어떠한 진정한 심태의 변화를 가져오기에는 아직 멀었다. 이와 같은 심태의 변화는 1894년 청일전쟁에서 중국이 패배하여 토지를 할양하고 화의를 요청하게 된 상황이 불러온 애국열정(탄쓰퉁처럼 당시 완고하고 보수적인 사상을 지니고 있던 사대부조차 순식간에 평등과 자유를 치켜세우는 사상가로 바뀌었다)에서 시작되어, 경자년(庚子年) 이후 대규모 일본유학생이 나타나면서 사상이나 인식뿐만 아니라 정감이나 심태에서도 중국 전통 사대부 지식층의 근대를 향한 행진과 전환이 본격적으로 시작된다.

당시의 중국 상황과 조건에서 당연히 후자는 전자에 비해서 그 변이(變異)와 행진이 더욱 완만하고, 모호하고, 더 무의식적일 수밖에 없었다. 사람들이 이지적으로는 인식하고 수용하고 용납하고 허가한 것들이 정감과 심태의 대문 앞에서는 언제나 항상 안으로 들어가는 데

제지당하는 경우가 많았다. 이 방면에서 전통의 역량은 결국 더 큰 영향력을 미치고 훨씬 더 오랫동안 지배하고 통제할 수 있었다. 새롭고 낡은 패러다임의 격동과 혼잡스런 갈등은 훨씬 더 복잡하고 다양하고 정리하기 어려웠다. "자르려고 해도 잘리지 않고 다스려도 다스려지지 않는 것, 이것이 이별의 슬픔이지만, 따로 마음속에는 알지 못할 느낌이 남으니."(오대五代 남당南唐의 후주後主 이욱李煜의 「오야제」烏夜啼에 나오는 구절—옮긴이) 이별의 전통, 고별이 지나가고 남은 근심과 애수는 정말로 여전히 따로 마음속에 무언가 말로 표현하지 못할 느낌을 남기는 게 아닌가?

이를테면 20세기 초의 상당수 유학생 지식인들은 개인의 생명을 아끼지 않고 혁명에 헌신했고, 그 가운데 몇몇 유명인사들은 바다에 뛰어들어 자살하기도 했다. 그들이 죽음을 선택한 것은 "살아갈 만한 가치가 없어서"가 아니었고, 자아의 파멸 속에서 새로운 환락을 추구하는 광기 때문도 아니었다. 그것은 자신의 죽음과 민족·국가의 생명을 연결시키기 위해서였다. 그들은 이를테면 오로지 죽음을 눈앞에 두어야만 삶을 알 수 있다고 한 현대 하이데거의 이야기처럼 죽음을 선택한 것이 아니다. 그들은 여전히 "삶을 알지 못하는데 어찌 죽음을 알 수 있겠느냐?"(공자) 하는 전통의 방향을 따르고 있었다. 삶의 가치를 알기 때문에 죽을 수 있다는 것, 다시 말해 자신의 죽음으로 대중의 삶을 깨우치고자 했다.

따라서 이 첫 중국 근현대 지식인들은 이미 정치와 사상에서 서양의 자유·민주주의·개인주의를 받아들였음에도 그들의 심태는 서양 근현대의 개인주의와 거리가 있었다. 굴원(屈原)에서 시작된 중국 전통의 연장선 위에 여전히 남아 있었으며, 중국의 이 세대 근현대 지식인들 신상에서 체현된 것은 도리어 마지막으로 번쩍거린 이러한 사대부 전통의 광채였다고 할 것이다.

……나는 당신을 사랑하오. 그리고 당신을 사랑하는 이 일념이 나

로 하여금 용감히 죽음에 뛰어들 수 있게 한다오. 나는 당신을 만나 항상 천하의 정을 지닌 사람들이 모두 짝을 이룰 수 있기를 바라왔소. 하지만 온 천지에 피비린내 나는 구름이 가득 차 있고 거리마다 (감시하는 청조 관헌의) 주구들이 널려 있으니, 이런 참에 불쾌한 마음을 품지 않은 자 얼마나 있겠소? 청삼(靑衫)을 입은 사마(司馬)의 처지처럼 극도로 비분한 상태니 어찌 태상(太上)의 망정(忘情)을 배울 수 있겠소? 인자(仁者)는 "자기 윗사람을 존중하는 마음으로 남의 윗사람을 존중하고, 자기 아이를 사랑하는 마음으로 남의 아이를 사랑한다"고 하는 말도 있듯이 나는 당신을 사랑하는 마음을 버리고 천하 사람들이 자신들이 사랑하는 사람들을 사랑하는 것을 도와주고자 하오. 그래서 감히 당신보다 앞서 죽을 수도 있고 당신을 돌보지 않는 것이오.[1]

봉기에 참가하기 전 하얀 네모 손수건 위에 쓴 이 진실한 가서(家書)는 결코 의도해서 창작한 문학 작품이 아니다. 하지만 지금 읽더라도 여전히 다른 수많은 문학 작품에 비해서 훨씬 더 감동이 있다. 이 글의 작자는 확실히 봉기과정에서 체포되어 처형당했다. 이 글은 그야말로 피눈물이 굳어서 만들어진 문자이며, 그 가운데 일부 자세한 묘사는 그야말로 사람의 마음을 움직일 정도로 절실하고 치밀하다. 눈앞에 다가온 죽음을 선택한 상황에서 응어리지는 부부윤리의 절실한 감정은 여전히 일종의 전통의 광채를 가지고 사람들을 비추고 있다. 이밖에도 많은 예를 들 수 있다.

탄쓰퉁은 "나는 홀로 칼을 옆에 차고 하늘을 향해 웃으니, 떠나거나 머무는 사람의 간담은 두 갈래 쿤룬산처럼 우뚝 솟아 있네"(望門投止思張儉, 忍死須臾待杜根. 我自橫刀向天笑, 去留肝膽兩崑崙)라는 절명시를 남겼고, 치우진(秋瑾)은 고시(古詩)를 끌어다가 절필하면서 "가을

---

1) 린줴민(林覺民), 「아내에게 보내는 글」(與妻書).

바람 가을비에 애끓는 근심은 사람의 간장을 녹인다"(秋風秋雨愁殺人)
고 표현했다. 황싱은 류다오이(劉道一)에 대해 "……우리는 아직 오랑
캐를 삼켜 한족(漢族)의 위업을 회복하지 못했는데, 그대 먼저 뜻을 이
루지 못한 채 머리가 내걸렸으니…… 당장 필요한 인재를 생각하면 그
대 같은 국사(國士)가 정말 아쉽고, 홀로 서서 아득한 대지를 보니 사
방이 어지러울 뿐이오"(我未吞胡恢漢業, 君先懸首看吳荒……眼底人
才思國士, 萬方多難立蒼芒)라고 애도했다. 신해혁명 이후 피살당하기
바로 전에 닝댜오위안(寧調元)은 "……죽는다면 악을 원수처럼 미워
하니 마땅히 귀신이 되어 복수할 터이고, 살아서 때를 만나지 못하면
기꺼이 내 자신을 희생하겠노라. 문득 밝은 창에 의지하여 세상을 내다
보니, 물빛과 산 색이 너무도 처량하구나"(死如嫉惡當爲厲, 生不逢時
甘作殤; 偶倚明窓一凝睇, 水光山色劇凄凉)라는 시를 남겼다.

이밖에도 당시 일세를 풍미한 청말 문학 단체 남사(南社) 시인들의
수많은 창작이 있다. ……그것들이 구성하고 있는 20세기 초의 비장한
혁명행진곡은 기본으로는 여전히 중국 전통 사대부들의 가국(家國)의
흥망에 대한 책임감과 인생사에 대한 처량감이 새로운 시대에 표현된
것에 지나지 않는다. 서양 근대 문화관념의 세례는 아직도 단지 이지라
는 층위에만 수입되어 머물러 있을 뿐이었다. 그들은 당시 주로 민주주
의와 공화제, 그리고 강대하고 독립된 새로운 중국을 창조할 수 있기를
원했으나 그들이 지닌 사람들 사이의 정감이나 각종 의식적·무의식적
인 심태의 침전은 여전히 전통 중국적인 것, 전통식의 비분·감상·애
통과 격앙이었다.

소설창작의 번영은 청말의 중요한 문예현상이다. 『관장현형기』(官場
現形記)·『문명소사』(文明小史)·『20년 동안 보아온 괴현상』(二十年
目睹之怪現狀)에서 20세기 초 상해 원앙호접파(鴛鴦胡蝶派)의 소설에
이르기까지, 그리고 '점석재'(點石齋)의 판화(版畵)는 갖가지 세속풍
습의 단면들을 묘사하고 있으며, 그것들은 자질구레한 것까지 재현해
내는 사실성을 지니고 있다. 이를테면 루쉰은 이렇게 말한다.

그(『점석재화보』點石齋畫報의 주필인 우유루吳友如를 가리킨다)가 그린 "포주의 기녀 학대"(老鴇虐妓)나 "건달의 협잡질"(流氓折梢) 같은 것들은 오히려 굉장히 잘 그린 것이다. 내 생각에 이것은 그가 이런 것들을 너무 많이 봐왔기 때문일 것이라고 보는데, 지금도 우리는 상하이에서 여전히 그가 그린 것과 똑같은 얼굴들을 언제나 찾아볼 수 있다.[2]

하지만 심태나 정감면에서는 진정으로 새로운 것이 없었다. 그들은 새로운 세계관과 새로운 인생, 즉 우주에 대한 이상을 기초로 삼아 정감과 형상적 사유로 진입하지 못했다. 그러나 낡은 유가나 도가 등등은 또한 이미 영광을 잃고 있었다. 따라서 그들은 폭로하고, 견책하고, 조롱했지만 사람들에게 새로운 정감과 동력을 마련해줄 수는 없었다. 이것은 청말의 소설이 실패한 중요원인이기도 하다.

그러나 결국 전환은 시작되었다. 유럽과 미국의 비바람은 마침내 점차 사람들의 마음속으로 들어가기 시작했다. 바이런 열풍, 린수(林紓)의 번역소설과 쑤만수(蘇曼殊)라는 3대 사례(史例)는 중국 사대부 전통의 문화심리 구조가 서양의 충격에 일종의 전환의 싹을 틔우기 시작했음을 보여주는 것으로 생각된다.

러셀은 일반규칙에 어긋나게 자신의 『서양철학사』에서 특이하게도 바이런에 대해 한 장을 할애했다. 러셀은 결코 바이런이 이런저런 철학을 가지고 있다고 이야기하지는 않았고, 다만 "국외에서 그의 정감 방식과 인생관은 전파·찬양·변질을 거친 다음 널리 유행했으며 중대한 사건의 원인이 되기도 했다"고 지적했을 뿐이다.[3] 러셀이 말하는 이른바 '국외에서'는 유럽대륙을 가리키는 것이고, 중국은 그의 머릿속에는 떠오르지 않았을 것이다. 하지만 바로 이렇게 고귀한 출신에, 얼굴에는

---

2) 「상하이 문예 일별」(上海文藝一瞥), 『이심집』(二心集).
3) 『서양철학사』(西方哲學史) 하편, 베이징, 商務印書館, 1976, 295쪽.

오만한 기운이 가득하고, 고삐 풀린 것처럼 방탕하고, 조국의 세속여론에 용납되기 어려웠던 반역시인(叛逆詩人)은 20세기초 중국의 청년혁명가, 지식인들이 극찬하고 강렬한 공명을 느낀 대상이었다.

루쉰은 말한다. "바이런은 나폴레옹이 세계를 파괴하는 것을 기뻐했으며, 또한 워싱턴이 자유를 쟁취하는 것도 사랑했다. 해적이 횡행하는데 마음이 기울기도 했지만, 또한 그리스독립을 위한 투쟁에 외로운 원군이 되기도 했다. ……자유가 여기 있었고, 인도(人道)가 여기 있었다."[4] 루쉰의 말처럼 "다른 나라에서 새로운 소리를 따로 찾은" 중국의 지식인들은 바이런에게서 감정이 서로 통하고 자신과 동일시할 수 있는 점을 발견했다. 마쥔우(馬君武), 쑤만수가 번역한 바이런의 시는 한때 널리 암송되었으며, 러셀에 의해 "귀족 반란자"의 것이라고 이름지어진 저 오만하고 세속을 혐오하는 바이런의 기질은 한편으로는 중국 전통의 영웅주의와 서로 통할 수 있었고, 다른 한편으로는 당시 지식인들이 이제 막 걸음마를 옮기기 시작한 개인독립의 의식각성을 구성하는 것이기도 했다.

러셀은 다음과 같이 말한다.

귀족 반란자는 먹을 것은 충분했으므로 반드시 그밖의 불만원인이 있었을 것이다. ……그들의 의식 있는 사상 가운데에는 현실정치에 대한 비난이 포함되어 있었는데, 이러한 종류의 비난은 만약 충분히 깊이 들어간다면 티탄(Titan), 또는 끝과 한계가 없는 자아주장의 형식, 또는…… 사탄 숭배(Satanism)의 형식을 취하기도 했다. ……이러한 반역의 철학은 모두 지식인과 예술가들 사이에 일종의 그에 알맞는 사상·정감 방식을 불어넣었다.(……inspired a corresponding manner of thought and feeling among intellectuals and artists)[5]

---

4) 「악마시 역설」(摩羅詩力說), 『무덤』(墳).

바로 이렇게 바이런을 상징으로 하는 서양근대의 낭만주의, 개인의 독립을 호소하는 그 '사상·정감 방식'은 애국구망(愛國救亡)의 영웅적인 격정이 엄호하고 보호하는 가운데 슬금슬금, 의식없이 중국의 청년지식인 집단 속에 침투하고, 나타나고, 전파되었다. 바로 이런 두 가지 방면을 함께 갖추고 있었기 때문에 바이런은 중국 지식인들의 마음속에 첫번째 대포를 쏠 수 있던 것이다.

이러한 각도에서 또한 린수가 번역한 소설의 의미도 평가할 수 있다. 그의 소설이 크게 유행할 수 있던 것은 낯선 나라의 풍경이나 소설의 줄거리가 사람들의 시야를 크게 열어놓았다는 데만 있는 것이 아니라, 나아가 그것이 일종의 새로운 '사상·정감 방식'의 수입이었다는 데 있다. 따라서 심태의 개조와 전환이란 역정에서 린수가 번역한 소설들은 견책소설들보다 훨씬 더 중요하다.

린수는 외국어를 알지 못했지만 110종 이상의 소설을 번역했다. 동서고금을 막론하고 아마도 이런 일은 거의 없을 터이다. 5·4운동시기에 목숨을 걸고 백화문에 반대하던 이 낙오자는 신해혁명기에는 오히려 이러한 번역을 하게 된 진보적인 사상기초를 가지고 있었다. 그의 『신악부』(新樂府)에 있는 「저명한 명사(知名士): 서생이나 시인이 나라에 무익함을 한탄하노라」라는 시를 읽어 보라.

이름이 알려진 선비는 품격을 좋아해 사장(詞章)·고거(考據)에 금석(金石)까지 겸비한다. 고증을 할 때는 때로 『설문』(說文)을 참조하니 해성(諧聲)·가차(假借)가 헛되이 어지럽다. 미세한 것을 변별하고 고대의 청동기를 앞서서 분석하면서 스스로 깊은 곳을 파헤쳐 절정의 솜씨를 보인다고 자칭하며, 뜻이 같고 소리가 비슷하면 곧바로 가져다 붙이니 글자 하나 인증(引證)하는 것이 장편을 이룰 정도이다. 고우(高郵)의 부자(父子)는 감히 공격하지 못하나, 손(孫)·

5) 『서양철학사』 하편, 295~296쪽.

홍(洪)을 깔아뭉개고, 왕(王)·전(全)을 논박한다. 이미 소가 땀을 뻘뻘 흘릴 정도로 많은데 다시 건물을 가득 채울 정도로 늘어나니 갑자기 그 채들을 보면 곧장 골치가 아파진다. 외간(外間)의 변방문제는 마치 진흙처럼 문드러지고 있는데 창 아래 경서를 공부하는 서생들은 여전히 급제의 꿈을 꾼다. ……즉 시인이 있어 통곡을 배우나 그 시는 볼품없고 정말 읽기 어렵다. 원본은 몽땅 진간재(陳簡齋 : 송대의 진여의陳與義)를 베끼면서도 그 조종(祖宗)은 도리어 황산곡(黃山谷 : 송대 시인 황정견黃庭堅)이라 여긴다.

이것은 이 외국문학의 번역자가 당시 중국 사대부 전통의 '경서를 공부하는 서생'(經生)이나 '시인'의 문화심리 구조에 대해 아주 크게 불만을 느끼고, 건륭(乾隆)·가경(嘉慶) 연간의 박학(朴學), 동쯔(同治)·광쉬(光緒) 연간의 시체(詩體)를 뛰어넘을 것을 요구했으며, 그래서 새로운 생활풍경, 인생관념, 정서와 느낌 등…… 또한 바로 새로운 '사상·정감 방식'을 번역·도입했음을 설명해주고 있다.

이러한 새로운 '사상·정감 방식'이 어떻게 구체적으로 수입되는가, 어떻게 전통의 문화심리 구조와 충돌하면서 융합되는가 하는 점은 자세하게 연구할 만한 가치가 있는 문제이다.

이를테면 중국의 전통에서는 역대로 "유교와 도교의 상호보완"(儒道互補), 또는 "유교에 근거하고 도교에 의지하며 선종으로 도피한다"(据於儒, 依於道, 逃於禪)거나 "유교는 세상을 다스리고 도교는 몸을 다스리며 불교는 마음을 다스린다"(儒治世, 道治身, 佛治心)는 것이 존재해왔다. 중국 근현대의 제1세대 지식인집단이 극열(極熱)에서 극냉(極冷)까지, 혁명투사에서 사문(沙門)의 화상(和尙)에 이르기까지 양극이 서로 침투하고 보완했던 것은 당시의 한 특색이기도 하다.

탄쓰퉁과 장타이옌은 이러한 상호보완을 이론과 사변 속에서 표현해주었다. 홍일법사(弘一法師) 리수퉁(李叔同)과 같은 경우는 실제행동으로 그것을 표현했다. 신화극(新話劇)운동의 제창자였던 그는 순식간에 모든 열정을 내던진 채 공문(空門)으로 숨어들어가 치의(緇衣: 승복—옮긴이)를 입고 일생을 마쳤던 것이다. 청말·민국초기(淸末民初)에 혁명과 병행된 것은 불학의 번창이었다. 냉과 열 양극에 있는 문화심리는 서로 보완하면서 틀을 짜게 되니, 장타이옌은 혁명 도중에 은퇴하여 화상이 될 생각을 했고, 루쉰조차도 민국시대 초기에는 불경을 읽었다. 왜일까? 이렇게 근현대 관념과 학식을 갖추기 시작한 지식인들이 여전히 전통의 길을 걷고 있지 않은가?

　문제는 겉보기보다 좀더 복잡한 것 같다. 어떤 학자가 이미 발표한 논문은 자본주의의 소외된 세계에 대한 공포가 장타이옌으로 하여금 "고전적 부르주아 인도주의에 대한 긍정에서 부정으로 전환하게 했으며, 자신의 인생학설에 대해서도 또한 이성주의에서 반이성주의로, 과학주의에서 반과학주의로, 낙관주의에서 비관주의로, 세속세계를 마주하고 미래를 마주하는 데서 세속세계를 포기하고 미래를 내던지는 허무주의로 전향하게 했다",[6] 그리고 "이미 기본으로 부르주아지의 고전 인문주의에서 현대형의 비판적 인문주의로 전향했다"고 지적한 바 있다.[7]

　이렇게 장타이옌을 묘사하는 것은 약간 지나치게 과장된 것으로 보인다. 하지만 이것으로 장타이옌에서 루쉰에 이르기까지, 특히 루쉰을 대표로 하는 근현대 중국의 가장 깊숙하게 자리잡은 저 사상의 암류(暗流), 즉 큰 힘을 들여 계몽을 제창하면서도 또한 동시에 계몽에만 머무르지는 않는 깊이 있는 '사상·정감 방식'을 해석하는 것은 상당히 정확한 것으로 보인다.

　근현대 중국은 16세기에서 19세기에 이르는 서양의 사회·정치 학설을 받아들임과 동시에 바이런에서 니체까지 여러 사람이 공유하던 자

---

6) 장이화(姜義華), 「장타이옌의 인성론과 근대 중국 인본주의의 운명」(章太炎的人性論與近代中國人本主義的命運), 『푸단대학학보』(復旦大學學報: 社會科學版) 1985년 제3기, 214쪽.
7) 장이화, 같은 글, 206쪽.

본주의의 소외세계로 향할지도 모르는 무시무시한 역사의 방향에 대한 강렬한 반항의식을 아울러 마찬가지로 느끼고 있었다. 이에 따라 계몽주의의 이성·낙관·진화론 사조와 20세기의 비이성·비관·반(反)역사 사조는 서로 충돌하면서도 같이 밀려들어와 가장 민감한 중국 지식인의 심혼 속에 마찬가지의 그림자를 드리우게 했다. 근대와 근대(현대)의 초월, 이성과 반(反)이성, 낙관주의와 비관주의, 역사주의와 허무주의……는 심혼의 구조를 더욱 복잡하게 만들었다. 이것은 '유교와 도교의 상호보완'의 낡은 패러다임을 초월하는 것이었고, 그들의 '선종으로의 도피'에도 또한 새로운 '사상·정감 방식'이 침투해들어 가고 있었다.

아마도 이러한 이해가 있어야 쑤만수를 읽을 수 있을 것이다. 5·4신문학의 제창자이자 예민한 문학적 감수성을 지닌 천두슈는 이렇게 말한 적이 있다. "만수상인(曼殊上人)은 사상이 고결하고, 그가 쓴 소설은 인생의 참된 곳을 묘사했기에 신문학의 기초를 놓았다고 할 수 있지 않을까?"[8] 위다푸(郁達夫) 역시 쑤만수의 시는 딩안(定盦:청말의 시인 궁쯔전龔自珍)보다 뛰어나며, "거기에 한 줄기 맑고 새로운 근대미(近代味)"가 덧붙여진 것이라고 지적하기도 했다.[9] 그럼 쑤만수의 시와 소설을 보자.

　내 젊은 시절은 꽃과 버드나무와 더불어 쓸쓸한 바람에 시들었고
　술 깨어 천지에 묻나니 육조의 찬란한 시절은 어디로 갔나?
　문득 밝은 달 아래 옥처럼 고운 사람을 기억하니
　조용히 아무도 없는 곳에서 피리 불기를 배우네.

　봄비 내리는 누각에 처량한 일본 피리소리,

---

8) 『신청년』 제3권 제2호, 1917. 4.
9) 류우지(柳無忌) 편, 『만수대사 기념집』(曼殊大師紀念集), 충칭, 正風出版社, 1944, 427쪽.

언제 돌아가 전당강의 유명한 물살을 볼 수 있을까?
짚신에 바리때를 든 떠돌이 중, 알아주는 이 하나 없고
벚꽃을 밟고 건넌 게 벌써 몇 번째 다리인가?

"아후이(阿蕙)는 어디 있지?"
……저우따(周大)는 눈물을 줄줄 흘리면서 대답했다.
"목주(木主: 나무로 만든 신주神主)에게 시집갔소……."
먼저 한 늙은 하인이 목주를 껴안고 나오는 것이 보였다. 뒤이어 아후이가 예당(禮堂)에 이르렀는데, 붉은 등과 녹색 광채가 사방에 가득했다. 아후이는 시녀의 지탱을 받고 목주와 나란히 서서 혼례식을 마쳤다. 이윽고 이웃 대청으로 옮겼는데 바로 그 남편이 죽은 방이었다. 사방을 둘러봐도 모두 눈처럼 흰색으로 둘러싸여 있었다. 시어머니는 몸소 아후이가 하얀 소복으로 갈아입는 것을 도와주었다. 아후이는 곧바로 머리를 풀어헤치고 남편의 영전에 무릎 꿇고 통곡하면서 예를 마쳤다…….
저우따는 말을 했으나 성(生)은 입을 다물고 한마디도 하지 않았다. ……이후로 광둥사람들(粤人)은 다시는 성과 저우따를 볼 수 없었다. 오로지 아후이만이 매번 궂은 비가 계속해서 내릴 때마다 큰아버지, 손윗누이, 두구공자(獨孤公子: 즉 성生)를 생각해낼 뿐이었다.[10]

이 시와 소설에는 결코 아무런 별다른 것도 없다고 할지 모르겠다. 또한 그저 빼어난 절구와 아름다운 애정소설에 지나지 않는다고 하지 않을까? 그러나 무엇 때문에 당시의 청년들에게 그렇게 칭찬을 받았던 것일까? 단지 "우아하고 아름답다"거나 "구성지고 처량하다"는 것 때문일까?
그런 것 같지는 않다. 쑤만수가 묘사한 애정은 이미 더이상 『요재지

---

10) 「몽검기」(焚劍記)의 끝 부분.

이』(聊齋志異) 속의 애정이 아니고 또한『모란정』・『홍루몽』속의 애정도 아니다. 당연히『한해』(恨海) 속의 애정은 더욱 아니다. 천두슈는 쑤만수의 소설『강사기』(絳紗記)에 대해 서문을 쓰면서 "인생에서 가장 풀기 어려운 문제는 두 가지가 있는데 바로 죽음과 사랑이다"고 했다.[11] 동서고금의 문예는 모두 이 두 가지의 영원한 주제를 감싸고 돈다. 쑤만수의 소설과 단시(短詩) 가운데 드러나는 이 두 가지 주제의 특징은 아마도 그것들이 아무리 퇴폐스럽고 상실감에 차 있고 고독하고 처량해 보이더라도 아침 해가 떠오르기 직전과 같은 맑고 새로운 기운을 전해주는 데 있는 것이 아닐까. 일찍이 "혁명과 연애"에 열중했지만 나중에는 "정처없이 흐르는 구름과 냇물처럼 외로운 승려"(行雲流水一孤僧)가 된 이 쑤만수가 돌이켜본 사랑과 죽음은 세속의 이야기 줄거리 속에서 초월을 추구하는 것, 다시 말해 사랑과 죽음을 초월한 본체의 진여세계(眞如世界)를 찾는 것처럼 보인다.

그러나 이러한 진여본체(眞如本體)는 세속의 사랑과 삶・죽음 속에서만 실재한다. 바로 그렇기 때문에 쑤만수는 처량한 정조(情調)와 쓰라린 맛 가운데에서 근현대의 지식인들이 지니게 된 저 개인주의의 색채가 농후한 인생의 고독감과 넓고 무한한 우주에 대한 아득한 느낌을 전달해줄 수 있던 것이다. 그는 남녀간의 낭만적인 애정과 개인의 고독을 저 영원한 진여본체를 깨닫고자 하는 심태의 높이까지 끌어올렸다. 그것은 이미 중국 전통의 윤리감정(이를테면 죽음에 대한 애도)이나 불학의 관념(색공 色空), 또는 장자의 소요와 같은 것이 아니다. 그것들은 비록 인물의 묘사나 줄거리의 구성, 예술의 원숙성 면에서는 그렇게 볼 만한 것이 없으나, 도리어 이러한 신세에 대한 한탄이나 가정・국가에 대한 원망 가운데에서 전통심리라는 거대하고 폐쇄된 동그라미를 무너뜨림으로써 아무리 해도 메울 수도 없고 돌이킬 수도 없는 불완전함(殘缺)과 유한(遺恨)의 감정을 남기게 된 것이다.

---

11)『갑인』(甲寅) 제1권 제7호, 2쪽.

이것은 바로 쓰고 떫으면서 맑고 새로운 것(苦澁的淸新)이 가져온 근현대 중국 여명기의 예고였다. 이렇게 현실투쟁에서 멀리 떨어진 것처럼 보이는 낭만의 시와 애정소설이 오히려 낡고 새로운 시대가 서로 뒤엉키고 뒤바뀌기 시작하는 심태를 보여주는 전주곡이 된 것이다. 애상·침울·소침·애통의 줄거리는 사람들로 하여금 더욱더 사랑에 빠지고 젊음을 되찾게 했으며, 더욱더 개인의 체험으로 인생과 생활 그리고 애정을 되씹어볼 수 있게 했다. 그것은 다음 세대 5·4지식인집단의 특징을 가리키는 조짐이 되었다. 사방을 둘러봐도 차갑고 침울했으며 현실은 여전히 아주 불분명한 암흑의 분위기 속에 있었다. 하지만 그래도 밝아오는 아침 햇살은 이미 조금씩 스며들고 있었다. 쑤만수의 소설은 겨우 5·4운동 몇 년 전에 발표되었을 뿐이다.

그밖의 문예부분은 어떠했을까? 국화(國畵)의 영역에서 런보녠(任伯年)은 전통의 고아함과는 일정한 간격이 있는 상하이탄(上海灘)의 화장품냄새(脂粉味)를 내비치는 것처럼 보이지만 또한 여전히 경탄할 만한 맑고 빼어남을 갖추고 있었다. 우창숴(吳昌碩)는 청대의 유명화가들인 양주팔괴(揚州八怪)를 타고 넘어 그 발랄한 색채와 금석미(金石味)의 필치가 전통이 종말로 다가가고 있음을 선고하는 것처럼 보였다. 이러한 것들 역시 간접으로나마 일종의 새로운 심태, 정감을 반영하는 것은 아닐까? 이에 대해서 이야기하기는 아주 어렵고, 또한 좀더 연구가 필요한 부분이라고 하겠다.

2 심령의 개방

신해혁명 세대의 심태는 단지 전환을 개시했을 뿐으로 전통은 여전히 압도적인 우세를 자랑하고 있었다. 이에 비하면 5·4운동 세대는 도리어 용감하게 전통을 돌파하여 정식으로 이러한 전환을 실현했다고 할 수 있을 것이다. 신해혁명 세대가 단지 해뜨기 전의 서막에 지나지 않는다고 말한다면, 5·4운동 세대는 이제 새로운 시대의 여명이 이제 방금 막을 올린 것이라고 해야 할 것이다.

이러한 전환은 그 현실기초를 가지고 있다. 수천 년의 황제 독재체제가 정치체제와 관념·정서 면에서 지식인들에게 가지고 있던 지도적 지위가 쇠퇴하거나 상실되었고, "학문을 하고 여유가 있으면 벼슬을 하는" 전통의 과거(科擧)라는 통로가 폐쇄되고, 서양문화는 밀물처럼 밀려들어 왔으니…… 이런 것들은 새로운 세대의 젊은 지식인들에게 전에 있어본 적이 없는 심령의 해방을 가져다주었으며, 그들의 눈앞에서 전개되는 풍경과 도로는 전에 없을 정도로 신선하고 다양하고 몽롱했다.

이것이 신선했던 것은 황권(皇權) 정치체제의 타도, "군주는 군주답게, 신하는 신하답게"(君君臣臣)라는 원리와 함께 연결되어 있던 전통의 세계관과 인생관이 이미 붕괴하거나 동요되고 있던 데서 비롯되었다. 그리고 혁명의 시대는 이미 지나가버렸고, 비장한 노래를 부르며 기꺼이 나라를 위해 자신의 몸을 바치는 것은 더이상 긴급한 과제가 아닌 시절이 되었기 때문이다. 따라서 개인으로서의 인간은 국가·사회·가정에서의 지위와 가치에 대해서 새롭게 다시 위치조정을 할 필요가 있었는데, 이것은 인생·생명·사회·우주전체에 대한 정서면에서의 새로운 감수·체험·사색·추구와 탐색을 수반하지 않을 수 없었다.

이것이 다양하던 것은 지식인이 원래 "학문을 하고 여유가 있으면 벼슬을 하는" 전통의 단일한 통로가 무너지고 수백 년 이상 지속되어왔던 과거제도가 더이상 존속하지 않게 되면서, 장사를 하거나 신문을 내거나 엔지니어가 되거나 교원이나 변호사, 의사가 되는 등…… 각양각색의 생계를 도모하는 방안과 생활의 기회가 사람들의 눈앞에서 평등하게 전개되기 시작했기 때문이다. 사회생활은 근대성을 갖추기 시작했으며, 지식인들은 유교 경전을 읽어 관리가 된다는 이 고정된 초점에 더이상 심령을 기탁하지 않게 되었고, 인생목표는 더이상 과거제도 시절과 같은 항구불변의 패러다임을 가질 수 없게 되었다. 경세제민이나 구망도존(救亡圖存), 전원에서의 은일(田園隱逸), 불문에서의 해탈 등의 전통 패러다임 역시 이상의 최고 정점이거나 의향(意向)의 극치를 더이상 의미하지 않게 되었다. 다양해진 인생과 심령의 길이 사람들을 탐색하고 유혹하고 끌어들이고 있었다.

이것이 애매모호한 이유는 전통적인 정치체제의 해체나 낡은 질서의 파괴가 앞으로의 중국은 어디로 가야 할 것인가 하는 전망에 대해서 우물쭈물 방향을 정하지 못한 것에만 있는 것이 아니다. 또한 전통의 가치나 종래 관념의 통제력이 퇴색되고, 인생의 길과 생활의 목표에 대한 다양한 가능성이 출현했고, 개인이 관료사회나 제도·집단에 완전하게 의존하지 않게 되자 자아의 선택이 두드러지게 되었고, 자아의 책임감도 가중되고 개인의 미래에 대한 탐색이나 추구 역시 방향을 쉽사리 정할 수 없게 된 점도 작용했다.

한 무리 또 한 무리의 청년지식인들은 사면팔방에서 큰 도시로 몰려들어와 '표류'하거나 '자투리' 인생을 살아가기 시작했다. 생계를 도모하기 위해서였고, 또한 이상을 추구하기 위해서이기도 했다. 하지만 어떻게 해야 생계를 유지하고, 생활할 수 있을 것인가? 정말로 믿고 받들 만한 가치가 있는 것은 어떤 것인가? 우리는 도대체 무엇을 하고 있는가? ……모든 것들은 이미 만들어진 답안을 갖지 못한 채 아득한 상태였다. 전통과의 이별, 미래에 대한 동경, 개인의 각성, 관념의 해방, 물밀 듯이 밀려오는 인생의 감촉, 성에 대한 고민, 사랑의 욕구, 삶의 고민, 추악한 현실, 개성주의, 허무주의, 인도주의…… 이런 모든 것들이 한데 뒤엉켜서 이 새로운 청년들의 가슴속에서 서로 부딪치고 돌며 뒤섞이고 있었다.

그(그녀)들은 이미 앞 세대처럼 오랜 기간 전통적 관념과 생활 속에 젖어들거나 묶여 있지 않았으며, 중국에서는 전례를 볼 수 없던 자유로운 분위기에서 자신의 길을 찾기 시작했다. 물론 그들은 여전히 주관적으로는 의식적·무의식적인 예교 관념, 그리고 객관적으로는 빈곤과 고난, 부패한 사회현실 등에 의해 억압을 받고 통제를 당하고 방해를 받고 있었다.

하지만 새로운 생명, 새로운 심령의 새로운 인생과 새로운 세계에 대한 동경은 여전히 이 세대의 '사상·정감 방식'과 인생관에서 주요한 표지였다. 이론·사상 면에서 5·4운동 전후에는 그렇게 많은 갖가지 잡다한 '주의'(主義)·학설·사조가 출현하여 한 시대를 풍미했다. 문학면에서는 가슴속의 회포를 풀어헤치면서도 체계를 이루지는 못하고, 마음속의 생각을 토해내면서도 아직 정형되지 않았으며, 산문 또는 산문과 비슷한 신시(新詩)가 이 세대 심혼의 가장 아름다운 언어가 머무는 곳이 되었다.

그 신선한 형식과 마찬가지로 그 내용 역시 소년시대의 발랄한 생기와 아름다움을 띠고 있고, 미래에 대한 신선한 활력이 가득 찬 동경과 기대를 수반하고 있으며, 우주·인생·생명에 대한 자아각성식의 탐색과 추구를 수반하고 있다. 이제 막 5·4신문화운동의 세례를 받은 참인 1920년대의 중국에서 한무리의 청년들은 봉건의 모태에서 해방되거나 해방을 요구하기 시작했다. 날로 공업화하는 새로운 세계를 대면하여 한편으로는 고국(故國)의 문화를 이어받으면서도 다른 한편으로는 서쪽에서 온 사상을 받아들이는 민감한 청년의 심령 가운데 생활에 대한, 인생에 대한, 자연에 대한, 과대한 세계와 무한한 우주에 대한 새로운 느낌, 새로운 발견, 새로운 놀라움 · 감탄 · 찬미 · 미련과 슬픔과 아픔이 표출되었다.[12]

"이와 같은 일종의 생명활력에 대한 앙모와 찬미, 우주와 인생에 대한 철학의 느낌과 생각"[13]은 바로 중국 현대의 감상주의이며, 여명기 개방적 심령의 감상주의(多愁善感)이기도 하다. 그것이 구체적으로 표현된 것이 민감성(敏感性) · 철리성(哲理性)과 경박성(浮泛性)이라는 특징이다.

보라. 스무 살을 갓 지낸 여학생 빙신(冰心)의 작품, 저 몇 년 동안의 「번성」(繁星), 「춘수」(春水), 「어린 독자에게」(寄小讀者) 등등은 처음으로 전통의 틀을 벗어난 심태로, 순수하고 연약한 적나라한 동심으로 세계와 인생을 예민하게 느끼고 있었다. 광명과 성장 · 충성 · 평화를 동경했지만 잔혹한 생활과 추악한 현실, 지루한 세상은 곳곳에서 어린 시절의 꿈을 놀라게 하고 망가뜨리고 위협했고, 어디에도 피할 데가 없고 어떤 것에도 의지할 수 없으며 어떤 힘도 믿을 수 없었다. 오로지 가장 사심 없고 가장 진지하고 아무런 조건도 따지지 않는 어머니의 사랑 속으로 도망쳐서만 따뜻함과 보살핌을 얻을 수 있었다. 바로 이곳만이 진정하게 돌아가서 의지하고 머물 수 있는 것, 확실하고 믿을 수 있는 진 · 선 · 미인 것처럼 보였다.

여기에는 인간세상을 초월한 신선도 없었고 인간의 예법도 없었으

---

12) 리쩌허우, 「종바이화의 미학 산보 서문」(宗伯華美學散步序), 『리쩌허우 철학 미학 문선』(李澤厚哲學美學文選), 창사, 湖南人民出版社, 1985, 450쪽.
13) 같은 글, 같은 곳.

며, 갖가지 서로 복잡하게 뒤엉킨 인간관계도 없었다. 수정처럼 단순하고 진지한 어머니의 사랑이 하나의 본체세계를 구성하고 있었다. 따라서 이것은 더이상 전통윤리에서의 어머니의 사랑이 아니었으며, "애달프다 부모님, 날 낳으시려 고생하시고"(哀哀父母, 生我劬勞), "어머니는 바느질하여 건달아들 옷 입히고"(慈母手中線, 游子身上衣)와 같은 고전적 한탄도 아니었다. 이것은 새로운 시대 새로운 청년의 전체 우주와 인생에 대한 감상주의에 바탕을 둔 어머니의 사랑이었다.

깊은 잠 속에서 갑자기 거지아줌마가 구걸하는 목소리를 듣고, 어머니가 이미 그들에게 끌려갔구나 하는 생각이 들었다. 차가운 땀이 얼굴에 떨어진 것처럼 깜짝 놀라 일어나 앉았는데, 얼굴과 입술이 새파랬고 목이 막혀 소리가 나지 않았다……

"너는 내가 멍하니 쳐다보는 것을 가장 두려워하는데, 나는 지금까지 무슨 까닭인지 모르겠다. 매번 내가 창 밖을 응시하거나 또는 잠간이라도 멍청하게 있으면 너는 나를 소리쳐 부르거나 흔들면서 말하곤 했지. '엄마, 왜 눈동자가 움직이지 않아요?' 나는 네가 와서 나를 꺼안아주는 것이 좋아서 때로는 일부러 움직이지 않고 응시하는 척하기도 했지……" 그녀가 이 일을 이야기할 때 나는 결국 얼굴에는 미소를 띠었지만 눈에는 눈물이 가득 찼다. 이야기가 끝난 다음에는 그녀는 옷으로 내 눈을 닦아주었고, 나는 조용히 그녀의 무릎 위에 엎드렸다. 이때는 이미 우주도 없었고, 오로지 엄마와 나만 있을 뿐이었다. 마지막에는 나조차 사라졌고, 오로지 엄마만 남았다. 왜냐하면 나는 원래 그녀의 일부였기 때문이다.[14]

모든 사람은 각기 어린 시절을 거쳐왔고, 모두 어머니의 사심 없는 사랑을 받았으며, 모두 이러한 체험이나 느낌을 겪어본 적이 있었다.

---

14) 「어린 독자에게 · 통신(通訊) 10」.

하지만 과거의 문학에는 이러한 묘사가 없었고, 빙신은 이러한 것을 가장 최초로 소설에 옮긴 것이다. 빙신은 이러한 정말로 아주 평범한 모녀(모자)간의 감정을 본체세계로 끌어들였다.

조물주여……
내 영원한 생명 가운데,
꼭 한 번 최고의 즐거움을
허용하신다면,
나는 온 정성을 다해 애달프게 기도하겠습니다.
저는 어머니의 품속에
어머니를 작은 배 안에
작은 배는 달 밝은,
바다 속에 있게 하소서.[15]

모든 풍우, 모든 두려움, 번뇌, 근심에서 전체의 더러운 세상에 이르기까지 모든 것들이 이 위대하고도 보편적인 어머니의 사랑 속에 용해되어 깨끗해진다. 이러한 사랑은 아무런 구체적인 사회적·시대적 내용이 없는 것처럼 보이지만, 실은 정반대로 각성된 새로운 시대의 심성(心聲)을 반영하고 있는 것이다. 소년의 치기로 가득 찬 새로운 지식인에게 사랑, 무엇보다도 어머니의 사랑은 근대 범신론(汎神論)의 철학적인 광채를 띠고 있었다.

부드러운 정이 가득한 "아버지와 어머니의 무릎 아래와 품안에서, 그리고 형제자매의 틈 속에서"[16] 빙신은 중국 전통의 혈연윤리감정을 "인류가 어머니의 사랑 아래, 누구나 자유롭고, 모두가 평등하다"[17]는 우주의 빛과 심리본체로 확장시킨 것이다.

---

15) 「춘수 105」.
16) 「어린 독자에게 · 통신 11」.
17) 「어린 독자에게 · 통신 10」.

마찬가지로 1920년대의 명작인 주쯔칭(朱自淸)의 「뒷모습」(背影)은 아버지의 사랑에 관한 것이다. 그것은 보다 현실적이고 구체적이며, 사회생활의 구체적인 영상을 더욱 스며들게 했으므로, 좀더 느낌이 와 닿는 실재의 그림자를 가지고 마찬가지로 새로운 세대 지식인이 인생의 길을 걸어가면서 전통을 전환시키는 느낌과 체험을 표현했다. 그것은 전통의 예교 관념을 빠져나와(그래서 마음속으로는 부친을 "암중에 비웃는" 것이 가능하다) 진정한 원래 의미에서의 친아들의 사랑으로 돌아간 것이었다. 「뒷모습」을 읽거나, 빙신을 이야기하자면 오늘날에 이르러서도 여전히 사람으로 하여금 원래 그대로의 순박함으로 돌아가는 것(返朴歸眞)을 느끼게 하거나, 아니면 그 천진난만하고 부드러운 정과 사랑이 가득 찬 친자식의 귀중한 사랑을 보존하고 싶게, 또는 거기로 돌아가고 싶게 만든다. 따라서 그것들은 그다지 현실적인 내용이나 사상의 깊이가 있는 것은 아니지만 그래도 오랫동안 사람들의 마음을 흔들어 놓을 수 있었고, 수많은 동심을 배양하는 이로움을 베풀 수 있었다. 그것들이 수십 년 동안 초·중학교의 우수한 교재가 된 것은 결코 이유가 없는 일은 아닌 셈이다.

1920년대는 치기에 가득 찬 어린 시절이지만, 나아가서는 한참 자라고 있는 소년의 낭만시대라는 점이 더욱 두드러진다. 어머니의 사랑을 제외하면 성애(性愛)가 바로 청년의 사고와 감정의 주요과제로 존재하며, 통계에 따르면 연애는 당시 소설의 내용과 제재의 90퍼센트를 차지한다고 한다. 성애는 여기서 마찬가지로 일종의 경박성을 띠고 있다. 그것들은 소설로서는 대단히 완성도가 떨어진다. 상상력은 빈약하고 서정성은 고루하며, 구성은 단조롭고, 형상은 천박하고, 형식은 단일하므로 그 중요성은 오로지 애정을 인생의의로서 받아들이는 민감한(심지어는 병적인) 심경·정서를 전달했다는 데 있을 뿐이다.

지식도 내게 필요 없고 명예도 필요없다. 내게는 단지 나를 위안해주고 이해해주는 내 마음, 백열(白熱)하는 심장만이 필요할 뿐이다!

이 심장에서 솟아나오는 동정! 동정에서 오는 애정! 내가 요구하는 것은 애정이다.[18]

오로지 애정뿐인 것처럼 보이지만, 또 대부분의 작품이 혼인의 자유에 집중하고 있는 것처럼 보이지만 실제로 그것은 인생의 의미에 대한 모색을 의미한다. 루쉰의 『상서』(傷逝)는 가장 전형적이고, 가장 성공한 것이다. 1920년대의 루인(廬隱) 등의 창작에 대한 마오둔(茅盾)의 평론은 또한 가장 대표성을 지니고 있다.

> 루인의 작품 가운데 우리는 마찬가지의 '인생문제'에 대한 고뇌를 찾아볼 수 있다. 하지만 그것은 연애라는 옷을 걸치고 있다. ……"인생이란 무엇인가" 하는 치열하고도 고뇌에 찬 질문은 그녀의 작품 가운데 주조를 이루고 있으며, 그녀는 빙신과 거의 마찬가지의 질문을 던진다. ……모든 '인물'은 거의 모두 "인생의 의미를 추구하는" 열정이 있지만 공상하는 청년들로서 이들은 거기서 고민하고 방황하고 있다. 아니면 수천 년 전통사상의 속박을 짊어진 몇몇 청년들이 '자아발전'을 미친 듯이 부르짖고 있으나, 그들의 연약한 심령은 도리어 무척 꺼려하는 바도 많다. 이런 인물 가운데 한 사람은 말한다. "우리의 마음은 얼마나 방황하는가! 어느 길로 가야 하는가?"……
> 마찬가지의 심정을 우리는 쑨량공(孫俍工)의 「전도」(前途)에서도 찾아볼 수 있다. 이 소설은 기차가 출발하기 전의 초조함과 서두름, 그리고 떠들썩함을 빌어서, 또한 열차가 출발하고 난 다음 여객들의 "도착했을까", "언제쯤 도착할까?", "아무 일 없이 무사히 도착할까?" 하는 갖가지 기대의 심정을 빌려서 '인생여로'에서의 저 아득하여 알 수 없는 '전도'를 설명하고 있다.[19]

---

18) 위다푸(郁達夫), 「침륜」(沉淪).
19) 마오둔, 『현대 소설도론』(現代小說導論)1.

저 아득하여 알 수 없는 '전도'에 대한 두려움 · 곤혹스러움 · 모색 · 고민 · 방황……은 바로 연애문제를 포함한 이 세대 문예내용의 진정한 주제와 배경을 이루고 있다. 전통의 틀 · 규율 · 표준은 이미 이 세대 지식인의 심중에서 붕괴되었지만, 새로운 생활 · 길 · 목표 · 이상은 아직 형태가 굳어지지 않은 상태였다. 어떤 길을 갈 것인가? 어디로 갈 것인가? 모든 것이 분명하지 못했다. 느끼고 체험하는 것 역시 단지 자기 자신도 설명하지 못할 갖가지 고민, 곤혹과 방황이었다.

아직 확정된 목표 · 길 · 패러다임이 없었기 때문에, 또한 아직 확정할 수 있는 장래를 위해 분투할 행동 · 사고 · 희망과 정감이 없었기 때문에 모든 것들이 어지럽게 밀려드는 복잡하고 혼란스러운 각종 자아의 느낌과 의향 속에 가라앉고 있었다. 그래서 이들의 이러한 자아는 일종의 주관적인 감상주의 또는 민감성으로 드러나고 있었다. 그것은 진정한 낭만주의가 아니었고, 현실주의는 더욱 아니었다. 이성의 계몽과 낭만의 서정은 이러한 감상주의 가운데 손을 잡고 같이 길을 가고 있었으며, 이러한 감상주의가 몽롱한 철학의 모습을 드러내면서 사람들에게 미소를 짓도록 만들고 있었다. 그것은 다양화된 품격으로 표현되었으나 공통된 것은 오히려 변화무쌍하고 경쾌하지만 아울러 깊은 뜻은 결코 없고, 또한 읽기에 참 맑고 새롭다는 것이었다.

이를테면 쉬즈모(徐志摩)의 다음과 같은 글처럼.

가뿐하게 나는 간다
가뿐하게 온 것과 마찬가지로.
나의 가벼운 손짓으로
서쪽 하늘의 고운 구름과 작별하면서.
……
꿈을 찾아서? 한 줄기 긴 갈대를 들고
푸른 풀이 더욱 푸른 곳으로 어지러이 거슬러오른다.
하늘에 가득 찬 별빛

별빛이 찬란한 가운데 노래를 부를까.

하지만 나는 노래를 하지 못한다.

조심스러운 것은 이별의 피리소리

여름벌레 역시 나를 위해 침묵한다.

침묵은 오늘 밤의 케임브리지![20]

쉬디산(許地山)의 글도 마찬가지이다.

……

숲 아래에는 한 무리의 아이들이 한참 거기서 떨어진 복숭아 꽃잎을 찾고 있었다. 한참 뒤지고 있는데 칭얼(淸兒)이 갑자기 시끄럽게 떠들더니 말했다. "아, 용용(邑邑)이 왔다!" 아이들은 손을 멈추고 모두 복숭아 숲의 끝 쪽을 바라보았다. 과연 용용 역시 거기서 풀꽃을 뽑고 있었다.

칭얼이 말했다. "우리 오늘 아퉁(阿桐)의 솜씨를 시험해보자. 만약 그가 해낼 수 있다면 우리가 꽃잎을 꿰어서 목걸이를 만들어 걸어주고 그를 큰 형님으로 모시자. 어때?"

모두가 응답했다.

아퉁은 용용의 앞에 가서 말했다.

"우리는 네가 오길 기다리고 있었어."

아퉁은 왼손을 용용의 배 위에 올려놓고 걸어가면서 말했다. "오늘 쟤들이 너를 위해 시집가는 치장을 해줘서 너를 내 마누라로 삼아준대. 너, 내 마누라가 될 수 있냐?"

용용은 아퉁을 한 번 째려본 뒤 고개를 돌리고 손으로 아퉁을 밀쳐서 아퉁의 손이 다시 배 위에 오시 못하게 막았다. 아이들은 배꼽을 잡고 웃어댔다.

---

20) 「다시 케임브리지를 떠나며」(再別康橋).

아이들이 모두 소리쳤다.

"우리는 용용이 손으로 밀치는 걸 보았다네. 아퉁이 이겼네!"

용용은 종래 남을 거절해본 적이 없었는데, 아퉁은 어떻게 그 이야기를 하면 용용이 손을 쓸 줄 알았을까? 봄볕이 출렁거리면서 그의 이런 심사를 넘쳐나게 한 것일까? 또는 천지의 마음이 이런 것일까?

보라. 느릿느릿 움직이는 엷은 구름이 여전히 이 봉우리에서 저 봉우리로 날고 있다.

들어보라. 참새와 꾀꼬리의 노랫소리는 아직 공중과 숲속에 가득차 있다. 이 수많은 산이 둘러싸고 있는 복숭아 숲 가운데 떠들썩한 것을 좋아하는 아이들 이외에 만물은 봄볕을 느끼고 모두가 정신이 아득해졌다.[21]

당연히 궈모뤄의 글도 있다.

아아!
이렇게 어둡고 더러운 한가운데서 산다면
다이아몬드로 만든 보도(寶刀)에도 녹이 슬 것이다.
우주여, 우주
나는 그대를 저주하기 위해 노력한다.
그대, 피와 오물이 범벅이 된 도살장이여
그대 비애가 충만한 감옥이여
그대 뭇 귀신이 울부짖는 무덤이여
그대 마귀의 무리들이 날뛰는 지옥이여
그대는 도대체 어떤 존재인가?[22]

---

21) 「봄의 임야」(春底林野).
22) 「봉황열반」(鳳凰涅槃), 『여신』(女神).

이것은 앞서 나온 빙긋하는 미소와 정말로 대조되는 미친 듯한 분개·호소이다. 하지만 자아의 토로, 의미의 추구라는 면에서는 동일한 경향을 지니고 있다. 1920년대의 문예계 지식인들은 입을 열면 우주를 말하고 입을 다물면서 인생을 이야기했으며, 겉으로는 사회를 가리키지만 실제로는 스스로를 두드러지게 하는 데 지나지 않았다. 그들이 거론한 것은 아주 크고도 큰 세계의 문제였으나 실제로는 아주 작고 작은 현실의 의미밖에 지니지 않았다. 이러한 시대의 특징은 '호방파'(豪放派)이건 앞서 나온 '완약파'(婉約派)이건 완전히 마찬가지이다.

루쉰은 이렇게 말한 적이 있다. "그때 당시 각성하기 시작한 지식청년들의 심정은 대체로 열렬하면서도 비장한 것이었다. 설사 한 줄기 빛을 찾았다고 할지라도 고개를 돌려보면 분명히 주위의 끝없는 암흑을 발견하게 되었다." 빙신과 궈모뤄는 이러한 "끝없는 암흑"에 아직 진정으로 부딪치지 않았으나 이미 조금씩 그것을 느낄 때마다 '사랑'이나 '힘'으로 자신들의 연약한 부드러운 정이나 거칠고 사나운 절규를 막으려고 했다. 바로 이 때문에 쉬디산은 불종(佛宗)으로 도피했고, 쉬즈모는 자신의 그림자를 돌아보며 홀로 외로워했고, 위다푸는 주색에 빠져든 것이다.

결국 어머니의 품으로 돌아가건(빙신), 아니면 "해와 달을 잠식"하건(궈모뤄), 어머니의 사랑에 대해서건, 성애나 강력한 사랑, 자연스러운 사랑, 철학의 사랑에 대해서건 상관없이 그들은 모두 민감한 감수성과 격정을 통해 창조로 전통의 침전을 전환시키고 있었던 것이다. 이것은 아직 고전 전통을 벗어나지 못하던 앞 세대나 이미 사회의 파도 속에 쓸려 들어간 다음 세대에게는 불가능한 일이었다. 그들은 '사상·정감 방식'(확대시켜 이야기하자면 문화심리 구조) 면에서 한편으로는 앞서 다룬 친자식의 사랑처럼 전통을 계승하면서도 동시에 다른 한편으로는 또한 근현대의 개성해방과 자아독립의 의식을 갖추고 있었던 것이다. 저 온유함·호소·고민·무료함·모색·우울함……은 이미 근현대의 개인에게서 나타나는 특징이었다. 그들이 높이 쳐들고 앙모한 것은 유가나 도가 또는 불학의 유토피아가 아니라, 근현대적 추구의식이 가득 찬 것이었다.

그 가운데 오로지 루쉰만이 가장 깊이를 지니고 있다. 다른 글에서 지적한 대로 루쉰의 저 고독 속에서도 분투하는 고통스러운 심령은 계몽기의 거친 절규나 감상주의를 훌쩍 뛰어넘고 있다. 루쉰의 산문시나 소설에는 물론 이 시기 감상주의의 몇 가지 특징으로 가득 차 있지만, 그것은 스스로의 경험을 거쳐서 잉태된 거대한 사고의 무게를 포함하고 있어 단지 개인의 감성에서 출발한 외침이나 부드러운 애정을 내세우는 앞서 다룬 몇몇 작가들과는 근본적으로 구별된다. 루쉰의 문학 작품 가운데에는 사상의 무게가 있지만, 이 사상은 결코 추상적인 교의(敎義)나 명확한 주장이 아니며, 천두슈와 같은 예리하고도 용맹스러운 투쟁정신이나 후스처럼 평화롭고 경박한 낙관주의도 아니다. 그것은 확실히 인습의 무거운 짐을 지고 있으며 아주 힘들게 미래를 향해 나아가고 있으나 앞날이 아주 아득하며 길은 가시로 가득 차 있음을 알기에 묵직한 비관정서를 갖추고 있으며, 반성이성(反省理性)의 위대한 감성이 침투해 있다.

앞 시기인 신해혁명이 일어나기 이전에 이미 루쉰은 「악마시 역설」을 썼기에 '빛'·'열'(熱)·'불'(火)·'자아'(我)를 외치는 궈모뤄에 비해 10여 년은 앞선 셈이고, 5·4시기에서도 그는 이미 당시의 감상주의나 개성해방론을 뛰어넘어 본체에 대한 진정한 현대 의식에 기초하여 파악하고 있었다. 확실히 비관하고 있고 또한 희망하는 바도 없지만 그래도 여전히 살아가고 살아가기 위해선 분투해야 한다. 따라서 "절망은 허망이다. 마치 희망이 그러한 것처럼."* 마치 시시포스가 바위를 밀어 올리는 것처럼, 오로지 몸을 떨쳐 앞으로 나아가는 것만이 진실된 것이다. 생명의 의미도 오로지 여기에, 지금 이 시각의 분투 자체에 있으며 이것이 바로 '현존재'(現存在, Dasein)이다. 앞 길은 어떠한가? 장미

---

* 루쉰이 1925년 1월에 발표한 「희망」에 나오는 구절.

꽃인가 아니면 무덤인가는 중요한 것이 아니며, 또 아무런 의미도 없다. 중요한 것은 쉴 수 없다는 것이다. 장미꽃의 유토피아나 무덤의 그림자에 유혹되거나 가로막히지도 않으며 상처를 감싸주는 천이나 따뜻하고 부드러운 사랑 때문에 멈추지도 않는다. ……죽은 불은 얼음 계곡에서도 여전히 연소되려고 한다. 결코 연소된 다음의 전망도 없고, 의심할 나위 없이 확정된 이 연소 자체나 연소의 방법도 없지만 그래도 꽁꽁 얼어 굳는 것보다는 더 세다. 루쉰은 현대성(現代性)의 세계 높이에 도달했으나 저 중국식의 인도서정풍(人道抒情風), 수많은 사람들이 고통받는 사람들을 위해 복무하는 저 절실한 고전 전통은 또한 그로 하여금 결국에는 철저하게 비관의 현대 서양 개인주의와는 다른 입장에 서게 했다.[23]

이것이 바로 중국의 루쉰이다. 따라서 『들풀』(野草)·「술집에서」(在酒樓上)·『고독자』(孤獨者)·「죽은 사람에 대한 애도」*의 내용이 아무리 비참하고 애절한 것이라 할지라도 마지막으로는 사람들에게 여전히 몸을 떨치고 일어나 앞으로 가게 하는 힘을 가져다준다. 만약 다음 세대의 작가인 라오서(老舍)의 사실성(寫實性)을 갖춘 「뤄퉈샹쯔」(駱駝祥子)와 비교해보면 그 점은 더욱 쉽게 드러날 것이다. 그 비참한 결말이 사람들에게 비애를 가져다줄 뿐인 것과는 크게 다른 것이다.

루쉰의 『외침』(吶喊, 1923년)과 『방황』은 5·4기, 즉 심령개방 세대에 속하는 것이며, 이 세대의 더할 나위가 없는 최고의 정수이다. 그것은 확실히 전무후무한 것이며, 비교할 대상이 없는 것이다. 그것은 개성주의와 감상주의를 뛰어넘었으며, 다음 세대의 방향을 제시하는 선구이자 모범이 되었다.

그밖의 예술 영역에서도 이 세대의 특징을 또한 아주 분명하게 엿볼 수 있다. 류푸가 가사를 쓰고 자오위안런(趙元任)이 곡을 붙인 「어떻게

---

23) 이 책의 「후스·천두슈·루쉰」 참조.
 * 뒤의 세 글은 1926년에 출간된 루쉰의 『방황』에 실린 글이다.

하면 그를 잊을 수 있는지 알려줘」(敎我如何不想他)처럼, "긴 정자 밖, 낡은 도로 옆, 우거진 수풀의 파란 빛깔이 하늘에 닿는 곳…… 한 잔의 탁주로 남은 기쁨을 다하니, 오늘밤의 서늘한 이별의 꿈"과 같은 가사와 곡 역시 맑고 새로우며, 다채롭고, 슬프고, 간결하고 함축된 감상주의를 보여준다. 어떤 깊이 있는 현실적 내용을 담고 있지도 않으며, 진정한 낭만의 자아표현도 아니다. 그것은 담담한 애수를 끼고 있는 인생의미에 대한 모색과 탄식이다. 형식에서 내용까지 모두 근대이지만, 또한 뚜렷하게 중국 고전의 흔적을 남기고 있다.

펑즈카이(豐子愷)의 만화, 린펑몐(林風眠)의 수묵화 역시 마찬가지의 특징을 지니고 있다. 그것은 근대인 동시에 중국적이며, 완전히 구체의 사실(寫實)이나 격렬한 낭만정서가 아니지만 도리어 전체 인생에 대한 담담한 풍미·슬픔·의문을 지니고 있어 되씹어볼 만한 여운을 남긴다.

이것이 바로 1920년대의 지식인 집단이 문예창작을 통해 투사시킨 전형적인 심태이다. 물론 그들이 반드시 구체적으로 이 시기에 모든 창작을 한 것은 아니다. 또한 그 가운데 몇 사람은—이를테면 저우쭤런, 위펑보, 펑쯔카이 등처럼—이 시대의 풍모를 아주 길게 끌고 갔고 심지어는 평생토록 유지한 경우도 있었다. 다른 몇몇 사람들—이를테면 선인모(沈尹默), 쭝바이화(宗白華), 셰빙신(謝氷心), 주쯔칭처럼—은 붓을 던지고 글쓰기를 그만두었다. 그리고 몇몇 사람들은 오로지 다음 단계를 향해 건너가고자 했다. 궈모뤄이나 펑쉐펑(馮雪峰)과 대다수의 소설작가들이 바로 그러했으며, 그들은 실제로는 제3세대에 속한다.

3 패러다임의 창조

    무정한 생활은 하루하루 나를 교차로를 향해 몰고 갔다. 이렇게 환상의 미를 추구하거나, 이국의 정취, 옛것을 품는 그윽한 심사와 같은 것들은 아마 다시 나타나서 나 자신을 돌아볼 기회를 주지 않을 것이다.

    아, 청춘이여. 내가 지내온 낭만의 시기여! 나는 여기서 당신과 이별을 고한다!

    나는 그대를 너무 뒤늦게 잡은 것을, 그대와 너무 빨리 이별한 것을 후회하겠지만, 지금으로선 그대를 만류할 방법이 없구려!

    이후에는 머리 위에 뜨거운 여름 햇볕만 남겠지.[24]

그렇다. 이제 막 깨어난 청년지식인들이 감상주의에 빠진 시기는 아주 빠르게 흘러가버렸고, 잔혹한 중국 현대사의 피비린내 나는 투쟁과 내우외환(군벌의 혼전, 5·30참안慘案, 북벌전쟁 등등……)은 그러한 청년들의 온정이 숨 쉬는 인생탐구와 감상주의를 순식간에 산산조각 내버렸다. 살벌한 현실은 사람들이 아주 빠르게 천진난만한 순박함과

---

24) 궈모뤄의 시.

자아에 대한 비탄을 내버리도록 만들었으며, 박애의 환상, 철학의 추구, 몽롱한 동경, 난폭한 외침 등…… 어느 것이든 상관없이 모두 유치하고 공허한 것으로 느껴질 수밖에 없게 되었다. 빙신의 사랑, 궈모뤄의 힘, 위다푸의 성적 번뇌, 쉬디산의 철학의 풍취, 위핑보와 쭝바이화의 우아한 아름다움……은 모두 신속하게 시대의 연단에서 밀려내려갔고 더이상 사람들을 끌어들이거나 감동시킬 수 없게 되었다.

보다 젊은 세대는 이제 더이상 「노 젓는 소리, 등불 그림자 속의 진회하」(槳聲燈影裏的秦淮河)의 한가한 풍류나 「봄의 임야」(春底林野)·「연꽃방죽의 달빛」(荷塘月色)의 그윽한 우아함을 가질 수 없게 되었다. 또한 저 이른 봄에 꽃과 달을 감상하는 것과 같은 심리·정서도 지닐 수 없게 되어 있었다. 이미 뜨거운 여름이 닥쳐와 있었고, 허리끈을 졸라매고 바삐 일을 해야 할 처지가 되었기 때문이다.

그들은 목표와 방향을 골라 정하고 하나하나씩 일을 처리해나갔다. 사실상 1920년대의 이 청년들 역시 모두 각자 자신의 전문분야를 찾게 되었다. 어떤 사람은 외국에 나갔다 돌아와서 교수나 학자가 되었고, 어떤 사람은 정치에 뛰어들거나 관료가 되었으며, 어떤 사람은 공장이나 기업을 세웠다. 또 어떤 사람들은 혁명에 뛰어들었으며, 작가나 예술가가 되는 사람도 있었다. ……이런 것들이 문예에도 반영되어, 더이상 무한정 슬퍼하거나 상실감에 빠지거나 모색할 수 없게 되었고, 더이상 오랫동안 배회하거나 방황하거나 탄식할 수 없게 되었다. 생활의 목표, 인생의 도로는 사회가 진정으로 현대의 경제·정치로 진입하는 형세에서 사람들로 하여금 선택을 하도록 다그치고 있었다. 이렇게 보면 1921년 왕징즈(汪靜之)의 「난초의 바람」(蕙的風)을 격려한 루쉰이 1929년에 이르러서는 그에게 지금은 애정시를 쓸 때가 아니라고 말하게 된 것도 결코 이상한 일은 아닌 셈이다. 루쉰은 또한 말한다.

　요컨대 지금 만약 아이들을 구하자는 식의 그런 한가해빠진 논의를

다시 내놓게 된다면 내가 듣기에도 또한 공허한 것이라 느낄 수밖에 없을 것입니다.[25]

혁명추구나 사회개조에 대해 이야기한다면 일반적으로 '사회비평'이나 '문명비평'을 말하는 것도 못마땅하게 여기게 되었다. 혁명에 뛰어든 지식인들은 보다 구체적이고 보다 직접적인 전투를 한창 진행하고 있었다.

오로지 몇몇 사람만이 제2세대에 그대로 머물렀다. 빙신, 저우쮜런과 같은 경우가 그러하지만 그들은 원래 가지고 있던 영향력을 아주 급속하게 잃었으며, 보다 젊은 세대들은 루쉰·궈모뤄·마오둔·바진(巴金)을 끌어안고 앞으로 나아갔다. 제2세대는 단명했는데, 대략 1919년에서 1925년 사이가 전성기였고, 제3세대는 비교적 길어서 1925년부터 시작하여 항일전쟁 폭발 전야(1937년)까지였다.

이 세대는 구체적인 전문영역에서 패러다임을 창조한 세대이다. 어느 방면에서든 현대 중국 각 영역의 처녀지는 우선 그들이 자유롭게 치달리면서 개척했다. 혁명사업에서의 마오쩌둥·저우언라이·류사오치·덩샤오핑, 과학 기술사업에서의 리쓰광(李四光)·주커전(竺可楨)·량쓰청(梁思成)·천성선(陳省身), 사학 연구에서의 궈모뤄·천인커·리지(李濟)·첸무(錢穆) 등이 바로 그들이다. 이들은 현대 중국의 수많은 전문영역에서 각종 패러다임을 만들어내고 기틀을 닦았고, 수많은 제자와 학생들을 이끌고 배양했으며, 각 사업의 진지를 점령하고 총괄했다. 그 영향은 수십 년이 지난 지금까지 남아 있다.

문예영역에서도 마찬가지이다. 이 시기 산문이나 산문시는 부차적인 지위로 밀려나고 진정한 소설, 연극과 영화가 나타났으며, 또한 정성을 들여 격조·음향·자구·의미를 따지는 진정한 시가(詩歌)가 나타났다. 루쉰을 계승하면서 현실주의가 주류가 되었으며, 사상내용은 루쉰

---

25) 「요우헝선생에게 답함」(答有恒先生), 『이이집』(而已集).

에 미치지 못했지만 장편의 거작이 출현했다.

여기서는 이미 "신변의 사소한 애환을 되씹는" 것이 아니라 진정한 사회와 현실, 생활을 정면으로 다루고 있었으며, 더이상 아득한 동경이나 모호한 느낌을 다루지 않고 비교적 명확하고 구체적이고 복잡한 태도와 체험을 다루게 되었다. 더이상 창백하고 빈약한 그림자나 인상에 매달리지 않고 피와 살을 지니고 개성과 생명을 갖춘 인물, 정경과 줄거리를 갖추게 되었다. 그 심미감의 요소는 축소되었고, 그 사회성·현실성·목적성은 더욱 선명해졌다. 인간의 갖가지 용모나 그 변화, 사회 각 계층의 서로 다른 생활과 그 특징, 대가정의 부패와 붕괴, 농촌의 낙후와 파괴, 상인의 폭리와 파산, 관계(官界)의 암흑과 재앙이 그 생활 자체의 모습으로 드러나기 시작했다.

우선은 여전히 혁명지식인 자신의 경험이었다. 그 가운데 일시를 뒤흔들고 아울러 개척자다운 의미를 지니던 것은 마오둔의 『식』(蝕), 특히 그 가운데 「동요」(動搖)였다. 「동요」는 이미 완전히 5·4시대와 같은 그러한 감상주의나 애상, 인도주의의 외침 같은 것에서 벗어나 있었고, 살아 있는 생생하고 추악한 현실을 그대로 보여주고 있었다. 설사 약간의 과장이나 낭만이 있었더라도 기본소질은 대혁명(1924~27년 사이의 국민혁명을 가리킴―옮긴이) 시기의 지식인이 보고 듣고 부딪힌 갖가지 사실이었다. 그것은 앞 세대가 갖추지 못하던 그러한 사회의 사실성(寫實性)을 갖추고 있었고, 그럼으로써 지식인의 주관적인 비관정서라는 작은 테두리를 돌파하여 일정한 정도에서 그 동란시기의 생활상을 묘사하고 기록하고 반영시킬 수 있었다.

「동요」에서 묘사된 것은 1927년 대혁명 와중 후베이성(湖北省)의 한 현성(縣城)으로, 거기에는 꾸밈없는 혁명가에서 흉악한 반동파, 낭만적인 여성, 동요하는 청년, 남녀간 성애의 열정, 무차별한 살인의 잔혹함이 존재하고 있다. 그 가운데에는 특히 먼저 혁명의 대열에 끼어들었다가 나중에는 수많은 부녀자와 청년들을 살해한 피바다 속에서 승리자가 되는 인물에 대한 묘사가 있어 중국 근대에서의 계급투쟁의 격렬한 특징을 사실처럼 잘 보여주기도 한다.

신해혁명에서 1927년, 심지어 그 이후까지 결국은 투기에 능숙하고 교묘한 수단으로 좌우에 영합하는 카멜레온과 같은 인물들이 높은 자리를 차지하면서 진정한 혁명적, 또는 진정으로 진보적인 청년지식인들을 대량으로 해쳐온 것이 현실이었다. 따라서 이러한 생활상은 결코 표면의 현상에서 제멋대로 취사선택한 것이 아니라 시대의 중요한 동향, 즉 중국의 앞날에 영향을 미치던 혁명과 함께하는 것이었으며, 그래서 또한 지식인의 심경 · 관념 · 정감 · 사상과 함께할 수 있었던 것이다. 이를테면 잔혹한 계급투쟁을 눈앞에 두고서 지식인들은 단지 대단히 가소롭거나 아니면 가련한 역할밖에 할 수 없다는 것이 너무도 잘 드러나는 것이다. 가소로울 정도로 유치하고 가련할 정도로 천진한 지식인, 저 아름다운 이상과 인생에 대한 탄식, 인도주의 호소, 개성해방 따위는 이 피비린내 나는 학살과 간음에서는 완전히 아무런 의미도 가질 수 없게 되는 것이다.

『한밤중』(子夜) 역시 마찬가지이다. 여기에는 피의 도살은 없으나 다른 종류와 마찬가지로 잔혹하고 흉악한 도살, 즉 금전(金錢)에 의한 도살이 존재하고 있다. 여기에는 지식청년의 시체 · 유방 · 두개골은 없으나 마찬가지로 청년들 고유의 낭만의 열정, 꾸밈 없는 탐색, 아름다운 환상을 짓밟고 깔아뭉개고 깨부수고 있다. 앞 세대 산문시의 주관성은 이미 과거가 되었다.

『자야』는 민족공업자본가의 형상을 전에 없을 정도의 성공으로 꾸며냈을 뿐만 아니라 금융 매판자본가 자오보타오(趙伯韜), 경제학 교수 허선안(何愼庵), 노조파괴 전문가(工敵) 투웨이위에(屠維岳), 기녀, 사교계의 꽃, 지배인, 그리고 노동자, 농민과 혁명가 등 수많은 각종 인물도 꾸며냈다. 『자야』 자체가 하나의 세계, 현실세계의 풍부성과 복잡성을 제대로 갖추고 있는 예술세계이다.[26]

『자야』는 개념이 창작을 지배하고 있기 때문에 예술 면에서는 심지어는「동요」보다 못하다고 하고, 위에서 말한 인물에 대한 꾸밈 역시 결코 아주 성공한 것이라고 하기는 어렵다고 하지만 여하튼 간에 그것은 하나의 현실적인 객관세계를 묘사하는 데에 전례 없는 성공을 거두었다. 5·4시대의 앞 세대와 비교하면 이것은 바로 소설영역 내에서의 진정한 패러다임의 창조이다. 5·4시대의 이른바 '문제소설'은 실제로는 결코 제대로 된 소설이 아니었으며, 단지 인생의 의미, 생활의 목표, 노동·청년·민족·사회, 특히 결혼과 연애문제에 대한 한 무더기의 주관적인 의문과 자아의 표출에 지나지 않았다. 그래서

'인물은 모두 하나의 면목(面目)만을 가졌고, 그 사람들의 사상은 모두 한결같았으며, 거동도 마찬가지였다. 어느 경우에 어떤 이야기를 하든가 역시 한결같았다.' 이렇게 '한결같은' 작품이 중국 사회의 진실한 모습과 아주 멀리 떨어진 것임은 너무나 분명하다. ……'한결같은' 패러다임을 파괴하는 것, ……한 가정이나 길모퉁이, 또는 한 사람의 일생이든 간에 구체적으로 현실생활의 진실한 모습을 묘사할 수 있었던 것이 1930년대의 뛰어난 장편소설들이 중국 사회의 면모를 구성해낼 수 있었던 첫번째 원인이며, 그들은 각기 출발점이 달랐지만, 다른 길을 통해 진실에 이르렀던 것이다.[27)]

1930년대의 소설은 여러 방면에서 진실한 사회생활을 드러내 보여주기 시작했다. 경제에서 심리까지, 공장에서 가정까지, 전쟁에서 연애까지 많은 작가들은 전례 없는 광활한 생활시야를 끌어들였으며, 이 점에서는 예전과 아주 뚜렷하게 차이가 있었다.

---

26) 위추위(余秋雨),「심야 속의 사회묘사」(深夜裏的社會寫實),『문예논총』(文藝論叢) 제14기, 197쪽.
27) 같은 책, 191쪽.

마오둔은 떠들썩하고 번잡한 대도시 생활의 어느 한 횡단면을 잘라내서 보여주었고, 바진은 수세대가 동거하는 대가정의 음산한 대문 앞으로 우리를 끌고 갔으며, 라오서는 한 명의 인력거꾼이 정말 어렵사리 걸어가는 인생의 발자취를 그려놓았다. 『자야』는 굉장히 크고 냉정하며 심각하다. 『가』(家)는 열렬하고 짙고 절실하다. 『뤄퉈샹쯔』는 세밀하고 침울하며 세상을 조롱한다. 만약 마오둔이 짙은 먹물과 무거운 색채로 아주 세밀하게 사회인물도(社會人物圖)를 그려냈다고 한다면, 바진은 피눈물을 흘리면서 호소하는 듯하고, 라오서는 차분하거나 심지어 어떤 경우에는 아주 초탈한 어조로 사람의 마음을 심란하게 만드는 비참한 줄거리를 이야기해준다고 할 것이다. 하지만 바로 이러한 작가들과 작품들의 서로 다른 목소리는 서로 다른 각도에서, 서로 다른 방법으로 진실하면서도 전형으로 현실생활 본래의 모습을 반영함으로써 현실주의의 문예영역이 현실생활 자체와 마찬가지로 풍부한 것이 되게 만들었다.[28]

　　여기에 또한 선충원(沈從文)의 『변성』(邊城)이 있다. 라오서의 작품이 묘사하는 저 흙모래 바람이 몰아치는 북국(北國) 도시의 세속적인 풍속화와는 정반대로 이것은 근대 생활에 의해 부패되지 않은 남방(南方) 변경지대의 시의화(詩意化) 자연풍경, 사회환경과 비참한 줄거리를 담고 있다. 샹쯔(祥子)의 착실함이나 후뉴(虎妞)의 사나움(샹쯔와 후뉴는 『뤄퉈샹쯔』의 주인공들)에 대조되는 것은 취취(翠翠)의 온유함과 얼라오(二老)의 강렬함(취취와 얼라오는 『변성』의 주인공들)이다.

　　또한 여기에 차오위(曹禺)의 『뇌우』(雷雨) · 『일출』(日出) · 『원야』(原野)가 있다. 거친 야성의 농촌에서 번화한 상하이까지, 예스럽고 괴상한 가정에서 재치있고 교묘한 인간사까지…… 그야말로 드라마 같은 줄거리가 사회생활의 다양한 측면을 드러내 보여준다.

---

28) 같은 책, 211~212쪽.

또한 「2월」(二月)·「짧은 십년」(小小十年)……과 같은 약간 다른 생활광경과 인생의 묘사가 있다. 요컨대 연애의 자유나 혼인의 사주 등처럼 1920년대에 '으뜸' 주제가 되었던 그러한 주관적인 의인화 문제에 대해, 이를테면 줴후이(覺慧, 바진의 소설 『가』家의 주인공)의 대가정에 대한 반란과 그 부패한 환경 속에서의 각양각색의 문제……에 대해 1930년대에 이르러서는 진정으로 객관적인 묘사가 가능해졌다. 1930년대의 작가들은 1920년대에 제기된 문제를 객관화시키고 나아가 구체화시킨 것이다.

따라서 이 세대 지식인의 심태 또는 '사상·정감 방식'은 더이상 범신론적 우주에의 동경이나 인생에 대한 감상주의와 같은 그러한 데 머무르지 않았고, 더욱 절실하고 구체적인 노력과 탐색으로 나아가게 되었다. 1930년대의 시가 역시 진정으로 형식·격률·음조·구성을 강구하게 되었다.

지우산을 들고, 홀로
그윽하고 그윽하며
또한 적막한 비 오는 거리에서
방황하면서,
나는 만나기를 희망한다.
라일락처럼
애수를 머금은 아가씨를.
……
그녀는 이 적막한 비오는 거리를 방황한다.
지우산을 들고서
나처럼
나처럼
묵묵히 간다.
냉막하고 처량하고 또한 애달프게

그녀는 조용하게 다가온다.
다가온다, 그리고
큰 숨과 같은 눈빛을 던진다.
그녀는 떠돈다.
마치 꿈처럼
마치 꿈처럼 처량하고 어지럽게.

꿈속에서 떠돈다.
한 줄기 라일락나무 가지처럼
내 옆을 떠도는 이 아가씨
그녀는 조용히 멀어져간다, 멀어져간다.
무너진 담벼락에 이르면
이 비 오는 거리의 끝이니.[29]

……

그대는 다리 위에서 풍경을 본다.
풍경을 보는 사람은 누각 위에서 그대를 본다.
밝은 달은 그대의 창문을 장식하고
그대는 다른 사람의 꿈을 장식한다.[30]

……

그대는 우리가 살던 작은 도시에서 이리로 흘러왔고
우리는 그대의 물 속에서 옷을 씻고 발을 씻지.
우리는 침묵하는 화산 속에서 그대를 듣지.
마치 대지의 맥박처럼 들리는.

---

29) 다이왕수(戴望舒), 「비 내리는 골목」(雨巷).
30) 볜즈린(卞之琳), 「단장」(斷章).

나는 사람의 노래를 사랑하고 또한 자연의 노래를 사랑하는데,

소리가 없는 곳은 바로 적막이지.[31]

얼마간 5·4시대의 그것과 비슷하게 보일지도 모르나 실제로는 결코 같지 않다. 이것들은 감수성이나 음률, 시경(詩境) 면에서 모두 심화되고 복잡해지고 정밀해지고 다양한 형태를 갖추게 되었다. 이것들은 더 이상 산문시가 아니고 진정한 시가였다.

1930년대에 또 다른 패러다임을 창조하면서 아울러 대단한 성공을 거두던 문예영역은 사옌(夏衍), 톈한(田漢)을 대표로 한 좌익영화였다. 그 특징 역시 바로 묘사의 객관적 인식성을 내세울 수 있었다는 데 있다. 그 가운데에는 여전히 중국 소시민 취미의 전통이 있는 것은 사실이지만, 「십자가두」(十字街頭)·「거리의 천사」(馬路天使)·「한밤의 노랫소리」(夜半歌聲) 등등에서 1940년대 후반의 「봄의 강물은 동쪽으로 흐르고」(一江春水向東流)·「만가등화」(萬家燈火)·「까마귀와 참새」(烏鵝與麻雀)에 이르기까지 줄곧 현실주의의 중대한 성취를 얻어냈다. 여기에는 철학의 탐색이나 서정의 낭만 따위는 존재하지 않으며, 고귀한 영웅이나 기이한 줄거리 역시 마찬가지이다. 그래도 모두 일정한 정도와 범위에서 생활의 진실을 담고 있다.

여기서 중요한 특징 가운데 하나는, 중국인들이 즐겨 듣고 보는 세속의 슬픈 이야기에 새로운 시대의 사상과 정감을 침투시킴으로써 새로운 뜻을 갖추게 되었다는 점이다. 그것들은 이 세대가 전문화한 패러다임의 창조 가운데 내용이건 형식이건 전통과 현대를 서로 융합시켜 나가는 것을 반영하고 있다. 어떤 경우는 더욱 서구화하면서 전통을 포기하기도 했다. 어떤 경우는 더욱 의도해서 전통을 흡수하고 전통과 결합했다. 하지만 서학(西學)을 주로 삼아, 다시 말해 서양의 관념·정감·형식에 의해 전통을 처리하고 대우하며 흡수함으로써 새로운 창조를

---

31) 허치팡(何其芳), 「강」(河).

수행했다는 것은 공통된 추세이다.

이것 또한 문예의 영역이라는 것이 기본으로는 여전히 대도시에 머무르고 있었기 때문이다. 창작자나 문예가, 독자, 관중 모두 마찬가지였고, 작품이 묘사하고 반영하고 표현한 생활과 현실, 사상과 정감 역시 이와 같았다. 대도시에서 전통은 이미 점차 서양문화에 의해 침윤(浸潤)되고 수정되고 개변(改變)되고 있었다. 하지만 진정한 중국의 시공실체(時空實體), 즉 광대한 농촌과 농민들은 근대 지식인들이 창조한 이 문예 속에 진정으로 들어오기에는 아직 한참 먼 거리에 있었다.

뒤집어서 이야기한다면, 이것은 또한 중국 현대 지식인의 생활과 '사상 · 정감 방식'이 진정한 농촌생활과 농민대중과는 아직 상당히 격리되고 이탈되어 있었음을 드러내는 것이다. 작품 가운데에는 적지 않은 농촌과 농민의 묘사가 들어 있지만 그래도 진실과의 거리는 아직도 상당히 멀었다. 30년대에 마오둔, 정전둬(鄭振鐸) 등이 전국에서 모집하여 출판한 「중국의 하루」(中國的一日)라는 단편으로 이루어진 거책(巨冊)에는 결국 중국 농촌의 하루를 진실하게 드러낸 글들이 적지 않게 실리게 되었다. 마오쩌둥이 청년시대에 기괴하게 여기면서도 아울러 상당한 불만을 품은 것은 중국의 그렇게 많은 전통 문예작품 가운데 농민을 묘사한 것이 하나도 없었다고 하는 점인데, 이러한 기본적인 사실은 신문학에서는 전혀 바뀌지 않은 상태였다. 하지만 이러한 개변은 곧바로 이루어지게 되었다.

4 농촌으로 들어가서

위펑보는 1930년대 다음과 같은 시를 지었다.

드문드문 보이는 별
드문드문한 수풀
수풀 밖
드문드문한 등불.
……

이것은 문득 1930년대에 아이칭(艾青)이 지은 다른 시를 생각나게
한다.

투명한 밤.
……
마을,
개 짖는 소리,
하늘에 가득 찬 별들을 떨게 한다.

똑같은 밤의 풍경이지만 두 가지 서로 다른 세계이다. 나뭇잎 하나가 떨어지면 슬픈 가을이 오는 것을 알 수 있듯이 앞 세대 지식인늘 심령 속에 자리잡고 있던 전원(田園), 그 아늑하고 차분한 전원도 이제는 전쟁의 소용돌이에 휩쓸리게 되었다. 이것이 바로 1940년대를 맞이하는 특징이다. 원래 1920년대에 비하면 1930년대 수많은 문예창작의 정치성 또는 정치의 내용은 이미 아주 농후해졌으며, 아울러 더욱더 뚜렷해졌다. 이것 역시 5·4시기의 일반동경에서 벗어나 객관화로 나아가는 인생이 낳은 결과이기도 하다.

중국 근현대 역사는 줄곧 정치를 중심축으로 하여 회전했으며, 정치국면은 경제에서 문화까지, 생활에서 심리까지 사회생활의 각 방면에 영향을 미치면서 심지어는 그것을 지배하고 주재하고 있었다. 1920년대 초 약간의 휴지기가 있던 것 외에 19세기 말부터 시작하여 중국의 여러 세대에 걸친 청년지식인들은 결국 비분강개하면서 나라를 위해 몸을 바쳐왔으며, 이것은 당연히 문예영역에서도 표현되었다. 1920년대의 "예술을 위한 예술"을 내세운 창조사(創造社)는 아주 순식간에 180도 입장을 뒤바꾸어 프롤레타리아트 문예를 제창하게 되었다. 그리하여 1930년대에 자유주의를 내세운 신월파(新月派) 등등도 역시 좌익문예의 냉엄한 공격을 완전히 막아낼 수 없었다. '인생을 위한 예술', 그리고 "문장이란 도를 실어 나르는 것"(文以載道)이란 고전적 전통관념의 의식적·무의식적 지지 역시 혁명적 정치요구가 현실적으로 긍정을 얻을 수 있게 했으므로, 좌익문예는 시간이 지날수록 순리적으로 청년지식인의 '사상·정감 방식'에 대한 지배지위를 차지하게 되었다. 그리고 이런 모든 것들은 결국 날로 긴장을 더해가는 구망의 국면 및 정치투쟁과 분리될 수 없는 것이었다.

하지만 항일전쟁의 폭발 이전에는 창작자나 수용자 대부분이 도시의 지식청년이었다고 한다면 그들과 농촌의 노동대중과는 여전히 상당한 간격이 존재하고 있었다고 할 것이다. 그렇다면 항일전쟁에 이르러서는 더욱 철저하게 이러한 국면을 바꿔놓아 중국의 지식인들이 진정 처음으로 대규모로 농촌에 뛰어들어 가고 농민과 접촉하게 되었다고 할 수 있다. 물론 이것은 후퇴하고 피난하는 가운데에서만 이루어진 것이 아니며, 중국공산당이 지도하는 전투생활 속에서는 더욱 그러한 측면이 강했다.

중국의 지식인은 본래 대부분 웬만큼 형편이 좋아 배불리 먹고 따뜻하게 입을 수 있는 가정 출신, 다시 말해 지주의 자녀였다. 이제 그들은 전례 없이 광활한 지역에서 몸소 국가의 파산과 멸망을 경험하게 되었으며 처음으로 절실하게 하층인민의 고난을 체험하게 되는 것이다. 5·4 시대에는 비록 '노동의 신성함'을 소리높이 외치고 인력거 모는 이를 찬미하더라도 결국은 인력거를 타고 "내무부 서쪽으로 가자"[32]고 주문하는 데 지나지 않았다. 제3세대와 그 문학도 「봄누에」(春蠶), 「포신공」(包身工)처럼 이미 노동자와 농민을 묘사하면서 노동자·농민 대중에 열렬한 관심을 가지고 있음을 보여주었으나, 그들 자신은 노동자·농민의 생활로 진입하지 않았으며, 결코 그들과 하나가 되지도 못했다. 그렇지만 항일전쟁 중 공산당이 지도하는 군대와 지구에서 이러한 점은 비로소 진정으로 실현되었다. 지식인들은 밥도 제대로 못 먹고 옷도 제대로 입지 못하는 노동대중(주로 농민)의 저 침중하고 진실한 물질의 고난을 이제 진정으로 체험해볼 수 있게 된 것이다.

여덟 살에 어머니가 돌아가시고 아버지는 병들었으며, 집안은 마치 물로 씻어낸 듯이 가난하여 곧바로 공부를 그만두었다. 큰할아버지는 팔십이 넘었고 할머니도 칠십이 넘었는데 세 동생은 돌봐줄 사람이 없었고 넷째 동생은 이제 걸음마를 시작한 때여서 어머니가 돌아가신 다음 한 달을 넘기지 못하고 굶어 죽었다. 집안은 생계를 꾸릴 방도가 없어 처음엔 산림의 수목을 팔았고 나중엔 척박한 땅도 저당을 잡혀 마지막에 남은 것은 삼분의 일도 안 되었다. 집안의 모든 가

---

32) 후스, 『상시집』(嘗試集).

구, 침상과 문짝도 몽땅 팔아넘겼다. 몇 칸의 초가집 역시 저당을 잡혀 남은 두 칸에서 지내게 되었는데, 맑은 날에는 햇볕을 가릴 수 있었지만 비 오는 날에는 방 안에 있으나 밖에 있으나 마찬가지였다. 쇠 냄비는 물이 새서 솜으로 메워야 불을 땔 수 있었다. 옷은 헤어졌고 추운 겨울에 남들이 솜옷을 입고 양말과 가죽신을 신고 있을 때 우리 형제들은 맨발에 짚신을 신었고 몸에는 원시인과 마찬가지로 짚으로 만든 도롱이를 걸쳤다.

내가 만 열 살이 되었을 때 모든 생활수단이 완전히 끊겼다. 정월 초하루 인근의 부잣집에서는 폭죽소리가 요란했지만 우리 집에는 솥에 부을 쌀 한 톨조차 없어, 두 동생을 이끌고 처음으로 구걸을 하게 되었다. 유마탄(油麻灘)의 천(陳)씨 성을 가진 선생님 집에 갔더니 우리 보고 초재동자(招財童子)냐고 묻기에 나는 거지라고 얘기했지만 둘째 동생인 펑진화(彭金華)가 그렇다고 대답하자 밥 반 그릇과 고기 한 조각을 주었다. 우리 형제는 황혼이 되어서야 집에 돌아왔는데 그때까지도 구걸한 쌀이 두 되가 못 되었다. 나는 너무 배가 고파서 문에 들어서자마자 쓰러졌다. 둘째 동생이 형은 오늘 아무것도 먹지 못했다고 하자 할머니가 약간의 배추국을 끓여 내게 마시게 했다.

정월 초하루는 넘긴 셈이지만 초이틀은 또 어떻게 할 것인가! 할머니는 "우리 네 사람이 모두 나가서 쌀을 얻어보자"고 하셨다. 나는 쌀을 구걸하느라 남에게 모욕을 당하는 것이 싫어서 문지방에 서서 버티면서 가기를 거부했다. 할머니는 가지 않으면 어떻게 할거냐고 하셨다. "어제 내가 가려 했더니 너는 안 된다 했고, 오늘은 너도 안 가려 하니 일가가 모두 살아서 굶어죽을까!?" 찬바람은 살을 에는 듯했고 눈바람이 옆에서 몰아치는데 칠십이 넘은 할머니는 허연 백발에 전족을 한 작은 발로 두 손자를 데리고(셋째 동생은 아직 네 살이 안 되었다) 지팡이를 짚으면서 한 걸음 걷고 쉬었다가 다시 한 걸음 걸으면서 길을 가기 시작했다. 나는 이걸 보니 정말로 날카로운 칼로 심장을 도려내는 것 같아 참아내기가 어려웠다.

　그들이 멀어지자 나는 낫을 들고 산에 올라 나무를 잘라 팔아서 열 푼의 동전을 얻은 다음 소금 한 봉지를 샀다. 나무를 자를 때 마른 나무 그루터기에서 한 무더기의 버섯을 발견하고 캐와서 냄비에 삶은 다음 아버지, 큰할아버지와 함께 먼저 조금 먹었다. 할머니는 약간의 밥과 쌀 세 되를 얻어서 저녁녘에 돌아오셨다. 할머니는 밥을 버섯국에 만 다음 큰할아버지와 아버지, 나를 불러서 먹도록 했다. 내가 먹으려 하지 않자 할머니는 울면서 말했다. "구걸해온 밥이라고 안 먹다니. 먹으면 다같이 살고, 안 먹을거면 다 같이 죽자!"

　매번 이때를 회상할 때마다 나는 눈물을 흘리며 상심한다. 지금도 여전히 마찬가지이다. 더이상 쓰기가 힘들다!

　내 생활 가운데 이러한 슬픈 처지가 어찌 수백 번에 그치겠는가!

　이후에 나는 장작을 패고, 고기를 잡고, 석탄을 캐었고 다시는 쌀을 구걸하지 않았다. 엄동설한의 찬바람은 뼈를 찌르는 듯했지만 옷이나 양말은 신지도 못했고 맨발에 짚신차림으로 낡은 도롱이를 걸친 채 살았다. 하루에 절반도 배를 채우기 어려웠으니 그야말로 추위와 배고픔이 번갈아 압박하는 셈이었는데, 이것이 당시의 실제 생활모습이다.

이것은 문학이 아니다. 이것은 『펑더화이 자술』(彭德懷自述)의 첫 페이지에 실린 내용이다. 그것은 펑더화이 대장군의 유년 생활의 실제기록이며, 1920년대와 1930년대의 문학 속에서 제대로 드러내준 적이 없는 진실한 고난, 고난의 진실이다. 하지만 아무리 감동이 있다 할지라도 문학은 확실히 여기에 미치지 못했다. 1940년대에 이르자 비로소 이러한 상황은 바뀌기 시작했다. 노동인민(주로 농민)의 진실한 생활과 진실한 고난, 그리고 그들의 목소리가 처음으로 아주 많이 문학에 진입했다.

　중국의 새로운 세대 가운데 다수의 청년지식인들은 진정으로 농촌에 뛰어들었으며, 이러한 과정 속에서 '사상·정감 방식'에 극렬한 동요가 일어나게 되었다. 그 가운데 약간은 주의할 만한 가치가 있다.

이것은 바로 지식인이 이러한 길로 매진하면서 만나게 되는 충성스러운 고통이다. 한편으로는 진정으로 그리고 절박하게 인민을 쫓고, 혁명을 추수해야 하는 데 그것은 불처럼 뜨거운 열정과 신념에 기초한 것이다. 다른 한편으로는 반드시 자아의 개성 속에 있는 이런저런 섬세하고 복잡하고, 고급문화가 길러온 연약한 감수성을 내던져야 하는데 그렇지 않으면 전혀 어울리지 못하게 되기 때문이다. 이것은 진정으로 침통하고 고통스러운 영혼의 동요를 수반하게 된다.

기실 취추바이는 이러한 근대 문화교양을 지닌 중국 지식인이 진정으로 무자비한 혁명이 수반하는 여러 가지 문제에 제대로 적응하지 못하는 복잡한 심태를 1920년대와 1930년대에 전형적으로 그리고 가장 먼저 드러내주었다. 「굶주림의 고장 여행기」(餓鄕紀程)에서 「불필요한 이야기」(多餘的話)까지, 순수한 지식청년(취추바이가 스스로를 일컬은 이른바 50푼짜리 문인)에서 투쟁을 지휘하고 혁명을 지도하는 데까지 이르면서 잔혹한 계급투쟁과 당 내 투쟁 속에서 취추바이는 도저히 그 자리를 감당할 수 없음을 절실히 느끼게 되었다. "반년(1930년 8월에서 1931년 1월까지 중앙의 지도적 지위에 있었을 때를 가리킨다)은 확실히 내게 50년보다 더 긴 시간이었고, 사람의 정력(精力)이 이미 완전히 다해버린 것과 같은 시절이었다."[33] 취추바이의 심리는 이미 극도로 피폐하여 자신이 비록 혁명을 향해 나아가고, 참가하고, 아울러 지도하기까지 했지만 죽음을 맞이해서는 결국 한 명의 "중국의 불필요한 사람"에 지나지 않았음을 너무도 깊이 느끼게 된 것이다.

적막한 이 인간세상, 또한 얽매인 주인이 없는 몸을 즐기니
눈 아래 구름이 모두 지나가면 거기가 바로 내가 소요할 곳이라네.

---

33) 「불필요한 이야기」.

꽃이 떨어지니 봄이 추움을 알고 오로지 바람과 비에 모든 것을 맡기니

내년에는 봄이 다시 올 터이고 응당 향기도 옛날 같으리.[34]

만약 20년 후에 마오쩌둥이 쓴 「복산자」와 대비해보면 어떨까?

비바람에 봄이 물러간다지만 흩날리는 눈에 봄은 도리어 다가오나니

깎아지른 절벽에는 벌써 얼음이 백 길이나 되어

유독 매화꽃만이 아름답구나.

아무리 아름다워도 봄을 다투지 않고 다만 봄소식을 전할 뿐이라네.

산에 꽃 흐드러지게 필 때 기다렸다가 매화는 열매 맺어 호젓이 웃

으리.[35]

그리고 이에 대한 궈모뤄의 화답을 보자.

---

34) 취추바이, 「복산자」(卜算子), "寂寞此人間, 且喜身無主, 眼底烟雲過盡時, 正我逍遙處. 花落知春寒, 一任風和雨, 信是明年春再來, 應有香如故." 취추바이는 동시에 몇 편의 다른 시사(詩詞)로 비슷한 음조를 표현했는데, 상당히 우아한 맛이 있다. "20년 부침에 만사는 헛되고 젊은 시절은 물처럼 동쪽으로 흘러가니 쓸데없이 심력을 버려 영웅이 되려 했네. 호숫가에 뒤늦게 우거진 풀의 꿈 깃들고, 강변의 성에서 꽃잎 떨어지는 바람을 지닌 황혼은 이미 석양의 붉은 빛에 가깝네."(廿載浮沈萬事空, 年華似水水流東, 枉棄心力作英雄, 湖海栖遲芳草夢, 江城辜負落花風, 黃昏已近夕陽紅), "산성의 가는 비가 봄추위를 가져오니 외로운 이불에는 옛 꿈만 남아 있네. 온갖 일 모든 인연이 다 끊어진 다음에 오로지 비단 이불 생각만이 구름 긴 산을 감도네"(山城細雨作春寒, 料峭孤衾舊夢殘, 何事萬緣具寂後, 偏留綺思繞雲山), "밤의 생각은 천근 무게와 같아 옛날 노닐던 곳에 미련을 두나, 다시 태어나면 이렇게 살고 죽는 것을 점치지 못할 터. 지나가는 행인은 옛날 일을 묻지 마소. 바다제비가 날아오를 때 홀로 누각에 기댈 터이니."(夜思千重戀舊游, 他生未卜此生休, 行人莫問當年事, 海燕飛時獨倚樓)

35) 마오쩌둥, 「복산자」.
"風雨送春歸, 飛雪迎春到, 已是懸崖百丈氷, 猶有花枝俏.
俏也不爭春, 只把春來報, 待到山花爛漫時, 她在叢中笑."

옛적에는 매화의 슬픔을 보았는데 지금은 매화의 미소를 보네

원래 봄바람은 가득 품고 있느니 봄은 매화와 더불어 도착했네.

바람과 비는 미친 듯하고 얼음과 눈은 제멋대로 굴었지만

온갖 색깔을 하고 무리를 지어오니 사방에 군대의 호령소리뿐.[36]

세 편은 모두 그럴 듯 하지만 다른 점도 많다. 너무나도 다르다. 하나는 이미 지식인의 독립된 심령을 잃어버린 떠들썩한 아부의 내용이고, 하나는 세계를 향해 도전하는 성공자의 건장한 자기찬가이며, 하나는 혁명의 길 위에서 너무나도 심한 피로에 지쳐 미련과 애상에 빠진 지식인이 죽음을 맞이하기 직전의 복잡한 심령의 고통을 드러낸 것이다. 이러한 심령은 항전시기 중 루링(路翎)의 장편소설 『부잣집 딸들』(財主的兒女們)에서 충분히 재현된 바 있다.

루링은 강렬하게 혁명을 추구하고 인민을 동정하지만 또한 비애·적막·고독에 빠지고 제대로 어울리지도 못하는 지식인의 심태와 '사상·정감 방식'을 성공적으로 정말 잘 묘사해냈다. 강렬한 개인주의의 분투자인 장춘쭈(蔣純祖)는 대후퇴 시기의 각종 사병의 무리에 끼어들게 되면서 원시적 생존의 욕구와 인간성의 도덕적 관념이 서로 혼합된 진정한 전란생활을 거치고, '집단주의'의 기치를 내세우는 '혁명인사'에도 역시 완전히 어울리지 못하는 진보적 극단을 거쳤다가 마지막에는 쓰촨성의 벽지 향촌의 소학교 교사대열로 도피하여 병사하게 된다.

사상과 정감의 깊이를 지니고 있던 개인영웅이자 최고의 열정을 보여준 이 진보청년은 한편으로는 중상류사회와 세속의 것 모두를 멸시하면서도 다른 한편으로는 진정한 동란생활이나 하층사병들과는 여전히 제대로 어울리지 못하며, 사상·정감 역시 서로 통하지 못한다. 그는 단지 아무것도 하지 못한 채 슬픔과 고통 속에 죽어간 뿐이니, 이것

---

36) "曩見梅花愁, 今見梅花笑, 本有春風孕滿懷, 春伴梅花到.
　　風雨任瘋狂, 氷雪隨驕傲; 萬紫千紅結隊來, 遍地吹軍號."

은 확실히 당시 중국의 지식인이 장 크리스토프와 같은 길을 갈 수 없음을 깊이 있게 상징해준다고 할 것이다. 당시 중국의 앞날은 이미 지식인의 개성해방과 개인독립이 아니라 농민대중의 무기에 의한 비판을 예고하고 있었다.

장춘쭈(蔣純祖)는 모든 난폭하고 시련을 거치지 않은 감정이 있는 청년들과 마찬가지로 감정이 폭발할 때에는 자신이 위대한 인물이라고 생각하지만, 실제 인간관계 속에서 또는 각종 냉담하고 강력한 권위 아래서는 항상 연약하고 두려워하고 도피하고 순종한다. ……이 광야 위에서 장춘쭈는 사람들이 사회질서 또는 처세예술이라고 하는 그런 것들을 더이상 만나지 못하게 된다. 하지만 이것은 동시에 장춘쭈로 하여금 그러한 난폭한 도약을 할 수 없게 만들기도 했다. …… 이 광야 위에서 황량하고, 또는 불타버린 촌락 사이에서 사람들은 너무나도 그대로 본심을 드러냈고 그 정도가 너무 심해 이 벌거벗은 감정이 폭주한 청년은 결국 사회질서나 생활 속의 도덕, 존경 심지어는 예절 등등이 필수라고 느끼게 될 정도였다. 이래서 이 청년은 더이상 솔직할 수 없게 되었다.[37]

다음은 장춘쭈가 병이 위독해져서 죽음을 맞이할 때의 심태이다.

장춘쭈는 연약해졌다. ……그는 앞을 향해 치닫는 장엄한 사람들을 다시 보고 마음속에 있던 그 무거운 반석을 내려놓게 되었다. 그는 그 장엄한 것에 의해 너그럽게 받아들여지고, 모든 것은 위대하고 인자한 광휘(光輝) 속에 용해됨을 느낀다. 그의 삶과 죽음, 그의 제목은 모두 다시는 존재하지 않게 되는 것이다.[38]

---

37) 『부잣집 딸들』 하편, 상하이, 希望社, 1948, 741~742쪽.
38) 같은 책, 1,396쪽.

하지만 개인의 분투로 생을 마치나 끝까지 대열에는 참가하지 않는 이러한 '프티부르주아지' 지식인들은 저 장엄한 혁명에 의해 너그럽게 받아들여지지 않았다. "시간이 지나면 장차 『부잣집 딸들』의 출판은 중국의 신문학 역사에서 하나의 중요한 사건이 될 것이다"[39]고 한 후평의 예언은 결코 실현되지 못했다. 도리어 중국 혁명은 그들과 그것들을 계속 푸대접하여 지옥에 떨어지게 했다.

이러한 이른바 "광명·투쟁의 교향곡과 청춘세계의 강렬한 환락"(루링)은 이 세대 지식인이 진정한 혁명으로 나아가는 과정에서 겪는 고통과 비애 및 환락이며, 일종의 '사상·정감 방식'의 주관적 곡조이기도 하다. 따라서 이러한 객관적 현실의 묘사를 시도한 '서사시'(史詩)는 도리어 최대의 주관성으로 충만해 있고, 이 때문에 일부 비평가들이 책 속에 나오는 인물을 모두 정신병자로 간주하게 만들기도 했다. 그렇게 풍부한 깊이 있는 사고, 섬세한 정감, 비애의 심경은 노동자·농민·병사까지도 지식인이 되게 한다는 것이다.

하지만 시대의 주제는 이와는 정반대로 지식인에게 노동자·농민이 되도록 요구했다. 이것은 실제인물인 취추바이에서 예술의 허구인 장춘쭈에 이르기까지 모두 '환골탈태'(脫胎換骨)식의 개조를 진행하라는 요구였다. 지식인의 저 비애·고통·고독·적막·심령의 피로 따위는 몽땅 내버리고 잔혹한 피 튀기는 박투(搏鬪) 속에서 단순해지고 견실해지고 완강해지라, "웅장한 관문은 정말 쇠로 된 것 같았지만 지금 다시 힘찬 걸음으로 넘어가노라"(雄關漫道眞如鐵, 而今邁步從頭越: 마오쩌둥이 1935년 2월 장정 중에 지은 시구)는 요구였다.

지식인은 마침내 이러한 계획, 결심과 인식을 드러내 보일 수밖에 없었다.

우리는 피가 흘러 이루어진 작은 개울을 보았고

---

39) 같은 책, 상편, 1쪽.

병사들의 시체가 쌓여서 이루어진 작은 산을 보았다.
우리는 '불행'이라고 부르는 것이 무엇인지 알게 되었다.
……

비를 맞고, 배를 주리고, 좁은 땅 위에서 잠을 잤지만,
아무리 큰 고통도 모두 쾌락처럼 여겨졌고
동지들은 내게 너무 잘해주었다. 나는 이제
세계에는 가속(家屬)보다 더 높은 감정이 있음을 알게 되었다.[40]

한숨을 쉴 필요는 없다.
나는 멀리 가리니.
역사의 전투행진을 따라
나, 나 한 사람이
사람들 무리로 걸어간다.
나는,
내게 무엇인가.[41]

옛적에는 스스로를 진주라 생각해서
언제 묻혀버릴지도 모른다는 두려움의 고통이 있었겠지만
스스로를 진흙이라 생각해서
뭇사람이 그대를 밟아 큰 길을 만들게 하길.[42]

아이칭의 저명한 「태양을 향해」(向太陽)는 인민과 혁명을 향해 나아가는 청년지식인들의 '사상·정감 방식'을 정말로 진지하게 전달해주고 있다.

---

40) 아이칭(艾青), 「횃불」(火把).
41) 톈란(天藍), 「무제」(無題).
42) 루리(魯藜), 「진흙」(泥土).

오늘

태양의 길 위에서 달리며

나는 더이상 머리를 수그리고

　　　　　손을 바지 주머니에 넣지 않는다.

입으로도 더이상 그 쓸쓸한 휘파람을 불지 않는다.

하늘에 떠가는 구름도 보지 않고

사람들이 가는 길 위에서 방황하지도 않는다.

……

오늘

태양은 어젯밤 눈물을 흘린 내 뺨을

인간세상의 추악함에 지쳐버린 내 눈동자를

정의를 부르짖다 목이 멘 내 입술을

늙기도 전에 먼저 쇠약해진 나를 애무해준다.

아! 쾌락으로 구부러진 등

……

나는 달린다.

여전히 열정의 바퀴를 타고

태양은 내 머리 위에

더 이상 강렬할 수 없는 빛으로

내 육체를 불태운다.

그 뜨거운 격려 때문에

나는 목이 멘 소리로

노래한다.

　　　　　"이에 나의 심장은

화염의 손에 의해 찢기고

진부한 영혼은

강가에 던져진다……"

이때

나는 내가 보고, 들은 것에 대해

전에 없던 관심과 뜨거운 사랑을 느낀다.

나는 심지어는 이 광명의 신념 속에 죽고자 한다……[43]

  그러나 이것만으로는 아직 부족하다. 이것은 여전히 지식인 자신의 목소리였지 농민이 즐겨 듣고 보기를 좋아하는 외침은 아니었다. (마오 쩌둥의) 『옌안문예좌담회에서의 강화』가 결국 출간되고, 이에 「왕구이와 리샹샹」(王貴與李香香), 『리요우차이 판화』(李有才板話), 『리쟈주앙의 변천』(李家莊的變遷)이 나오고, 『상간하 위에서』(桑刊河上)과 『폭풍취우』(暴風驟雨)가 등장하게 되었다.

왕지우(王九)의 심리는 마치 끓는 냄비와 같았으니,

수십 년간의 고통의 물줄기가 이제 강물을 이루게 되었다.

당신은 우리 아버지를 핍박하여 목숨을 앗아갔고,

당신은 내 새파란 딸이 목매달게 했지!

수십 년간 내가 고생하며 살아왔지만 당신 돈을 쓴 적이 없는데

당신은 엄동설한에 우리를 밖으로 쫓아냈지……[44]

양 뱃가죽으로 만든 수건을 목에 둘렀으니

우리 오빠가 아니면 누구!

두 사람이 얼굴을 맞대고 서로 손을 잡은 채,

말하기도 웃기도 어렵고 입 열기도 어려우니.

……

반나절을 몸부림치고야 왕구이는 겨우 한마디를 했다.

---

43) 아이칭, 「태양을 향해」.

44) 장즈민(張志民), 「왕지우의 호소」(王九訴苦). 왕야오(王瑤), 『중국 신문학 사고』(中國新文學史稿) 하권, 상하이, 新文藝出版社, 1954, 291~292쪽에서 인용.

우리 모두 혁명에 참가합시다. 혁명 또한 우리를 위한 것![45]

『리요우차이 판화』는……대중화된 작품이다. ……첫째, 작자는 인민의 입장 위에 서서 이런 제재를 이용했는데, 그의 애증은 분명하고, 정열은 열렬하며, 그는 인민 가운데 한 사람이지 방관자가 아니다. 이렇게 할 수 있었던 이유는 그가 인민 속에서 생활할 뿐만 아니라, 인민과 함께 일하고 투쟁하기 때문이다. 둘째, 그의 붓이 묘사하는 농민은 진짜 농민이지 농민의 옷을 입고 있는 지식인이 아니다. 일부 지식인들의 '감상주의'나 '공상에의 몰두' 같은 기질은 작자가 묘사하는 농민의 신상에서는 찾아볼 수 없다. 셋째, 책 속에 나오는 인물의 대화는 살아 있는 생생한 구어이며, 인물의 동작 역시 농민형(農民型)이다. 넷째, 작자는 인물의 개성을 만들어내는 데 많은 필묵을 낭비하지 않고, 단지 투쟁(책 속의 줄거리)의 발전 속에서 인물의 개성을 표현했다. 다섯째, 약간의 묘사가 필요한 곳(배경이나 인물)에서 작자는 왕왕 '쾌판'(快板)의 박자를 사용해서 간결하고 힘이 있으면서도 풍취가 풍부했다. ……이 소설이 농민대중 사이에서 낭송될 때, 이러한 '쾌판'이 청중의 정서에 얼마나 강렬한 영향을 미칠 것인지 한 번 생각해보라.[46]

마오쩌둥은 숙원을 해결했다. 중국 문예 가운데 마침내 진실한 농민대중, 진실한 농촌생활과 그 고난과 투쟁이 출현한 것이다. 지식인의 개성(및 개성해방), 지식이 그들에게 가져다준 고귀한 기질, 감상주의, 섬세함과 복잡함, 우아함과 차분함은 여기서는 자리를 잃었고 나아가 사라져버렸다. 머리에는 양의 뱃가죽으로 만든 수건을 두르고 몸에는 흰색 토포(土布) 옷을 입고, "빌 위에는 소똥이 묻어 있는" 소박함, 거

---

45) 리지(李季), 「왕구이와 리샹샹」.
46) 『마오둔 문예잡론집』(茅盾文藝雜論集) 하권, 상하이, 上海文藝出版社, 1981, 1,179쪽.

칠고 단순한 미가 모든 것을 대체했다. '사상 · 정감 방식'에 나아가 그 생활시야까지 모두 단순하고 좁고, 순박하고 단조로운 것으로 바뀌어 버렸다. 국제적이고 도시적이며 중상류사회의 생활 · 문화 · 심리 역시 모두 보이지 않게 되었다.

　이러한 작품들을 루링이나 아이칭, 나아가 '5·4' 이래의 신문학과 대비시켜 본다면 그 거리가 얼마나 큰 것인가 쉽게 짐작할 수 있다. 노동자 · 농민 · 병사를 위해 그들을 묘사하니 그들은 바로 문예가 묘사하는 주역이다. 이것이 바로 옌안정풍운동(延安整風運動)이 가져온 근현대 중국 문예의 역사에서 하나의 전환점을 이루는 변혁이다. 이러한 변혁이 가져온 창작과 이론에서의 지배국면은 1980년대 초반에 이를 때까지 줄곧 변함이 없었다.

　이것은 당연히 중국 지식인의 심태에 아주 큰 영향을 미치고 나아가 그것을 규정했다. 이로부터 노동자 · 농민 · 병사를 위해 복무하고, 그들에게 배우고, 사상정감을 개조하는 것은 지식인과 문예인이 당장 거쳐야 하고 또한 반드시 거쳐야 할 길이 되었다. 이런 개조는 또한 일정한 이론 또는 '세계관'에 의해 이끌리고 지도되었다. 따라서 재미있는 점은 이러한 소설 · 시가 · 희극 등의 문예창작 속에서 주관성이 또한 아주 선명하게 두드러진다는 것이다. 이런 주관성은 5·4시대의 저 개인주의가 들어 있는 감상주의가 아니며, 오히려 정반대로 여기서의 주관성은 요구되는 '사상성', 즉 명확한 목적, 의식과 관념에 의해 창작을 지휘하는 것이었다. 루링에서 아이칭에 이르는 충동적이고 정서적인 주관성과는 달리 여기서의 주관성은 이지적이고 실용적이고 정치적, 심지어는 정책적이다. 그것은 창작에서 이성의 요소를 고도로 중시하며, 항상 개념에 의거하여 줄거리를 마련하고 생활을 재단하고 감정을 묘사하는데 이것은 일종의 이지적 주관성이다.

　여기서는 이것을 담는 형식까지도 이지적으로 안배되었으니, 이것이 바로 '민족형식'의 강조로서 '5·4' 이래 외래형식을 빌려오던 신문예의 전통에서 이탈하는 것이기도 하다.[47] 여기서의 '형식'은 당연히 구체적인 외형의 형식이나 표현기교만을 말하는 것은 결코 아니며, 그것은 본토의 전통과 서양의 문화를 어떻게 대우하고 처리하는가 하는 문제에 관련된 것이다. 취추바이 등에게 서구화된 관념과 중국 상층 사대부의 전통이 서로 교차하면서 녹아 있었다고 할 수 있다면, 여기서는 주로 중국 하층농민의 전통이 서양에서 온 문화와 싸워서 이기고 압도하여 버렸다고 할 수 있을 것이다.[48]

전체 항전문예는 상당히 발달된 수준을 보여주었다. 특히 「황허대합창」(黃河大合唱) 등 격앙된 대중가곡과 흑백판화 및 민간문예의 기초에 입각한 서북(西北)의 종이인형놀이(剪紙)와 「오누이의 황무지개척」(兄妹開荒)과 같은 모심기 노래(秧歌) 등이 대조적이다. 그것들은 또는 비분강개의 어조로 광대한 인민의 항전의 목소리를 전달하거나 또는 소박함과 순후함으로 중국 민족의 웅장하면서 강대한 기질을 보여주었다.

항전시기의 혈화(血火)는 물질세계를 씻어냈고, 또한 중국 지식인의 심령 또한 마찬가지로 씻어내었다. 특히 해방구와 그 뒤를 이은 3년 간의 해방전쟁기간, 즉 1940년대에 들어와 문예지식인의 '사상·정감 방식'은 종전의 몇 세대와 비교한다면 아주 크게 달라졌다.

<hr />

47) 이 책의 「중국 현대의 세 차례 학술논쟁」 참조.
48) 위와 같음.

5 패러다임의 수용

1949년은 중국 현대사의 새로운 페이지를 열었지만 문예사의 새로운 페이지를 연 것은 아니었다.

제2세대, 제3세대의 작가들은 대부분 붓을 놓았으며 또는 손이 마음을 따라가지 못하거나 아니면 주관적으로는 상당히 충성스러우나 객관적으로 보면 상당히 우스꽝스러운 작품을 쓰곤 했다. 그들은 중국 혁명의 승리가 국가의 독립, 통일과 사회변동을 가져온 것에 대해 크게 기뻐하면서 환호했다. 그들은 이 때문에 진심으로 당의 지식인에 대한 '단결 · 교육 · 개조' 정책을 받아들였으며, 또는 붓을 멈추고 개조를 하거나 또는 일부러 스스로 나서서 익숙하지도 않고 또한 반드시 열애한 것도 아닌 노동자 · 농민 · 병사의 대중생활에 대해 글을 쓰기도 했다.

옌안에서 온 제4세대의 문예가는 승리자였고, 그들 대부분은 크고 작은 간부나 지도자가 되었으나 믿음이 가득 찬 자세로 이미 개척된 사업, 즉 노동자 · 농민 · 병사와 그들이 거쳐온 생활과 투쟁에 대해 글을 쓰는 작업을 계속하고자 했다. 왜냐하면 그들은 이미 노동자 · 농민 · 병사의 일부가 되었거나 그들의 대표가 되었기 때문이다. 지식인의 '사상 · 정감 방식'은 이렇게 현실생활 속에서든 문예창작 속에서든 위에서 아래로 규정되었다.

본래 고난에 찬 혁명전쟁의 환경 아래 지식인과 문예창작자의 '자아'는 집단전투라는 긴장된 사업 속에서 용해되어 버렸고, 자신의 존재를 반성·포착하거나 감상·체험할 생각이나 여유는 사라져버렸다. 그(그녀)들은 엄격한 조직의 규율 아래서 지도와 복종이 협동하고 배합되는 가운데 활동을 진행하고 임무를 수행했다. 지식인은 무리를 이루는 경우가 적었고, 바다와 같은 농민대중 속에 흩어져 있었다. 그들은 자유로운 개인도 아니었고 문예창작자도 아니었으며, 부대의 비서나 문서담당·지휘관·전투원과 농민투쟁을 지도하는 '장씨'(老張)·'왕씨'(老王)·'리씨'(老李) 따위의 간부였다.

그러나 1950년대는 달랐다. 치열한 긴장을 요구하던 전쟁은 이미 지나갔고, 농민과 운명을 함께하며 기쁨과 슬픔을 나누던 전투도 이미 끝이 났다. 사회는 평화로운 생활로 들어갔고 지식인으로서의 문예가 또한 거의 모두가 중·대도시로 들어가거나 돌아갔다. 각종 형태의 '운동'과 '농촌과 공장으로의 하방'(下鄕下廠)이 있었지만 그래도 1940년대와는 결국 크게 다를 수밖에 없었다. 이리하여 "가장 깨끗한 것은 그래도 노동자·농민이다. 그들의 손은 시커멓고 발에는 소똥이 묻었다 하더라도 부르주아나 프티부르주아 지식인들보다는 깨끗하다. ……지식인 출신인 우리의 문예공작자들이 자신의 작품으로 하여금 대중의 환영을 받게 하려면 자신의 사상·감정을 변화시키고 개조시켜야 한다. 이러한 변화가 없이는, 이러한 개조가 없이는 무슨 일도 제대로 할수 없으며, 어떤 것에도 어울리지 않게 된다"고 한 마오쩌둥의 주장, 원래 구체적 목적을 가지고 있었고(농민을 발동하여 일본을 타도하는 것) 또한 실행한 결과 효과가 있었던 이 문예방침은 이때에 이르러 지고무상의 기준과 지침으로 받들어지고 있었다. 하지만 그 실제적 의미는 종전과 크게 달라졌다. 그것은 일종의 순수한 내성적인 수신지도(修身之道), 수신 자체를 목적으로 하는 일종의 도덕적 순결함의 추구가 되어 있었다.

노동자·농민·병사의 단순·명쾌·순박·건장함과 비교하면 지식인의 심령은 확실히 더욱 복잡하고 지저분하고 소심하고 까다롭기 짝이 없다. 각양각색의 정밀한 개인적 타산, 명예와 이익의 계산, 비열한 정서, 온갖 질투 · 탐욕 · 허위 · 가장, 아주 다양한 방식의 아첨과 출세의 추구, 자그마한 손실과 이익에 울고 웃는 나약함, 소심한 기질과 괜스레 시비를 만들어내고 아프지도 않은데 엄살부리며 신음하는 작태 등등이 바로 그것이다. 중국에는 원래 이러한 도덕주의의 전통이 있었으니 "사대부 유자(儒者)는 논밭에서 일하는 사람을 보면 부끄러워하지 않을 수 없다"는 송명이학가의 이야기나 5·4시대 지식인들이 '노동의 신성함'을 외치면서 노동을 통해 스스로를 먹여 살리는 것을 자랑스레 생각하거나 학업과 노동의 병존을 지향한 공독주의(工讀主義)가 한때 유행했던 것, 취추바이가 스스로를 "참회하는 귀족"에 비유한 것······ 등등은 모두 이러한 점을 표현해주고 있다.

이러한 전통적 도덕주의는 현대에 들어와 중국 농민혁명전쟁의 승리를 거치면서 바로 지식인의 심태 속에서 최고도의 발전을 이루게 되었다. 그렇지 않은가? 저 건장하고 용감하고 굳세고 순박한 노동자 · 농민 대중(주로 농민)과 비교한다면, 그들의 고통과 투쟁, 피눈물과 희생과 비교한다면, 그들의 이렇게 고상하고 성결한 품격 · 도덕과 비교한다면 지식인은 "스스로 더럽다고 부끄러워하지" 않을 수 있을까? 자진해서 '사상개조'를 받아들이겠다고 청원하고 충성스럽게 착실하게 잘못을 참회하지 않을 수 있을까?

1950년대 초 대학교에서의 사상개조운동부터 1960년대 후기 지식인이 하향하여 "빈하중농(貧下中農)의 재교육을 받아들이기"까지, 백발이 창창한 노교수에서 젖비린내가 마르지 않은 대학생까지, 모두 스스로 죄가 있음을 느끼고 자신을 더럽다고 느꼈기에 스스로 충성스럽게 농촌으로 내려가 '단련' · '개조'를 받게 되었고, 이것이 기형으로 발전하여 나중에는 지식이란 죄악이며, 똥은 향기롭다고 인정하게 되었으니······ 중추신경의 감지능력조차 또한 '개조'되어 버린 것이다. 이와 같은 '사상개조'의 중요한 특징은 마치 그것이 자원한 것이고, 진심으로 성의를 보인 것이고 더할 나위 없이 충성스러운 것 같다는 점이다. 문예영역을 돌아보면 제5세대 지식인은 이러한 강력한 사상개조를 맞이하여 완전히 자기자신을 잃게 되었다. 그들은 단지 두 가지만 할 수 있었다. 하나는 찬양하는 것이고, 하나는 참회하는 것이다.

인민을 찬양하고 조국과 혁명, 당을 찬양한다. 여기서 「청춘의 노래」(靑春之歌)·「붉은 바위」(紅巖)·「레이펑의 노래」(雷鋒之歌) 등등이 나오게 된다.

> 나의 심장은
> > 모터의 굉음과
> > > 청년돌격대의
> > > 발소리에
> > > > 맞추어
> 이렇게
> > 강렬하게
> > > 뛴다!
> 나는
> > 저 철강의 화염과
> > 소년대의 스카프처럼
> 빛난다.
> > 온몸이 온통 붉은색으로!
> > ……나는 보았다.
> > 별빛과
> > > 등불이
> > > 어두운 밤에 함께 빛나는 것을.
> 나는 보았다.
> 아침안개와
> > 기중기가

여명을

　　　　장식하고 있는 것을.

봄이다.

또 하나의 봄이다.

여명이다.

또 하나의 여명이다.

아, 우리 공화국의

　　　　높고높은 고층건물

　　　　　　우뚝 솟았다!

그것은 높아진다.

　　　한층──

　　　　　또 한층!⁴⁹⁾

저 붉은 스카프의 봄싹(春苗)은

그대를 마주하면

갑자기 쑥쑥 자라고

저 백발의 쌓인 눈은

묵상 속에서

순식간에 녹아버린다.

오늘 밤에는

등불 앞에서의 송별이 있고

내일은

길 위에서의 만남이 있으리……

'레이펑(雷鋒)……'

──이 두 글자는

가족들의

49) 허징즈(賀敬之), 「소리 높여 노래하자」(放聲歌唱).

온갖 신신당부를
모두 말해주고 있다.
'레이펑……'
──이 한마디로
손에 손을 잡고
낯선 사람도
붉은 마음이 서로 통하리라! ……50)

　아주 강장(强壯)한 기세가 없다고 할 수도 없고, 진실한 감정이 없다고 할 수도 없으며, 그것이 당시 사람들을 분발하게 만드는 큰 소리가 아니었다고 말할 수도 없다. 이것은 일종의 명랑하고 단순한 아름다움이다. 모든 지식인의 세밀하고 고통스럽고 복잡하고 섬약한 사상·정감은 이러한 집단의 업적이나 고상한 도덕에 대한 찬양 속에서 사라져버렸다. 궈모뤄의 「여신」(女神)에 나타나는 반란에의 호소나, 빙신의 「춘수」·「번성」에 나오는 조그마한 속삭임의 온정, 쉬즈모의 따뜻한 우아함, 아이칭의 비분강개에 비교한다면 여기서는 대중의 기세, 집단의 역량, 도덕의 광망(光芒)으로 승리를 쟁취한 또 하나의 세계가 있다.

　그밖의 모든 것을 제쳐두고 전문적으로 집단과 광명을 찬양하고 영웅을 창조하고 어두운 그늘을 제거하고 도덕정신과 희생(犧牲)지상주의를 고양시키는 것……. 이런 작품들 가운데에도 읽을 만한 것이 있지만 안타깝게도 이 큰 길은 곧바로 '문화대혁명' 시기의 '판화로 찍어낸 듯 똑같은 연극'(樣板戲)으로 대표되는 문예창작으로 이어졌다. 그리고 그것은 더이상 문예가 아니라 단지 교리를 알리는 나팔에 지나지 않게 되었다. 거기에는 지식인의 '사상·정감 방식'이나 심태라고 부를 만한 어떤 것도 이미 존재하지 않았으며 '마오 주석 어록의 노래'(語錄歌)나

_____

50) 허징즈, 「레이펑의 노래」.

'충자 춤'(忠字舞)에 의해 두뇌가 아예 텅 비고 심혼이 이미 빠져나가 버린 기계적 창작에 지나지 않게 되었다. '세 가지의 돌출'(三突出)이니, '세 가지의 결합'(三結合), '주제우선'(主題先行)[51] 등은 이미 이런 식의 문예가 막바지에 이르렀음을 보여준다.

지식인들은 찬양하는 것을 제외하면 오로지 참회하는 것만이 가능했다. 이 세대는 대부분 자신을 잊고 일하면서 역경이 오더라도 거스르지 않고 받아들이고 하늘을 원망하지도 사람을 탓하지도 않았으며 힘들건 슬프건 부지런하고 정성스러웠으며, 누추한 집에 살면서도 여전히 자신을 억제하고 봉공했으며, 의자에 앉을 시간도 없이 수장(首長)을 모시며 시중을 들었다('마르크스주의 할머니'도 포함하여). 그들은 충성스럽게도 "혁명의 사업은 아주 작은 일도 큰일이며, 개인의 사업은 아주 큰일도 작은 일이다"는 '나사못'(螺絲釘)이론과 '길들여진 도구'가 되라는 철학을 받들면서 "예(禮)가 아니면 듣지 말고, 예가 아니면 보지도 말고, 예가 아니면 말하지 말고, 예가 아니면 움직이지 말라"는 기율과 신조를 지키면서 충성과 성실로 자아수양과 사상개조를 진행시켰다.

제1세대가 낡은 패러다임의 해탈, 제2세대가 새로운 패러다임의 호소, 제3세대가 새로운 패러다임의 창립, 제4세대가 그 확장이라고 한다면, 이 세대는 단지 수용만 했다고 할 수 있다. 그들이 각개 방면에서, 과학 기술에서 문예에 이르기까지, 정치에서 생활까지, 모두 종전의 것을 새롭게 바꾸면서 창조한 경우는 보기 드물었다. 온갖 '창조'는 모두 내심(內心)으로 방향을 바꾸었으며, 그것도 내심의 풍부함과 복잡함과 발전으로 방향을 바꾼 것이 아니라 내심의 자아속박·통제와 수련으로 방향을 바꾼 것이었다.

---

51) '세 가지의 돌출'이란 정면인물(正面人物), 정면인물 가운데 영웅인물, 영웅인물 가운데 주요 영웅인물을 돌출하게 만드는 것이다. '세 가지의 결합'이란 대중(생활), 지도(사상), 작가(창작)의 결합이다. '주제우선'은 우선 명확한 혁명적 주제사상이 있어야 한다는 것이다.

장셴량(張賢亮)의 「자귀나무」(綠化樹)는 이러한 사상사의 진실을 드러내준다. 「녹화수」는 확실히 그렇게 단순하고 명료하고 통쾌하지는 않고 좀더 복잡하다. 그 가운데 끝 부분의 결점이나 기아 등을 묘사한 아주 귀중한 진실의 세부묘사를 제외하면 원시적이고 질박하고 거칠고 생명력이 풍부한 활달한 미에 대한 찬송이 있으며, 이 배경 위에서 두드러지게 드러나는 지식인의 모습은 그야말로 왜소하고 천박한 것이 된다.

이러한 '문화지식이 없는' 강건한 노동자 앞에서 오로지 문장만을 배우고 머리 속에서는 잔꾀만 가득 찬 지식인은 확실히 스스로 부끄러움을 느끼지 않을 수 없는 것이다. 비록 작자는 그 책을 읽은 적이 없다고 하지만 나는 일찍이 그것이 투르게네프의 『사냥꾼의 일기』 가운데 가수 등을 묘사한 부분과 유사한 맛이 있다고 지적한 적도 있었다. 기실 그 가운데에는 육체와 정신에 대한 극도의 고통과 시련·파괴를 거친 다음에 도덕의 초월이나 영혼의 정화를 획득한다는 것, 『자본론』을 읽는 것이 마치 『성경』의 「계시록」을 읽는 것과 같고, 좋지 못한 가정출신은 마치 원죄가 아예 예정된 듯 다루는 것 등등은…… 약간 도스토예프스키와 같은 점도 있다.

본래 모든 개인은 결국은 흠이나 잘못이 있게 마련이다. '전지전능'한 하느님 앞에서는 누구든지 스스로 죄를 지었다. 따라서 개조하고 검토하고 참회할 필요가 있다고 느끼게 되는 법이다. 마치 '문화대혁명'이 시작되자마자 수많은 간부들이 스스로 확실하게 수정주의의 잘못을 저질렀으므로 자세하게 검토를 받아야 한다고 느낀 것과 마찬가지이다. 그리고 모든 개인은 이에 대해 자신을 뿌리 깊숙이 파헤치고 원칙의 입장에서 다시 살펴보고, 아울러 죄과에 대한 검토와 자기부정을 통과하면서 정신의 위로와 의념(意念)의 재생, 즉 '환골탈태'를 이루게 된다.

20세기에 와서도 여전히 이러한 도덕신학적인 열광을 연출한 것은 돌이켜보면 불가사의할 정도로 어리석은 일로 보인다. 하지만 오직 경험한 사람만이 그러한 것들이 현실적, 역사적 심지어는 인간성 면에서 뿌리를 가지고 있음을 알 수 있다. 나는 일찍이 장셴량 동지에게 그렇게 『자본론』에서 자주 인용한 것은 혹시 풍자하는 뜻이 있었던 것이 아닌가? 하는 질문을 던진 적이 있었다. 그는 "그런 뜻은 없었다. 당시에는 확실히 대단히 진지했다"고 엄숙하게 답변했다. 본래 도덕의 완전함이나 정신의 성결함을 추구하는 게 뭐가 나쁠 리 있겠는가? 그것은 본래는 필생의 노력(이른바 "늙을 때까지 살고, 배우고, 개조한다"는 것)을 기울일 만한 가치가 있는 극단적으로 엄숙하고 진지한 작업이다. 중국의 유가는 수천 년 동안 "첫째는 수신을 기본으로 한다"는 준(準)종교적 도덕교리를 유지해왔다.[52]

이러한 수양 · 참회 · 개조는 중년의 사람들에게는 몸소 겪어본 적이 있는 '혁명'에 대한 숭고한 자아희생과 헌신이었지만 청년들에게는 도저히 이해할 수 없는 극단의 어리석음과 개성의 파괴였다. 따라서 중년의 지식인은 「녹화수」를 동정하여 받아들이지만, 청년지식인들은 분노하면서 그것을 거절한다. 중국 지식인 집단의 이 제5세대는 확실히 충성스럽고 진지하며, 고분고분 말을 듣고, 품격도 순결하고, "행동거지도 기준을 벗어나지 않는다." 하지만 동시에 안목이 협소하고 지식은 단순하며, 생활은 단조롭고 사상은 천박하다. ……그들은 선량하고 진지하지만 기계적이고 틀에 찍은 듯하며, 그들의 감성과 생명은 이미 집단이라 불리는 이성에 의해 철저하게 잠식당하거나 심지어는 소외당해버렸다.

몸 속에서 가장 생동하는 5·4의 혈액을 담고 있는 장춘쭤(루링이 마음속으로 사랑하는 주인공)까지도 포함하여 모든 지식인들이 자아견책 · 자아참회의 자세를 지니고 있다면 이 세대의 신상에서 다시 낡고 오랜 전통[53]과 혁명의 전통이 서로 결합한 이와 같은 도덕주의와 자아

---

52) 리쩌허우, 「두 가지의 축원」(兩点祝願), 『문예보』(文藝報), 1985년 7월 27일.

53) 쉬쯔둥(許子東), 「도스토예프스키와 장셴량」(陀思妥也夫思基與張賢亮), 『문예이론연구』(文藝理論硏究), 1986년 제1기는 「자귀나무」에 대해 상당히 깊이 있는 분석을 시도하였다. 그는 "도스토예프스키의 고난에 대한 열애는 더욱 경건

수양이 거듭 출현한다고 해도 뭐가 이상한 일이라고 하겠는가?! 이 세대의 정신과 지식은 이미 외부세계와 단절되었고, 그들의 '사상·정감 방식'은 5·4시대나 1930년대의 개방성이나 자유로움과는 도무지 비교가 되지 않는다. 따라서 이러한 종류의 어리석은 고상한 심태가 오랫동안 유지되고 긍정적인 칭찬을 받을 수 있었던 것 또한 뭐가 이상한 일이겠는가?!

　설사 모든 사람이 입을 모아 무조건 네, 네 하고 순종하는 시대라 할지라도 결국에는 불협화음이 있기 마련이다. 이것은 주로 왕멍(王蒙)의 작품「조직부에 새로 온 젊은이」(組織部新來的年輕人) 등에서 표현된다. 이러한 작품들은 집단이란 명분을 내세우는 신(新)관료제·관료기구와 지식인 사이의 모순을 예민하게 표현하기 시작했다. 이것은 봄이 왔음을 알리는 첫번째 제비에 지나지 않았지만, 모두가 알고 있듯이 이것은 순식간에 타격을 받고 사라져버렸다. 오늘날에 이르러서야 이 주제는 다시 작가나 예술가들에 의해 선택을 받게 되었지만 여전히 각양각색의 방해와 곤란이 도사리고 있다.

　도덕주의에 대한 집요한 추구와 격려는 반드시 일군의 많은 가짜 도학자(假道學), 거짓 군자(僞君子)를 출현시키게 마련이다. 그들은 대부분 각양각색의 양면파(兩面派)로서 남의 위세를 빌려 호령하거나, 아첨으로 호감을 사고, 또는 뒤에서 몰래 활을 쏘아서 남을 죽이거나, 무조건 순종한다. 그들은 남을 밀고하고 아부로 호감을 사며, 혁명을 소리 높여 외치지만 비열하기 짝이 없으며, 겁이 많으나 포악하다. 그래도 결국은 일이 순조롭게 풀려 예상 밖의 출세를 이룬다. 이러한 시대의 산물

한 것"이라고 지적하는데, 이러한 차이는 실제로 중국이 실용이성이란 근거를 가지고 있는 것에서 비롯된다고 설명한다. 쉬쯔둥은 도스토예프스키는 "지식인의 초월적인 권리를 인정하지 않았으며", 장셴량은 고난을 맞볼 때도 "줄곧 일종의 '사대부' 의식에서 벗어난 적이 없었다. ……잠재의식에서는 여전히 일종의 대중과는 다르다. 심지어 평민을 초월한다는 우월감이 자리잡고 있었다"고 하면서 이것이 바로 '유가 문화', 다시 말해 사대부는 여전히 평민백성보다 우월하다는 전통이라고 지적한다.

은 유감스럽게도 우리의 문예에서 아직 충분히 묘사되지 못했다.

이러한 시대의 특징에 적응하는 것처럼 전체 문예계에는 고전(古典)의 바람이 전에 없이 불어닥쳤다. '혁명적'인 것과 '민족적'인 것은 거의 서로 분리될 수 없는 구호가 되었다. 따라서 치바이스(齊白石)의 그림[54]과 메이란팡(梅蘭芳)의 경극 연기는 한순간에 국민 누구나 알고 있는 영광스러운 자랑거리가 되었다. 문을 닫아걸고 스스로를 지키는 애국주의는 전통으로 하여금 금빛이 찬란하고 더할 나위 없는 최고의 장려상을 받게 만들었으니, 이것은 5·4시대와 비교하면 너무나 거리가 먼 것이다. 중국은 확실히 아주 소중한 전통을 지니고 있으며, 메이란팡이나 치바이스 역시 의심할 나위 없이 뛰어넘기 어려운 고전의 모델이긴 하지만, 과연 그들이 현대의 심성을 대변할 수 있을까?

---

54) 치바이스가 사람들의 애호를 받은 것은 작품이 활발하고 명랑하며 생명의 기운이 풍부했기 때문이기도 하지만, 동시에 노동자의 기질과 열정이라는 것이 확연하게 침투해 있어 그밖의 순수한 상층취미의 화가와 달랐다는 점도 작용했다. 리쩌허우, 「치바이스를 기념하여」(紀念齊白石), 『인민일보』(人民日報), 1983년 12월 20일자 참조.

6 다원의 취향

    사물은 극단에 이르면 다시 돌아가기 마련이다. 역사는 마침내 새로운 페이지를 열었으며, 10억의 신주(神州)가 '문화대혁명'이라는 악몽에서 깨어난 다음 지식인들, 특히 청년세대(즉 '홍위병'세대)의 목소리는 도저히 막을 수 없는 거센 물길처럼 쏟아져나오기 시작했다. 그것은 당연히 문예에 가장 예민하게 반영되었다.

    모든 것이 사람들로 하여금 5·4시대를 생각하게 한다. 인간의 계몽, 인간의 각성, 인도주의, 인간성의 회복은 모두 감성과 혈육으로 이루어진 개인이 이성의 소외로서의 신의 유린에서 벗어나 해방되기를 요구하는 주제선율(主題旋律)을 감싸고 돈다. "사람아, 사람"(人啊, 人: 다이허우잉戴厚英의 1980년 소설 제목)의 외침은 모든 영역의 모든 부문에 미치게 되었다. 이것은 어떤 의미일까? 상당히 모호하다. 하지만 한 가지 아주 대단히 뚜렷하고 명백한 것은 한 명의 신이나 영웅을 만들어서 자기를 통치하는 시대는 이미 지나가버렸으며, 5·4시대의 감상주의, 동경·매혹·탄식과 환락으로 돌아갔다는 점이다. 역사가 비록 동그라미를 한 바퀴 돌기는 했지만 그렇다고 완전히 되풀이하는 것은 아니다. 몇 세대 사람들의 노력이 단지 허튼 짓만은 아니었고, 몇 세대 사람들이 치른 무시무시한 대가는 또한 그것을 5·4시대보다 더욱 심각하고 무겁고 아름답고 풍만하게 만들었기 때문이다.

이 시기의 문예성과는 비록 겨우 몇 년에 지나지 않았지만 단숨에 이전의 어떤 시기도 초과하는 성과를 거두었다. 질이나 수량 면에서 모두, 그리고 문학이든 음악이든 회화나 조각이든 모든 영역에서 마찬가지였다. 끊임없는 방해와 금지, 비판이 있었으나 이 새롭게 태어난 자유의 바람은 처음부터 끝까지 막을 수도 꾸짖을 수도 없는 것이었으며, 방대한 수의 청년지식인들 사이에서 전에 없이 광범위하게 일치된 지지를 확보하고 있었다. 그것은 그들의 심성, 심태와 '사상·정감 방식'을 대변해주었기 때문이다.

성성미전(星星美展)에서 채택한 고전다운 형상의 묘사, 서정의 표현, 형식의 조화와는 다른 그러한 수단은 저 변형되고 왜곡되고 '알아보기 힘든' 조형 가운데에서 마치 10년의 동란을 거치고 사회 상·하층의 각종 비참함과 그늘진 모습을 두루 살펴보았다. 게다가 조반(造反)·탈권(奪權)·파장(派仗)·무투(武鬪)·삽대(揷隊)·대업(待業) 등 문화대혁명기의 온갖 쓴맛 신맛을 맛 본 다음 산산이 조각난 심령의 대응물이라고 할 수 없을 것인가? 정치적 분노, 감정적 비애, 사상적 회의. 지난 일에 대한 감탄과 회상, 미래에 대한 고민과 방황. 앞날에 대한 기대와 자신감의 부족. 믿음은 부족하나 여전히 동경하며, 아득하지만 그래도 희망을 품는 것. 아름다운 청년시절에 대한 애도와 안타까움. 인생과 진리에 대한 탐색과 추구, 주저하는 가운데의 전진과 배회…… 말로 표현하기 어려운 복잡하고 혼란스러운 이런 모든 사상·정감은 일정한 정도로 여기서 그리고 최근 몇 년간 일부 소설이나 산문, 시가에서 표현되던 것이 아니던가? 그것들이 아름답다고? 그것들은 무수한 고난을 거친 청년세대의 심성을 진달하고 있다. 메모판 위에 젊은이들이 그렇게 많은 열렬한 언어와 동정이 섞인 찬사를 남겨놓은 것도 전혀 이상한 일이 아니다.[55]

이것은 1980년 '성성미전'을 위해 쓴 것인데, 당시 마음속에서 생각한 것은 주로 몽롱시(朦朧詩: 1980년대 이후 나타난 신시新詩의 일종)였다. 나는 아주 작은 방에서 조용하게 『오늘』(今天)이란 유인물 잡지에 실린 베이다오(北島)의 시작(詩作)을 읽는 것을 생각했고, 계속해서 전해져오는 수팅(舒婷), 구청(顧城)의 질책하는 소리를 생각했고…… 모든 것들은 이렇게 어려운 것 같아, 새벽의 바람은 여전히 너무도 매섭고, 나는 다시 겨울을 보낼 준비를 했다……. 하지만 언제부터인가 이미 봄의 따뜻함이 찾아오고 꽃이 피기 시작하여 소설(小說)의 정원에도 역시 울긋불긋한 꽃들이 활짝 피기 시작했다. 나는 종전에 그것을 새로운 문학을 알리는 첫번째 제비인 몽롱시라고 보았는데, 이제 마침내 "일어섰고", 아무런 역량도, 아무런 수단도 없었지만 "나를 다시 떠밀어줄 수 있었다."56) 시대는 결국 신속하게 전진했고, 각종 소용돌이나 물살이 센 여울을 뚫고 지나가야 했지만 새로운 세대의 목소리는 더이상 아무도 막아낼 생각을 할 수 없게 되었다. 역사는 이렇게 무정하면서도 공정한 것이다.57)

5·4시대의 산문시와 마찬가지로 몽롱시는 확실히 이 새로운 시기의 첫번째 봄 제비였다. 그것들은 가장 먼저 이미 오랫동안 쌓여온 무수한 고통의 역경과 수없이 교차하는 감회들을 소리쳐 풀어놓았다. 맨 처음은 아주 부드러운 감상과 우울과 매혹이었다.

처음으로 그대의 재능에 감동을 느낀 것은
오락가락 봄비가 오는 중이었는데
오늘밤 서로 이별하니, 아마 다시 만나기는 어려울 것.
뽕나무 잎 사이에서 오열하는 것은

55) 리쩌허우, 「화랑에서 미를 이야기하다」(畵廊談美), 『문예보』, 1981년 제2기.
56) 인용은 모두 수팅의 「일대인의 함성」(一代人的呼聲)에 나오는 시 구절이다.
57) 리쩌허우, 「시와 아름다움」(詩與美), 『독서』(讀書), 1986년 제1기.

이미 깊은 가을에 뒤늦게 찾아온 바람이니……[58]

나는 아식 이러한 슬픔이 있는 줄 몰랐지,
우리가 봄밤에 창가에 기대었을 때.
……
나는 그대가 폭풍을 갈구하는 돛임을 알지만,
못내 아쉬워하며 당신을 양육하는 바다항구.
그러나 생활의 미친 파도는 결국 당신을 끌고가 버렸고
아, 친구여,
언제 그대는 더이상 스스로를 얽매는 일에서 벗어나
세계와 마찬가지로 풍부하고 관대함을 누릴 것인지.

나는 바람을 탄 돛이 되고파
그대와 사방을 돌아다니며……[59]

……

강물은 여전히 그렇게 깊고 짙푸르고,
물에 비친 항저우성(杭州城)의 그림자는
잔잔한 물결 속에서 흔들린다.
그 강변에 묵묵하게 서 있는 작은 정자여,
아직도 우리의 희망과 목표를 기억하는지?

……

용(榕)나무 아래 큰 다리 옆
거기 아직도 누가 그 옛 장소에 앉아 있는지?

---

58) 수팅, 「가을밤 친구를 보내며」(秋夜送友).
59) 수팅, 「봄밤」(春夜).

그의 마음은 고깃배의 등불과 더불어

망망한 강물 위를 떠돌고 있는지……[60]

　5·4시대의 그 산문시와 아주 비슷하지만 5·4시대보다 훨씬 더 침울하고 농후하고 복잡하다. 그것들은 '문화대혁명' 만기인 1970년대에 씌어진 것이고, 그 쓸쓸하고 스산함 속에서 실컷 상처를 입은 또 한 세대의 청년지식인들은 그래도 여전히 이렇게 새롭고 맑고 깊은 정감을 지닌 가창(歌唱)을 보여줄 수 있었다. 당연히 부드러운 정을 제외하면 더욱 큰 분노도 있었다.

비열함은 비열한 자의 통행증,

고상함은 고상한 자의 묘지명.

보라, 저 도금된 하늘 가운데

죽은 자의 거꾸로 선 구부러진 그림자가 가득 차 있음을.

……

나는 하늘이 파랗다는 것을 믿지 않는다.

나는 벼락치는 소리를 믿지 않는다.

나는 꿈이 거짓이라는 것을 믿지 않는다.

나는 죽은 사람은 보복하지 못한다는 것을 믿지 않는다.

만약 바다가 반드시 제방을 무너뜨려야 한다면

모든 고통의 물이 내 마음속으로 밀려들어 오게 하라.

만약 육지가 반드시 솟아올라야 한다면

인류가 다시 생존의 봉우리를 선택하게 하라.

새로운 전기(轉機)와 빛나는 뭇별,

한참 가로막히지 않은 하늘을 가득 채우고 있는데,

그것은 5천 년의 상형문자.

---

60) 수팅, 「항저우성에 부쳐」(寄杭城).

그것은 미래인이 응시하는 눈동자.[61]

가는 곳마다 무너진 담과 갈라진 벽

길, 어떻게 발 아래서 뻗어나가

동공 속의 가로등 속으로 미끄러져 들어가는지

꺼져라, 결코 새벽별이 아니다.

나는 너를 위로하지 않겠다.

부들부들 떠는 단풍잎 위에서

봄날의 하늘에 관한 황당한 이야기가 가득 씌어져 있고

열대에서 날아온 태양조(太陽鳥)는

결코 우리의 나무 위에 앉지 않는다.

그리고 등 뒤에 있는 삼림의 불은

흙먼지가 바람에 나부끼는 황혼에 지나지 않는다.

……[62]

……

설사 내일 아침

총구와 피가 뚝뚝 떨어지는 태양이

나로 하여금 자유, 청춘과 붓을 내놓아라 할지라도

나는 결코 이 밤을 내놓지는 않겠다.

나는 결코 너를 내놓지 않겠다.

장벽으로 내 입술을 막더라도

철조망으로 내 하늘을 나누더라도

심장만 뛰면 피는 움직일 터이고

그대의 미소는 붉은 색 달 위에 새겨질 것이니

---

61) 베이다오, 「회답」(回答).
62) 베이다오, 「붉은 범선」(紅帆船).

매일 밤 나의 작은 창 앞으로 떠올라

기억을 깨우쳐준다.[63]

이러한 분개, 부정과 외침은 「여신」이나 「태양을 향해」에서와 같은 치기나 단순함과 완전히 다르며, 거기에는 더욱 많은 사람들의 인생에 대한 사색과 운명에 대한 의문이 충만해 있다. 중국의 새 세대 지식인들의 '사상·정감 방식'은 수많은 고난을 견뎌온 것이고, 다른 어떤 세대와 비교해도 보다 더 완강하고 깊이 있고 성숙된 것이다.

1970년대 후기와 1980년대 초에 이렇게 5·4시기와 접근한 감상주의는 거의 모든 문예영역에 영향을 미치는 주조가 되었다. 그것은 아울러 아름다운 여성의 화랑(畵廊)으로 출현하게 되었다. 서정의 애상이 가득 찬 여주인공들이 고난에도 굴복하지 않고 사람들을 끌고 자극하고 움직이는 것이다. 「봄을 알리는 꽃」(報春花 : 話劇)의 바이제(白潔)에서 「별빛아, 별빛」(星光啊, 星光 : 歌劇)의 멍멍(蒙蒙), 소설 「공개된 연서」(公開的情書)의 전전(眞眞)에서 유화(油畵) 「1968년 ×월 ×일 첫눈」(一九六八年×月×日 初雪) 속의 홍위병 여자포로까지, 영화 「우리의 들」(我們的田野)에 나오는 치웨(七月)에서 TV드라마 「오늘밤엔 눈보라가」(今夜有暴風雪)의 페이샤오윈(裵曉芸)과 여성지도원, 그리고 함께 쏟아져나온 일군의 여성작가군(장제張潔에서 장신신張辛欣까지)은 모두 애써 묘사되거나 작품의 주역인 '문혁' 중에 박해받는 '당 위원회 서기'나 몇몇 사나이들보다 훨씬 더 사람들의 눈길을 끄는 광채를 발휘하면서 주목을 받는 것 같다.

왜일까? 아마 젊은 여성들이 이러한 "역사에 전례가 없는 문화대혁명" 속에서 더욱 많은 것을 느꼈기 때문일까? 아니면 남성에 비해 심신에서 더욱 위약하고 더욱 민감하기 때문에 같은 일이라도 그녀들이 심리에서 느끼는 무게가 남성에 비해 더욱 무겁고 감당하기 어렵고, 헌신

---

63) 베이다오, 「비 오는 밤」(雨夜).

의 진지함이나 고통의 크기·인내·기다림과 상실이 더욱 커서일까? 그래서 정감의 해탈·기탁·발산·표현도 역시 더욱 강렬했던 것일까? 영화「16호 병실」(十六號病房)의 여주인공은 말한다. "장래에는 좋아질 것이다, 좋아질 것이다. 장래에는 모든 것이 좋아질 것이다", "치료비를 찾을 수 있고, 일도 찾을 수 있고, 남자도 찾을 수 있고, 뭐든지 찾을 수 있는데 단 한 가지……" 잃어버린 청춘도 또한 되찾을 수 있을까? 인생의 의미 또한 찾을 수 있을까? 그래서 "나의 심장은 다시 뜨거워질 수 있을까?"……이러한 깊숙한 상실감과 심령의 고통은 아마 여성에게서만 나올 수 있을 것이다.

당연히 이렇게 말하는 것이 불공평할지도 모른다. 남성도 역시 결국은 더 깊이 있고, 더 역량 있는 부분이 있기 때문이다. 감상주의 음조(音調)가 휩쓴 다음 문예는 새로운 탐색의 세계로 진입했는데, 이 세계 속에서 다양해진 남성의 역량도 마침내 표현되기 시작했다. 이것은 각 방면, 특히 내심(內心)의 세계를 향해 추구하고 모색하고 탐색하는 세계이다. 자신의 앞날·이상·역량과 생명을 탐색·추구·모색하는 것이다.

종교의 세계에 질문하는 것은「저녁놀이 사라질 무렵」(晚霞消失的時候)이다. 투쟁의 근원에 대해 강력한 사색을 하도록 요구하는 것은「동트기 전의 장례」(掃曉前的葬禮)이다. 거친 미개척지의 세계를 향해 문명에 침식당하지 않고 권력에 의해 소외되지 않은 초개인적인 원시의 주재자와 생명역량을 찾는 것은「검은 준마」(黑駿馬)이다. 전통문화를 향해 민족생존의 연원과 활력을 찾는 것은 "뿌리찾기 문학(尋根文學: 아청阿城, 정이鄭義, 자평와賈平凹 등……)이다.

음악의 영역에서도 황야의 외침과 전통의 반성이 있었고, 영화에서도「황토시」(黃土地),「양가부녀」(良家婦女)가 나왔다. 이런 모든 것들은 또는 우렁차고, 또는 졸박(拙朴)하며, 또는 냉엄하고, 또는 그윽하지만 전달하는 바나 반영하는 바는 모두 이러한 복잡한 탐색이다. 이러한 탐색은 개념은 없지만 철학의 향기를 풍기며, 목적을 지닌 것은 아

414

니나 의향이 있다. 그것들은 전체 인생·운명에 대한 질문이기 때문이다. 따라서 그것들은 '문화대혁명'에 대한 포기·반성·비판에서 나온 것이기는 하지만 오히려 이미 그것을 초월하여 더욱 보편적인 의미를 확보했다.

따라서 뒤이어 아주 신속하게 보다 젊고 거의 '문화대혁명'에 진정으로 참가해본 적이 없는 몇몇 작가와 문예가들이 출현하게 되었다. 그(녀)들은 진정한 현대의 돛을 끌어올렸다. 즉, 자신이 내던져진 세계에 대한 항의와 조롱이 바로 그것이다. 「자귀나무」와는 아주 다른 「너에겐 별다른 선택이 없다」(你別無選擇)(류쑤라劉素拉)는 원비경자(遠非鏡子)의 음악식 문학 수법을 채용했지만 아주 진실하다. 그것은 「녹화수」와는 아주 다른 세대의 진실이다. 미친 것처럼 까불고 기이하고 고괴(古怪)하지만 생활 속에서의 황당무계함·목적과 의미의 부재 가운데 무엇인가를 추구하려는 점을 표현하고 있다. 「녹화수」가 영혼의 정화 속에서 인생을 추구하는 것이라고 한다면 여기서는 인생의 황당함을 인정하는 가운데에서 의미를 찾는 것이라고 할 것이다. 혹시 의미를 찾는 것 자체가 무의미한 것은 아닌가? 혹시 인생의 의미는 다른 데 있는 게 아니라 이렇게 분투하면서 생활하는 가운데에 있는 것이 아닐까? 카뮈도 이렇게 쓰지 않았던가? "이것은 아마 내가 처음으로 본 진정한 중국 현대파의 문학 작품일 것이다. 그것은 결코 심각하지 않다. 그러나 읽기에 아주 경쾌하다. 그것은 성공이다."[64]

이것은 「너에겐 별다른 선택이 없다」에 해당되며, 또한 「무주제변주」(無主題變奏)에도 해당된다. 마치 두 가지의 '무'(無)와 같이 모든 것은 허무하고, 허무조차도 허무하다. 그래서 시시포스처럼 노력하지만 아무런 성과도 없고 그대로 여전히 힘들게 살아가야 한다. 인생 전체가 사실 이렇다. 무슨 방법이 있겠는가? 너는 별다른 선택이 없다! 자살하지 않는다면 계속 살게 된다. 계속 살게 되면 먹고 자고 섹스를 하고 일을 하

---

64) 리쩌허우, 「두 가지 축원」, 『문예보』, 1985년 7월 27일.

고 놀고…… 이런 생활을 조롱하고, 자신을 조롱하고, 모든 좋은 것 · 나쁜 것 · 산 것 · 죽은 것 · 환락 · 비애 · 재미 · 따분함을 조롱한다. …… 이것이 모든 것이다. 모든 것은 횡딩하고 황당함이 모든 것이다.

황당함은 조소를 거치면 황당하지 않게 되는가? 모른다. 그럴 수도 있다.

하지만 사회의 객관적인 진행과정에 대해서 이야기한다면 중국과 서양의 선진국은 아직 하나의 역사단계만큼의 차이가 있다. 중국은 근대(현대)로 들어가고자 하지만 구미는 근대(현대)에서 벗어나고자 하고 있다. 20세기 초부터 서양에는 근대 사회에 대한 항의와 외침이 있었다. 적어도 입체주의(立體主義), 엘리엇(T. S. Eliot, 1888~1965), 카프카(F. Kafka, 1883~1924)부터 시작하여 지금에 이르기까지 그것은 20세기 문예와 전체 문화의 주요 조류가 되어왔다. 하지만 중국은 5·4시대부터 도리어 18·19세기의 계몽주의와 이성주의를 모방과 추월의 목표로 삼아왔다. 현대의 비이성주의 철학과 문예사조의 전파가 있기는 했으나 처음부터 끝까지 주류를 차지하지는 못했다. 루쉰에게도 그 점은 마찬가지였다.

이 점은 중국은 아직 "배불리 먹었으니 이제 무엇을 할까?" 하는 식의 인생의미의 추구단계에 이르지 못했음을, 중국은 지금도 여전히 배불리 먹고 따뜻하게 입고 멋지게 살기 위해, 국가의 부강과 번영을 위해, 편안한 생활과 행복, 개인의 자유로운 발전을 위해 노력하고 있음을 표시해주는 것이라 할 것이다. 이러한 견해는 비록 틀에 박힌 상투적인 것일지도 모르지만 여전히 생활의 현실이다. 우리는 그래도 살아야 하고, 그래서 오늘도 만원버스에 올라타면서도 좀더 넓은 공간이 있고 좀더 전자화가 이루어진 집(냉장고가 있으면 음식물을 저장할 수 있고, 전자레인지가 있으면 좀더 쉽게 요리할 수 있다)을 바라며…… 이러한 추구 앞에는 여전히 우뚝 솟아 있는 거대한 괴물(관료주의, 낙후된 체제, 인간관계에 의존하는 관행)의 방해가 있다.

바로 이 때문에 「인간과 요괴 사이」(人妖之間)에서 「신성」(新星)까지 사회의 광범위한 환영을 받을 수 있었다. 예술로는 아무런 성공도 거두지 못했거나 심지어는 반드시 예술품이라 하기는 곤란하다고 할 수 있을지 몰라도 그 구체의 생생한 현실생활에 대한 관심·묘사·폭로·공격·논의는 사람들, 특히 지식인들의 공명을 끌어모았던 것이다.

미래는? 미래의 중국 문예는 어떻게 발전하고 어디로 나아갈 것인가? 알지 못한다. 어떠한 예언이나 경고성 지침도 불필요하고 황당한 것이 될 터이다. 아마 반드시 다양한 품격·유파·사상·정감·의향·이상이 서로 병존하면서 각양각색의 창작·논의·토론·쟁론이 있을 것이다. 그 가운데 어느 하나가 나머지를 대표하거나 통솔하도록 다시 요구해서는 안 될 것이다.

중국의 여섯 세대 지식인들은 아주 어렵고도 비참하게 20세기의 4/5를 걸어왔다. 문예에서 반영된 것과 역사의 주류가 이렇게 긴밀하게 같은 걸음을 걸어온 심태는 도대체 역사의 비극인가 아니면 희극인가? 중국의 사대부전통이 남겨놓은 장점인가 아니면 약점인가? 만약 같은 걸음을 걷지 않았다면 초월하거나 초탈할 가능성이 있었던 것일까? 저우쭤런의 교훈은 또한 어떻게 할 것인가?

그러나 현대적 심태의 형이상학은 작가와 문예가를 포함한 이러한 여섯 세대 지식인들에 대해 여전히 비교적 낯설지 않을까. 아마도 루쉰의 몇몇 중단편 소설을 제외하고는 세계적 역사성을 지닌 문제를 제기하지 못해 지금까지 고금을 뒤흔드는 위대한 작품을 탄생시키지 못한 원인의 하나가 아닐까? 그렇다면 미래는 어떨까? 미래는 예측하지 못한다.

문예사의 입장에서 보면 항상 다음과 같은 현상이 있어 왔다. 즉 몇몇 작품은 그 예술성이나 심미성으로 인류의 심령을 100년, 1,000년간 장식해준다. 몇몇 작품은 그 사상성이나 선동성으로 당대나 이후의 세기에 중요한 사회작용을 일으키게 된다. 그렇다면 어떻게 해야 할 것인가? 심미성의 유전요소(流傳因)를 찾아 영원히 잊혀지지 않을 불후의 '작은' 작품 창작을 추구할 것인가? 아니면 현실을 직면하여 거칠고 조잡하더라도 당시 사람들의 마음을 뒤흔들어놓을 현실작품을 쓸 것인가? 당연히 두 가지 장점을 함께 담고 있는 작가와 작품——이를테면 도스토예프스키·톨스토이·괴테·셰익스피어·차오쉐친(曹雪芹: 청대의 고전소설인『홍루몽』의 저자)·카프카 등등——도 적지 않다. 중국에도 장차 진정한 서사시, 비극이 출현할 것이라고, 웅대한 기백에 광활한 영상, 진정한 깊이를 지닌 위대한 작품이 출현할 것이라고 기대해야 할 것이다.

하지만 이 또한 결국은 우연히 이루어지는 것이지 찾는다고 되는 것은 아니다. 두 가지를 함께 추구할 수 없다면 어떻게 선택할 것인가? 이것은 작가와 예술가들이 스스로 결정해야 할 일이다. 어차피 스스로 선택하고 스스로 책임을 지는 것이며, 스스로의 역사는 스스로가 쓰는 것이다. 심미를 선택하는 것이 결코 그밖의 다른 것을 선택하는 것보다 못한 것이 아니며, '예술을 위한 예술'이 '인생을 위한 예술'보다 나쁘거나 못한 것도 아니다. 하지만 그 반대도 마찬가지이다. 세계·인생·문예의 취향은 본래 마땅히 다원적인 것이어야 한다.

나라면 아마도 후자를 선택할 것이다. 이것은 아마 내가 이제까지 이른바 불후의 명인이 되어 불후의 작품을 쓰거나 상금과 메달을 따겠다는 생각을 해본 적이 없기 때문일 것이다. 내 작품이 당시의 사람에 유익한 것이기만 하다면 그것으로 충분히 기뻐할 만하다. 따라서 문학(문예가 아니다)의 애호라는 점에서 나 역시 현실주의, 보기 쉬우면서도 그 깊이를 잃지 않는 것을 더욱 좋아한다. 아쉽게도 나는 작가나 예술가가 아니었고 또 될 수도 없었다. 그래서 이것은 단지 헛소리일 뿐이며, 이 헛소리로 이미 너무 길게 끌어온 무미건조한 문장을 끝맺음하려 한다.

현대 신유가 약론

　1982년 10월 타이베이의 잡지『중국 논단』(中國論壇)은 '당대 신유가(當代新儒家)와 중국의 근대화'('現代化')라는 제목의 좌담회를 개최하고 그에 관한 특집호를 발간했다. 거기서 다루어진 '신유가'는 슝스리, 량수밍, 장쥔마이, 탕쥔이(唐君毅), 쉬푸관(徐復觀), 머우쭝싼, 첸무였다. 아마도 정치적 원인 때문이었겠지만 그 가운데에는 현대 신유가의 중진인 펑유란이 있지 않았다. 토론은 첫머리에서 '당대 신유가'의 정의와 표준문제를 제기했지만 구체적으로 논의가 전개되지도 않았으며 따라서 결론을 얻을 수도 없었다. 토론자들은 대체로 앞서 든 몇몇 사람들의 사상을 신유가 또는 현대(또는 당대) 신유가의 범위·표준·대표로 인정했다.

　이 글 역시 현대 신유가(또는 현대 신유학)에 대해서 정의를 내려 규정하지는 않는다. 그렇게 하기 위해서는 더 많은 연구가 필요하기 때문이다. 대체적으로 여기서는 신해혁명, 5·4운동 이래 20세기 중국의 현실과 학술의 토양 위에서 공·맹·정·주·육·왕(孔·孟·程·朱·陸·王)의 계승과 발전을 강조하고, 이들의 사상을 중국 철학 또는 중국 사상의 근본정신으로 생각하며 아울러 이것을 주체로 삼아 서양의 근대 사상(이를테면 '민주주의'나 '과학')과 서양철학(이를테면 베르그송·러셀·칸트·화이트헤드 등)을 흡수·접수·개조함으로써 당대 중국의 사회·정치·문화 등 방면에서의 현실적인 출로를 찾고자 하는 것으로 보고 있다. 이것이 바로 현대 신유가의 기본 특징이다.

　중국 20세기의 60~70년 가운데 철학 사상과 전체 이데올로기라는 면을 본다면 주로 마르크스주의가 각 방면에서 개선행진을 해왔다고 할 수 있다. 이러한 행진은 정치투쟁이 강력한 우세를 차지하고 최종 승리하면서 전체 역사무대의 중심을 차지하는 결과를 가져왔다. 그 가운데 마오쩌둥에서 아이쓰치에 이르기까지 마르크스─레닌주의 철학의 중국화와 통속화는 한편으로는 청년학생들이 그것을 이지적으로 혁명의 길과 인생신앙으로 선택하도록 이끔으로써 거대한 영향력을 보여주었다. 하지만 더 중요한 것은 다른 한편으로 실천-인식-실천, 즉 이론과 연계된 실제라는 원칙이 강조되었다는 점, 그리고 마르크스-레닌주의가 경험론의 방법론으로서 구체적인 혁명공작을 지도하는 데 찬란한 성취를 거두었다는 점이다. 이것은 확실히 오늘날에 이르기까지 이러한 역정을 거쳐온 혁명세대들이 즐겨 이야기하는 바가 되었다. 이 방면에서 정신의 실질이란 측면에서는 오히려 유가를 주체로 하는 중국 철학의 특징이 아주 깊게 내재된 관계를 가지고 있다고 생각되지만 이 점은 다른 책에서 논술하고자 한다.

마르크스-레닌주의 철학 이외에 현대 중국에는 그밖의 서양철학이나 사상이 적잖이 수입되었다. 듀이, 러셀은 일찍이 1920년대 초 앞뒤로 중국을 방문하여 강연을 했다. 칸트·베르그송·헤겔·마하 등등 역시 모두 소개되고 번역되었으며 학계나 대학 강의실에서 한 자리를 얻게 되었다. 하지만 그것들은 도리어 어떤 특별히 중요한 영향이라 할 것은 미치지 못했으며, 진정으로 창조적인 발휘를 하는 근거로써 작용하지도 못했다. 자유주의는 중국에서 끝까지 스스로의 진정으로 독립된 철학을 창조해낼 수 없었다.

그래서 마르크스-레닌주의 철학의 중국화 이외에 현대 중국의 사상사에서 철학사적으로 비교적 전승성(傳承性)이란 특색과 아울러 일정한 창조성을 갖추고 있는 것으로는 단지 '현대 신유가'만을 헤아릴 수 있을 뿐이다.[1] 다만 마르크스-레닌주의에 비교하자면 그 역량이나 영향·작용과 시대에 대한 공헌은 확실히 보잘것없었다. 그러나 가다머(Hans Georg Gadamer, 1900~2002)는 다음과 같이 적절한 지적을 한 적이 있다.

우리는 코앞으로 다가온 것에서 일단 벗어나 살펴보는 방법을 배울 필요가 있다. 그것을 좀더 멀리 떨어져서 보기 위해서가 아니라 좀더 큰 전체 속에서 더욱 진실한 비례에 맞추어 좀더 분명하게 그것을 보기 위해서다. 희망과 공포 가운데 우리는 결국 우리에게 가장 근접한 것에 의해 영향을 받게 마련이며, 그에 따라 그 영향 아래 과거의 증언을 마주하게 된다. 그러므로 처음부터 끝까지 과거를 우리 자신이 가졌던 의미에 대한 기대로 경솔하게 간주하는 것은 경계해야 한다. 그래야만 우리는 과거에 대해 경청할 수 있으

---

1) 다이지타오(戴季陶)에서 천리푸(陳立夫)에 이르는 중국국민당의 철학에는 모두 중요한 창조라는 것이 전혀 없으며, 사상계나 학술계에서도 아주 영향력이 적었으므로 잠시 제쳐두고자 한다.

며, 과거의 의미를 보고들을 수 있게 된다.[2]

　현대 신유가는 이미 지나가버린 역사라고 치기에는 곤란할 정도로 우리 눈앞에 가까이 있다. 그렇기 때문에 더욱 쉽사리 눈앞에 가까이 있는 더 거대한 것에 의해 철저하게 가려지거나(중국 국내), 아니면 이 거대한 존재에 대항하려는 의도에 의해 극도로 과장되기도 했다(국외). 하지만 방금 얘기한 이 두 가지 '편견'을 제외하더라도 여전히 제3의 진정한 '편견'이 가능할 수도 있지 않을까? 즉, 현대 중국에서의 지금 이 순간이란 역사성의 기초 위에서 현대 신유가를 해석하는 것이다. 이것이 바로 이 글이 채택하려는 입장이다. 따라서 여기서는 현대 신유가에 대해서 철학사의 방식처럼 체계 있게 소개하거나 분석하지는 않고, 단지 얼마간의 자료를 끌어다 쓰면서 현대 신유가가 전통을 물려받아 과거를 잇고 미래를 여는 역할을 함으로써 어떻게 현실문제와 외래의 도전에 대응하려 노력했는가를 살펴보고자 한다. 전자(그들의 체계)는 그다지 가치가 없으나 후자는 상당한 의미가 있기 때문이다.

　이러한 관념과 표준에서 출발하면 앞서 다른 현대 신유가 가운데 진정으로 대표성을 갖추고 있으면서 아울러 공교롭게도 서로 연결되는 층면이나 단계를 구성하고 있는 경우는 슝스리·량수밍·펑유란·머우쭝싼 이 네 사람이다.[3] 첸무나 쉬푸관은 기본으로 역사학자이다. 장쥔마이나 탕쥔이는 철학자이지만 그들의 사상이나 체계는 상대적으로 복잡하고 체계가 없어 창조성이 그리 많지 않다. 슝스리·량수밍·펑유란·마우쭝싼은 각기 일정한 창조성을 갖추고 있으며 사변도 명석하고 조리가 정연하다.

2)『진리와 방법』제2편 제2장. 번역문은『철학 역총』(哲學譯叢), 1986년 제3기, 57쪽에서 인용.
3) 리쩌허우,『중국 고대사상사론』, 261쪽 참조.

1 슝스리

첫번째는 슝스리(熊十力)이다. 그의 주요 대표작은 『신유식론』(新唯識論)이다. 문언문(文言文)으로 쓰인 판본은 1932년 출간되었다. 슝스리는 사상의 성숙면에서 량수밍보다 약간 늦고 또 그의 영향을 받기도 했다. 그런데도 이 글에서 그를 맨 처음에 올려놓은 것은 사상의 배경이나 탄생의 배경에서 이야기하든, 아니면 현대 신유가의 논리적 줄거리로 보든 간에 슝스리가 서열의 맨 앞에 자리잡고 있기 때문이다.

연구자들이 이미 지적한 것처럼 슝스리는 "몸은 비록 5·4시기 이후에 있으나 마음은 도리어 신해혁명 시기에 있었다."[4] 신해혁명에 열정적으로 참가했던 그는 신해혁명 이후 군벌의 혼전과 만사가 흐트러지는 현실의 자극 아래서 결국 철학에 종사하고, 거기서 인생의 본질과 우주본체를 찾을 수 있기를 희망하게 되었다. "내가 유학이나 불학 그리고 기타의 것을 배우게 된 것은 모두 전문가로서의 직업을 위해서가 아니라 우주, 인성(人性) 등의 큰 문제에 대하여 명료하고 정확한 해답을 얻기 위해서였다."[5] 우주와 인생 둘 사이에서 우주는 또한 인생에

---

4) 궈치융(郭齊勇), 『슝스리와 그 철학』(熊十力及其哲學), 베이징, 中國展望出版社, 1985, 39쪽, 91쪽.
5) 『신유식론』(新唯識論), 임진어체문본壬辰語體文本, 1: b. 앞으로 이 책을 『임진본』

따라붙게 마련이다. 이것이 슝스리가 자각적으로 의식하고 명확하게 해석한 '성학(聖學)의 혈맥'이었으며, 또한 바로 송명이학(宋明理學)의 근본정신이기도 했다.[6]

따라서 진정으로 철학을 공부하는 사람은 반드시 우주론과 인생론은 둘로 나눌 수 없음을 알아야 한다. 인생의 진상을 깊이 느끼지 못하고서는 결코 대자연의 진정(眞情)을 깨닫지 못한다. 자신의 본성(己性)을 다함으로써 사물의 본성(物性)을 다한다(盡己性以盡物性)는 것은 성학 혈맥(聖學血脈)의 본론이 계승하는 바이다.[7]

그는 자신이 거치고 느끼고 깨달은 인생의 입장 위에서 탄탄히 자리 잡고 서서 그 광대한 우주론을 구성한 것이다. 이것이 그의 사상과 체계의 주요한 특징 가운데 하나이다. 슝스리가 거치고 느낀 것은 신해혁명 전후의 열정과 실패이며, 그가 접촉하고 이해한 학문은 유학·불학과 약간의 서양 자연과학에 대한 단편지식이다. 서양철학에 대해서 듣거나 읽은(번역본) 경우도 있겠지만 많은 것을 알지는 못한다.

생활 속에서의 느낌과 학식의 기초라는 두 방면에서 슝스리는 한 단계 이전의 탄쓰퉁이나 장타이옌 등과 일맥상통하며 그들에 비교적 접근해 있다. 그들이 사상체계를 꾸미거나 배양하는 데 이용한 자료·수단과 노선은 모두 주로 불학을 유학 속에 끌어들이거나 아니면 불학에서 유학으로 돌아서서 유불(儒佛)을 융합시킴으로써 신학(新學)을 구축하는 것이었다. 그러나 탄쓰퉁의 폭풍과 소나기와 같은 『인학』의 사상은 마치 혜성과 같은 그의 행동성과 마찬가지로 철학으로서는 여기저기서 파탄이 돌출하여 자세하게 따지면 버텨내지 못한다.

장타이옌은 탄쓰퉁에 불만을 느끼고 자신도 적지 않게 글을 쓰긴 했

(壬辰本)이라 부르겠다.
6) 리쩌허우, 「송명이학」, 『중국 고대사상사론』 참조.
7) 「계사췌어」(癸巳贅語), 『임진본』, 1: b.

으나, 역시 어떤 진정한 철학 체계를 구성한 적은 없었다. 정치투쟁의 임무가 장타이옌의 정력과 시간에 영향을 미치고 지배한 까닭이다. 따라서 이러한 임무는 슝스리가 신해혁명 이후 10년 동안 모든 번거로움을 제쳐놓고 문을 꼭 닫아걸고 애써 읽고 힘들여 고생스럽게 생각한 다음에야 완성할 수 있었다. 슝스리가 "상승시기의 부르주아 계급을 위하여 더욱 완비되었지만 이미 때가 지나가 버린 철학 체계를 완성했다"[8]는 논자들의 지적에 나는 동의한다. 탄쓰퉁·장타이옌에서 슝스리로 이어지는 것은 근대 중국의 제1세대 지식인들이 전통철학의 기초 위에 서서 새로운 세계를 맞이하고 새로운 철학을 창조하려 한 시도인 것이다. 슝스리는 이 방면에서 두드러진 창조성을 보여주었다.

뒤죽박죽 수입되는 서양사조와 급속하게 바뀌는 현실생활 가운데에서 슝스리는 불학에서 유학으로 돌아가고, 아울러 이것으로써 자각하여 불학과 서학을 비판하고자 했다.

불가에서는 생멸과 불생멸을 두 조각으로 나누어버렸고…… 서양 철학에서는 실체와 현상에 대해 결국 원만한 해석을 하지 못했다. 『신론』(新論: 『신유식론』)에서는 확실히 그러한 결점을 바로잡았다. ……홀가분하게 자신과 우주는 본래 동체(同體)임을 깨달으며, 내 마음을 버리고 밖에서 체(體)를 구한 바 없으니 그 학문은 사변으로 빠지지 않고 요컨대 함양(涵養)을 바탕으로 삼는다. 마음을 찾고 기르며 마음의 덕을 확충하는 공(功)은 날로 치밀해진다. (맹자가 잃어버린 마음을 찾는다거나 求放心 또한 양심養心, 확충擴充을 이야기한 것은 불가에서 유심唯心으로의 귀본歸本을 이야기하는 것과 서로 접근한다. 하지만 맹자의 학문은 『주역』周易에 기초했으므로 적멸寂滅에 들어가는 폐단은 없었다.) 작은 자아의 사사로움(小己之私)을

---

8) 궈치융·리밍화(李明華), 「슝스리 철학의 성격에 대한 시론」(試論熊十力哲學的性質), 『강한논단』(江漢論壇), 1983년 제12기.

버리고 천지만물과 더불어 대통(大通)을 같이하고, 나아가 내외가 혼융(混融)되어야만 비로소 몸소 천덕(天德)을 인식할 수 있고, 만물(萬有)의 근원은 내 마음을 떠나 밖에 따로 존재하는 것이 아니므로 일부러 밖에서 찾을 필요가 없다는 것을 믿게 된다. 이 점이 바로 서양의 학자들과 하늘과 땅처럼 차이가 나는 부분이다.[9]

숭스리는 "체와 용은 둘이 아니다"(體用不二)라는 것을 그 철학 체계의 근본으로 삼음으로써 불학이나 서학과 자신을 구별하고 있다. 숭스리는 '체용불이'라는 이 유학의 근본은 『주역』에서 나온 것이라 보지만, 실질적으로는 송명이학의 정신으로 『주역』을 해석하고 있다. 다시 말해 심성론의 각도에서 『주역』을 풀이하는 것이다. 근현대 중국 역사에서 보면 그는 비교적 직접 사회정치 문제에 대해서 얘기하거나 철학과 사회정치사상을 뒤섞어서 이야기한 적이 별로 없는 (예외적인) 철학자에 속한다. "『신유심론』에서 체용을 이야기했는데, 『주역』은 바로 내성학(內聖學)의 방면이기에 외왕학(外王學)에 대해서 다루기 불편했다."[10]

캉유웨이는 『인류공리』(人類公理: 『대동서』大同書의 초고)』를 먼저 써서 외재적(外在的)인 광대한 세계관을 정치이론 기초로 삼았고, 탄쓰퉁은 '무수한 모래'(無量沙數)와 같은 무한한 우주를 다루는 데서 출발하여 직접 정치개혁론으로 자신의 논의를 귀결시켰으며, 장타이옌은 '오무'(五無), '사혹'(四惑)을 소리 높여 떠들고 "종교를 이용하여 신앙심을 일으키고 국민의 도덕을 증진시킨다"(用宗敎發起信心, 增進國民

---

9) 『임진본』, 6: b~7: a.
10) 『임진본』 7: b. 숭스리는 "일찍이 『대역광전』(大易廣傳)이란 책을 지어 '내성외왕'을 통론하고 나아가 특히 '태평대동'(太平大同)의 조리에 대해 상세히 다루려는 뜻을 가지기도 했지만 말년에 이런 원망을 이룰 수 있을지는 잘 모르는 게 아닌가?"라고 한 적이 있었다.(같은 책) 하지만 숭스리는 결국 이 책을 쓰지 못했다. 『원유』(原儒)에는 「원외왕」(原外王)이란 제목의 장이 있지만 아무런 특색이 없다.

的道德), "국수(國粹)를 이용하여 종족감정을 자극하고 애국열정을 증진시킨다"(用國粹激勵種姓, 增進愛國的熱腸)는 입장을 취했다. 하지만 슝스리는 이와 달랐다. 그는 철학과 정치의 직접 관련성을 역전시켜 '내성외왕'을 한 솥 안에서 쪄내고 아울러 '외왕'을 주로 삼는 근대 중국 철학의 기본경향을 뒤바꾸어 순수한 철학을 건설하는 데 전력을 기울였다. 이러한 철학은 '내성' – '구심'(求心)을 방향으로 삼는다.

슝스리 자신 또한 송명이학을 비판하거나 순자를 치켜세우기도 했으며, 또한 오로지 심성만을 논의한 것도 아니다. 하지만 그는 철학과 과학의 분리를 강조하여 비이지적 인식('성지' 性智: 이지적 인식은 '양지'量智로 일컬어진다)으로만 도달할 수 있는 본체경계(本體境界)를 추구하고자 했다. 그런 점에서는 확실히 중국의 현대라는 시점에서 송명이학의 새로운 발전이라고 볼 수 있을 것이다. 이 '새로움'은 그가 송명이학의 '내성' 심성이론을 이어받고 치켜세우면서도 또한 현대라는 조건에서 캉유웨이 · 탄쓰퉁 · 장타이옌의 철학 사업을 완성시켰다는 데 있다. 즉 그는 다시 유학과 불학을 융합시켜 서학의 도전에 대응하면서 서학(과학 · 인식 · '양지')은 비록 중학('성지' · 본체)을 보조할 수 있지만 중학보다는 차원이 낮다고 강조한 것이다. 겉으로 그는 불학을 비판하는 것처럼 보이지만 실제로 그가 공격하는 것은 서학이었다. 따라서 그야말로 현대라는 조건에서 송명이학을 발전시켰다고 볼 수 있다. 슝스리가 보기에 중학과 서학의 구별은 다음과 같은 것이었다.

중학은 심지(心地)를 밝히는 것(發明)을 가장 큰일로 삼는데(종문宗門의 용어를 빌리자면 심지는 바로 성지性智이다), 서학은 대개가 양지(量智)의 발전이다. 만약 쌍방이 서로를 이해하게 하되 성지(性智)를 함양함으로써 천하의 큰 바탕을 세우게 한다면 양지 역시 모두 성지의 묘용(妙用)이 될 수 있을 것이다.[11]

---

11) 『신유식론』, 베이징, 中華書局, 1985, 678쪽.

서양학자가 말하는 이른바 본체라는 것은 결국은 사유에 의해 구축한 것이고 외재(外在)로 간주된다. 『신론』은 본심을 곧바로 가리킴으로써 물아내외(物我內外)를 통하게 하여 혼언일치가 되는 것을 지향한다. 바로 맹씨(맹자)가 말하는 "자기자신에게 돌아가 물어서 정말로 성실한"(反身而誠) 사람이 얻는 것이며 사유로 얻을 수 있는 경계가 아니다. ……대체로 동양의 철인(哲人)들은 줄곧 자기자신의 내부에만 힘을 쏟고 잡스런 오염을 제거하여 자성역용(自性力用)을 발휘하고자 했다. 이른바 체인(體認)이라는 것은 진실로 오랜 축적이 쌓인 다음 홀가분하게 이계(離系)하여 본체가 드러날 때 저절로 뚜렷해지면서 스스로를 내보일 것이다.[12]

따라서 슝스리의 철학에서 가장 '긴요한' 부분은 그가 중국의 전통철학, 그 가운데서도 주로 송명이학(또한 특별히 육상산·왕양명의 심학 心學)이 특별하게 강조하는 내성(內聖)의 극치로서의 '공안낙처'(孔顏 樂處)[13]에 대해 본체론(本體論, Ontology: 존재론 또는 형이상학으로도 번역될 수 있다―옮긴이)으로 새로운 논증을 했다는 것, 다시 말해 송명이학의 윤리관과 인생관을 우주관과 본체론으로 뒤집어 바꾸어놓았다는 점이다.

이러한 논증은 바로 "본체(本體)와 현상(現象), 도기(道器), 천인(天人), 심물(心物), 이욕(理欲), 동정(動靜), 지행(知行), 덕혜(德慧)와 지식(知識), 성기(成己)와 성물(成物)이 둘이 아님(不二)"을 강조한다.[14] 통틀어서 말하자면 바로 "체와 용은 둘이 아니다(體用不二)"는

---

12) 같은 책, 679쪽.

13) "송명이학가들은 항상 '공안낙처'를 인생의 최고 경계로 삼아 즐겨 이야기했는데, 기실 이것은 바로 어려움과 고통을 두려워하지 않고 삶의 의지가 가득 차 있으며, 윤리에 속하면서도 동시에 윤리를 초월하고, 심미적이면서도 동시에 심미를 초월하는 목적론적인 정신경계를 가리키는 것이기도 하다." 리쩌허우, 『중국 고대사상사론』, 298쪽.

것이다. 슝스리 스스로도 말한다.

> 내 학문은 『역경』을 중심으로 하고 있으며 그래서 체용은 둘이 아니라는 것을 가장 근본종지로 내세웠다.[15]

> 본론은 체용불이를 근본으로 삼고 있으니, 본원(本原)과 현상, 진실과 변이, 절대와 상대, 질(質)과 력(力), 천(天)과 인(人)이 서로 분리되어서 둘이 되어서는 안 된다.[16]

'체용불이'가 슝스리철학의 근본임을 여기서 알 수 있다. 그러면 '체'(體)란 무엇인가?『신유식론』의 제1장 첫머리에서 다음과 같이 이야기하고 있다.

> 지금 이 글을 쓰게 된 것은 현학을 깨우치고 공부하기를 바라는 사람들에게 실체라는 것은 자신의 마음을 떠난 외재의 경계나 지식(과학 또는 이지理智나 양지量智를 가리킨다)으로 이를 수 있는 경계가 아니라는 점, 그리고 오로지 자신에게 돌아가 실증상응(實証相應: 성지性智를 가리킨다)을 추구해야만 한다는 점을 알려주기 위해서다.[17]

그는 또 말한다.

> 철학자들이 본체를 말할 때 대부분 본체를 나의 마음을 떠나서 외재하는 물사(物事)로 간주하는 경우가 많다. 그래서 이지(理智)작용에 의존해서 외계를 향하여 찾게 된다. 이런 이유로 철학자들은 각기

---

14) 「서」(序), 『원유』, 1956.
15) 『체용론』(體用論), 타이베이, 學生書店, 1980, 6쪽.
16) 같은 책, 336쪽.
17) 『신유식론』, 43쪽.

사고를 통해 일종의 경계를 구획하고 건립하여 본체로 삼게 되지만 논의가 분분하여 그 주장이 일치되지 못한다. ……이러한 잘못은 실은 자신에게 돌아가 본심을 깨닫는 데 힘쓰지 않는 데서 비롯된다. 바꾸어 말하면 만물의 본원과 우리의 진성(眞性)은 본래 둘이 아니라는 것을 이해하지 못해서이다.[18]

……(본심本心은 바로 성性이다. 하지만 그 뜻에 따라 이름이 달라지는 것이다.) 그것이 우리의 몸을 주재하기에 심(心)이라 일컫는다. 그것이 우리가 살아가는 이치이기 때문에 성(性)이라고 일컫는다. 그것이 만물의 큰 근원인 까닭에 천(天)이라고 일컫는다. 그러니 "마음을 다하게 되면 성을 알고 천(天)을 알게 된다"(盡心則知性知天)고 하지 않았던가. ……다한다는 것은 우리가 수양하고 노력하여 잘못된 습관의 오염이나 사욕에 대처함으로써 본심이 더욱 뚜렷하게 그 덕용(德用)을 발휘하면서 아무런 흠도 없게 만드는 것을 일컫는다. 따라서 마음을 다하게 되면 곧 성·천이 모두 뚜렷하게 드러나므로 성을 알면 천을 알게 된다고 하는 것이다. 안다(知)는 것은 증지(証知)로서 본심에서의 아주 밝은 내적인 확인이지 지식의 지(知)를 가리키는 것이 아니다. ……내 마음(內証)과 만물의 본체는 둘도 아니고 차이도 없으니 또한 어찌 의심할 것인가?[19]

이런 주장을 보면 너무나도 분명한 것은 슝스리가 왕양명을 계승하고 있다는 점이다. 하지만 슝스리는 왕학(王學)의 '심즉리'(心卽理)라는 간결한 명제를 가지고 불학의 세례를 퍼부은 다음 불학의 여러 가지를 첨가시킴으로써 하나의 온전한 체계를 갖춘 우주론과 본체론으로 바꾸어놓았다. 따라서 우주론상의 '체용불이'는 도리어 어떤 의미에서

---

18) 같은 책, 250~251쪽.
19) 같은 책, 252쪽.

는 '심물불이'(心物不二)라는 (왕양명의) 심성론을 덮어버리게 되었다. 슝스리가 자신의 사상을 설명할 때 즐겨 이용한 비유는 누차 인용해 마지않던 바닷물과 바다거품의 관계였다. 한편으로 슝스리는 이렇게 말한다.

우주는 스스로 진원(眞源)을 가지고 있으며 만물은 결코 갑자기 나타난 것이 아니다. 이를테면 바닷물을 마주하고 뭇 거품을 자세히 보고 있으면, 앞서 만들어진 거품은 오래 버티지 못하고 사라지며 새로운 거품이 잇따라 생겨난다. 하나하나의 거품이 각기 바닷물을 그 진원으로 하고 있음을 알아야 한다.[20]

다른 한편으로는 이렇게 말한다.

반드시 알아야 할 것은 실체는 정말 완전히 만물마다 각기 다른 대용(大用)으로 바뀐다. 따라서 대용의 유행(流行) 이외에 실체라는 것은 없다. 이를테면 큰 바다의 물이 전부 거품들로 바뀌는데, 이 거품들 외에 달리 바닷물이 있는 것이 아니다. 체와 용이 둘이 아니라는 것도 이와 같은 것이다.[21]

요컨대 이를테면 바닷물이 하나하나의 거품으로 모습을 드러내지만 이 거품 하나하나는 모두 바닷물의 전량(全量)을 함유하고 있다. 거품 하나하나가 바닷물과 다르지 않고 구별되지도 않는다. 하나하나의 사물이 각기 갖춘 마음과 우주의 마음이 다르지 않고 구별도 되지 않는 것 또한 이와 같다.[22]

---

20) 『체용론』, 8쪽.
21) 같은 책, 10쪽.
22) 『신유식론』, 327쪽.

숭스리가 이처럼 체용불이를 강조하고 불학이나 도가(道家)와 서양 철학에서 본체와 현상을 분리시키는 것을 비판한 것은 만물과 현상을 초월하는 '도'(道), '성'(性), '본체'와 상제(上帝)에 반대하고, 그 군림과 주재에 반대하는 데 목표가 있었다. 숭스리는 후자가 전자 가운데 있으며, 전자가 없이는 후자도 없음을 강조했다. 이 점은 뚜렷하게 숭스리가 왕선산의 사상을 계승한 것과 관계가 있다. 왕선산은 송명이학의 후군(後軍)이자 집대성자이다. 숭스리가 공자와 2왕(왕양명과 왕선산)을 자신의 숭배대상으로 삼은 것도 전혀 이상한 일이 아니다.

본래 중국 철학에는 "체와 용은 하나의 근원을 가지고 있다"(體用一源)거나, "뚜렷한 것과 미미한 것은 다르지 않다"(顯微無間)고 하는 전통이 있었으며, 송명이학에서도 '태극'(太極), '음양'(陰陽)에 관해 "분리되지도 뒤섞이지도 않는다"(不離不雜)고 설명하는 방식이 있으며, 불학의 체계 속에서도 "진여(眞如)는 곧 만법(萬法)의 실성(實性)"이라는 논법이 있었다. 그러나 숭스리가 이런 것들을 계승하면서도 동시에 거기에 불만을 품은 것은 이런 모든 것들이 여전히 본체와 현상을 갈라놓으며, 본체를 현상 위에 군림시키는 경향과 결과를 지닌다는 점에 있었다. 이를테면 이른바 "뒤섞이지 않는다"는 것은 추상의 실체를 추구한다는 느낌을 가지고 있다. 이른바 '실성'(實性) 또한 현상은 결코 실재가 아니라는 것을 의미한다. 숭스리가 거듭해서 바닷물과 바다 거품을 예로 들었던 것은 현상은 본체이고 현상은 실재지 결코 공환(空幻)한 것이 아니며, "마치 대해의 바닷물이 무수한 거품 자체인 것처럼 실체는 만물만상(萬物萬象) 자체임을 알아야 한다"는 점을 설명하기 위해서였다.

무엇 때문에 본체와 현상이 갈라지는 것에 반대하며, 무엇 때문에 체와 용은 본래 둘이 아니라고 하는가? 숭스리는 이것이 현상은 바로 본체의 공용(功用)이고 공용은 실체에서 발생한 것이기 때문이라고 생각했다. 그리고 이른바 '공용'은 바로 변동하고 유행하며 꼬리를 물고 일어나는 것(生生不息)이었으며, 이것은 또한 본체이기도 했다. 본체 자신은 바로 이렇게 영원히 변동하고 유행하여 마지않는 것이었다.

이를테면 실체유행(實體流行)이란 말에 대해 어떤 사람은 실체에서 발생한 공능을 유행이라 부른다고 생각한다. 그의 뜻은 실체는 독립적이고 공용은 실체에서 발생한 것이라는 의미이다. 따라서 이렇게 보면 실체가 바로 공용은 아니다. 바꾸어 말하면 실체가 바로 유행은 아닌 것이다. 만약 이런 생각을 옳다고 한다면 곧 실체는 조물주와 다르지 않다고 말하는 것이 되니 어찌 이런 어리석은 생각이 있을 수 있겠는가? 내가 실체유행이라고 말하는 것은 실체는 바로 유행이라는 것을 일컫기 위해서다. 이를테면 대해의 바닷물이 또한 바로 솟구치는 물거품인 것과 같다. 만약 이 점을 깨닫지 못한다면 유행 밖에서 실체를 구하게 될 터이니, 이것은 솟구치는 물거품 밖에서 바닷물을 찾는 것과 같다. 아주 어리석은 사람이라도 이렇게까지는 하지 않을 것이다.[23]

슝스리는 바로 이 때문에 『대역』(大易 : 즉 『주역』)을 떠받들고 불가에 반대했다.

체용의 뜻은 『변경』(變經)에서 창발(創發)된 것이다.[24]

체용의 뜻은 『변경』을 보니 더욱 의심할 나위가 없게 되었고, 나는 비로소 돌아갈 바(공자孔子로의 귀종歸宗)를 알게 되었다.[25]

슝스리는 '용'(공용, 현상)을 떠난 본체를 부인하고, 꼬리를 물고 일어나며 변동하여 멈추지 않고 찰나간에 생멸하는 만법현상세계(萬

---

23) 『체용론』, 247~248쪽.
24) 같은 책, 1쪽.
25) 「췌어」(贅語), 같은 책, 7쪽.

法現象世界)가 바로 진실이고 본체이고 법성(法性)이라고 주장한다. '본체' 자신이 운동, 변화하고 꼬리를 물고 일어나며(生生不息) 생멸이 그치지 않는다고 강조하면서 '정'(靜)이나 '공'(空), '주재'(主宰)와 같은 것들이 실질의 조물자, 제1의 인자(因子), 본체가 됨에 반대하는 이러한 입장은 전에 없는 거대하고 신속한 변동을 겪은 현대 중국에서의 철학적인 감수성을 반영한다. 하지만 동시에 주동(主動)·활동·변화를 추구한 근대 중국 철학가들의 기본정신을 표현한 것이기도 하다.

이 방면에서 슝스리와 탄쓰퉁은 주동적으로 반정(反靜)의 자세를 취하고 생멸이 그치지 않음을 강조한 근본적인 태도에서 상당히 비슷하다. 슝스리는 철학을 통하여 유가의 강건주동(剛健主動), 적극입세(積極入世)의 전통을 강조하면서 이것으로 불가·도가와 서로 구별했다.

도가에서는 오로지 허정(虛靜) 속으로 들어가 도(道)를 깨우치려 하는데, 이것은 『대역』에서 강건과 변동의 공용을 가르치면서 여기에서 실체를 깨닫게 하는 것과 아예 정반대이다.[26]

불가에서는 덧없음(無常)을 주장하는데, 이것은 제행(諸行: 슝스리는 모든 심적 현상, 물적 현상을 가리키는 것이라 설명한다)을 헐뜯는 뜻을 가진 것이다. 본론에서는 변화를 이야기하는데…… 즉 모든 행(行)은 찰나마다 생겨났다 없어지고 없어졌다 생겨나며 생생하게 살아 숨쉬고 끊임없이 이어지는 듯한 변화 속에 있다는 것이다. 이러한 우주관에 기초하게 되면 인생에는 단지 정진향상(精進向上)만이 있을 뿐이다. 또한 제행에 대해 헐뜯을 것도 없고 거기에 물들 것도 없으니, 이는 그 근저부터 (불가의) 출세법(出世法)과 선혀 닮지 않은 것이다.[27]

---

26) 「췌어」, 같은 책, 3쪽.
27) 「췌어」 제1장, 같은 책, 2~3쪽.

슝스리는 "흡(翕)과 벽(闢)이 변화를 이룬다"(翕闢成變)는 것으로 이러한 본체의 영원한 운동과 변화를 구체적으로 해설하려고 했다. '흡'과 '벽'은 『주역』에서 빌려온 용어지만 원래의 뜻과는 달리 사용되었다.[28] 즉, 흡과 벽은 각기 응취(凝聚)와 개발(開發)이란 두 가지 종류의 운동에너지(動力)·위치에너지(勢能)의 조합과 통일이며, 본체의 변역(變易)과 운동을 형성하는 것이다. 주의할 것은 '흡'과 '벽' 또한 결코 서로 분리되거나 갈라질 수 있는 두 가지가 아니고 단지 하나의 사물의 두 가지 방면이며, 이 두 가지 방면(또는 두 가지의 활력방향, 또는 하나는 운동에너지고 하나는 위치에너지라고 할 수 있을지도 모른다)이 함께해야만 이러한 '하나의 사물'이 운동하고 변화하고 '항전'(恒轉)할 수 있다는 점이다. 하지만 이 두 가지 가운데 '벽'이 주도하며, "벽은 건동(健動), 승진(升進), 개발(開發)의 기세"이며, "흡은 응취, 섭취(攝取)이며, 또한 폐고(閉固)의 기세로 나아가는 경향이 있다."

용(用)은 단순한 동세(動勢)가 아니며, 반드시 두 방면을 가지고 있는데 하나는 흡이고 하나는 벽이다(흡과 벽은 단지 방면의 차이이므로 자연히 확연하게 다른 두 조각의 사물로 볼 수 없다). 벽은 바로 신(神, 즉 심心)이며, 흡은 곧 물(物, 드러나기에는 물처럼 보이지만 실질實質이 있는 것은 아니다)이 된다. 물은 경계(分限)가 있으나 신은 경계가 없다(심은 있지도 않고 있지 않는 것도 아니다). 신은 만물에 보편해서 존재하면서 그 주인이 된다.[29]

---

28) 『신론』에서 이야기하는 흡벽은 실은 『주역』의 「계사전」(系辭傳)에 나오는 "곤정흡동벽(坤靜翕動闢)이란 구절과 관계가 없다. ……대체적으로 이야기하자면 벽은 하늘(乾)이란 뜻과 가깝고, 흡은 땅(坤)이란 뜻과 가깝다."(『신유식론』, 647~648쪽).

29) 『신유식론』, 467쪽.

……신(神)은 따라서 생겨나고, 변화하며, 그치지 않고 유행하는 것이다. 이 때문에 이것을 대용(大用)이라 일컫는다. 용이라는 것은 그 신을 말하는 것이니, 바로 체이기도 하고 용이기도 하다(即體即用)는 것이다. ……그래서 용 밖에 체는 없으며, 체 밖에 용도 없다. ……용이라는 것은 흡과 벽이 유행하면서 그치지 않는 것이다.[30]

"흡과 벽이 변화를 이룬다"는 슝스리의 이론은 우주론이자 심물론(心物論)이기도 하다. 왜냐하면 이른바 '벽'이란 바로 '마음'(心)이고, '흡'은 '물'(物)이며, 이러한 '마음'은 '우주의 마음'이면서[31] 또한 개체의 '마음'이기도 하다. "모든 물의 내부에는 확실히 일종의 위를 향하면서(向上) 물이 되지 않는 세용(勢用), 즉 이른바 벽(辟)이 잠재(潛在)되어 있다. ……유기물 발전의 단계에 이르면 이러한 세용은 더욱 뚜렷해지며 그때 가서야 그것이 만물을 주재함을 볼 수 있다."[32] 그리고 개체의 마음은 또한 우주의 마음과 하나인 마음이며, 여기서 슝스리가 주관 관념론자인지, 객관 관념론자인지를 다투는 것은 그리 큰 의미가 없을 것이다. 슝스리가 강조한 것은 마음(體)은 물(物)을 떠날 수 없다는 것이며, 물이 있어야만 또한 마음을 볼 수 있다는 점이다. 그는 '벽'을 마음으로, '흡'을 물로 파악하여 변화와ㆍ운동이 마음에서 발동되는 것임을 강조하고 있지만, 그가 '마음'을 강조하는 것은 바로 '물'의 변역과 운동을 강조하기 위해서이다. 따라서 그는 송명이학의 정관(靜觀)적인 태도에 불만을 품고 마음의 외향적인 능동작용을 강조한다.

송명 이래 이학의 여러 철인들은 모두 본심(本心)이 사물을 느끼면(感物) 된다고 생각했다. 때문에 단지 정양(靜養)에만 노력을 기울여

---

30) 같은 책, 463쪽.
31) "우리는 이 벽을 우주의 마음이라 부른다."(『신유식론』, 326쪽).
32) 같은 책, 같은 곳.

마음이 그 맑고 밝음(澄明)을 잃지 않게 하면 될 뿐이지 마음을 부려서 사물을 쫓게(逐物) 할 필요는 없다고 보았다. ……내 생각은 응당 본심의 밝음을 이용하여 사물을 향하여 발전하게 해야지 마음의 신령함을 믿고 사물이 다가오면 바로 통할 수 있다(物來卽通)고 생각해서는 안 된다는 것이다.[33]

간단히 총괄해서 보자면, 슝스리는 어떤 의미에서 송명이학을 계승하고 초월하여 현대 신유가의 제1인자가 되었을까? 앞의 서술에 따르면, 슝스리가 왕양명을 직접 계승하면서 여기에 왕선산("도기불리"道器不離나 변증운동辨證運動 등의 사상)의 사상을 뒤섞었다는 점은 아주 분명하다. 송명이학자들은 대부분 『주역』을 중시했으나 슝스리처럼 이렇게 『주역』을 높이 치켜세우고 떠받들어 지고무상의 지위로까지 끌어올린 경우(이를테면 『주역』이 『논어』보다 더 중요하다고 생각하는 것)는 비교적 보기 드물다. 그는 생생불식(生生不息) 동태의 과정에 중점을 두어 『주역』을 풀이하고 그것을 강건 · 진취의 인생태도와 한데 뒤섞어 일체화함으로써 심성본체로 삼았다.

여기서 우주론과 본체론은 더이상 정주학파(程朱學派)에서처럼 딱딱하게 굳어버린 외재의 틀(框柵)이 아니라 생생하게 살아 있는 생명역량이며, 이러한 생명역량은 단순히 육왕학파(陸王學派)처럼 외물(外物)을 부인하는 순수한 심령이 아니라 일종의 감성물질성능(感性物質性能)을 갖추고 있으니, 이것이 바로 슝스리가 정 · 주와 육 · 왕을 초월한 곳이다. 슝스리는 감성세계를 긍정하는 유학의 기본 입장[34]에 새로운 논증을 덧붙여 그것을 새로운 높이로 끌어올렸다. 나는 '인본'(人本) · '동태'(動態) · '감성'(感性), 이 세 가지가 슝스리가 유학의 기본정신을 계승하고 발전시킨 부분이라고 생각한다.

---

33) 『명심편』(明心篇), 타이베이, 學生書局, 1979, 150쪽.
34) 리쩌허우, 『중국 고대사상사론』 참조.

이러한 세 가지의 특징 또는 방면 위에서, 이를테면 동태적 감성만상(萬象)세계가 바로 실재이지 허환(虛幻)이 아니라고 한 데서, 정(靜)이 아니라 동(動)을 본체의 기본성격으로 삼은 데서 모두 송명이학을 넘어섰으며, 동시에 근대의 탄쓰퉁과 장타이옌 등을 넘어서고 있다. 탄쓰퉁은 동(動)을 중시하고 정(靜)에 반대했으며 과거와 다름없는 여전함(故常)을 주장하지 않았다. 하지만 불종(佛宗)을 받아들여 세계를 공환(空幻)이라 간주했으므로 슝스리처럼 세밀한 사변을 거친 다음 불가나 노자에 반대하면서 감성을 강조하게 되는 자각의 인본정신이 결여되어 있었다. 장타이옌과 비교해도 더욱 그러하다. 장타이옌 역시 불학에서 유학으로 복귀했으나 철학적으로는 이렇게 활발하고 낙관하는 적극적 정신이 없었다.

그러나 근대의 자연과학과 이와 밀접하게 관련된 근대 서양문명에 대해 이해가 부족했고 대규모 공업이 이러한 물질세계에 초래한 개조의 역사와 상황에 대해 충분한 인식이 결핍된 것은 슝스리의 '외왕학'(外王學)과 '양론'(量論: 인식론)이 쓰여지지 못하게, 또는 제대로 쓰여지지 못하게 했을 뿐만 아니라, 원래대로라면 외향으로 추구되고 발전되어야 할 동태·인본·감성의 철학 역시 여전히 내심으로만 향하고, 인식론 속의 '깊은 체득과 깨달음'(冥悟證會)이라는 직관주의(直覺主義)와 '천인합일'(天人合一)의 정신경계로만 향하게 만들었다. 현실의 논리는 원래대로라면 송명이학을 초월하여 외향으로 추구했을 현대 신유가로 하여금 또 다시 내수(內收)의 노선으로 돌아서게 했고 결국은 '현대적 송명이학'(신유학)을 만들어냈다.

슝스리는 과학과 철학의 구분을 강조했고, 과학은 인생문제나 철학문제를 해결할 수 없다고 강조했다.

과학의 영역 내에서의 성취는 바로 하늘의 조화를 무너뜨릴 정도이고, 나도 여기에 대해서는 이의가 없다. 하지만 인류가 만약 과학만을 원하고 자신에게 돌아가 반성하는 학문(返己之學)을 폐지한다면 그 유폐라는 것은 장차 이루 말로 다 할 수 없을 것이다. 자신에게 돌아가 반성하는 학문이 폐지되면, 만물발전의 최고 단계에 이른 인류의 내부생활은 원래 비어 있지만 다함이 없고 일단 움직이기 시작하면 꼬리를 물고 바뀌는 것인데, 아예 스스로를 인식하지 못하게 될 것이고, 그 가운데에 쌓이는 것은 단지 끌어다 놓았을 뿐인 지식의 그림자이고, 스스로가 본래 가지고 있는 허령(虛靈)의 주도권을 포기하게 될 것이다.[35]

슝스리가 말하는 '내부생활'이란 것은 '양지'(良知), '인'(仁)을 가리키며, 또한 "안에서 공을 들이고"(用功於內) "성지(性智)를 함양"함으로써 이룰 수 있는 '천인합일'이기도 하다. 따라서 인식론에서 슝스리가 중점을 두어 이야기하는 것은 개념과 논리와 사변을 초월하는 직관의 '체인'(體認)이다.

이치를 따져들다가 무상(無上)의 아주 깊고 미묘한 곳에 들어가게 되면 반드시 사변을 멈추고 묵묵히 체인하면서, 체인하는 사람(體認)과 체인되는 바(所體認)가 나누어질 수 없도록 뒤섞여 하나가 되는 데까지 이르러야 한다. 사변은 일찌감치 절로 끊기게 될 것이니 논리를 어디에 베풀 수 있겠는가? 사변은 바로 허다한 개념을 구성하는 것이지만, 체인의 최고 경지에서는 생각되는 바(所思)와 생각할 수 있는 사람(能思)이 모두 뒤섞여 환하게 밝아지면서 아무것도 남지 않고 모든 것이 사라질 터이니 개념이라는 것들은 모두 씻겨져버리는 것이다. 나의 학문은 사변에서 출발했지만 반드시 체인에서 극점에 이를 것이다. 체인을 얻게 되더라도 결국에는 또한 사변을 폐지하지 않을 터이지만, 오로지 체인을 거친 이후의 사변만이 이전과 자연스레 다른 바가 있게 될 것이다."[36]

---

35) 『명심편』, 200쪽, 201쪽.

이러한 개념적 사변을 초월한 체인은 근현대 심리학과 과학에서는 분명한 근거와 지위를 확보하고 있으며, 또한 장자(莊子)나 선종(禪宗)과 같은 중국의 '지적인 직관'(智的直覺)의 전통도 역시 이와 같은 것이다.[37]

이런 모든 것들은 또한 공학(孔學)에서 개시된, 심리정체(心理整體), 이를테면 정감원칙(情感原則)를 중시하며, 사유(思惟)를 단지 추리의 도구로만 삼지 않는 기본정신과 서로 통한다. 즉, 단지 논리에만 의지하는 것이 아니라 전체 심령(心靈)의 각종 기능을 이용하여 세계를 인식하고 발견하고 파악하는 것이며, 그 가운데서도 특히 개체성(個體性)의 체험과 깨우침을 중시하는 것이다. ……오늘날의 사유과학(思惟科學)에서 중요한 선례·귀감(借鑑)으로서의 의의를 지니고 있다.[38]

하지만 중국의 전통과 슝스리가 이야기하는 이러한 비논리와 비사변적인 개인(개체)의 '체인'은 또한 결코 인식론에만 그치는 것이 아니다. 훨씬 중요한 것은 이러한 직관의 체인을 통하여 도달할 수 있는 철학·형이상학 본체의 존재이며, 이것이 바로 송명이학이 표방한 '공안낙처'이자 또한 슝스리가 이야기하는 이른바 "천지만물과 완전히 뒤섞여 동체가 된다"고 하는 인생경계이다. 이와 같은 인생경계는 슝스리에게는 또한 우주본체를 의미하기도 했다. 이것이 그의 철학이 처음 발걸음을 내디딘 출발점이자 동시에 그의 철학이 논증하고자 추구한 최후의 목표이기도 하다.

슝스리가 적지 않은 책을 써서 번거로움을 무릅쓰면서 거듭해서 이야기한 바가 많았지만, 그가 밝힌 것은 간단히 말하자면 또한 바로 위에서 서술한 기본사상이었다. 재미있는 점은 슝스리가 불학에 대해 많

---

36) 『임진본』 하권의 2, 55: b.

37) 리쩌허우, 「장자·현학·선학의 철학」(莊玄禪慢述), 『중국 고대사상사론』 참조.

38) 같은 책, 219쪽.

은 이야기를 하고 아울러 유식론을 비판했지만 불교계에서는 도리어 "슝스리 군은 유식학에 대해 거의 아는 바가 없다시피 하다"[39]고 생각했다는 점이다. "형이 아는 불학은 너무 적습니다. ……억지로 알지 못하는 것을 안다고 하는 점도 너무 많습니다"[40]는 평가가 그런 점을 보여준다. 불가의 정통학자에게서 슝스리는 불학을 제대로 이해하지 못했을 뿐만 아니라 서양철학의 본체론이나 우주론과 같은 유개념(類概念)을 억지로 불학에 함께 끌어들여 실재로는 "속된 케케묵은 소리"를 낸 것밖에 되지 않았으니 이보다 큰 허물이 없었던 것이다.

이것은 거꾸로 슝스리가 확실히 불학과 서학을 자신의 신유학 체계를 건립하는 수단·교량·자료로 삼았음을 입증해주는 것이다. 그의 몇 차례 자서(自敍)에 의하면 그는 현실에 대한 실망과 한학(漢學: 고증학)·송학(宋學: 성리학)에 대한 불만 때문에 방향을 바꾸어 불학을 연구했고 아울러 유식유종(唯識有宗)을 연구하고 공종(空宗)을 연구했다가 마침내는 "공·유 2종을 버리고" "『대역』으로 돌아가 바탕을 삼게 되었다"고 한다.

그러므로 『신유식론』은 바로 "유종지학(有宗之學)에 불만을 품어 비롯된"된 것으로 유식론을 비판하기 위한 것이었다. 불학가들이 슝스리의 비판에 대해 큰 불만을 품었지만, 그의 요점은 비판에 있는 것이 아니라 비판을 빌려서 자신의 유학 체계를 세우고자 했던 데 지나지 않는다. 따라서 그가 만년에 쓴 『체용론』은 불종(佛宗)에 대해 이야기하는 내용이 아주 적었고 직접 유학만을 이야기했으며, 아울러 "이 책이 이루어진 다음에는 두 가지 『신유식론』(문언문본文言文本과 어체문본語體文本을 이야기한다)은 모두 폐기해서 보존할 필요가 없다"고 이야기하게 되는 것이다.[41]

---

39) 「파신유식론」(破新唯識論), 『신유식론』, 235쪽을 보라.
40) 「루정이 슝에게 보내는 글」(呂徵復熊十力書), 『중국 철학』(中國哲學) 제8집, 174쪽.
41) 「췌어」, 『체용론』, 5쪽.

『체용론』은 간명해서 읽기 좋고 순수하게 다듬어져 있어 비록 아주 늦게(1950년대) 씌어진 것이기는 하나 그의 『신유시론』에서의 주요사상을 개괄하고 대표할 수 있다. 따라서 여기서도 인용한 곳이 많았다. 슝스리는 순수철학을 이야기했을 뿐 정치에 대해서는 결코 다루지 않았으므로 그의 철학은 끝까지 중국 혁명의 거대한 흐름 밖에 놓여 있었고, 또한 자연스럽게 이러한 거대한 흐름에 의해 철저하게 뒤덮여 버렸다. 슝스리의 저서나 그의 철학은 중국 사회나 사상계에서 영향력이 아주 적었으며, "현대 중국에서 철학적 세력이 가장 작고, 지위가 가장 낮고, 그를 아는 사람도 역시 가장 적었다."[42] 과거에도 그러했고 지금 역시 그러하다. 미래를 헤아려보더라도 역시 아마 큰 변화는 없을 것이며, 오늘날 그를 아주 높이 치켜세우는 사람들이 있기는 하나 미래의 어느 날 슝스리 철학 열풍이 불게 될 가능성은 그리 많지 않은 것 같다.

그는 결국 너무 늦게 태어났으며, 이미 시대의 진행과정에서 저만치 떨어져 있었다. 그는 탄쓰퉁, 장타이옌 등이 다하지 못한 철학의 과업을 완성했으나 이들만큼 중대한 사상적 영향을 미치지 못했고, 또 그렇게 할 수도 없었다. 근대적 관념의 세례를 거치지 않은 혼란스럽고 뭉뚱그려진 철학 관념과 직관적이고 모호한 사유방식은 외면상으로는 일부 현대의 서양철학(이를테면 화이트헤드)과 비슷하지만 기본적인 성질면에서 보면 결코 같지 않다. 그의 활발한 동태·감성·인본정신과 직관지혜 역시 아마 후세사람들에게 시의(詩意)와 같은 계시를 줄지도 모르겠다. 하지만 전체로 보면 너무 늦게 태어난 이 생산품은 단지 박물관의 진귀한 전시품으로서의 의의만을 가지고 중국 현대 사상의 역사에 남아 있게 될 것이다. 바로 이 점이 이 글에서 슝스리를 현대 신유가의 으뜸으로 삼아 다루게 된 중요원인이기도 하다.

---

42) 궈잔보(郭湛波), 「현대 중국 철학계의 해부」(現代中國哲學界之解剖), 『근 50년의 중국 사상사』(近五十年中國思想史), 베이징, 1936, 406~407쪽. 뤼시천呂希晨·왕유민王育民, 『중국 현대철학사』中國現代哲學史, 창춘, 吉林人民出版社, 1984, 457쪽에서 인용.

2 량수밍

영향이나 명성으로 따지자면 량수밍(梁漱溟)은 슝스리보다 훨씬 크다. 그 사상의 성숙이나 저작의 발표 역시 비교적 빨랐고, 그는 5·4시기 서구화론자(천두슈나 후스)의 대립면에 서 있었다. 그의 주요저작인 『동서문화 및 그 철학』(東西文化及其哲學, 1921)은 현대의 혁명인사에 의해 끊임없는 비판과 반대의 대상이 되어왔으나, 이 책은 슝스리의 저작과 마찬가지로 지금 읽어도 여전히 어떤 흥미를 느낄 수 있다. 이것은 결코 단순하게 넘길 일이 아니다.

슝스리는 순수한 철학만을 이야기했으나 량수밍은 도리어 문화에서 논지를 세운 다음 철학을 이야기했다. 자서(自敍)에 따르면 량수밍은 스스로 불가를 좋아했으나 불교에서 유교로 돌아서서 공자를 떠받든 것은 "중국인을 위한 발상"에서 비롯된 것으로 '천박'한 서구화론의 주장을 반대하기 위해서였다고 한다.

나는 20세 이후 사상이 불가의 길로 접어들면서 줄곧 그대로 나아가 만 마리의 소가 끌어도 되돌릴 수 없을 정도가 되었지만 지금은 이미 바뀌었다. ……나는 불가의 생활에 반대하며, 이것은 내가 동서문화의 문제를 연구하면서 중국인을 위한 발상에서 마땅히 내려야 했던 결론이다. ……중국인이 서양의 천박함이나 엉망진창으로 옳지 못한 불학을 답습하게 되면 그 인생이 제대로 된 결말을 보지 못하게 되니 왜 내가 그들을 지극히 선하고 아름다운 공자의 길로 이끌어서 는 안 된다는 말인가?[43]

량수밍은 5·4시기에 "자연과 융합"(중국)하는 것과 "자연을 정복" (서양)하는 것, '정'(靜: 중국)과 '동'(動: 서양), 또는 과학과 민주주의 의 유무와 갖가지 '나열식'[44] 표면비교를 통해 중서문화(中西文化)를 나누는 것에서 불만을 품고 보다 깊이 중서문화가 서로 구별되는 원인 이나 요소를 찾고자 했다. 결국 량수밍은 추적 끝에 이러한 요소는 바로 '의욕'(意欲, Will)이라고 생각하게 되었다.

보라, 문화는 어떤 것인가? 그것은 한 민족생활의 양식(樣法)에 지 나지 않을 뿐이다. 생활은 또한 어떤 것인가? 생활은 다함이 없는 의 욕(Will)이며…… 저 끊임없는 만족과 불만족일 뿐이다.[45]

량수밍은 '학'(學: 서西)과 '술'(術: 중中)*, "새로움을 즐기는 것"과

---

43) 「자서」(自序), 『동서문화 및 그 철학』(東西文化及其哲學), 商務印書館三版本, 2~3쪽.

44) 량수밍은 리다자오가 열거한 것을 예로 삼는다. "하나는 자연적이고 다른 하나 는 인위적이다. 하나는 안식적(安息的)이고 다른 하나는 전쟁적(戰爭的)이다. 하나는 소극적이고 다른 하나는 적극적이다. 하나는 의뢰적이고 다른 하나는 독 립적이다. 하나는 구안적(苟安的)이고 다른 하나는 돌진적(突進的)이다. 하나는 인습적이고 다른 하나는 창조적이다. 하나는 보수적이고 다른 하나는 진보적이 다. 하나는 직관적이고 다른 하나는 이지적이다. 하나는 공상적이고 다른 하나 는 체험적이다. 하나는 예술적이고 다른 하나는 과학적이다. 하나는 정신적이고 다른 하나는 물질적이다. 하나는 영적(靈的)이고 다른 하나는 육적(肉的)이다. 하나는 향천적(向天的)이고 다른 하나는 입지적(立地的)이다. 하나는 자연이 인간을 지배하고 다른 하나는 인간이 자연을 정복한다."(『동서문화 및 그 철 학』, 23쪽)

45) 같은 책, 24쪽.

"옛것을 좋아하는 것", '법치'와 '인치', '분석'과 '직관', '평등'과 '존비', '개체'와 '가족', '사회의 공덕'(社會公德)과 '개인의 윤리'(倫常私德)…… 등과 같은 중서문화의 각종 차이를 제시한 다음 이렇게 지적했다. 이런 모든 차이는 공동의 근본원인을 가지고 있는데 이러한 근본원인은 객관에 있는 것이 아니라(즉 지리적 환경이나 경제의 변동이 결정하는 것도 아니며, 유물사관에서 이야기하는 생산력도 아니다) 주관에 있다. 다시 말해 이런 문화의 차이는 주관적인 서로 다른 '정신'이 결정한다는 것이다. 이 '정신'은 단순한 의식이 아니라 '의식'보다 훨씬 광대한 생활의 활력이자 또한 량수밍이 말하는 '의욕'이기도 하다.

나는 사람의 정신이 경제현상을 해결한다고 생각하지만 의식이 능히 그것을 처리할 수 있다고 말하는 것은 아니다. ……유럽인은 정신에서 우리와 다른 점이 있는데, 이 점이 직접적으로는 '데모크라시'를 낳는 길을 갖게 했고, 간접적으로는 경제현상의 변천이 저러한 제도를 낳게 했다.[46]

서양문화를 연구하는 사람은 저 서양문화의 자연정복·과학·데모크라시라는 면목만을 보아서는 안 되며 반드시 이러한 인생태도, 생활의 방향(路向)에 착안해야 한다.[47]

문화를 생활의 방향과 인생태도의 차이를 가지고 구분하거나, 생활과 인생을 다시 '의욕'에서 차이가 있는 정신을 가지고 구분하는 것, 이것이 바로 량수밍의 문화철학이다. 량수밍은 서양문화는 "의욕으로 앞을 향해 요구하는 것을 근본정신으로 한다", "중국 문화는 의욕으로 스스로를 조화시키고 중용을 지키는 것을 그 근본정신으로 한다", "인도

---

* 뒤에 이어지는 대비에서 앞은 '서'(西), 뒤는 '중'(中)을 가리킨다.
46) 같은 책, 47쪽.
47) 같은 책, 57쪽.

문화는 의욕으로 몸을 돌려 뒤를 향해 요구하는 것을 그 근본정신으로 한다'고 생각했다.[48] 중국과 서양, 인도의 세 가지 문화의 차이는 "바로 생활 속에서 문제를 해결하는 방법의 차이"이며, 서양은 "문제를 만나면…… 앞을 향해 손을 쓰며, 이러한 대응의 결과는 국면의 개조로서, 우리의 요구를 만족시킬 수도 있다." 중국은 "문제를 만나면 해결을 요구하여 국면을 개조하려 하지 않고, 단지 이런 처지 위에서 자기 스스로의 만족을 추구한다." 인도는 바로 "문제를 만나면 그는 근본적으로 그 문제나 요구를 취소시키고자 한다."[49]

생활의 문제를 해결하는 것이 결코 생활자체는 아니며, 더욱이 인생의 의의라는 문제를 해결하는 것도 아니다. 그렇다면 도대체 생활이란 무엇이며, 인생의 의의란 무엇인가? '생활'과 '생활문제의 해결'은 어떻게 구별되는가? 량수밍은 여기서 비교적 깊숙이 철학의 근본문제를 건드리게 된다. 량수밍은 말한다.

생활을 떠나서는 생활자라는 것도 없음을 알아야 한다. 또는 생활만 있을 뿐 생활자——생물——란 없다고도 한다. 다시 분명히 말하지만 오로지 생활이란 일(這件事)만 있을 뿐이지 생활이란 것(這件東西)은 없으니, 이른바 생물이란 단지 생활일 뿐이다. ……우주는 생활 위에서 완성되며 생활에 기탁하여 존재하는 것이다.[50]

우리가 살아가는 동안에는 항상 목적과 수단을 나누기 마련이다. 이를테면 추위를 피하거나 더위를 피하는 것, 남녀를 구별하는 것, 이러한 것들은 목적이다. 집을 짓는 것, 이것은 수단이다. 이렇게 유추하면 대부분이 이렇다. 이것은 우리 생활 속의 도구——이지(理智)——가 분배하고 가늠하는 편리를 위해서 임시로 구별해놓은 것일

---

48) 같은 책, 55쪽.
49) 같은 책, 53~54쪽.
50) 같은 책, 48쪽.

뿐이다. ……만약 곳곳에서 이런 태도를 지닌다면 시시각각 생활은 모두 수단으로 바뀔 것이고—이를테면 주택이 먹고 쉬는 수단이 되고, 먹고 쉬는 것이 생존과 번식을 위한 수단이 되고—전체의 인생 생활은 모두 밖으로 기울어지게 될 것이다. 생활의 의미를 가지고 생활하는 것이 아니라 생활을 다른 일을 위한 수단으로 치부하면서 생활하게 될 것이다. 기실, 생활이란 어떤 인위의 목표를 위한 것이 아니므로(無所爲) 전체 인생도 역시 그래야 할 뿐 아니라, 시시각각의 생활 역시 다른 시각의 생활을 위한 것으로 간주되어서는 안 된다. ……모든 일마다 '왜'냐고 따지고 모든 일마다 그 쓰임새를 추구한다면……, 이러한 철저한 이지는 직관이나 정취를 아예 깨끗이 참살해버릴 것이다. 기실 우리는 생활하면서 곳곳에서 직관의 지배를 받고 있어 실제로는 '왜'인지 알 수 없는 경우도 많다.[51]

이것은 생활이란 바로 이 시점 이 시각(此時此刻)에서의 자의식의 존재 바로 그것이며, 그것 자체가 목적이고 의미이고 인생이지 결코 다른 데 있는 것이 아니라는 이야기이다. 생활을 수단으로, 도구성(道具性)의 생활자(生活者)로, 이성의 존재물로 바꾸어서는 안 된다. 이지를 제외하고도 생활에서 더욱 중요한 것은 정감·직관·정취이다. 이러한 주장을 한 량수밍은 결코 현대 실존주의 철학의 출현을 예견하지 못했지만 중국·서양·인도 문화의 비교라는 각도 속에서 상당히 예민하게, 또한 상당히 천박하게, '현존재'(現存在)와 관련된 문제를 제기했다. 그가 당시 살짝 맛보고 멈추었을 뿐 더이상 깊이 들어가 이 심각한 철학적 문제를 연구하지 않은 것은 그의 주된 관심이 어떻게 하면 여기서 유가·공자의 특징과 우월성을 입증할 것인가에 집중되어 있었기 때문이다.

량수밍은 말한다. "공자의 것은 일종의 사상이 아니라 일종의 생활이

---

51) 같은 책, 133~134쪽.

다."[52] 따라서 중서문화의 차이는 근본적으로 역사단계의 차이가 아니고, 서양이 중국보다 앞선 것도 아니며, 생활 '방향'(生活路向)의 선택과 채택의 구별일 뿐이다. 중국 방향을 대표하는 공자가 강조한 것은 '인'(仁)이며, 바로 일종의 공리(功利)를 초월하는 "작위적인 것이 아닌"(無所爲而爲) 생활과 생활태도이다. 이러한 생활과 생활태도는 공리를 초월했기 때문에 이지를 사용하지 않고 정감과 직관을 중시하며, 이래야만 또한

얻고 잃는 것, 성공과 실패, 날카로움과 둔함에 구애받지 않고, 또한 혹시라도 지치는 일도 없게 된다. "불가능함을 알면서도 애써 행할 수 있게 된다"는 것은 이것을 말함이다. 이지적으로 계산하는 사람은 불가능함을 알게 되면 포기하지만 불가능함을 알면서도 행하는 것은 직관이 그렇게 시키기 때문이다.[53]

이러한 직관적인 생활태도는 동시에 유가의 '낙천'(樂天)·'지명'(知命)이자 송명이학에서 이야기하는 '공안낙처'이며, 또한 바로 '인'(仁)이기도 하다. 이러한 생활 속에서는 직관이나 정감이 이지보다 훨씬 근본이다.

공가(孔家)에서는 원래 생활을 찬미했으며, 먹고 마시는 것이나 남녀 사이의 사랑과 같은 본능의 정욕은 모두 자연스러운 흐름에서 나온 것으로 결코 배척하지 않았다. 만약 순리적으로 적절함을 얻게 된다면 생기발랄하여 더욱 대단히 좋은 것이 될 터이다. 두려운 점은 이지가 출현해서 물아(物我)를 구분하고 가늠하고 계산함으로써 직관을 물리쳐 불인(不仁)을 이루는 것이다. 따라서 주자가 사심이 없

---

52) 같은 책, 214쪽.
53) 같은 책, 139쪽.

고 천리에 맞는 것이라고 인을 풀이한 것은 원래 유가의 근본 형이상학에서 나온 것으로 실로 커다란 내력이 있다고 하겠다. ……인은 바로 본능정감(本能情感)이고 직관이다.[54]

하지만 량수밍은 또한 순전히 직관과 정감에만 의존해서도 안 된다는 점을 인정한다. 여전히 이지(理知)의 요소를 안에 포함하고 있는 '반성'(回省)과 이지성을 지닌 '중용'(中庸)을 갖출 필요가 있는 것이다.

공자가 예악(禮樂)을 제정하면서 그냥 정감에 맡기지 않고 반성하고 이지로 조절된 정감을 이용했다는 점은 이미 분명해졌다. 하지만 공자에게는 여전히 가장 뚜렷하게 이지를 사용했음을 말한 곳이 남아 있으니 이것은 바로 중용의 학설이다. ……직관적이고 자연스러운 중용의 추구(求中) 이외에 나아가 이지로 선택하게 하는 중용의 추구라는 것도 있다. 쌍(雙)·조화·평형·중용(中)은 모두 공가의 근본사상이다.[55]

이것은 또한 "① 서양생활은 직관으로 이지를 운용하는 것이고, ② 중국 생활은 이지가 직관을 운용하는 것이며, ③ 인도 생활은 이지가 현상을 운용하는 것이다"[56]고 한 량수밍의 이야기와 통한다.

요컨대 량수밍이 보기에 중서문화는 근본적인 차이점을 지니고 있었으며, 이 근원은 각기 다른 의욕의 행진방향이 만들어낸 생활의 차이였다. 이 생활의 차이는 또한 이지와 정감, 직관의 관계에서 차이가 나는 것으로, 그리고 그것들과 인생을 처리하는 태도의 관계에서 차이가 나는 것으로 표현되었다. 량수밍은 다음과 같이 보았다.

---

54) 같은 책, 128쪽.
55) 같은 책, 144쪽.
56) 같은 책, 158쪽.

서양인은 근세에 이지의 활동이 지나치게 강성해져서…… 인간 대 인간의 관계 역시 분명하게 선을 긋고 계산을 하는 태도를 지님으로써 기계적인 관계가 되어버렸다. ……정신생활 방면에서 역시 이지가 다른 모든 것을 압도해버렸다.[57]

하지만 그들은 정신적으로 또한 이 때문에 상처를 받았고 생활에서도 쓴맛을 보았다. 이것은 19세기 이래 뒤덮을 수 없을 정도로 뚜렷하게 드러난 사실이다.[58]

서양인은 바람이나 번개처럼 신속하게 앞을 향해 추구했지만, 그로 말미암아 정신은 고민에 빠지고 얻은 게 비록 많다고는 하지만 실제로는 차분하게 그것을 누리지도 못했다.[59]

비록 중국인의 자동차는 서양인의 자동차만 못하고 중국인의 배는 서양인의 배만 못하며…… 중국인이 기거하는 모든 것은 서양인의 그것만 못하지만, 중국인이 물질적으로 누리는 행복은 실제로 오히려 서양보다 훨씬 많다.

우리의 행복과 즐거움은 우리가 즐기고 누릴 수 있다는 데 있지 누리고 즐기는 물건에 있는 것이 아니기 때문이다. 비단옷을 입더라도 반드시 유쾌하다는 법은 없으며 해진 옷을 입더라도 아주 즐거울 수 있다.[60]

서양인은 이지를 사용하며 중국인은 직관—정감을 사용한다. 서양인에게는 자아가 있지만 중국인은 자아를 필요로 하지 않는다. 어머니가 아이를 대할 때의 정은 마치 아이만 있고 자신은 없는 것과 같다. 아이가 어머니를 대할 때의 그 정 역시 어머니만 있고 자신은 없

---

57) 같은 책, 같은 곳.
58) 같은 책, 63쪽.
59) 같은 책, 152쪽.
60) 같은 책, 151쪽.

는 것과 같다. 형의 동생에 대한 태도나 동생의 형에 대한 태도, 친구 사이의 관계 역시 모두 남을 위해서는 자신을 계산하지 않고, 자신을 굽혀 남을 따른다.

　나와 남을 나누지 않고 권리와 의무 따위도 이야기하지 않으며, 이른바 효제(孝悌)와 예양(禮讓)의 가르침으로 어디서나 정을 숭상하며 자아를 따지지 않는다. ……가정이나 사회 어디에서든 모두 한 가지 정취를 얻을 수 있는데, 그것은 차갑지도 적대적이지도 계산하지도 않는 모습이다.[61]

　이런 주장은 인간 사이의 정감관계에 기초한 '동양의 정신문명'이 개인주의의 경쟁에 기초한 '서양의 물질문명'보다 뛰어나다는 '유명'한 량수밍의 대표논조이기도 하다. 량수밍은 이러한 논조에 앞서 다룬 의욕—생활—이지 또는 직관과 정감이라는 철학 해설을 덧붙였다.

　량수밍은 "기계는 실제로는 근고(近古) 세계의 악마"[62]이며, 기계에 의한 생산이 자본주의 사회의 고통을 가져오고 사회주의를 불러일으켰다는 등의 이야기를 한 다음, "인류문화에는 근본변혁이 있어야 한다. 첫번째의 방향에서 두번째의 방향으로 바뀌고, 또한 서양의 태도에서 중국의 태도로 바뀌어야 한다"고 주장했다.[63] 왜냐하면 사회·경제 등 '낮은 차원의 문제'가 해결된 다음에 정신문제와 정감문제 등 '높은 차원의 문제'가 출현할 것이고, 인간의 정감은 더욱 예민하게 발달하고 인생의 고뇌 역시 더욱 늘어날 것이기 때문이라는 것이다.

　물건을 대하는 태도로 사람을 대하는 태도는 인류가 점차 받아들이기 어려울 것이다. ……이전의 인류는 물질불만족 시대에 있었다고 한다면 앞으로는 정신불안정 시대로 가게 된다고 할 수 있다. 물질이

---

61) 같은 책, 152~153쪽.
62) 같은 책, 99쪽.
63) 같은 책, 162쪽.

부족하면 반드시 밖에서 찾게 되어 있듯이, 정신이 불안하면 반드시 자기자신에게서 찾게 된다.[64]

따라서 어떤 경우에는 철저하게 인생, 생활을 부정하기도 하는데 이 것이 바로 종교이며 또한 인도 문화의 '방향'이기도 하다. 다른 경우에 는 "인생 속에서 인생을 위로"하며 정감이나 직관을 인생이나 생활 자 체에 기탁하여 정욕이 끊임없이 밖으로 향하게 만듦으로써 "초조와 공 포, 고뇌의 뒤죽박죽" 속에 빠지지 않게 하는데, 이것이 바로 무욕·무 아·공리의 초월, 이지의 초월이자, 자연·우주와 "빈틈없이 융합하는 것"이다. "또한 인생의 의의나 공허함·촉박함의 여부 따위는 모두 알 지 못하니",[65] 바로 득실을 잊고 품지 않으며 도와 합일되는 인생태도 이다. 이것은 바로 공자의 유학을 바탕으로 한 중국의 '방향'이며, 이것 은 또한 "종교와 비슷하지만 종교가 아니고, 예술이 아니지만 예술과 같은" 정신경계이다. 이렇게 되면 인생의 의의에 대한 고뇌나 정신의 불안 같은 문제도 모두 해결할 수 있다. 따라서 "솔직히 말해 세계의 미 래문화는 바로 중국 문화의 부흥이다."[66]

이렇다면 오늘날 서양문화를 대할 때에는 비판적의 수용과 근본적 개조만이 가능하며, 나아가 가장 중요한 것은 "비판으로 중국 원래의 태도를 다시 끄집어내는 것"이라고 량수밍은 주장한다.[67]

명백히 말하건대, 내 의견은 송명시대처럼 다시 강학(講學)의 기풍 을 열어 공자와 안회(顔回: 즉 안연顔淵)의 인생을 통해 현재의 청년 들을 위해 그들이 번민하는 인생문제를 해결해주자는 것이다. ……
5·4 이래의 신문화운동을 중국의 문예부흥(르네상스)이라고 하는

---

64) 같은 책, 166쪽.
65) 같은 책, 168쪽.
66) 같은 책, 199쪽.
67) 같은 책, 202쪽.

사람이 있지만 사실 이 새 운동은 단지 중국에서 서양문화(西洋化)가 일어난 것일 뿐인데, 어찌 중국의 문예부흥이라 할 수 있겠는가? 진정한 중국의 문예부흥이란 마땅히 중국인 자신의 인생태도의 부흥이어야 하며, 그러기 위해서는 오로지 지금까지 내가 말한 것처럼 해야만 가능하다.[68]

오로지 이러한 '공안낙처'의 인생태도를 부활시키는 기초 위에서만 서양의 것에서 학습할 수 있다. "오로지 착실하게 이러한 종류의 인생을 자리잡게 한 다음에야 진정으로 과학과 민주주의라는 두 정신 아래 이루어진 다양한 학술, 다양한 사조를 받아들이고 녹여내 결과를 얻어낼 수 있다. 그렇지 않으면 나는 신문화운동이 아무런 결과도 얻지 못할 것이라고 감히 말하고 싶다."[69]

이것이 바로 량수밍의 최종결론이었다.

전통의 타도와 서구화의 물결이 정점에 오르는 가운데 량수밍은 유학과 공가의 기치를 치켜세웠다. 전통을 새롭게 해석하고 평가한 점은 진정으로 "천하의 조류를 거슬러서 움직였다"고 할 수 있을 것이다. 슝스리와 비교하면 량수밍의 이론에서 더욱 명확하게 서양철학의 영향을 엿볼 수 있는데, 이를테면 '의욕'·'직관'·이지와 정감·생활의 관계 등등은 모두 베르그송, 오이켄(량수밍 스스로 언급한 적이 있다), 쇼펜하우어(량수밍이 언급한 적은 없다) 등의 영향이다. 전통을 유지하고자 했음에도 량수밍은 이미 전통에서 벗어나기 시작하고 있었다. 그렇다면 구체적으로 량수밍은 어떤 방면, 어떤 의미, 어느 정도로 유학을 계승하면서 또한 돌파하고 있던 것일까?

비록 송학이 바로 공학을 의미하는 것은 아니지만 송대 사람들은

---

68) 같은 책, 199쪽.
69) 같은 책, 202쪽.

공가의 인생에 대해서 확실히 방법을 마련해서 찾으려고 노력했다. 그들은 공자의 인생과 생활에 대해서 그래도 얼마는 찾아낼 수 있던 것이다![70]

순경(荀卿: 즉, 순자)은 비록 유가이기는 하지만 (공자의) 외면에서는 얻은 것이 많고 내면에서는 얻은 것이 적었다. 그가 성악설을 이야기한 것은 유가로서는 아주 독특한 일이다. ……공자의 형이상학에서 나온 인생의 관찰은 철두철미하게 성선설의 의사를 안에 담고 있으니 만약 순경이 공자의 의지를 제대로 얻었다면 또한 반드시 성악설을 주장하지는 않았을지도 모른다. 한대(漢代)에 순경의 경서를 전한 까닭에 공자의 인생사상이 발달하지 못했다는 지적은 확실히 맞는 말이다.[71]

밖을 향해 찾는 것에 반대하고 내심에서 인생의 길을 찾아나갈 것을 강조하며, "자기자신에게 돌아와 성의를 다하고"(返身而省), 자기자신에게서 찾고(反求於己), 심성에서 논의를 시작한다는 점 등등이 근본적으로는 송명이학의 철학 노선을 따르고 있음은 아주 분명한 일이다. 동시에 량수밍은 또한 말한다.

나는 성리(性理)라는 용어 쓰기를 즐겨하지 않는데, 공자에게는 이른바 인생이라는 것만 있었지 이른바 성리라는 것은 없었다. 성리는 송대 사람들의 말이고, 공자가 그리 이야기하지 않던 것이다. 대진(戴震)의 사상은 송대의 것에 대한 반항인데…… 인의예지가 혈기와 심지(心知)를 떠나 있는 것이 아니라고 한 지적은 공맹이 품은 뜻과 아주 잘 들어맞지 않는 게 없다……이런 반동은 실은 좋은 현상이었다.[72]

---

70) 같은 책, 148쪽.
71) 같은 책, 146쪽.

'강'(剛)이란 단어 뜻 역시 공자의 전체 철학을 통괄할 수 있다. ……'강'은 바로 내면의 힘(力氣)이 아주 충실하게 활동하는 것을 말한다. ……우리가 지금 요구하는 것은 단지 모두가 앞으로 나가 움직이라는 것이다. 그리고 이 움직임은 욕망의 요청이나 염려가 아니라 직접적인 정감에서 발동되는 것이 가장 좋다. 공자는 말한다. "정(棖: 공자 제자) 역시 욕심이 큰데 어찌 강할 수 있겠느냐?"(棖也欲, 焉得剛) 대체로 욕(欲)과 강(剛)은 모두 아주 용감하게 앞으로 나가 활동하는 것처럼 보이지만 하나는 안으로 충실하여 힘이 있고, 다른 하나는 완전히 헛된 것으로 충실하지 못하고 힘이 있는 것처럼 보일 뿐이다. 하나는 움직임이 내면에서 나오는 것이고, 다른 하나는 그 움직임이 밖으로 쫓아나가는 것이다.[73]

강(剛)이란 것은 사욕(私欲)이 없음을 가리킨다.[74]

이렇게 보면 한편으로는 인간의 정감·직관·의욕 등의 감성적 존재를 인정하여 송명이학의 금욕주의 경향에 결코 완전히 찬동하지는 않는 것처럼 보이지만, 다른 한편으로는 엄격하게 도덕의 감성역량과 욕망의 감성충동을 엄격하게 구별하도록 요구하고 있으니, 이 점에서는 또한 완전히 송명이학에 찬동하고 그것을 계승하고 있다고 할 수 있다. 따라서 슝스리와는 다르게 량수밍은 송명이학의 '적'(寂)·'정'(靜)·'무욕'(無欲)을 긍정하고 그것들이 '체'(體)이며 감통(感通)은 '용'(用)이라고 생각한다. 동시에 이러한 '적'·'정'·'무욕'은 모두 일종의 심리상태의 평형을 추구하기 위한 것이므로 바로 '중용'이고 '인'이며, 그것은 결코 감성에서 분리된 것이 아니다. 요컨대 감정·직관·생활을 중시하고, 개념·사변·논리를 경시하면서 지금 이 시각의 생활자

---

72) 같은 책, 150쪽.
73) 같은 책, 211쪽.
74) 같은 책, 139쪽.

체가 본체라고 보는 것이 량수밍의 기본 철학 사상이다.

슝스리는 순수한 철학·형이상학에서, 그리고 량수밍은 문화철학에서 유학의 전통과 송명이학을 계승하고 발전시켰으므로 마치 길은 다르지만 돌아가는 곳은 하나인 것과 같다. 슝스리와 마찬가지로 량수밍 역시 『주역』을 근거로 삼았으며, "중국의 이 형이상학은⋯⋯ 대략 모두 『주역』에 갖추어져 있다"고 했다.[75] 슝스리와 마찬가지로 량수밍 역시 생명을 칭송하며 "생(生)이란 글자는 가장 중요한 관념이며, 이것을 알면 공가의 모든 이야기를 안다고 말할 수 있다"[76]고 이야기했다. 슝스리와 마찬가지로 량수밍 역시 생활의 활발함·유동·감성의 유쾌함을 강조했고, 슝스리와 마찬가지로 량수밍 역시 중국 전통의 천인합일, 인간과 자연·우주와의 '혼연' 일치 및 내재의 초월을 강조했으며 자신의 밖에서 찾는 것에 반대하여 "자기자신에게 돌아와 정말로 성실"할 것을, 자신의 내심에서 찾을 것을 주장했다.

슝스리와 마찬가지로 량수밍의 특징은 문화의 각도에서 서양 현대생활에서 소외가 가져온 곤혹·고뇌·상실감 등등 정감방면의 문제를 강조했다는 데 있다. 량수밍은 천두슈·후스·루쉰과 때를 같이 한 5·4기의 사상지도자로서 상당히 날카롭게 중국 근현대 제2세대 지식인의 예민한 감수성과 넓은 시야, 패러다임을 건립하는 독창정신을 드러내 보였다. 오늘날에 이르기까지 중국 문화와 중서문화의 비교를 이야기할 경우 아주 많은 사람들은 여전히 량수밍이 규정하고 묘사한 틀이나 문제 속에 머무르고 있다.

그렇지만 량수밍은 결국은 중국이 근대화(現代化)를 이루기 전의 단계에 처해 있었고, 그가 제기한 문제들은 포스트 모더니즘(後現代化)[77]에도 연결되는 것처럼 보이지만 그가 근대화를 거치는 과정에서 필연으로 포함되는 과학화의 세례를 받지 않은 까닭에 량수밍의 이러

---

75) 같은 책, 117쪽.
76) 같은 책, 121쪽.
77) 이 책의 「'서체중용'에 대하여」 참조.

한 사상자체나 그의 논점·논증과 개념·범주 등은 아주 뚜렷하게 모호하고 두루뭉술하고 거칠다. 이 점은 당시 서구화론자들에 의해서 이미 지적된 바 있다. 후스는 다음과 같이 비평한다.

량 선생의 출발점은 두루뭉술함이라는 병폐를 가지고 있다. ……량 선생은 각기 큰 체계를 지닌 문화를 모두 하나의 간단한 공식 속에 포괄하려고 하고 있으니 이 점은 두루뭉술함의 극치이다. ……하지만 사실은 전혀 그렇지 않다. ……인도의 종교를 관찰해보면 그것이 어찌 극단의 앞을 향한 요구가 아니라고 하겠는가? 량 선생은 인도인이 "배고파도 먹지 않고, 차가운 연못에 뛰어들고, 불이 이글거리는 곳을 내딛는다"고 언급한 적이 있었는데 이것이 뒤를 향한 것인가? 아니면 극단으로 앞을 향해 달려들어 최고의 만족을 구하는 것인가? ……이 사람은 의욕이 극단으로 앞을 향해 요구하고 있지 않은가?[78]

천두슈도 다음과 같이 비평한다.

그는 "정감이 풍부한 것이 동양인의 정신이다"고 말한다. 또한 "이 정감과 욕망 어느 한쪽만이 왕성한 것이 동·서양문화가 갈리는 큰 관건이다"고 말한다. 그의 이 두 가지 주장에 대해 나는 잘 납득하지 못하겠다. 정감은 과연 아름다운 것인가? 욕망은 과연 더러운 것인가? 정감이 과연 절대적으로 욕망을 벗어날 수 있는가? ……욕망·정감의 물질충동은 저급한 충동으로서 인류의 보편천성(즉 선천본능으로 그 자체에는 선악이 없다)으로 아마 동서양의 구별이 없을 것이다. 욕망과 정감의 초물질의 충동은 고급충동으로서 이 역시 인류의

---

78) 후스, 「량수밍 선생의 『동서문화 및 그 철학』을 읽고」(讀梁漱溟先生的東西文化及其哲學).

보편적 충동이며, 또한 동서양 구별이 없을 터이다. 따라서 아주 개화되지 못한 야만족조차도 그들 자신의 종교를 가지고 있다.[79]

이러한 비판은 요점을 확실하게 찌른 것이라고 하기는 곤란하다. 어구에 매달려 그 참뜻을 놓치는 것이 아니라면 량수밍의 중국 문화와 철학에 대한 관찰에는 상당히 깊이 있는 측면이 있다. 루쉰이 '국민성'의 열악한 측면을 폭로한 것과는 정반대로 량수밍은 '국민성' 속에 담긴 중국 전통과 철학의 우량한 측면을 중점적으로 드러내보였다. 이러한 측면 역시 그에 의해 극도로 과장되었을 수도 있다. 그러나 이른바 "종교와 비슷하지만 종교가 아니고 예술이 아니지만 예술적인" 것을 유학의 인생태도와 최고의 경계로 삼았다는 점, 그리고 '인'이나 '낙생'(樂生), '강건', '인정(人情)과 도리(道理)의 중화'(情理中和)를 유학의 근본정신으로 삼은 것은 오늘날의 입장에서 보아도 그 묘사가 상당히 정확한 것으로 생각된다.

하지만 량수밍의 논점·논증과 개념·범주가 모두 대단히 분명하지 못할 뿐 아니라 진지한 분석과 비판을 견뎌내지 못한다는 점에 대해서도 입을 다물 필요가 전혀 없다. 이를테면 도대체 "직관으로 이지를 운용한다"는 것과 "이지로 직관을 운용한다"는 것이 무엇인가 하는 점에 대해 량수밍 자신도 당시 스스로 밝히기를 "말도 안 되는 어리석은 이야기"라고 밝히기도 했다.[80] 또한 '직관'·'이지'·'정감'·'욕망'·'의욕' 및 "앞을 향해", "뒤를 향해" 등등의 개념 역시 마찬가지이다. 이러한 심리학의 현상과 어휘를 철학·형이상학과 사회학·문화학을 뒤섞어 함께 얘기한 것은 혼란을 더욱 깊게 했으며, 진정으로 문제를 설명하고 해결하기 어렵게 만들었다.

량수밍은 중국 전통문화와 그 철학의 몇 가지 현상을 비교적 날카롭

---

79) 천두슈, 「기독교와 중국인」(基督敎與中國人), 『두슈 문존』, 상하이, 亞東圖書館, 1922, 411쪽.
80) 량수밍, 『동서문화 및 그 철학』, 158쪽.

게 묘사했으나 이런 현상의 본질·내용·유래·변화에 대해서는 제대로 다룰 수 없었던 것이다. 이를테면 량수밍이 내놓은 각기 다른 문화의 기원에 대한, 즉 "이 길로 가게 된 것은 어떻게 해서 그렇게 되었는가" 하는 문제에 대한 해답은 대단히 간단하고 깊이 없는 것이었다. 그는 이것이 소수의 천재가 창조한 결과라고 설명했다. "중국의 문화는 모두 옛적의 몇몇 대단한 천재들의 창조에서 나왔다"[81]는 것이다. 아울러 그는 "나는 결국 중국의 옛날 천재들이 서양의 옛날 천재들보다 타고난 재주가 훨씬 뛰어났다. 그래서 이것이 바로 중국 문화가 탄생한 원인이라고 생각한다"[82]고까지 이야기했다. 이것은 완전히 성인이 제도를 창조하고 가르침을 베풀었다는 주장과 맹목적인 자기과시라는 통속적인 (정통유교의—옮긴이) 설명으로 되돌아간 것이나 마찬가지이다. 그리고 정감과 직관, 이지의 구분 등 거칠고 간략한 심리학의 관념으로 문화·인생·생활을 해설한 점 역시 대단히 깊이가 얕다고 하지 않을 수 없다.

중국의 근현대는 전근대(前現代)에서 근대화(現代化)로 나아가는 시기였고, 따라서 이렇게 자본주의에 불만을 품고 서양의 근대화된 사회의 병폐를 날카롭게 폭로하면서 중국의 전통을 가지고 이를 보완하자는 이론은 객관적인 역사적 입장에서 보면 오히려 중국의 전진을 가로막는 장애물이 되었으며, 그것은 또한 일정한 인민주의의 성격과 색채를 지니고 있다.[83] 사회투쟁과 정치논리는 량수밍의 이론이 보수파가 환영하는 사상·학설이 되도록 했다. 이것 역시 왜 량수밍이 지난 70년 동안 줄곧 서구화론자, 마르크스-레닌주의자들에게 냉대를 당하고 비판을 받았으며, 몇 세대의 청년들 가운데 아무런 영향을 주지도 못했는가를 설명해주는 근본적인 원인이기도 하다.

---

81) 같은 책, 154쪽.
82) 같은 책, 같은 곳.
83) 리쩌허우, 『중국 고대사상사론』과 『중국 근대사상사론』 참조. 량수밍이 일생 동안 향촌건설운동에 힘을 쏟은 것도 이런 점을 드러내주고 있다.

3 펑유란

　　현대 신유학의 세번째 주요대표인 펑유란(馮友蘭)은 슝스리나 량수밍과 아주 뚜렷한 차이가 있다. 그는 엄격한 현대 학교와 철학의 기본훈련을 받고 미국에 유학하여 영문으로 논저를 발표했을 뿐 아니라, 혁명가(슝스리)나 사회활동가(량수밍)도 아닌 완전한 대학교수였다. 슝스리나 량수밍이 철학에 종사한 것이 자신들 스스로 인정한 것처럼 "모두 전문가의 직업이 아니었다"고 한다면 펑유란에게는 이것이 바로 "전문가의 직업"이었고, 또한 같은 시대의 서양과 마찬가지로 대학교수로서 전공이었다.

　　량수밍은 만년에 이르러서도 여전히 자신은 결코 학문을 연구하는 전문가가 아니라 직접 사회개조에 힘을 쏟는 '실천가'라고 밝히기도 했다. 펑유란은 이와는 달리 일생 동안 강의실에서 중국 철학사를 강의하면서 지냈으나, 철학사가(哲學史家)가 되는 데 만족하지 못하고 철학사를 통하여 스스로의 철학을 건립하고자 했다. 1930년대 『중국 철학사』(상·하책)를 출판한 다음 1930년대에서 1940년대에 걸쳐 그는 자신의 '정원육서'(貞元六書)를 통해 나름대로의 철학 체계를 끄집어냄으로써[84] 진정으로 스스로의 철학 체계를 통해 상당히 광범위한 명성

---

84) 1940년대는 펑유란의 사상이 최고조에 이르렀을 때이며, 이후의 펑유란은 본문에서 다루는 범위에 들어가지 않는다.

을 확보했고, 세계가 공인하는 현대 중국의 철학가가 되었다.

량수밍은 『동서문화 및 그 철학』에서 "고명함의 최고에 이르면서도 중용의 길을 걷는다"(極高明而道中庸)는 것을 제시한 적이 있지만 단지 아주 간단한 설명만 했을 뿐이다. 그러나 펑유란에 이르면 이 명제에 진정한 깊이 있는 철학의 이해가 덧붙여지면서 펑유란 철학 체계의 중심으로 자리잡게 된다.

펑유란은 자각하여 정주이학(程朱理學)을 자신의 직접 선구로 삼았으며, 자기는 "그대로 따라서 이야기하는 것"(照着講)이 아니라 "그 뒤를 이어서 이야기하는 것"(接着講)임을, 다시 말해 중국의 전통철학을 계승하면서도 또한 개조·발전시키겠다는 뜻을 분명하게 밝혔다. 비록 그것을 위해서 명가(名家)·도가·현학·선종 등의 "실제(實際, actual: 자연, 경험적 대상)에 얽매이지 않는"(不着實際) 철학의 특색까지 흡수하기는 했지만 그 기본핵심과 주요한 내용은 정주이학을 계승하고 발전시키는 데서 나온 것이다. 펑유란은 자신의 철학을 '신이학'(新理學)이라고 이름지었다.

송명의 도학(道學)은 직접 명가(名家)의 세례를 받은 적이 없어 그들이 이야기한 것은 너무 형상에 얽매이는 것을 피할 수 없다. …… 새로운 형이상학은 반드시 실제에 대해서 긍정하는 바가 없어야 한다. 또한 실제에 대해 어떤 이야기를 하더라도 사실은 아무것도 적극적으로 말하지 않은 것이 되어야 한다. ……근현대의 새로운 논리학의 형이상학에 대한 비판을 이용하여 하나의 완전한 "실제에 얽매이지 않는" 형이상학을 성립시켰다.[85]

펑유란은 또한 말한다.

---

85) 『신원도』(新原道), 113쪽.

철학에서의 관념, 명제나 그 추론은 대부분 형식과 논리이지 사실이나 경험이 아니다. ……예를 들면 "모든 사람은 죽는다"는 명제가 있다. 새로운 논리학에서의 형식은 "모든 갑의 경우, 만약 갑이 사람이라면, 갑은 죽는다"는 것인데, 이것은 실제 가운데 갑이란 사람이 있는가의 여부에 대해서는 결코 긍정하고 있지 않다. 하지만 만약 이러한 갑이란 사람이 있다면 갑이란 사람은 죽는다는 것을 긍정하고 있다. ……철학은 진제(眞際, real: 본연, 형이상학적 이리)에 대해 형식으로 긍정할 뿐이지 사실로 긍정하는 것은 아니다.[86]

신이학의 형이상학 체계 가운데 몇몇 중요한 관념은 바로 이(理)·기(氣)·도체(道體)·대전(大全)…… 등이다. 이 네 가지 관념은 적극적인 내용이 없는 것이다. ……네 가지 형식의 관념은 바로 네 가지 형식의 명제에서 나온다.[87]

이른바 '이'(理)는 각개의 사물이 각개의 사물일 수 있게 하는 바의 의거이며, "산(山)이 산이지, 산이 아닌 게 아닌 것은 반드시 산이 산을 산일 수 있게 하는 바를 지니고 있기 때문"이다. 이렇게 "산을 산일 수 있게 하는 바"는 바로 '산의 이(理)'이며, 이러한 '이' 전체가 바로 '이세계'(理世界)이며 동시에 '태극'(太極)이기도 하다. 이러한 '이세계'의 '태극'은 논리로(사실이나 시간으로가 아니라) 실제 세계에 앞서는 것이다. 그것은 무한한 가능성으로 가득 찬, 이른바 "공막(空漠)하여 아무런 조짐도 없는 천지간에 만물이 장차 생겨나려고 하는 형상이 질서정연하게 늘어서 있는"(沖漠無朕, 萬象森然) "깨끗하고 공활한 세계"(洁淨空闊的世界)를 구성한다.

이른바 '기'(氣)는 바로 사물의 존재이다. 이 존재는 또한 구체적 사

---

86) 『신이학』(新理學), 9~10쪽.
87) 같은 책, 114쪽.

물의 구체적 존재를 가리키는 것이 아니라 이 구체적 사물의 존재의 기초를 가리킨다. 즉 "……모든 사물이 능히 존재할 수 있게 하는 것으로, 그 자체는 단지 하나의 가능적 존재에 지나지 않는다. ……이것은 바로 신이학에서 말하는 이른바 진원지기(眞元之氣)이다."[88]

또 '기'는 '이'(理)와 다르다. 왜냐하면 "어떤 존재가 그 존재일 수 있게 하는 것으로, 반드시 그 존재가 있어야 하는 것은 아니기"[89] 때문이다. '이'는 이 사물이 이 사물이 될 수 있게 하는 의거이자 규율이지만, 이 사물의 존재를 '이'가 보증할 수 있는 것은 아니며, 이것은 바로 '기'라는 가능적 존재에 의지해야 한다. 따라서 '기'는 여기서 또한 결코 어떤 구체의 물질, 사건을 가리키는 것이 아니며, 여전히 단지 하나의 논리의 존재, "단지 하나의 가능의 존재"에 지나지 않음을 알 수 있다. 그러므로 펑유란은 다시 말한다. "기는 결코 어떠한 것이(라고 설명할 수 있는 것이-옮긴이) 아니므로 기는 바로 무명(無名)이고 또한 무극(無極)이라고도 부른다."[90]

이래서 실제적 존재는 곧 '이'나 '기'에서 분리되어 있는 것이 아니며, '이'(즉, 태극)가 '기'(무극無極) 속에서 실현된 것이다. 또는 '무극'('기')으로 '태극'('이')을 실현한다고도 말한다. 그리고 이것이 바로 '유행'(流行)이다. '유행'의 전체는 바로 '도체'(道體)이다. "도체는 바로 무극에서 태극으로의 과정이다."(無極而太極的程序)[91] 그리고 이른바 '대전'(大全)이란 "모든 유(有)의 별명"이며, 또한 우주이기도 하다. 하지만 그것은 물질적 우주가 아니라 이른바 '태일'(太一)·'대일'(大一)·'묘일'(妙一)이며, 철학에서 이야기하는 "하나는 모두이고 모두는 하나이다"(一卽一切, 一切卽一)는 것이다. 이러한 '일'과 '대전'은 또한 여전히 형식적이고 논리적이며, 결코 실제세계의 유(有)나 관

88) 같은 책, 116쪽.
89) 같은 책, 같은 곳.
90) 『신원도』, 116쪽.
91) 같은 책, 117쪽.

계 등을 가리키는 것은 아니다.

'신이학'은 스스로의 임무가 이 네 가지의 논리명제, 형식관념을 제기하여 중국의 전통철학을 계승하고 바로잡는 것이라고 보았다.

역전(易傳: 『주역』)에서 말하는 도(道)는 우리가 말하는 이(理)에 가깝지만 또한 순수한 이만을 가리키는 것은 아니다. 도가에서 이야기하는 도는 우리가 말하는 기(氣)에 가깝지만 역시 순수한 기만을 가리키는 것은 아니다. ……그것들이 표시하는 것은 여전히 '사물의 원초'(物之初)가 아니다. 이와 같은 이른바 '사물의 원초'라는 것은 시간이 아니라 논리를 가지고 이야기하는 것이며, 이(理)와 기(氣)는 '사물의 원초'이다. 따라서 이와 기는 모두 사물을 최후까지 나누고 쪼개서 얻는 것이다.[92]

'이'와 '기'에 대한 이러한 새로운 해석은 아리스토텔레스의 형식과 질료(質料), 또는 형식의 형식과 질료의 질료라는 개념과 아주 유사하다. 다른 점은 펑유란이 여기서 사용하는 것은 논리개념이고 아리스토텔레스가 사용하는 것은 구체적이고 실제적인, 다시 말해서 펑유란이 비평하는 '그림과 같은'(즉 여전히 현실의 형상을 갖추고 있는) 내용을 남기고 있다는 점이다.

한 걸음 더 나아간 문제는 바로 이렇게 일종의 "실제에 얽매이지 않은" 논리, 이러한 완전히 허구의 철학 관념과 철학을 구성하는 것이 도대체 어떤 의미가 있느냐 하는 점이다. 펑유란의 답변은 대단히 명확하다. 아무런 실제의 용도나 성과, 의미도 없지만 그것은 인간의 경계를 끌어올린다는 것이다.

신이학은 스스로 이야기하는 것이 철학임을, 철학은 본래 단지 인

---

92) 같은 책, 119쪽.

간의 경계를 끌어올릴 수 있을 뿐임을 알고 있다. 또한 본래 인간으로 하여금 실제사물에 대한 적극적인 지식을 갖게 할 수 없으므로 그때문에 역시 인간으로 하여금 실제사물을 제어하는 재능을 갖게 하지도 못한다.[93]

······이러한 개념은 인간으로 하여금 하늘을 알고, 받들고, 즐거워하거나 나아가서는 하늘과 같아질 수 있도록 한다. 이러한 개념은 인간의 경계를 자연경계 · 공리경계 및 도덕경계 등의 여러 경계와 다른 것으로 한다. ······즉 철학의 쓸모없음이란 쓸모(無用之用)는 또한 커다란 쓸모(大用)라고 일컬을 수도 있다.[94]

이것은 다시 말해 철학이 철학일 수 있는 것은 결코 인간으로 하여금 어떤 구체적 재능 · 지식 · 경험 · 지혜를 획득하게 하는 데 있는 것이 아니고, 인간으로 하여금 좀더 효율적으로 자연을 정복하고 사회를 개조할 수 있게 하는 데 있는 것도 아니며, 오로지 인간으로 하여금 스스로의 정신경계를 높일 수 있게 하는 데 있다는 이야기이다. 정신경계를 끌어올리면 자연스럽게 좀더 총명하고 용감하고 효과적으로 어떠한 실제 사무든지 처리할 수 있게 된다. 펑유란은 자신의 이러한 철학은 능히 이른바 "허광(虛曠)의 경계를 거닐면서"(經虛涉曠) "탁 트인 대공"(廓然大公)의 마음을 얻게 할 수 있다고 생각했다. 이것은 또한 '성인'(聖人)의 경계이기도 하다. 따라서 이러한 철학이 이야기하는 것은 "인간을 성인이 되게 하는 길"[95]의 학문이다.

그리고 "성인은 왕(王)이 되는 데 가장 적합하다." 왜냐하면 "그의 경계 속에서 그는 천지의 만물과 짝을 이루지 않고(不與萬法爲侶), 진정으로 '그 공덕은 만물을 초월했으므로'(首出庶物) 사회의 최고 영수가

---

93) 같은 책, 121쪽.
94) 같은 책, 122~123쪽.
95) 같은 책, 123쪽.

되는 데 가장 적합하기 때문이다."[96] 이것은 다시 말해 바로 '성인'의 인생경계는 자연·공리·도덕 경계를 초월하고 만사만물(萬事萬物)을 초월했으므로 만사만물을 이끌고 가르칠 수 있다는 것이다. 따라서 "신이학은 가장 현허(玄虛)한 철학이지만 그것이 이야기하는 바는 여전히 내성외왕지도(內聖外王之道)이다."[97] 가장 실제에서 벗어나고 어떠한 현실의 구체적 내용도 내던져버린 형식·논리 관념에서 출발하여 마지막에는 이렇게 대단히 구체적이고 실제적인 결론으로 마무리된다. 이것이 바로 '신이학'의 기본특징의 하나이다.

슝스리나 량수밍과 마찬가지로 펑유란 역시 '내성'(內聖)으로 '외왕'(外王)을 제어하고, 인간의 정신경계·인생경계('낙천'樂天·'동천'同天)를 끌어올리는 것을 철학과 생활의 근본이 존재하는 곳이라 강조한다. 이 점은 뚜렷하게 송명이학의 전통을 계승하고 있다. 하지만 슝스리나 량수밍과는 또한 다르게 펑유란은 근현대 서양철학의 방법론과 논리학의 훈련으로 엄격한 단계적인 추리를 통해 순수한 형식·논리의 체계를 만들어내었다. 이것은 슝스리나 량수밍의 직관·전체 파악의 방식과는 근본부터 구별된다. 파악방식이 다를 뿐만 아니라 또한 내용이나 기질 역시 다르다. 펑유란의 '신이학' 철학은 슝스리의 철학체계와 같은 활발하고 유동적인 충력(冲力)이 없으며, 량수밍의 철학체계처럼 현존재(此在)의 생활을 강조하지도 않는다. 그것은 더욱 엄격하고 이지적인 것으로 바뀌었다.

슝스리가 '체용불이'를 강조하는 것과는 정반대로 펑유란이 강조하는 것은 '이세계'(理世界)의 주재성(主宰性)이다. 량수밍이 강조하는 '정감·직관'과는 정반대로 펑유란이 중시하는 것은 논리의 분석이다. 슝스리·량수밍의 끊임없이 바뀌면서 멈추지 않는 활발한 본체(생명·생활·정감·직관)와는 달리 펑유란의 그것은 질서정연하고 정태적인 본

---

96) 같은 책, 같은 곳.
97) 같은 책, 같은 곳.

현대 신유가 약론 467

체이다. '신이학'이 정·주를 계승한다고 자칭하여 육·왕(陸王)을 비판한 점도 슝스리나 량수밍과는 다르다. 그렇지만 슝스리·량수밍의 활발함, 전체적인 파악·직관 등의 특징은 전근대 철학의 성격과 비이성의 특징을 지니고 있으나, 펑유란은 도리어 현대 철학의 과학성과 이성정신을 갖추고 있다.

『신이학』의 작자는 비록 그 철학이 결코 실제에 대해 주장하거나 긍정하는 것이 아니라고 밝히고 있지만, 여전히 문화나 도덕·사회·정치 등 각 방면에 대해서는 대량의 논설을 발표했다. 이를테면 '신이학'의 철학에 의거하여 "같고 다름을 구분하고"(別共殊), "층차를 밝히는 것"(明層次)에서 출발하여 중서문화는 결코 각기 다른 특수한 유형이 아니며 시대단계의 차이가 있다. 다시 말해서 세계의 각 문화에 고(古)와 금(今)이라는 시대의 구분은 있으나 동과 서라는 지역의 다름은 없다고 펑유란은 주장했다. "일반인의 눈에 띄는 모든 중서(中西)의 구분은 대부분 고금(古今)의 차이이다."[98] "각종 문화는 본래 공공의 것이고 어떤 국가나 민족도 모두 이를 보유할 수 있지만, 그런데도 그 국가나 민족의 정체성을 잃는 것은 아니다."[99] 이것은 다시 말해 문화의 '이'(理)는 공공의 것이어서 각 민족이 보유하고 또한 반드시 보유해야 할 공상(共相)이지만, 각각의 구체적인 민족이나 국가로 나누어지면 또한 각기 서로 다른 형태의 개성·특수성으로 표현된다는 것을 의미한다. 펑유란이 강조하는 것은 '공상'이자 '이세계'이며, 따라서 중서문화는 공동의 규율(理)을 따르고 있으나 다만 발전단계가 다를 뿐이라는 것이다.

이 점은 량수밍이 중서문화는 처음부터 '방향'이나 '성질'이 달랐다고 강조한 것과는 완전히 상반된다. 펑유란이 강조하는 것은 공통성(일반)이고 량이 강조하는 것은 개성(특수)이다. 펑유란은 『신사론』(新事

---

98) 『신사론』, 14쪽.
99) 같은 책, 17쪽.

論)의 여러 곳에서 사회의 생산상태(농업이냐 대공업이냐), '경제제도'('가족본위'인가 '사회본위'인가)를 가지고 문화와 각종 사회현상을 해석하면서 "중국이 현재 거치고 있는 시대는 생산가정화(生産家庭化)의 변화에서 생산사회화(生産社會化)의 문화로 바뀌어 들어가는 시대이자, 하나의 전환시대"라고 지적했다.[100] 여기서 유물사관의 영향이나 흔적이 보이는 것 같다. 여기서 출발하여 펑유란은 '청나라 말기의 사람', 실제로는 장즈둥이 기계를 사들여서 실업을 제창한 것을[101] 칭송하면서 '중화민국 초기의 사람', 실제로는 '5·4' 운동이 지나치게 문화에 무게를 둔 것을 비판했다. 오히려 이런 점이 전자(前者)로 하여금 헛되이 시간을 끌게 하고 지연시킴으로써 중국이 부강해질 수 없는 결과를 낳았다는 것이다.

이러한 구체적인 견해가 전혀 이치에 맞지 않는 것은 아니다.[102] 하지만 이런 이치는 '신이학'이라는 "허광의 경지를 거치는" 철학 체계에서 추출해낸 것이 아니다. 저 '이세계'는 모든 사물의 가능성을 갖추고 있다고 내세우지만(즉 사물이 필연으로 드러내보이는 '이') 논리로도 어떠한 구체의 현실성도 끌어내지 못했고, 또한 그것이 조금도 가능하지 않았다. 그렇다면 이 구체의 현실성을 지닌 결론은 어디에서 나온 것인가? 왜 중서의 구분은 고금의 차이로 연결되는가? '신이학'은 결코 자신의 철학 속에서 제대로 된 이론에 의해 이런 것들을 끌어낼 수 없었다.

'신이학' 체계 자체는 하나의 논리적인 빈 틀에 지나지 않으며, 거기에 결핍된 것은 바로 이러한 현실적 역사관념이다. 따라서 이러한 '이세계'에서 어떻게 운동(運動)과 천이(遷移)가 이루어지는지, 즉 변화의

---

100) 같은 책, 72쪽.
101) 이 점은 아마도 "사상은 청말의 셴펑·퉁쯔연간(咸豊·同治年間)의 시절에 얽매어 있고, 의론(議論)은 샹향(湘鄉, 쩡궈판)이나 남피(南皮: 즉, 장즈둥)의 사이에 가깝다"고 한 천인커의 영향일 것이다.
102) 이 책의 「'서체중용'에 대하여」 참조.

'이'와 기타의 '이'가 '도체'(道體), '대전' 내에서 어떤 관계를 맺는지, 어떻게 연결되고 소통되는지 하는 점에 대해서 펑유란은 아무런 이야 기를 하지 않고 있다. 그가 거듭해서 밝히는 것은 단지 '이'와 '이세계' 가 바뀌지 않는 것이지만, 실제세계는 바뀐다는 점이다. 펑유란이 재삼 강조하고 아울러 자신의 철학 핵심으로 삼는 것은 바로 이러한 불변의 공통·보편·추상의 '이'이다.

바뀌지 않는 것은 사회나 또는 어떤 사회가 반드시 의거하는 이이 고 바뀌는 것은 실제사회이며, 이는 변하지 않으나 실제사회는 반드 시 모든 사회가 의거해야 하는 이를 제외하고는 수시로 바뀔 수 있으 며, 어떤 한 가지 사회의 이에 의거한 사회는 다른 사회의 이에 의거 한 사회로 바뀔 수 있다.[103]

일정한 사회·계급·단체의 '이'는 일정한 제도·도덕·표준·규칙 을 규정하며, 각기 다른 사회의 '이'는 각기 다른 제도·도덕표준·규 칙을 갖게 된다. 이러한 것들은 모두 '합리적'이지만, 각기 다른 차원에 서는 사실상의 차이나 충돌이 있을 수 있다. 이를테면 강도단체(强盜團 體)는 용감·공평·의기(義氣) 등 스스로의 도덕을 가질 수 있으나 강 도단체 자체나 그 도덕은 전체사회에 대해서는 오히려 부도덕한 것이 다. 또한 이를테면 "전쟁책임을 진 국가의 전쟁은 만약 보다 높은 사회 라는 관점에서 보면 부도덕한 것이나, 그 용감한 병사의 행위는 여전히 도덕적이다"[104]고 하는 것처럼 전쟁은 부도덕할 수 있지만 결코 이 때 문에 병사의 용감한 작전수행도 부도덕한 것이라 할 수 있는 것은 아니 다. 갖가지 구체적이고, 변화하는 실제의 도덕을 초월해 있는 공동의 도덕은 바로 바뀌지 않는 '이'임을 여기서 알 수 있다. 그것은 어떤 구

103) 『신이학』, 175쪽.
104) 같은 책, 170쪽.

체적인 사회존재를 유지하는 '이'가 아니라 모든 사회존재를 유지하는 '이'이다.

대부분의 도덕은 사회가 있기 때문에 존재하는 것이며, 사회가 있으면 이러한 도덕이 필요하다. 이 사회가 어떤 종류의 사회이든 상관없이 이 점은 변함이 없다. 도덕에는 이른바 신구(新舊), 고금(古今), 중외(中外)라는 게 없다.[105]

우리는 근대화(現代化)를 제창하지만 기본의 도덕이란 측면에서는 이른바 근대화가 있을 수 없다. ……사회제도는 바뀔 수 있으나 기본 도덕은 바뀌지 않는다. ……이를테면 이른바 "중학(中學)을 체(體)로 삼고 서학(西學)을 용(用)으로 삼는다"고 주장하는 사람들이 있는데 그것이 사회를 조직하는 도덕은 중국인이 본래 가지고 있는 것이며 지금 보태야 할 것은 서양의 지식·기술·공업이라는 이야기라면 얼마든지 할 수 있는 이야기이다. ……중국에 부족한 것은 문화의 지식·기술·공업 등이며, 중국이 가지고 있는 것은 사회를 조직하는 도덕이다.[106]

이러한 도덕을 중국인은 상(常)이라고 일컫는데, 상이란 바뀌지 않음을 말한다. 중국의 전통적인 설명에 따르면 오상(五常)이 있으니 바로 인·의·예·지·신(仁義禮智信)이다.[107]

오상은…… 어떤 (개별의) 사회의 이가 규정하는 규율에 따라 존재하는 것이 아니라 (일반의) 사회의 이가 규정하는 규율에 따라 존

---

105) 『신사론』, 220~221쪽.
106) 같은 책, 228~229쪽.
107) 같은 책, 같은 곳.

재하는 것이다. 그리고 이 또한 바로 '지선'(至善)이다. 이러한 '도덕의 본질적인 방법'에 따라 처리하면 선대의 성인과 후대의 성인(先聖後聖)은 마치 부절(符節) 조각을 맞추는 것처럼 완전히 일치할 것이다. 도덕에서의 '지선'과 '시기적절함'(時中)이 의거하는 것은 객관(이理)이지 주관(심心)이 아님을 여기서 알 수 있다.

왕양명의 뜻 역시 우리가 양지(良知)를 가지고 있다고 하는 데 지나지 않는다. 우리의 양지는 사물을 만나면 자연스럽게 그것을 아주 적절하게 처리할 방법을 알려주며, 우리는 단지 양지를 따라서 가기만 하면 된다. ……결국 우리가 이런 양지를 가지고 있는가 아닌가는 지금 논의하지 않겠다. 우리는 단지 이렇게 물을 뿐이다. 이른바 아주 적절하게 처리할 방법은 혹시 이른바 '천연지중'(天然之中)에 본래 당연히 있었던 것이고 우리의 양지가 그것을 알려주는 데 지나지 않는 것은 아닌가? 아니면 이 이른바 '아주 적절하다'는 것이 혹은 본래 '천연지중'에 있었던 것이 아니고 우리의 양지가 규정하는 것인가? 만약 우리의 양지가 규정하는 것이라면 우리는 이러한 규정을 내릴 때 제멋대로 규정을 내리는가 아니면 상황에 따라 어떤 사물의 처리에 대해 반드시 어떤 규정을 내리는 것인가? 우리의 양지가 제멋대로 규정을 내린다고 말하기는 곤란하다. 왜냐하면 이렇게 되면 일치된 도덕의 표준이라는 것이 없어지기 때문이다. 그러니 논리로도 이렇게 말할 수 없을 뿐만 아니라 사실상으로도 이런 식의 주장을 하는 사람은 없을 것이다.

우리의 양지가 상황에 따라 어떤 사물의 처리에 대해 반드시 어떤 규정을 내리는 것이라면, 이것은 어떤 상황에서는 어떤 사물의 정당한 처리방법에 대해 자연히 일정한 것이 있다고 하는 말이나 같다. 어떤 사람이든 만약 여기서 아주 적절한 것을 원한다면 반드시 이 방법을 따르게 되는 것이다. 이것은 또한 아주 적절하다거나 혹은 '천연지중'에 본래부터 있었던 것을 우리의 양지가 알려주는 데 지나지

않는다고 말하는 것이나 마찬가지다.[108]

　양지는 우리 지식 가운데의 슬기이며(知之智者), 우리의 지식이 좋을수록 우리의 지식은 더욱 슬기로워진다.[109]

　'인'(良知)을 '슬기'(智)로 해석하고, '이'의 객관성으로 '심'(心)의 주관성을 대체하며, 바뀌지 않는 공공 · 초월의 '이'와 '이세계'로 하여금 변화 · 유동 · 활발의 실제세계에 군림 · 주재 · 대응하게 한 점에서 펑유란은 슝스리나 량수밍과 뚜렷하게 다르다. 만약 슝스리가 단지 약간의 서양철학을 귀담아들었을 뿐이고, 량수밍은 서양철학의 몇 가지 주요관념(이를테면 '의욕'이나 '생활'과 같은)을 건져올렸을 뿐이라고 한다면, 펑유란은 서양의 현대 철학을 자각적으로 이용하여 스스로의 중국 철학을 처리하고 건립했다고 할 수 있을 것이다.
　앞서 인용한 몇 군데 단락에서 내용(기본관념)에서 형식(논증방식)에 이르기까지 펑유란의 이러한 특색——개념의 명료함, 논리의 치밀함, 철학의 논리성에 대한 강조——을 엿볼 수 있었다. 그는 러셀 등의 논리철학과 신실재론(新實在論)을 이용하여 중국의 전통철학을 계승하고 개조함으로써 공맹(孔孟)의 유문(儒門)과 송명이학의 '새로운 정통'을 열려고 했다. 펑유란은 정주이학의 '이'와 '기' 등의 기본범주를 완전히 실제내용을 제거해버린 극도로 추상적인 논리세계로 끌어올렸으나, 또한 여전히 현실세계의 각종 제도 · 도덕 · 규범 · 표준을 긍정하는 것으로 마무리지었다. '이'에 의해 "모든 현실적인 것은 모두 합리(이성)이다"는 점을 논증한 것이다. 그리고 이것 역시 바로 "고명함의 최고에 이르면서도 중용의 길을 걷는다"(極高明而道中庸)는 것이었다.
　펑유란은 이미 철학 노선에서 슝스리나 량수밍과는 뚜렷하게 차이가

---

108)『신이학』, 187쪽.
109) 같은 책, 193쪽.

있었다. 한쪽은 감정·생명·구체(具體)·충력(冲力)을 중시했고, 다른 한쪽은 이성·논리·추상·정태(靜態)를 중시했다. 그런데도 펑유란이 여전히 슝스리, 량수밍과 더불어 현대 신유가에 속하는 것은 펑유란이 자각적으로 명확하게 정주이학을 계승하고 발전시키는 것을 목적으로 삼았기 때문만은 아니다. 보다 중요한 것은 그가 '대전'(大全)과 동체(同體)인 '대인'(大仁), 즉 이른바 '천지경계'(天地境界)라는 것을 제기했다는 점이다. 이 경계는 자연경계, 공리경계와 도덕경계를 뛰어넘는 것이며, '궁리'(窮理)와 '진성'(盡性)에서 '하늘을 알고'(知天) '하늘을 섬기는 것'(事天)을 거쳐 '하늘과 하나가 되는 것'(同天)으로 나아가는 것이다. 이것은 슝스리나 량수밍이 추구한 우주정신, 인생경계와 완전히 일치한다.

우리는 치지(致知)에서 시작하여 대전(大全)을 얻게 된다.[110]

대전의 관점을 얻음으로써 사물을 보고 아울러 자신을 대전에 의탁하게 되면 경험에 대한 초탈과 자신에 대한 초탈을 얻을 수 있게 된다.[111]

자신을 초월하는 경계에 있는 사람은 자신과 대전의 사이에 아무런 간격도 경계도 없음을 느끼게 되니, 자신이 대전이고 대전이 자신이다. 이것이 이른바 "완전히 사물과 같은 몸이 되는 것"이다.[112]

경험을 초월하고, 자신을 초월한 경계에 이르고, 또한 스스로 이 경계에 이르렀음을 알게 된다면 바로 이 경계를 누릴 수 있다.[113]

---

110) 같은 책, 310쪽.
111) 같은 책, 305쪽.
112) 같은 책, 311쪽.
113) 같은 책, 같은 곳.

한 사람이 스스로 대전(大全)과 같아진다면, 즉 아(我)와 비아(非我)의 구분, 그에 대한 것이 존재하지 않게 된다. ……이러한 경계를 우리는 동천(同天)이라 하며…… 지천 · 사천 · 낙천 등은 이러한 경계에 이르기 위한 일종의 준비에 지나지 않는다.[114]

그것은 경험을 초월하고 사변을 초월한 "불가사의"(不可思議)이며, "말로 표현할 수 없는 것"(不可言說)이다.

그러나 생각하고 따지는 게 불가능하다(不可思議)는 것은 반드시 생각하고 따진(思議) 다음 얻는 것이요, 이해할 수 없다는 것 역시 반드시 이해를 시도해 보아야 얻는 것이다. 생각하고 따진 다음에야 그것이 생각하고 따질 수 없는 것임을 알게 된다. ……학자(學者)는 반드시 생각하고 따진 다음에야 생각하고 따질 수 없음에 이르게 된다. 이해를 거친 다음에야 이해할 수 없는 것에 이르게 된다. 생각하고 따지는 게 불가능한 것이나 이해할 수 없다는 것은 생각하고 따지고 이해하는 것의 최고의 획득이다.[115]

"천지만물과 하나가 되는" 형이상학의 인생경계를 추구하는 것은 송명이학과 슝스리, 량수밍이 공유하는 하나의 기본적 특징이다. 이러한 인생경계를 개인의 끊임없는 수양 · '깨달음'(覺解) 위에 건축한 것, 다시 말해 '내성'의 도를 근본으로 삼으며, 개인의 수양을 통해 최고의 인생경계에 도달하는 것을 철학의 근본으로 삼는 것은 이러한 전통의 기본특색이다. 이런 방면에서 펑유란은 그들과 완전히 일치하고 있다. 따라서 펑유란 역시 마찬가지로 순자(荀子), 한대(漢代)의 유자(儒者), 진량(陳亮) 등을 깎아내린다. 그들 철학의 체계로서의 주요한 차이는

---

114)『신원인』(新原人), 96쪽.
115) 같은 책, 98~99쪽.

슝스리가 '심물불이'를 우주론 · 본체론으로 바꿔치고, 량수밍이 정감과 직관을 문화철학으로 삼아 감성 · 인본 · 동태의 생명 방면에 주의를 기울인 것에 비해 펑유란은 논리 본체론으로 이성과 이지를 강조하는 측면을 구축했다는 데 있다.

앞서 다룬 "생각하고 따질 수 없는 것", "이해할 수 없는 것", "말로 표현할 수 없는 것"이라는 '천지경계'를 가지고 이야기한다면 펑유란은 반드시 "생각하고 따지는 것", '이해', '말'(言說)을 통과하여 도달할 수 있다고 주장한 반면, 슝스리나 량수밍은 이런 것으로는 안 된다고 주장한 것이다. 따라서 펑유란의 이러한 도달은 항상 일종의 '인지'이지 결코 체험은 아니다. 직관이나 정감 · 충력이 아니라 "생각하고 따지는 것", '이해', '말'(言說)로써 이 본체—정신경계—를 논증하고 설명하고 인지하기 때문에 펑유란이 제시하는 것은 여전히 주로 '지'(知)의 방면이다. 슝스리나 량수밍이 강조하는 것은 도리어 바로 '지'를 통하지 않는 체험이다. 요컨대 펑유란의 주지주의(主知主義) 특색은 주관의 작용을 강조하는 중국 현대 철학의 주류(공산당이든 국민당이든 아니면 신유가이든)에서는 비교적 보기 드문 것이고 고립된 것이다. 동시에 이론에서도 또한 비교적 단출하지만, 그가 앞사람들보다 뛰어난 점은 근대의 엄격한 논리적 역량과 과학의 방법을 이 영역에 끌어들였다는 점이다.

펑유란은 량수밍보다 두 살밖에 적지 않지만 량수밍의 제자세대에 해당된다. 중국 근현대의 사상논리로 보면 여섯 세대 가운데 그는 세번째 세대에 속한다. 이 세대 지식인 가운데 성취를 이룬 사람들은 대략 몇몇 구체적인 전문영역(정치 · 군사 · 학술……)에서 몇 가지 구체적인 패러다임을 창조했으며, 그것은 두번째 세대의 그것과는 달리 보다 과학화되고 실증되며 전문화되었다. 또한 앞 세대와는 달리 명석하고 개방되었고 활달하지만 그래도 모호하고 두루뭉술하고 공허하다. 이것 역시 취추바이 · 마오쩌둥 · 펑유란 · 천인커 · 구제강 등이 리다자오 · 천두슈 · 후스 · 량수밍 · 첸쉬안퉁 등과 다른 점이다. 이런 점에 대해서는 다른 글에서 다시 다룰 참이다.

4 머우쫑싼

머우쫑싼(牟宗三)은 여기서 간단히 다루려고 하는 네번째 사람이다. 펑유란과 마찬가지로 머우쫑싼 역시 대학강단의 전문 철학자이다. 이러한 현대형 철학자의 특징 가운데 하나는 전공으로서의 철학과 그 개성·인격 및 행위규범은 결코 직접 필연의 연계가 있는 것이 아니라는 점인데, 이 역시 펑유란과 머우쫑싼이 슝스리나 량수밍과는 다른 점일 것이다. 슝스리나 량수밍은 전근대(前現代)에 속하며 도덕·인격과 학문·지식은 여전히 나눠지지 않았으며 같을 필요가 있었다. 그러나 강단철학의 철학자는 자신과 자신의 철학이 직접적인 실천을 갖추거나 같은 성격을 지니도록 요구받지 않는다.

펑유란이 철학사의 연구와 저술을 통해 자신의 철학을 제기하고 해석한 것과 마찬가지로 머우쫑싼 역시 대량의 철학사 저술을 통해 자신의 철학 관점과 체계를 제시하고 해석했다. 그는 슝스리의 제자로서 펑유란을 엄격하게 비판하면서 '생명'으로 돌아올 것을 요구했다.

이성적 이해 역시 단순한 객관적 이해를 의미하는 것은 아니며, 생명 속으로 그것을 녹여들여야만 비로소 진실이 될 수 있으며 또한 반드시 이에 상응하는 생명을 그 기점으로 삼아야 한다. 그렇지 않으면

옛사람의 말뜻을 알아듣고 그 원래의 모습을 찾아낼 수 없다.[116]

　머우쭝싼의 중국 철학사에 관한 유명한 명제는 육·왕을 높이 치켜세우고 정·주를 깎아내림으로써 전통의 구설(舊說)에 반대하는 것이다. 즉 정이(程頤)와 주희는 『대학』(大學)을 주지로 삼는 "남의 아들로 종가를 잇게 한 방계"(別子爲宗)이며, 진정으로 공자를 계승하고 『논어』·『맹자』·『중용』에 중심을 두는 것은 그밖의 다른 송명시대의 대유(大儒), 특히 호굉(胡宏)과 유종주(劉宗周)라는 것이다.[117]

　머우쭝싼은 이학의 '이'를 다양한 의미가 있다고 분석하여 송명이학가들이 이야기하는 것은 바로 '성리지학'(性理之學), 즉 '심성지학'(心性之學)인데, 이 '성리지학'은 "또한 도덕이면서 종교여서 바로 도덕과 종교를 하나로 아우르는 것이다"라고 본다.

　　송명시대 유자들이 강학할 때의 요점과 무게중심은 오로지 도덕적 본심과 도덕창조의 성능(도덕적 실천을 가능하게 하는 선천적인 근거)에만 두어졌는데…… 이 심성지학은 또한 '내성지학'(內聖之學)이라고도 한다. '내성'이란 것은 안에서 자신으로부터, 즉 자각하여 성현(聖賢)이 되기 위한 노력을 하는 것(도덕의 실천)으로 그 덕성과 인격을 발전·완성시키는 것을 가리킨다. ……송명유자들의 강습(講習)은 특히 '내성'의 측면을 중시했다.[118]

　이것은 당연히 아주 분명하게 머우쭝싼이 이어받고자 하는 신유학의 전통을 드러내는 것이다. 송명이학은 본래 일종의 준종교의 도덕철학

---

116) 「서」(序), 『심체와 성체』(心體與性體) 제1책, 타이베이, 正中書局, 1973, 1~2쪽.
117) 머우쭝싼은 송명이학을 세 계통으로 나눈다. 즉, 『논어』와 『맹자』를 주로 하는 육·왕 계통, 『중용』과 『역전』을 주로 삼는 오봉(五峰)과 자산(蕺山) 계통, 그리고 『대학』을 주로 하는 정이·주희 계통이다.
118) 「종론」(綜論), 『심체와 성체』, 4쪽.

이었고(『중국 고대사상사론』의 「송명이학」宋明理學片議 참조), 종교의 의식·신앙·조직은 없었으나 윤리를 가지고 종교의 기능을 대체했다. 머우쭝싼은 이러한 '내성지학'은 바로 일종의 '도덕적 종교'(道德的宗敎)를 건립하는 것이며, 따라서 그것은 일종의 '도덕적인 형이상학'(道德的形而上學)이라고 지적했다. '도덕의 형이상학'은 지성(知性)의 도덕철학이 아니라 도덕을 통해 형이상학의 본체에 접근·도달하려는 실천체험이었다. 이 점 역시 바로 머우쭝싼이 펑유란에 반대하는 핵심이 관련된 부분이다.

따라서 머우쭝싼은 이른바 '성리'는 "결코 성은 이(性卽理)가 아니고 성이자 이이며(卽性卽理)", '성'을 떠나 따로 '이'가 있는 것이 아니고, 따로 '성의 이(性之理)'가 있는 것도 아니며, "본심, 즉 성"(本心卽性)으로서의 '이'는 바로 '본심' 가운데 있다고 한다. 경험현상으로서의 '도덕본심'(道德本心)과 초경험의 '도덕본성'(道德本性)은 하나의 것이라는 말이다. '심체'(心體)와 '성체'(性體)는 둘이면서도 하나이다. 왜냐하면 '성'은 다른 것이 아니라 "본심이 바로 성이며", 이 본심은 바로 '성'(性)과 '천'(天: 본체)의 합일인 활발한 도덕적 실천이기 때문이다. 또한 이것이야말로 공자가 말하는 '인'이다.

인이 뜻하는 전체적인 의미(義蘊)는 모두 도덕의 본심 가운데로 거두어지며, 본심은 바로 성이다. ……모든 덕의 원천으로서의 인은 또한 바로 우리 성체(性體)의 실질이기도 하다. 성(性)을 인(仁)으로 포섭한다, 인(仁)을 심(心)으로 포섭한다, 존유(存有: Being)를 활동으로 포섭한다(攝性于仁, 攝仁于心, 攝存有于活動: 강조는 머우쭝산)고 함은 도덕을 실천하는 입장에서 말한 것이다.[119]

그리고 소정(정이)과 주자(朱子)의

---

119) 같은 책, 26쪽.

실체·성체에 대한 이해에는 편차가 있다. 즉 단지 이(理)로만, 단지 존재할 뿐 활동하지 않는 것으로서만 파악하는데, 이것은 "심원(深遠)하여 끝이 없는(於穆不已)" 실체의 본의를 잃는 것이며, 또한 도덕을 창조할 수 있는 '성체'(性體)의 본뜻을 잃는 것이기도 하다.[120]

머우쭝싼은 아주 자세하고 정밀하게 그리고 반복하여 정이와 주희, 즉 정주이학을 비판하는 가운데 자신이 강조하는 공맹의 진정한 정종(正宗)을 두드러지게 만들었다.

머우쭝싼은 철학사의 입장에서 도가·고자(告子)·순자(荀子)·동중서(董仲舒)·왕충(王充) 등은 "생(生)으로 성(性)을 이야기했다"고 하면서 이것은 바로 송대의 유자들이 이야기하는 '기질지성'(氣質之性)으로, 생리기질(生理氣質)의 내용을 지닌 '성'이며 송명이학에 속하지 않고 당연히 공문(孔門)의 정통에도 속하지 않는다고 지적했다. 정·주가 크게 다룬 '의리지성'(義理之性)은 비록 송명이학에 속하지만 역시 단지 하나의 이론적 형이상학, 하나의 지성추상적(知性抽象的) 논리구조에 지나지 않으므로 '주관주의적 도덕 형이상학'일 뿐이고, "플라톤이나 아리스토텔레스의 전통에 가깝고 이와 같은 유형에 속한다"고 머우쭝싼은 생각했다.[121] 왜냐하면 정·주는 '성'과 '정'(情: 이를테면 '인' 仁 '과 '애' 愛), "음양인 까닭"(所以陰陽)과 '음양'을 분리시켜, 다음과 같이 말했기 때문이다.

단지 '존재지연'(存在之然)에 대해서만 그렇게 되는 까닭인 정연지리(定然之理)를 추증(推證)하여 정연지성(定然之性)이라고 생각했기 때문이다. "음양은 기(氣)"이며, 형이하(形而下)의 것이고 "음양을 음양이게 하는 것"은 도(道)이고, 이(理)이며, 형이상(形而上)

---

120) 같은 책, 32쪽.
121) 같은 책, 97쪽.

의 것이다. 음양기화(陰陽氣化)는 실연(實然)의 존재이고, 존재와 부존재가 있으나(생멸의 변화가 있으나), 그렇게 만드는 이는 단지 존유(存有)할 뿐 이른바 존재나 부존재라는 것이 없다. "인의 성은 애정이다"(仁性愛情)고 할 때 인은 애정의 실연(實然)에 대응하여 그렇게 되는 까닭인 정연지리를 이루며, 이 정연지리는 바로 그 성(性)이다.[122]

이 이(理)는 어떤 존재물(存在物)이나 사(事)의 내용의 구구절절한 징상(徵象)을 드러내는 것이 아니라 단지 '존재지연'(存在之然)의 존재만을 드러내며, 단지 초월적·정태적·형식적으로 그 존재를 설명해줄 뿐이다.[123]

그것은 실제로는 일종의 귀납법으로 얻어낸 보편적인 '유개념'(類槪念)일 뿐이며, 진정으로 어떠한 활발한 현실적 감성내용도 갖추고 있지 않다. 구체적인 도덕역량이나 실천활력이 아님은 더욱 말할 필요가 없다. 이것은 다시 말해 정·주가 생생하게 살아 있는 존재(도덕의 실천)를 존재에 군림하고 주재하는 정태·지성·형식의 '이'와 '성'으로 바꾸어버림으로써 존재(도덕의 실천)가 본래 갖추고 있는 자신행동(自身行動)의 활력을 완전히 잃어버리게 하였다는 의미이다.

이와 같은 정태적인 인지성(認知性)의 '의리지성'이 치켜세우는 윤리도덕은 실제로는 일종의 타율도덕에 지나지 않고 자율도덕이 아니므로 "이(理)가 초월하여 심(心)을 율도(律導)하는 것이다."[124] 왜냐하면 그것은 외재·보편의 개념의리(義)에서 나온 것이지 개체에 내재하는 도덕본심에서 나온 것이 아니기 때문이다. 그리고 그것은 "지식문제

---

122) 같은 책, 82쪽.
123) 같은 책, 89쪽.
124) 같은 책, 50쪽.

와 도덕(成德)문제를 뒤섞어 함께 이야기하는 것"125)이므로 도덕의 초월적 본성을 뚜렷하게 할 수 없다.

펑유란이 스스로의 근대 논리를 중국 철학사의 연구에서 훈련시켜 맨 처음으로 '천'(天)의 다양한 함의(물질의 천天, 주재의 천, 운명의 천, 자연의 천, 의리의 천 등 5종)를 분석함으로써 정호(程顥)와 정이 철학의 근본 차이를 성공적으로 밝혀냈으며 아울러 순수한 논리적 추상의 도움을 빌어 정주이학의 이지주의의 특징을 발전시켰다고 한다면, 머우쫑싼은 도리어 이러한 특징에 반대하여 현대의 실존주의에 대한 감수성을 가지고 중국 철학사 연구에서 정·주와 육·왕의 깊은 차이를 구분해냈고 아울러 실천이성(實踐理性)이 이론이성(理論理性)보다 높은 칸트철학의 정신을 빌려 육왕심학(陸王心學)의 도덕주체성을 발전시켰다고 할 수 있을 것이다.

따라서 머우쫑싼은 마치 펑유란의 대립 면에 서 있는 것과 같다. 머우쫑싼은 절대(絕對)는 정태·존재·객관의 '이'가 아니라 활동·존재·주관의 '이'이자 '심'이며, 이것이야말로 구체적이고 진실한 본체이고, 자율도덕의 근원이라고 강조한다. 이러한 '심체'는 또한 '성체'이기도 하다. 따라서 "우주질서는 도덕질서이며, 도덕질서는 우주질서이다."126) 이러한 도덕질서와 우주질서는 본심, 즉 도덕주체의 살아 있는 자율적 실천에서 나온 것이다. 이것은 또한 바로 "성자의 자비로운 마음은 모든 것을 포용한다(聖者仁心無外)는 것과 같은 '천지기상'(天地氣象)"이기도 하다.127)

머우쫑싼은 오로지 이것이야말로 중국 유학의 '내성지도'라는 독창적인 정수일 수 있으며, 또한 이것은 칸트를 포함한 서양철학에는 결여된 것이라고 강조했다.

---

125) 같은 책, 같은 곳.
126) 같은 책, 37쪽.
127) 같은 책, 같은 곳.

그쪽의 철인들 가운데 실체(實體, Reality: 실재實在)를 이야기한 사람은 많다. 이를테면 브래들리는『현상과 실체』, 화이트헤드는『과정과 실체』, 베르그송은『창화론』(創化論)이란 저작을 썼으며, 최근 하이데거의 실존철학은 '존재'에 대해서 크게 이야기하면서『존재와 시간』이란 책을 내놓았고, 러셀의 논리원자론(論理原子論) 역시 상당히 찬탄할 모습을 보여준다. 대체로 러셀이나 플라톤처럼 지식론에서 시작하든지, 아니면 화이트헤드나 아리스토텔레스처럼 우주론에서 시작한다. 또는 하이데거나 후설처럼 본체론에서, 베르그송이나 모건처럼 생물학에서, 듀이나 실러처럼 실용주의에서 시작한 경우도 있다. 또는 스피노자나 라이프니츠, 데카르트처럼 독단적이고 순수분석적인 형이상학에서 시작한 경우도 있다. 이것들은 모두 정교하고 풍부한 이론을 갖추고 있어 읽으면 사람의 심지를 돋워주고 깊은 생각을 개발하게 해준다. 하지만 실체를 이야기하든 존재를 이야기하든 모두 어느 하나 '성체'(性體)의 개념이 없고, 유자의 도덕 실천의 근거로서 능히 도덕적 창조를 낳을 수 있는 '성체'의 관념을 제대로 파악하고 실체나 본체·존재를 이야기하는 경우도 없다. 어디에서 출발하든 모두 도덕의 진로를 통해서 들어오는 것이 아니므로 그들이 이야기하는 실체·존재·본체는 단지 현상을 설명하는 철학(형이상학) 개념에 지나지 않아, 도덕의 실천이 사람을 도덕의 존재로 만드는 것과 관계를 맺을 수 없는 것이다……. 그 가운데 유일한 예외는 칸트이다.[128]

그러나 칸트가 비록 도덕에서 출발하여 본체에 이르기는 했으나 여전히 자유의지의 실천이성을 일종의 공식(가설)으로 삼고 있었고, 단지 "이치상 당연히 이러할 것이다"는 식이지 이론으로 그 진실한 존재에 도달한 것은 아니었으므로 여전히 다만 하나의 이지주의의 헛된 이

---

128) 같은 책, 37~38쪽.

론에 지나지 않았다. 도덕을 가설이 아니라 '드러남'(모現)으로서 긍정하는 것이야말로 "사람들마다 모두 지니고 있는 '성'(性)"[129]이며, 이래야만 자유의지 또는 의지의 자율이 진실하고 실재의 것이 되게 할 수 있다. 이것이 바로 "정종(正宗) 유가에서 이야기하는 '성'의 숨겨진 뜻이다."[130]

정종 유가는 이러한 성체와 심체가 반드시 진실한 것임을 긍정했으므로…… 그것이 드러내는 바의 자율의 도덕법칙은 자연히 보편성과 필연성을 갖게 되며, 자연히 모든 외재의 속박을 끊고 필연적이고 무조건의 것이 된다. ……맹자는 말했다. "넓은 영토와 많은 수의 백성을 거느리는 것은 성군이 바라는 바이지만 그가 추구하는 즐거움은 여기 있지 않다. 천하의 중앙에 몸을 두고서 천하의 백성을 안정시키는 것, 성군은 이것을 즐거움으로 삼는데, 그가 추구하는 본성은 여기 표현되지 않는다. 성군이 추구하는 본성은 자신의 주장이 천하에 널리 통행되더라도 이 때문에 덧붙여지는 바가 없으며, 빈궁하게 찌들려 산다고 할지라도 이 때문에 잃는 것이 없다. 본분은 이미 정해져 있기 때문이다." 여기서야말로 도덕인격의 존엄함을 진정으로 찾아낼 수 있으며, 이것은 또한 칸트가 말하는 "절대의 선 의지는 모든 대상에 관하여 결정을 하지 않는다"는 구절의 뜻이기도 하다. 반드시 모든 외재의 속박을 잘라내야만 비로소 의지의 자유를 드러낼 수 있게 된다는 것이다.[131]

그것이 진정한 자율인 이유는 또한 바로 그것이 단순한 관념이나 이념이 아니고, 일반적인 인식이나 지식도 아니며, 반드시 실천활동 가운데 "걸음걸음마다 드러나는" '실천적 덕성(德性)의 지(知)'이기 때문

---

129) 같은 책, 137쪽.
130) 같은 책, 같은 곳.
131) 같은 책, 137~138쪽.

이다. 그것은 하나의 직관적 체인(體認)·체증(體證)·깨달음(證悟)이며, "무릇 모든 체인은 직관이다."[132] 이러한 직관의 '체증', '드러남'(呈現)은 비록 구체적인 경험이 제공하는 것이지만 그것이 경험하고 깨닫는 바는 오히려 "특수하지만 또한 보편적이고, 아주 심하게 바뀌지만 또한 영원히 바뀌지 않는 것"이다.[133] "성체와 심체 또는 의지의 자유는 바로 이렇게 체증 속에서, 진실화와 충실화 속에서 진실한 생명의 체계로 되면서 그 본신(本身)의 절대적 필연성을 얻는다(강조는 머우쭝싼).[134] 이래야만 "유가의 학설에 비추면 비로소 성체와 심체의 주재성을 드러낼 수 있게 된다."[135] 이 '성체'와 '심체'는 이때 이미 단순한 도덕행위의 성취가 아니라 '천지지성'(天地之性)이 되어 형이상학의 우주론의 의미를 지니게 된다. 그래서 머우쭝싼은 이것이 '도덕적 형이상학'(道德的形而上學)이지 '도덕의 형이상학'(道德底形而上學)이 아니라고 지적했다. 전자에서 본체는 바로 도덕과 심성이지만, 후자는 단지 도덕에 대해 약간 이론의 체계를 만들어주는 데 지나지 않는다는 것이다.

머우쭝싼은 수차례 '독일의 이상주의'와 하이데거를 언급하면서 신유학의 도덕적 형이상학이 실존주의를 초월했다고 주장한 적이 있다. 하이데거는 "저 주체주의(主體主義)의 중심을 떠나 객관적이고 독립적인 존유(실존) 자체의 체회(體會)로 나아가고 있고", 외향적으로 '객관자성의 존유론'(客觀自性的存有論)을 구축하고 있기 때문이라는 것이다.[136] 머우쭝싼의 얘기에 따르면 이것은 단지 "후천적이고 하늘의 시간을 떠받는 것"(後天而奉天時)에 지나지 않는다. 다시 말해 사람이 "자기에게 아무런 본성도, 본질도 없다고 하며 스스로를 공허하게 만드는 것

---

132) 같은 책, 171쪽.
133) 같은 책, 같은 곳.
134) 같은 책, 같은 곳.
135) 같은 책, 138쪽.
136) 같은 책, 186쪽.

이다. 그러나 완전히 실유(實有)에 복역(服役)하는 것이 바로 인간의 본성이자 본질이며, 바로 진실로 존재하는 인간이다."(강조는 머우쭝싼)[137] 이것은 "선천적이면서 하늘에 거스르지 않는 것"(先天而天弗違)과 서로 대립하며, 이것이 바로 "존재의 결단에 집착하여 그 본체를 잊는 것"[138]이고, 객관화한 재(在) 때문에 주관의 현존재(此在)를 잊는 것이다. 실제로 "양지(良知)의 즉각적인 결단은 또한 그(하이데거)의 '존재윤리' 속에서의 존재적 결단이고, 유일무이한 결단이며, 어떤 사람도 당신을 대신할 수 없는 결단이다."[139] 따라서 본체론·우주론과 이 도덕형이상학을 분할시킬 수 없다. 다시 말해 이러한 도덕의 '성체'와 '심체'를 본체로 삼지 않는다면 여전히 잘못된 것이다.

머우쭝싼은 화이트헤드의 과정우주론(過程宇宙論)과 하이데거의 존재본체론은 단지 미학적 영혼만을 갖추고 있을 뿐이며, "인생진리의 최후 입장은 실천이성을 중심으로 건립된다. 지성이나 심미에서 시작해서는 모두 이러한 최후의 입장에 이를 수 없다"고 지적했다.[140] 공학(孔學)에서 이야기하는 "음악에서 완성된다"(成於樂)는 경계는 결코 미의 판단에 의해 의지와 자연을 소통시키는 것이 아니며, "인을 실천하고 성(性)을 다하여 동화에 이르는 경계"(踐仁盡性到化的境界)이고, "도덕의지의 두드러진 방향을 지닌 목적성이 자연스럽게 '자연'에 녹아들어 그 '방향성'이 보이지 않게 되고, 또한 무방향의 목적, 무목적의 목적이 된다. ……모든 것이 도덕의의(道德意義) 속의 '자연'에 녹아들어 "도덕성체와 심체가 철저하게 파고든 자연이 되며, 이것이 바로 가장 참되고 아름답고 착한 진실한 합일이다."[141]

요컨대 어떠한 객관성을 갖춘 지식이나 심미가 아니고 오로지 도덕

---

137) 같은 책, 같은 곳.
138) 같은 책, 187쪽.
139) 같은 책, 같은 곳.
140) 같은 책, 188쪽.
141) 같은 책, 177쪽.

적 실천만이 인간의 주체성이고 또한 이것이야말로 우주 · 본체 · 질서이고, 진선미의 주된 줄기이다. 머우쭝싼은 도덕주체성을 극도로 높이 치켜세우고 이것을 본체로 삼았기 때문에 펑유란의 '이(理)세계'를 공개적으로 반대했을 뿐만 아니라 실제로는 슝스리의 우주론적인 본체관에도 결코 만족하지 못했다. 그는 도덕본체(성체와 심체)가 개인의 실천에서 드러나면 충분하지 더이상의 것은 필요 없다고 생각했다. 그것은 "생명 가운데 모든 비이성의 부분을 없애버려 감성의 역량이 우리를 지배하지 못하게 하며,"[142] 동시에 우리의 자연스러운 생명을 더욱 광채가 나도록 할 뿐만 아니라 심지어는 "사지백체(四肢百體) 전체가 모두 성체에 의해 촉촉해질 수 있게 된다"고까지 말하는 것이다.

하지만 이것 역시 과연 어떻게 가능하단 말인가? 이에 대해 머우쭝싼은 결코 자세한 설명을 하지 않는다. 머우쭝싼은 맹자의 양기설(養氣說)[143]에 주목하거나 그것을 발전시키지 않은 것 같다. 머우쭝싼은 단지 이것이 공 · 맹 · 육 · 왕 특히 왕학의 정종 유가 노선이라고 거듭해서 밝힐 뿐이다. 하지만 머우쭝싼이 강조하는 것은 개체의 주체적 도덕실천이기 때문에 이러한 실천은 당연히 또한 감성에서 분리될 수 없다. 왕양명과 마찬가지로 여기서는 감성과 초감성, 살아 있는 생생한 인간이란 자연존재와 도덕적 자율 사이의 내재적 모순을 키워내고 있으므로, "머우쭝싼에 의해 정종으로 치켜올려진 왕학은 어느 길로 가든(용계龍溪, 태주泰州, 또는 자산巇山) 모두 발전 전망이 없었으며, 그것은 또는 자연인성론으로 빠지든지 아니면 종교 금욕주의로 빠져들었다."[144] 머우쭝싼 자신의 이론 역시 장차 이러할 것이다.

슝스리 · 량수밍 · 펑유란 · 머우쭝싼을 막론하고, 또한 강건 · 충력 · 직관 · 정감 · 이지논리 또는 도덕본체를 막론하고 현대 신유학은 인류

---

142) 같은 책, 179쪽.
143) 리쩌허우, 「공자와 맹자의 철학」(孔子再評價), 『중국 고대사상사론』 참조.
144) 같은 책, 263쪽.

초생물의 성능 · 역량과 존재의 본원이 존재하는 바를 진정으로 탐구한 적이 없으며, 나아가 존재와 활동, 필연과 자연, 도덕과 본체의 진정한 관계를 찾을 수도 없을 것이다.

머우쭝싼의 철학 저작과 체계는 1960~70년대에 성숙했다. 슝스리 · 량수밍 · 펑유란과 더불어 마치 하나로 연결된 사다리를 이루고 있고, 이 사다리는 역사적 · 논리적인 정반합(正反合)의 전체 과정으로 표현되는 것처럼 보인다. 헤겔의 동그라미를 아무 데나 써먹기는 곤란하지만 여기 적용하면 오히려 아주 잘 들어맞는다. 그러나 이것은 결코 인식론의 동그라미가 아니다.

슝스리와 량수밍은 생명 · 정감 · 직관을 가지고 크게 떠들었지만 하나의 상당히 광범하고 공활한 총체적 파악 위에서 이야기를 한 것이라 볼 수 있다. 슝스리는 우주론의 입장에서, 그리고 량수밍은 문화의 입장에서 이야기를 한 것이다. 펑유란은 이와는 반대로 현대 서양의 논리 철학을 무기로 삼아 이지주의의 '신유학' 체계를 구성하여 형식(추리 논증방식)에서 내용까지 슝스리나 량수밍과는 현격하게 달랐다. 그가 정주철학으로 육왕철학에 반대한 것은 슝스리와 량수밍에 대한 1차 부정이다. 머우쭝싼은 앞서의 인용에서도 알 수 있듯이 격렬하게 펑유란을 부정하고 슝스리에게 돌아갔다. 머우쭝싼은 다음과 같이 과거의 일을 회고한 적이 있다.

30년 전 내가 베이징대학에 있을 때, 하루는 슝 선생, 펑유란 씨와 이야기를 나누게 되었다. 펑씨는 왕양명이 이야기한 양지(良知)는 하나의 가설이라고 말했다. 슝 선생은 이를 듣고 크게 놀라서 말했다. "양지는 드러나는 것인데(良知是呈現) 어떻게 가설이라고 말할 수 있소?" 나는 그때 옆에서 조용히 듣고만 있었는데 펑씨 이야기의 근거는 칸트였다. ……그리고 슝 선생의 말을 듣고 크게 감동을 받아 이목(耳目)이 일신되었다. ……"양지는 드러나는 것이다"는 뜻은 내 마음속에 아주 깊이 새겨져 잊혀진 적이 없었다.[145]

머우쫑싼은 확실히 슝스리가 제창한 왕학의 심(心)을 체(體)로 삼는 노선을 잊지 않았다. 하지만 그는 아주 뚜렷하고 분명한 논리의 추론에 의해 송명이학 각 파의 사상적 차이를 층차별로 세밀하게 분석했으며, 실천이성으로서의 도덕적 활동을 가장 앞서는 첫번째 자리에 올려놓는 심각함을 보여주었다. 펑유란은 말한다. "사람은 우선 아주 많은 말을 한 다음에야 침묵을 유지하게 된다."[146] 아주 많은 이야기를 하는 단계를 통과한 다음에야 "말할 수 없는 것"이 있음을 알게 된다는 것이다. 머우쫑싼은 이런 "말할 수 없는" 것과 말하는 것의 여부는 아무런 관계도 없다고 지적한다. 그런데도 머우쫑싼 자신은 그것과 말이 아무런 관련이 없음을 설명하기 위해 아주 많은 말을 했다.

한편 머우쫑싼은 여기서 반드시 슝스리처럼 그렇게 방대한 우주론을 다시 구축하려는 시도는 하지 않고,[147] 그냥 단도직입적으로 아주 말끔하고 산뜻하게 심성은 본체라고 인정해버리려고 했다. 하지만 머우쫑싼의 저작은 꽤나 쓸데없이 방대하며, 말끔하고 산뜻한 맛이 없다.

여하튼 머우쫑싼은 이 현대 신유학의 동그라미식 과정전체를 끝까지 완주했다. 아마도 뒷사람들이 이러한 기초 위에서 조금이라도 진정한 철학적인 새로운 것을 개척하기는 어려울 것으로 보인다. 이 동그라미는 의심할 나위 없이 이미 끝났기 때문이다. 그리고 현대 신유가는 비록 철학을 과제로 삼고 있으나, 그 배경은 근현대 중국의 각 파 철학과 마찬가지로 모두 중국 민족이 어디로 갈 것인가, 전통을 어떻게 근대화와 연결시킬 것인가, 서양에서 전해져온 민주주의·자유·과학 등의 기본가치를 어떻게 대할 것인가 하는 거대한 사회문화문제에 대해 깊은 관심을 지니고 있다.

---

145) 『심체와 성체』, 178쪽.
146) 펑유란, 『중국 철학 간사』(中國哲學簡史), 베이징, 北京大學出版社, 1985, 395쪽.
147) 량수밍은 슝스리의 이러한 구축에 대해 불만을 표시한 적이 있다. 슝의 이러한 방법 자체는 유학 정신을 등진 것이라 생각했던 것인데, 머우쫑싼처럼 정면으로 이론적 논증을 하지는 않았다.

재미있는 것은 중국의 마르크스·레닌주의 혁명철학과 마찬가지로 현대 신유가의 특징 역시 도덕주의를 강조한나는 점이다. 다른 점은 단지 그것이 전통철학(송명이학)을 통하여 그것을 강조하고 논증한다는 것뿐이다. 그러나 이러한 유가전통의 도덕주의가 현대 서양의 과학과 민주주의 및 개인주의와 어떤 관련을 맺게 되는가, 또 그것들을 어떻게 처리하는가 하는 점에 대해서 현대 신유가는 제대로 깊이 있는 설명을 내놓지 못했다. 이러한 도덕지상의 윤리주의는 완전하게 알맹이를 바꿔치우지 않는다면 원래 그 자리에서 계속 제자리걸음을 하게 될 뿐이다. 실제 현대 신유가는 더이상 앞으로 나갈 길이 이미 막혀 있는 것으로 보인다.

그렇지만 유학에 전혀 할 일이 남아 있지 않다는 것은 아니다. 그것은 바로 철저하게 그 바탕을 바꾸는 것이다. 현대 신유학이 송명이학과 마찬가지로 하나의 '신'(新)이란 글자를 같이 쓰고 있는 것은 그것이 자각적으로 '내성지학'을 주도(主導), 나아가 아예 전체로 삼았기 때문이다. 슝스리·량수밍·펑유란·머우쭝싼의 네 세대 모두 이러했다. 머우쭝싼이 인정한 것처럼 송명이학은 "내성 방면에 대해 적극적인 강습(講習)과 침윤(浸潤)의 자세를 보였지만, 외왕 방면에 대해서는 적극적인 토론이 없었다."[148]

공리와 '외왕'을 강구하고 '내성지학'에 반대하는 사람들에 대해 머우쭝싼은 또한 그들이 "두번째나 세번째로 중요한 문제에 빠져들었다," "공자의 인에 대한 가르침의 의미를 알지 못하며, 또한 외왕의 근본을 알지 못한다"고 비판했다.[149] 머우쭝싼은 "공자의 전통과 적대관계인"[150] 엽적(葉適)을 통렬히 비난하기 위하여 자기 책의 아주 많은 부분을 할애했다.

---

148) 『심체와 성체』, 5쪽.
149) 같은 책, 195쪽.
150) 같은 책, 225쪽.

실제상황은 완전히 이런 것만은 아니다. '외왕' 방면에서 중국의 전통철학은 확실히 '내성'지학을 강구하는 송명이학만큼 그렇게 미묘한 이론적 수준이나 영향력을 확보하지는 못했다. 하지만 순자·『주역』·동중서·유종원(柳宗元)·엽적에서 왕선산 등에 이르는 사람들이 중화민족의 생존과 발전에 번영시켰던 표현과 작용은 도리어 마멸될 수 없는 중요한 의미를 지니고 있으며, 송명이학과 비교하면 그것을 능가했으면 능가했지 미치지 못하는 점은 없다. 설마 그 가운데 좀더 다듬어 간추리면 제 역할을 발휘할 만한 것이 전혀 없다고 할 수 있단 말인가? 공문의 '내성지학'이 송명이학 가운데 크게 광채를 빛낸 중요한 원인 가운데 하나는 그것이 불교나 도교를 흡수하여 소화했기 때문이다. 오늘날에도 현대 신유가가 그러한 주체로서 다시 색채를 드러낼 수 있던 원인 가운데 하나는 서양 현대의 철학을 흡수한 데 있다. 그렇다면 공학의 '외왕'지학이 왜 오늘날에 그렇게 할 수 없다는 말인가?

적어도 여기에는 두 가지의 문제가 있다. 첫째는 '내성'과 '외왕'의 관계이다. '외왕'은 오늘날의 입장에서 보면 당연히 정치뿐만 아니라 전체 인류의 물질생활과 현실생존과 관계되는 것이며, 그것은 우선 과학기술·생산·경제 방면의 문제이다. '내성' 역시 도덕일 뿐만 아니라 예술과 심미 등을 포함한 전체 문화심리 구조를 포괄하고 있다. 따라서 원시유학과 송명이학처럼 '내성'으로 '외왕'을 결정하는 국면을 무너뜨리고 따로 부뚜막을 만들지 않으면 안 될 것이다. 둘째, 현대 신유가는 유학 전통의 입장에서 외래의 것을 흡수하여 면모를 일신했는데, 거꾸로 외래의 현대화된 것을 동력과 몸체로 삼아 창조적으로 전통을 전환시킴으로써 이목을 일신하는 것이 가능하지는 않을까?[151]

그러나 이런 것들은 모두 본문의 범위에 들어가지 않는다. 또한 여기서 논술한 네 사람에 대해서도 변변치 못한 조건에서 일하다보니 대단히 서둘러서 거칠고 아주 간략한 윤곽만을 그리는 데 머물러 그야말로

151) 이 책의 「'서체중용'에 대하여」 참조.

틀림없는 '약'(略)론이 되어버렸다. 이후에 한 걸음 더 나아가서 연구하고 평가를 할 수 있는 기회가 꼭 다시 오기를 기대한다.

•『문화: 중국과 세계』, 베이징 1986년 제3기에 게재됨

'서체중용'에 대하여

　마오쩌둥의 서거와 '사인방' 몰락 후 이론·학술·문화 분야에서 일어난 두 차례 사상의 물결은 사람들로 하여금 모두 5·4를 돌이켜 생각하게 만들었다. 한 차례는 계몽·인도(人道)·인성(人性)에 대한 외침과 논쟁이었으며,[1] 다음 한 차례는 중국과 서구의 비교라는 최근 2년간의 이른바 '문화열'(文化熱) 토론이다.

　확실히 열기가 가득 차 있다. 베이징에서 상하이까지, 관계(官界)에서[2] 민간까지, 대학생·대학원생에서 노년의 학자·교수들까지 누구나 다 여기에 나서고 있다. 90세가 넘어 사람들에게 잊혀진 량수밍 선생도 거듭 학술강단에 서서 그의 중서문화론과 철학을 다시 강연하며 여전히 유가 공맹의 철학은 세계 문명이 앞으로 나아갈 길이라고 강조하고 있다.

　이런 상황은 어떻게 해서 발생한 것일까? "역사는 진정 이처럼 희롱하는 것을 좋아하여, 하나의 커다란 동그라미를 한바퀴 삥 돌아서 다시 원래의 출발점으로 돌아오게 하는 것인가? 이미 70년이나 지났는데, 오늘날 20여 세의 청년들이 그들의 조부·증조부가 맞닥뜨린 문제·관점들을 다시 추려 모아 선택하고 사색하고 논쟁해야 한다는 말인가?"[3] 1949년 중국 혁명이 승리했을 때, 마오쩌둥은 근대 중국의 '서구로부터 진리를 탐구한'(向西方學習) 역사를 총괄한 적이 있었다. 오늘날 이른바 '문화열'이라는 것은 '최고의, 가장 생기 있는 마르크스주의' 중국이 '세계 인민혁명의 등대'라고 생각한 미몽에서 깨어나, 거듭 중국의 낙후성을 통감하고 다시 '서구로부터 진리를 탐구하게' 된 현실 조건에서 생겨난 것이다. 따라서 오랫동안 시들했던 중·서·체·용과 같은 것의 비교가 다시 토론의 일정에 오르게 되었다.

---

1) 이 책의 「중국의 마르크스주의─하나의 시론」 참조.
2) 1986년 5월, '상하이 문화전략회의'에는 시위(市委) 제1서기, 중앙선전부 부장, 문화부 부부장까지 참석했다. 그 달의 『해방일보』(解放日報), 『문회보』 참조.
3) 리쩌허우, 「양쉬성편 『전통문화의 반성』 서문」(楊旭生編 『傳統文化的反思』序).

1 '중체서용'의 유래와 변천

　이러한 중서문화의 비교를 이해하기 위해서는 100여 년 동안의 '서학동점'(西學東漸)의 기본역사를 거슬러올라가 보아야 한다. 적지 않은 사람들이 서학의 동점 또는 '서구로부터 진리를 탐구하는 것'은 과학기술―정치―문화의 세 단계, 또는 양무운동―무술개혁과 신해혁명―5·4운동의 세 시기를 거쳤다고 지적한다. 튼튼한 배와 날카로운 대포, 실업진흥에 따른 부국강병에서 개혁과 혁명에 따른 정치체제의 개혁으로, 다시 문화와 심리의 중서 비교에 따른 국민소질의 개조로 나아간 것이 근대 중국의 역사와 사상사의 진행과정이라고 오늘날 사람들은 생각하고 있다. 사실 무술개혁 전야에 후난의 보수파 쩡렌(曾廉)은 이렇게 개괄한 적이 있었다.

　변이(變夷: 서구화)의 논의는 기예를 이야기하는 데서 시작되었으나 이어서 정치를 이야기하게 되었고, 여기에 교육이 더하여졌다. (하지만 그 때문에) 군신·부자·부부 사이의 윤리는 완전히 무너졌다. 군신·부자·부부 사이의 윤리가 무너지자 천하의 사람들은 그 부모나 윗사람 보기를 연못 위의 부평초 보듯 했을 뿐 아니라, 서로를 형식적으로 대하게 되었다. 군신·부자의 의리를 잃어버리니 우

선 집안에서 근심이 일어나게 되었다.[4]

이것은 주로 당시의 탄쓰퉁·량치차오가 후난성의 민권과 평등, 즉 쩡롄이 말하는 '교'(敎)를 선전한 데 대한 지목이었다. 쩡롄은 만일 서구의 문화사상을 고취한다면, 중국 전통의 '군신·부자·부부'의 윤리를 근본적으로 파괴하게 될 것이고, 이것은 대단히 위험한 일로 외국의 침략에 대항하기 위한 변혁이 장차 우선 내부의 동란을 일으킬 것이라고 본 것이다.

이 완고한 보수파의 안목이 날카롭지 못하다고는 할 수 없다. 하지만 그는 너무 앞서서 말한 느낌이 있다. 왜냐하면 당시 캉유웨이와 탄쓰퉁 등이 활동에서나 사상에서 주목한 초점은 여전히 주로 정치, 즉 변법유신의 정치체제 개혁에 머물러 있었기 때문이다. 나중의 혁명파 역시 마찬가지였다. 그들은 아직 문화심리면에서 근본적으로 전통을 동요시키려는 의도는 가지고 있지 않았다. 설사 그렇다고 할지라도 '서구로부터 진리를 탐구하는' 과정 자체는 객관적으로 중서문화를 어떻게 대하고 처리할 것인가 하는 문제, 즉 중학(中學)과 서학(西學)의 관계 문제를 수반하지 않을 수 없었다.

'기예를 이야기'(言技)하는 단계에서는 문제가 비교적 간단하여, '서학'이란 소리·빛·전기·화학(聲光電化) 등의 과학 기술과 공장·실업에 지나지 않았다. 완고파는 이에 단호하게 반대했으며, 이런 것들은 '기괴하고 해로운 기교'(奇技淫巧)로서 인심에 해로운 것이며, 마땅히 단호하게 거부해야 할 것으로 생각했다. 따라서 그들에게는 중학과 서학의 관계 문제라는 것이 있을 수 없었고, 무조건 서학에 반대하면 되었다.

하지만 양무파(洋務派)나 이후의 개혁파들은 오히려 어떻게 이 두 가지를 안배할 것인가 하는 문제에 부딪히지 않을 수 없었다. 개량파의

---

4) 「상재선생서」(上在先生書), 『이암집』(彝庵集) 권13.

선구자 펑구이펀(馮桂芬)은 가장 일찍이 이 문제를 제기하여, "윤상명교(倫常名教)를 바탕으로 삼고, (서구) 여러 나라의 부강지술(富強之術)로서 이를 보충한다"[5]고 했다. 그의 이른바 '부강지술'이라는 것은 주로 '양기(洋器)의 제조'와 격치(格致: 과학)의 중시였으며, 그는 배의 튼튼함과 대포의 날카로움(船堅砲利)이 남(서구)보다 못함을 인정했을 뿐 아니라 "인재가 버려지는 일이 없음이 남보다 못하고, 토지의 이익이 버려짐이 없음이 남보다 못하며, 군주와 백성의 사이에 간격이 없음이 남보다 못하며, 명실(名實)이 부합됨이 남보다 못하다"는 점을 인정하기 시작했다. 따라서 그는 내정을 적당히 개혁할 것, 즉 신사(紳士) 권력의 확대, 부세(賦稅)의 개량, 관리의 정예화·간소화 등을 요구했다.

이후 1870년대의 왕타오(王韜)·마젠중(馬建忠)·쉐푸청(薛福成)에서 1880년대 정관잉(鄭觀應)·천츠(陳熾)에 이르는 개혁사상가들도 이러한 서구에 대한 학습과 내정개혁 요구를 차츰 발전시켰다. 이를테면 공업·과학 기술 이외에, 경제에서는 민간자본을 후원하여 '상업을 진흥하고' 근대 공업을 창립할 것을, 정치에서는 법률로 민간자본을 보호하고 서구와 같은 상하 양원제 의회제도를 실행할 것을, 문화에서는 과거제를 폐지하고 학교를 설립할 것을 제기한 것이다. 그러나 그들도 마찬가지로 여전히 서구 부르주아지의 사회·정치의 이론과 사상을 단호하게 배척했고, 아무런 유보도 없이 중국 전통의 '강상명교'(綱常名教)를 옹호했다. 그들은 서구의 공업·과학 기술 및 정치제도는 들여와서 이용할 수 있는 '기'(器)에 지나지 않으며, 중국 자체 생존의 '도'(道)와 '본'(本)은 여전히 전통적인 '강상명교'라고 생각했다.

공자의 도는 만세 불변의 것이다.[6] 서구의 기수지학(器數之學)을

5) 『교빈려 항의』(校邠廬抗議).
6) 왕타오, 『역언발』(易言跋).

취하여 우리의 요(堯)·순(舜)·우(禹)·탕(湯)·문(文: 주周의 문왕)·무(武: 주의 무왕)·주(주공周公)·공(공자)의 도를 지킨다.[7] 도(道)는 본(本)이고 기(器)는 말(末)이다. 기는 변할 수 있으나 도는 변하지 않는다. 변화시킨다고 하는 것은 부강의 권술(權術)이지 공맹의 상경(常經)은 아님을 알 수 있을 것이다.[8] 형이상자(形而上者)를 도(道)라고 하며, 이를 닦는 것을 교(敎)라 한다. 황제(黃帝)·공자 이래로 오늘에 이르기까지 이것은 피폐해진 적이 없었으며, 천인(天人)의 극치이고, 성명(性命)의 대원(大源)이며, 천만세(千萬世)에 걸쳐서도 변화가 용납되지 않는 것이다.[9] 중국의 잡예(雜藝)는 서구에 미치지 못하나, 도덕·학문·제도·문장은 만국보다 뛰어나다.[10] ……요컨대 중국의 강상명교 등 성인(聖人)의 '도' 또는 '본'은 변하지 않는 것이며, 서구보다 우월하다고 그들은 거의 일치되게 생각하고 있던 것이다. 구체적인 정치에서는 의회설립과 입헌실행에 대한 요구를 갖추기 시작하고 있기는 했지만, 이론에서는 완전히 이와 모순되게 (이들은 이런 모순을 인식하지 못했고 또 인식할 수도 없었다) 바로 서구의 대의제 이론의 기초가 되는 부르주아지의 자유·평등의 사상 학설을 배척하거나 거부하고 있던 것이다.[11]

정관잉의 말을 빌려 개괄하면 "중학은 본이고 서학은 말이며, 중학을 주(主)로 하고 서학을 보(補)로 삼는다"[12]는 것이다. 이것은 또한 나중에 유신변법의 목소리가 고조되는 가운데 양무파의 대이론가 장즈둥이 제기한, "중학을 체(體)로 삼고 서학을 용(用)으로 삼는다"는 유명한 '중체서용'(中體西用)론이기도 하다. 장즈둥은 광쉬 황제가 "지론(持

---

7) 쉐푸청, 「변법」(變法), 『주양추의』(籌洋芻議).
8) 정관잉, 「범례」(範例), 『위언신편』(危言新編).
9) 진치, 「자강」(自强), 『용서』(庸書).
10) 사오쭤저우(邵作舟), 「역서」(譯書), 『위언』(危言).
11) 리쩌허우, 『중국 근대사상사론』, 64~65쪽.
12) 『성세위언』(盛世危言).

論)이 평정(平正)하고 통달(通達)한 것이어서 학술·인심에 크게 도움이 된다"[13]라고 칭찬했고, 그 결과 "조정의 도움을 얻어 보급하자 순식간에 전국에 퍼지게 되었다"(량치차오)는 『권학편』(勸學篇) 속에서 이것을 정식으로 다음과 같이 개괄하고 있다.

바뀔 수 없는 것은 윤기(倫紀)이지 법제(法制)가 아니며, 성도(聖道)이지 기계(器械)가 아니며, 심술(心術)이지 공예(工藝)가 아니다. ……법이라는 것은 변화에 적응하는 것으로서 항상 같을 수는 없는 것이지만, 도라는 것은 바탕을 세우는 것으로서 불가불 하나일 수밖에 없다. ……이른바 도·본이라는 것은 삼강사유(三綱四維) 바로 그것이다. 만약 이것을 지켜 잃지 않는다면 변법을 논의하는 데 어찌 잘못이 있을 수 있겠는가?[14]

중학은 내학(內學)이며 서학(西學)은 외학(外學)이다. 중학은 심신을 다스리며 서학은 세속의 일에 대응한다. ……성인의 마음을 가지고 성인의 행동을 따르며, 효제충신(孝悌忠信)을 덕으로 삼고 군주를 존중하고 백성을 지켜주는 것을 정치로 삼는다면, 비록 아침에는 자동차를 타고 저녁에는 기차로 달린다고 할지라도 성인의 길을 따르는 사람에게 아무런 해가 되지 않을 것이다.[15]

주목할 만한 점은 첫째, '기'(器)가 여기서는 공예기계(工藝器械)만 가리키는 것이 아니라, 일부 정치·경제 체제도 포함한다는 점이다. 즉 정치·경제 체제 역시 변할 수 있지만 '도(道)는 절대로 바뀔 수 없다는 논리이다. 이 '도'가 가리키는 것은 바로 윤상강기(倫常綱紀), 즉 봉건전제를 특징으로 하는 정치제도와 가정본위를 기초로 하는 사회질서이다.

---

13) 『무술유월상유』(戊戌六月上諭).
14) 「변법 제7」(變法 第七), 『권학편 외편(外篇)』.
15) 「회통 제13」(會通 第十三), 『권학편 외편』.

따라서 '법'(法)이 바뀔 수 있다고는 하나, 반드시 이러한 근본적인 제도와 질서를 파괴하고, 동요시키고, 손상을 입히지 않는 범위와 한도에서 제한되어야 한다는 것이 요구되고 있다.

둘째, 이 '도'와 '본'(本)은 효제충신이라는 개인의 도덕적 수양과 결합되어 있는 까닭에, 심신을 다스리는 '내학'으로서 세속의 일에 대응하는 서학과는 다르다는 점이다. 이 두 가지를 결합시키면 바로 중국 유가 전통의 이른바 '내성외왕의 도'가 되는데, 다만 현재는 여기서의 '외왕'을 '서정'(西政), '서학으로 보충해야 한다'고 말하고 있을 뿐이다. 그렇지만 '내'(內)에서 '외'(外)로 나아가고, '내'를 앞세우고 '외'를 뒤로 하며, '내'를 '주'(主), '체'(體)로 하고 '외'를 '보'(補), '말'(末)로 삼는 점은 일관된다. 이것은 확실히 유학 공맹(儒學孔孟)의 기본원칙에 충실한 것이다.

유가·공맹이 천 수백 년 동안 쌓아온 권위, 그것이 사람들(주로 사대부 지식인)의 마음속에 쌓아온 정감적 요소와 유지역량은 확실히 거대한 것이었다. 그렇기 때문에 캉유웨이와 탄쓰퉁은 앞서 서술한 사람들과 달리, 서구의 민주주의, 자유·평등의 관념과 사상을 받아들였으면서도, 여전히 공자의 깃발을 휘두르면서 '옛것에 의탁한 제도개혁'(托古改制)을 주장할 수밖에 없었다. 캉유웨이는 말할 필요도 없고 훨씬 급진적인 탄쓰퉁도 이 경우는 마찬가지였다. 그는 『인학』에서 다음과 같이 삼강오륜을 통렬히 비난했다.

수천 년 이래 삼강오륜의 참화열독(慘禍烈毒)은 이로부터 더욱 혹심해졌다.

윗사람은 아랫사람을 제압하기 위해 부득불 이를 받들지 않을 수 없었다.

오륜 가운데 인생에 가장 폐가 없고 유익한 것은…… 오직 붕우(朋友)에 관한 것뿐이다! ……왜 그러한가? 첫째, 자유롭고, 둘째, 평등하며, 셋째 펼치거나 거두어들이는 것이 뜻대로 가능하기 때문이다. 그 의미를 총괄한다면 자주권(自主權)을 잃지 않는다는 것이다. ……나머지는 모두 삼강으로 뒤덮여 있어 지옥과 같다. ……따라서 민주(民主)라는 것은 천국(天國)의 취지이며, (여기서) 군신은 붕우이고…… 부자도 붕우이며…… 부부 역시 붕우이다. ……개혁을 아무리 얘기해 보았자 오류가 바뀌지 않는다면, 지극한 이치나 도를 내세운다고 해도 출발점을 찾을 수 없다.

하지만 그는 동시에 여전히 공자의 명의를 빌리지 않을 수 없었다. 그는 '인'(仁)으로 '예'(禮)를 대체하여, 서구 근대의 자유·평등·박애의 관념을 억지로 중국의 낡은·전통의 틀 속에 맞추어 넣으려 했다. 중국 전통에 대한 긍정적인 인식과 감정은 그들 세대의 마음속에 너무나 확고하게 침전되어 있었기 때문에, 그들은 공자와 중국의 전통 속에서 서학과 완전히 들어맞고 일치하며, 따라서 개혁에 아주 적합한 것들이 수없이 존재한다고 확신하고 있었다.

그래서 그들은 결국 중국 전통에서의 어떠한 민주주의·평등·자유의 관념이든지 최대한 발굴하고 추켜올려서 억지로 꿰어맞추려 했으며, 맹자에서 왕양명·황종회(黃宗羲, 1610~95)에 이르기까지 그들의 사상과 주장을 최대한 추켜올렸다. 그들이 여기서 제창하고 선전하고 전파하던 '서학'은 전통적인 '중학'과 혼합되고 함께 '뒤섞인'(량치차오의 말) 것이었다. 따라서 그들은 양무파나 조기 개량파에 비해 실질적으로 이미 자각하지 못하는 사이에 '서학'(자유·평등·박애)의 방향으로 돌아서 있었다고 할지라도, 중학과 서학의 근본적인 차이를 결코 분명하게 발견해낼 수 없었다.

5·4신문화 계몽운동에 이르러서야 상황에 근본적인 변화가 발생했다. '서학'과 '중학'의 근본적인 대립과 적대적인 관계는 아주 두드러졌으며, "공씨네 가게(孔家店)를 타도하자"는 호소의 중요한 의의도 바로 여기에 있다. 천두슈는 윤리의 각오가 최후의 각오임을 호소하면서

충·효·정(貞操) 등 모든 낡은 도덕을 타도하자고 요구했다. 후스는 '전반서화론'(全盤西化論)을 제기하여[16] "진지하게 남에게 배워야 하며 모방을 두려워해서는 안 된다. ……우리 자신의 민족문화를 상실할 것이라고 두려워할 필요도 없다"고 주장했다. 루쉰은 중국책을 적게 읽거나 아니면 읽지 말라고 얘기했으며, 갖가지 중국적인 이른바 '국수'(國粹)를 격렬하게 비판했다. 우위(吳虞)는 루쉰의 뒤를 이어 공학(孔學)이 사람을 잡아먹는다고 대담한 주장을 내세웠다.

> 공이(孔二: 공자) 선생의 예교를 극단으로까지 이야기하게 되면, 사람을 죽여 잡아먹지 않으면 성공하지 못하는 것이니 이는 진실로 참혹한 것이다. 역사 속에서 도덕인의(道德仁義)를 이야기하는 사람은 일단 때만 오면 직접·간접으로 사람고기를 먹기 시작하는 것이다.[17]

즉, 전통이 반드시 철저히 타도되고 '중학'이 근본적으로 내버려져야만 중국이 구제될 수 있다는 것이다.

그러나 이러한 5·4신문화 계몽은 처음부터 강력한 대립의 측면을 가지고 있었다. 이 대립의 측면은 실질적으로는 장즈둥의 "중학으로 심신을 다스린다", "중학을 체로 삼는다"는 전통을 계승하고 있었으며, 량치차오·량수밍·장쥔마이·장스자오 등을 대표로 하여 중국의 '정신문명' 또는 '동방문명'의 우월성을 제기하고, 이 때문에 '과학과 인생관'이라는 유명한 대논쟁을 불러일으키기도 했다. 앞장에서 지적했던 대로, 앞의 일파를 서구화론자(西化派)라고 한다면, 뒤의 일파는 국수파(國粹派)라 할 수 있다. 서구화론자의 일부 사람들(주로 젊은 세대)이 나중에 더욱더 마르크스주의로 기울어져갔다고 한다면, 뒤의 일파

---

16) '전반서화'(全盤西化)라는 용어는 1929년 후스가 쓴 글에서 비롯되었다.
17) 『신청년』 제6권 제6호, 1919. 11. 1.

는 이른바 중국 문화본위파(中國文化本位派)[18]와 '현대 신유가'로 바뀌었다. 이러한 분야는 정치적인 성질과 요소를 가지고 있었지만, 궁극적으로는 문화-사상적인 것이다. 중국의 근현대에서 문화-사상은 정치와 끊으려고 해도 끊을 수 없는 인연을 가지고 있었다.

현재의 입장에서 볼 때, 이들 각 파의 여러 논의 가운데에서 천두슈가 '서학'과 '중학'의 차이를 부각시켜 그것이 근본적으로 '개인본위주의'와 '가정본위주의'의 차이라고 구분한 점은 상당히 날카로우면서도 깊이가 있는 것으로 생각된다. 오늘날에 이르기까지 갖가지 문화심리현상 가운데에서도, 크게는 정치·경제체제에서 작게는 예절과 습관에이르기까지, 이러한 중서의 차이를 분명하게 발견할 수 있다. 임의로몇 가지 예를 들어보자.

나는 『중국 고대사상사론』에서 이렇게 지적했다.

> 칭호와 식탁 면에 대해 이야기한다면, 일상생활 가운데 이러한 혈연친속(血緣親屬)을 기초로 하는 존비장유의 등급질서가 명실공히 사회풍습으로서 공고해져 왔다고 할 수 있다.[19]

중국은 '예의(禮義)의 나라'라고 일컬어지며, 중국 왕조와 중국인은 '예의'로서 스스로 전통적 특징을 내세우고 있지만, '예'는 원래 분배에서 비롯된 것이다. 순자는 다음과 같이 말한다.

> 예란 어디에서 기원하는 것인가? 인간은 태어나면서부터 욕망을 가지고 있고, 욕망이 있는데 충족시키지 못하면 부득불 그것을 추구

---

18) 1935년 1월, 싸멍우(薩孟武)·허빙쑹(何炳松) 등 10여 명의 교수가 「중국 본위의 문화건설 선언」을 발표했다. 후스는 "중국 위체 서학 위용(中國爲體 西學爲用)이 가장 최신의 옷을 입고 다시 출현했다. 비록 이야기는 완전히 바뀌었으나 정신은 저 『권학편』 작자의 정신이다"라고 비평했다.

19) 리쩌허우, 『중국 고대사상사론』, 299~300쪽.

하지 않을 수 없다. 하지만 그 추구는 양을 헤아려 경계를 짓지 않는 다면 반드시 다툼이 일어나게 된다. 다투면 어지러워지며 어지러워지면 궁해진다. 선성(先聖)은 그 어지러워짐을 혐오하여, 예의를 제정하여 각기 그 분수를 정함으로써 사람의 욕망과 요구가 그 분수를 넘지 않고 충족되게 했다.[20]

'예'란 본래 일정한 규범질서를 제정하기 위해, 즉 이른바 '그 양을 헤아려 경계를 나누는 것'에 의해 음식을 분배함으로써, 싸움을 말리고 사람들의 생존욕구를 만족시키기 위해 출현하고 탄생한 것이다. 그런데 중국인은 이러한 원시적 질서를 오랫동안 줄곧 식탁 위에서 관철시켜 왔으며, 아울러 그것을 하나의 규범·태도(儀容)·예절로 만들어버렸다. 중국의 전통에서는 식탁에서도 반드시 '장유유서'(長幼有序)와 '주객유별'(主客有別)을 지키도록 요구했으며, 자신의 식욕을 통제하거나 절제하여 규범에 순종하고 방종에 흐르지 않도록 요구한다. 원래 "아동심리학의 위치에서 보면 사회의 명령(보편성·이성)에 복종하여 자연스런 욕구(개체성·감성)를 극복하고, 물욕(이를테면 음식물)에 흔들리지 않는 것이 바로 도덕의지를 수립하고 도덕감정을 배양하는 시초가 된다."[21]

중국의 전통은 확실히 이러한 측면을 극단으로까지 확충시켰으며, 중국 철학이 주로 윤리학인 것은 분명히 이러한 '제례작악'(制禮作樂)의 현실전통과 직접 관련이 있다. 중국 철학은 사변 인식론을 발휘한 것이 아니라 규범행위의 윤리학이 되어버렸다.

'칭호' 문제에서도 역시 마찬가지이다. 중국 전통 '칭호'의 복잡하고 세밀함은 이러한 구별, 즉 멀고 가까움을 보이고 친근함과 소원함을 구별하는 일의 필요성과 중대성을 설명해준다. 이를테면 삼촌·고모부·

---

20) 「예론」(禮論), 『순자』(筍子).
21) 리쩌허우, 『비판철학의 비판』, 수정본, 309쪽.

이모부·외삼촌 등과 사촌·고종사촌·이종사촌 등이 각자 구별된다. 『홍루몽』에 나오는 임대옥(林黛玉)은 객관적으로 설보차(雪寶釵)보다 가보옥(賈寶玉)과 친밀한 관계이다. 왜냐하면 임대옥은 가보옥의 고종사촌인데, 설보차는 가보옥의 이종사촌이므로 자연히 부계친척의 지위가 더 중요하며, 따라서 가보옥이 임대옥에게 "먼 친척은 가까운 친척의 사이를 이간질하지 못한다"고 말하는 것은 이중의(객관적 사실과 주관적 표현) 의미를 갖는다. 일반적인 전통습관과 생활 속에서 삼촌과 고모부, 외삼촌과 이모부에 대한 관계 역시 마찬가지이며, 더욱이 삼촌은 고모부보다 더 친밀하다. 왜냐하면 동성(同姓)은 이성(異姓)보다 중하며, 남자가 여자보다 중하기 때문이다.

앞에 이야기한 식사의 경우와 마찬가지로, 이러한 중국 전통의 장유유서라는 질서규정(예)은 '익숙해져서 의식 못하는' 중국인의 전체 문화심리 구조 속에 이미 깊숙이 침투해 있다. 이런 것은 서구에는 존재하지 않는다. 서구에서는 사람은 모두 신의 아들이고, 신 앞에서는 모든 세속적인 존비와 장유가 아무런 가치나 의의도 가지지 못하며, 사람들은 평등하게 최후의 심판을 받아들인다.

중국 사람들은 신의 심판이나 내세의 천국을 믿지 않으며, 그렇기 때문에 이지에서 정감에 이르기까지, 현실에서 관념에 이르기까지 모두다 이렇게 복잡하고 세밀한 인간세상의 윤리관계 그물 속에 집착하여 안주하게 된다. 나는 누구인가? 나는 아버지의 아들이요 아들의 아버지이며 동생의 형이고 아내의 남편이다. ……인간의 존재와 인간의 본질은 이러한 그물 속에 있고, 인간은 단지 관계에 지나지 않으며, 인간의 '자기'는 보이지 않고 개성·인격·자유는 관계, '집단', 윤리에 의해 뒤덮이고 소실되어 버린다. 인간은 이러한 '사회관계의 총화(總和)' 속에 규제되고 있다. 그(그녀)의 사상·정감·행위·활동은 반드시 이러한 '사회관계의 총화'라는 존재나 본질에 들어맞아야만 한다. 그리하여 아버지에게는 '아버지 된 도리'가 있고, 아들에게는 '아들 된 도리'가 있으며, 이것이 바로 "도(道)는 윤상일용(倫常日用) 속에 있다"는 것이다. 인간세상을 벗어난 '도'는 있을 수 없으며, '천도' 역시 이러한 '인도'와 같은 구조일 수밖에 없었다. 이것은 서구에서 인간세상과 독립된 우주·자연의 존재, 세속을 초월하여 모든 것을 주재하는 신의 존재, 자연법칙의 존재를 인정하는 것과는 크게 다른 점이다.

이뿐만 아니라 일상생활에서의 일반관습 속에서도 같은 것을 확인할 수 있다. 이를테면 인사를 할 때도 "좋은 아침입니다"가 아니라 "진지 잡수셨습니까?"라고 말하며, 길에서 마주칠 때에도 "오늘은 날씨가 좋지 않은데요"가 아니라 "어디로 가십니까"라고 묻는다. ……서구인에게는 "개인의 사사로운 일에 관여하는 것"으로 비칠 이러한 풍속이, 중국에서는 오히려 너무나도 오래된 일종의 '사람들 사이의 상호관심'을 표출하는 관습이 되어 있다. 본래 개인의 존재(식사했느냐의 여부)와 행위(어디로 가는가)는 모두 집단(또는 사회: 군체群體)의 한 부분이므로, 집단은 이에 대해 질문을 하고 관심을 표현할 권리가 있다. 이것은 바로 앞서도 말한 개인의 존재·행위가 윤리질서라는 사회관계 속에 규정되고 속박된다는 것을 의미한다. 여기서는 개인의 자유·평등과 독립이라는 것이 존재하기 어려워진다.

또 다른 예를 들어보면, 남에게 칭찬이나 칭송을 받을 때 서구인은 항상 "고맙습니다" 하면 그걸로 충분하지만, 중국인은 오히려 겸손을 피우며 "지나친 칭찬이십니다", "감당하기 어렵습니다"라고 사양하는 데 익숙해져 있다. 이것은 바로 중국인이 자신의 재간·능력을 자랑하는 데 아주 서툴다는 것과 같다. 요컨대 개인이 튀어서는 안 된다는 이러한 겸손은 의식적으로 개성의 주체를 억압하고 깎아내리고 덮어버림으로써, 집단구조를 존중하고 보호하고 고양시키는 윤리질서가 될 수밖에 없다. 중국인의 말다툼은 제삼자의 조정·협상·화해로 해결되는 것이 관습화되어 있으며, 시비곡직의 객관적인 판단은 중요한 것이 못 된다. 따라서 예속(禮俗)이 법률을 대신하고, 국가가 사회로 변하며, 관계가 시비보다 중요하고, 조정이 판정보다 우월한데다가, "원칙에서는 용서할 수 없지만" "사정을 참작하여 용서한다"는 것…… 등등이 오늘날에 이르기까지 여전히 보편적으로 존재하는 현상이다.

이것은 '예'를 가르침으로 삼는 중국의 특징을 설명하고 있다. 그리고 이것은 유가학설을 대표로 하는 전통문명과 더불어 이미 일반적인 현실생활과 관습·풍속에 깊숙하게 침투하여, 구체적인 시대나 사회를 초월하는 '문화심리 구조'를 형성하고 있다. 이러한 구조의 안정된 성격은 주로 천두슈가 이야기한 '가정본위주의', 즉『중국 고대사상사론』에서 이야기한 '혈연의 기초', 즉 원시씨족사회에 기원을 가지고 있고, 소생산 자연경제의 기초 위에 수립된 가족혈연의 종법제도에서 유래하는 것이다.

『중국 고대사상사론』에서 혈연종법은 중국 전통의 문화심리 구조의 현실적인 역사적 기초이며, '실용이성'은 이러한 문화심리 구조의 주요한 특징이라고 지적했다. 이른바 '실용이성'은 현실적 사회생활에 관심을 갖고, 순수한 추상적 사변을 하지 않으며, 비이성적인 정욕이 횡행하도록 허용하지도 않으며, 사사건건 '실용', '실제'와 '실행'을 강조한다. 또한 문제를 해결하는 경험론적인 사유수준에 만족하며, 이성에 의해 감정을 절제하는 행위양식을 주장하고, 인생의 세속적인 일에 대해 낙관적·진취적인 동시에 명석하고 냉정한 생활태도를 취한다. 그것은 아주 오랜 유래를 가지고 있으며, 이론형태로서는 선진(先秦)시대의 유가·도가·법가·묵가 등의 중요학파 속에 모습을 드러내었다.

『중국 고대사상사론』에서 이야기한 대로 그리스 철학이 '지혜에 대한 사랑'(愛知)을 특징으로 하고, 우주의 본원과 근저를 탐구함으로써 자연을 이해하고 진리를 추구하는 것을 임무로 하는 것과는 달리, 중국 선진시대의 철학은 대부분 일종의 사회·정치 철학이며, 그것은 '도를 깨우치는 것'(聞道)을 특징으로 삼고, 이론이 실제와 결합하고 실제에 복무하여 현실의 사회·인생 문제를 해결함으로써 "백성을 물과 불의 재난에서 구해내고"(救民於水火之中), "나라를 다스리고 천하를 안정시키도록"(治國平天下) 요구한다.

서구의 기독교가 실용과 무관한 이지적 사변과 정감·환상을 충분히 발전시키도록 허용하여 그 정신이 더욱 정치(精緻)해지도록 한 것과는 달리, 중국의 철학은 세속적인 실용에 집착했으며, 순자(荀子)·왕충(王充)·유종원(柳宗元)·왕부지(王夫之) 등과 같은 명석하고 개방적인 사람들 역시 예외는 아니었다. 결국 인간과 자연의 관계는 인간 사이의 관계에 복종하고, 인간의 자연에 대한 연구는 인간에 대한 복무에 종속되었으며, 전자는 후자에서 독립적인 지위를 차지할 수 없었다. '천도' 역시 실제로는 '인도'의 연장이거나 구현에 지나지 않았다. 그러므로 중국 문화와 철학에는 신과 악(惡)에 대한 '두려움'(畏)이 존재하지 않으며, 따라서 겸손하게 무한정 초월을 추구하는 심리 역시 존재하지 않는다.

이러한 실용이성은 단순한 도구주의에 지나지 않는 현대 미국의 실용주의(Pragmatism)와도 다르다.[22] 그것은 스스로 '천도'와 '인도'라는 동일한 구조를 가지면서도 통일된 신앙과 객관의 규범을 가지고 있으며, 주로 "(성인聖人이) 천지와 더불어 (만물의) 화육(化育)을 돕는다"라는 『역전』(易傳)의 세계관과 한대(漢代)에 형성된 조숙한 체계론적 우주모델에서 표현되고 있다. 이러한 모델은 중국인의 세계를 인식하고 이해하며, 자신의 실천행동을 지도하는 기본적인 심태이며, 문화심리 구조 위에 침전된 중국의 전체 물질문명과 정신문명의 표현이기도 하다. 그것은 의학·농업·예술·역사·철학…… 등등 속에 구체적으로 모습을 드러내고 있다. 『중국 고대사상사론』에서 이 문제에 대해 구체적으로 논술했기 때문에 여기서는 다시 거듭하지 않겠다.

앞장의 글이나 이 글의 여러 군데에서 거듭하여 지적한 것은 조숙한 체계론으로서, 중국 문화는 명석한 이지적 태도로 환경에 대응하고, 자신의 현실적 생존과 생활에 득이 되고 쓸모 있는 사물이나 요소를 흡수하며, 이미 실제 속에서 쓸모가 없거나 시대에 뒤쳐진 것들을 포기하는 데 뛰어나며, 정감요소에 얽매이거나 관여받는 일이 비교적

22) 이 책의 「중국의 마르크스주의─하나의 시론」 참조.

적었다는 점이다. 이것은 실용이성이 종교가 아니기 때문이며, 스스로 외래의 낯선 사물을 받아들이는 동시에, 원래 지니고 있던 것을 내버리는 일이 비이성적인 신앙요소나 정감요소에 의해 방해받지 않았기 때문이다.

바로 이 때문에 중국의 문화전통은 어떤 의미에서는 오히려 외래문화를 가장 빠르게 받아들이고 흡수하여, 자신을 풍요하게 하고 충실하게 하고 개조할 수 있었다. 물질문명에서 정신문명까지, 의식주에서 사상의식까지 모두 마찬가지이다. 일본에는 오늘날에도 이를테면 나막신인 게다, 기모노, 다다미, 그리고 다도(茶道)·꽃꽂이(花道)…… 등 중국 고대의 것이 보존되고 있고 중국보다 훨씬 많으나, 중국에서는 그런 것들이 이미 상당히 사라져버렸다. 또 다른 예를 들어보자면, 당대의 시문(詩文) 가운데도 당시 중국의 수도이던 장안시(長安市)는 '호모' (胡帽)·'호주'(胡酒)·'호무'(胡舞)·'호희'(胡姬)……등 서쪽에서 온 것이 크게 유행하는 세계였음을 알 수 있다.

또 오늘날 중국의 민족악기 가운데 유명한 '얼후'(二胡), '징후'(京胡)…… 등도 역시 다른 나라에서 전래되어 정착된 것이다. 고대 중국은 그것들을 조금도 배척하거나 거절하지 않았다. 유학의 교리에 전혀 들어맞지 않는 것을 포함하는 불교·불학도 인도에서 전래된 후, 남북조시대에서 수당시대에 이르기까지 피 한 방울 흘리지 않고 중국의 이데올로기를 수백 년 동안 지배했으며, '삼무(三武)의 화'(위진수당 시대의 불교 탄압)도 결국은 아주 잠깐이고 개별적인 것에 지나지 않았다.

이와는 반대로 양(梁)의 무제(武帝)가 불교를 국교로 정한 것이나 무측천(武則天: 측천무후則天武后)이 이를 맨 위로 받들은 것처럼, 역대 왕조의 제왕들은 불교를 가까이했다. 석가모니의 지위는 늘 중국 성인인 공자 위에 있었으며, 공자는 석가모니의 제자로 간주되었다. 하층백성에서뿐만 아니라 상층 사대부 지식인들 가운데서도 사영운(謝靈運)에서 왕유(王維)에 이르기까지, 그리고 후대의 몇몇 문인들에 이르기까지 유가에 비해서 불학은 항상 한층 높은 위치에 있는 것으로 간주되었다. 이것은 중국 유가에 실용이성이 감정적인 고집에 사로잡히지 않고, 기꺼이 그리고 쉽사리 심지어 자기와 배척되는 외래의 사물까지도 받아들였음을 설명해준다.[23]

그리고 바로 이것 때문에, 다른 민족의 문화에서는 나타난 적이 없던 종류의 전반적인 반전통적 사상·정감·태도와 정신이 5·4시기에 나타날 수 있었으며, 바로 이 때문에 중국 현대의 지식인들은 아무런 곤란 없이 마르크스를 공자 위에 올려놓을 수 있었다. 따라서 5·4시기를 포함하여 그러한 전반적인 반전통적 심태는 바로 중국 실용이성 전통의 전개이기도 하다. 적극적인 측면에서 이야기한다면 그것은 구국·계몽과 대중의 각성을 불러일으키기 위한 것이었다. 당시 중국의 선진 지식인들은, 반드시 격렬하고 철저하게 공맹을 비판하고 전통을 내버려야만 출로가 있다고 생각했다.

이것은 개인의 초월이나 내세의 행복을 위한 미신·신앙이 아니라 이지적 사고를 거친 다음의 의식적인 선택이었다. 따라서 이것은 여전히 적극적으로 세상에 뛰어들어 사회와 국가의 생존과 발전을 추구하는 실용이성·유학 전통의 표현이었다. 소극적인 측면에서 이야기한다면, 그것은 비이성적인 종교감정의 장애나 간섭·저지가 없었기 때문이었고, 또한 실용이성이 결코 종교적 신앙이 아니었던 것 때문이었다.

그러므로 이러한 전반적이고 격렬한 반전통의 5·4계몽운동이 전통문화에 대한 상당한 교양을 갖춘 지식인들에게서 발생했다. 중서문화에 통달하고 사상이 예민하며 감정이 풍부한 우수한 인사들에 의해 발동되고 제창되고 추진된 것이 결코 우연은 아니었다. 그것은 실제로 중국 전통문화를 떠맡은 사람들이 전통의 속박과 제한을 받지 않는 개방

---

23) 물론 이 과정에서는 적지 않은 격렬한 편집(偏執)과 논쟁이 있었다. 이를테면 남북조(南北朝)에서의 유불(儒佛)의 격렬한 논쟁, '노자화호'(老子化胡)에 관한 도불논쟁(道佛論爭) 등. 이것은 근대 중국에서 서학이란 것은 중학이 해외로 전파되어 발전된 것에 지나지 않는다고 생각한 것과 비슷하다. 위에서는 전체적인 상황을 두고 얘기한 것이다.

적인 정신을 가지고 있었음을 보여주며, 또한 낡고 오래된 문화심리의 전통이 여전히 그 자신의 활력을 가지고 있음을 설명해주는 것이기도 하다. 따라서 그것이 수천여 년이나 지속되면서 소멸되거나 소실되지 않은 것은 결코 그 자체에 원인이 없던 것은 아니다.

다른 논문에서도 이미 지적했듯이, 근대 중국의 지식인들이 너무나도 순조롭고 신속하게 진화론 관념을 받아들여 일거에 역사순환론(歷史循環論)이란 전통사상을 내던진 것이나, 나중에 마르크스주의의 계급투쟁 학설을 받아들여 한 번에 '조화의 중시'라는 전통사상을 내던진 것[24] 등은 모두 민족의 생존을 보호하고 환경에 적응하기 위해 외래의 것을 흡수하는 중국 실용이성의 개방적인 특징을 증명한다. 실용이성은 중국 민족이 스스로의 생존을 유지하기 위한 일종의 정신이자 방법이다.

하지만 조숙한 체계론을 구체적인 틀로 삼고 있기 때문에, 중국의 실용이성은 외래의 사물을 받아들이고 흡수하는 데 뛰어날 뿐만 아니라, 동시에 그것들을 기꺼이 그리고 쉽사리 개조하고 변화시키고 동화시킴으로써 모든 외래의 사물과 사상을 점차 자신의 한 부분으로 만들어버리며, 그것들을 본래 자신이 가지고 있던 체계 위의 특정한 부위에 위치하거나, 아니면 원래의 체계에서는 절대로 용납되지 않는 그것들의 부분·성분·요소를 모호하게 하거나 소멸시켜, 결국은 그것이 원래의 의미를 상실하게 만들기도 한다. 요컨대 받아들이고 흡수한 후에 그것을 개조하여 자신의 체계에 동화시켜 버리는 것이다. 근현대의 중서문화에 대해 이야기한다면, 이것은 가장 주목할 만한 '중체서용'의 변천을 가리키는 것이기도 하다. 즉, '서학'이 흡수되고 동화되어 '중학'의 종속부분이 되며, 결과적으로 '중학'의 핵심과 계통은 오히려 아무런 근본변화도 겪지 않게 된 것이다.[25]

---

24) 이 책의 「중국의 마르크스주의─하나의 시론」 참조.
25) 이 점에 관해 나는 「중국 사상사 잡담」(中國思想史雜談, 『푸단학보』復旦學報 1985년 제5기)에서도 다음과 같이 얘기한 적이 있었다. "중국인은 한대(漢代)에

이러한 특징은 중세(中古)에 불교를 흡수하여 선종(禪宗)을 창출한 것이나, 나아가 이학을 출현시킨 것과 같은 상층 문화현상으로 표현될 뿐만 아니라 마찬가지로 하층사회에서도 표현된다. 이것은 그것이 하

이르러 '천인'(天人), '고금'(古今), 각종 자연·사회·물질·정신현상 등을 몽땅 하나의 체계로 결합시켜 조합했다. 이 체계는 씨족혈연에서 출발한 공맹 시대와 달라서 하나의 통일된 대제국에서 출발한 것이었으며, 그 목적은 이 거대한 사회기체(社會機體)를 안정시키고 유지하여, 평화를 이루고자 하는 데 있었다. 중국 전통사회가 왜 그렇게 지구적(持久的)이었고, 현대에 이르러서도 왜 그렇게 완고한가? 그 가운데 아주 큰 원인의 하나가 바로 한대부터 이러한 체계를 가지게 된 점에 있다고 나는 생각한다. 오늘날에도 우리는 한족(漢族)·한인(漢人)·한어(漢語)를 말하지만, 이것이 역시 한대(漢代)가 물질문명면에서 중국 전통의 기초를 닦았을 뿐만 아니라, 문화심리 구조면에서도 기초를 닦았음을 보여준다. 우리 나라는 다민족국가이지만 한어를 기본언어로, 한문화(漢文化)를 기본문화로 하고 있다. 역사적으로는 만주족과 같은 소수민족이 적지 않게 있었지만, 그 통치계급은 스스로의 문화를 자발적으로 포기하고 한문화를 받아들였다. 이것 역시 한대부터 문화심리 구조 방면에서 상대적으로 안정된 체계를 형성해왔기 때문이다."

"이 체계는 천(天)·지(地)·인(人) 각 방면을 모두 음양오행 구조의 방식을 통해 조합하고 안배하고 있다. 따라서 무엇이든지 다섯 가지이다. 오미(五味)·오식(五食)·오성(五聲)·오장(五臟) 외에도 오계(五季)가 있는데, 그것은 사계(四季)에 긴 여름을 합하여 다섯이라는 계통에 맞춘 것이다. 이 구조 속의 각 부분은 서로 연결되고 침투하며, 상생상극(相生相克)의 피드백 작용도 있어 이 구조 자체가 하나의 순환모델을 가지고 있는데, 전체 자연과 사회, 위로는 황제에서 아래로는 백성에 이르기까지를 포괄하며, 시간·공간·인체·사회제도·윤리질서까지도 몽땅 이 모델 속에 안배되어 있다. 여기에는 과학적인 요소도 있다. 왜냐하면 그것은 몇 가지 자연법칙을 체계 안에 포함시키고 있기 때문이다. 또한 여기에는 대량의 견강부회도 있는데, 이것들은 당시의 정치적 필요에 의한 것이었다. 니덤은 중국 사상의 특징은 신(神)이 없고 창조주의 개념이 없는 것이라고 했는데, 이것은 맞는 말이다. 서구에서는 신이 세계를 창조했다고 생각하지만 중국에는 이러한 개념이 없다. 중국은 이러한 체계관을 가지고 있었기 때문이다. 이 체계 자체는 어떤 것보다 크고 중요하다. 천·지·인은 모두 이 체계 안에 있으며 서로를 견제한다. 이를테면 황제는 백성을 주재하지만 천(天)의 명(命)을 받으며, 천은 백성의 의견을 들어야 한다. ……이것이 바로 순환적인 체계의 모델이다. 이러한 체계가 있기 때문에 신이 세계를 창조하고 인간세계를 주재할 필요가 없는 것이다. 이것은 또한 중국 역사에서 수많은 외국의 종교가 들어왔지만 모두 받아들여지지 않은 것과도 관계가 있다. 불교는 한때 굉장히 성행했고, 기독교는 아주 일찍 중국에 전해졌으며, 유대교는

나의 민족성적인 현상, 즉 이러한 실용이성의 체계론 모델이 중화민족이 외래의 사물을 중국화시킴으로써 스스로의 생존을 존속시키는 기본적인 문화방식이며, 초사회적인 것은 아니나 초계급적인 것임을 설명해준다.

가장 소멸시키기 어려운 종교로서 송대(宋代)에 개봉(開封)으로 전래되었으나 지금은 존재하고 있지 않다. 이런 모든 종교들은 전파된 이후로 차츰차츰, 조용한 가운데 소멸되어 갔다. 중국은 종교전쟁을 벌인 적이 없었다(농민전쟁은 종교를 빌려 전쟁을 했지만 이를 종교전쟁이라 할 수 없다)."

"이 체계는 자신의 생존과 안정을 유지하기 위해 대외적으로, 특히 환경에의 적응에 주목하고 그것을 요구한다. 그것은 일종의 동화력을 가지고 있어, 중국인은 즐겨 같은 점을 찾고 다른 것을 존속시키는 것(求同存異)이다. 외래적인 것을 대하는 데 있어 우선 자신과 비슷한 점에 주의하고 자신과 다른 점을 모호하게 만들어버리며, 나아가 그것을 흡수하고 소화하여 자신과 서로 협동하게 만드는 것이다. 그것은 생물이 항상 환경에 적응하는 것과 같은 동화(同化)형식을 취하며…… 바로 안정된 체계가 적응과 생존을 위해 자신과 다른 것에 대해 취하는 동태적인(경직되지 않은) 평형의 결과이다. 이 체계는 물론 아주 큰 결점을 가지고 있다. 그것은 내부적으로 질서성과 폐쇄성을 요구하여, 모든 개인의 행동작위(行動作爲)와 사상관념이 체계 안에서 적절한 위치로 규정되게 한다. 군주는 어떻게 해야 한다는 등등, 특정한 기준과 범위를 벗어나서는 안 되는 것이다. 현재 우리는 항상 '대국(大局)을 고려해서'라고 말하지만 실제로는 바로 체계의 안정성을 고려하고 있는 것이다."

2 역사적 경험과 '서체중용'의 새로운 해석

이에 대해서는 수많은 예를 들 수 있다. 『중국 고대사상사론』에서는 주로 상층철학의 예를 들었으며, 『중국 근대사상사론』 역시 주로 개혁에서 혁명에 이르는 상층의 역사를 이야기했다. 그래서 여기서는 오히려 다시 『중국 근대사상사론』에서의 태평천국에 대한 논술을 인용하여 예증으로 삼아보고자 한다.

태평천국의 지도자 홍슈취안은 마오쩌둥이 언급한 첫번째의 '서구로부터 진리를 탐구한' 근대 인물이다. 마오쩌둥은 만년에 이르기까지 그를 쑨중산과 함께 나란히 언급했으며 상당히 높이 평가했다. 홍슈취안이 창립한 '배상제교'(拜上帝敎)는 확실히 서구 선교사의 기독교 팸플릿에서 황상제(皇上帝)를 빌려와 조직한, 종교·군사·정치 조직 및 규범질서였다. 그것은 농민전쟁의 혁명투쟁 속에서 거대한 현실적인 작용과 사상적인 역할을 수행했다. 홍슈취안과 '태평천국'은 근대 중국인이 생존을 위해 용감하게 외래의 낯선 사상을 흡수하고 받아들이는 동시에, 그것을 스스로가 필요로 하는 사물에 복무하도록 개조하는 데, 즉 '중국화'에 뛰어났음을 잘 보여주고 있다.

그러면 이러한 홍슈취안과 태평천국에서 기독교 교리의 '중국화'에 대해 살펴보기로 하자.

러시아의 마르크스주의자 플레하노프는 종교에 대해서 말하면서 관념·정서·활동(의식儀式)의 세 가지 요소를 제기했다. 홍슈취안은 이 세 가지에 모두 혁명적인 내용을 주입했다. "사람은 모두 형제다"는 기독교의 박애관념에는, 농민계급의 경제평균주의와 원시적이고 소박한 평등관이 주입되었다. 종교에 대한 열광은 오랫동안 쌓여온 농민대중의 혁명적 욕구에 의해 충실해졌다. 더욱 두드러진 것은 종교의 계율이 혁명군대가 필요로 하는 상당히 완비된 엄격한 규율로 개조되었다는 점이다. ……홍슈취안은 모세의 '십계'를 '십관천조'(十款天條)로 바꾸어 태평군이 이를 초기의 군율로서 받들게 했다.[26]

"사람은 모두 형제다"는 관념은 여기서 관장(官長)이 반드시 병사를 아껴야 하며, 군대는 반드시 백성을 애호해야 하는 것으로 구체화되었다. 『행영총요』(行營總要) 가운데 이에 대한 갖가지 구체적인 규정이 있었으며, 이것은 역사상의 어떠한 농민봉기보다도 태평천국이 훨씬 엄격한 군사규율을 갖게 했다. 이를테면 "지휘에 복종한다", "농촌에서 밥을 지어먹거나 민가를 파괴하거나 재물을 약탈해서는 안 된다"(심지어는 '길가나 민가에서 대변을 보는 것'出恭도 안 된다는 것까지 규정하고 있다), "공정한 태도로 화합한다", "어떤 물건이라도 멋대로 취해서는 안 된다", "길가의 금은·의복을 머리를 숙여 줍거나 몰래 집어 감추어서는 안 되며…… 위배하는 자는 용서 없이 참수한다"는 것들이다. 각종 기독교 교리, 종교의식은 모두 실용적으로 개조되어 농민혁명전쟁이 필요로 하는 규범과 제도가 되었다.

이것은 확실히 '중국화'이며, 이 '중국화'는 정신교리의 세속화·실용화일 뿐 아니라 농민혁명전쟁의 실천적인 요구에 직접 적응하고 들어맞는 것이었다. 즉, 서구에서 전래된 기독교 교리를 받아들여 이것을

---

26) 리쩌허우, 『중국 근대사상사론』, 11~12쪽.

중국 현실의 농민전쟁에 적용시켰으며, 아울러 이러한 실천을 기준으로 그것을 개조하고 변화시킨 것이다. 비록 원래의 의미는 상실되었다 하더라도 그것은 아주 효과적으로 태평천국운동의 신속한 발전을 추진하여, 태평천국이 10여 개 성을 점령하고 16년 동안 국가를 유지하게 했다. 만일 전략의 착오와 같은 우연적 요소가 없더라면 태평천국은 베이징으로 치달아 청조를 무너뜨릴 수도 있었을 것이다.

농민혁명전쟁은 인간의 주관적 의지에 의해 움직이지 않는 법칙을 가지고 있고, 태평천국이 서구의 기독교 교리를 이용하고 개조하여 전쟁에 응용함으로써 '중국화' 할 때에도 이러한 법칙의 제약으로 인하여 몇 가지 주목할 만한 선명한 특징을 가지고 있다.

첫째, 평균주의와 금욕주의. 태평천국은 이론(이를테면 『천조전무제도』天朝田畝制度 등)과 초기의 군사적 실천 속에서 그들이 이해하고 선전한 기독교 교리에 의거하여 "인간에게는 사사로운 재물이 없음"을 강조하고 '성고'(聖庫)를 건립함으로써, 엄격한 공급제도를 실행했다. 이러한 공급제도는 결코 절대적 평균주의는 아니었으며 관직의 등급에 따라 차별이 있었다. 이를테면 "천왕(天王)은 매일 고기 열 근을 공급받으며, 순서대로 체감하여 총제(總制)에 이르면 반 근이 되며 그 아래로는 지급되지 않는다"[27]는 것을 들 수 있다.

태평천국은 '남영'(男營)과 '여영'(女營)을 나누어 남녀를 엄격하게 분리시키고 부부도 함께 거주할 수 없게 했다. "아무리 무더운 날씨라도 밤에 벌거벗고 잘 수 없으며 낮에도 상체를 드러낼 수 없었다",[28] "노천왕(老天王)이 내게 십구시(十救詩)를 읽으라고 주었는데, 모두 다 남녀를 구분하여 서로 얼굴을 맞댈 수 없다는 도리를 이야기하는 것이었다."[29] 하지만 천왕과 그밖의 다섯 왕은 처첩을 가질 수 있다고 명확히 규정되어 있다.

---

27) 『적정회찬』(賊情滙纂).
28) 같은 책.
29) 『홍푸톈자술』(洪福瑱自供).

둘째, 행정권력에 의한 모든 것의 지배.

　평균주의적 분배 · 소비의 경제생활이 이루어진다면, 당연히 일종의 극대한 권위를 가진 행정역량과 엄밀한 조직에 의해 그것을 지배하고 보증해야 할 필요가 있다. 『천조전무제도』는 따라서 일련의 사회생활 규칙을 규정하고 있다. 이것은 엄격하게 조직된 집단생활과 권력이 고도로 집중된 사회구조이며, 실제로는 군사화한 기초 위에 건립될 것을 요구하게 된다.

　천조전무제도는 25가(家)를 1양(兩)으로 하며, '양'은 생산 · 분배 · 군사 · 종교 · 정치 · 교육 등의 통합된 사회의 기층조직이자 단위이다. 여기서 군사(兵)와 생산(農)은 합일되어 있고, 정치와 경제도 합일되어 있으며, 행정과 종교도 합일되어 모든 것이 '양사마'(兩司馬)에 의해 지도되고 관리된다.[30] 양사마는 생산을 관리하고 징벌과 장려를 행하며, 인원을 천거하고 교육을 책임지는 동시에, 소송을 처리하고 예배를 이끌며 『성경』(聖經)을 설교하는 등…… 극대한 권력을 가지고 있다. '천조전무제도'는 생산과 종교생활을 중요시하여 이것을 근본적인 기준으로 삼았으며, 사회복리 역시 대단히 중요시하여 "홀아비, 과부, 고아, 의지할 데 없는 노인, 불구자는 모두 역(役)을 면제해주고 국가에서 급양(給養)한다"고 규정하고 있었다. 즉 모든 것을 조직화 · 집단화 · 군사화 · 규격화 · 단일화하여, 밥을 먹으려면 기도를 해야 하고 결혼을 하려면 증서가 있어야 하는 등……강제 규율에 의해 모든 것의 집행을 보증하려 했다.[31]

---

30) 이것은 중국 고대에 현실적으로 존재한 적이 있었다. 최근의 중국 농민전쟁사에 관한 저작 속에서 자주 이야기되는 장루(張魯, 후한 말의 종교지도자) 정권과 같은 경우이다. 주목할 만한 것은 1958년 대약진운동과 인민공사(人民公社)의 건립을 추진하면서 마오쩌둥이 『삼국지』의 「장루전」(張魯傳)을 인쇄하여 고급간부에게 읽도록 했다는 점이다.
31) 리쩌허우, 『중국 근대사상사론』, 25~26쪽.

따라서 이것은 일종의 병·농합일, 정(정치)·사(사회) 합일, 종교 우선, 위로부터 아래로 이르기까지 권력이 고도로 집중되고 행정권력이 모든 것을 지배하는 사회구조와 통치질서이다. 또한,

> 융안(永安)에서 톈징(天京)에 이르기까지, 『태평예제』(太平體制)에서 『천명조지서』(天命詔旨書)에 이르기까지 그 제도는 등급의 차이가 대단히 확정적이고 존비의 차이가 너무나 분명하여, 형제라는 호칭은 단순히 형식이고 군신 질서는 극히 삼엄했다. 등급의 차별뿐 아니라 세습제까지 있었다. ……『천조전무제도』의 이상이 규정한 바에 따르면 관리의 충원은 '상급자의 보증에 의한 천거'였지 결코 선거(選擧)가 아니었다. 즉 아래에서 층층이 위로 올리고 그 후에 위에서 선택하여 임명했다. ……정권의 인원선택과 권력은 실제로는 여전히 오랫동안 상급관원의 손안에서 조종되었고, 대다수 대중은 진정한 권력을 갖지 못했다.[32]

셋째, 고도의 계급적 각오라는 기초 위에서 이루어진 도덕주의. 태평천국은 농민의 계급의식 또는 계급적 각오를 전에 없는 높이로 끌어올렸다. 그것은 노동자와 착취자의 대립을 크게 부각시켰다. 예를 들어, "포로를 잡으면 언제나 그 사람의 손을 본다. 만일 손바닥이 빨갛고 윤기가 흐르며 열 손가락에 굳은살이 박혀 있지 않다면 모두 요(妖)로 지칭했다",[33] "서적을 보면 원수처럼 미워하여 요서(妖書)로 지칭하면서, 반드시 그것을 없애버리고서야 통쾌히 여겼다"[34]고 하며, 다른 한편으로는 "광산에서 석탄을 캐던 노동자, 강변의 배를 끄는 노동자, 뱃사공, 부두의 하역 노동자, 가마꾼, 철목(鐵木) 장인 등, 고생하며 육체노동을 하고 일년 내내 열심히 일해도 따뜻하거나 배부르지 못한 사람들에

---

32) 같은 책, 20~21쪽.
33) 『적정회찬』.
34) 『평정월비기략부기』(平定粵匪紀略附記).

대해서는 적(태평군)들이 반드시 이들을 우대했으며, 몇 달도 지나지 않아 버젓하게 노형제(老兄弟)를 칭하게 되었다".35) 태평천국은 이렇게 대단히 "자각하여 빈곤한 노동인민을 핵심지도층으로 하는, 기층(基層)에서 일어난 각급 혁명정권을 수립했다. '목장(木匠)이 갑자기 대인(大人)이 되었다' 36)고 하듯이 태평천국은 노동대중에 대해 높은 열정과 신임을 지녔으며, 지주계급의 지식인들을 이용하기는 했으나(이를테면 문서의 관리 등) 결코 중용하지는 않았다."37)

이와 동시에 홍슈취안은 부대와 전체 사회의 사상교육 공작을 아주 중시했으며, 태평천국은 사람들에게 "심장을 바꿔치기 하라", "심장을 단련하라"고 강조했다. '단련'이나 '바꿔치기'의 구체적인 방법은 '천서(天書)를 읽고 익히는 것'이었다(홍슈취안이 개편한 『성경』을 읽고 '도리를 설교하는 것', 즉 강도리講道理였다). "형벌을 가할 때도 반드시 도리를 설교하고, 약탈을 할 때도 도리를 설교하며, 갑자기 행군을 하거나 명령을 내릴 때에도 반드시 도리를 설교한다. ……지극히 힘들고 어려운 전투가 있을 때에도 반드시 도리를 설교한다."38) '도리를 설교하는 것'은 종교교리를 설교하는 방식에 의해 진행되는 선동공작이자 사상교육이었다. 실제 설교와 상황에 대해서는 다음의 예가 있다.

……자리에 오른 지 한참이 되어서야 이야기를 시작했다. "우리가 진톈(金田)에서 봉기하고 난 뒤 지금 와서 얘기하기는 쉽지만, 지독한 추위와 무더위를 견뎌내고 험난한 산천을 건너서 천신만고 끝에 제업(帝業)의 기틀을 닦았다. 너희들은 살아서 태평시대를 맞이하니, 모두 천국에 이르는 계단을 오를 수 있을 것이다.39)

---

35) 『적정회찬』.
36) 『진링기사』(金陵紀事).
37) 리쩌허우, 『중국 근대사상사론』, 20~21쪽.
38) 『적정회찬』.

홍슈취안과 태평천국이 이러한 사상공작을 혁명의 동력으로 삼은 것은 확실히 거대한 역할을 수행하여, 수많은 태평군의 전사들을 일치단결시킴으로써, 몸을 돌보지 않고 분전하며 앞사람이 넘어지면 뒷사람이 그 뒤를 받치는 엄청난 힘을 발휘하게 했다. "사람 수가 많은 것을 장기로 삼고, 과감한 죽음을 장기로 삼고, 고통과 배고픔·목마름을 견뎌내는 것을 장기로 삼고 있어…… 죽는 자는 스스로 죽고, 건너는 자는 스스로 건너며, 오르는 자는 스스로 오른다."[40]

넷째, 농업소생산 기초 위의 '새로운 하늘, 새로운 땅, 새로운 인간, 새로운 세계'라는 유토피아 사상.

기독교의 신은 사람이 죽은 후 천당에 올라가게 한다고 하지만, 홍슈취안의 상제(上帝)는 지상에 천국을 건립하고자 했다. 홍슈취안은 『권세양언』(勸世良言)의 대천당(大天堂)·소천당(小天堂)에 대한 모호한 설명을 이용하여, 지상에도 역시 천국을 건립해야 한다고 강조했다. ……그 구체적인 제정은 주로 농민봉기와 혁명전쟁에서 얻은 경험을 이상화하고 규범화한 것이었다.

『천조전무제도』는 토지소유제의 개혁을 핵심으로 삼아 상당히 완비된 하나의 이상적 설계도를 제안했다. 그것은 토지를 균등하게 분배하고 공동으로 노동에 종사하며, 피차간에 서로 도와야 한다고 선고하고, 부업생산을 규정했다.

더 중요한 것은 그것의 분배·소비에 대한 규정의 특징이 "밭이 있으면 같이 갈고, 밥이 있으면 같이 먹고, 옷이 있으면 같이 입고, 돈이 있으면 같이 쓴다"는 말처럼 사유재산을 부정하고 빈부의 차별을 없애, '고르지 않은 것이 없는' 분배의 기초 위에서 '따뜻하고 배부르지 않은 사람이 없는' 세계를 건립하고자 한 점이다.

이상이 태평천국의 주목할 만한 특징이다.

---

39) 『계갑진릉신악부』(癸甲金陵新樂府).
40) 『적정회찬』.

하지만 홍슈취안과 태평천국은 비참한 실패로 끝났다. 이 실패는 쩡 궈판 등의 군대에게 패배했다는 점이 아니라, 중국화된 기독교 교리 자체의 실패라는 점이 오히려 더 중요하다. 『중국 근대사상사론』에서 는 이렇게 설명했다.

홍슈취안은 전기(前期)의, 특히 군사투쟁과 혁명군대에서 얻은 경 험을 맹신하여 이것을 사회생활에서 필연적으로 따라야 할 보편적인 법칙으로 삼아 강제로 추진했다. 이것은 현실생활의 필요와 요구를 위반하는 것이었으므로(이를테면 가정의 폐지, 남영과 여영의 분리 등) 당연히 실패할 수밖에 없었으며, 전쟁 중에는 유효하더라도 평화 시기에는 통할 수 없는 것이었다(이를테면 사유재산의 몰수, 무역의 폐지, 성고제도의 실행 등등). 평균주의와 금욕주의는 초기에 대중을 발동하고 조직하는 군대의 풍기로서 확실히 큰 역할을 했다. 그러나 그것들을 전체 사회의 장기 또는 보편의 규범 · 준칙 · 요구로 삼는다 면 실패할 수밖에 없었다.[41]

사상 · 관념 · 정감 · 의지를 일종의 비과학적, 또는 반과학적인 종교 신앙과 강제규율로 통일하고 유지하는 것은 오래 지탱되지 못한다. 그 것은 반드시 반대의 측면으로 나아가지 않을 수 없다. 특히 천부(天父: 상제)의 대변인 양슈칭(楊秀淸)이 피살되는 크나큰 사건이 벌어진 후 신앙은 점차 회의나 기만으로 바뀌었으며, 열광적인 정감은 '냉담한 인심'으로 바뀌어버렸다.[42] 의식은 형식에 치우쳤고 금욕은 방종으로 바뀌었으며 도덕의 순결함은 도덕의 타락으로 바뀌었다.[43]

---

41) 리쩌허우, 『중국 근대사상사론』, 27쪽.
42) 『자정신편』(資政新編).
43) 앞의 책, 27쪽.

타락·변질과 사익의 추구 등 봉건적인 관장(官場)의 누속과 병폐가 만연되는 것은 피할 수 없게 되었다. 상층에서는 특히 그러했다. 어떠한 근대 민주주의 제도도 없었기 때문에 전제와 할거·음모와 권모술수가 권력투쟁을 진행하는 수단이 되었으며, 그것은 점차 더욱더 극렬한 형태를 취하게 되었다.[44]

홍슈취안은 전기의 경험에서 출발하여 최후에 이르기까지, 여전히 각종 명령을 다시 반포하면서 도덕적 설교와 종교적 선전을 크게 강화하려고 했다. 그 결과 전기에는 큰 성과를 거두었으나 후기에는 거의 아무런 효과를 거두지 못했다. 이전의 몇몇 논저들은 홍슈취안이 톈징에 도달한 후 얼마나 무능하고 어리석었으며, 정사를 돌보지 않아 마침내 실패로 이끌게 되었는가를 설명하기도 한다. 하지만 기실 홍슈취안은 처음부터 끝까지 정사를 관장했으며, 아울러 전기와 마찬가지로 여전히 행정·조직·군사의 각 방면에서 극도의 예민함과 견식·재능을 보여주었다. ……문제는 여기에 있는 것이 아니라, 그가 기본사상과 정강정책 면에서 비과학적인 종교신앙과 도덕적 설교를 완고하게 견지하면서 더욱더 맹신했다는 점에 있다.

그는 실제적으로 투쟁의 경험적 교훈을 총괄하지 않고 혁명의 성패를 종교신앙에 대한 충실여부로 귀결시켰다. 딱딱하게 굳어버린 교리와 전기의 경험에만 매달려, 심지어 최후에도 국명(國名)·조명(朝名)·옥새(玉璽)의 문장을 변경하여 '태평천국'을 '상제천국'으로 바꾸고자 하는 등의 노력으로 위기를 만회하고 형세를 뒤집으려 했지만, 분명히 이것은 어떤 문제도 해결할 수 없었다.

이러한 홍슈취안 개인의 비극에서 계급적 한계를 엿볼 수 있다. 한 시대의 천재가 이렇게 비참하게 몰락하고 피동적이 된 것은, 그가 봉건적 생산양식이 선명하게 찍어둔 낙인에서 벗어날 수 없었기 때문이었다.[45]

---

44) 같은 책, 같은 곳.

왜 여기서 이렇게 길게 '태평천국'에 관한 내용을 다시 반복하는가? 이것은 단지 '서구로부터 진리를 탐구하면서' 들여온 관념·사상·학설·교의가 '중국화'되는 과정에서 중국 본토의 체계에 따라 개조되고 동화되어 버린다면, 완전히 본래의 의미를 잃게 된다는 것을 설명하기 위해서였다. 당시의 선교사들이 다음과 같이 생각한 것은 결코 이상한 일이 아니다.

우리의 성경 주해는 그들의 찬동을 얻기가 대단히 곤란했다. 우리의 가장 훌륭한 판본은 그들이 붉은 붓으로 옆에다 천의(天意)를 써 놓는 통에 온통 엉망이 되어버렸다.[46]

선교사들은 그들이 태평군과 일치하는 점이 아주 적다는 것을 발견하게 되었다. ……홍슈취안의 교리는 우리처럼 천부에게 얻어온 것과도, 예수가 말한 것과도 완전히 달랐다.[47]

왜 이렇게 된 것일까? 이것은 태평천국의 모든 것이 겉보기에는 "서학을 체로 삼고 중학을 용으로 삼는다"는 것, 즉 서구에서 전래된 기독교 교리를 주체로 삼고, 아울러 그것으로 주요한 핵심적 관념·사상체계를 규정했으며, 중국 전통 하층사회의 관념과 관습을 통해 구체적으로 그것을 응용한 것으로 보였지만, 실제로는 여전히 '중체서용'이었기 때문이었다. 즉, '중학'은 여전히 근본적인 것이었으며, 여기서의 '중학'은 이를테면 등급제, 모자람을 걱정하지 않고 고르지 못함을 걱정하는 평균주의, 분배·소비에서 공산주의적 유토피아, 도덕주의…… 등등 전통사회의 소생산경제 기초 위에서 자라난 각종 봉건주의적 관념·사상·정감이었다.

45) 같은 책, 21쪽.
46) 『톈징유기』(天京遊記).
47) J. K. Fairbank, *The United States and China*, 제8장 제2절, Boston, 1965.

이 때문에 여기서의 '서학'은 한 꺼풀의 껍데기에 지나지 않았다. 이러한 '서구로부터의 진리탐구'가 성과를 거두지 못하는 것은 당연한 일이었다. 농민전쟁은 그 자체의 법칙을 가지고 있으며, 홍슈취안이 들여온 서구 기독교는 그 '중국화' 속에서 합법칙적으로 '봉건화'된 것이다. 내가 태평천국이 아주 시사하는 바가 풍부한 사상사적 과제라고 생각하는 것은 바로 이 점 때문이다.

위의 설명에서 알 수 있듯이, 기나긴 역사를 가진 전통적 소생산의 사회·경제적 기초와 그 위에 형성된 이데올로기 때문에, 그리고 실용이성의 체계론 구조가 외래의 것을 자기의 것으로 바꾸는 데 뛰어났기 때문에, '중체서용'은 강한 현실적 보수(保守) 역량을 가질 수 있었다. 심지어 "서학을 체로 삼고 중학을 용으로 삼는다"는 것까지 동화시킬 수 있었다.

태평천국은 하층인민(주로 농민)의 혁명적 실천의 활동방식으로써 서구의 관념과 교의를 '중국화'하고, '서학'이 마침내 '중학'이 되게 만들었다. 장즈둥에서 현대 신유가에 이르기까지, 즉 상층사회의 사상·학술의 이론 방식 역시 이와 동일한 '중국화'를 진행시켜 오고 있다. 이를테면 5·4시기에 천두슈는 서구의 자유민주주의와 중국 고대의 "가장 귀한 것이 인민이다"거나, "하늘은 인민이 보는 것을 보고 인민이 듣는 것을 듣는다"는 민본주의 사상을 혼돈하는 주장, 즉 인민을 주인으로 삼는다는 것과 인민을 위해 주인이 된다는 것을 혼동하는 주장을 비판한 적이 있었다. 그러나 이러한 주장은 현대 신유가에서도 아주 비슷한 논조를 찾아볼 수 있으며, 오늘날 수많은 신문과 잡지의 글에서도 자주 발견된다. 이것은 마찬가지로 '중국화' 과정 가운데 '중학'이 '서학'을 삼킴으로써 '중학'은 여전히 원래 그대로 끄떡도 하지 않게 되었음을 보여주는 것이다.

이러한 역사와 사상사의 교훈은, 오늘날의 '체'·'용'·'중'·'서'의 비교와 토론이 의의가 없는 것이 아니라 상당히 필요가 있는 것임을 확인시켜 주고 있다. '체'·'용'·'중'·'서'에 대해 다시 검토하고 연구하는 것은 중대한 현실적 의의와 이론적 가치를 지니고 있다.

우선 '체'와 '용'이라는 범주가 의미하는 내용을 다시 검토하고 명확히 해볼 필요가 있다.

오늘날 '체'와 '용'의 범주를 사용할 때는 명확히 규정을 내려야 할 필요가 있다. 내가 쓰려는 '체'라는 용어의 의미는 다른 사람과 다른데, 그것은 물질과 정신생산을 포괄하는 것이며,[48] 나는 사회존재(社會存在)는 사회본체(社會本體)임을 강조한다. '체'를 사회존재라고 하는 것은 이것이 이데올로기만 포함하는 것, 즉 '학'(學)에만 머무는 것이 아니기 때문이다. 사회존재라는 것은 사회의 생산양식과 일상생활이다. 이것은 유물사관의 입장에서 본 진정한 본체이며, 인간존재 자체이다. 근대화는 우선 이러한 '체'의 변화이다. 이러한 변화에서 과학 기술은 대단히 중요한 역할을 수행하며, 과학 기술은 사회본체 존재의 기초이다. 왜냐하면 그것은 생산력의 발전을 이끄는 것이고, 확실히 전체 사회존재와 일상생활에 변화를 발생시키는 가장 근본이 되는 동력이자 요소이기 때문이다. 이러한 의미에서 나는 이 '체'를 규정하고 있다. 따라서 과학 기술은 '용'이 아니라 오히려 정반대로 '체'의 범주에 속한다. 『비판철학의 비판』에서 내가 도구(道具)의 사용과 제조라는 점에서 실천을 규정한 것은 바로 이런 이치에서였다.

……장즈둥의 '중체서용'은 '교충'(敎忠)을 강조한다. '교충'이란 무엇인가? 그것은 청조의 정치제도를 유지하는 것이며, 이 정치제도는 봉건적 토지관계의 기초 위에서 유지되는 것이다. 그리고 토지관계는 사회의 생산양식에 속한다. 장즈둥은 그가 유지하려는 '중학'(삼강오륜의 정치제도와 삼강오륜을 핵심으로 하는 봉건적 이데올로기) 아래에 놓여 있는 근본적인 것을 이해하지 못했다. 그는 그가 유지하려

---

48) 여기서의 이른바 '정신생산'이란 '심리본체' 또는 '본체의식'을 가리킨다.

는 '학'이 단순한 '학'의 문제도 아니며, 정치·경제 체제의 문제만도 아님을 알지 못했다. 그는 기술을 단지 '용'으로만 생각하여 윤선(輪船)·기차·자동차와 같은 것들이 사회적 생산력과 긴밀하게 결합되어 있으며 그 구체적인 표현임을 알지 못했다. 생산력과 생산양식의 변화는 필연적으로 생활양식과 이데올로기, 정치제도의 변화를 몰고 온다. 내가 말하는 '체'는 장즈둥이 말하는 '체'와 정면으로 대립된다. 그는 관념형태·정치체제·삼강오륜을 '체'로 생각했지만, 나는 우선 사회적 생산력과 생산양식을 '체'로 생각한다.[49]

요컨대 '학'은 '중학'이든 '서학'이든, 아니면 공자의 '중학'이든 마르크스의 '서학'이든 철저하게 따져본다면 모두 '체'가 아니며, 최후의 '체'가 될 수도 없다. 그것들은 단지 '심리본체' 또는 '본체의식', 즉 일종의 이론형태와 사상체계에 지나지 않는다. 엄격히 말해서 '체'는 사회존재의 본체, 즉 현실적 일상생활이어야 한다. 이래야만 근본·기초·출발점이 될 수 있다. 이러한 근본을 경시하거나 여기서 떠나서 체용과 중서를 이야기하는 것은 모두 위험한 일이다.

중국의 경우 이러한 사회존재의 본체 자체를 바꾸지 않는다면 마르크스주의를 포함하여 그것이 아무리 선진의 '서학'이라 할지라도, 모든 '학'은 중국 원래의 사회존재의 '체', 즉 봉건적 소생산의 경제기초와 그 문화심리 구조라는 갖가지 '중학'에 의해 잠식될 가능성이 있다. 앞에서 태평천국을 이야기한 것은 바로 이 점을 설명하기 위해서였다. 다른 글에서 중국의 마르크스주의를 이야기한 것 역시 이 점을 포함하고 있다. 따라서 이른바 근대화라는 것은 우선 이러한 사회본체, 즉 소생산의 경제기초, 생산양식을 변혁해야만 한다. 이것은 현실의 일상생활을 이에 맞게 변화시키고 비판할 것을 필요로 한다. 이를테면 농민이

---

49) 리쩌허우, 「'서체중용'에 대한 간단한 해석」, 『중국 문화보』(中國文化報), 1986년 7월 9일.

토지의 속박에서 해방되어야만, 부모가 살아 계셔도 멀리 고향을 등지고 떠나 각양각색의 현대 산업과 도시로 진출해야만, 조상 대대로 이어내려온 온갖 전통적 관념이 무너지고 대가정이 소가정으로 분화될 수 있다. 또 상품경제가 발달해야만 자유주의적 의식과 '서학'이 진정으로 뿌리를 내리고 발전할 수 있는 기틀이 갖추어진다.

물론 '근대화'가 곧바로 '서구화'를 의미하는 것은 아니다. 하지만 근대화는 확실히 서구에서 먼저 시작되었으며, 서구에서 동방으로, 중국으로 전파된 것이다. 현대의 대공업생산·증기기관·전기·화학 공업·컴퓨터…… 그것들을 생산하는 각종 과학·공업기술·경영관리제도 등은 서구에서 전래된 것이 아니란 말인가? 이러한 가장 근본되는 측면, 즉 현대적 대공업생산을 발전시키는 방면에서 근대화는 바로 서구화이다. 과학이 직접 생산력이 되는 오늘날 이 점은 더욱 명확하고 분명하다.

그러나 천인커는 일찍이 이렇게 말한 적이 있다 "나는……사상은 (청대의) 셴펑(咸豊, 1851~61)·퉁쯔(同治, 1862~75) 시대에 얽매여 있고, 의론은 쩡궈판과 장즈둥 사이에 가깝다."[50] 펑유란 역시 이렇게 이야기한 적이 있었다. "중국이 현재 거치고 있는 시대는 자가생산가정화(自家生產家庭化)의 문화에서 생산사회화의 문화로 전환하는 시대이다."[51] 따라서 그는 '민국 초기의 인물들'이 오로지 문화만 중시한 것을 비판하면서, '청말의 사람들'(즉 양무파)이 실업(實業)을 일으킨 것을 칭송하고, 전자가 오히려 시간을 허비하며 후자를 늦어지게 함으로써 중국이 부강해지지 못했다고 주장한다. 그렇다면 오늘날에도 이렇게 '서체'를 주장하는 것은 다시 과거의 양무파와 천인커·펑유란의 입장으로 돌아가야 하는 것인가?

나는 '아니다'라고 대답하겠다. 일찍이 천인커나 펑유란 이전에 리다

---

50) 「펑유란 『중국 철학사』 심사보고 3」(馮友蘭中國哲學史審查報告三).
51) 펑유란, 『신사론』(新事論), 72쪽.

자오는 다음과 같이 깊이 있는 지적을 했다.

> 그(공자를 가리킴)의 학설이 중국에서 2천여 년 동안 통용될 수 있었던 것은, 오로지 중국의 농업경제에 아주 커다란 변동이 없었고, 그의 학설이 그러한 경제상황에 적합했기 때문이다. 현재는 경제가 변동하고 있고 그의 학설도 근본적으로 동요하고 있다. 왜냐하면 그것은 중국 현대의 생활, 현대의 사회에 적용될 수 없기 때문이다. 몇 몇 존공(尊孔)의 신도들이 매일 곡부(曲阜: 공자의 고향)를 순례하고 날마다 황제시대의 의관(衣冠)을 차려 입고 공자를 제사지낸다고 하더라도, 곳곳에서 공교당(孔敎堂)을 짓고 곳곳에서 '공자 왈'의 복음을 전파한다고 할지라도, 경제변동의 세력을 막아내어 '만세사표'(萬世師表), '지성선사'(至聖先師)라는 공자의 위엄을 유지하는 일은 단연코 불가능할 것이다.[52]

천인커나 펑유란보다도 마르크스주의자가 훨씬 더 명백하게 먼저 사회경제적 토대(특히 새로운 생산력)의 변화가 있어야 관념형태의 변화가 가능하다는 점을 지적했음을 여기서 알 수 있다. 하지만 천두슈나 리다자오 등이 여전히 계몽과 혁명에 몰두하려 한 것은 바로 이러한 경제적 토대의 변혁을 가속시키기 위해서였다. 따라서 추상적으로 보면 천인커나 펑유란의 주장이 더 합리적인 것 같다. 하지만 진정 역사적으로 그리고 구체적으로 고찰해 보면, 양무운동이 점차로 개혁운동·혁명운동과 5·4운동에 의해 대체되어간 것은 양무운동이 적지 않은 실업을 일으킨 것이 사실이지만 극단적으로 부패하고 탐욕적이어서 아무런 효과도 거두지 못하고 보편적인 실망을 불러일으켰기 때문이다. 양무운동은 주로 관영(官辦)기업 또는 이른바 '관독상판'(官督商辦) 형식

---

52) 리다자오, 「경제적으로 중국 근대사상변동의 원인을 해석한다」(由經濟上解釋中國近代思想變動的原因, 1920. 1. 1), 『신청년』 제7권 제2호.

으로 이루어졌지만, 그 역사적 경험은 다음과 같다.

양무파는 1880년대에 '군사의 강력함을 추구하던 것'(求强)에서 '국가의 부유함을 추구하는 것'(言富)으로 나아가 비군사적인 근대 공업을 창설하기 시작했다. 하지만 사영(私營)공업의 자본가와는 달리 이러한 관영, 관독상판 기업을 주지하고 관리하거나 감독하는 봉건관료들의 개인이익은 공업 자체의 이익과는 분리된 것이었다. 그들이 관심을 갖는 것은 기업이윤의 확대와 자본의 축적이 아니라, 어떻게 하면 기업에서 부패를 저질러 자금을 가로채는가였다. 낡고 썩어빠져 아무런 기능도 못하는 봉건아문과 그 관리들은 당연히 자본주의 경제가 요구하는 근대적 경영관리에 적응할 수도 없었고, 또 적응하려 하지도 않았다. 따라서 이른바 관독상판이란 것은 성질상 자본주의 경제 위에 봉건주의적 상부구조의 무거운 사슬을 덮어씌운 것이었다. ……자본주의 경제의 발전은 어쩔 수 없이 그것에 적응하지 못하고, 그것을 엄중하게 방해하는 봉건적 상부구조의 개혁을 요구하지 않을 수 없게 되었다. 이러한 역사의 필연법칙은 1880년대의 중국에서 분명하게 그 모습을 드러내었으며…… 서구 자본주의의 대의(代議)제도는 이 시기에 광범위한 중국의 개명인사들에게 소개되고 주목받고 찬양을 받으면서 구망의 길, 부강의 바탕으로 인식되었다.[53]

이것은 이미 100년 전의 이야기이다. 그런데도 역사는 이다지도 잔혹하고 무정한 것이다. 오늘날 우리가 다시 그때와 비슷한 문제와 국면에 부딪히고 있어, 이 100년 전의 이야기가 다시 현실의 의미를 지니게 되는 것처럼 보이기 때문이다. 한바탕의 농민전쟁(태평천국)이 휩쓸고 지나간 후, 양무운동에서 개혁(무술변법) · 혁명(신해혁명) · 문화비판(5·4운동)으로 옮아간 역사의 과정이 오늘날에는 하나의 시점에 응축

---

53) 리쩌허우, 『중국 근대사상사론』, 55~56쪽.

되어 있는 것처럼 보인다.

본래 사회라는 것은 하나의 유기체적인 구조체계를 가지고 있는 것이어서, 구조적 변혁·전환이라는 것은 그 여러 구성요소의 상호작용에 의존하게 마련이다. 특히 중국에서는 정치에 종속되고 의존하는 지식인계층을 핵심적인 구성의 기초로 삼고 있는 사회·문화 심리가 이미 전체 사회의 동향과 경제행위를 규제하는 강력한 요소가 되어 있다. 따라서 이 사회구조라는 유기체의 변혁은 단순하게 서구의 과학기술과 공예를 받아들이고 실업을 일으킨다고 해서 성공할 수 있는 것은 아니다. 단순한 경제개혁만으로도 효과를 거두기 어려우며, 반드시 정치체제(상부구조)와 관념문화(이데올로기)의 개혁이 함께 이루어져 서로를 도와야만 근대화가 가능해진다. 경제·정치·문화의 삼중(三重) 개혁요구가 서로 뒤얽히고 중첩된 것이 오늘날 상황발전의 관건이 되고 있다.

이 때문에 경제개혁이 시작된 이후 정치체제와 관념의 개혁이 두드러지게 제기될 수밖에 없었다. 그리고 관념과 정치체제가 논의되기 시작하자, 오늘날과 같은 '서학', '중학'의 문제가 토론의 대상에 오르게 되었다. 그렇다면 도대체 어떻게 '서학', '중학'을 대하고 규정해야 하는가? 어떤 사람은 말한다. 도대체 '서학'이 무엇이고 '중학'이 무엇인가? 어느 것이 주(主)·본(本)·체(體)가 되고, 어느 것이 차(次)·말(末)·용(用)이 되어야 하는가?

만일 근본적인 '체'가 사회존재·생산양식·현실생활이라고 인정한다면, 그리고 현대적 대공업과 과학 기술 역시 현대 사회존재의 '본체'와 '실질'이라고 인정한다면, 이러한 '체' 위에서 성장한 자아의식 또는 '본체의식'(또는 '심리본체')의 이론형태, 즉 이러한 '체'의 존재를 낳고 유지하고 추진하는 '학'이 응당 '주'가 되고, '본'이 되고, '체'가 되어야 한다. 이것은 물론 근현대의 '서학'이며, 전통의 '중학'은 아니다. 그러므로 이러한 의미에서 여전히 "서학을 체로 삼고 중학을 용으로 삼는다"고 다시 말할 수 있겠다.

이 '서학'은 물론 마르크스주의를 포함하며, 마르크스주의는 근대공업의 기초 위에서 탄생한 혁명이론이자 건설이론이다. 하지만 이 마르크스주의 역시 반드시 세계라는 사회존재 본체의 발전과 변화에 따라 발전하고 변화해야 한다. 동시에 '서학'은 마르크스주의에만 머무르는 것이 아니며, 이를테면 과학 기술이론, 정치·경제 관리이론, 문화이론, 심리이론 등 갖가지 다른 사상·이론·학설·학파도 포함된다.

오늘날 우리의 이데올로기와 문화관념 및 상부구조는 이런 것들을 수입하여 주체로, 기본으로, 지침으로 삼아야 한다. 베이컨에서 칸트까지, 문예부흥에서 19세기 초에 이르기까지 서구의 계몽은 수백 년의 역사를 거쳐왔지만 중국의 계몽일정은 너무도 단축되어 있기 때문에 관념체계 면에서 중세기 봉건의 전통을 철저하게 벗어나는 것이 결코 쉬운 일은 아니다. 특히 서구의 종교와 대비해볼 때 중국의 윤리는 그 이성적 지탱력 때문에 거기서 벗어나는 것이 더욱 어렵다.[54] 그러나 서구의 계몽문화는 중세기 봉건전통을 무너뜨리는 데 대단히 날카로운 무기였다. 따라서 우리로서는 현재 맹목적으로 '서학'을 너무 많이 수입한다는 것보다는 그에 대한 이해가 아직 불충분하다는 것이 더 큰 문제이다.

현대 사회는 다원화되고 다양화된 사회이며, 현대의 '서학' 역시 그와 마찬가지이다. 따라서 전면적인 이해·소개·수입·도입과정에서 자연히 판단·선택·수정·개조의 문제가 발생할 것이다. 이러한 판단·선택·수정·개조 가운데에서 중국의 각종 실제상황과 실천활동에 어떻게 적용하고 응용하는가 하는 것, 즉 '중용'(中用)이 나타나게 될 것이다.

실체(substance)와 기능, 즉 '용'(function)은 원래 분리될 수 없

---

54) Vera Schwarcz, *The Chinese Enlightenment: Intellectuals and the Legacy of the May 4th Movement of 1919*, University of California Press, 1986 참조.

는 것이며, 중국의 전통에서도 역시 "체와 용은 원래 하나이다"(體用不二)라고 말한다. '용'을 떠난 '체'는 있을 수 없으며, 따라서 '체'는 바로 '용' 속에 있다. 그러므로 '서체'를 중국에 '응용'(用)하는 것은 대단히 곤란하고도 창조적이며 역사적인 과정이 될 것이다. 이를테면 누구나 일찍부터 서구의 '과학'과 '민주주의'를 받아들여야 한다는 것을 알고 있었지만, 중국에서 그것을 응용했을 때 '체'와 '용'이 전화되는 과정이 곤란함을 의식하지 못했기 때문에, 그것은 대단히 두터운 겹겹의 장애에 부딪혔다. 이것은 자신의 국정(國情)과 전통에 대한 이해가 불충분했기 때문이다.[55]

이것 역시 이 글에서 근대 중국의 역사, 5·4운동에서 태평천국에 이르는 역사를 이야기한 원인이었다. 이러한 '국정'의 전통을 충분히 이해해야만 비로소 다음과 같은 것에 냉정하게 주목할 수 있다. 즉, 우선 '서학'이 중국 본래의 완강한 '체'와 '학'(봉건적 소생산양식, 농민혁명전쟁에서 상층의 공맹의 도와 온갖 국수에 이르기까지)에 의해 포로가 되거나 개조되거나, 아니면 동화되게 해서는 안 된다는 점이다. 거꾸로 과학 기술·생산력·경영관리제도에서 본체의식(마르크스주의와 그밖의 각종 중요한 사상·이론·학설·관념을 포함한다)에 이르는 현대화한 '서체'에 의해 '중학'을 개조하고, 중국 전통의 문화심리 구조를 전환시키고, 의식적으로 이러한 침전을 변화시키려고 노력해야 한다.

개조와 전환은 전반적으로 전통을 계승하는 것도 아니고, 전반적으로 전통을 내던지는 것도 아니다. 그것은 새로운 사회존재의 본체라는 기초 위에서 새로운 본체의식을 전통의 침전, 또는 문화심리 구조에 침투시킴으로써 유전인자의 변이를 이루어내는 것이다. 이러한 변이는 결코 그 생명이나 종족을 소멸시키는 것이 아니며, 단지 그 습성·기능·상태를 변화시키는 것뿐이다. 이를테면 상품경제가 가져오는 생활

---

55) 리쩌허우, 「'서체중용'에 대한 간단한 해석」, 『중국 문화보』, 1986년 7월 9일.

양식 · 행위양식 · 도덕기준 · 가치의식의 변화와 함께, 정치의 도덕화를 막으면서 정치의 법률화를 이루는 것과 함께, 논리적 사변과 도구이성(工具理性)을 발전시키는 것이다. 또한 실용이성이 그 냉정한 이지적 태도와 실제적인 정신을 발휘하게 하여 도덕주의가 남을 앞세우고 자기를 뒤로 두며, 공적인 것을 앞세우고 사적인 것을 뒤로 돌리는 그 역량의 광휘를 그대로 발산할 수 있게 하는 것이다. 또한 직관돈오(直覺頓悟)가 추상의 사변과 이론의 인식 가운데 그 종합 · 창조의 기능을 발휘할 수 있게 하고, 중국 문화가 축적해온 인간관계를 처리하는 풍부한 경험과 습속, 그리고 그것이 배양하고 조성해온 따뜻한 인간 사이의 관심과 인정미가 중국과 세계에 여전히 아름다운 향기를 풍기면서, 중국의 냉혹한 금전관계, 극단의 개인주의, 감당할 수 없을 정도로 혼란스런 무정부주의, 일면적이고 기계적인 합리주의에 완전히 매몰되지 않게 하는 것도 있다. 그리고 중국이 근대화의 과정 속에서 멀리 앞을 내다보면서 포스트 모더니즘의 전망에 주목할 수 있게 되는 것도 포함한다.

본래, 설사 자본주의라 할지라도 돈 버는 것을 유일한 목적으로 하지 않는 기독교의 책임감 · 소명의식 · 직업도덕이나 일종의 헌신정신 같은 것을 필요로 하는데, 중국 문화심리 구조 속의 위와 같은 수많은 것들 가운데에서 우리가 창조적인 전환을 이루어내는 것이 불가능하다고 할 수 있겠는가? 중국에 기독교 등의 종교적 전통이 없다고 해서, 자신의 전통문화 속에서 심미를 인생경계의 최고의 추구, 심리본체의 최고의 근간으로 삼을 수 없다는 말인가? 이런 모든 것들이 바로 '서체중용'이 아닌가?

이러한 '중용'은 '서체'를 중국에 응용하는 것을 포괄한다. 동시에 중국 전통문화와 '중학'을 '서체'(근대화)를 실현하는 방법과 방식으로 삼아야 함을 의미한다. 이러한 '응용'(用) 가운데 원래의 '중학' 역시 갱신되고 변화될 수 있을 것이며, 이러한 '응용' 가운데 '서체'가 '중국화'의 기치 아래 '중체서용'으로 바뀌는 게 아니라, 진정으로 그리고 제대로 '중국화'될 수 있을 것이다. 이것은 물론 아주 곤란하고 기나긴, 모순에 가득 찬 과정이 될 것이다. 하지만 진정한 '서체중용'은 중국이 새로운 공예(工藝)사회 구조와 문화심리 구조를 수정할 수 있게 할 것이며, 중국 민족의 생존과 발전에 새로운 길을 열고, 새로운 세계를 창조하게 할 것이다.

마지막으로 말하고자 하는 것은 다음과 같다. 문화사상의 입장에서 보건대 여기서 또한 주의해야 할 점은 중국이 지금 처해 있는 근대화 이전의 사회(前現代化社會)와 근대화 사회, 가장 발전한 선진국이 향하고 있는 탈근대화 사회(脫現代化社會)라는 세 가지 서로 다른 역사적 발전단계를 혼동해서는 안된다는 점이다. 특히 겉으로 보면 근대화 이전의 사회와 탈근대화사회는 몇 가지 비슷한 점을 가지고 있는데, 이것을 냉정한 태도로 구분해야 할 필요가 있다. 근대화 가운데 탈근대화를 주의해야 한다고 해서 탈근대화를 근대화 이전과 혼동해서는 안 된다.

이를테면 자연을 대하는 태도에서, 전근대와 탈근대는 인간과 자연의 화해 또는 인간의 자연 품속으로의 회귀를 강조하는 점에서 비슷하다. 이에 비해 근대화는 자연의 정복과 환경의 개조를 더 강조한다. 전자는 정신의 자유로운 향수(享受)를 강조하지만, 후자는 우선 물질생활의 개선에 착안한다. 사회를 대하는 데서도 전근대와 탈근대는 마찬가지로 부의 평등화, 사회복지를 더 중시하지만, 근대는 주로 개인의 경쟁과 우승열패(優勝劣敗)에 주안을 두고 있다.

인간관계에서도 전근대와 탈근대는 따뜻한 심리를 추구하지만, 근대는 기본적으로 원자와도 같이 소외된 개인의 사회이다. 인생을 대하는 데서도 전근대와 탈근대는 윤리와 심미가 중요한 위치를 차지하며, 인간 자체가 목적이고, 초공리(超功利)적이고, 이성을 가볍게 여기며, 과학이 인생문제를 해결할 수 있다는 것을 부정한다. 근대는 도구이성이 두드러져 목적·공리·전망과 합리주의에 주된 관심이 부여되며, 인간 자신은 항상 수단이 된다. 사유방식에서도 전근대와 탈근대는 직관, 돈오와 개인의 경험을 중시하나, 근대는 논리와 이지를 중시한다.

전근대와 탈근대에서 개인은 모두 중요하며 거의 차이가 없다. 하지만 근대는 스타 · 천재 · 영수 · 명인 · 카리스마의 세계이다.[56]

이러한 모든 묘사는 대단히 거칠고 단순화된 것이다. 그런데도 이러한 묘사를 한 것은 전근대와 탈근대가 서로 접근되거나 유사하지만, 둘은 근본적인 실질면에서 완전히 다르며, 서로 통하는 것이 아님을 지적하기 위해서다. 근대와 탈근대는 겉으로는 서로 다른 것 같지만, 오히려 실질적으로는 더욱 접근하고 통한다.

왜 그런가? 근대와 탈근대는 기본적으로 동일한 유형의 사회존재의 '본체', 즉 대공업생산의 기초 위에 건립된 것이고, 농업소생산 자연경제의 기초라는 '본체' 위에 건립된 전근대와는 아주 다르기 때문이다. 마치 문화대혁명기의 5·7 간부학교를 거쳐보지 않은 외국의 좌파지식인들이 간단한 체력노동이야말로 진정으로 유쾌하고 행복한 것이라고 생각하는 것처럼, 냉동식품에 질리고 가전제품을 사용하는 데 익숙해져 있는 사람들은 간단하고 낙후된 원시생활이 생기와 쾌락에 가득 찬 것이라 생각하기 쉽다. 하지만 실제로 이 둘은 근본적으로 다르다.

따라서 오늘날의 문화토론과 문화현상의 연구평론에서 중요한 것은, 여전히 역사적이고 구체적인 과학적 분석이다. 이른바 '역사적이고 구체적인 과학적 분석'이라는 것은 우선 사회존재 본 '체'의 구별에 주의하고, 아울러 이것을 전제로 삼는 것을 말한다. 이러한 것이 먼저 해결되어야만 비로소 근대화과정 속에서 중국 전통의 문화심리 구조 속의 실용이성이나 도덕주의(심지어 대약진운동기 집단주의의 적극적인 요소까지 포함하여) 등등 근대화 이전의 몇 가지 요소들을 냉정하게 비판하고 흡수하여, 중국화된 근대화의 길로 나아가는 충분조건과 필요조건으로 삼을 수 있을 것이다. 이것은 『중국 고대사상사론』에서 기대한 것이기도 하다.

따라서 나는 절대적 문화상대주의에 찬동하지 않는다. 이 문화상대

---

56) 물론 카리스마는 전근대에도 있었다.

주의는 어떠한 문화·문명이든 각기 현실의 합리성을 가지고 있으며, 따라서 수준의 높낮이와 우열을 구분할 수 없다고 생각한다. 또한 같은 기준으로 저울질할 수 없기 때문에, 원시문화와 근대문명, 농업문명과 공업문화가 동등한 가치를 지니며, 이러한 다른 문화 속에서 인간의 생활과 행복 역시 높낮이와 우열을 가릴 수 없게 된다. 이렇게 되면 심지어 근대화가 근본적으로 불필요하다는 추론까지 가능해진다.

나는 물질문명은 그 생활의 질과 양·수준(수명의 길고 짧음까지 포함하여)에 진보와 낙후라는 공동의 객관적인 척도가 있다고 생각한다. 어떠한 국가·민족·사회·종교든 사람들은 모두 비행기나 자동차로 낡은 교통수단을 대체하기를 희망하며, 추운 날에는 스팀을, 더운 날에는 에어컨을 원하고, 텔레비전이나 영화를 통해 세계의 좀더 많은 것들을 보고 듣기를 원하며, 좀더 잘 먹고, 좀더 넓고 쾌적한 곳에서 지내기를 원한다. ……인간은 결코 신이 아니며 그(그녀)는 감성물질적인 현실의 존재물이다. 그(그녀)는 살아가기 위해서는 어쩔 수 없이 위와 같은 욕구와 의향을 가지지 않을 수 없다. 따라서 보편적·필연적·객관적인 역사적 기준이 있는 것이고, 절대적인 문화상대주의를 따를 수는 없다.

하지만 인간은 동물도 아니다. 물질생활 말고도 사람은 각기 다른 정신적 요구를 가지고 있다. 이러한 정신적 요구는 물질생활 자체에도 침투하여, 물질문명의 발전에 영향을 주거나 그것을 추진하고 제약하기도 하며, 물질문명이 취해야 할 구체적인 방향에 영향을 미치기도 한다. 그러므로 문화의 발전이란 것은 세계성을 갖춘 보편적인 공동 취향과 법칙이 있는 동시에, 각기 다른 다원의 형태와 방식을 갖기도 한다.

서로 다른 민족·국가·사회·지역·전통은 갖가지 중대한 차이를 낳을 수도 있다. 5·4 이래로 캉유웨이·옌푸·천두슈·후스 등의 서구화론자는 보편성을 강조해왔고, 장타이옌에서 량수밍에 이르는 국수파는 특수성을 강조해왔다. 일파는 '전반서화'를 추구하고 다른 일파는

'중체서용'을 강조했다. 두 파가 각기 지니고 있는 일면성을 제거해야만 진리는 그 모습을 드러낼 것이며, 이것이 바로 '서체중용'이다.

관건은 해석에 있다. 해석은 바로 일종의 과거와 현대의 융합이다. 과거를 해석하는 것은 오늘을 해석하는 것이며, 반대의 경우도 마찬가지이다. 근대 이래의 '중체서용'에 관한 논란에 대해 '서체중용'이라는 새로운 해석을 제기하는 것도 바로 이 때문이다.

• 강연 녹음 정리, 『공자연구』(孔子硏究) 1987년 제1기에 게재됨

후기

　나의 계획에 따르면, 이 책은 빨라야 1990년에 완성될 수 있는 것이었는데, 몇 가지 이유 때문에 지금 출판되게 되었다. 따라서 우선 나는 독자 여러분께 책이 이렇게 얄팍하고 가벼운 것에 대해 양해를 구하고자 한다. 하지만 나의 생각으로는 설사 1990년이 되더라도 이 책을 제대로 잘 써낼 수 없을 것이다. 그 이유는 쉽게 짐작이 가겠지만, 이것이 너무나도 어려운 과제이기 때문이다.

　이 책에서는 의도적으로 원시적인 자료에서 문단 전체를 가져다 인용하는 방식을 사용했다. 그 이유는 첫째, 자료를 모아놓아 조사하기 쉽게 함으로써, 나중에 보충하고 발전시키고자 하기 위함이었다. 둘째, 원시적인 자료를 통해 독자 스스로가 감상하고 판단할 수 있게 하기 위함이었다. 하지만 날마다 네다섯 시간 동안 5천 자의 글을 쓰는 진행속도 때문에 허둥지둥 인용하기에 급급하고, 서술이 간략한데다 구조가 방만하고 분석이 거친 것, 문장이 졸렬하고 사상이 뜬구름 잡는 식인 점은 앞서 나온 두 사상사론보다 더욱 심한 것 같다. 앞으로 세 책을 한데 모아 통일적으로 수정하는 기회를 갖게 될 때에는 이 책에도 많은 보충이 이루어질 수 있기를 희망한다.

　예를 들면 이 책에서 원래 이야기하고자 한 주제는 중국 근현대의 여섯 세대에 걸친 지식인들이었다(신해혁명세대, 5·4세대, 대혁명세대,

유격전쟁 세대, 해방세대, 문화대혁명세대). 이 문제는『중국 근대사상사론』에서 제시했으며, 원래 이 책에서 다시 자세하게 다루려고 했다. 이를테면 제5세대의 충성스런 품격의 훌륭한 점이라든지, 제6세대의 실용주의, 세상을 희롱하며 공손함이 결여된 약점 같은 문제는 모두 보충하여 전개시켜야 할 필요가 있는 문제들이다. '세대'의 연구는 "성년이 되었을 때(대략 17~25세) 공통적인 사회적 경험을 가지고 있는 사람들"이 행위습관·사유양식·정감태도·인생관념·가치척도·조직기준 등의 각 방면에서 갖추고 있는 이러한 역사성격에 주목한다. 그들이 자랑하거나, 아니면 한탄하는 '우리 때'(my time)는 실제로는 물결과도 같은 역사의 진행흔적을 구체적으로 드러내주고 있다.

이러한 문제들을 자세히 연구하려면 각 역사단계와 각 세대사람들의 시대적 사명, 도덕적 책임, 현실적인 기능과 그 사이의 전승·충돌(이를테면 '세대 차'의 문제 같은 것) 등과 같은 문제, 이른바 사회적·생리적·심리적 연령의 차이와 관계 등의 문제에 대해서도 더욱 명석하고 깊이 있는 이해가 필요하다.[1] 그래야 이처럼 개인을 초월하는 역사구조의 유지 또는 돌파에 대해서 더 자각적이고 지혜로운 선택이 가능할 것이다. "인사(人事)에는 대사(代謝)가 있고 왕래(往來)는 고금(古今)을 이룬다." 고금은 바로 한 '세대'가 시들고 다음 세대로 이어지면서 형성되는 것이다. 이것은 아주 의미 깊은 문제이지만 나중에 다시 이에 대해 글을 쓸 수 있기를 바랄 뿐이다.

중국 현대 지식인은 전통시대의 사대부와 마찬가지로 확실히 시대의 발걸음을 이끄는 선봉의 역할을 수행해왔다. 강력한 부르주아지가 존재하지 않았기 때문에 이 점은 근현대 중국에서 더욱 두드러졌다. 중외고금이 그들의 심령과 사상 속에서 종횡으로 교차되면서 융합과 충돌을 거듭하는 것이 중국 근현대사의 심층논리이며, 이 점은 오늘날에도

---

1) '세대'의 연구에 대해서는 Jalian Marias, *Generations: A Historical Method*, University of Alabama Press, 1970을 참조할 수 있다.

여전히 마찬가지이다. 이들 지식인들이 어떻게 전통 속에서 전환을 이루어 창조적인 역사적 작업으로 중국을 세계를 향해 이끌 수 있는가 하는 점은, 줄곧 여섯 세대를 거쳐왔지만 지금까지도 완성되지 않은 과제이다. 이것은 너무나 기나긴 길이다.

100여 년 동안 여섯 세대에 걸친 지식인들의 사상적 역정 속에서 캉유웨이(제1세대) · 루쉰(제2세대) · 마오쩌둥(제3세대)은 아마 가장 중요한 사람들이라 할 수 있을 것이다. 역사적으로 수행한 역할에서 보건, 사상 자체의 날카로움 · 넓이와 복잡성에서 보건, 아니면 사상과 개성이 하나로 갖추게 되는 독특한 인격의 특징에서 보건 모두 마찬가지인 것이다. 그리고 이러한 세 가지 점의 종합이 그들로 하여금 중국 근현대사상사에서 최대의 인물이 되게 하는 것이다. 하지만 그들은 모두 세계적인 대사상가는 아니다.

마치 벨린스키가 푸슈킨을 러시아의 위대한 작가로 평하면서 말한 것처럼, 푸슈킨은 세계의 어떤 대가와 비교해도 전혀 손색이 없는 창작재능을 가지고 있었다. 그런데도 그의 창작은 셰익스피어 · 바이런 · 실러 · 괴테와 비교될 수 없었고, 그의 작품내용의 깊이와 넓이는 이러한 세계성의 척도로 재기에 충분한 것이 아니었으며, 진정 세계적인 거대한 영향력을 발휘할 수도 없었다. 이것은 러시아 민족이 당시에는 진정으로 세계성을 획득하지 못한 것 때문이었다. 중국 근현대사 역시 마찬가지이다.

따라서 중국이 위대한 민족으로서 진정으로 세계로 진입하고, 세계 도처에서 그 존재와 영향을 느끼게 될 때에는 마치 영국이 셰익스피어 · 흄을, 프랑스가 데카르트 · 파스칼 · 발자크를, 독일이 칸트 · 괴테 · 마르크스 · 하이데거를, 러시아가 톨스토이 · 도스토예프스키를 낳은 것처럼, 중국 역시 세계적인 사상의 거인과 문학의 거인을 출현시키게 될 것이다. 이것은 아마도 다음 세기에 가야 이루어질 것이다.

나는 이러한 내일의 환희를 위해 오늘 길을 닦는 데 노력하고자 한다.

1986년 10월

리쩌허우 연보

1930년	후베이(湖北) 우한(武漢, 지금의 漢口)에서 출생. 원적은 후난(湖南) 창사(長沙).
1950년	베이징 대학 철학과 입학. 졸업 후 중국사회과학원 철학연구소에서 철학과 미학 연구에 종사.
1956년	미학에 관한 논문(「미감, 미 그리고 예술을 논함」) 발표. 미의 본질에 관한 '객관적 사회설' 제창.
1958년	『康有爲譚嗣同思想硏究』, 上海人民出版社.
1966~76년	문화대혁명 기간 동안 허난(河南)으로 하방(下放).
1979년	『美學論集』, 上海文藝出版社. 『批判哲學的批判』, 人民出版社. 『中國近代思想史論』, 人民出版社.
1980년	「공자 재평가」로 전세계적인 반향을 불러일으킴.
1981년	『美的歷程』, 文物出版社. (『미의 역정』, 윤수영 옮김, 동문선, 1991)
1984년	『中國美學史』(第一卷, 共編), 中國社會科學出版社. (『중국 미학사』, 김승심 외 옮김, 대한교과서주식회사, 1992)
1985년	『中國古代思想史論』, 人民出版社.
1986년	『李澤厚哲學美學文選』, 湖南人民出版社.
1987년	『中國美學史』(第二卷, 共編), 中國社會科學出版社. 『中國現代思想史論』, 東方出版社. (『중국 현대사상사의 굴절』, 김형종 옮김, 지식산업사, 1992)
1989년	『華夏美學』, 中外文化出版公司.

（『화하미학』, 권호 옮김, 동문선, 1990)

『美學四講』, 三聯書店.

（『중국 미학 입문』, 장태진 옮김, 중문출판사, 2000)

1990년　　『我的哲學提綱』, 風雲時代出版社.

1992년　　미국 콜로라도 대학(The Colorado College) 객원교수.

1997년　　『告別革命』(共著), 天地圖書.

（『고별혁명』, 김태성 옮김, 북로드, 2003)

1998년　　『世紀新夢』, 安徽文藝出版社.

『論語今讀』, 安徽文藝出版社.

1999년　　『己卯五說』, 中國電影出版社.

2002년　　『歷史本體論』, 三聯書店.

（『역사본체론』, 황희경 옮김, 들녘, 2004)

옮긴이의 말

이 책을 번역하게 된 것은 박사과정에 있던 대학원 수업에서 이 책이 강의교재로 선택되었다는 데서 비롯되었다. 수업준비를 위해서 읽어내려가다가 이 책의 매력에 흠뻑 빠져 수업진도와는 상관없이 한꺼번에 독파해버리면서, 이런 책이라면 번역해서 여러 사람이 읽어보게 할 만하다는 분수에 넘친 생각을 갖고 있던 중, 지도교수님이셨던 민두기 교수의 추천과 알선으로 마침내 번역이 이루어지게 된 것이다. 그렇게 해서 이 책의 초판이 나온 지 이미 10년 이상의 세월이 지났고 저작권 문제도 있어 이 책의 출판도 중단되었으므로 이미 서점에서도 책을 구할 수 없게 되었다.

물론 그동안에도 새로운 출판을 제의하는 다른 기회도 있었지만 사정이 여의치 않았던 중에, 한길사로부터 리쩌허우의 중국 사상사론 3부작 전체를 출간하려 한다는 소식을 듣고 이 책의 증보·개정판의 작업을 피하지 않으려고 결심을 하게 되었다. 초판의 결점을 보완하기 위해서는 초판이 나왔을 때 빠져 있던 「현대 신유가 약론」과 「20세기 중국 문예 일별」이라는 장을 새롭게 번역해야 할 필요가 있었는데, 이것은 이 분야에 대해서는 문외한인 나에게 상당한 모험이었다. 원문의 뜻을 얼마나 제대로 전달할 수 있는지 염려되었지만, 이 책에 대한 개인적인 애착은 나로 하여금 그러한 모험에 뛰어들게 한 원동력이 되었다. 하지만 전체적인 맥락에 대해 이해가 없는데다가 제대로 알지도 못하는 분야에 대해 정확하게 이해하고 번역한다는 것은 정말로 쉽지 않은 번거로움을 가져왔고, 이 과정에서 필자가 새롭게 배우는 점 역시 많았다. 그 때문에 과연 제대로 된 번역이 이루어졌는가 하는 점에 대해서는 지금도 가장 염려하는 바이다. 또한 초판에서 번역이 된 부분도 전반적으로 다시 살펴보면서 부적절하거나 잘못된 부분을 찾아내서 고치려고 했지만, 나의 모자란 부분은 독자 여러분의 지적을 통해 메우는 수밖에 없을 것 같다.

이 책의 저자 리쩌허우는 우리 나라에도 특히 미학(美學)에 관한 저서가 이미 여러 권 번역되어 있을 정도로 잘 알려져 있다. 그의 자서전인 『나의 길을 간다』에 의하면 그는 1930년 6월 13일 후베이 성(湖北省) 우한(武漢)에서 우체국 상급직원이었던 아버지와 초등학교 교사였던 어머니 사이에서 태어났으며, 원적(原籍)은 후난 성(湖南省) 창사(長沙)라고 한다. 아버지가 일찍 돌아가셔서 홀어머니가 고생하면서 리쩌허우 형제를 교육시켰지만, 어머니조차 40세로 세상을 떠났다. 이로 인해 그는 우수에 찬 문학 소년으로서의 시절을 보냈으며, 이 책에서도 나타나지만 '고독과 비애'로 상징되는 루쉰에 대한 좀 지나치다 할 정도의 경도(傾倒)도 이런 점에서 영향을 받은 것 같다. 그가 철학이나 사회과학에 관심을 가지게 된 것은 시대적인 영향도 있어서, 그 자신이 마르크스주의를 받아들인 것도 주변에 널려 있던 책들을 탐독하면서부터라고 하고 있다.

후난 성립일중(湖南省立一中)에 합격하고서도 학비를 댈 수 없어 관비의 보조를 받는 성립제일사범학교(省立第一師範學校)를 선택해야 했던 그는, 1948년 이곳을 졸업한 뒤 1950년 베이징대학 철학과에 입학하게 되지만, 가난한 학생생활은 여기서도 마찬가지였던 모양이다. 그는 대학을 졸업한 후 중국사회과학원 철학연구소로 배속되어 연구에 종사하게 되었지만, 28세의 젊은 나이에 출판하여 문명(文名)을 떨치게 된 『캉유웨이·탄쓰퉁 사상연구』(康有爲譚嗣同思想研究)도 건물 옥상에 만들어진 컴컴한 골방에서 씌어진 것이라고 한다. 이런 것 때문에 오히려 문화대혁명 기간 중에는 '백전'(白專: 자기분야에만 몰두할 뿐 혁명사상, 즉 '홍' 紅에는 관심이 적다는 비난)'으로 비판을 받아, 허난성(河南省)으로 하방(下放)되어, 5·7간부학교에서 교육을 받기도 했다.

아마도 직장동료 가운데서도 그 기간이 가장 길었던 것 같지만, 여하튼 1972년에 다시 직장에 복귀한 이후, 『비판철학의 비판: 칸트술평』(하방기간 중 몰래 가지고 간 칸트의 영문판 『순수이성비판』을 『마오쩌둥 선집』 밑에 숨겨놓고 보면서 정리한 것이라고 한다)과 『중국근대사상사론』을 출판하면서 본격적인 집필활동을 재개하여, 현재에도 중국사회과학원 철학연구소 연구원으로서 철학·사상·미학 분야에 관한 왕성한 연구·저술 활동에 종사하고 있다. 또 미국·싱가포르 등지에 객원교수로 초빙된 적도 있고, 1988년 전국인민대표대회 문교위원회 위원으로 선출되었으며, 국무원학위위원회(國務院學位委員會) 위원, 중화전국미학학회 부회장, 파리국제철학아카데미(IIP) 회원이기도 하다.

1989년 5월 14일 12명의 저명 지식인과 함께 학생시위를 지지하는 성명을 발표하기도 했던 리쩌허우는 이후 1991년 미국으로 출국하여 콜로라도 대학 객원교수 등을 지내면서 상당히 오랫동안 국외에 머물렀고, 지금도 가끔 귀국하지만 주로 미국에서 거주하면서 저술과 강의 활동을 하고 있는 것으로 알려져 있다. 앞서도 지적했듯이 톈안먼사건 당시 베이징 대학생들의 인식과 그가 이 책에서 제시한 분석이 상당 부분 접근하고 있기도 하기 때문에, 이후 정치적인 면에서 상당히 불편한 점이 있었을 것이라는 점은 쉽게 짐작할 수 있다. 리쩌허우 자신의 토로에도 나타나듯이 오늘날에도 특히 청년지식인들로부터 상당히 큰 호응을 얻기도 하지만 동시에 좌우 양쪽으로부터 공격과 비판의 대상이 되는 그의 미묘하다고 할 수 있는 정치적 입장은 아마 이러한 데 일정한 영향을 미치고 있을 것이다.

아래에 제시할 그의 저서목록을 보면 1990년대 이후 그가 발표한 저서는 대부분 줄곧 미국에 머무르면서 씌어지거나 대담을 한 기록으로 구성되어 있고, 그 가운데 일부는 타이완·홍콩에서만 출간되거나 거기서 먼저 출간되는 경우도 있었다. 최근 그와 함께 콜로라도 객원교수로 활동하고 있는 망명한 지식인 류짜이푸(劉再復)와의 대담집 『고별혁명』이 국내에서 번역·출판되기도 했지만, 이 책을 중국 국내의 서점가에서는 아직 찾아볼 수 없다.

그의 저작으로는 『캉유웨이·탄쓰퉁 사상연구』(上海人民出版社, 1958)라는 처녀작 외에도, 중국 사상사의 3부작인 『중국고대사상사론』(人民出版社, 1985), 『중국근대사상사론』(人民出版社, 1979), 『중국현대사상사론』(東方出版社, 1987)이 있으며, 『비판철학의 비판 : 칸트술평』(批判哲學的批判: 康德述評, 人民出版社, 1979), 『미학 논집』(上海文藝出版社, 1980), 『미의 역정』(美的歷程, 文物出版社, 1981), 『미학과 예술강연록』(美學與藝術講演錄, 人民出版社, 1983), 『중국 미학사』(류강기劉綱紀와의 共著, 中國社會科學出版社, 1984), 『리쩌허우 철학·미학 논문선』(湖南人民出版社, 1985), 『나의 길을 간다』(走我自己的道路, 三聯書店, 1986), 『화하미학』(華夏美學, 三聯書店, 1988) 등 다수의 저작이 있다.

또한 1990년대 이후 그의 출판목록을 보면, 『미학 사강』(美學四講, 三聯書店, 1989), 『세기신몽』(世紀新夢, 安徽文藝出版社, 1998), 『논어금독』(論語今讀, 安徽文藝出版社, 1998), 『기묘오설』(己卯五說, 中國電影出版社, 1999)＝『파제신론』(波齋新說, 臺港版), 『리쩌허우 철학문존』(李澤厚哲學文存, 安徽文藝出版社, 1999), 『고별혁명』(告別革命-二十世紀中國對談錄, 류짜이푸와 공저. 香港: 天地圖書, 1996. 臺北: 麥田出版, 1999), 『부생논학』(浮生論學: 李澤厚·陳明 2001對談錄, 北京, 華夏出版社, 2002), 『역사본체론, 기묘오설』(歷史本體論, 己卯五說, 北京, 三聯書店, 2003), 『실용이성과 낙감문화』(實用理性與樂感文化, 北京, 三聯書店, 2005) 등이 출판되고 있다.

장기간의 국외체류에도 불구하고 쉴 새 없이 출간되는 그의 저서들을 보고 있노라면 외부환경의 변화야 어떠하든 꾸준히 진행되는 그의 진지한 철학적·역사적 탐색은 여전히 우리가 귀기울여 들어볼 만한 가치가 충분한 성과를 배출하고 있는 것으로 보인다. 끝으로 이 책의 재판 번역과 출간을 허락해주신 한길사와 번잡한 원고의 교정 때문에 상당히 번거로움을 감당했어야 할 편집부 여러분에게도 아울러 감사를 드리고 싶다.

2005년 7월
김형종

찾아보기·인명

찾아보기 · 사항

지은이 리쩌허우

리쩌허우(李澤厚)는 1930년 후베이(湖北) 우한(武漢)에서 태어났다.
12세에 아버지를 여의어 어려운 가정환경 속에서 명문이자 학비가 면제되는
후난성립제일사범학교에 진학했다. 이 시기 루쉰(魯迅)과 빙신(氷心)의 작품을 즐겨 읽었는데,
그 심득(心得)은 「20세기 중국문예 일별」에 잘 녹아 있다. 특히 루쉰을 통해
'투창'과 '비수'의 태도를 배웠다. 전자는 타인과의 비타협적 전투를 의미하고
후자는 자신에 대한 비판을 상징한다. 19세에 어머니를 여읜 그는 잠시 초등학교 교사를
지내다가 1950년 베이징 대학 철학과에 입학했다. 그때 그는 런지위(任繼愈)의
근대사상사 강의로 인해 캉유웨이와 탄쓰퉁에 관심을 가지게 되었다. 이는 훗날
『캉유웨이 · 탄쓰퉁 사상 연구』로 이어지고 다시 『중국근대사상사론』으로 발전한다.
졸업 후 중국사회과학원 철학연구소에서 철학과 미학 연구에 종사하고
『철학연구』 창간 작업에도 참가했다. 1956년 미학에 관한 논문
「미감, 미 그리고 예술을 논함」을 발표하면서 학자적 명성을 날리게 된다.
이 논문은 당시 미학의 두 주류인 차이이(蔡儀)의 유물론 미학과 주광첸(朱光潛)의
부르주아 미학을 비판하면서, 미의 본질에 관한 '객관적 사회설'을 제창했다.
이때 주체와 객체의 연결고리로써 실천을 설정했고 이를 칸트 철학에 대한
비판적 연구와 결합시켜 '주체적 실천철학'으로 발전시켰다. 1966~76년 문화대혁명
기간 동안 허난(河南)으로 하방(下放)되어 사상 개조의 압박을 받았다.
이 기간은 리쩌허우에게 시련인 동시에 전환의 계기였다.
칸트 철학 연구서인 『비판철학의 비판』은 이때의 독서를 바탕으로 집필된 것이다.
이후 『중국고대사상사론』, 『중국근대사상사론』, 『중국현대사상사론』의
'사상사 3부작'을 출간했다. 아울러 『미의 역정』, 『중국미학사』, 『화하미학』,
『미학4강』 등의 미학 관련 저서를 출간했다. 톈안먼 사건 이후
미국으로 망명하여 콜로라도 대학 객원교수를 지냈고,
프랑스 국제철학아카데미로부터 정식 원사(院士)로 위촉된 바 있다.
지금은 중국과 미국을 오가며 활동하고 있다. 최근의 저서로는 『고별혁명』,
『세기신몽』, 『논어금독』, 『기묘오설』, 『역사본체론』 등이 있다.

옮긴이 김형종

김형종(金衡鍾)은 서울대학교 인문대학 동양사학과를 졸업하고,
같은 학교 대학원에서 석사, 박사학위를 받았다. 서울대학교, 한국외국어대학교,
가톨릭대학교, 한림대학교 강사를 거쳐 지금은 서울대학교 동양사학과 부교수로 있다.
저서로는 『청말 신정기(新政期)의 연구─강소성(江蘇省)의 신정(新政)과 신사층(紳士層)』이 있고,
역서로 『중국현대사상사의 굴절』(원제 『중국현대사상사론』), 『신중국사』(공역) 등이 있다.

HANGIL GREAT BOOKS 72

중국현대사상사론

지은이 리쩌허우
옮긴이 김형종
펴낸이 김언호

펴낸곳 (주)도서출판 한길사
등록 1976년 12월 24일
주소 10881 경기도 파주시 광인사길 37
홈페이지 www.hangilsa.co.kr
전자우편 hangilsa@hangilsa.co.kr
전화 031-955-2000~3 **팩스** 031-955-2005

CTP출력 블루엔 **인쇄** 오색프린팅 **제본** 경일제책사

제1판 제1쇄 2005년 8월 30일
제1판 제5쇄 2019년 6월 10일

값 30,000원

ISBN 978-89-356-5657-8 94150
ISBN 978-89-356-5658-5 (전3권)

한길그레이트북스 인류의 위대한 지적 유산을 집대성한다

● 한길그레이트북스는 계속 간행됩니다.